Der Staatshaushalt

und

die Finanzen Preussens.

Unter Benutzung amtlicher Quellen

bearbeitet von

O. Schwarz,
Geheimer Ober-Finanzrath
u. vortragender Rath im Finanzministerium.

und

Dr. jur. G. Strutz,
Geheimer Ober-Finanzrath
u. vortragender Rath im Finanzministerium.

Band I.

Die Ueberschussverwaltungen.

Berlin, 1902.

J. Guttentag, Verlagsbuchhandlung,

G. m. b. H.

Der Staatshaushalt
und
die Finanzen Preussens.

Band I.

Die Ueberschussverwaltungen.

Von

Dr. jur. G. Strutz,

Geheimer Ober-Finanzrath und vortragender Rath im Finanzministerium.

Lieferung 4.

Die direkten und indirekten Steuern.

Berlin, 1902.

J. Guttentag, Verlagsbuchhandlung,

G. m. b. H.

Vorwort zur vierten Lieferung.

Mit der 4. Lieferung, welche ich hiermit der Oeffentlichkeit übergebe, erreicht der erste, die Ueberschussverwaltungen umfassende Band, dessen Bearbeitung ich nach dem Plane des Werkes übernommen habe, seinen Abschluss.

Freilich hat dieser Abschluss länger auf sich warten lassen, als mir erwünscht war. Doch wird das der Leser, wenn er die in dem Werke enthaltene Stofffülle und die zur Sammlung, Sichtung und Verarbeitung erforderliche Arbeit in Betracht zieht, durchaus begreiflich finden, wie denn die Kritik die rasche Aufeinanderfolge der Lieferungen rühmend anerkannt hat. Bei der Aufstellung des Planes für das Werk fehlte es, da ein ähnliches Werk bisher nicht vorhanden war, an jedem zuverlässigen Maassstabe für den Umfang und die Schwierigkeit der Arbeit. Alsbald stellte es sich heraus, dass beide wesentlich unterschätzt waren, und es entstand nun die Frage, ob im Interesse einer Beschränkung des Umfanges und des rascheren Erscheinens des Werkes eine Einschränkung des Inhalts vorzunehmen sein möchte. Die Verlagsbuchhandlung, der wir diese Frage vorlegten, hat sich gegen eine solche Einschränkung ausgesprochen, da dieselbe den Werth des Werkes, namentlich als Führer und Kommentar des Preussischen Staatshaushaltsetats wesentlich hätte beeinträchtigen müssen. Es kam hinzu, dass ich zeitweise, insbesondere bei Vorbereitung und Vertretung des Waarenhaussteuergesetzes und des Hohenzollernschen Steuerreformgesetzes sowie seit Anfang dieses Jahres durch Uebernahme des Nebenamts als Vorgesetzter der General-Lotterie-Direktion dienstlich in besonderem Maasse in Anspruch genommen war, dass ich inzwischen auf Wunsch der Verlagsbuchhandlung bei ihr einen Kommentar zum Waarenhaussteuergesetz erscheinen liess, und dass monatelang schwere Krankheit in meiner Familie meine Arbeitsfähigkeit beeinträchtigte.

In Anbetracht aller dieser Umstände darf ich zuversichtlich auf das Zugeständniss rechnen, dass auf ein schnelleres Erscheinen des einschliesslich der — äusserst mühevolle und zeitraubende Arbeit verursachenden — Anlagen 107 Bogen umfassenden Bandes füglich nicht gerechnet werden konnte.

Die Schwierigkeiten, die sich mir, insbesondere bei Bearbeitung der Eisenbahnverwaltung, in den Weg stellten, waren zeitweise solche, dass ich, zumal sich zu ihnen noch gewisse Unannehmlichkeiten gesellten, oft nahe daran war, es zu bereuen, mich auf die Arbeit eingelassen zu haben, was ich seinerzeit hauptsächlich auf den Wunsch des heimgegangenen Staatsministers Dr. v. Miquel gethan habe. Wenn ich jetzt das von mir übernommene Pensum bewältigt habe, so ist mir die volle Freude hieran genommen, weil es ein widriges Geschick mir nicht vergönnt hat, die abgeschlossene Arbeit diesem meinem Lehrmeister als einen Zoll meiner Verehrung zu überreichen. Es gehört aber zu den schönsten Erinnerungen an die Zeit der angestrengten Arbeit an dem Werke und hat mich zur Fortführung derselben ermuthigt, dass der verewigte Staatsmann den Lieferungen, deren Fertigstellung er erlebte, die freundlichste, rückhaltloseste Anerkennung zollte.

Nicht minder schulde ich aber der Kritik wärmsten Dank, deren Aeusserungen in Zeitschriften und politischen Zeitungen, soweit sie zu meiner Kenntniss gelangt sind, über alle Lieferungen in so überwiegender Zahl überaus wohlwollend und günstig lauteten, dass sie in erster Linie mit dazu beitrugen, mich zur Fortführung der Arbeit zu ermuthigen. Umso dankbarer habe ich dieses Wohlwollen der Kritik anzuerkennen, als ich der Letzte bin, der sich darüber im Unklaren wäre, dass ein so verschiedenartige, verwickelte Materien behandelndes Werk eines einzelnen, unmöglich in allen Sätteln gleich gerechten Verfassers bei aller Sorgfalt von Irrthümern, Missverständnissen und Unebenheiten im Einzelnen nicht ganz freibleiben kann.

Mein Dank gebührt schliesslich allen den Herren, die mich durch Ertheilung von Auskünften, Zurverfügungstellung von Material u. s. w. unterstützt haben, insbesondere hinsichtlich der ersten Lieferung den Herren Geh. Ober-Regierungsrath Praetorius, Geh. Ober-Regierungsrath Tetzlaff und Reg.- und Forstrath Schilling im Landwirthschafts-, Rechnungsrath Mischek im Finanzministerium, hinsichtlich der zweiten Lieferung den Herren Berghauptmann Dr. Fürst, Berghauptmann v. Ammon, Bergrath Strutz in Juliushütte, Bergrath

Franke in Obernkirchen und Rechnungsrath Freudenberg im Finanzministerium, hinsichtlich der dritten dem heimgegangenen Herrn Unterstaatssekretär Lehmann und dem Herrn Geh. Finanzrath Ottendorff im Finanzministerium, den Herren Präsident Wirkl. Geh. Ober-Regierungsrath Kranold und Regierungsrath Hermann von der Berliner Eisenbahn-Direktion und Geh. Ober-Regierungsrath Offenberg vom Ministerium der öffentlichen Arbeiten, hinsichtlich der vierten dem Herrn Geh. Ober-Finanzrath Enke im Finanzministerium und hinsichtlich aller Lieferungen den Bureaudirektoren des Abgeordnetenhauses und Herrenhauses Herrn Geh. Rechnungsrath Gall, Rechnungsrath Plate und Reissig und nicht zum Mindesten dem Bibliothekar des Abgeordnetenhauses Herrn Professor Dr. Wolfstieg, der in ausnehmend liebenswürdiger und entgegenkommender Weise mir in Beschaffung der Literatur behülflich war.

Auf dem Rathsfeld, im Juli 1902.

Dr. Strutz.

Inhaltsverzeichniss.

Achtes Buch.

Die direkten Steuern.

---

[1]) Die Paragraphennummer 62 auf Seite 1161 ist zu löschen.

*

Berichtigung zum VII. Buch.

In Anlage LXVI (Seite 254 ff.) sind versehentlich von einzelnen Krediten, insbesondere solchen der ersten Verstaatlichungsgesetze, solche Theile, welche alsbald nach Erlass des betreffenden Gesetzes erledigt wurden, nicht aufgenommen. Unter Berücksichtigung dieser stellt sich die Schlusssumme der Spalte 4 (Seite 262) auf 6 143 078 469,50 M. und die — übrigens, wie ein Vergleich mit der Angabe im § 233, Zeile 6 (Seite 1041) zeigt, verdruckte — Schlusssumme der Spalte 13 (S. 265) auf 4 718 191 671,81 M.

Infolgedessen ist im Text § 233 (Seite 1041) zu lesen:

Zeile 5: 6 143 Mill. M.
„ 6: 4 718 „ „
„ 31 (vorletzte Zeile des Textes): 318,7 Mill. M.

Achtes Buch.

Die direkten Steuern.

Einleitung.

Ueber einige Grundbegriffe der Steuerlehre.

Vorbemerkung. Weder die Aufgabe noch der Rahmen dieses Werkes erfordert und gestattet es, eine auch nur kompendienhafte Darstellung der Steuerlehre zu geben. Wir halten es aber für angezeigt, uns doch zunächst mit dem Leser über den Sinn derjenigen Grundbegriffe der Steuerlehre zu verständigen, denen er in der späteren Darstellung der Preussischen direkten und indirekten Steuern begegnen wird. Wegen alles Näheren müssen wir auf die Lehrbücher der Finanzwissenschaft und der Steuerlehre insbesondere verweisen, namentlich auf diejenigen von Roscher, Stein, Wagner, Cohn, Schäffle, Umpfenbach, Eheberg, Neumann, Vocke, Leroy-Beaulieu sowie auf den Artikel „Steuer“ im Handwörterbuch der Staatswissenschaften und die dort (2. Auflage Bd. VI S. 1164) angegebene weitere Literatur.

§ 1. Zur Terminologie. Es sind eine grosse Anzahl mehr oder minder von einander abweichender Definitionen der „Steuern“ aufgestellt worden, deren wichtigste in dem oben erwähnten Artikel im Handwörterbuch der Staatswissenschaften zusammengestellt sind. Wir möchten die Steuern definiren als diejenigen Zahlungen, welche der Staat oder die von ihm hierzu ermächtigten öffentlich-rechtlichen Verbände, der Erstere kraft des Staatshoheitsrechtes, die Letzteren kraft der ihnen vom Staate verliehenen Ermächtigung, nach allgemeinen Grundsätzen und Massstäben von denjenigen physischen und nichtphysischen Personen, die vermöge persönlicher (Staats-, Gemeinde- u. s. w.) Angehörigkeit, Wohnsitzes, Aufenthaltes, Eigenthumes oder Besitzes, gewerblicher oder sonstiger Thätigkeit oder eines Verkehrsaktes der Staatshoheit unterliegen, erheben, ohne ihnen hierfür eine besondere Gegenleistung zu gewähren. Wir scheiden also von dem Steuerbegriff von vornherein aus die Naturalleistungen aller Art und lassen ferner als Begriffsmerkmal den Zweck der Befriedigung eines Bedürfnisses fallen, da der Umstand, dass eine Abgabe erhoben wird, ohne dass hierfür in dem Haushalt der betreffenden Gemeinwirthschaft ein Bedürfniss vorhanden ist, ihr den Charakter der Steuer noch nicht nimmt. Durch das Fehlen einer besonderen Gegenleistung des steuerberechtigten Verbandes unterscheidet sich die Steuer von der „Gebühr“ und dem „Beitrag“, welche mit der Steuer unter den weitern Begriff der „Abgabe“ fallen. Etymologisch ist der Begriff der Steuer ein viel weiterer, da das althochdeutsche „stiura“ und mittelhochdeutsche „stiure“, von dem das Wort „Steuer“ herkommt, ursprünglich jede Beihülfe oder Unterstützung bedeutete.

„Steuerquelle“ ist der Güterfonds, aus dem die Steuer gezahlt wird, also der Inbegriff der geldwerthen Güter, über welche der Steuerpflichtige verfügen kann, „Steuersubjekt“ die Person, von der rechtlich die Steuer zu zahlen ist, „Steuerobjekt“ oder „Bemessungsgrundlage“ (Massstab der Besteuerung) im weiteren Sinne der Umstand, um dessentwillen, im engeren die Sache, für welche die Steuer zu zahlen ist, „Steuerzahler“ derjenige, der die Steuer an den berechtigten Verband entrichtet, „Steuerträger“ der in Folge der Steuerüberwälzungsprozesse endgültige Träger der Steuer, „Steuerdestinatar“ derjenige, der sie nach der Absicht des Gesetzgebers tragen soll, „Steuereinheit“ das nach Zahl, Mass etc. bestimmte einzelne Steuerobjekt, nach dem die Steuer bemessen wird, „Steuersatz“ der von der Steuereinheit erhobene Geldbetrag, „Steuerfuss“ der Bruchtheil, den der Steuersatz vom Geldwerthe der Steuereinheit ausmacht, „Steuertarif“ das amtliche Verzeichniss der Steuereinheiten und Steuersätze.

Steuerüberwälzung ist die im Wege des privatwirthschaftlichen Tauschverkehrs erfolgende Uebertragung der Steuerlast Seitens der Steuerzahler auf Andere. Sie kann erfolgen als Fortwälzung auf den Nachmann im Verkehr in Gestalt eines Preisaufschlages oder als Rückwälzung auf den Vormann durch Preisabschlag. Von einer präsumirten Ueberwälzung kann man sprechen, wenn nicht die einzelne bereits entrichtete Steuerleistung, sondern der Kapitalwerth künftig zu entrichtender Steuern überwälzt wird, wie bei Preisabschlägen auf Grundstücke mit Rücksicht auf künftig zu entrichtende Grundsteuern, von einer „gewollten“, wenn die Ueberwälzung von der Steuergesetzgebung beabsichtigt ist, wie bei den Verbrauchssteuern, von einer „nicht gewollten“, wenn diess nicht der Fall ist.

§ 2. Eintheilung der Steuern. Die praktisch wichtigste Eintheilung der Gesammtheit der Steuern ist einmal die nach dem Steuerberechtigten in Reichs-, Staats-, Kommunal- und Sozietätssteuern; die Kommunalsteuern sind wieder entweder Gemeinde-, Kreis-, Bezirks- oder Provinzialsteuern, die Sozietätssteuern insbesondere Kirchen-, Schul-, Armenverbandssteuern. Viel umstritten ist sodann die für die Deutschen Reichs-, Preussischen Staats- und Gemeindeetats wichtige Eintheilung in direkte und indirekte Steuern. Wir können auf den Streit der Meinungen über das dieser Eintheilung zu Grunde zu legende Merkmal nicht näher eingehen. Damit, dieses in der Art der Erhebung zu suchen, kommt man für Preussen nicht aus, auch nicht mit der Unterscheidung Neumann's und Anderer, die zu den direkten die nach dauernden Dingen und Zuständen, zu den indirekten die von gewissen Produkten, Gegenständen oder Vorgängen ohne Rücksicht auf die Person erhobenen rechnen. An sich der logisch richtigste Unterscheidungsgrund scheint uns ein solcher zu sein, welcher von der Bemessungsgrundlage ausgeht; dann würden wir als direkte Steuern diejenigen bezeichnen, die vom Erwerbe oder Besitze geldwerther Güter erhoben werden, als indirekte die vom Verbrauche solcher erhobenen; auf diese trifft die Bezeichnung „indirekt“ insofern zu, als Steuern gezahlt werden können nur von noch besessenen Gütern, somit die auf die Verausgabung von Gütern gelegten Steuern nicht aus diesen, sondern aus den im Besitz verbliebenen. Damit gelangen wir aber dazu, die Erbschaftssteuer zu den direkten Steuern zu zählen, und das würde auch ihrer später zu beleuchtenden Aufgabe im Steuersystem durchaus entsprechen, widerspricht aber der Preussischen Praxis. Bei den stempelpflichtigen Akten aber liegt zwar meist eine schon vollzogene oder, wie bei Konzessionen zur Errichtung von Apotheken u. s. w., Ausstellung von Pässen zu Reisen u. s w., eine beabsichtigte Verausgabung von Vermögenswerthen, wenn auch nur zum Zwecke der Erwerbung anderer, vor, aber doch nicht überall, insbesondere nicht bei den gebührenähnlichen Charakter tragendenden Stempeln für Zeugnisse und Bestallungen. Ein Theil der stempelpflichtigen Akte der letzteren Art liesse sich aber mit dem obigen Begriff der indirekten Steuern in Einklang bringen, wenn man diesen dahin erweitert, dass zu ihnen gehören Steuern, welche aus Anlass der vollzogenen oder beabsichtigten Verausgabung von Vermögenswerthen oder der Kundgebung der Absicht und Möglichkeit, solche in höherem Masse wie bisher zu verausgaben, erhoben werden. Wollen wir eine sich mit dem Preussischen Staatshaushaltsetat deckende Unterscheidung aufstellen, so werden wir an die obige Neumann's und Eheberg's anknüpfen müssen, indem wir als direkte Steuern diejenigen bezeichnen, welche an wirthschaftliche Zustände oder eine Gesammtheit wirthschaftlicher Vorgänge, als indirekte solche, die an einen einzelnen Vorgang anknüpfen.

Von den Eintheilungen der direkten Steuern sind für das Preussische Steuersystem von Bedeutung diejenigen in Personal- und Real-, in Subjekt- und Objekt-, in Einkommen-, Vermögen- und Ertragsteuern. Personalsteuern sind diejenigen, welche an die

Person des Steuerpflichtigen, Realsteuern diejenigen, die an die Sache anknüpfen, deren Beziehungen zum Steuerträger dessen Steuerpflicht begründen. Die Unterscheidung in Subjekt- und Objektsteuern fällt hiermit zusammen. Ebenso pflegt man den Ausdruck „Ertragsteuer“ als identisch mit „Objekt-“ und „Realsteuer“ zu gebrauchen; in einem engeren Sinne, der dem Wortlaut entspricht, sind dagegen Ertragsteuern nur solche, welche nach dem Massstabe des Ertrages oder doch nach Merkmalen, die einen Rückschluss auf den Ertrag des Steuerobjektes gestatten, erhoben werden, also nicht Realsteuern, welche absichtlich nach Massstäben erhoben werden, die dem Ertrage nicht folgen, wie Grundsteuern nach dem gemeinen Werth, Gewerbesteuern nach der Zahl der beschäftigten Personen oder überhaupt nach Massstäben, die von dem Gesichtspunkte des Interesses an den Veranstaltungen des steuerberechtigten Verbandes ausgewählt sind. Man darf aber sagen, dass, wo in der Preussisch-Deutschen Gesetzgebung von „Ertragsteuern“ die Rede ist und nicht ausdrücklich eine andere Bedeutung bekundet wird, mit dieser Bezeichnung der weitere, die Ertragsteuern mit den Real- und Objektsteuern identifizirende Sinn verbunden wird. Auch die Personal- und Subjektsteuern umfassen in Preussen nichts anderes als Einkommen- und Vermögensteuern; begrifflich aber erschöpfen sie sich in diesen nicht; es gehören z. B. zu jenen auch Kopfsteuern, Steuern, welche von denen erhoben werden, die vom Militärdienst befreit sind (Wehrsteuern) u. s. w.

Je nach der Art des Objektes unterscheidet man die Real- oder Objektsteuern in Grundsteuern im weiteren, die Grundsteuer im engeren Sinne, d. i. Steuer von den unbebauten Grundstücken (Liegenschaften) und die Gebäudesteuer umfassenden Sinne, Gewerbesteuern, die wieder allgemeine, alle oder spezielle, nur einzelne Arten der Gewerbe treffende sein können, Kapitalien- und Dienstertragsteuern; eine Unterart der Grundsteuer ist auch die „Gefällsteuer“, d. i. eine Steuer auf die auf den Grundstücken als Reallast haftenden Gefälle.

Die Einkommen- und Vermögensteuern sind allgemeine oder partielle: die allgemeinen treffen alle Arten des Einkommens oder Vermögens, die speziellen nur einzelne Arten; von den Ertragsteuern unterscheiden sich die speziellen Einkommen- und Vermögensteuern dadurch, dass sie an die Gesammtheit des einer Person aus den betreffenden Arten von Einkommensquellen zufliessenden Einkommens bezw. die Gesammtheit der ihr gehörigen Vermögensobjekte der betreffenden Art anknüpfen und in der Regel die gegenüberstehenden Passiva und die persönlichen Verhältnisse berücksichtigen, während die Ertragsteuern die Beziehungen des Objektes zum Subjekte ausser Betracht lassen.

Die Vermögensteuer kann ferner eine „nominelle“ oder eine „reelle“ sein; die nominelle wird normaler Weise wie die Einkommensteuer aus dem Einkommen entrichtet und ist nur nach dem Massstabe des Vermögens umgelegt, während die reelle auch aus dem Vermögen bezahlt wird, mithin den Vermögensstamm, nicht nur den Vermögensertrag vermindert.

Die Steuern sind ferner proportionale oder progressive, je nachdem sie von allen Steuersubjekten und -Objekten nach demselben Steuerfuss oder von gewissen Kategorien derselben nach einem höheren als von anderen erhoben werden; die degressive Steuer ist nur eine Unterart der progressiven, nämlich diejenige, bei der die Progression bei einer gewissen Grenze aufhört, oder auch die von einem gewissen normalen Steuerfusse abfallend, nicht von dem normalen aufsteigend konstruirt ist.

Nach dem Verhältnisse zwischen Steueraufkommen und Steuersatz unterscheidet man endlich Repartitions- oder kontingentirte und Quotitätssteuern: bei den ersteren ergiebt sich der Steuersatz als Quotient aus der Division der von vornherein feststehenden Steuersumme, die durch die Steuer zu decken ist, durch die Zahl der bei der Steuerveranlagung ermittelten Steuereinheiten, bei den letzteren das Steueraufkommen als Produkt der bei der Veranlagung ermittelten Steuereinheiten und des von vornherein feststehenden Steuersatzes. In einem anderen Sinne wird unter Quotisirung der Steuern die Festsetzung des Steuersatzes bei der jeweiligen Etatsberathung verstanden, die, wo sie besteht, in der Weise zu erfolgen pflegt, dass durch das Etatsgesetz festgesetzt wird, wieviele Quoten, in der Regel Monatsraten der gesetzlich festgesetzten Steuersätze in der Etatsperiode zur Hebung gelangen sollen.

§ 3. Die Steuerprinzipien. Die Wissenschaft hat eine Reihe von sogen. Steuerprinzipien, allgemeine oberste Grundsätze aufgestellt, welche bei der Wahl der Steuern und der Ausbildung des Steuersystems bestimmend sein sollen. In der Formulirung solcher Grundsätze und der Bedeutung, die sie ihnen im Verhältniss zu einander beimessen, weichen die Vertreter der Wissenschaft vielfach von einander ab. Stellt man als eins dieser Prinzipien dasjenige der Ausreichendheit hin, so muss diesem allerdings die erste Stelle eingeräumt werden. Denn erster Zweck der Steuer ist, den anderweitig nicht gedeckten Finanzbedarf des steuerberechtigten Verbandes zu decken; reicht sie hierzu nicht aus, so verfehlt sie also ihren ursprünglichen Zweck. Wir meinen aber, dass die Ausreichendheit des Ertrages gar nicht unter die Steuerprinzipien gehört: dass sie den erforderlichen Geldbedarf decke, ist das Ziel jeder Steuer, während wir unter den Steuerprinzipien Grundsätze darüber verstehen, wie dieses Ziel in der besten Weise zu erreichen sei.

Wir stellen daher von den wirklichen Steuerprinzipien in die erste Reihe diejenigen der Gerechtigkeit. Man hat deren zwei aufgestellt, die Allgemeinheit und die Gleichmässigkeit der Besteuerung. Uns scheint die Erstere in der Letztern enthalten zu sein; denn gleichmässig ist eine Steuer jedenfalls dann nicht und sogar am allerwenigsten, wenn sie einzelne Kategorien von Personen oder Sachen, welche vermöge ihrer Beziehungen zur Steuergewalt des steuerberechtigten Verbandes der Steuer ebenso wie die übrigen unterliegen, von dieser ausnimmt.

Darüber, was unter einer „gleichmässigen" und darum gerechten Besteuerung zu verstehen sei, haben sich nun zwei grundsätzlich einander bekämpfende Theorien gebildet, die Aequivalenz- oder Interessetheorie und die Opfertheorie. Die erstere sieht in der Steuer das Aequivalent für die dem Steuerpflichtigen von dem steuerberechtigten Verbande dargebotenen Leistungen und verlangt daher, dass sich die Steuer richte nach dem Interesse des Steuerpflichtigen an diesen Leistungen, nach den Vortheilen, die der Steuerpflichtige von den Veranstaltungen des steuerberechtigten Verbandes hat und nach den Ausgaben, die er diesem verursacht. Prägnanter als die erwähnten Bezeichnungen ist daher für diese Theorie die jetzt am meisten gebräuchliche „Besteuerung nach Leistung und Gegenleistung". Im Zusammenhange mit ihr steht die sogen. „Assekuranztheorie", die die Steuer gewissermassen nur als eine Versicherungsprämie für den vom Staate etc. gewährten Vermögensschutz aufgefasst wissen will; offenbar ist sie weit einseitiger als die Aequivalenztheorie. Die Opfertheorie oder Theorie der Besteuerung nach der Leistungsfähigkeit verlangt dagegen, dass die Steuer allen Steuerpflichtigen ein thunlichst gleiches Opfer auferlege, sie nach ihrer wirthschaftlichen Leistungsfähigkeit belaste. Diese Theorie hat auf dem Gebiete der Staatsbesteuerung einen unzweifelhaften Sieg errungen, während, wie wir sehen werden, im Kommunalsteuerwesen gerade Preussen neuerdings wieder mehr auf die Besteuerung nach dem Interesse zurückgegriffen hat. Darüber, unter welchen Bedingungen ein Steuersystem der Opfertheorie gerecht werde, sind nun wieder die Ansichten sehr verschieden. Die jetzt von der Mehrheit aufgestellten Forderungen sind insbesondere höhere Besteuerung der Leistungsfähigeren als der minder Leistungsfähigen und daher 1. völlige Freilassung der Mindestleistungsfähigen („Steuerfreiheit des Existenzminimums"), 2. ein mit der Summe der Steuereinheiten steigender Steuerfuss, also Progressiv-, nicht Proportionalsteuer, 3. höhere Besteuerung des mit der Persönlichkeit des Steuerpflichtigen nicht wegfallenden, als des von Leben und Gesundheit abhängigen Einkommens, also stärkere Belastung des aus Vermögen stammenden, fundirten als des aus Arbeit stammenden, unfundirten Einkommens.

Als weiteren Grundsatz der Gerechtigkeit hat man die Forderung aufgestellt, dass die Steuer in dem formalen Rechte des steuererhebenden Verbandes begründet und auf gesetzmässige Weise eingeführt sei. Uns scheint dieser Grundsatz der „Gesetzmässigkeit der Steuer" etwas so Selbstverständliches zu sein, dass man ihn als besonderes Prinzip der Steuerpolitik nicht bezeichnen kann. Dass nur ein hierzu berechtigter Verband Steuern erheben darf, ist übrigens schon in unserer Definition der Steuer ausgedrückt.

Vom Standpunkte der Volkswirthschaft muss gefordert werden, dass das Steuersystem eine gedeihliche Entwickelung derselben nicht oder doch möglichst wenig hindere;

die Steuern sollen daher die Grundlage dieser Entwickelung, das Volksvermögen, nicht angreifen, sondern aus dem Ertrage desselben zu bestreiten sein, und sie sollen mit möglichst geringen Störungen für Produktion, Umlauf und Konsumtion der Güter verknüpft sein. Die Forderung, dass auf die Steuerüberwälzung Rücksicht genommen wird, ist kein besonderer volkswirthschaftlicher Grundsatz der Steuerpolitik; denn ohne die Ueberwälzung in Rechnung zu ziehen, lässt sich weder dem Grundsatze der Allgemeinheit, noch demjenigen der Gleichmässigkeit, noch demjenigen der richtigen Wahl der Steuerquelle genügen, da die Wirkung der Steuer natürlich nach der Situation des Steuerträgers, nicht nach der desjenigen, der sie nur verauslagt und von Dritten erstattet erhält, zu beurtheilen ist. Allerdings findet die Berücksichtigung der Steuerüberwälzungen darin ihre ziemlich eng gesteckte Grenze, dass sich der Verlauf der Steuerüberwälzungskämpfe nur in sehr beschränktem Masse voraus- und übersehen lässt.

Ein weiteres viel umstrittenes volkswirthschaftliches Prinzip ist von den sogen. Kathedersozialisten aufgestellt worden: die Steuern sollen als Korrektiv unerwünschter wirthschaftlicher Vorgänge, insbesondere der Vertheilung der Einkommen und Vermögen wirken, u. E. eine, soweit sie sich nicht mit dem Grundsatze der Besteuerung nach der Leistungsfähigkeit deckt, äusserst bedenkliche und abseits von den Aufgaben der Steuern liegende Forderung; hält man derartige Korrekturen für erforderlich, so soll man den Stier bei den Hörnern fassen, ohne Umschweife sagen, worauf man hinaus will, aber nicht die Steuer als Deckmantel gebrauchen! Kann man mit einer Steuer, ohne gegen die leitenden Prinzipien der Steuerpolitik zu verstossen, nebenher solche Ziele erreichen, um so besser! Aber Selbstzweck einer Steuer dürfen sie nicht werden.

I. Hauptabschnitt.

Geschichtliche Gestaltung des direkten Steuersystems in Preussen.[1]

I. Abschnitt.

Abriss der Entwickelung bis zum Zusammenbruch des Staates unter Friedrich Wilhelm III.

§ 4. Die im ersten Hauptabschnitt des I. Buches bereits berührte Entstehung der Deutschen Territorialstaaten, die noch nicht entwickelte Anschauung von der selbständigen Rechtspersönlichkeit des Staates neben der des Landesherrn und die allgemein vorherrschende Naturalwirthschaft brachten es mit sich, dass die für den Haushalt des Landesherrn wie für das Gemeinwesen zu leistenden Ausgaben regelmässig aus dem Domanium, aus Naturalleistungen der grundherrlichen Hintersassen und höchstens aus Geldausgaben für die Beleihung mit Grund und Boden bestritten wurden. Dazu kamen gerichtliche und Verwaltungsgebühren, Strafgelder, Regalien, Zölle etc. Eine Rechtspflicht der Landesbewohner zur Steuerzahlung war nur in besonderen Ausnahmefällen, in der Regel den drei Fällen des Feudalrechts, beim Ritterschlag des Sohnes, bei der Ausstattung sich verheirathender Töchter des Landesherrn und bei Gefangenschaft des Letzteren, anerkannt. Später, aber schon früh, werden diese Fälle auf die „allgemeine Landesnoth" erweitert. Immer aber handelt es sich somit um ausserordentliche Fälle, von einer regelmässigen Besteuerung ist noch nicht die Rede. Es bedurfte also in jedem einzelnen Fall des besonderen Herantretens an die Vertretung der Unterthanen, die Stände, unter Hinweis auf den besonderen Anlass der Forderung.

---

[1]) Literatur: Droysen, Geschichte der Preussischen Politik; die Darstellungen des Preussischen Staatsrechts von Schulze und von Rönne; Bornhak, Preussische Verwaltungswirthschaft; von Malchus, Finanzwissenschaft; Hoffmann, Lehre von den Steuern; Bergius, Grundsätze der Finanzwissenschaft; Wagner, Finanzwissenschaft Bd. III; Schmoller, Epochen der Preussischen Finanzpolitik, im Jahrbuch für Gesetzgebung und Verwaltung Jahrg. I; Riedel, Brandenburg-Preussischer Staatshaushalt; Breysig, Geschichte der Brandenburgischen Finanzen in der Zeit von 1640—1697.

Diese ältesten Steuern wurden daher, da sie besonders erbeten waren, „Beden“ genannt. Allmählich, namentlich mit dem Verfall der auf dem Lehnswesen aufgebauten Wehrverfassung und ihrer Ersetzung durch stehende Söldnerheere, in vielen Territorien auch durch Verpfändung und Verschleuderung des Domaniums wurden die Fälle, in denen die regelmässigen Einkünfte nicht ausreichten, immer häufiger, musste in immer regelmässigerer Wiederkehr zu dem Hülfsmittel der Beden gegriffen werden. So kam es nach und nach dahin, dass sich die Landstände, meist gegen andere Zugeständnisse seitens des Landesherrn, bereit finden liessen, gewisse Beden ein für allemal zu bewilligen; kamen dann noch besondere Anlässe, so wurden neben oder anstatt jener ordentlichen Beden vorübergehende „Nothbeden“ erbeten und bewilligt.

Im Anfange trugen die Beden häufig noch durchaus den Charakter der Matrikularumlagen, d. h. jeder Stand übernahm ein gewisses Kontingent, dessen Untervertheilung ihm überlassen blieb. Als Steuerobjekt bot sich in den wirthschaftlich unentwickelten Zeiten, wo der Begriff des Einkommens schon wegen der herrschenden Naturalwirthschaft sich nicht ausbilden konnte — ist es doch noch heute schwer, vielen Landwirthen klar zu machen, dass der Werth der Erzeugnisse ihrer Wirthschaft, die sie im eigenen Haushalt verzehren, zu ihrem „Einkommen“ gehört —, nur das, was der Einzelne besass, das Vermögen. Da dieses aber vorwiegend in Grund und Boden, Gebäuden und dem auf dem Grundbesitz gehaltenen Vieh bestand, so waren die ältesten Beden Steuern vom Grundvermögen. Dann, als man es als unbillig empfand, dass der solches nicht Besitzende frei ausgehen sollte, und Adel und Geistlichkeit die Beden mehr und mehr auf ihre Unterthanen abwälzten, erweiterte man die Steuerpflicht auf die Fahrhabe, so dass die Beden den Charakter allgemeiner Vermögensteuern annahmen, und zwar solche vom Bruttovermögen, da von Abzug der, übrigens in den Zeiten der Naturalwirthschaft noch keine grosse Rolle spielenden, Schulden noch keine Rede war; sie stellten somit thatsächlich Objektsteuern dar. Daneben finden sich allerdings wohl auch personalsteuerartige Beden, entweder mit Abstufungen nach den Verhältnissen der Steuerpflichtigen oder als Kopfsteuern.

Da indess die Beden zu gewissen Zeiten, insbesondere in Kriegszeiten, oft versagten, so griff man auch schon seit dem 15., hie und da schon seit dem 14. Jahrhundert, daneben zu indirekten Verbrauchssteuern, insbesondere von Getränken und Verkaufsabgaben beim Besitzwechsel von Immobilien.

§ 5. Im **Brandenburg-Preussischen Staat** war es noch länger möglich, ohne regelmässige Steuern auszukommen, als in anderen Deutschen Territorialstaaten. Die Lande östlich der Elbe waren der slawischen Bevölkerung im Wege kriegerischer Eroberung abgenommen worden, und dieser Erwerb hatte den Landesherrn von vornherein eine freiere Disposition über den Grund und Boden gegeben als in anderen Territorien. Es war ihnen daher möglich gewesen, einestheils sich ein besonders grosses Domanium zurückzubehalten, anderntheils bei der Vergebung des eroberten Landes an ihre Kriegsmannen, an die zur Besiedelung herangezogenen deutschen Bauern und an die verbliebene slawische Bevölkerung sich allerhand spezielle Kriegs- und andere Dienstpflichten, Zinsen, Zehnten u. dergl. auszubedingen. Immerhin finden wir in der Mark bereits im 13. Jahrhundert eine Bede in Form einer Vermögensteuer.

In den Jahren 1280—1283 wurde diese Bede durch einen Vertrag der Markgrafen mit ihren „Ministerialen, Rittern, Knappen, Vasallen aller Art und gesammten Unterthanen" gegen eine grosse Summe abgelöst, dergestalt, dass künftig nur eine anscheinend etwa $^1/_{10}$ der bisherigen betragende regelmässige Bede, eine ausserordentliche aber nur behufs Lösung des Markgrafen aus Gefangenschaft, bei schwerem Kriege oder „rechtmässiger Noth" soll erhoben werden dürfen. Den Massstab der ordentlichen Bede bildete die Hufe oder das der Hufe gleichgeschätzte „Stück" Hebung, d. i. der auf 20 Solidi angesetzte Ertrag einer Hufe.

Trotzdem in den Bedenverträgen die Unveräusserlichkeit der ordentlichen Bede bedungen war, ging unter den Nachfolgern der Askanier das Bederecht zum grossen, ja grössten Theile verloren, indem durch Hingabe von Kapital die Bedefreiheit von dem Landesherrn erkauft wurde. Als die Hohenzollern in die Mark kamen, galt es daher für sie, das Steuerrecht neu zu begründen. Doch gelang ihnen dies zunächt nur in der Form, dass sie fast alljährlich die Bewilligung einer ganzen oder halben Bede erreichten. Den Massstab der Bede bildete auf dem Lande wie bisher die Hufe oder das ihr gleich gerechnete „frustrum", während die Städte allmählich das Recht erhielten, ein Aversum zu zahlen und dasselbe nach ihrer Steuerverfassung, in der Regel nach eidlichen Vermögensdeklarationen unterzuvertheilen. Schwerer wurde es noch, zu einer indirekten Steuer zu gelangen: erst nach 16jährigen Kämpfen bewilligten die Stände 1488 zur Deckung einer Schuld von 100000 Goldgulden eine Bierziese auf 7 Jahre. Die Bierziese verschwand indess nach Ablauf der 7 Jahre nicht, sondern blieb eine ständige Einrichtung. Unter Joachim I. Nestor wurde sie nach zweimaliger Verlängerung 1513 auf dessen Lebenszeit bewilligt. Neue Zölle auf Verbrauchsgegenstände bezw. die Erhöhung schon bestehender führte Albrecht Achilles auf Grund eines ihm vom Kaiser 1456 ertheilten Privilegiums gegen den Willen der Stände gewaltsam ein.

Der Charakter der Steuern als periodisch bewilligter Matrikularbeitrag der Stände von bestimmter Höhe blieb ihnen auch später gewahrt: Joachim I. wurde zur Bezahlung von Schulden ein wie bisher zu $^2/_3$ von den Städten und zu $^1/_3$ von Prälaten und Ritterschaft, d. h. in Wahrheit von deren Hintersassen aufzubringender Hufenschoss 1521 auf drei und 1524 auf weitere acht Jahre bewilligt.

Zu bedeutsamen Umgestaltungen im Steuerwesen gab die Finanzwirthschaft Joachims II. Hektor Anlass. Zur Bedeckung seiner Schulden bewilligten die Stände 1541 einen „Pfundschoss" der Städte und einen Hufenschoss des platten Landes; aber die Steuerkontingente wurden nicht mehr an den Kurfürsten abgeführt, sondern von den Städten an ihren „Städtekasten" und von Adel und Geistlichkeit, den sogenannten Oberständen, an ihren „Schosskasten", und aus diesen ihren Kassen bestritten die Stände unmittelbar die Zahlungen zur Verzinsung und Tilgung der von ihnen selbstschuldnerisch übernommenen Schulden. In derselben Weise wurde verfahren, als 1549 zur Einlösung von dem Kurfürsten versetzter Gefälle und Güter ein neues, neben dem auch unter Joachim II. weiter erhobenen alten, Biergeld und von den Oberständen für eine Reihe von Jahren ein Lehnpferdegeld bewilligt wurde. Damit war durch das sogenannte „Kreditwerk" die Verwaltung der wichtigsten Steuern dem Kurfürsten aus der Hand genommen und in die der Stände gelangt und ihnen auch die Art der Aufbringung der Steuern mehr und mehr überlassen. Auf diesem Wege wurde auch fortgeschritten, als die Stände die von Joachim II. und Johann Georg hinterlassenen Schulden übernahmen, und nicht anders hatten sich die Verhältnisse in Preussen und den westlichen Theilen des Staates entwickelt. Es ist daher nicht zu verwundern, dass die Buntscheckigkeit der Steuern immer grösser wurde. Die Tendenz aber war überall bei den direkten Steuern, als Massstab das schwieriger festzustellende Vermögen durch den Kopf, den Viehbesitz, den Hausbesitz, den Schornstein (Schornsteinsteuer in Cleve), die Hufe als solche zu ersetzen; damit gewannen die Stände nicht nur leichter zu repartirende Steuern, sondern auch die Möglichkeit, die Last mehr auf die unteren Klassen abzuwälzen. Am weitesten ging die Buntscheckigkeit in den Städten, wo mehr und mehr jeder einzelnen die Wahl des Steuersystems überlassen blieb. Die alte und die neue Bierziese wurden 1571 in Steuern nach dem Malzverbrauch umgewandelt.

§ 6. Weder die Zeitverhältnisse noch die Persönlichkeiten der Landesherren waren bis zum Regierungsantritt des Grossen Kurfürsten dazu angethan, Wandel auf dem Gebiete des Steuerwesens zu schaffen. Die mit dem Erwerbe von Preussen und der Jülich-Cleve'schen Erbschaft verbundenen Verwickelungen, dann die Nöthe des dreissigjährigen Krieges zwangen die Landesherren in immer grössere Abhängigkeit von den Ständen. Lehnsverfassung und allgemeines Landesaufgebot versagten für die damaligen Kriege völlig und mussten durch das Söldnerwesen ersetzt werden. Die Soldtruppen wurden von den Obristen und Hauptleuten auf eigene Kosten geworben und der Oberst oder Hauptmann vermiethete die Truppe auf bestimmte Zeit an den Landesherrn. Zur Bezahlung bewilligten die Stände das Geld und übernahmen ausserdem die Naturaleinquartirung und die Naturallieferungen für die Truppe. Zunächst geschah die Bewilligung in der Weise, dass die Stände dem Landesherrn die Haltung eines Söldnerheeres in bestimmter Stärke und für bestimmte Zeit bewilligten, über die Höhe der zu gewährenden Geld- und Naturalleistungen aber die Obersten oder die vom Fürsten zu ihrer Beaufsichtigung bestellten Kriegskommissarien mit den Lokalobrigkeiten direkt verhandelten.

Die durch die Zeitverhältnisse bedingte fortdauernde Nothwendigkeit der Haltung von Soldtruppen trug nun auf diese Weise dazu bei, die Bevölkerung an fortdauernde Steuern zu gewöhnen, und so wurden die Geldbewilligungen für diese Truppen der Ausgangspunkt für eine regelmässige Besteuerung. Die für die Truppen bewilligten Gelder wurden etwa seit dem Jahre 1610 als „Kontribution“ bezeichnet. Ihre Umlage erfolgte nach den alten Schosskatastern.

Auf dieser Basis fussten auch die Reformen des Grossen Kurfürsten. Es gelang ihm zunächst, die Stände von der Nothwendigkeit eines stehenden Heeres an Stelle auf bestimmte Zeit gemietheter Truppen zu überzeugen und hierzu die Bewilligung fester Kontributionen, zuerst auf eine Reihe von Jahren, seit Anfang der 60er Jahre des 17. Jahrhunderts ohne Zeitbeschränkung, zu erlangen. Die Untervertheilung musste er zunächst den Ständen überlassen. Doch gelang es ihm allmählich, auch auf sie wieder, zunächst durch ein Aufsichtsrecht, grösseren Einfluss zu gewinnen und schliesslich die Untervertheilung und Einziehung wieder in seine Hand zu bekommen, weil die veralteten Kataster und andere Missstände das ständische Steuerwesen bei der Bevölkerung verhasst machten. Indess durchgreifende Reformen scheiterten an dem Widerstande der Stände. Der Grosse Kurfürst hatte die theilweise Ersetzung der Kontribution nach den Schosskatastern durch indirekte Steuern auf den Verbrauch, die „Accise“, im Auge. Schon 1641 hatten einzelne Landschaften der Kurmark eine solche versuchsweise eingeführt. Der Adel aber, der diese nicht auf die Bauern abwälzen konnte, setzte ihre Beseitigung wenigstens auf dem platten Lande durch, während ein Theil der Städte sie beibehielt. Im Jahre 1667 verlangte der Kurfürst die allgemeine Einführung der Accise; er konnte aber auch jetzt dem Adel gegenüber nicht durchdringen und entschloss sich daher, es auf dem Lande bei der Kontribution zu belasssn, den Städten aber die Ersetzung derselben durch Verbrauchssteuern freizugeben. Damit war der Grund für die erst durch das Gesetz v. 25. Mai 1873 völlig beseitigte differentielle Behandlung von Stadt und Land im Steuerwesen gelegt. Die Accise traf den Verbrauch von Getränken, Getreide, Fleisch, Viktualien und Kaufmannswaaren. Daneben wurden mässige Grund-, Gewerbe- und Kopfsteuern erhoben. Die Accise war somit ein Gemisch von überwiegend indirekten Verbrauchssteuern mit einigen mehr untergeordneten direkten Steuern. Die Acciseordnung von 1667 wurde noch unter dem Grossen Kurfürsten zwei Mal, 1680 und 1684, reformirt. Charakteristisch ist für die Accise das Prinzip der Ausdehnung auf möglichst viele Artikel bei niedrigen Steuersätzen. Von der Mark gelangte sie noch unter dem Grossen Kurfürsten in die Magdeburgischen Städte, unter Friedrich I. auch in die Städte der übrigen Landestheile. Eine unterschiedliche Behandlung von Stadt und Land hatte auch bezüglich des 1656 eingeführten Salzmonopols statt, indem die Salzkonskription, d. h. der Zwang, ein bestimmtes Quantum Salz zu kaufen, nur auf dem Lande Anwendung fand.

Auf dem Lande gelang es dem Grossen Kurfürsten wenigstens in der Kurmark, 1680 eine Revision der Kataster für die Erhebung der ländlichen Steuern durchzusetzen, die aber keineswegs eine Unifizirung derselben bedeutete: in einzelnen Kreisen bildet nach wie vor die Zahl der wieder kreisweise sehr verschieden grossen Hufen, in anderen die Aussaat die Bemessungsgrundlage; doch werden jetzt mehrere, meist 3 oder 4, Bodenklassen unterschieden. In einzelnen Kreisen wurde daneben eine Vieh-, Hopfen- und Maststeuer und eine Steuer vom verkauften Brennholz erhoben. Kossäthen, Braukrüge, Schankkrüge, Landhandwerker, Müller und Hirten wurden noch besonders mit einem jährlichen Beitrage herangezogen. Die Rittergüter blieben nach wie vor von der Kontribution frei und zahlten nur gelegentlich verhältnissmässig geringe Lehnpferdegelder. Auch in Pommern wurden unter dem Grossen Kurfürsten die Kataster revidirt; doch bleibt es hier bei der Besteuerung der Hufe ohne Rücksicht auf den Boden.

Neben diesen regelmässigen Steuern ging es freilich schon unter dem Grossen Kurfürsten nicht immer ohne Extrasteuern ab: mehrfach mussten alle Landeseinwohner zu einer solchen in Form eines Kopfschosses, der indessen nach Klassen abgestuft, also eine Klassen-, nicht eine reine Kopfsteuer war, herangezogen werden. Ursprünglich ebenfalls eine ausserordentliche Steuer, aber in Gestalt einer Naturalleistung, war die zuerst 1637 ausgeschriebene „Kriegsmetze", d. i. die Abgabe einer Metze von jedem zur Mühle gebrachten Scheffel Korn und von jedem Scheffel Braumalz. Doch nahm sie bald den Charakter einer dauernden Abgabe an.

Seit 1682 wurde auch zu gewissen Urkunden und Ausfertigungen die Verwendung von Stempelpapier vorgeschrieben. Auch wurde bei Ernennungen von Beamten eine Chargen-Steuer erhoben.

§ 7. Unter Friedrich I. (1688—1713) wurden die ausserordentlichen Steuern fast eine regelmässige Einrichtung: 1690 wurde eine Kopf- und Viehsteuer, 1691, 1692, 1693, 1697, 1701, 1704, 1707, 1710 eine Kopfsteuer, die jedesmal 200 und einige tausend Thaler brachte, erhoben. Uebrigens boten gerade diese Kopfsteuern insofern einen nicht unbilligen Ausgleich für die Mängel der regelmässigen Steuern, weil sie keinen Unterschied zwischen Stadt und Land machten und auf allen Klassen der Bevölkerung, sogar einschliesslich des Landesherrn und seiner Familie, lasteten, insbesondere die Ritterschaft nicht ausgenommen war. Auch vermieden sie ja durch ihre Abstufung nach Klassen den gröbsten Mangel einer wirklichen Kopfsteuer.

Weniger bedeutend war die Erhöhung der regelmässigen Steuerlast unter Friedrich I. Einzelne Sätze der Accise, insbesondere für fremde Manufaktur- und Kolonialwaaren, wurden erhöht, andere Artikel neu unter die Accisepflichtigen aufgenommen. Auch wurden Familien, welche Thee, Kaffee oder Chokolade trinken wollten, eine feste Jahresabgabe auferlegt und Luxussteuern auf Karossen, Perücken und das Tragen von Gold oder Silber an der Kleidung eingeführt. Ferner wurde die schon bestehende Stempelabgabe erweitert und in den Städten der Mark ein Spielkartenstempel eingeführt.

Auch die Kontribution erfuhr eine, indess nur mässige Erhöhung, und es wurde damit der Anfang gemacht, neben ihr als Ersatz für die dem Lande abgenommene Einquartirungs- und Servislast in Folge der bereits 1684 geplanten, aber erst unter Friedrich Wilhelm I. völlig durchgeführten Verlegung des Militärs in die Städte unter dem Namen „Speise- und Fourage-“, später „Kavalleriegeld“ eine besondere Abgabe nach denselben Grundsätzen wie die Kontribution zu erheben. Da nun aber die Servislast äusserst ungleich war, je nachdem und in welcher Stärke eine Stadt mit Truppen belegt war, wurden seit 1712 von den minder belasteten Städten Sublevationsgelder erhoben, welche zur Erleichterung der überbürdeten verwendet wurden. Eine Reform des Aufbringungsmassstabs der Kontribution erfolgte im Herzogthum Magdeburg. Hier war bisher die Kontribution nach der sogenannten „Thalersteuer“, d. i. in Pfennigen von jedem Thaler des Ertrages umgelegt worden; 1690 wurde statt dessen eine ähnliche Katastrirung wie in der Neumark vorgenommen.

Die Absicht des Grossen Kurfürsten, den Ständen die Erhebung von Steuern für Staatszwecke aus der Hand zu nehmen, wurde unter Friedrich I. insofern vereitelt, als neue Schulden von den Ständen übernommen und ihnen daher das Recht zugestanden werden musste, auch ihrerseits einen Schoss zu erheben.

§ 8. Die Regierung Friedrich Wilhelms I. (1713—1740) ist ausgezeichnet durch von ihm mit starker Hand durchgesetzte Reformen des Kontributionsmassstabes. Schon 1714 wurde mit einer Neueinschätzung des platten Landes zur Kontribution begonnen, wobei namentlich die unberechtigten Steuerbefreiungen beseitigt wurden, und die Einschätzung nach der Höhe der Aussaat erfolgte. Besonderen Widerstand fand die Reform in Ostpreussen, wo die bisherigen Kontributionsmassstäbe durch den nach in den „Principia regulativa“ für alle Provinzen niedergelegten Grundsätzen geordneten „Generalhufenschoss“ ersetzt wurden. Der Widerstand war insofern sehr erklärlich, weil fortan auch für die adligen Güter nur unter ganz bestimmten Voraussetzungen Befreiungen bestehen blieben.[1]) Insbesondere wurden nun auch von den auf Grund besonderen Rechtstitels kontributionsfreien Rittergütern regelmässig Lehnpferdegelder, in der Regel 40 Thlr. für jedes Lehnpferd, gefordert. Die in den einzelnen Provinzen nach den allgemeinen Grundsätzen der Principia regulativa, im Einzelnen aber immer noch sehr verschieden geordnete Kontribution vom Grundbesitze wurde nun als fixirte bezeichnet, da die Kataster, auf denen sie beruhte, stabil blieben. Ihr gegenüber stand die unfixirte, d. i. die als Aequivalent der fixirten von den auf dem platten Lande wohnenden nicht grundbesitzenden Personen zu entrichtende persönliche Abgabe. Sowohl für die fixirte wie für die unfixirte Kontribution wurden jetzt, ein weiterer erheblicher Fortschritt, die Steuersätze für jede Provinz ein für allemal gesetzlich festgelegt; nur in der Kurmark blieben sie kreisweise verschieden. Damit war mit dem System der von den Ständen untervertheilten Matrikularbeiträge endgültig gebrochen, der Einfluss der Stände beseitigt.

---

[1]) Bei dem Kampfe mit dem ostpreussischen Adel um den Generalhufenschoss fielen die berühmt gewordenen Worte Friedrich Wilhelm I. von dem „rocher de bronce“.

Auch die Erhebung der Accise nahm der Staat nunmehr wenigstens den Mediatstädten, d. i. den unter einer Patrimonialgerichtsbarkeit stehenden Städten, aus der Hand. Im Uebrigen wurde die Accise in den östlichen Provinzen in Einzelheiten abgeändert und in den westlichen mehr in Einklang mit jenen Provinzen gebracht.

Die Kriegsmetze wandelte Friedrich Wilhelm in eine feste Geldabgabe um, während die unter seinem Vorgänger begonnene Regelung der Kavalleriegelder, wie erwähnt, durchgeführt wurde. Ausser ihnen wurden, ebenfalls als ein Zuschlag zur Kontribution, die früher nur im Kreise Teltow zur Unterhaltung der Garde erhobenen „Potsdamer Bettgelder" auf die ganze Mark ausgedehnt. Dagegen verzichtete Friedrich Wilhelm schon 1713 ausdrücklich auf die Erhebung der Kopfsteuer, es sei denn, er müsste wegen seiner eigenen Lande in einen Krieg treten.

Wiederum ausgedehnt wurden endlich die Stempelabgaben. Ebenso wurde der Spielkartenstempel erweitert und die Chargensteuer auf städtische Beamte ausgedehnt; letztere erfuhr auch insofern eine äusserst bedenkliche Aenderung, als der König die Bestimmung ihrer Höhe im Einzelfalle vorbehielt, während bisher die Steuer eine feste Quote des Gehalts ausmachte. Abgeschafft wurden dagegen die Karossen- und Perückensteuer.

§ 9. Friedrich der Grosse (1740—1786) baute, was die direkten Steuern anlangt, auf den von seinem Vater gelegten Fundamenten weiter. Nach der Eroberung Schlesiens führte er hier auf dem platten Lande an Stelle der Accise und der sehr verschiedenartigen Steuern, die er vorfand, eine fixirte Kontribution ein, die sich von der der meisten alten Provinzen im Wesentlichen nur dadurch unterschied, dass sie nicht nach der Aussaat, sondern nach dem Ertrage katastrirt und dass der Adel in weiterem Umfange, wenn auch immerhin noch mit ermässigten Sätzen, zu ihr herangezogen wurde; dagegen bestanden in Schlesien Abgaben nach Art der Lehnpferdegelder nicht. In gleicher Richtung bewegte sich Friedrichs Steuerreform in Westpreussen und Ostfriesland. In den alten Provinzen beschränkten sich die Aenderungen in der direkten Besteuerung mehr auf Einzelheiten, wie einzelne Erhöhungen der Steuersätze, Kontingentirung der Potsdamer Bettgelder auf 10 000, seit 1765 nur 8000 Thlr. jährlich und Einführung der Lehnpferdegelder in Westfalen und den Cleve-Märkischen Landen.

Wichtiger waren die Reformen der indirekten Steuern, welche, abgesehen von der Einführung der Regie für Accise und Zölle, hauptsächlich in der Beseitigung des Biergeldes und der Kriegsmetze in den Städten gegen Erhöhung der Accise bestanden; eine neu eingeführte Biersteuer floss nur der Landschaft und den Städten selbst zu. Auf dem Lande blieben Biergeld und Kriegsmetze bestehen. Die in Cleve-Mark-Mörs und Minden-Ravensberg-Tecklenburg-Lingen den Städten 1767 zugestandene Ersetzung der Accise durch eine direkte Steuer, die Städtesteuer oder Accisefixation, wurde schon im nächsten Jahrzehnt wieder rückgängig gemacht.

Auch die Stempel- und Spielkartensteuer erfuhren, nachdem mit ihrer Verpachtung schlechte Erfahrungen gemacht waren, einige Aenderungen.

Weite Anwendung fanden die Monopole: 1765 wurde ein Tabak-, 1781 ein Kaffeebrennereimonopol eingeführt. Das Salzmonopol wurde insofern umgestaltet, als die Salzkonskription nun auch auf die Städte ausgedehnt wurde.

§ 10. Unter Friedrichs des Grossen Nachfolger Friedrich Wilhelm II. (1786—1797) und bis zu der Katastrophe von 1806/07 auch unter Friedrich Wilhelm III. (1797--1840) blieb es, was die direkten Steuern anlangt, in den alten Provinzen bei dem seitherigen Zustande, und auch in den neu erworbenen Landestheilen wurde die geplante Einführung der Kontribution nach dem Reinertrage nicht verwirklicht, blieben vielmehr die überkommenen äusserst verwickelten Steuerverhältnisse bestehen. Dagegen erfolgte anlässlich der Wiederaufhebung der Regie eine Kodifikation des Acciserechtes für die Provinzen rechts der Weser durch das Accisereglement v. 3. Mai 1787. In demselben wurden insbesondere die Befreiungen (u. A. für Geistliche, Schullehrer, milde Stiftungen, in oder bei accisebaren Städten befindliche adlige Grundherrschaften, deren Pächter und Bediente, Domänenpächter und -Verwalter, Forst- und Postbeamte, Rittergutsbesitzer und Einwohner des platten Landes) geordnet. Doch wurde den Befreiten schon 1790 für ihren Konsum an ausländischen Waaren eine besondere Accise unter dem Namen „Impost" auferlegt und 1799 auch ihre Befreiung hinsichtlich der inländischen Waaren aufgehoben. Objektiv wurde die Accisepflicht bei Aufhebung des Tabakmonopols auf Tabak, Zucker und Syrup ausgedehnt. Aus demselben Anlasse erfolgte eine Erhöhung der Steuersätze in Gestalt der „Nachschussaccise". In einem Theile der neuen Landestheile kam es bis zu den Ereignissen von 1806/07 zu der beabsichtigten Einführung der Accise nicht.

Von den Monopolen wurde das der Kaffeebrennerei sogleich nach Friedrichs des Grossen Tode beseitigt, das Tabakmonopol aber durch eine Steuer auf in- und ausländischen Tabak ersetzt.

So bestanden denn zu Anfang des 19. Jahrhunderts in Preussen in den bis zum Tode Friedrichs des Grossen erworbenen Landestheilen als Hauptsteuern auf dem Lande die im Einzelnen in den verschiedenen Provinzen abweichend geordnete und verschieden benannte Kontribution (Generalhufenschoss, Hufensteuer, Landsteuer) und von den kontributionsfreien Rittergütern die Lehnpferdegelder, Ritterpferde-, Donativgelder), in den Städten die Accise mit dem Impost. Daneben wurde in der Mark auf Grund des Kreditwerks unter Joachim II. für ständische Rechnung der Giebel- und Hufenschoss erhoben. Ferner zahlte das platte Land die Kavalleriegelder, die Kriegsmetze, die Biergelder und gewisse kleine Nebensteuern, wie die Potsdamer Bettgelder in der Kur- und Neumark, die Brauziese von Gutsbesitzern mit Braugerechtigkeit, das „Schäferschattenhufengeld", eine Beihülfe der Gutsherrschaften zur bäuerlichen Kontribution, in Ost- und Westpreussen Kopf-, Horn-, Klauenschösse, Schutz- und Nahrungsgelder, Bienenziese. Neben der Accise, welche insbesondere auf Getreide und dessen Produkten, Getränken, Fleisch, andere Lebens- und Genussmittel, gewisse Roh- und Hülfsstoffe der Produktion und gewisse Manufaktur- und Fabrikwaaren, z. B. Nutzholz, Flachs, Hanf, Baumwolle, Steine, Metalle, Farbwaaren- und Seidenwaaren ruhte, wurden ausser der Nachschussaccise noch sog. Fixaccisen von einzelnen Gegenständen, wie Holz, Gartengewächse, Wirthschaftsvieh, fixe Abgaben von vorstädtischen Gewerben, ferner direkte Steuern vom Ertrage der städtischen Aecker, Wiesen und Gärten und Viehsteuern vom Milch- oder auch von diesem und dem Zugvieh erhoben. Der Stadtkasse floss der alte Schoss, ebenfalls eine städtische Realsteuer, zu.

Indirekte Steuern, die Stadt wie Land trugen, waren die Stempelabgaben, die Grenzzölle und die an bestimmten Strassenstellen und Orten im Binnenlande erhobenen Landzölle.

Der Ertrag der direkten und indirekten Steuern wird für das Jahr 1806 auf 16 bis 20 Mill. Thaler gegen 10 bis 11 beim Tode, 3,6 beim Regierungsantritt Friedrichs des Grossen, 2,4 beim Regierungsantritt Friedrich Wilhelms I. und 1,62 Mill. beim Tode des Grossen Kurfürsten angegeben. Das gesammte reine Staatseinkommen beziffert man für diese Jahre auf beziehentlich 27–31, 19—20, 7,4 und 2,5 Mill. Thaler. Während also am Ende der Regierung des Grossen Kurfürsten $^2/_3$ des reinen Staatseinkommens durch Steuern beschafft wurden, entfiel auf diese 1740 und 1786 nur etwa die Hälfte und erst unter Friedrich Wilhelm III. stieg der Antheil der Steuern wieder auf nahezu $^2/_3$ des Staatseinkommens. Trotz der Vermehrung des Heeres u. s. w. war es also Dank der pfleglichen Behandlung des Domänenbesitzes (Domänen im weitesten Sinne verstanden) möglich geworden, die Einkünfte aus diesem noch mehr zu steigern, als der Finanzbedarf des Staates zunahm.

II. Abschnitt.

Die Steuerreform von 1820 und ihre Vorläufer.

I. Kapitel.

Die Vorläufer der Reform.

§ 11. Den Bedürfnissen des in Folge der Katastrophe der Jahre 1806 und 1807 seiner wohlhabendsten, wirthschaftlich-entwickeltsten Landestheile beraubten, ausgesogenen, wirthschaftlich zu Grunde gerichteten, mit unerschwinglichen Kriegskontributionen belasteten und trotzdem seiner Wiedergeburt entgegenzuführenden Staates genügte das im vorigen Paragraphen skizzirte Steuersystem nicht mehr, und ebensowenig vertrug es sich mit dem Geiste der Stein-Hardenbergschen Reformen.

Bereits unmittelbar nach dem Tilsiter Frieden, in den Jahren 1807 und 1808, wurde daher in einzelnen Provinzen nach dem Muster der income tax, welche sich England zur Deckung seiner ungeheuren Ausgaben für seine Kriege gegen Frankreich geschaffen hatte, mit der Einführung von Einkommensteuern vorgegangen. Doch trugen diese Steuern noch den Charakter ausserordentlicher Nothbehelfe, um die durch den Krieg verursachten Lasten zu decken, und ebenso konnte ihre provinziell verschiedene Regelung den an eine organische Reform zu stellenden Anforderungen nicht genügen.

In Ostpreussen und Litthauen unterschied die Einkommensteuer zwischen der Stadt Königsberg und dem übrigen Land. In Königsberg war die Steuer für Einkommen aus Grundbesitz, Kapitalien und gewinnbringender Beschäftigung eine wirkliche Einkommensteuer mit Sätzen, die von $^2/_3$, bei gewinnbringender Beschäftigung von $^1/_2$ Proz., bis auf 20 Proz. für Einkommen aus Grundbesitz und Kapital, für solches aus gewinnbringender Beschäftigung bis auf 15 Proz. stiegen. Für die Gewerbetreibenden war die Steuer eine Klassensteuer mit Sätzen von $^1/_2$ bis $1365^1/_3$ Thlr. Ausserhalb Königsbergs hatte landwirthschaftlicher Grundbesitz 4, anderer 3 Proz. des Einkommens, vom verpachteten der Verpächter 3, der Pächter $^1/_2$ Proz. der Pachtsumme zu entrichten; Gehälter wurden mit $^1/_6$ bis 3 Proz., Kapitaleinkommen mit 3 Proz. besteuert, während für das sonstige Arbeitseinkommen die Steuer nach Klassen mit Sätzen von $^2/_{15}$ bis $136^8/_{15}$ Thlr. auf dem Lande, $^2/_{15}$ bis $546^2/_{15}$ Thlr. in den Städten umgelegt wurde. Aehnliche Steuern wurden in Westpreussen und Danzig erhoben, während in Schlesien eine Vermögensteuer eingeführt wurde und in der Mark der Plan einer Einkommensteuer an dem Widerspruch der Stände scheiterte.

§ 12. Das erste umfassende Reformprogramm enthielt das Edikt über die Finanzen des Staates und die neuen Einrichtungen wegen der Abgaben u. s. w. v. 27. Okt. 1810 (G.-S. S. 27). Dasselbe stellte als leitende Grundsätze auf: Erhöhung der Abgaben, vorzugsweise von der Konsumtion und dem Luxus, aber unter Beschränkung auf weniger Artikel und Beseitigung lästiger Erhebungsmodalitäten, nicht Erhöhung, aber gerechtere Vertheilung der Grundsteuer, Einführung einer Patentsteuer von allen Gewerben, Vereinfachung des Zollwesens und zweckmässigere Regulirung sowie mässige Erhöhung der Stempelabgaben; sowohl für die direkten wie für die indirekten Steuern wird als Prinzip die gleichmässige Heranziehung aller Klassen des Volkes unter Beseitigung der Exemtionen proklamirt. Nachstehend der Wortlaut der einschlägigen Stellen des Edikts:

„Wir sehen Uns genöthigt, von Unsern getreuen Unterthanen die Entrichtung erhöhter Abgaben, hauptsächlich von der Konsumtion und von Gegenständen des Luxus zu fordern, die aber vereinfacht, auf weniger Artikel zurückgebracht, mit Abstellung der Nachschüsse und der Thor-Accisen, so wie mehrerer einzelner lästigen Abgaben verknüpft und von allen Klassen der Nation verhältnissmässig gleich getragen und gemindert werden sollen, sobald das damit zu bestreitende Bedürfniss aufhören wird. In den Gegenden, welche durch den Krieg ganz vorzüglich gelitten haben, besonders im Königreich Preussen, wollen Wir Bedacht nehmen, durch ausserordentliche Hülfsmittel die Last zu erleichtern, welche aus jenen neuen Konsumtionssteuern entstehet.

Es versteht sich übrigens, dass die durch das Kontinental-System für jetzt nothwendig gewordenen hohen Abgaben von Kolonial-Waaren, die für diese bestimmten niedrigeren Sätze in sich fassen.

Ueberhaupt aber soll das drückende jener neuen Auflagen dadurch möglichst vergütigt werden, dass Wir mittelst einer gänzlichen Reform des Abgaben-Systems, alle nach gleichen Grundsätzen für Unsere ganze Monarchie von Jedermann wollen tragen lassen. Auf dem kürzesten Wege wird daher auch ein neues Kataster angelegt werden, um die Grundsteuer danach zu bestimmen.

Unsere Absicht ist hierbei keineswegs auf Vermehrung der bisher aufgekommenen gerichtet, nur auf eine gleiche und verhältnissmässige Vertheilung auf alle Grundsteuerpflichtigen. Jedoch sollen alle Exemtionen wegfallen, die weder mit der natürlichen Gerechtigkeit, noch mit dem Geist der Verwaltung in benachbarten Staaten länger vereinbar sind. Die bis jetzt von der Grundsteuer befreit gebliebenen Grundstücke sollen also ohne Ausnahme damit belegt werden, und Wir wollen, dass es auch in Absicht auf unsere eigene Domanial-Besitzungen geschehe. Wir hoffen, dass diejenigen, auf welche diese Maassregel Anwendung findet, sich damit beruhigen werden, dass künftig der Vorwurf sie nicht weiter treffen kann, dass sie sich auf Kosten ihrer Mitunterthanen öffentlichen Lasten entziehen, so wie mit den Betrachtungen: dass die von ihnen künftig zu entrichtende Grundsteuern dem Aufwande nicht gleich kommen, den sie haben würden, wenn man die ursprünglichen auf ihren Gütern haftenden Ritter-Dienst-Verpflichtungen von ihnen forderte, für welche die bisherigen ganz unverhältnissmässigen Abgaben gegen die Grundsteuer wegfallen; wie auch, dass freie Benutzung des Grundeigenthums, völlige Gewerbefreiheit und Befreiung von anderen Lasten, die sonst nothwendig gewesen seyn würden, statt finden sollen; endlich dass die Grundsteuer schon in einem grossen Theile Unserer Monarchie von den Gutsbesitzern wirklich getragen wird.

Wir wollen nämlich eine völlige Gewerbefreiheit gegen Entrichtung einer mässigen Patentsteuer und mit Aufhören der bisherigen Gewerbesteuer verstatten, das Zollwesen simplifiziren lassen, die Bann- und Zwangsgerechtigkeiten aufheben und zwar da, wo ein Verlust wirklich nach den vorzuschreibenden Grundsätzen erwiesen wird, gegen eine Entschädigung abseiten des Staats; dem Theile Unserer Unterthanen, welcher sich bisher keines Eigenthums seiner Besitzungen erfreut, dieses ertheilen und sichern, auch mehrere drückende Einrichtungen und Auflagen gänzlich abschaffen.

Diesemnach soll künftig die Natural- Brodt- Korn- und Fourage-Lieferung für die Armen aufhören und der Bedarf aus den öffentlichen Einkünften für Geld angeschafft werden.

Der bisher von den sogenannten pflichtigen Landbewohnern gestellte Vorspann, soll in Friedenszeiten wegfallen, und fernerhin für das Civil- und einzelne Militärpersonen gar keinen, für das Millitär in Friedenszeiten aber von einem jeden, der Anspann hält, Luxuspferde allein ausgenommen, weil diese einer besondern Steuer unterworfen seyn sollen, gegen volle Bezahlung aus den öffentlichen Einkünften gestellt werden.

Mit dem Serviswesen soll eine Einrichtung getroffen werden, nach welcher die Last theils gleichtheilich von allen Städtebewohnern, theils aus den allgemeinen Fonds zu tragen seyn wird.

Die Stempelabgaben sollen einer zweckmässigen Regulirung und mässigen Erhöhung unterworfen werden.

Einzelne Edikte werden über jede der erwähnten Veränderungen das Nöthige näher bekannt machen."

§ 13. Von den in dem Finanzedikt v. 27. Okt. 1810 verheissenen Edikten zur Ausführung der einzelnen Programmpunkte erschienen am 28. Okt. 1810 das Edikt über die neuen Konsumtions- und Luxussteuern (G.-S. S. 33), das Reglement wegen Zahlung, Erhebung und Kontrolirung der Landkonsumtionssteuer (G.-S. S. 40), das Edikt wegen Aufhebung des Vorspanns (G.-S. S. 77), das Edikt wegen der Mühlengerechtigkeit und Aufhebung des Mühlenzwanges, des Bier- und Branntweinzwanges in der ganzen Monarchie (G.-S. S. 95), die Mühlenordnung für die ganze Monarchie (G.-S. S. 98), am 30. desselben Monats das Edikt über die Aufhebung der Natural-, Fourage- und Brotlieferung (G.-S. S. 78), am 2. Nov. desselben Jahres das Edikt über die Einführung einer allgemeinen Gewerbesteuer (G.-S. S. 79) und am 20. Nov. 1810 das Stempelgesetz für die ganze Monarchie (G.-S. S. 121).

Das Edikt über die neuen Konsumtions- und Luxussteuern behält die Grosshandlungsaccise und die Abgaben von fremden Branntweinen und Spiritus im Prinzip bei und führt neue Konsumtionsabgaben von Schlachtvieh, Mehlgetreide und Mehl, Getreide zur Bier-, Essig- und Branntweinfabrikation, aus anderen Früchten bereitetem Branntwein, gewissen Material- und Gewürzwaaren sowie fremden Weinen, ferner Luxussteuern für das Halten von männlichen Bedienten oder mehr als einem weiblichen Dienstboten, von Hunden, Reit- und Kutschpferden, zwei- und vierrädrigen Wagen ein; dabei werden die Verschiedenheiten zwischen den einzelnen Provinzen und die Befreiungen einzelner Klassen beseitigt und die Konsumtionsabgaben auf das platte Land ausgedehnt. Das Stempelgesetz ordnet fünferlei Arten von Stempeln an: „gewöhnliche", d. i. vom Werthe unabhängige, Werth-, Gnaden-, Karten- und Zeitungsstempel.

Das Edikt über die Einführung einer allgemeinen Gewerbesteuer führt unter Gewährung „vollkommener Gewerbefreiheit" für jeden, der im Bereiche der Monarchie ein Gewerbe, „es bestehe in Handel, Fabriken, Handwerken, es gründe sich auf eine Wissenschaft oder Kunst", betreiben will, die Verpflichtung zur Lösung eines Gewerbescheines ein.

Befreit sind nur: 1. Staats- und Kommunalbeamte, 2. Landwirthe — nicht jedoch Landwirthschaftsbeamte, Milch-, Fischerei-, Garten- und ähnliche Pächter —, 3. Wohnungsvermiether mit Ausnahme der Vermiether möblirter Zimmer, 4. wer nicht gewerbsmässig Geld ausleiht, 5. Dienstboten, nicht aber Hausoffizianten, 6. gewerbliche Aufseher, Gehülfen und Arbeiter, nicht aber Disponenten, 7. gemeine Tagelöhner, 8. Spinner, Wollkämmer und dergleichen, 9. gewöhnliche Leinweber mit nur einem Webstuhl, 10. Hebammen auf dem Lande und in Städten unter 1000 Einwohnern. Der Begriff des Gewerbes ist also, wie wir noch sehen werden, ein viel weiterer als nach den späteren Gewerbesteuergesetzen. Wer mehrere Gewerbe treibt, muss für jedes einen Gewerbeschein lösen. In dem Tarif sind die Gewerbe theils nach ihrer Art, theils nach ihrem Umfang, theils auch nach der Grösse des Betriebsortes in 6 Klassen eingetheilt und innerhalb jeder dieser Klassen sind mehrere, in den ersten drei je 3, in der vierten und sechsten je 4 und in der fünften 6 Steuersätze vorgesehen, die nach dem grösseren oder geringeren Erwerbe anzuwenden sind. Sie betragen in Klasse I: 1, $1\frac{1}{3}$ und $1\frac{2}{3}$ Thlr., II: 2, $2\frac{2}{3}$ und $3\frac{2}{3}$ Thlr., III: 4, $5\frac{1}{3}$ und $6\frac{2}{3}$ Thlr., IV: 8, 12, 16 und 20 Thlr., V: 24, 36, 48, 60, 72 und 84 Thlr., VI: 96, 120, 156 und 200 Thlr. Die Steuer ist in Vierteljahrsraten, von Ausländern in einer Summe für das ganze Jahr zu entrichten.

§ 14. Die völlige Gleichstellung von Stadt und Land in Ansehung der Konsumtionsabgaben, namentlich der hohen Mehlaccise, erwies sich alsbald als undurchführbar. Unterm 7. September 1811 erging daher ein „Ferneres Edikt über die Finanzen des Staates und das Abgabensystem" (G.-S. S. 253). Dasselbe hielt zwar die leitenden Grundsätze: Gleichheit vor dem Gesetz, Gewerbefreiheit, Aufhören der Zwangs- und Bannberechtigkeiten und Monopole, Tragung der Abgaben nach gleichen Grundsätzen von Jedermann, Vereinfachung derselben und ihrer Erhebung ausdrücklich aufrecht, kehrte aber zu der unterschiedlichen Behandlung von Stadt und Land zurück. Es unterscheidet zwischen Städten, die „in Rücksicht auf ihre Bevölkerung, ihres städtischen Gewerbes und ihres Handelsverkehres sich dazu eignen, die Konsumtions-Abgaben, welche Unser Edikt v. 28. Okt. v. J. vorschreibt, aufzubringen", und solchen, „die sich in jenen Rücksichten nicht dazu eignen, und die solchemnach, unbeschadet ihrer städtischen Gerechtsame, in Absicht auf die Abgaben dem platten Lande gleich zu stellen seyn werden". In den ersteren werden die bisherigen Abgaben, abgesehen von einigen untergeordneten älteren (Nachschussaccise, Umschüttegefälle, Zettelgelder und Handwerkssteuer) beibehalten, in den letzteren und auf dem platten Lande dagegen die Mehlaccise abgeschafft, die Abgaben vom Getreide zur Bier- und Essigfabrikation, vom Branntwein und vom Schlachtvieh ermässigt und für die beiden letzteren andere Bemessungsgrundlagen vorgeschrieben. Zum Ersatz des Ausfalles soll auf dem Lande und in den kleinen Städten eine „fixirte Personensteuer" von jeder Person vom vollendeten zwölften Jahre an mit jährlich ½ Thlr. entrichtet werden, für deren Ausfälle und Reste die Gutsherren und ansässigen Gemeindeglieder nach Verhältniss der Grundsteuer, in deren Ermangelung nach Verhältniss ihrer Besitzungen haften. Auch soll die Gewerbesteuer auf dem platten Lande und in den kleinen Städten erhöht werden. Die Abgaben werden, um die Kontrolen mildern zu können, insofern kontingentirt, als, was an dem „nach einem mässigen Anschlage" berechneten Soll einer Provinz fehlt, als ausserordentliche Grundsteuer aufzubringen ist. Die dem platten Lande gleichzuachtenden kleinen Städte, deren Ermittelung anbefohlen wird, sollen diesen auch hinsichtlich der Grundsteuer gleichgestellt werden, dagegen vom Servis befreit bleiben. Die verschiedene Behandlung der grösseren Städte einerseits, der kleineren Städte und des platten Landes andererseits hinsichtlich der Verbrauchsabgaben bedingte es endlich, dass von den ländlichen Erzeugnissen bei Eingang in die grösseren Städte eine Abgabe zu entrichten war.

§ 15. Nur zur Deckung ausserordentlicher Bedürfnisse bestimmt, aber von nachhaltigem Einflusse auf die Richtung der demnächstigen Steuerreform war die durch Edikt und Instruktion v. 24. Mai 1812 (G.-S. S. 49 bezw. 54) eingeführte Vermögen- und Einkommensteuer. Behufs Deckung der rückständigen Kriegskontribution an Frankreich und der Kosten der Unterhaltung der nach Russland durchmarschirenden Französischen Truppen wurde die Erhebung einer Vermögensteuer von 3 Proz. des Vermögens in drei Terminen, am 24. Juni, zu Michaelis und Weihnachten 1812, angeordnet. Die erste Rate war in Baar, die beiden anderen konnten in für die Armee tauglichen Naturallieferungen entrichtet werden. Von Werthpapieren waren schon am 24. Juni die vollen 3 Proz. in diesen Papieren zu entrichten. Grundeigenthümer durften Schulden nicht abziehen, wohl aber das erste Prozent ihren Gläubigern in Abzug bringen; auch wurde zu mehr als einem Drittel des Werthes verschuldeten Grundbesitzern gestattet, über die zweite und dritte Rate mit 6 Proz. verzinsliche und zu amortisirende, auf den Namen des für sie haftenden Grundstückes lautende Steuerscheine in Zahlung zu geben. Von dem nicht „durch die Anwendung eines Vermögens hervorgebrachten“ Einkommen ist in denselben drei Terminen eine Einkommensteuer zu erheben, die sich für Einkommen von 300 Thlr. oder darüber auf 5 Proz., für Einkommen von 100 Thlr. bis ausschliesslich 300 Thlr. auf 1 Proz. des Jahresbetrages beläuft. Die Personen, die weniger als 100 Thlr. Einkommen haben, steuern in zwei Klassen, in der ersten $1/2$, in der zweiten $3/4$ Thlr.; in die erste gehören diejenigen, die „bloss durch die Anwendung ihrer physischen Kräfte sich ihren Unterhalt erwerben, z. B. Tagelöhner und Gesinde“, in die zweite diejenigen, „welche irgend einer Kunst oder besonders erlernter Kenntnisse zur Betreibung ihres Gewerbes bedürfen, z. B. Handwerker“. Die Veranlagung der Vermögen- und Einkommensteuer erfolgt auf Grund von Selbsteinschätzungen, die nur bei dringendem Verdachte einer Verheimlichung angefochten werden sollen. Um den Besorgnissen wegen Aufdeckung des Vermögens für den kaufmännischen Kredit zu begegnen, wird vorbehalten, den kaufmännischen Korporationen zu gestatten, die Steuer nach einer Abschätzung nach bestimmten, auf der Basis von 3 Proz. des Vermögens beruhenden Klassen zu entrichten, was demnächst (Instruktion v. 6. Juni 1812 — G.-S. S. 89 —) für Berlin zugelassen wurde.

Der Vermögensteuer unterliegt alles unbewegliche, Kapital- und baare Vermögen der Preussischen Staatsangehörigen, sonstiges bewegliches Vermögen nur soweit es zum Gewerbebetrieb dient, ferner in Preussen belegene Immobilien eines Ausländers, einem solchen gehörige, durch Inhaberpapiere verbriefte Forderungen an den Preussischen Staat, Preussische Provinzen oder Kommunen, im Inlande befindliche, einem Ausländer zugefallene Erbschaften, Real- und Personalforderungen einer ausländischen Handlung, welche Kommandite einer inländischen ist, an Preussische Staatsangehörige und das in öffentlichen ausländischen Fonds angelegte oder an Privatpersonen im Auslande hypothekarisch oder persönlich ausgeliehene Kapitalvermögen der Staatsangehörigen. Befreit sind insbesondere die nicht zum Gewerbebetriebe dienenden Mobilien, das Vermögen der Kirchen, Schulen, milden und frommen Stiftungen sowie staatlicher Geldinstitute, ausländisches Grundeigenthum und die Kapitalanlagen der Ausländer in im Auslande kontrahirten Preussischen Staatsanleihen. Grundstücke sind nach Wahl des Eigenthümers nach dem Erwerbspreise, wenn der Erwerb in den Zeitraum 1790—1808 fällt, mit Abzug von einem Drittel für die durch den Krieg verursachte Entwerthung, oder nach einer landschaftlichen Taxe oder endlich bei städtischen Grundstücken mit der 20fachen Jahresnutzung zu bewerthen; abzugsfähig sind nur Pfandbriefschulden und einem Ausländer gehörige Schuldkapitalien. Vom Kapitalvermögen sind die Schulden abzurechnen. Waarenvorräthe der Gewerbetreibenden sind nach Wahl des Eigenthümers mit dem bilanzmässigen Werthe oder nach den Verkaufspreisen mit einem Rabatt von in der Regel 30 Proz. in Ansatz zu bringen, Erntevorräthe mit Ausnahme derjenigen der letzten Ernte, die frei bleiben, nach den Marktpreisen. Auf gewerblichen Waarenlagern ruhende Forderungen eines Ausländers, rückständige Gefälle und Unkosten sind abzugsfähig. Das steuerpflichtige Einkommen besteht in demjenigen, „was Jemand von dem Gesammteinkommen seines Gewerbes, nach Abzug dessen, was zur Betreibung des Gewerbes erforderlich ist, übrig behält“. Die Veranlagung erfolgt in den Städten durch Kommunal-, auf dem Lande durch Spezialkommissionen, gegen deren Entscheidungen Beschwerde an die für jede Provinz gebildete Provinzialkommission und die für den ganzen Staat gebildete Centralkommission stattfindet. Die Kommissionen erster und zweiter Instanz bestehen aus einem staatlichen Kommissar und von diesem ernannten Mitgliedern; Präsident und Mitglieder der Centralkommission werden vom Staatskanzler ernannt, ihr aber aus der interimistischen Nationalrepräsentation je ein Mitglied der drei Stände beigegeben, wobei die Provinzen von vier zu vier Wochen dergestalt alterniren, dass jederzeit drei Provinzen repräsentirt werden. Die Kommissionen sind zur Verschwiegenheit verpflichtet. Nach vollendeter Einziehung der Steuer werden die Vermögensangaben vernichtet oder auf Wunsch den Steuerpflichtigen zurückgegeben (Instruktion v. 24. Mai 1812).

Die Vermögen- und Einkommensteuer brachte nach der Angabe in dem Edikt v. 10. Jan. 1813 (G.-S. S. 11) 4 552 570 Thlr., während man auf einen Ertrag von 20 und mehr Millionen gerechnet hatte. Zu diesem finanziellen Fiasko der Steuer kam, dass ihre Erhebung derartige allgemeine Erbitterung erregte, dass bei der demnächstigen Steuerreform die Einführung einer Einkommensteuer nach englischem Muster nicht mehr ernstlich in Frage kam.[1])

II. Kapitel.

Die Reformgesetze vom 30. Mai 1820.

§ 16. Der Ausbruch der Freiheitskriege hinderte die Fortsetzung der Steuerreform, sodass in der Zeit derselben nur (1814) zur Aufhebung der lästigen und wenig einträglichen Luxussteuern geschritten wurde. Nach dem Kriege aber war die Steuerreform noch dringlicher geworden als vorher, weil in den neu erworbenen Landestheilen eine unerträgliche Buntscheckigkeit der Steuern herrschte. Zuerst gelang eine Reform der Zölle und Verbrauchssteuern (Gesetze v. 26. Mai 1818, betreffend die Zölle und Verbrauchssteuern von ausländischen Waaren, v. 8. Febr. 1819 über die Besteuerung des Branntweins, Braumalzes, Weinmostes und der Tabaksblätter und v. 17. Jan. 1820 betreffend die Salzbesteuerung). Bezüglich ihrer ist auf den ersten Hauptabschnitt des nächsten Buches zu verweisen. Eine organische Reform des Steuerwesens erfolgte erst durch die Gesetze vom 30. Mai 1820, nämlich die Gesetze über die Einrichtung des Abgabenwesens (G.-S. S. 134), wegen Einführung einer Klassensteuer (G.-S. S. 140), wegen Entrichtung einer Mahl- und Schlachtsteuer (G.-S. S. 143) und wegen Entrichtung der Gewerbesteuer (G.-S. S. 147), denen am 7. März 1822 das Stempelsteuergesetz folgte, während die vorgedachten Gesetze über die Zölle und Verbrauchsteuern aufrecht erhalten wurden.

Durch diese Gesetze wurden die provinziellen Verschiedenheiten bis auf die allerdings gerade tiefgreifendsten der Grundsteuern be-

[1]) Vgl. über die Aufnahme der Steuer bei der Bevölkerung Grätzer, Zur Geschichte der Preussischen Einkommen- und Klassensteuer S. 31 ff.

seitigt. Die Reform der **Grundsteuern** schied man aus, weil man sich überzeugt hatte, dass sie ohne viele Jahre erfordernde Vermessung und Bonitirung des Landes nicht möglich sei, und weil man, wie das Abgabengesetz ausspricht, es für rathsam fand, „diesen die Provinzialinteressen mehr berührenden Gegenstand der Berathung mit den Ständen vorzubehalten". Das Abgabengesetz beschränkte sich daher auf die Bestimmung, dass schon jetzt an keinem Orte, wo die Grundsteuer in Folge der seit 1789 eingetretenen Staatsveränderungen neu eingeführt oder erhöht worden sei, sie den fünften Theil des Reinertrages übersteigen dürfe und jeder Grundbesitzer die Herabsetzung auf diesen Betrag beanspruchen könne, sowie dass vom Staate veräusserte Domänengrundstücke und Forsten mit der landesüblichen Grundsteuer, in keinem Falle aber niedriger als in Höhe des sechsten Theiles des Reinertrages zu belegen seien. Auch der Servis wurde aufrecht erhalten.

Ausser diesen provinziell verschieden geordneten Steuern sollen dagegen im ganzen Staatsgebiete erhoben werden die indirekten Steuern nach den Gesetzen v. 26. Mai 1818, 8. Febr. 1819, 17. Jan. 1820, die Stempelsteuer nach dem noch zu erlassenden Gesetze, eine Gewerbesteuer, in den in einer Beilage zu dem Abgabengesetz namhaft gemachten 132 grösseren Städten eine Mahl- und Schlachtsteuer und in den übrigen Städten und auf dem platten Lande eine Klassensteuer, die drei letztgenannten Steuern nach gleichzeitig veröffentlichten Gesetzen v. 30. Mai 1820; wenn eine der in der Beilage zum Abgabengesetze namhaft gemachten Städte, in der bisher eine Mahlsteuer nicht erhoben wurde, die Klassensteuer der Mahl- und Schlachtsteuer vorziehen sollte, so kann ihr dies gestattet werden, wie umgekehrt klassensteuerpflichtigen Städten der Uebergang zur Mahl- und Schlachtsteuer. Die unterschiedliche Besteuerung von Stadt und Land wird also aufrecht erhalten.

§ 17. Die Darstellung der Mahl- und Schlachtsteuer ist dem nächsten Buche vorzubehalten. Der **Klassensteuer** unterliegen grundsätzlich alle Einwohner ohne Unterschied.

Ausgenommen sind nur: 1. Einwohner der mahl- und schlachtsteuerpflichtigen Städte, 2. Ausländer, die sich nicht ein volles Jahr an demselben Orte aufhalten, 3. Kinder unter 14 Jahren, 4. beim stehenden Heer und bei den Landwehrstämmen in Reih und Glied befindliche aktive Militärpersonen nebst den in ihrer Haushaltung lebenden Familienmitgliedern, insofern sie selbst oder diese Angehörigen weder eigene Gewerbe noch Landwirthschaft treiben, ferner die in der untersten Klasse steuernden Landwehrmänner ersten Aufgebots und ihre Familien während der Dauer der Einberufung, während eines Krieges aber die Familien aller unter Waffen stehenden Militärpersonen, sofern sie nicht eigene Gewerbe oder Landwirthschaft treiben, 5. Arme, die von Almosen aus Staats- oder Gemeindekassen leben und diejenigen, die in öffentlichen Anstalten auf öffentliche Kosten verpflegt werden, 6. durch frühere Spezialbestimmungen seit dem Jahre 1815 von den gewöhnlichen Personalsteuern bereits entbundene, zu denen die Geistlichen, Schullehrer, Hebammen und nach der Verordn. v. 21. Juni 1815 die Häupter und Mitglieder der vormals reichsunmittelbaren standesherrlichen Familien [1]) gehören.

Die Steuer wird in der Regel in 5 Klassen erhoben: es bilden die Klasse V die Lohnarbeiter, gemeines Gesinde und Tagelöhner, IV der „geringere Bürger- und Bauernstand", III und II die „wohlhabenden Einwohner", I die „vorzüglich wohlhabenden und reichen Einwohner"; für die Verschiedenheit des kleinen Grundbesitzes und Gewerbebetriebes kann nach Ermessen der obersten Verwaltungsbehörde zwischen der vierten und fünften eine Klasse eingeschaltet werden. Die Hebung geschieht ausser in der untersten Klasse nach Haushaltungen, zu denen aber Kostgänger und Bedienstete nicht gerechnet werden; in der untersten Klasse steuern alle Angehörigen, aus einer und derselben Haushaltung aber nicht mehr als drei. Steuerpflichtige, die weder einer besteuerten Haushaltung angehören, noch eine eigene Haushaltung führen, zahlen — ausser in der untersten Klasse — nur die Hälfte des Steuersatzes ihrer Klasse. Die Steuersätze betragen jährlich in Klasse I 48, II 24, III 12, IV 4, in der Zwischenklasse zwischen IV und V 2 und in V ½ Thlr.

Die genaueren Klassenmerkmale werden für jeden Regierungsbezirk durch eine vom König zu vollziehende Instruktion bestimmt. Nach Massgabe dieser haben die Kommunalbehörden unter Aufsicht der Landräthe die Klassifikation zu bewirken. Die Hauseigenthümer haften für die richtige Angabe der steuerpflichtigen Haushaltungen und Personen, das Familienhaupt für diejenige seiner Hausgenossen. Die Steuer ist in Monatsraten zu entrichten. Die Erhebung liegt den Gemeinden ob, die dafür 4 Proz. von der eingezogenen Summe erhalten.

§ 18. Das Gesetz wegen Entrichtung der **Gewerbesteuer** v. 30. Mai 1820 bricht mit dem Grundsatz des Edikts v. 2. Nov. 1810, jede Art des Gewerbes zu besteuern, und kehrt zu dem der früheren „Paraphen-Jura" zu Grunde liegenden Prinzip zurück, nur solche Gewerbe mit der Steuer zu treffen, welche besonders fähig sind, Steuern zu tragen, nämlich nach J. G. Hoffmann,[2]) der an der Ausarbeitung des Gesetzes hervorragend betheiligt war, diejenigen, „welche für vorzüglich gewinnreich geachtet werden" und diejenigen, „wozu verhältnissmässig gegen den Bedarf ein besonders starker Andrang besteht": aus dem erstern Grunde werden besteuert Handel, Gastwirthschaft, Fabrikunternehmungen, Handwerksbetrieb mit vielen Gehülfen, insbesondere auch das Bäcker-, Fleischer-, Brauer-, Branntweinbrenner-,

---

[1]) Nach der „Instruktion wegen Ausführung des Edikts v. 21. Juni 1815, die Verhältnisse der vormals unmittelbaren deutschen Reichsstände in der Preussischen Monarchie betreffend" v. 30. Mai 1820 (G.-S. S. 81) die Familien der Herzöge von Arenberg, Croy und Looz-Corswaren, der Fürsten von Bentheim-Steinfurt, Bentheim-Rheda, Kaunitz-Rietberg, Salm-Horstmar, Salm-Kyrburg, Salm-Salm, Sayn-Wittgenstein-Berleburg, Sayn-Wittgenstein-Hohenstein, Solms-Braunfels, Solms-Hohensolms-Lich, Wied-Neuwied, Wied-Runkel und der Freiherrn von Bömmelberg.

[2]) Lehre von den Steuern S. 189 f.

Müller- und Frachtführergewerbe, aus letzterem Kleinhandel, Schankwirthschaft und Gewerbebetrieb im Umherziehen. Die Besteuerung erfolgt nach Klassen, Abtheilungen und Mittelsätzen.

Die Abgrenzung der mit Buchstaben bezeichneten Gewerbesteuerklassen geschieht nach der Art des Gewerbebetriebes. Es umfasst Klasse A den Handel unter einer bekannt gemachten Firma mit kaufmännischen Rechten, B den Handel ohne kaufmännische Rechte, C die Gast-, Schank- und Speisewirthschaft und das gewerbsmässige Vermiethen möblirter Zimmer, D die Bäckerei, E das Fleischergewerbe, F die Brauerei, G die Brennerei, H das Handwerk, J die Müllerei, K die Schifffahrt, das Frachtfuhr-, Lohnfuhr- und Pferdeverleihergewerbe, L den Gewerbebetrieb im Umherziehen.

In A sind steuerpflichtig, das Vorhandensein kaufmännischer Rechte vorausgesetzt, Gross- und Einzelhandel-, Kommissions-, Speditions-, Wechselbank-, Leih-, Versicherungs-, Fabrik- und Rhedereigeschäfte sowie die bei der Kaufmannschaft angestellten Mäkler und Handelsagenten, in B, wer gewerbsmässig neue oder alte Sachen, Waaren und Erzeugnisse jeder Art zum Wiederverkauf ankauft oder zum Verkauf in Auftrag nimmt, ohne kaufmännische Rechte zu besitzen, „als Lieferanten, Vieh- oder Pferdehändler, Aufkäufer, Krämer, Trödler, Höker und Viktualienhändler u. s. w.“, als „Viktualienhändler“ auch, wer gewerbsmässig Vieh von erkauftem Futter unterhält, um es zum Verkauf zu mästen oder mit Milch zu handeln, und Pächter der Milchnutzung einer Heerde, der Obstnutzung, des Fischfangs und ähnlicher Nutzungen. Ueber das Vorhandensein kaufmännischer Rechte entscheiden die Ortsgesetze, in deren Ermangelung §§ 483 und 487 Tit. 8 Th. II des Allgemeinen Landrechts. In C werden auch besteuert Garköche, Zuckerbäcker, Konditoren, Pfefferküchler, Kaffeeschänker, Tabagisten u. dergl. Befreit von der Steuer sind in Klasse A und B aller Handel der Ausländer auf Messen und Jahrmärkten, in D Landleute, die in den Städten auf offenem Markte an Markttagen Roggenbrod verkaufen, sofern sie das Backen nur als Nebengeschäft betreiben, in G Brennereien, die nur als landwirthschaftliches Nebengewerbe betrieben werden und im Jahr nicht mehr als 200 Scheffel Schrot verbrennen, in H Handwerker, die in der Regel nur um Lohn oder auf Bestellung arbeiten, ohne auch ausser den Jahrmärkten ein offenes Lager von fertigen Waaren zu halten, solange sie das Gewerbe nicht mit mehr als einem erwachsenen Gehilfen und einem Lehrlinge betreiben, sowie die nur als Nebenbeschäftigung neben einem anderen Gewerbe oder auf nicht mehr als 2 Stühlen betriebene Weberei, in J Mühlenwerke, die nur für den eigenen Verbrauch des Besitzers arbeiten oder Ent- und Bewässerungszwecken dienen, endlich Hammer-, Papier-, Loh-, Walkmühlen und andere Betriebe, die zur Bearbeitung von Fabrikmaterialien, zur Spinnerei, Weberei, Appretur dienen; in K sind befreit Landwirthe, die nur gelegentlich mit ihren Wirthschaftsgespannen auch Frachtfuhren verrichten, Fuhrleute und Pferdeverleiher, die ihr Gewerbe mit nicht mehr als einem Pferde betreiben, und endlich das Schiffergewerbe mit Stromschiffen und Lichterfahrzeugen von nicht mehr als 3 Lasten Tragfähigkeit. Werden mehrere Gewerbe absichtlich verbunden und am selben Ort von derselben Person betrieben, so tritt die Besteuerung nur einmal, und zwar nach dem Gesammtumfang ein, während zufällig verbundene Gewerbe einzeln besteuert werden.

Die Bildung der für die Höhe der Steuersätze mitbestimmenden Abtheilungen geht von der Wohlhabenheit und Gewerbsamkeit der Betriebsorte aus. Es sind nämlich diese in 4 Abtheilungen eingetheilt: zur ersten gehören die in der Beilage B zum Gesetz namhaft gemachten 10 bedeutendsten Städte der Monarchie, zur zweiten dort ebenfalls namentlich aufgeführte 133 Städte, zur dritten alle übrigen

Städte mit mindestens 1500 Einwohnern, zur vierten alle übrigen Ortschaften; jedoch können mit Königl. Genehmigung weitere Städte in die II. Abtheilung versetzt oder aus derselben ausgeschieden werden, und Städte mit weniger als 1500 Einwohnern können von der Bezirksregierung wegen besonders lebhaften Verkehrs der III., solche mit 1500 oder mehr Einwohnern wegen „besonders auffallender Nahrungslosigkeit“ der IV. Abtheilung zugewiesen werden.

Die Einrichtung der Mittelsätze findet nur Anwendung auf die Klassen A, B, C und H und in den Orten der III. und IV. Abtheilung auch auf die Klassen D und E; sie besteht darin, dass die Gewerbetreibenden jeder dieser Klassen innerhalb jedes einzelnen Ortes, in der IV. Abtheilung jedes Kreises eine Gesammtheit bilden, welche soviel Mal diesen Mittelsatz aufzubringen hat, wie die Zahl ihrer Mitglieder beträgt; das dergestalt festzustellende Steuerkontingent wird auf die einzelnen Gewerbetreibenden je nach dem Umfang ihrer Betriebe dergestalt vertheilt, dass dasjenige, was die kleineren Gewerbetreibenden weniger als den Mittelsatz aufbringen können, durch eine den Mittelsatz entsprechend übersteigende Veranlagung der grösseren Gewerbetreibenden auszugleichen ist. Jedoch sind der hiernach zu bewirkenden Steuervertheilung dadurch Schranken gezogen, dass für jede Klasse Minimalsteuersätze und die zulässigen Abstufungen der Steuersätze nach oben und unten gesetzlich bestimmt sind. Die Mittel- und Minimalsätze sind auch nach den Abtheilungen verschieden. Höchste Steuersätze sind nicht vorgeschrieben; der theoretisch mögliche höchste Steuersatz ist somit in jeder Steuergesellschaft die Steuersumme abzüglich des Produktes des Mindestsatzes und der um eins verminderten Zahl der Mitglieder der Steuergesellschaft.

Es betragen die Mittelsätze der Klasse A in Abtheilung I 30, II 18, III und IV 12 Thlr., in Klasse B in Abtheilung I 8, II 6, III 4 und IV 2 Thlr., in Klasse C in Abtheilung I 12, II 8, III 6 und IV 4 Thlr., in Klasse D in Abtheilung III 6, IV 4 Thlr., in Klasse E in Abtheilung III 8, IV 6 Thlr., in Klasse H in Abtheilung I 8, II 6, III und IV 4 Thlr., die niedrigsten Sätze bei A 12, 8 und (in III und IV) 6, bei B in I, II und III 2, in IV 1 Thlr., bei C in I und II 4, in III und IV 2 Thlr., bei D in III 4, in IV 2 Thlr., bei E in III und IV 4 Thlr. und bei H in I 4, in den drei anderen Abtheilungen 2 Thlr. jährlich. Die zulässigen Steuersätze steigen in Klasse A von 6 auf 8, 12, 18, 24, 30, 36, 48, 60 und weiter um je 12 Thlr., B auf 2, 4, 6, 8 und weiter wie bei A, in C, D, E und H wie in B.

Die Bäcker (D) und Fleischer (E) zahlen in den Orten der I. Abtheilung 8, in denen der zweiten 6 Pfennige vom Kopf der Bevölkerung. In den Klassen F (Brauerei) und G (Brennerei) wird die Steuer nach Massgabe des Umfanges und Ertrages entrichtet, der nach dem Verbrauch von Malz bezw. Branntweinschrot geschätzt wird, dergestalt, dass in der Regel 24 Scheffel mit $^1/_3$ Thlr. Steuer zu belegen sind. Auf die Betriebsorte kommt es nicht an. Die zulässigen Steuersätze sind wie bei Klasse B abgestuft; da eine Kontingentirung nach Mittelsätzen nicht stattfindet, so ist also eine Höchstgrenze der Steuersätze auch nicht mittelbar gezogen.

In Klasse J findet die Besteueruug der Windmühlen nach ihrer Bauart, die der Wassermühlen nach der Zahl der Mahlgänge, die der Dampfmühlen nach den Pferdekräften, die der Oelmühlen nach der Zahl der Pressen und die anderer Stampfwerke nach der Zahl der Löcher im Grubenbaum oder der an deren Stelle tretenden Vorrichtungen, die der Schneidemühlen nach der Zahl der Sägegatter, in K die der Schiffer nach der Tragfähigkeit der Schiffe und die der Fuhrleute und Pferdeverleiher nach der Zahl der Pferde statt; Seeschiffer (Rheder) steuern, wie schon erwähnt, in A.

Die Steuersätze betragen für Windmühlen, je nach ihrer Bauart, 12, 8 oder 4 Thlr., für jeden Mahl-, Graupen- oder Grützgang einer Wassermühle, jede Presse einer Oelmühle und je 6 Löcher im Grubenbaum eines Stampfwerks, jedes Sägegatter einer Schneidemühle je nach der Zeitdauer, innerhalb deren gewöhnlich das Wasser zum Betriebe ausreicht, 12, 6 oder 2 Thlr.; Schneidemühlen mit nur einer Säge zählen als halber Mahlgang. Für jede Pferdekraft einer Dampfmühle und jeden Rossmühlengang sind 2 Thlr. jährlich zu entrichten. Strom- und Lichterfahrzeuge von 3 bis 6 Last werden mit 2, solche von mehr als 6 bis 12 Last mit 4, grössere für je 6 Last mit 2 Thlr. besteuert, und Fuhrleute und Pferdeverleiher zahlen pro Pferd 1 Thlr.

Für die Klasse L (Hausirgewerbe) ist die Verpflichtung zur Lösung eines Gewerbescheins beibehalten. Die Steuersätze betragen in der Regel 12 Thlr., in gewissen Fällen 2-4 Thlr.

2—4 Thlr. zahlen Sammler von Garn, Lumpen u. s. w., Topfbinder, Kesselflicker, Scheerenschleifer, sofern ihr Gewerbe nach Ansicht der Regierung von örtlichem Nutzen ist. In allen anderen Fällen beträgt die Steuer 12 Thlr.; nur wenn Equilibristen, Seiltänzer und Kunstreiter ihr Gewerbe in grösseren Gesellschaften betreiben, kann die Steuer für das einzelne Mitglied bis auf 4 Thlr. ermässigt werden; für Ausstellungen und Leistungen von rein wissenschaftlichem oder höherem Kunstinteresse soll völlige Steuerfreiheit eintreten. Endlich kann der Finanzminister in Gegenden, wo es üblich ist, dass Leinweber die selbstgefertigte Leinewand in der Nachbarschaft ihres Wohnorts im Herumtragen feilbieten, hierfür die Steuer ermässigen oder erlassen.

Eine Mitwirkung der Gewerbetreibenden bei der Steuervertheilung findet statt in den Klassen A, C, D und E, kann aber von der Bezirksregierung auch für andere Klassen angeordnet werden, wenn die örtlichen Verhältnisse dies gestatten. Soweit eine solche Mitwirkung stattfindet, bilden die Gewerbetreibenden jeder Klasse in jeder Stadt der 3 ersten Abtheilungen, in der 4. Abtheilung aber des ganzen Kreises eine Steuergesellschaft; diese wählt aus ihrer Mitte 5 Abgeordnete, welche unter Leitung in den 3 ersten Abtheilungen des Magistrats, in der vierten des Landraths die Steuervertheilung vornehmen. Soweit eine solche Mitwirkung von Abgeordneten nicht stattfindet, haben sich doch die die Steuervertheilung bewirkenden Kommunal-, resp. in der 4. Abtheilung Kreisbehörden des Beiraths von Gewerbetreibenden der betreffenden Klasse zu bedienen. Die Festsetzung der Steuerrollen steht in allen Klassen und Abtheilungen der Regierung zu.

Die Steuer wird in monatlichen Raten durch die Gemeindebehörden eingezogen, welche für ihre Geschäfte bei Veranlagung und Erhebung der Steuer 4 Proz. der Isteinnahme erhalten.

III. Abschnitt.

Die direkten Steuern von 1820 bis zur Miquel'schen Steuerreform.

I. Kapitel.

Allgemeines.

§ 19. Nach der Gesetzgebung des Jahres 1820 vergingen trotz der Umwälzungen, die sich auf allen Gebieten des wirthschaftlichen Lebens wie auch auf denen der Politik vollzogen, mehr als 70 Jahre, bis es zu einer fundamentalen, von einheitlichen Gesichtspunkten geleiteten, alle Hauptbestandtheile des direkten Steuersystems ergreifenden Reform kam. Jede der in der Zwischenzeit zu Stande gekommenen Reformen betraf immer nur ein einzelnes, bald dieses, bald jenes Glied des Steuersystems.

Die Verfassungsurkunde v. 31. Jan. 1850 (G.-S. S. 17) hielt durch die Bestimmungen im Art. 100

„Steuern und Abgaben für die Staatskasse dürfen nur, soweit sie in den Staatshaushalts-Etat aufgenommen oder durch besondere Gesetze angeordnet sind, erhoben werden"

und im Art. 109

„Die bestehenden Steuern und Abgaben werden forterhoben, und alle Bestimmungen der bestehenden Gesetzbücher, einzelner Gesetze und Verordnungen, welche der gegenwärtigen Verfassung nicht zuwiderlaufen, bleiben in Kraft, bis sie durch ein Gesetz abgeändert werden"

die bisherige Steuergesetzgebung aufrecht und versagte den Kammern das jährliche Steuerbewilligungsrecht. Allerdings verhiess Art. 101:

„In Betreff der Steuern können Bevorzugungen nicht eingeführt werden.
Die bestehende Steuergesetzgebung wird einer Revision unterworfen und dabei jede Bevorzugung abgeschafft."

Aber das war eben doch nur eine Verheissung, die bis zu ihrer Erfüllung durch besondere Gesetze der praktischen Bedeutung entbehrte, und bis dahin blieben sogar alle Steuerprivilegien unberührt, nur die Einführung neuer Bevorzugungen wurde untersagt.

Der Art. 62 Abs. 3:

„Finanzgesetz-Entwürfe und Staatshaushalts-Etats werden zuerst der zweiten Kammer vorgelegt"

endlich hatte nur Bedeutung für die formelle Behandlung neuer Steuergesetzentwürfe.

Die Gesetze v. 18. Juni 1840 (G.-S. S. 140) über die Reklamationen und Verjährungsfristen bei öffentlichen Abgaben, v. 22. Mai 1852 (G.-S. S. 250) betreffend einige Ergänzungen des Einführungsgesetzes zum Strafgesetzbuche, v. 24. Mai 1861 (G.-S. S. 241) betreffend die Erweiterung des Rechtswegs und die Vorschriften über die

Zwangsbeitreibung erstreckten sich zwar auf alle Arten der Staatssteuern, tangirten aber doch das Wesen der Steuern nicht, wenn sie natürlich auch einen gewissen Einfluss auf ihre Ergiebigkeit ausübten.

Das Gesetz v. 18. Juni 1840 gestattet gegen direkte Steuern eine Reklamation binnen drei Monaten vom Tage der Bekanntmachung der Heberolle oder, wenn die Steuer im Laufe des Jahres veranlagt ist, vom Tage der erfolgten Benachrichtigung von dem Betrage oder endlich, wenn eine periodische Veranlagung und Anfertigung von Heberollen nicht stattfindet, innerhalb der ersten 3 Monate des Jahres. Veränderungen, welche die Steuerverpflichtung aufheben, haben diese Wirkung erst vom Ende des Monats ab, in dem sie der Behörde angezeigt werden. Reklamationen auf Zurückzahlung von indirekten Steuern sind binnen Jahresfrist anzubringen. Gegen die Reklamationsentscheidung findet bei direkten und indirekten Steuern binnen 6 Wochen der Rekurs statt. Nachforderungen sind zulässig a) bei Grundsteuern sowohl bei gänzlicher Uebergehung als auch bei zu geringem Ansatz für das Kalenderjahr, in dem die Nachforderung geltend gemacht wird, b) bei den anderen direkten Steuern nur bei gänzlicher Uebergehung, und zwar innerhalb eines Jahres nach Eintritt der Zahlungsverpflichtung, c) bei indirekten Steuern sowohl wegen gänzlicher Uebergehung als auch wegen zu geringen Ansatzes innerhalb der zu lit. b angegebenen Frist. Zur Hebung gestellte direkte oder indirekte Steuern verjähren in 4 Jahren nach Ablauf des Jahres, in dem sie fällig waren; die Verjährung wird dergestalt unterbrochen, dass eine neue 4jährige Verjährungsperiode beginnt, durch Mahnung, Verfügung der Exekution oder Stundung. Ist in der unterlassenen Entrichtung eine Steuerkontravention enthalten, so verjährt die Nachforderung nur gleichzeitig mit der Strafe, d. h. nach Art. V des oben erwähnten Ges. v. 22. Mai 1852 in 5 Jahren. Die Fristen des Ges. v. 18. Juni 1840 laufen auch gegen Minderjährige, Bevormundete und juristische Personen ohne Zulassung der Wiedereinsetzung in den vorigen Stand.

Das Gesetz betreffend die Erweiterung des Rechtsweges v. 24. Juni 1861 gestattet diesen wegen öffentlicher Abgaben auf Grund der Behauptung, dass die Forderung bereits früher getilgt oder verjährt sei, jedoch nur innerhalb von 6 Monaten nach erfolgter Zahlung oder Beitreibung, ferner auf Grund der Behauptung, dass die Abgabe keine öffentliche sei, sondern auf einem aufgehobenen privatrechtlichen Fundamente, insbesondere einem früheren gutsherrlichen, schutzherrlichen oder grundherrlichen Verhältnisse beruhe, endlich wegen der Verpflichtung zur Entrichtung und über die Höhe eines Werth- oder sonstigen Vertragsstempels, hier aber ebenfalls nur binnen 6 Monaten.

Die zwangsweise Beitreibung der direkten und indirekten Steuern war schon durch §§ 42 und 48 der Verordn. wegen verbesserter Einrichtung der Provinzial-, Polizei- und Finanzbehörden v. 26. Dez. 1808 (G.-S. 1817 S. 282) den Regierungen übertragen und geregelt, was § 11 der Regierungs-Instruktion v. 23. Okt. 1817 (G.-S. S. 248) aufrecht erhielt. In Uebereinstimmung hiermit regelte das Rheinische Ressort-Reglement v. 20. Juli 1818 die Materie für dessen Rechtsgebiet. Später ergingen verschiedene weitere Verordnungen, nämlich die Exekutionsordnungen v. 24. Nov. 1843 (G.-S. S. 351) für die Rheinprovinz, v. 30. Juni 1845 (G.-S. S. 441) für Westfalen, v. 30. Juli 1853 (G.-S. S. 909) für die östlichen Provinzen mit Ausschluss von Neuvorpommern und Rügen, v. 1. Febr. 1858 (G.-S. S. 83) für Neuvorpommern und Rügen, v. 22. Sept. 1867 (G.-S. S. 1553) für die neuen Provinzen. Dieselben sind sodann sämmtlich ersetzt durch die in Gemässheit des § 14 des Ausführungsgesetzes zur Civilprozessordnung v. 24. März 1879 für den ganzen Umfang der Monarchie erlassene Verordn. v. 7. Sept. 1879 betreffend das Verwaltungs-Zwangsverfahren wegen Beitreibung von Geldbeträgen (G.-S. S. 591), an deren Stelle am 1. Jan. 1900 in Folge der Reform des Bürgerlichen und Civilprozessrechts auf Grund des § 5 des Ausführungsgesetzes zur Civilprozessordnung in der Fassung der Bekanntmachung v. 6. Okt. 1899 (G.-S. S. 325) die Verordn. v. 15. Nov. 1899 (G.-S. S. 545) getreten ist.

Die Gründung des Norddeutschen Bundes und demnächst des Deutschen Reiches zeitigte ein in die direkte Besteuerung einschneidendes Gesetz in dem Bundesgesetz wegen Beseitigung der Doppelbesteuerung v. 13. Mai 1870 (B.-G.-Bl. S. 119), welches für die Heranziehung deutscher Staatsangehöriger und in deutschen Bundesstaaten belegenen Grundbesitzes und betriebenen Gewerbes folgende Grundsätze aufstellt:

§ 1. Ein Deutscher darf vorbehaltlich der Bestimmungen in den §§ 3 und 4 zu den direkten Staatssteuern nur in demjenigen Bundesstaate herangezogen werden, in welchem er seinen Wohnsitz hat.

Einen Wohnsitz im Sinne dieses Gesetzes hat ein Deutscher an dem Orte, an welchem er eine Wohnung unter Umständen inne hat, welche auf die Absicht der dauernden Beibehaltung einer solchen schliessen lassen.

§ 2. Ein Deutscher, welcher in keinem Bundesstaate einen Wohnsitz hat, darf nur in demjenigen Staate, in welchem er sich aufhält, zu den direkten Staatssteuern herangezogen werden.

Hat ein Deutscher in seinem Heimathstaate und ausserdem in anderen Bundesstaaten einen Wohnsitz, so darf er nur in dem ersteren zu den direkten Staatssteuern herangezogen werden.

In Bundes- oder Staatsdiensten stehende Deutsche dürfen nur in demjenigen Bundesstaate besteuert werden, in welchem sie ihren dienstlichen Wohnsitz haben.

§ 3. Der Grundbesitz und der Betrieb eines Gewerbes, sowie das aus diesen Quellen herrührende Einkommen darf nur von demjenigen Bundesstaate besteuert werden, in welchem der Grundbesitz liegt oder das Gewerbe betrieben wird.

§ 4. Gehalt, Pension und Wartegeld, welche deutsche Militärpersonen und Civilbeamte, sowie deren Hinterbliebene aus der Kasse eines Bundesstaates beziehen, sind nur in demjenigen Staate zu besteuern, welcher die Zahlung zu leisten hat.

§ 5. An den Wirkungen, welche der Wohnsitz oder Aufenthalt ausserhalb des Bundesgebietes auf die Steuerpflichtigkeit eines Deutschen äussert, wird durch das gegenwärtige Gesetz nichts geändert.

Von ungleich grösserer finanzieller Bedeutung waren die Erweiterungen, welche das Staatsgebiet seit 1820 erfahren hat. Die steuerliche Behandlung der neuerworbenen Landestheile war insofern eine verschiedene, als in den Hohenzollernschen Landen das bei der Erwerbung vorgefundene Steuersystem beibehalten, in den 1866 erworbenen Landestheilen dagegen alsbald die altländischen Steuern eingeführt wurden. Sowohl dieser letzteren Massnahme als auch dem Steuersystem der Hohenzollernschen Lande werden besondere Kapitel dieses Abschnittes gewidmet werden.

In der Ausgestaltung der einzelnen Glieder des 1820 geschaffenen direkten Steuersystems lassen sich folgende Phasen unterscheiden: 1. die Umwandlung der Klassensteuer zu einer Besteuerung des wirklichen Einkommens in Stadt und Land und die Fortbildung der Letzteren; 2. die Reform der Besteuerung des unbebauten und bebauten Grund und Bodens; 3. die Fortbildung der Gewerbesteuer; 4. die Einführung einer besonderen Besteuerung der Eisenbahnen. In den nachfolgenden Kapiteln werden die Einzelreformen zur Darstellung gelangen. Wegen der einen anderen Charakter tragenden Bergwerksabgaben ist auf die Darstellung im III. Buch (§ 35) zu verweisen.

II. Kapitel.

Die Gestaltung der Personalbesteuerung.

§ 20. Der Klassensteuer in der Gestalt des Ges. v. 30. Mai 1820 war nur ein ganz ephemeres Dasein beschieden. Bereits bei ihrer ersten Veranlagung trat die ungenügende Berücksichtigung der individuellen Leistungsfähigkeit durch die Eintheilung der Steuerpflichtigen in 5 bezw. mit der erwähnten Zwischenstufe zwischen der IV. und V. Klasse 6 Klassen und die Beschränkung des höchsten Steuersatzes auf 48 Thlr. zu Tage. Durch K.-O. v. 5. Sept. 1821 (G.-S. S. 154) wurden daher, nachdem schon eine solche v. 12. Dez. 1820 eine Zwischenstufe von 8 Thlr. eingeführt hatte, noch zwei höhere Steuersätze von 144 und 96 Thlr. hinzugefügt und solche von 18,6 und 3 Thlr. für den Haushalt zwischen die bisherigen eingeschoben, sodass sich nunmehr 12 Steuerstufen von 144, 96, 48, 24, 18, 12, 8, 6, 4, 3, 2 und $1^1/_2$ Thlr. für den Haushalt ergaben; in der untersten Stufe zahlte wie bisher jeder Steuerpflichtige $^1/_2$ Thlr., sämmtliche Steuerpflichtige eines Haushaltes aber nicht mehr als $1^1/_2$ Thlr., in den übrigen Stufen Einzelsteuernde den halben Steuersatz. Die 12 Steuerstufen wurden zu je 3 auf 4 Hauptklassen vertheilt: in der I., höchsten, waren zu besteuern die „besonders wohlhabenden und reichen Einwohner", in der II. die „wohlhabenderen Einwohner", in der III. der „geringere Bürger- und Bauernstand" und in der IV. die „gewöhnlichen Lohnarbeiter", das „gemeine Gesinde", die „Tagelöhner", sowie die „ganz geringen Grundbesitzer und Gewerbetreibenden, welche sich hauptsächlich vom Tagelohn nähren". Welcher der zulässigen Steuersätze innerhalb der Hauptklasse im Einzelfall anzuwenden sei, sollte sich nach der grösseren oder geringeren Leistungsfähigkeit des Haushaltes bezw. Einzelsteuernden richten. Für die Rheinprovinz wurden durch das auf Grund der K.-O. v. 1. Dez. 1828 erlassene Regulativ v. 2. Juni 1829 die Stufen noch weiter auf 18 vermehrt, und zwar in Klasse I um solche von 120, 72, 60, 36 und 30 und in Klasse II um eine solche von 10 Thlr. jährlich. Dasselbe Regulativ ordnete die auf Drängen der Provinzialstände durch die gedachte Kabinetsordre nachgelassene Kontingentirung der Klassensteuer in den 5 rheinischen Regierungsbezirken; das Kontingent war für jede Etatsperiode vom Finanzminister auf Grund des bisherigen und des Zu- und Abganges an Steuerpflichtigen festzusetzen. Für die Mindestleistungsfähigen wurden Erleichterungen geschaffen, indem durch K.-O. v. 21. April 1827 (G.-S. S. 32) die über Sechzigjährigen und durch K.-O. v. 18. Juni 1828 (G.-S. S. 74) die noch nicht 16jährigen Personen von der Steuerpflicht in der untersten Stufe befreit wurden. Dagegen hob ein Ges. v. 7. Dez. 1849 (G.-S. S. 436) die Befreiung der ehemals Reichsunmittelbaren, Geistlichen, Schullehrer, Offiziere, Militärbeamten und Hebammen auf.

Von einer gründlichen Reform der Klassensteuer waren diese Aenderungen, wie man sieht, weit entfernt, wenn auch in der Vermehrung der nach der Leistungsfähigkeit in Anwendung zu bringenden Steuerstufen bereits eine weitere Annäherung an den Gedanken der Einkommensteuer liegt. Dass aber eine gründliche Reform geboten sei, stellte sich je länger je mehr heraus. Insbesondere wurde, als der Wohlstand wieder zunahm, die Beschränkung der Steuer auf einen Maximalsatz von 144 Thlr. als eine ungerechte Bevorzugung der Reichen empfunden, und diese Empfindung führte wieder dazu, dass dieser Höchstsatz nur in weit selteneren Fällen angewendet wurde, als es der Absicht des Gesetzgebers entsprach; denn die Veranlagungsorgane schreckten vor seiner Anwendung auf Leute, deren Wohlstandsverhältnisse diese nach der Tendenz des Gesetzes bedingt hätten, zurück, weil sie nicht die Möglichkeit hatten, den noch Reicheren seinem grösseren Reichthume entsprechend auch noch höher zu besteuern. Diese und andere Umstände gestalteten auch das finanzielle Ergebniss der Steuer zu einem unbefriedigenden. Der Ertrag der Steuer blieb hinter dem Wachsthum der Bevölkerung zurück und musste zu einem steigenden Bruchtheil von den Mindestleistungsfähigen aufgebracht werden: von 1822 bis 1837 stieg das Steuersoll von 6,286 auf 7,099 Mill. Thlr., also nur um knapp 13 Proz., dagegen die Bevölkerung in den klassensteuerpflichtigen Ortschaften von 9,854 auf 12,046 Millionen Seelen, also um ca. 22,4 Proz., und von dem Steuersoll entfielen im Durchschnitt der Jahre 1821 bis 1826 auf die Klasse I: 3,622, II: 16,838, III: 36,229 und IV: 43,311 Proz., dagegen im Durchschnitt der Jahre 1833 bis 1838 auf I: 3,541, II: 16,153, III: 33,737 und IV: 46,569, es hatte also der Antheil aller drei oberen Klassen am Steuersoll ab- und lediglich derjenige der vierten zugenommen.

§ 21. Trotz der Mängel der Klassensteuer und trotzdem auch die Mahl- und Schlachtsteuer sich sehr ungünstig entwickelte, zögerte die Regierung lange, an eine gründliche Reform heranzugehen. Der Grund lag vorzugsweise wohl in dem immer noch bestehenden allgemeinen Vorurtheil gegen die Einkommensteuer: sie wollte man nicht vorschlagen und eine andere Steuer zum Ersatz der Klassen- und der Mahl- und Schlachtsteuer wusste man nicht vorzuschlagen. Drängten nun auch bereits die freiheitlichen Anschauungen auf Beseitigung der Begünstigungen der Wohlhabenden, so dauerte es doch Jahrzehnte, bis die Ansicht von der Unausführbarkeit einer allgemeinen Einkommensteuer ernstlich ins Wanken gerieth. Den entscheidenden Stoss versetzte ihr das Beispiel Englands. Hier hatte man, ähnlich wie in Preussen, die unter dem Druck der Napoleonischen Kriege eingeführte income tax äusserst drückend empfunden und daher nach Wiederherstellung des Friedens baldmöglichst, 1816, wieder aufgehoben. Als aber die Beseitigung der Korn- und sonstiger Zölle sowie andere Reformen auf dem Gebiete der indirekten Steuern einen Ersatz für die für die Staatskasse besorgten Ausfälle erforderten, gelang es Robert Peel 1842 die Wiedereinführung der Einkommensteuer durchzusetzen, und trotzdem sie ursprünglich nur als vorübergehende Massregel gedacht sein mochte, trotzdem sie periodischer Bewilligung unterlag und sich auch jetzt noch keiner Popularität erfreute, behauptete sich die income tax. Ihr finanzieller Erfolg aber war trotz ihrer technischen Unvollkommenheit ein sehr befriedigender, zur Nachahmung ermunternder: obwohl sie alle Einkommen von weniger als 150 Pfund Sterling (= ca. 1050 Thlr.) frei liess, stellte sich ihr Erträgniss gleich in den ersten Jahren auf ca. 5½ Mill. Pfund (38½ Mill. Thlr.).

Die Preussische Regierung entschloss sich daher nunmehr, dem auf Grund der Allerhöchsten Verordnungen v. 3. Febr. 1847 aus den Mitgliedern der acht Provinziallandtage gebildeten, in die Herrenkurie und die Kurie der drei Stände zerfallenden „Vereinigten Landtage" einen Gesetzentwurf vorzulegen (28. März 1847), welcher Aufhebung der Mahl- und Schlachtsteuer, Beschränkung der Klassensteuer auf Einkommen von weniger als 400 Thlr. und für höhere Einkommen eine Einkommensteuer von 3 Proz. vom fundirten und 2 Proz. vom nicht fundirten Einkommen vorschlug; die Veranlagung der Einkommensteuer sollte auf Grund obligatorischer Deklarationen der Steuerpflichtigen erfolgen.

Die Deklarationspflicht und die Bestimmungen der Vorlage über die Zulässigkeit kommunaler Steuern auf Fleisch, Weizengebäck, Brennmaterial u. a. m. waren die Klippen, an denen die Vorlage scheiterte: am 11. Juni 1847 wurde sie von der Kurie der vereinigten Stände mit 390 gegen 141 Stimmen abgelehnt.

Die sich im Jahre 1848 Geltung verschaffenden radikalen Strömungen richteten noch heftigere Angriffe, als früher laut geworden waren, gegen die Belastung der breiten Masse mit der Mahl- und Schlachtsteuer und forderten eine allgemeine progressive Einkommensteuer. Die Regierung trug diesen Forderungen Rechnung, indem sie durch Verordn. v. 4. April 1848 (G.-S. S. 77) den mahl- und schlachtsteuerpflichtigen Städten den dritten Theil der Mahlsteuer erliess bezw. zu Kommunalzwecken überwies und bezüglich der übrigen zwei Drittel dieser Steuer die Aufbringung durch eine direkte Steuer anheimstellte, im Herbst 1849 aber den Kammern einen Gesetzentwurf vorlegte, der eine abgeschwächte, aber durch diese Abschwächungen verschlechterte Neuauflage desjenigen von 1847 war: die Grenze zwischen Klassen- und Einkommensteuer sollte jetzt erst bei 1000 Thlr. gezogen, auf die höhere Besteuerung des fundirten gegenüber dem unfundirten Einkommen verzichtet werden und die Deklaration nur eine fakultative sein. Dieser Entwurf fand die Billigung der zweiten Kammer, wurde dagegen in der ersten abgelehnt. Doch hatte die jetzige Berathung wenigstens insofern ein positives Ergebniss, als die erste Kammer einen von ihrer Kommission ausgearbeiteten Gegenentwurf annahm, welcher auf folgenden Gründlagen beruhte: Aufrechterhaltung der Mahl- und Schlachtsteuer in den grösseren und mittleren Städten, in 27 Stufen bis auf 3 Proz. bei Einkommen von 6000 Thlr. steigende Einkommensteuer ohne Deklarationspflicht für die Einkommen über 1000 Thlr. und Klassensteuer für die kleineren Einkommen.

Auf der Grundlage dieses Gegentwurfes war der auf Grund Allerhöchster Ermächtigung v. 2. Jan. 1851 vorgelegte Entwurf aufgebaut, welcher die Billigung der Kammern fand und am 1. Mai 1851 Allerhöchst vollzogen wurde.

§ 22. Dieses Gesetz betr. die Einführung einer Klassen- und klassifizirten Einkommensteuer v. 1. Mai 1851 (G.-S. S. 193) hält in 83 in einer Beilage zum Gesetz aufgeführten Städten die Mahl- und Schlachtsteuer aufrecht bezw. führt die Mahlsteuer, soweit sie daselbst nicht bestand, wieder ein; doch verbleibt es bei der Ueberweisung eines Dritttheiles der Mahlsteuer an die Gemeinden. Von den Einkommen bis einschliesslich 1000 Thlr. wird in den nicht mahl- und schlachtsteuerpflichtigen Orten eine Klassen-, von den Einkommen über 1000 Thlr. im ganzen Staate eine klassifizirte Einkommensteuer erhoben, in den mahl- und schlachtsteuerpflichtigen Orten jedoch mit der Massgabe, dass jedem Steuerpflichtigen für die gleichzeitig zu entrichtende Mahl- und Schlachtsteuer jährlich 20 Thlr. von der Einkommensteuer in Anrechnung gebracht und nur der Mehrbetrag eingezogen wird. An dem Prinzip der Besteuerung nach Haushaltungen wird für Klassen- und Einkommensteuer festgehalten. Befreit bleiben von der Klassensteuer a) Personen unter 16 Jahren, b) beim Heer und bei den Landwehrstämmen in Reih und Glied befindliche Unteroffiziere und Gemeine mit ihren Haushaltungsangehörigen, es sei denn, dass sie oder diese Angehörigen Gewerbe oder Landwirthschaft betreiben, c) für die Dauer einer Einberufung auch diese Militärpersonen der Landwehr und ihre Familien und für die Dauer der Zugehörigkeit zu einem mobilen Truppentheile auch Offiziere und Militärbeamte, d) in der untersten Unterstufe der untersten Hauptklasse Personen über 60 Jahre, e) Arme, die im Wege der öffentlichen Armenqflege fortlaufend unterstützt oder in öffentlichen Anstalten auf öffentliche Kosten verpflegt werden, f) Ausländer, die sich noch nicht ein volles Jahr im Inlande aufhalten, es sei denn, der Aufenthalt sei des Erwerbes wegen genommen, g) die zur untersten Hauptklasse gehörigen Inhaber des Eisernen Kreuzes und ihre Haushaltungsangehörigen, h) in den beiden untersten Stufen der untersten Hauptklasse sonstige Theilnehmer an den Befreiungskriegen und ihre Haushaltungsangehörigen; von der Einkommensteuer die Mitglieder des Königlichen Hauses und des Hohenzollernschen Fürstenhauses; objektiv befreit ist das Einkommen Preussischer Staatsangehöriger aus ausländischem Grundeigenthume, sofern es nachweislich im Auslande einer gleichartigen Steuer unterliegt. Ausländer sind einkommensteuerpflichtig, wenn sie im Inlande Grundeigenthum oder gewerbliche Anlagen haben, hinsichtlich des Einkommens hieraus, im Uebrigen, wenn sie sich des Erwerbes wegen oder länger als ein Jahr im Inlande aufhalten. Durch die auf Grund des Ges. v. 10. Juni 1854 (G.-S. S. 363) erlassene Verordn. v. 12. Nov. 1855 (G.-S. S. 686) wurde auch die bis 1849 bestandene Personalsteuerfreiheit der ehemals Reichsunmittelbaren wieder hergestellt.

Die Klassensteuer wird in 3 Hauptklassen mit 12 Stufen erhoben. Die erste Hauptklasse umfasst im Allgemeinen kleine Grundbesitzer und Gewerbetreibende, die nach dem Umfange ihres Grundbesitzes oder Gewerbes noch auf Nebenverdienst durch Tagelohn oder ähnliche Lohnarbeit angewiesen sind, ferner gewöhnliche Lohnarbeiter, Handwerksgesellen, Gesinde und Tagelöhner, die zweite kleinere Grundbesitzer und Gewerbetreibende, die von dem Ertrage ihres Grundbesitzes oder Gewerbes schon selbständig bestehen können und diejenigen, die ihnen „nach ihrem Einkommen und ihren sonstigen Verhältnissen hinsichtlich ihrer Leistungsfähigkeit“ ungefähr gleichstehen, die dritte die im Vergleich zu den Angehörigen der zweiten Wohlhabenderen, deren Einkommen aber 1000 Thlr. nicht übersteigt. Die Einreihung in die Stufen, von denen 3 der ersten, 5 der zweiten und 4 der dritten angehören, erfolgt nach gleichen Gesichtspunkten und „unter Berücksichtigung der gesammten Verhältnisse und der durch diese bedingten besonderen Leistungsfähigkeit“. Die Steuer wird ausser in der Unterstufe der ersten Stufe nach Haushaltungen erhoben; Einzelsteuernde zahlen künftig den vollen Steuersatz. Die Steuer beträgt in den Stufen 2 bis 12 jährlich 2, 3, 4, 5, 6, 8, 10, 12, 16, 20 und 24 Thlr.; in der ersten Stufe werden zwei Unterstufen von ½ und 1 Thlr. unterschieden: den ersten Satz zahlt jede in dieser Stufe steuerpflichtige Person, von einer Haushaltung aber nicht mehr als zwei Personen, den letztern nur Einzelsteuernde. Die Einkommensteuer steigt in 30 Stufen von 30 bis 7200 Thlr., in diese Stufen ist jeder Steuerpflichtige dergestalt einzuschätzen, dass seine Steuer 3 Proz. des Einkommens nicht übersteigt; ein bestimmter Höchst- und Mindestbetrag des in jeder Stufe einzuschätzenden Einkommens wird in der Steuerskala noch nicht normirt. Das Einkommen wird, soweit es in feststehenden Einnahmen besteht, nach dem für das Steuerjahr zustehenden Betrage, im Uebrigen nach dem Durchschnitte der letzten drei Jahre veranlagt. Eine Fassionspflicht ist den Steuerpflichtigen nicht nur nicht auferlegt, sondern es ist sogar dem Vorsitzenden der Veranlagungskommission jedes „tiefere“, der Veranlagungskommission jedes „lästige“ Eindringen in die Vermögens- und Einkommensverhältnisse ausdrücklich untersagt.

Die Einschätzung der Klassensteuer erfolgt durch eine für jede Gemeinde aus dem Gemeindevorstande und von der Gemeindevertretung gewählten Mitgliedern bestehende Kommission; doch hat diese Einschätzung nur die Natur eines Vorschlages, da die Feststellung der Steuerbeträge durch die Bezirksregierung erfolgt. Den Steuerpflichtigen wird ihre Veranlagung nur, wenn sie im Laufe des Steuerjahres erfolgt, durch Zuschrift, sonst durch Offenlegung der Steuerrolle bekannt gemacht. Die Veranlagung der Einkommensteuer liegt dagegen in den Händen einer Kommission, die für jeden Kreis aus dem Landrath oder einem besonderen von der Regierung ernannten Kommissar als Vorsitzendem und von der Kreis-, in Stadtkreisen von der Gemeindevertretung zu $^1/_3$ aus ihren Mitgliedern, zu $^2/_3$ aus einkommensteuerpflichtigen Einwohnern des Kreises bezw. der Stadt gewählten Mitgliedern gebildet wird; bei der Wahl ist auf möglichst gleichmässige Vertretung des Grundbesitzes, Kapitals und Gewerbebetriebes zu sehen; die Mitgliederzahl bestimmt die Regierung, die auch für grössere Gemeinden eines Kreises die Bildung besonderer Kommissionen anordnen kann. Der Vorsitzende hat zugleich das fiskalische Interesse zu vertreten. Die Kommission, nicht auch der Vorsitzende hat das Recht der Einsichtnahme in die Verhandlungen der freiwilligen Gerichtsbarkeit und die Hypotheken (Grund) bücher. Die Benachrichtigung von der Veranlagung erfolgt hier stets durch verschlossene Zuschrift. Rechtsmittel gegen die Veranlagung zur Klassensteuer sind „Reklamation" an die Regierung, die vor der Entscheidung das Gutachten einer für diesen Zweck gebildeten Kreiskommission einzuholen hat, mit Frist von 3 Monaten und in höherer Instanz „Rekurs" an den Finanzminister mit sechswöchentlicher Frist, gegen diejenige zur Einkommensteuer „Reklamation" an die für jeden Regierungsbezirk gebildete Bezirkskommission, die aus einem vom Finanzminister ernannten Kommissar als Vorsitzendem und einer von diesem Minister bestimmten Zahl von Mitgliedern besteht, welche von der Provinzialvertretung zu $^1/_3$ aus ihrer Mitte, zu $^2/_3$ aus Einkommensteuerpflichtigen des Bezirks gewählt werden; ihre Reklamationsentscheidung ist endgültig; innerhalb der ersten Hälfte der, wie bei der Klassensteuer, dreimonatlichen Reklamationsfrist kann der Einkommensteuerpflichtige auch „durch schriftliche oder mündliche Verhandlungen, persönlich oder durch Vermittelung von höchstens zwei Vertrauensmännern, oder durch andere Beweismittel" der Einschätzungskommission „die erforderliche Ueberzeugung von der vorgeblichen Ueberbürdung durch die erfolgte Abschätzung verschaffen, um solchergestalt von derselben eine berichtigte Steuerveranlagung zu erwirken" (die spätere „Remonstration"). Dem Vorsitzenden der Einkommensteuer-Einschätzungskommission steht gegen deren Entscheidungen die Berufung an die Bezirkskommission zu, die auch über sonstige Beschwerden über die Einschätzungskommissionen entscheidet. Behufs Entscheidung der Reklamationen hat die Bezirkskommission nicht nur die Befugnisse der Einschätzungskommission, sondern sie kann auch Zeugen, eidlich nur durch das Gericht, vernehmen und dem Reklamanten bestimmte Fragen über seine Vermögens- und Einkommensverhältnisse vorlegen und ihn zur Beibringung von Urkunden u. s. w. auffordern, beides mit der Androhung, dass bei Nichterfüllung der Auflage angenommen werden würde, er könne die Reklamation nicht begründen; in Ermangelung anderer Mittel kann sie endlich den Reklamanten zu einer eidesstattlichen Versicherung auffordern. Ihrem Vorsitzenden steht die Wahrnehmung des Staatsinteresses, die obere Leitung des ganzen Veranlagungsgeschäfts im Bezirk und die Ueberwachung der Geschäftsführung der Vorsitzenden der Einschätzungskommissionen zu. Eine Definition des steuerpflichtigen Einkommens enthält das Gesetz nicht, sondern nur Angaben darüber, was zu den drei von ihm unterschiedenen Arten von Einkommen, aus Grundvermögen, aus Kapitalvermögen und aus „Handel, Gewerbe, Pachtungen oder irgend einer Art gewinnbringender Beschäftigung", gehört, und über die zulässigen Abzüge von Lasten, Steuern, Schuldenzinsen, Abnutzungsquoten für Gebäude und Utensilien u. s. w. von dem Einkommen. Die bei der Einschätzung betheiligten Beamten sind kraft ihres Diensteides, die Kommissionsmitglieder werden durch Handschlag an Eidesstatt zur Geheimhaltung verpflichtet. Wissentlich unrichtige Angaben des Reklamanten über die Höhe eines Einkommens bei Erörterung der Reklamation werden mit dem vierfachen Jahresbetrage der Steuer, um die der Staat verkürzt ist oder verkürzt werden sollte, bestraft. Rechtsmittel schieben die Steuerzahlung nicht auf. Klassen- und Einkommensteuer werden monatlich im Voraus erhoben. Soweit die Hebung der Steuern den Gemeinden übertragen wird, dürfen ihnen Hebegebühren bis zu 4 Proz. der Klassen- und 3 Proz. der Einkommensteuer bewilligt werden. Ab- und Zugänge am Einkommen während des Steuerjahres ändern an der veranlagten Steuer nichts; nur wenn eine durch Verlust einer Einnahmequelle bewirkte Verminderung des veranschlagten Gesammteinkommens um mehr als den vierten Theil nachgewiesen wird, kann entsprechende Steuerermässigung und bei völligem Erlöschen des Einkommens Inabgangstellung der ganzen Steuer beansprucht werden. Soweit das Gesetz nichts Anderes bestimmt, bleibt das Gesetz über die Verjährungsfristen bei öffentlichen Abgaben v. 18. Juni 1840 (s. o. § 19) anwendbar.

Zur Ausführung des Klassen- und Einkommensteuergesetzes erliess der Finanzminister Instruktionen, die später vielfach geändert wurden. In denselben wurden u. A. die Stufen der Einkommensteuer dergestalt an bestimmte Einkommensbeträge angeknüpft, dass der gesetzliche Steuersatz jeder Stufe 3 Proz. des höchsten der vorangehenden zuzuweisenden Einkommens ausmacht, oder mit anderen Worten, dass in jeder Steuerstufe diejenigen Einkommen zu veranlagen sind, von denen 3 Proz. mehr als den Steuersatz derselben, aber nicht mehr als 3 Proz. desjenigen der nächst höheren Stufe ausmachen; beispielsweise sind also zu veranlagen in Stufe 1 (Steuersatz 30 Thlr.) Einkommen von mehr als 1000 bis einschl. 1200 Thlr., in Stufe 2 (36 Thlr.) solche von mehr als 1200 bis einschl. 1400 Thlr., in Stufe 3 (42 Thlr.) solche von mehr als 1400 bis einschl. 1600 Thlr. u. s. w.

§ 23. Das im vorigen Paragraphen besprochene Gesetz v. 1. Mai 1851 hat 40 Jahre lang die Grundlage der Personalbesteuerung in Preussen gebildet, freilich nicht ohne eine Anzahl mehr oder minder einschneidender Abänderungen zu erfahren.

Die Nothwendigkeit einer Aenderung trat vorzugsweise bei der Einkommensteuer hervor. Man konnte sich bald der Einsicht nicht verschliessen, dass diese Steuer in der Gestalt, die sie bei der praktischen Handhabung des Gesetzes v. 1. Mai 1851 annahm, den Grundsätzen einer gerechten Besteuerung durchaus nicht entsprach. Die Festlegung eines höchsten Steuersatzes verhinderte es, die ganz grossen und leistungsfähigsten Einkommen mit demselben Prozentsatz des Einkommens wie die minder hohen zur Steuer heranzuziehen. Hierdurch und dadurch, dass die Steuer im übrigen sich gleichmässig auf 3 Proz. des höchsten in die nächstniedrigere Stufe fallenden Einkommensbetrages belief, der Abstand zwischen dem niedrigsten und höchsten in die einzelne Stufe gehörigen Einkommen aber im Verhältniss zu dem niedrigsten Einkommen sehr ungleich war, erhielt die Steuer theilweise den Charakter einer der Gerechtigkeit ins Gesicht schlagenden progressiven nach unten. In derselben Richtung wirkten die unzureichenden Mittel, welche das Gesetz zur Erforschung des steuerpflichtigen Einkommens gewährte; denn das weniger klar zu Tage liegende Einkommen entzog sich natürlich in ungleich höherem Grade der Besteuerung wie das mehr offenkundige; gerade unter den kleineren und mittleren Einkommen überwiegt aber dieses, unter den höheren und höchsten jenes. Die unzulänglichen Ermittelungsbefugnisse führten in Folge dessen weiter auch dahin, dass die Erfassung der einzelnen Arten des Einkommens in sehr ungleichem Masse gelang, das zu immer grösserer Bedeutung sich auswachsende, gerade von Leben, Gesundheit und persönlicher Thätigkeit des Steuerpflichtigen am wenigsten abhängige Einkommen aus Kapitalvermögen am unvollständigsten, das Einkommen aus persönlicher geistiger oder körperlicher Arbeit am vollständigsten erfasst wurde; so hatte man statt der von der Regierung mit dem Entwurf von 1847 verständigerweise beabsichtigten höheren Besteuerung des fundirten als des unfundirten Einkommens das gerade Gegentheil. Zu diesen krassen Ungleichmässigkeiten der Besteuerung nach Höhe und Art des Einkommens kamen nun in Folge der unzureichenden Vertretung der Steuerverwaltung in den Kommissionen und des Fehlens eines Rekurses an eine für den ganzen Staat zuständige Instanz noch solche zwischen den verschiedenen Landestheilen.

Ein im Herbst 1869 dem Landtage vorgelegter Gesetzentwurf schlug daher die Fortführung des Tarifs ohne Festsetzung eines Höchstbetrages, Ernennung eines Theiles der Mitglieder der Kommissionen durch die Steuerverwaltung, Einführung einer beschränkten Deklarationspflicht und des Rekurses an eine Centralkommission vor. Der Entwurf scheiterte jedoch im Landtage.

Dasselbe Schicksal hatte ein in der Session 1871/72 vorgelegter, der indess eine Umgestaltung der Klassen- und Einkommensteuer sich überhaupt nicht zur Aufgabe setzte: er wollte nur die Beseitigung der Unterstufe 1a der Klassensteuer (Steuersatz von ½ Thlr.) und die Aufhebung der Mahl- und Schlachtsteuer als Staatssteuer unter Einräumung der Befugniss an die Gemeinde, die Schlachtsteuer als Kommunalsteuer beizubehalten. Aus den Verhandlungen über diesen Entwurf ist bemerkenswerth das von dem Abgeordnetenhause in einer Resolution ausgesprochene Verlangen der Ueberweisung der Grund- und Gebäudesteuer an die Gemeinden.

§ 24. Den in dieser Resolution gewiesenen Weg zu beschreiten, lehnte die Regierung in der nächsten Session ausdrücklich ab. Dagegen legte sie einen Gesetzentwurf vor, welcher die Umbildung der Klassensteuer zu einer Einkommensteuer, Beseitigung der Höchstgrenze der Einkommensteuer und Schaffung einer Centralinstanz für letztere vorschlug. Abgesehen von diesem letzten Punkte fanden die Gedanken des Entwurfs Zustimmung mit der Massgabe, dass die Klassensteuer kontingentirt wurde. Gleichzeitig griff der Landtag auf den Gedanken der Beseitigung der Mahl- und Schlachtsteuer als Staatssteuern zurück und nahm einen dahingehenden, aus seiner Initiative hervorgegangenen Gesetzentwurf an. Die Regierung fügte sich den Beschlüssen des Landtags, und so wurden das Gesetz wegen der Aufhebung der Mahl- und Schlachtsteuer und das Gesetz wegen Abänderung des Gesetzes v. 1. Mai 1851, betreffend die Einführung einer Klassen-

und klassifizirten Einkommensteuer am 25. Mai 1873 Allerhöchst vollzogen (G.-S. S. 222 u. 213).

Das erstere Gesetz hob vom 1. Januar 1875 ab die Mahl- und Schlachtsteuer als Staatssteuern auf und führte dafür in den bisher mahl- und schlachtsteuerpflichtigen Städten die Klassensteuer ein.

Als Gemeindesteuer kann die Schlacht-, nicht auch die Mahlsteuer, auf übereinstimmenden, von 3 zu 3 Jahren zu wiederholenden und der Genehmigung der Minister des Innern und der Finanzen bedürfenden Beschluss der städtischen Kollegien in den bisher mahl- und schlachtsteuerpflichtigen Städten forterhoben werden, „wenn die Lage des städtischen Haushalts es erfordert und die örtlichen Verhältnisse dazu geeignet befunden werden“. Von 3 zu 3 Jahren ist das Bedürfniss erneut zu prüfen und über das Ergebniss der Prüfung dem Landtage eine Vorlage zu machen. Eine Erhöhung der bestehenden Schlachtsteuersätze mit Einschluss des bisherigen Kommunalzuschlages kann nur durch Gesetz erfolgen, Ermässigungen und Erleichterungen dagegen können durch Gemeinderegulative eingeführt werden.

Nach dem anderen Gesetz v. 25. Mai 1873 wird die Klassensteuer nunmehr in 12 Stufen nach dem Jahreseinkommen erhoben mit der Massgabe, dass besondere, die Leistungsfähigkeit bedingende wirthschaftliche Verhältnisse, nämlich grosse Zahl von Kindern, Verpflichtung zum Unterhalt armer Angehöriger, andauernde Krankheit sowie die Leistungsfähigkeit wesentlich beeinträchtigende Verschuldung und aussergewöhnliche Unglücksfälle, durch Versetzung in eine niedrigere als die dem Einkommen entsprechende Stufe bezw. Freistellung in die erste Stufe Gehöriger berücksichtigt werden können. Die Steuerpflicht beginnt erst bei einem Einkommen von 140 Thlrn., und es beträgt die Spannung zwischen dem Mindest- und Höchstbetrag des in die Stufe gehörigen Einkommens in den Stufen 1 und 2 je 80, in den Stufen 3 bis 8 je 50 und in den vier obersten Stufen je 100 Thlr. dergestalt, dass z. B. zu veranlagen sind in Stufe 1 Einkommen von 140 bis 220, in Stufe 2 solche von mehr als 220 bis 300 Thlr., in Stufe 3 solche von mehr als 300 bis 350 Thlr. und so fort. Die Steuersätze betragen in der ersten Stufe 1, in der zweiten 2, in der dritten 4, in der vierten 5 und in der fünften 6 Thlr.; in den Stufen 6 bis 10 steigen sie um je 2, in den beiden obersten um je 4 Thlr., also bis auf 24 Thlr. Da der Steuersatz somit von 0,7 Proz. des niedrigsten in die Stufe gehörigen Einkommens in der ersten bis auf $2^2/_3$ Proz. in der zwölften Stufe steigt, ist die Klassensteuer für sich betrachtet progressiv, während Klassen- und Einkommensteuer zusammengenommen, da bei letzterer, wie wir sehen werden, der gleichmässige Satz von 3 Proz. des höchsten in die nächstniedrigere Stufe gehörigen Einkommens beibehalten ist, eine degressive Besteuerung darstellen. Diese normalen Klassensteuersätze gelangen jedoch in der Regel nicht unverändert zur Hebung. Denn die Klassensteuer wird auf eine jährliche Solleinnahme — mit Ausschluss der Zugänge — von 11, nach Hinzutreten der mahl- und schlachtsteuerpflichtigen Städte von 14 Millionen Thalern kontingentirt dergestalt, dass, wenn das

Veranlagungssoll das Kontingent übersteigt oder nicht erreicht, ein entsprechender Abschlag bezw. Zuschlag auf die normalen Sätze erfolgt; wieviel Silbergroschen hiernach auf jeden Thaler der veranlagten Steuer mehr oder weniger zu entrichten sind, bestimmt der Finanzminister. Mehr- oder Minderbeträge gegen das Kontingent, welche durch die hierbei stattfindende Abrundung und durch die Rechtsmittel entstehen, werden im nächsten Jahre ausgeglichen. Die subjektiven Befreiungen unterscheiden sich von den bisherigen nur dadurch, dass diejenige der noch nicht 16 Jahre alten Personen auf die erste Stufe beschränkt, die der über 60 Jahre alten beseitigt ist, dass den Inhabern des Eisernen Kreuzes die des Militär-Ehrenzeichens I. und II. Klasse gleichgestellt werden, dass die Befreiung aller dieser dekorirten ehemaligen Militärpersonen und der Veteranen der Freiheitskriege auf die beiden untersten Stufen beschränkt wird, und dass mit Rücksicht auf die Anknüpfung der Steuerpflicht an ein Mindesteinkommen von 140 Thlr. Almosenempfänger und in öffentlichen Anstalten auf öffentliche Kosten Verpflegte nicht mehr unter den Befreiten ausdrücklich aufgeführt werden.

Zum Zweck der Heranziehung zu den nach dem Klassensteuerfusse aufzubringenden Kommunalabgaben und Sozietätslasten werden die Personen mit weniger als 140 Thlr. Einkommen, sofern sie nicht fortlaufend Armenunterstützung beziehen, zu einem fingirten Klassensteuersatz von ½ Thlr. veranlagt, nach welchem die Bemessung der Zuschläge erfolgt.

Das Veranlagungsverfahren ist in Uebereinstimmung mit dem bisherigen Gesetz mit der Massgabe geregelt, dass behufs Ermittelung des Einkommens den Einschätzungskommissarien und ihren Vorsitzenden analoge Pflichten und Rechte wie bei der Einkommensteuer beigelegt, dabei insbesondere auch wieder das Verbot des „tieferen“ und „lästigen Eindringens“ ausgesprochen ist, und dass nunmehr die Regierung, abgesehen von Berichtigung offenbarer Schreibfehler, bei Feststellung der Steuerstufen eine höhere als die von der Einschätzungskommission vorgeschlagene nur nach nochmaliger Anhörung der Kommission festsetzen darf. Die Entscheidung über die Reklamationen wird, wenn sie von dem Gutachten der für diese Begutachtungen gebildeten Kreiskommission abweichen soll, der Regierung entzogen und der für die Einkommensteuer-Reklamationen bestehenden Bezirkskommission übertragen. Behufs Begutachtung und Entscheidung der Reklamationen werden die Befugnisse der Kommissionen wie bei der Einkommensteuer geregelt. Die Rekursfrist wird auf 4 Wochen verkürzt. Wegen nach der Veranlagung eingetretener aussergewöhnlicher Unglücksfälle kann die Regierung auf Vorschlag der Einschätzungskommission die Steuer bis auf die Hälfte erlassen.

Die klassifizirte Einkommensteuer wird, was bisher nur durch die Ausführungsinstruktion geschehen war, nunmehr durch das Gesetz tarifirt und zwar unter Vermehrung der Stufen und Beseitigung des Höchstbetrages. Statt bisher in 29 steigt die Steuer für die Einkommen von mehr als 1000 bis zu 240 000 Thlr. in 39 Stufen und zwar in den Stufen 1–5 um je 200, in den Stufen 6–10 um je 400, in den Stufen 11—13 um je 800, in den Stufen 14–18 um je 1200, in den Stufen 19 bis 22 um je 2000, in den Stufen 23–27 um je 4000, in den Stufen 28 und 29 um je 8000, in den Stufen 30 und 31 um je 12 000, von Stufe 32 bis 39 und in den höheren Stufen um je 20 000 Thlr. Einkommen. Die Steuersätze steigen von 30 Thlr. in der ersten um je 6 Thlr. in den Stufen 2—6, je 12 in den Stufen 7—11, je 24 in den Stufen 12—15, je 36 in den Stufen 16—19, je 60 in den Stufen 20—23, je 120 in den Stufen 24—28, je 240 in den Stufen 29 und 30, je 360 in den Stufen 31 und 32 und von da an um je 600 Thlr. Wie bei der Klassensteuer finden die oben angegebenen, die Leistungsfähigkeit beeinträchtigenden Umstände auch bei der Einkommensteuer Berücksichtigung, jedoch nur in den beiden ersten Stufen und nur dergestalt, dass eine Versetzung aus der zweiten in die erste Stufe und eine Ermässigung des Steuersatzes eines in der ersten Stufe zu Veranlagenden auf den Satz der zwölften Klassensteuerstufe, also von 30 auf 24 Thlr. zugelassen wird. Einkommensteuerpflichtigen Offizieren, Militär- und Marineärzten und -Beamten, sie mögen aktiv oder inaktiv sein, wird für die Zeit ihrer Zugehörigkeit zu mobilen Truppentheilen der auf das Militärdiensteinkommen entfallende Theil der Einkommensteuer bezw., wenn sie erst nach der Veranlagung in den Genuss eines solchen gelangt sind, ein Betrag von 3 Proz. desselben an der Steuer erlassen.

An den formellen Vorschriften wird nur das geändert, dass nunmehr mit Rücksicht auf die der Bezirkskommission in Klassensteuersachen übertragenen Funktionen ein Drittel ihrer Mitglieder aus den Klassensteuerpflichtigen zu wählen sind.

Zu dem dergestalt abgeänderten Steuergesetze v. 1. Mai 1851 wurden vom Finanzminister neue Instruktionen über die Veranlagung, die Rechtsmittel, das Zu- und Abgangswesen u. s. w. erlassen.

§ 25. Was nun noch bis zur Miquel'schen Steuerreform an der Klassen- und Einkommensteuer geändert wurde, war von einer grundsätzlichen Umgestaltung weit entfernt und betraf nur Einzelheiten oder doch nur einzelne Steuerklassen.

Ein Ges. v. 2. Jan. 1874 (G.-S. S. 9) erhöhte die den Gemeinden für die Erhebung u. s. w. der Klassensteuer zustehenden Gebühren von 4 auf 6 Proz. und bewilligte den Gemeinden, denen die Erhebung nicht übertragen war, zur Bestreitung der Nebenkosten solche von 3 Proz. Ein anderes v. 16. Juni 1875 (G.-S. S. 234) ermässigte die Steuersätze der dritten und vierten Klassensteuerstufe von 12 und 15 auf 9 und 12 M., gestattete es, Gemeinden und Gutsbezirke mit örtlich verbundener Lage miteinander und solche von abgesonderter Lage, aber weniger als 500 Einwohnern mit benachbarten Gemeinden nach Anhörung der Betheiligten zu einem Klassensteuereinschätzungsbezirke zu vereinigen, ersetzte die Bestimmung des Ges. v. 25. Mai 1873 wegen Erlasses der Klassensteuer durch eine andere, welche die Zulässigkeit desselben an Zurücksetzung des Nahrungsstandes durch Verlust einer Einnahmequelle oder aussergewöhnliche Unglücksfälle knüpfte, aber nicht mehr auf die Hälfte der Steuer, sondern auf „einen verhältnissmässigen Betrag" limitirte, und setzte die Reklamationsfrist bei der Klassensteuer von drei auf zwei Monate herab. Mit Rücksicht auf die Aenderung des Etatsjahres und des Münzsystems gab sodann ein Ges. v. 12. März 1877 (G.-S. S. 19) der Bestimmung über die Bekanntmachung des Ergebnisses der Klassensteuerveranlagung und des zur Hebung gelangenden Betrages derselben eine andere Fassung. Dasselbe Gesetz gestaltete die bisherige Befugniss des Einkommensteuerpflichtigen, innerhalb der ersten sechs Wochen der Reklamationsfrist der Einschätzungskommission durch Verhandlungen etc. die Ueberzeugung von seiner Ueberbürdung zu verschaffen, zu dem förmlichen Rechtsmittel der binnen zwei Monaten einzulegenden Remonstration an die Einschätzungskommission aus; erst gegen die Remonstrationsentscheidung, gegen die übrigens dem Vorsitzenden dieser Kommission die Berufung zusteht, kann nunmehr, und zwar binnen 4 Wochen, Reklamation eingelegt werden. Endlich wurde durch dasselbe Gesetz gestattet, in den im Gesetze von 1851 vorgesehenen Fällen Einkommensteuererlasse nicht erst vom Beginne des Monats, der auf denjenigen folgt, in dem der Antrag gestellt ist, sondern schon von dem auf den Monat des Verlustes der Einnahmequelle folgenden ab zu gewähren.

Von grösserer praktischer Bedeutung war das Ges. v. 10. März 1881 (G.-S. S. 126), wenn es auch mit einer „Reform" noch weniger zu thun hatte. Schon ein Ges. v. 16. Juli 1880 (G.-S. S. 287) „betreffend die Verwendung der aus dem Ertrage von Reichssteuern an Preussen zu überweisenden Geldsummen" hatte die nach der sogen. „Frankenstein'schen Klausel" (§ 8 des Zolltarifgesetzes v. 15. Juli 1879)[1]) zu überweisenden Summen zu- bezw. abzüglich desjenigen Betrages, um den der für das betreffende Jahr zu leistende Preussische Matrikularbeitrag weniger oder mehr beträgt, als hierfür im Staatshaushaltsetat für 1879/80 vorgesehen war, zum Erlass von Monatsraten der Klassensteuer und der fünf untersten Einkommensteuerstufen bestimmt, jedoch nur „insoweit darüber nicht mit Zustimmung der Landesvertretung behufs Bedeckung der Staatsausgaben oder behufs der Ueberweisung eines Theiles des Ertrages der Grund- und Gebäudesteuer an die Kommunalverbände anderweit Verfügung getroffen ist".

Bei dem Erlasse sollte jede niedrigere Steuerstufe den Vorrang vor den höheren haben; reichten also die Summen nicht aus, um eine Monatsrate aller Klassen- und der fünf Einkommensteuerstufen zu erlassen, so sollte eine Monatsrate derjenigen Stufen, von der ersten Klassensteuerstufe angefangen, erlassen werden, für welche die Mittel ausreichten; entsprechend sollte verfahren werden, wenn nach Erlass einer Monatsrate aller 17 Steuerstufen noch Mittel disponibel blieben.

Der schwankende Charakter dieser Steuererlasse wurde durch das Ges. v. 10. März 1881 beseitigt, indem drei Monatsraten der Klassensteuer und der fünf untersten Einkommensteuerstufen „vorbehaltlich

[1]) „Derjenige Betrag der Zölle und der Tabacksteuer, welcher die Summe von 130 Mill. Mark in einem Jahre übersteigt, ist den einzelnen Bundesstaaten nach Massgabe der Bevölkerung, mit welcher sie zu den Matrikularbeiträgen herangezogen werden, zu überweisen. Diese Ueberweisung erfolgt vorbehaltlich der definitiven Abrechnung zwischen der Reichskasse und den Einzelstaaten auf Grund der im Art. 39 der Reichsverfassung erwähnten Quartalsextrakte und bezw. Jahresabschlüsse.

Diese Bestimmung tritt mit dem 1. April 1880 in Kraft."

der Reform der Klassen- und klassifizirten Einkommensteuer“ dauernd ausser Hebung gesetzt wurden.

Einen wesentlichen Fortschritt gegen dieses Gesetz, das somit in Ansehung des Steuerlasses die Einkommen von 420-6000 M. über einen Kamm schor, bedeutete das Ges. v. 23. März 1883 (G.-S. S. 37) „betreffend die Aufhebung der beiden untersten Stufen der Klassensteuer“. Dasselbe, durch Umgestaltung einer Regierungsvorlage, welche die vier untersten Klassensteuerstufen aufheben und dafür eine Licenzsteuer vom Vertriebe von geistigen Getränken und Tabakfabrikaten einführen wollte, entstanden, hob unter Beseitigung des Ges. v. 10. März 1881 die beiden untersten, die Einkommen von 420—900 M. umfassenden Klassensteuerstufen auf und setzte drei Monatsraten der übrigen zehn Klassensteuerstufen, zwei der ersten und eine der zweiten Einkommensteuerstufe, ausser Hebung. Gleichzeitig beseitigte es die Kontingentirung der Klassensteuer und dehnte die seitherige Bestimmung über die Berücksichtigung die Leistungsfähigkeit beeinträchtigender wirthschaftlicher Verhältnisse in den beiden ersten Einkommensteuerstufen auch auf die dritte, vierte und fünfte, also bis auf Einkommen von 6000 M. aus.

Für die Kommunalzuschläge und die Wahlberechtigungen bleiben die Aufhebung der beiden Klassensteuerstufen, deren Veranlagung daher auch fortzuführen ist, und die Erlasse der Monatsraten ohne Einfluss, und die Gemeinden erhalten sogar von dem Veranlagungssoll jener beiden Stufen 3 Proz. Veranlagungsgebühren.

Mit dem Ges. v. 26. März 1883 gelangte die legislatorische Thätigkeit auf dem Gebiete der Personalbesteuerung bis zur Miquel'schen Reform zum Abschluss. Wohl hatte die Staatsregierung vorher wie nachher den Versuch zu einschneidenderen Reformen gemacht, als sie die in den Jahren 1873 bis 1883 zu Stande gekommenen Gesetze darstellen. Aber niemals war es ihr gelungen, ihre Entwürfe unter Dach zu bringen. Ein unter dem Finanzminister Bitter (1879-1882) ausgearbeiteter Gesetzentwurf kam überhaupt nicht bis an den Landtag, und die Scholz'schen Entwürfe eines Einkommen- und eines Kapitalrentensteuergesetzes blieben 1883/84 in der Kommission des Abgeordnetenhauses stecken.

Sowohl der Bitter'sche als auch der Scholz'sche Einkommensteuergesetzentwurf wollten die nach den Umgestaltungen der Klassensteuer der inneren Berechtigung entbehrende Unterscheidung zwischen Klassen- und Einkommensteuer beseitigen und über den Kreis der physischen Personen hinausgehen; während aber Bitter alle mit dem Rechte des Vermögenserwerbes ausgestatteten juristischen Personen, Anstalten, Vereine, Vermögensmassen u. s. w. der Steuer unterwerfen wollte, beabsichtigte dies Scholz nur bezüglich der Aktiengesellschaften und Kommanditgesellschaften auf Aktien. Beide wollten auch die Lücke in dem Preussischen direkten Steuersystem, dass das Einkommen aus Grundbesitz und Gewerbebetrieb ausser der Einkommensteuer auch einer Realsteuer unterlag, nicht aber die dritte Art des fundirten Einkommens, dasjenige aus Kapitalvermögen, schliessen, aber in verschiedener Weise, Bitter im Rahmen der Einkommensteuer durch anderthalbfachen Ansatz des 150 M. übersteigenden Einkommens aus Kapitalvermögen, Scholz durch eine von 2 Proz. bei einem Steuerobjekt von mehr als 10 000 M. bis auf $^1/_2$ Proz. bei einem solchen von 600—900 M. abfallende besondere Kapitalrentensteuer. Eine Deklarationspflicht sah der Bitter'sche Entwurf für das Einkommen aus Kapitalvermögen und analog von den Scholz'schen Entwürfen nur derjenige des Kapitalrentensteuergesetzes vor. Als steuerfreies Existenzminimum wollte zwar jener den Betrag von weniger als 420 M., der Scholz'sche Einkommensteuergesetzentwurf dagegen 1200 M. ansetzen; doch kamen thatsächlich beide auf dasselbe hinaus, weil der Gesetzentwurf, aus dem schliesslich das Ges. v. 26. März 1883 entstand, eine Parallelaktion zu dem Bitter'schen Einkommensteuergesetzentwurf bilden sollte. Dagegen wollte der Bitter'sche Entwurf eine progressive, der Scholz'sche eine von 3 Proz. bei Einkommen von mehr als 10 000 M. ab degressive Steuer. Bitter beabsichtigte ferner der Steuerverwaltung einen ungleich weitergehenden Einfluss auf die Veranlagung einzuräumen als Scholz. Dagegen stimmten beide über die Nothwendigkeit der Schaffung einer Rekursinstanz für den ganzen Staat überein. In der Kommission des Abgeordnetenhauses wurde neben anderen Aenderungen der Scholz'schen Vorlagen beschlossen, die Steuerpflicht der Aktien- und Kommanditgesellschaften zu streichen, das steuerfreie Existenzminimum auf 900 M. herabzusetzen, der Einkommensteuer einen beschränkt progressiven Charakter zu geben, für Einkommen von mehr als 3000 M. eine Deklarationspflicht einzuführen und das Veranlagungsgeschäft zwischen einer örtlichen „Voreinschätzungskommission“ für Einkommen bis zu 3000 M. und einer für den Kreis gebildeten Veranlagungskommission für die Einkommen über 3000 M. zu theilen.

III. Kapitel.

Die Grundsteuerreform.

§ 26. Hatte es eines Zeitraumes von mehr als 30 Jahren nach der Steuerreform von 1820 bedurft, um zu einer noch dazu so mangelhaften Regelung der Personalbesteuerung, wie sie das Ges. v. 1. Mai 1851 war, zu gelangen, so dauerte es noch 10 Jahre länger, bis eine Reform der Grundsteuer gelang, obgleich oder vielmehr in Wahrheit gerade weil die bestehenden Grundsteuern vermöge ihrer Buntscheckigkeit und ihrer Exemtionen den elementarsten Regeln steuerlicher Gerechtigkeit in der krassesten Weise ins Gesicht schlugen.

Die schon vorher arge Verwirrung auf diesem Gebiete der Besteuerung war in Folge der Gebietserwerbungen durch den Wiener Kongress noch um ein gutes Theil schlimmer geworden. Denn innerhalb der 25 Regierungsbezirke des Staates bestanden nicht weniger als 33 verschiedene Grundsteuerverfassungen, und es wiesen deren z. B. auf die Regierungsbezirke Marienwerder, Magdeburg, Merseburg und Coblenz je 4, Liegnitz 5, Potsdam und Erfurt je 6, Frankfurt und Minden je 7.

§ 27. In Ostpreussen mit Ausschluss des Ermlandes, das die Westpreussische Grundsteuerverfassung hatte, bestand auf dem Lande der nach der Ackerbonität umgelegte Generalhufenschoss (vgl. oben § 8), eine fixirte Tranksteuer von der Getränkefabrikation, die Ritterdienstgelder, Lehnskanon, Servisgeld und Fouragegeld, in den Städten der Servis, in dem grössten Theile Westpreussens die sog. Westpreussische Grundsteuerverfassung, nämlich die nach dem Ertrage umgelegte Kontribution von den Hufen, das Realschutzgeld oder Haussteuer der kleinen Grundbesitzer, welche keine Kontribution zahlten, die Mühlenkontribution und die fixirte Tranksteuer, die Lahnen- und Quartgelder und in den Städten der Servis, in einem anderen Theile die Ostpreussischen Grundsteuern, wieder in einem anderen die Warschauische und in einem weiteren die Neumärkische.

Die Warschauische Grundsteuerverfassung, welche ausser in einem Theile Westpreussens im Regierungsbezirk Posen und einem Theile Brombergs — der übrige hatte die Westpreussische — galt, umfasste 1. die Offiara nach dem Ertrage der Güter, an deren Stelle gewisse Güter andere Abgaben, wie Quartgelder, Kompetenzsteuer, Mühlenkanon und Subsidium charitativum, entrichteten; 2. die Podymna oder das Rauchfangsgeld, eine Gebäudesteuer nach der Zahl der Schornsteine; 3. die Lahnengelder ohne Lanowen nach Hufen.

In Schlesien bestand im grössten Theil des Breslauer, im Oppelner und in dem grössten Theile des Liegnitzer Bezirkes die Schlesische Grundsteuerverfassung. Nach dieser war zu entrichten auf dem Lande und in den kleinen Städten die der Westpreussischen entsprechende Kontribution, daneben Quittungsgroschen, Haussteuer, in den Städten Servis, von einzelnen Gütern Lehnpferdegelder, ferner in einzelnen Gegenden „Herzogs-Getreidezinsen", „Landes-Kron-Geschoss-Gelder", fixirte Zinsen, „Landeshauptmanns-Gefälle". Die in der Grafschaft Glatz geltende Glatzische Grundsteuerverfassung war der Schlesischen in der Hauptsache gleich, enthielt aber noch eine Ackersteuer nach der Aussaat in den auf städtischem Grund und Boden gelegenen Dörfern. Zwei Dominien und Dörfer, die als ursprünglich zur Oberlausitz gehörig 1816 von Oesterreich an Preussen abgetreten worden waren, hatten aus der österreichischen Zeit die Böhmischen Grundsteuern, nämlich eine von der Aussaat, die in Beziehung zur Fläche gebracht war, ausgehende Grundsteuer und in Gestalt der „Militär-Bequartirungs-Konkurrenzsteuer" eine Haussteuer. Endlich war im Liegnitzer Bezirk auch die Sächsisch-erbländische, Oberlausitz'sche und Neumärkische Grundsteuerverfassung vertreten. Die landesherrlichen Steuern der Oberlausitz waren für die Städte die bei dem Sächsisch-erbländischen System zu besprechenden, für das platte Land den Kavalleriegeldern entsprechende „Rations- und Portionsgelder" und die Donativgelder der Rittergüter; in der Hauptsache aber wurden die Abgaben an den Staat von den Städten aus den von ihnen erhobenen Steuern abgeführt.

Innerhalb der Provinz Pommern fanden sich die Hinterpommersche, Vorpommersche, Neuvorpommersche, die Kur- und Neumärkische und Westpreussische Verfassung. Die Hinterpommersche bestand aus der nach einer Hufenklassifikation umgelegten Hufenkontribution, der von den dieser nicht unterliegenden Häusern und Grundstücken erhobenen „Grundsteuer", den nach der Hufenzahl erhobenen Kavalleriegeldern und dem Lehnpferdegeld oder „Allodifikationszins" der Ritterschaft. Aehnlich waren die Steuern Altvorpommerns, nämlich eine Hufenkontribution, eine „Grundsteuer von dem kontributionsfreien Grundbesitz" und das Kavalleriegeld, in den grösseren Städten aber Servis. Sowohl in Hinter- als auch in Vorpommern wurden daneben noch verschiedene Nebenabgaben mehr oder minder lokalen Charakters erhoben. Das früher Schwedische Neuvorpommern besass eine „ordinäre" und eine „extraordinäre" Kontribution von den Hufen des platten Landes einschliesslich der Rittergüter und Domänen, „Grund-Urbeede" oder „Oerbör-Gelder" der Städte, deren Aufbringungsmodus diesen überlassen blieb, den Allodifikationszins der Lehngüter und anderen Ritterhufen, eine „Tribunalssteuer" und eine „Servisabgabe", beide nach dem Hufenfuss in Stadt und Land erhoben.

Die Grundsteuern der Mark Brandenburg waren der Hufen- und Giebelschoss, die Kontribution, Kavallerie-, Quittungs- und Lehnpferdegelder. Doch bestanden im Einzelnen mancherlei Verschiedenheiten zwischen den einzelnen historischen Bestandtheilen. Der Hufen- und Giebelschoss war, wie sein Name besagt, eine Grund- und Gebäudesteuer. Der Kontributionsmassstab war in den einzelnen Theilen der Mark verschieden; insbesondere griff er auf die Aussaat, die Bodengüte, in Beziehung zur Aussaat gebrachte Werthe für nicht zum Körnerbau verwendeten Grund und Boden zurück. In der Kontribution waren verschiedene andere Abgaben, wie die Potsdam'schen Bettgelder (vgl. o. §§ 9, 10), inbegriffen. Auch die Kavalleriegelder wurden in den Bestandtheilen der Mark nach verschiedenen Massstäben erhoben, grösstentheils nach demselben, wie die Kontribution. Die neben diesen Kur- und Neumärkischen in der Provinz Brandenburg sich findenden Grundsteuersysteme waren das Vorpommersche, Magdeburgische, Sächsisch-erbländische, Schlesische, Niederlausitz'sche, Querfurtische und Warschauische. Das Niederlausitz'sche umfasst die auch in der Oberlausitz bestehenden Donativgelder, die Erbenzinsen, d. s. Allodifikationsgelder, die Kontribution, Portions- und Rationsgelder — wie in der Oberlausitz — und die Milizgelder, all diese nach einer „Schatzung" des Vermögens, die wie in den Sächsischen Erblanden erhobene Akzise-Grundsteuer der Städte und Servis einzelner Städte.

Die Sächsisch-erbländische Steuerverfassung galt in dem südlichen Theil der Provinz Sachsen, einigen Orten Brandenburgs und einer Gemeinde Schlesiens, wies aber nach diesen Landestheilen einzelne Verschiedenheiten auf. Nach ihr unterlagen die Rittergutsbesitzer nur den Donativ- oder Ritterpferdegeldern, einer festen Abgabe nach der Zahl der früher zu stellenden Ritterpferde, andere Grundbesitzer in Land und Stadt der Schocksteuer, einer Steuer von dem Immobiliarvermögen und Viehstand, der Quatembersteuer, die sich aus einer Personen- und Gewerbesteuer ebenfalls zu einer Grundsteuer entwickelt hatte, und den Strassenbaudienst-Surrogatgeldern, die ländlichen und die Grundbesitzer in garnisonfreien Städten ausserdem den Kavallerie-Verpflegungsgeldern nach dem Massstabe der Schocksteuer. Nur in den Städten wird der Servis von den Häusern, die Akzise-Grundsteuer von den Liegenschaften nach dem Massstabe der Schocksteuer erhoben; doch entrichteten die städtischen Grundbesitzer mit Rücksicht auf diese Steuern dementsprechend weniger Schocksteuern und Quatembergelder.

Die Querfurt'sche Steuerverfassung galt in Theilen des Brandenburgischen Kreises Jüterbog-Luckenwalde und einem Theile der Provinz Sachsen. Auch sie kennt für die Ritterschaft die Donativgelder, daneben aber ein Ritterdienstgeld, ferner von dem übrigen Grundbesitz die Kavallerie-Verpflegungsgelder, Akzise-Grundsteuer und Servis, an Stelle der Schocksteuer und Quatembergelder aber Ordinärsteuer und landwirthschaftliches Donativ, erstere Liegenschafts- und Häuser-, letzteres nur Liegenschaftssteuer.

§ 28. Ausser den schon genannten Märkischen, Sächsisch-erbländischen und Querfurt'schen Steuerverfassungen galten in der Provinz Sachsen noch die Magdeburgische (in den beiden Jerichow'schen Kreisen), Mansfeldische (in einem kleinen Theile der gleichnamigen Grafschaft), Erfurt'sche (in einem Theile des gleichnamigen Regierungsbezirks), Hennebergische (im Kreise Schleusingen), Schwarzburgische (in nur wenigen Ortschaften), Weimar'sche (in einem Dorfe) und Westfälische (in dem grössten Theil des Regierungsbezirks Magdeburg, insbesondere der Altmark, des Herzogthums Magdeburg, des Fürstenthums Halberstadt, im Stift Quedlinburg und in der Grafschaft Stolberg-Wernigerode, sowie in Theilen der beiden anderen Regierungsbezirke, insbesondere im Saalkreise, in dem grössten Theil der Mansfelder Kreise, auf dem Eichsfeld, in der Grafschaft Hohenstein und den Städten Nordhausen und Mühlhausen).

Nach der Magdeburgischen zahlt die Ritterschaft nur Lehnpferdegelder, das übrige platte Land Kontribution und mehrere nach deren Massstab umgelegte Abgaben sowie die ebenfalls nach diesem Massstab erhobenen Justiz-Salariengelder; die Kontribution besteht aus der a) ordinären Kontribution, zerfallend in die Haussteuer nach der Eigenschaft des Hauses (Acker-, Halbspänner-, Kossäthenhof, Häuslingshaus), Ackersteuer nach der Aussaat und Bodengüte, und Steuer aller übrigen Grundstücke und Nutzungen nach dem Ertrage, b) landschaftlichen Kontribution („dreizehnte Monat"), $^1/_{12}$ der ordinären, c) dem Augment, $^1/_4$ der Ackersteuer, d) den Kavalleriegeldern, ebenfalls Zuschlägen zur ordinären Kontribution. Die Städte entrichten den Servis wie in den übrigen altländischen Landestheilen, ausserdem Justiz-Salariengelder, diese aber in einer Summe aus der Kämmereikasse.

Die Mansfeld'sche Steuerverfassung sieht, wie in den Sächsischen Erblanden, Donativgelder der Ritterschaft, Kavalleriegelder und — in der Stadt Artern — Servissteuer, als Hauptgrundsteuer des platten Landes aber die Kontribution vor, bestehend in einer Liegenschaftssteuer nach einer rohen Bonitätsunterscheidung und einer Haussteuer nach der Grösse des zugehörigen Grundbesitzes.

Die Erfurt'sche Grundsteuereinrichtung umfasst den Realgeschoss, den Abschoss, die Landsteuer, die Magazinabgabe und die Grundsteuer von Klostergütern. Der Realgeschoss beruht auf einer alten Abschätzung der Liegenschaften und Häuser und ist nur in den Städten Erfurt und Sömmerda nicht zu entrichten. Der Abschoss ist die von den Gemeinden entrichtete frühere Diensteinnahme der Landeinnehmer für die Hebegeschäfte. Die fixirte Landsteuer wird nur von einigen Gütern des Amtes Mühlberg gezahlt. Die Magazinabgabe ist eine Naturallieferung an Roggen, Stroh und Hafer, die 35 Gemeinden zu entrichten hatten, und die Grundsteuer von den ehemaligen Gütern der Klöster Neuwerk, St. Cyriax und St. Martin eine Abgabe vom Ertrage.

In der ehemaligen Grafschaft Henneberg wurde die sog. „Doppelsteuer" oder schlechthin „Steuer" von Gebäuden, Liegenschaften und Gerechtigkeiten nach alten, auf dem Kapitalwerth beruhenden Katastern erhoben, in dem ehemals Schwarzburg-Rudolstädtischen Dorfe Wolkramshausen eine ordinäre Grundsteuer von Liegenschaften und Häusern, in den ehemals Schwarzburg-Sonderhausen'schen Ortschaften ordinäre Kontribution, Quartiergeld und Offizierhafer nach der Hufenzahl und von den mit Gerechtigkeiten und Gemeindenutzungen verbundenen „Gerechtigkeitshäusern", in dem ehemals Weimar'schen Dorfe Ringleben „ordinäre Steuern" von Feldgütern, Häusern, Gärten und Viehstand, Hufengeld nach der Ackerfläche und „extraordinäre Kriegssteuern" nach gleichen Massstäben wie die ordinären.

§ 29. Die Westfälische Grundsteuer, auf Gesetzen Jérôme Bonapartes v. 18. und 21. Aug. und 3. Sept. 1808 sowie v. 27. März 1809 beruhend und der Französischen nachgebildet, stellt im Gegensatz zu den bisher erwähnten eine zeitgemässe Regelung der Materie dar, an die sich die späteren Preussischen Grundsteuerregulirungen anlehnten. Die früheren Exemtionen der Domänen, adligen, Stifts- und Kirchengüter u. s. w. waren schon durch die von Napoleon erlassene Konstitution für das Königreich Westfalen v. 15. Dez. 1807 und das Dekret König Jérômes v. 8. Jan. 1808 aufgehoben. Der Grundsteuer unterlagen daher grundsätzlich alle Liegenschaften und Gebäude, erstere „in verhältnissmässiger Gleichheit" nach dem Massstabe des nach einer Reihe von Jahren — 15 unter Weglassung der beiden höchsten und niedrigsten — berechneten durchschnittlichen, nach Abzug der Bewirthschaftungskosten übrig bleibenden Reinertrages, letztere nach derjenigen der Hälfte — die andere Hälfte wird auf Unterhaltungskosten gerechnet — des Miethwerths im fünfjährigen Durchschnitt. Der zur Hebung gelangende Betrag sollte alljährlich ausgeschrieben werden, aber $^1/_5$ dieser steuerbaren Erträge nicht übersteigen. Das Ges. v. 18./21. Aug. 1808 verhiess behufs Durchführung der Grundsteuerreform ein neues Kataster. Da diesem aber eine spezielle Vermessung und Bonitirung des Grund und Bodens vorangehen musste und diese Massnahmen demnächst als zu langwierig und zu kostspielig angesehen wurden, so begnügte man sich vorläufig mit einer Revision der alten Kataster. Dieselbe wurde 1811 in Angriff genommen (Instruktion v. 7. Okt. 1811 und Dekret v. 31. Mai 1812). Die Grundsteuer wurde allgemein auf 20 Proz. des nach dieser Instruktion im Anschluss an die vorgedachten Gesetze zu ermittelnden Reinertrages festgesetzt.

In der heutigen Provinz Westfalen galt bei ihrer Wiedervereinigung mit Preussen diese Westfälische Grundsteuerverfassung nur für die städtischen Grundstücke, Domänen, adligen Güter und sonstigen vor der Französischen Herrschaft eximirten Grundstücke eines Theiles des Regierungsbezirkes Minden. Im Uebrigen bestanden in den beiden westlichen Provinzen sehr verschiedenartige Grundsteuerverfassungen, nämlich im Münsterschen Bezirke die Französische und die Bergische, im Mindener die Minden-Ravensbergische, Paderbornsche, Corveysche, Rietbergische, Hannoversche und Bergische, im Arnsberger die Hessische, Bergische und Nassauische, im Coblenzer die Wetzlarsche, Nassauische, Bergische und Französische, im Düsseldorfer und Cölner die beiden letztgenannten, im Trierer und Aachener nur die Französische.

Die das grösste Gebiet, insbesondere das ganze linke Rheinufer einnehmende Französische Grundsteuer beruht auf den Französischen Gesetzen v. 1. Dez. 1790 und 23. Nov. 1798 (3. Frimaire an 7). Sie ist wie die Westfälische eine Repartitionssteuer nach dem Reinertrage. Die Vertheilung war zuerst mit Hülfe der alten Kataster und sonstigen vorhandenen Nachrichten erfolgt. Im Jahre 1801 wurde eine Bonitirung von 1800 durchs Loos bestimmten

Gemarkungen angeordnet, deren Ergebnissen die Veranlagung in den übrigen Gemeinden approximativ gleichgestellt werden sollte. Schon 1803 wurde aber eine allgemeine Abschätzung nach Kulturmassen und 1808 ein Parzellarkataster in Angriff genommen, das die Preussische Regierung unvollendet vorfand.

Die Bergische, ebenfalls aus der Zeit der Französischen Zwischenherrschaft herrührende Grundsteuer, wollte eine Reinertragsteuer auf Grund von Fassionen der Eigenthümer, kam aber hiermit zu völlig unbefriedigenden Ergebnissen.

Die Minden-Ravensbergische Steuerverfassung stammte aus früherer Zeit; sie war in der Zeit der Fremdherrschaft durch die Westfälische ersetzt gewesen und wurde nach dem Einrücken der Verbündeten wieder hergestellt. Dasselbe war der Fall mit der Paderbornschen und Corveyschen. Die Grundsteuer im Fürstenthum Minden beruhte auf später revidirten Vermessungen und Ertragsschätzungen der Liegenschaften aus dem Ende des 17. Jahrhunderts; Häuser, zu denen nur Liegenschaften mit weniger als 10 Thlr. Ertragstaxe gehörten, zahlten das „Brücksitzergeld“, eine fixe Steuer. Der „Landschatz“ oder die Kontribution in der Grafschaft Ravensberg ruhte auf Liegenschaften und Gebäuden nach dem Massstabe des Ertrages. Sowohl im Mindenschen wie im Ravensbergischen wurden daneben auf dem platten Lande Kavalleriegelder nach dem Ertrage, von den früher Lehnspferdegelder entrichtenden Gütern aber seit der Französischen Zeit die „Exemtensteuer“ genannte Westfälische Grundsteuer erhoben. Ueber den ursprünglichen Umlegungsmassstab der Paderborner und Corveyschen Grundsteuer war Sicheres überhaupt nicht mehr bekannt; nur die Stadt Höxter brachte ihren auf zwei Siebentel bemessenen Antheil an den Corveyschen Landesbedürfnissen nach einem klaren Massstabe, einer Liegenschaftssteuer nach der Bodenqualität und einer Hausflächensteuer, auf.

Im Rietbergischen wurde der „Kopfschatz“ erhoben, der aber entgegen seinem Namen nach den bäuerlichen Besitzungen umgelegt wurde; ausserdem zahlten die ländlichen Grundbesitzer Knechte- oder Monats- und Löhnungs- oder Militärbesoldungsgelder, die Stadt Rietberg aber als Aequivalent hierfür ein Fixum von 9 Thlr.

Die nur im Amt Reckeberg geltenden Hannoverschen Grundsteuern bestanden aus dem Monatsschatz der Liegenschaften, über deren Veranlagungsprinzipien man im Unklaren war, und dem Rauchschatz der Wohngebäude, der in gewissen Abstufungen (Vollerben-, Erbkotten- u. s. w. Häuser) entrichtet wurde.

Die aus dem Anfange des 19 Jahrhunderts stammende Hessische Grundsteuer beruhte für die Liegenschaften auf einer Klassifikation und Bonitirung des Bodens, indem für jede Bodenklasse der Naturalertrag geschätzt, durch Abzug der Gewinnungskosten das „Rauhsteuerkapital“ und durch weiteren Abzug der Reallasten, deren Werth beim Berechtigten besteuert wurde, das reine Steuerkapital ermittelt wurde. Das Rauhsteuerkapital der Gebäude bildete der 25ste bezw. bei Mühlen und Hammerwerken der 30ste Theil des mittleren Kaufwerthes.

In den von Nassau abgetretenen Gebieten wurde auf Grund einer landesherrlichen Verordn. v. 14. Febr. 1809 eine Grundsteuer erhoben, zu der Liegenschaften nach einem Steuerkapital von einem Viertel des durch den geschätzten Ertragswerth des Morgens der verschiedenen Kulturarten und Bodenklassen beitrugen. Gebäude wurden je nach der Anzahl der Stockwerke und der Einwohnerzahl des Ortes nach einem Vielfachen des Steuerkapitals des besten Wiesen- und Gartenlandes gleicher Grundfläche besteuert. Auf dem Grundstücke haftende Abgaben wurden nicht abgezogen; doch konnte der Eigenthümer den auf sie entfallenden Steuerbetrag dem Abgabeberechtigten in Abzug bringen.

Im Wetzlarschen ruhte auf den kulturfähigen Ländereien die nach drei Bonitätsklassen veranlagte Gütersteuer, auf den Gebäuden eine Häusersteuer nach dem geschätzten Kapitalwerthe.

§ 30. In Anbetracht des lediglich historischen Interesses dieser Grundsteuerverfassungen und des engen Geltungsbereiches eines grossen Theiles derselben glauben wir uns auf vorstehende Andeutungen beschränken zu sollen. Eine auch nur auf ihre Grundzüge näher eingehende Darstellung würde auch den im Rahmen dieses Buches zur Verfügung stehenden Raum weit überschreiten. Auch jene Andeutungen dürften ausreichen, nm die geradezu Babylonische Verwirrung in der Besteuerung des Grund und Bodens, wie sie die Steuerreform des Jahres 1820 bestehen liess, zu illustriren.

Die beispiellose, kaum einen allen gemeinsamen Zug aufweisende Verschiedenartigkeit der Grundsteuerverfassungen rief erklärlicherweise ebensoviele sich einer Unifizirung in den Weg stellende Interessengegensätze hervor, und es kann daher kaum Wunder nehmen, dass so lange Zeit verging, bis eine grundsätzliche Reform gelang. Was bis zum Jahre 1861 geschah, war, wenigstens in den östlichen Provinzen, nur sehr mangelhaftes Stückwerk.

Ein Projekt zur Reform des in den Ost- und Westpreussens, Pommerns, Brandenburgs und Schlesiens erhobenen Servises fand 1845 nicht die Zustimmung der Provinzialstände. Dagegen wurden zwei in den Städten der Kurmark bezw. dieser und der Neumark erhobene, in ihrem Ursprung unklare, alte fixe Abgaben, der Fundschoss und die Urbede, durch K.-O. v. 6. Mai und 13. Aug. 1842 für ablösbar erklärt. Auf dem platten Lande Ostpreussens wurde durch K.-O. v. 15. Sept. 1826 und 6. Juni 1829 der Kopf-, Horn- und Klauenschoss der nicht angesessenen Domäneneinwohner erlassen, für die angesessenen fixirt. In Altvorpommern wurden 1835 (K.-O. v. 21. April und 7. Aug.) der sog. Nebenmodus und die Quartalsteuer durch eine Grund- und Haussteuer ersetzt; dieselbe war von den Wohngebäuden des platten Landes, welche nicht zu Domänen, Rittergütern, Pfarr-, Schul- oder Küsterei-Grundstücken oder Bauernahrungen gehören, zu entrichten und richtete sich in ihrer Höhe nach dem Umfang des zugehörigen Grundbesitzes. Im Geltungsbereich der Niederlausitzer Steuerverfassung wurde eine Neukatastrirung vorgenommen.

Wichtiger als diese und die für verschiedene Grundsteuerverfassungen vorgenommene anderweite Regelung des Remissionswesens war die Umgestaltung der Grundsteuerverfassung in Posen. Hier wurden durch V. v. 14. Okt. 1844 die unter verschiedenen Benennungen erhobenen Steuern vom Grundbesitz (vgl. oben § 27) in eine „Grundsteuer" zusammengezogen und die Befreiungen von dieser im Wesentlichen so, wie es später durch das Ges. v. 24. Febr. 1850 (vgl. unten § 32) geschah, geordnet. Gleichzeitig regelte ein Reglement von demselben Tage die Remissionen.

§ 31. Die weitaus bedeutsamste Massnahme in dem Zeitraum von 1820 bis 1861 aber war die Grundsteuerregulirung in Rheinland und Westfalen. In diesen Provinzen hatte man, wie in § 29 erwähnt, theilweise ein unvollendetes neues Kataster, fast überall aber aus der Französischen Zeit stammende zeitgemässere Grundsteuerverfassungen vorgefunden; überall endlich war eines der stärksten Hindernisse einer Reform, die Grundsteuerexemtionen, bereits aus dem Wege geräumt. Es wurde daher alsbald begonnen, auf dem Vorgefundenen weiter zu bauen. Eine K.-O. v. 26. Juli 1820 verfügte die Ausdehnung des Französischen Parzellarkatasters auf die übrigen Theile der beiden westlichen Provinzen, und am 11. Febr. 1822 erliess der Finanzminister eine allgemeine Instruktion über die Aufnahme des Katasters, der in den nächsten Jahren eine Reihe weiterer Kabinetsordres und Instruktionen folgte.

Aufgabe der Katasteraufnahme war es, jedes nach Lage, Benutzungsart oder Person des Eigenthümers abgesonderte Grundstück (Parzelle) nach Flächeninhalt und Grenzen festzustellen, dessen Reinertrag zu ermitteln, nach Erledigung der Beschwerden gegen die Katasterarbeiten die Resultate festzustellen, die Verhältnissmässigkeit der Reinerträge der nach dem Kataster besteuerten Verbände mit denen derjenigen Verbände, deren Kataster später vollendet wurde, zu erhalten, sodann den definitiven Abschätzungstarif anzuwenden und die Steuer nach den Reinerträgen zu bestimmen. Der Reinertrag der Liegenschaften war aus dem Rohertrage und den zur Erzielung desselben erforderlichen Kosten nach dem Durchschnitt einer solchen Zahl von Jahren zu ermitteln, als nach den verschiedenen Kulturarten (Aecker, Wiesen, Weiden, Gärten, Holzungen, Weinberge, Torfmoore, Fischteiche) oder örtlichen Verhältnissen zur Bestimmung eines richtigen Mittelsatzes erforderlich erschien. Hier wurde zunächst eine Klassifikation der Grundstücke nach der Bonität in höchstens 5 Klassen vorgenommen und für Musterstücke jeder Klasse und Kulturart der durchschnittliche Reinertrag für den Morgen ermittelt, sodann unter Anwendung des so gefundenen Tarifsatzes der Reinertrag für jede Parzelle des in der Regel eine Gemarkung umfassenden Klassifikationsdistrikts berechnet. Bei Gebäuden wird die Grundfläche nach dem Tarifsatz des besten Ackerlandes veranschlagt und bei nicht lediglich der Landwirthschaft dienenden der Miethswerth nach den Miethssätzen der letzten 10 Jahre und unter Zuhilfenahme von Kaufpreisen u. s. w. ermittelt; lediglich der Landwirthschaft dienende Gebäude werden nur mit dem Katastralertrage der Grundfläche in Ansatz gebracht, Wohngebäude, Schauspiel- und ähnliche Häuser, Kaufläden, Remisen, Ställe u. dergl. nach dem gedachten durchschnittlichen Miethswerth unter Abzug von $^1/_4$ bis $^1/_2$ desselben auf Unterhaltung, Abnutzung u. s. w. und des Katastralertrages der Grundfläche, jedoch mit der Massgabe, dass der Reinertrag, je nachdem das Gebäude nur Erdgeschoss, ein oder mehr Stockwerke hat, niemals niedriger als auf das Doppelte, Drei- oder Vierfache desjenigen der Grundfläche bemessen werden darf. Andere gewerbliche Gebäude, also insbesondere Fabriken u. dergl. sind in gleicher Weise zu veranlagen, jedoch je nach der Zahl der Stockwerke nicht höher als auf das Vier-, Sechs- oder Achtfache des Ertrages der Grundfläche. Während aber für jede Parzelle der dem Grundstück zu Grunde zu legende Reinertrag durch Multiplikation der Fläche mit dem betreffenden Einheitssatze des Klassifikationstarifs gefunden wird, besteht für die Gebäude eine für Städte und Landgemeinden verschiedene Klassentafel dergestalt, dass jedes Gebäude in diejenige Klasse eingeschätzt wird, der sein Katastralertrag am nächsten kommt, z. B. ein städtisches Gebäude mit einem solchen von 290 Thlr. in der Klasse 300 Thlr., ein solches von 280 Thlr. Ertrag in der nächstniedrigeren von 270 Thlr. Die Steuer blieb eine kontingentirte, indem durch K.-O. v. 7. April 1828 der zu entrichtende Prozentsatz der Reinerträge nach dem bisherigen Jahreskontingent festgesetzt wurde.

Nachdem die Aufnahme des Katasters beendet war, erging nach Anhörung der Stände am 21. Jan. 1839 das „Grundsteuergesetz für die westlichen Provinzen“ (G.-S. S. 30). Dasselbe hielt an der Kontingentirung nach der Kab.-O. v. 7. April 1828 fest dergestalt, dass die nach ihr festgestellte Grundsteuerhauptsumme, solange der Reinertrag der steuerpflichtigen Grundstücke nicht unter das Fünffache derselben herabsinkt und deshalb nach der oben (§ 16) erwähnten Bestimmung des Abgabenges. v. 30. Mai 1820 eine Steuerermässigung eintreten muss, und „solange die Bedürfnisse des Staates nicht eine auf allgemeinen Grundlagen beruhende Erhöhung der Grundsteuer nothwendig machen, oder eine allgemeine Herabsetzung derselben gestatten“, nur durch Uebergang unbesteuerter Grundstücke unter die besteuerten erhöht und in der umgekehrten Weise vermindert wird. Jedoch haben die Grundsteuerpflichtigen ausser der Hauptsumme Zuschläge von 3 Proz. für die Elementarerhebung, 1½ Proz. für den Grundsteuerdeckungsfonds, ½ Proz. für Erhaltung des Katasters bei der Gegenwart zu entrichten.

Der gedachte Deckungsfonds dient prinzipaliter zur Deckung der Steuer von irrthümlich veranlagten steuerfreien Grundstücken und von im Laufe des Jahres untergehenden oder steuerfrei werdenden Grundstücken bis zum Ablauf des Jahres sowie unbeibringlicher Steuerquoten, soweit er aber hierzu nicht Verwendung findet, insbesondere zu Steuernachlässen bei Unglücksfällen und dergleichen, Unbenutztbleiben von Gebäuden und Unterstützungen bei Unglücksfällen; der Fonds, der aus demjenigen zur Unterhaltung des Katasters verstärkt werden kann, steht im Eigenthum der Steuerpflichtigen und wird von den Regierungen verwaltet

Die Steuerbefreiungen erstrecken sich im Wesentlichen auf die in dem Ges. v. 24. Febr. 1850 (vergl. § 32) genannten Grundstücke, ferner auf ertraglosen und kulturunfähigen sowie im Eigenthum des Staates stehenden, zur Holzzucht bestimmten Boden, und auf die Domanialgrundstücke der Standesherren, denen im ganzen Bereiche der Monarchie durch die Verordn. v. 21. Juni 1815 (G.-S. S. 105) und die Instruktion v. 30. Mai 1820 (G.-S. S. 81) Grundsteuerfreiheit zugestanden war. Die wesentlichen Vorschriften über die Aufnahme und Fortführung des, wie erwähnt, bei Erlass des Gesetzes bereits vorhandenen, Katasters, insbesondere über die Einschätzungsnormen sind aus den bisherigen Instruktionen u. s. w. in das Gesetz übernommen. Eine periodische Revision des Katasters wird in Aussicht gestellt. Bis zu einer solchen treten Zu- und Abgänge nur ein durch Berichtigung materieller Irrthümer (bei Flächenbestimmung, Angabe der Kulturart, Ansatz der Klasse, Berechnung des Ertrages, doppeltem Ansatz oder Auslassung eines Grundstückes), dadurch, dass Grundstücke oder Gebäude entstehen, untergehen oder für die Dauer ertragsunfähig werden, sowie durch Aenderung in der Gebäudesubstanz (Aufsetzen oder Abnehmen von Stockwerken, Anbauten u. dergl.). Die Steuerpflicht neu entstandener Liegenschaften und Gebäude tritt jedoch erst nach Ablauf von 2 Jahren nach Ablauf desjenigen Jahres, in dem sie entstanden sind, ein. Kulturverbesserungen oder -Verschlechterungen werden ausserhalb der allgemeinen Revisionen des Katasters nur berücksichtigt, wenn sie in Uebergang vom Weinbau zu einer anderen Kulturart oder vom Ackerbau zur Holzzucht bestehen, und für gewisse Urbarmachungen und Kulturverbesserungen wird noch für längere Zeiträume (10—30 Jahre) die Forterhebung der vor diesen zu entrichtenden niedrigeren Steuer zugelassen. Der Steuersatz wird durch das Verhältniss zwischen der Summe der Katastralerträge zur Grundsteuerhauptsumme einschliesslich der Beischläge gefunden.

Die Steuer ist in Monatsraten zu entrichten; zur Entrichtung verpflichtet ist der Eigenthümer, Erbpächter oder Nutzniesser; bis auf Höhe des Pacht- oder Miethszinses auch der Pächter oder Miether vorbehaltlich seines Rückgriffs an den Verpächter oder Vermiether; mehrere Miteigenthümer haften solidarisch für die Steuer.

§ 32. Es war bei dem Zustande der Grundsteuern der Monarchie nur natürlich, dass die Forderung einer Reform zu den ersten von den Landesvertretungen erhobenen gehörte. Der erste Vereinigte Landtag bereits stellte 1847 diese Forderung, der auch durch einen mittelst Königlicher Botschaft v. 20. Juli 1848 der zur Vereinbarung der Verfassung berufenen Versammlung vorgelegten Gesetzentwurf entsprochen wurde. Indess dieser und ein von der Volksvertretung im nächsten Jahre unternommener Anlauf scheiterten, und im Jahre 1850 kam nur ein Torso eines Regierungsentwurfes in Gestalt des Gesetzes wegen Aufhebung der Grundsteuerbefreiungen v. 24. Febr. 1850 (G.-S. S. 62) zu Stande. Auch dieser erlangte aber praktische Bedeutung nicht, weil die Festsetzung der vorläufigen Veranlagungsresultate und der Erhebung der Grundsteuer von den bisher befreiten, nunmehr der Steuer unterworfenen Grundstücken der Anordnung eines besonderen Gesetzes vorbehalten wurde, dieses Gesetz aber nicht zu Stande kam.

Das Ges. v. 24. Febr. 1850 sah die Gleichstellung von Stadt und Land hinsichtlich der Grundsteuer vor und liess von Befreiungen nur bestehen diejenigen für „Grundstücke, welche dem Staate, den Provinzen, den Kreisen oder den Gemeinden gehören, insofern sie zu einem öffentlichen Dienste oder Gebrauche bestimmt sind“; als „insonderheit“ hierzu gehörige nennt das Gesetz u. a. Gassen, Plätze, Brücken, Wege, Schienenwege der Eisenbahnen, Leinpfade, natürliche Wasserläufe, schiffbare Kanäle, Brunnen, Häfen, Werften, Festungswerke, Exerzierplätze, Begräbnissplätze, Promenaden, öffentliche Gärten, Baumschulen, die zur Bepflanzung öffentlicher Plätze, Strassen und Anlagen bestimmt sind, zur Uferbefestigung des Meeres, öffentlicher Ströme oder Flüsse dienende Anpflanzungen, Königliche Schlösser, für öffentliche Behörden oder zu Dienstwohnungen für Beamte bestimmte Gebäude, dem öffentlichen Gottesdienst gewidmete Gebäude, Diensthäuser der Geistlichen, Lehrer und Kultusdiener, Bibliotheken, Museen und dem öffentlichen Unterricht dienende Gebäude, Armen-, Kranken-, Besserungs-, Bewahr- und Gefängnissanstalten. Die Steuerfreiheit erstreckt sich auch auf die zugehörigen Hofräume und Gärten.

In den Jahren 1851—1856 beschäftigte sich die zweite Kammer alljährlich, theils in Folge im Februar und November 1852 von der

Regierung vorgelegter Gesetzentwürfe, theils in Folge von Initiativanträgen der Abgeordneten Harkort und (1855) Reichensberger, mit der Grundsteuerreform, aber immer ohne zu einem greifbaren Ergebnisse zu gelangen.[1]) Im Januar 1857 legte die Regierung wiederum zwei Gesetzentwürfe betreffend einige Bestimmungen über die Grundsteuer in den östlichen Provinzen und eine allgemeine Gebäudesteuer, Harkort aber seinen früheren Grundsteuergesetzentwurf vor; auch diese Versuche führten nicht zum Ziele.

Mit neuer Energie nahm das im November 1858 berufene Ministerium Hohenzollern-Auerswald mit dem Finanzminister Freiherrn v. Patow die Angelegenheit auf. Bereits wenige Monate nach seinem Amtsantritte legte letzterer auf Grund Allerhöchster Ermächtigung v. 25. Febr. 1859 vier Gesetzentwürfe über die anderweite Regulirung der Grundsteuer, die Einführung einer allgemeinen Gebäudesteuer, die Veranlagung und Erhebung der Grundsteuer von den bisher befreiten und bevorzugten Grundstücken und die für die Aufhebung der Grundsteuerbefreiungen zu gewährende Entschädigung vor. Das Ziel, welches die Regierung mit diesen Entwürfen erstrebte, war die Erledigung der Grundsteuerfrage ohne vorherige Aufnahme eines auf Vermessung und Abschätzung beruhenden neuen Katasters; es sollten daher die bisherigen Grundsteuern von den Liegenschaften beibehalten und nur hinsichtlich ihrer Höhe mit einander ausgeglichen werden. Dagegen sollte, wie dies auch in den Entwürfen der früheren Jahre beabsichtigt war, die Besteuerung der Gebäude von derjenigen der Liegenschaften getrennt und im ganzen Staate in eine Quotitätssteuer von 4 bezw. — für gewerbliche Gebäude — 2 Proz. des Nutzungswerthes umgewandelt werden. Eine Entschädigung sollte für alle durch das Ges. v. 24. Febr. 1850 aufgehobenen Grundsteuerfreiheiten und Bevorzugungen gewährt werden und zwar grundsätzlich nach dem Mehrbetrage, der in Folge der Beseitigung des Privilegs zu entrichten sein würde.

Indess auch diese Entwürfe scheiterten, und auch ein abermaliger Anlauf im nächsten Jahre führte noch nicht zum Ziele. Endlich im Jahre 1861 gelang die so lange erstrebte und umstrittene Reform.

§ 33. Die Grundsteuergesetzgebung v. 21. Mai 1861 besteht aus drei Gesetzen, nämlich 1. dem Ges. betreffend die anderweite Regulirung der Grundsteuer (G.-S. S. 253), 2. dem Ges. betreffend die Einführung einer allgemeinen Gebäudesteuer (G.-S. S. 317) und 3. dem Ges. betreffend die für die Aufhebung der Grundsteuerbefreiungen und Bevorzugungen zu gewährende Entschädigung (G.-S. S. 327).

---

[1]) Vgl. die Darstellung in dem Berichte der Kommission für Finanzen und Zölle v. 29. April 1859 über die Regierungsvorlage v. 25. Febr. 1859 in „Die Gesetzentwürfe betreffend die Regulirung der Grundsteuer". Berlin 1859, Deckers Verlag. S. 213 ff.

Sie vermeidet die Halbheit früherer Reformversuche, zwar eine einheitliche Gebäudesteuer herzustellen, dagegen an den verschiedenen Formen der Besteuerung der Liegenschaften festzuhalten. Dagegen behält auch sie für die Grundsteuer im engeren Sinne, d. i. die Steuer von den Liegenschaften, nicht auch für die Gebäudesteuer, die Kontingentirung bei: die Grundsteuer wird für das gesammte Staatsgebiet mit Ausschluss der von der Reform unberührt bleibenden Hohenzollernschen (vgl. unten Kap. VI) und des Jadegebietes vom 1. Jan. 1865 ab auf 10 Mill. Thl. kontingentirt. Das Kontingent wird nach Verhältniss der zu ermittelnden Reinerträge auf die einzelnen Provinzen und einem besonderen Grundsteuersysteme unterliegenden ständischen Verbände, innerhalb dieser aber auf die Kreise, innerhalb der Kreise auf die Gemeinden und Gutsbezirke und innerhalb dieser Verbände auf die einzelnen Liegenschaften vertheilt. Die Kontingente ändern sich nur durch Zugang steuerpflichtig und Abgang steuerfrei werdender Grundstücke. Die Ermittelung der Reinerträge erfolgt nach einer dem Gesetze beigefügten Anweisung, die Feststellung der den Provinzen und ständischen Verbänden aufzuerlegenden Hauptsummen durch Königliche Verordnung. Letztere soll auch die Untervertheilung und Erhebung für die sechs östlichen Provinzen provisorisch regeln, während die definitive für diese Provinzen einem besonderen Gesetze vorbehalten wird, in den beiden westlichen Provinzen aber Untervertheilung und Erhebung nach den Unterlagen des bestehenden Katasters durch Königliche Verordnung erfolgen soll. Befreit von der Grundsteuer bleiben die dem Staate gehörigen Grundstücke, die standesherrlichen Domänen, die einem öffentlichen Dienste oder Gebrauche gewidmeten Grundstücke der kommunalen und kommunalständischen Verbände, sonstige öffentliche Brücken, Kunststrassen, Schienenwege der Eisenbahnen und öffentliche Kanäle, endlich bisher grundsteuerfreie Grundstücke, die bei Erlass des Gesetzes Kirchen, Kapellen, öffentlichen Schulen oder Lehranstalten oder besonderen zu deren Unterhaltung bestimmten Fonds oder milden Stiftungen gehören, sowie die Dienstgrundstücke der Geistlichen, Lehrer an öffentlichen Lehranstalten und Diener des öffentlichen Kultus.

Die erwähnte „Anweisung für das Verfahren bei Ermittelung des Reinertrages der Liegenschaften behufs anderweiter Regelung der Grundsteuer“ bezeichnet als Zweck des Verfahrens „die Ermittelung des Reinertrages des steuerpflichtigen Grundeigenthums — mit Ausschluss der Gebäude — in verhältnissmässiger Gleichheit“. Als Reinertrag ist der nach Abzug der Bewirthschaftungskosten vom Rohertrage verbleibende, nachhaltig zu erzielende Reinertrag anzusehen. Der Kulturzustand ist bei der Abschätzung als ein „mittlerer (gemeingewöhnlicher)“ anzunehmen, der wirthschaftliche Zusammenhang, die Verbindung mit Realgerechtigkeiten, Belastung mit Reallasten und Servituten und die Eigenthumsverhältnisse sind ausser Betracht zu lassen. Als Kulturarten sind zu unterscheiden Ackerland, Gärten, Wiesen, Weiden, Holzungen, Wasserstücke und Oedland, an Bonitätsklassen höchstens acht. Für jeden, in der Regel einen Kreis umfassenden Klassifikationsdistrikt wird in einem Klassifikationstarif der Reinertrag eines Morgens jeder Kulturart und Bonitätsklasse festgestellt. Diese Tarifsätze auf die Gesammtflächen des Kreises bezw. der in ihm unterschiedenen Klassifikationsdistrikte angewandt, ergeben den Grundsteuerreinertrag des Kreises. Eine der Anweisung beigefügte „Klassifikations-Skala“ giebt die bei der Klassifikation zulässigen Abstufungen der Ertragssätze an. Als Material für Aufstellung des Klassifikationstarifs dienen eine Kreisbeschreibung, Bereisungen und sonstige Ermittelungen; behufs demnächstiger Einschätzung der Liegenschaften in den Tarif werden für jede Kulturart und Klasse Musterstücke ausgesucht. Gegen die Einschätzung in den Klassifikationstarif sind Reklamationen wegen unrichtigen Ansatzes, unrichtiger Flächenermittelung, unrichtiger Einschätzung in den Tarif sowie wegen Fehlern in der Berechnung zulässig. Der Klassifikationstarif wird von einer für jeden Kreis unter Vorsitz des ernannten Veranlagungskommissars je zur Hälfte aus ernannten und vom Kreistag gewählten Mitgliedern gebildeten Veranlagungskommission entworfen, behufs Anbringung von Einwendungen veröffentlicht, vom Kreistag und demnächst von der für den Regierungsbezirk aus je zur Hälfte ernannten und vom Provinziallandtag gewählten Mitgliedern unter Vorsitz des Bezirkskommissars bestehenden Bezirkskommission begutachtet und von der Centralkommission, die aus dem Finanzminister, 4 für den Staat bestellten Generalkommissarien, 4 von ersterem ernannten Sachverständigen und 2 Vertretern jeder Provinz, von denen jede Kammer einen wählt, zusammengesetzt ist, festgesetzt. Die Einschätzung der einzelnen Liegenschaften erfolgt in jedem der innerhalb des Kreises gebildeten Einschätzungsbezirke durch zwei Mitglieder der Veranlagungskommission Die Reklamationen entscheidet, soweit sie nicht schon die Veranlagungskommission als berechtigt anerkennt und erledigt, die Bezirkskommission endgültig, während die Centralkommission die Gesammtreinerträge der einzelnen Provinzen und ständischen Verbände feststellt.

Die Roherträge werden nach den Martinimarktpreisen des zuständigen Marktortes aus dem Zeitraum 1837—1860 unter Weglassung der beiden theuersten und der beiden wohlfeilsten Jahre, also nach dem Durchschnitt von 20 Jahren berechnet.

Behufs der Grundsteuerveranlagung werden Gemarkungskarten hergestellt. Eine periodische Revision des Katasters ist nicht vorgesehen.

§ 34. Die Gebäudesteuer trifft alle Gebäude mit Ausnahme der nach dem Ges. v. 24. Febr. 1850 befreiten, der Gebäude im Besitze von Mitgliedern des Königlichen und der Fürstlich Hohenzollernschen Häuser, der Gebäude im Besitze des Staates, der zu den standesherrlichen Domänen gehörigen, der zum Betriebe der Landwirthschaft, zur Aufbewahrung von Brennmaterialien, Rohstoffen und Zugvieh für gewerbliche Anlagen oder zu Ent- und Bewässerungsanlagen dienenden unbewohnten Gebäude. Die Steuer beträgt für Wohngebäude, Schauspielhäuser und ähnliche Gebäude 4, für gewerbliche 2 Proz. des Nutzungswerthes, jedoch mit der Massgabe, dass die Einschätzung nach dem Nutzungswerthe in die diesem am nächsten kommende Stufe eines dem Gesetze beigefügten Tarifes zu erfolgen hat. Die Steuer ist also keine reine Prozentual-, sondern eine klassifizirte oder tarifirte Steuer. Der Nutzungswerth der Gebäude einschliesslich der Hofräume und der Hausgärten bis zu einem Morgen Flächeninhalt — grössere unterliegen der Grundsteuer — wird in den Städten und denjenigen ländlichen Ortschaften, in welchen eine überwiegende Anzahl von Wohngebäuden regelmässig durch Vermiethung benutzt wird, nach dem mittleren jährlichen Miethswerthe, dieser aber nach den innerhalb der der Veranlagung unmittelbar vorangegangenen 10 Jahre in der Gemeinde bedungenen Miethspreisen festgestellt. In den übrigen ländlichen Ortschaften sind, insoweit aus wirklichen Miethspreisen ein zureichender Anhalt für die Feststellung des Nutzungswerthes der Gebäude nicht zu gewinnen ist, Grösse, Bauart und Beschaffenheit der Gebäude, Grösse und Beschaffenheit der Hofräume und Hausgärten, sowie die Gesammtverhältnisse der zugehörigen ländlichen Besitzungen und Grundstücke zu berücksichtigen, dergestalt, dass 1. Wohngebäude, die zu ländlichen Grundstücken gehören, von deren Ertrag allein der Eigenthümer nicht leben kann, und Wohngebäude kleiner Handwerker u. s. w. in den Stufen 1 bis 6 (Nutzungswerth bis 20 Thlr.), 2. Wohngebäude selbständiger ländlicher Besitzungen von weniger als 1000 Thlr. wirthschaftlichem Reinertrage in den Stufen 7—22 (bis 200 Thlr. Nutzungswerth), 3. solche noch grösserer Besitzungen in den Stufen 17—37 (bis 750 Thlr. Nutzungswerth), alle diese aber niemals höher als gleichartige Wohngebäude der nächsten Landstadt einzuschätzen sind.

In den ländlichen Ortschaften dieser Art sind einzuschätzen: 1. in Stufe 1 in der Regel geringwerthige Wohngebäude, zu denen keine oder geringwerthige Grundstücke gehören, und die nur einer Familie Wohnung darbieten, 2. Nebenwohngebäude in der Regel in den Stufen 1—6, 3. nur zum Sommeraufenthalt dienende Land- und Gartenhäuser lediglich nach ihrer Beschaffenheit ohne Rücksicht auf die zugehörigen Grundstücke, 4. andere als Wohngebäude nach den zur Vergleichung heranzuziehenden, nach Anhörung des Provinziallandtags bezeichneten Normalstädten. Die Veranlagung erfolgt durch die vom Kreistage — in Stadtkreisen von der Stadtverordnetenversammlung — gewählten Veranlagungskommissionen unter Vorsitz ernannter Ausführungskommissare. Die Ergebnisse werden offengelegt und besonders mitgetheilt. Reklamationen, die die Regierung entscheidet, und gegen den Reklamationsbescheid Rekurs an den Finanzminister sind, jene binnen 4, diese binnen 6 Wochen zulässig. Die Kosten der Veranlagung trägt der Staat, die der Vorarbeiten die Gemeinde. Die Erhebung erfolgt durch letztere gegen 3 Proz. Hebegebühren. Die Steuer berührende Aenderungen sind behufs Erhaltung der Gebäudesteuerrollen bei der Gegenwart anzuzeigen; für die Fortschreibung bei Eigenthumswechseln ist eine Gebühr vom Eigenthümer zu entrichten.

Die Steuerpflicht neuer Gebäude und die Steuererhöhung in Folge von Verbesserungen tritt erst 2 Jahre nach Ablauf des Jahres, in dem das Gebäude benutzbar geworden bezw. die Verbesserung vollendet ist, ein. Alle 15 Jahre findet eine Revision der ganzen Veranlagung statt.

§ 35. Nach dem Gesetze über die Entschädigung für Aufhebung der Grundsteuerbefreiungen und Bevorzugungen wird zwischen privatrechtlichen und steuerverfassungsmässigen Exemtionen unterschieden. Für die ersteren wird eine Kapitalentschädigung zum 20fachen Betrage der neuen Grundsteuer bezw. der Differenz zwischen alter und neuer Grundsteuer, jedoch bei anderweiten vertrags- oder privilegmässigen Bestimmungen zu dem diesen entsprechenden Betrage gewährt; für die mit Abgaben an den Domänen- und Forstfiskus belasteten Grundstücke erfolgt die Entschädigung durch entsprechenden Abgabenerlass. Für verfassungsmässige Exemtionen wird eine Gesammtabfindung bestimmt, nämlich ein Kapital in Höhe des

13⅓ fachen derjenigen Summe, welche die Gesammtheit der betheiligten Grundbesitzer künftig mehr zu entrichten hat, als wenn die Grundstücke nur nach Massgabe der landesüblichen Grundsteuern veranlagt würden. Bei der Ausführung ergab sich hieraus eine Entschädigung in Höhe des 9,067fachen Betrages der neuen Grundsteuer bezw. der Differenz zwischen alter und neuer Grundsteuer.

Von den Städten erhalten Entschädigung nur diejenigen, welche weder Servis noch Grundsteuer oder doch nur den bis zum Abgabengesetze v. 30. Mai 1820 erhobenen Servis zu entrichten hatten, oder in denen die landesüblichen Grundsteuern nicht zum vollen Betrage oder nur von einem Theile der städtischen Feldmark erhoben wurden, sofern der Gesammtbetrag der für die betreffende Stadt veranlagten Gebäudesteuer mit dem Betrage der den städtischen Liegenschaften neu auferlegten Grundsteuer zusammengenommen den Gesammtbetrag ihrer seitherigen Grundsteuer und grundsteuerartigen Abgaben übersteigt.

Soweit sie nicht durch Abgabenerlass oder durch Ablösung von Renten erfolgten, wurden die Entschädigungen nebst 4 Proz. Zinsen seit 1. Febr. 1865 entweder baar oder in Staatsschuldverschreibungen nach deren Nennwerth gezahlt, die hierzu erforderlichen Mittel aber durch Ausgabe von Staatsschuldverschreibungen beschafft.

Insgesammt wurden für Entschädigungen in den östlichen Provinzen 7 395 535 Thlr. 28 Sgr. gezahlt und Abgaben im Kapitalwerthe von 69 567 Thlr. 17 Sgr. 10 Pf. erlassen.

§ 36. Nachdem die Grundsteuerregulirung — mit einem Kostenaufwande von insgesammt 11 099 058 Thlr. 10 Sgr. — ausgeführt war, ergingen unterm 12. Dez. 1864 die durch das Grundsteuergesetz verheissenen Verordnungen „betreffend die Feststellung der den Provinzen und ständischen Verbänden aufzuerlegenden Grundsteuerhauptsummen und die provisorische Untervertheilung und Erhebung der letzteren in den sechs östlichen Provinzen“ (G.-S. S. 673) und „betreffend die Feststellung und Untervertheilung der Grundsteuer in den beiden westlichen Provinzen“ (G.-S. S. 683). Die Grundsteuerhauptsummen wurden, wie folgt, festgestellt:

Preussen	1 330 042	Thlr.	22	Sgr.	—	Pf.
Posen	726 367	„	5	„	1	„
Pommern mit Ausschluss von Neuvorpommern und Rügen	618 783	„	18	„	6	„
Schlesien mit Ausschluss der Oberlausitz	1 634 900	„	8	„	7	„
Brandenburg mit Ausschluss der Ober- und Niederlausitz	999 973	„	6	„	11	„
Sachsen	1 642 054	„	2	„	7	„
Neuvorpommern und Rügen	206 828	„	2	„	1	„
Oberlausitz	104 210	„	3	„	8	„
Niederlausitz	110 736	„	22	„	4	„
Westfalen	961 231	„	6	„	4	„
Rheinprovinz	1 664 872	„	11	„	11	„

Dieselben waren nach dem Massstabe des ermittelten Reinertrages auf die Kreise und innerhalb dieser auf die Gemeinden, Gutsbezirke und besonderen Grundsteuererhebungsbezirke weiter zu vertheilen.

Die Verordnung für die östlichen Provinzen ordnet im Weiteren die Erhebung der Steuer durch die Gemeinden und Gutsbezirke an, gestattet die Vereinigung kommunalfreier Grundstücke oder mehrerer Gemeinden und Gutsbezirke zu besonderen Erhebungsbezirken, schreibt für jeden Gemeinde-, Guts- oder Erhebungsbezirk die Anlegung eines Flurbuchs, das die Parzellen in ihrem natürlichen Zusammenhange, und einer Grundsteuer-Mutterrolle, die sie nach den Eigenthumsverhältnissen nachweist, und Erhaltung derselben und der Grundsteuerkarten bei der Gegenwart durch die „Fortschreibung" der Veränderungen, wofür Eigenthümer und Ortsvorstände das Material beizubringen, erstere auch gewisse Gebühren zu entrichten haben, vor und regelt die Haftung der Miteigenthümer, Pächter etc. für die Steuer nach Vorgang des Gebäudesteuergesetzes. Endlich verneint sie die in dem Grundsteuergesetz offen gelassene Frage der Beitragspflicht der Servitut- und Reallastberechtigten zur Grundsteuer und eines Remissionsanspruchs an die Staatskasse wegen Misswachses etc.

Die Verordnung für die westlichen Provinzen trägt im Unterschied zu derjenigen für die östlichen einen definitiven Charakter. Sie setzt zunächst den Beitrag zum Grundsteuer-Deckungsfonds (vgl. oben § 31) auf ½ Proz. der Grundsteuer herab und stellt denjenigen zur Unterhaltung des Katasters auf 1½ Proz. fest, wovon ½ Proz. zu dem beiden Provinzen gemeinsamen, 1 Proz. zu einem für jede Provinz für sich zu bildenden Fonds fliessen. Die Reklamation wird unter denselben Voraussetzungen wie in der dem Gesetz von 1861 beigefügten Anweisung (vgl. oben § 33) zugelassen. Ihre Entscheidung erfolgt durch eine für den Kreis aus 4 gewählten und 2 ernannten Mitgliedern unter Vorsitz eines Kommissars, in der Regel des Landraths gebildete Kommission und ist endgültig. Doch findet auch später auf Antrag oder von Amtswegen Berichtigung von materiellen Irrthümern, d. s. solchen im Flächeninhalt, bei Berechnung des Reinertrages, Angabe der Kulturart und infolge doppelten oder übersehenen Ansatzes von Grundstücken statt; hierdurch entstehende Verminderungen und Vermehrungen der Steuer fallen dem Deckungsfonds zur Last bezw. kommen ihm zu gute. Als Flurbücher dienen Abschriften der Einschätzungsregister.

Für die östlichen Provinzen erfolgte die definitive Regelung der Untervertheilung und Erhebung der Grundsteuer sowie der Ueberbürdungsbeschwerden durch Ges. v. 8. Febr. 1867 (G.-S. S. 185). Nach demselben unterliegen die in der Verordn. v. 12. Dez. 1864 festgestellten Hauptsummen Veränderungen nur in Folge Entstehens, Untergangs oder dauernder Ertragsunfähigkeit von Liegenschaften, Uebergangs solcher aus der Kategorie der steuerpflichtigen in die der steuerfreien und umgekehrt, Uebergangs zur Gebäudesteuer durch Bebauung und umgekehrt, begründet befundener Ueberbürdungsbeschwerden, materieller Irrthümer und von Aenderung der Grenzen der Provinzen und ständischen Verbände.

Ueberbürdungsbeschwerden können die Gemeinden (Gutsbezirke) binnen 8 Wochen nach Inkrafttreten des Gesetzes erheben. Dieselben sind begründet, wenn eine neue Einschätzung der Gemarkung einen Reinertrag ergiebt, der hinter dem in der Mutterrolle verzeichneten um mehr als 25 Proz. des Letzteren zurückbleibt. Die Entscheidung erfolgt nach Begutachtung seitens der Reklamationskommissionen, die, abweichend von den westlichen Provinzen, je zur Hälfte aus gewählten und ernannten Mitgliedern bestehen, durch den Finanzminister. Materielle Irrthümer sind insbesondere folgende Versehen: Veranlagung eines Grundstücks bei einer falschen Gemarkung, mehrfache Veranlagung, Uebergehung, irrthümliche Uebertragung der Kulturart oder Bonitätsklasse in der Gemarkungskarte, Unstimmigkeiten zwischen den Karten, Registern u. s. w. hinsichtlich der Kulturart oder Bonitätsklasse, offenbare Fehler bei der Flächenberechnung, Verstösse gegen die Bestimmungen über die Grundsteuerfreiheiten. Reklamationen, über welche die Reklamationskommission endgültig entscheidet, stehen dem einzelnen Grundeigenthümer binnen 6 Wochen nach Bekanntmachung der Auslegung der Abschrift der Mutterrolle wegen unrichtiger Flächenangabe, soweit sie nicht auf materiellem Irrthum beruht, und wegen unrichtiger Einschätzung in die Klassen des Tarifs zu. Im Uebrigen wiederholt das Gesetz im Wesentlichen die Bestimmungen der Verordn. v. 12. Dez. 1867.

Nach den definitiven Ergebnissen stellte sich die Steuer nicht ganz auf die in Aussicht genommenen 10 Proz. des Reinertrages, in den einzelnen Provinzen etwas verschieden, im Ganzen auf etwa 9½ Proz.

Dem Ges. v. 8. Febr. 1867 war unterm 7. Jan. 1867 (G.-S. S. 26) ein solches vorangegangen, welches die Grundsteuerveranlagungskosten auf die Staatskasse übernahm.

IV. Kapitel.

Die Ausgestaltung der Gewerbesteuer.

§ 37. Obwohl sich gerade auf dem gewerblichen Gebiete im Laufe des 19. Jahrhunderts Umgestaltungen wie kaum auf einem anderen vollzogen, hat sich der Preussische Staat länger als 70 Jahre mit der Gewerbesteuer des Ges. v. 30. Mai 1820 beholfen, allerdings in der klaren Erkenntniss der fundamentalen Mängel, die sich im Laufe der Zeit je länger je mehr an dieser Form der Steuer herausstellten, und unter Vornahme vielfacher Flickarbeit an dem Gesetze, sodass schliesslich eine ganze Reihe mehr oder minder einschneidende Novellen zu demselben vorlagen.

Bereits durch Kab.-O. v. 9. Jan. 1823 (G.-S. S. 16) wurde der Bergbau-, Hütten- und Hammerbetrieb von der Gewerbesteuer befreit. Dasselbe geschah mit Rücksicht auf die Einführung der Maischraumsteuer bezüglich der Brennerei durch Kab.-O. v. 10. Jan. 1824 (Kamptz Ann. Bd. 8 S. 48). Andererseits dehnten Kabinetsordres v. 11. Juni 1826 (G.-S. S. 61) und 3. Mai 1828 (G.-S. S. 64) die Steuerpflicht vom Handel aus auf Apotheken, Kommissions- und Leihgeschäfte, Privatversicherungsgesellschaften und andere auf einen Gewerbezweck gerichtete Privatvereine. Endlich ermässigte eine Kab.-O. v. 1. Mai 1824 (G.-S. S. 121) die Steuer der Kahn- und Lichterschiffer von 2 auf 1⅓ Thlr. für je 6 Last Tragfähigkeit.

Nicht sowohl eine Abänderung als vielmehr eine Deklaration des Gesetzes von 1820 bezweckte das ministerielle „Regulativ über den Gewerbebetrieb im Umherziehen, und insbesondere das Hausiren“ (Hausirsteuerregulativ) v. 28. April 1824 (G.-S. S. 125), das durch die Kab.-O. v. 21. Mai 1824 (G.-S. S. 125) Gesetzeskraft erhielt.

Das Regulativ definirt näher, was zum Gewerbebetrieb im Umherziehen zu rechnen ist, wobei insbesondere der Mess- und Marktverkehr von demselben ausgenommen wird; es bestimmt ferner über die Ertheilung und Form des Gewerbescheins, über die an die Person desjenigen, dem ein Gewerbeschein zu ertheilen ist, zu stellenden Bedingungen, über die Waaren, mit denen der Gewerbebetrieb im Umherziehen ausgeübt werden darf, über die Dienstleistungen und Schaustellungen, die im Umherziehen feilgeboten werden dürfen, über die Pflicht zur Mitführung des Gewerbescheines, über die Befugnisse, die er verleiht, und trifft Strafbestimmungen.

Das Regulativ erhielt untergeordnete Aenderungen durch die Kabinetsordres v. 6. Okt. 1829 (G.-S. 1830 S. 1), betreffend die Gestattung steuerfreien Wochenmarktverkehrs der Ausländer in den Grenzbezirken, v. 12. Febr 1831 (G.-S. S. 5), betreffend das Aufsuchen von Bestellungen und Aufkaufen von Waaren durch Kaufleute, v. 30. Juni 1833 (G.-S. S. 81), betreffend die Hausirsteuerfreiheit des Wochenmarkthandels der Ausländer mit Konsumtibilien, und v. 14. Okt. 1833 (G.-S. S. 126), durch welche Musikern im Umkreise von 2 Meilen von ihrem Wohnort die steuerfreie Ausübung ihres Gewerbes gestattet wurde, u. a. m.

Bedeutender waren die Aenderungen durch das mittels Kab.-O. v. 31. Dez. 1836 (G.-S. 1837 S. 13) genehmigte Regulativ, den Gewerbebetrieb im Umherziehen betreffend, v. 4. Dez. 1836 (G.-S. 1837 S. 14), wenn dasselbe auch keineswegs, wie sein Titel vermuthen lässt, die Materie vollständig regelte. Es erweiterte vielmehr nur die Befugniss, ermässigte Steuersätze von 2 oder 4 Thlr. auf die Aufkäufer von Abfällen und sonstigen geringwerthigen Gegenständen und das Feilbieten geringwerthiger Leistungen anzuwenden. Andere Ermässigungen betrafen die Mitglieder von Musiker- und Schauspielergesellschaften (8, 6, 4 Thlr.), die Hausirer mit geringwerthigen Lebensmitteln, ordinären Holz-, Glas- u. s. w. Waaren, leinenen und wollenen Bändern, gestrickten Wollwaaren u. a. m. (8, 6, 4 Thlr.). Ausserdem werden einige Regeln für die Anwendung der Steuersätze gegeben und das Strafverfahren bei Kontraventionen geordnet.

Ein Ges. v. 18. Nov. 1857 (G.-S. S. 849) unterwarf die Aktiengesellschaften, soweit sie Handel oder Gewerbe trieben und nicht der Eisenbahnabgabe unterlagen, einer in der Regel auf $^1/_{50}$ der Dividende zu bemessenden Gewerbesteuer. Dasselbe wurde indess schon durch das Ges. v. 19. Juli 1861 (vgl. den nächsten §) wieder aufgehoben.

§ 38. Die einschneidensten Umgestaltungen erfuhr das Gewerbesteuergesetz durch die Gesetze v. 19. Juli 1861, 20. März 1872, 5. Juni 1874 und 3. Juli 1876.

Die Entwickelung des Gewerbslebens in der ersten Hälfte dieses Jahrhunderts hatte viele Bestimmungen des Ges. v. 30. Mai 1820 im Laufe der Zeit mehr und mehr als Härten empfinden lassen. Insbesondere die Besteuerung in den Klassen A und B hatte sich allmählich als unhaltbar erwiesen. Denn einmal vertrug sich die Eintheilung nach dem Vorhandensein oder Nichtvorhandensein von kaufmännischen Rechten nicht mit der Verschiedenheit der Privatrechtsgesetzgebung in den einzelnen Landestheilen, sodann aber duldete die zunehmende Entwickelung des Grossbetriebes nicht länger die Zusammenfassung aller Handelsgeschäfte in einer Steuerklasse, da hierdurch eine angemessene Besteuerung des Grossbetriebes unmöglich gemacht wurde. Das Ges. v. 19. Juli 1861 (G.-S. S. 697) ersetzt daher die beiden nach dem Besitze oder Nichtbesitze von kaufmännischen Rechten geschiedenen Klassen A und B durch die drei Klassen A I, A II und B und bestimmt als Kriterium für die Einreihung in diese Klassen den Geschäftsumfang, dergestalt, dass von der Klasse A II auszugehen ist und A I nur die umfangreicheren

Geschäfte, d. h. diejenigen, „bei welchen theils nach der Höhe des dazu erforderlichen Anlage- und Betriebskapitals, theils nach der Erheblichkeit ihres jährlichen Umsatzes auf einen Betrieb von bedeutendem Umfange zu schliessen ist", B aber nur die geringfügigen Betriebe, einschliesslich der nicht handwerksmässigen Anfertigung von Waaren auf den Kauf, zuzuweisen sind.

Die bisherige Eintheilung in Abtheilungen nach dem Gesetze von 1820 wird auch für die neuen Klassen A II und B beibehalten. Für die Besteuerung des Grossbetriebes in Klasse A I war dagegen die Beibehaltung derselben nicht angängig; denn hier spielt der auswärtige Absatz eine zu grosse Rolle und erstreckt sich ausserdem der einzelne Betrieb sehr häufig über mehrere Orte; dazu kommt, dass die Zahl der Grossbetriebe im einzelnen Orte resp. im einzelnen Kreise meist so gering ist, dass eine angemessene, einigermassen gleichmässige Besteuerung schlechterdings unmöglich gewesen wäre, wenn sie in der Form der Kontingentirung nach Mittelsätzen unter Beibehaltung der bisherigen Abtheilungen hätten erfolgen sollen. In Anbetracht dieser Erwägungen bildet das Gesetz für die Klasse A I besondere Abtheilungen, indem nicht die einzelnen Orte, sondern die ganzen Regierungsbezirke je nach ihrer grösseren oder geringeren Gewerbsthätigkeit in zwei Abtheilungen gewiesen werden; für den Fall des Obwaltens wesentlicher Verschiedenheiten in Bezug auf Handel und Fabrikation zwischen grösseren Theilen eines Regierungsbezirkes ist es Königlicher Verordnung vorbehalten, einen solchen Regierungsbezirk in mehrere Steuerbezirke zu zerlegen, die nicht nothwendig derselben Abtheilung anzugehören brauchen, und in derselben Weise kann auch die Versetzung eines Regierungsbezirkes aus einer in die andere Abtheilung bei wesentlichen Veränderungen in den gewerblichen Verhältniseen erfolgen. Von der eben gedachten Ausnahme abgesehen, bilden jeder Regierungsbezirk nur einen Steuerbezirk und die Gewerbetreibenden der Klasse A I dieses ganzen Bezirkes eine Steuergesellschaft.

Die Einrichtung der Mittel- und Minimalsätze wird für alle drei neuen Klassen in Anwendung gebracht, für die Klasse A I jedoch noch die Sonderbestimmung getroffen, dass für Steuerbezirke, „in denen die gewerblichen Verhältnisse so ungünstige sind, dass auch die Anwendung des Mittelsatzes der zweiten Abtheilung zu einer Ueberbürdung führen würde", durch Königliche Verordnung der Mittel- und der Minimalsatz bis auf die Hälfte der für die erste Abtheilung bestehenden herabgesetzt werden kann. Gegen die für die Klasse A in dem Gesetze von 1820 statuirten Mittel- und Minimalsätze sind diejenigen für die Klasse A I (in Abtheilung I 96 und 48, in II 72 und 48 Thlr.) auf das 3—4fache erhöht, für A II die Mittelsätze in der 1. Abtheilung (24 Thlr.) um $^1/_5$, in der 2. (16 Thlr.) um $^1/_9$ und in der 3. und 4. (10 Thlr.) um $^1/_6$ herabgesetzt, die Minimalsätze dagegen in allen vier Abtheilungen beibehalten, während die neue Klasse B dieselben Mittel- und niedrigsten Sätze wie die alte Klasse B aufweist.

Steuergesellschaften bilden nur die Gewerbetreibenden der Klassen A I und A II, während bei B, wie auch bei der früheren Klasse B, die Bildung von solchen nicht stattfindet, die Veranlagungsbehörde sich vielmehr nur des Beirathes von Steuerpflichtigen zu bedienen hat.

Aber auch in A I und A II ist die Mitwirkung der Abgeordneten der Steuergesellschaft nicht die gleiche: während bei A II diese Mitwirkung in der durch das Ges. v. 1820 geregelten Weise erfolgt und insbesondere die namentliche Nachweisung der der Klasse zuzuweisenden Gewerbetreibenden von den Veranlagungsbehörden aufgestellt wird und die Abgeordneten nur das Recht einer Begutachtung derselben und, wenn ihr Gutachten keine Berücksichtigung findet, das Recht der Berufung an die Bezirksregierung haben, steht den Abgeordneten in A I die Beschlussfassung über diese Nachweisung zu und dem ihre Berathungen leitenden Staatsbeamten gegen die Beschlüsse der Abgeordneten nur das Recht der Berufung an die Regierung.

In den übrigen Klassen liess das Gesetz von 1861 die Bestimmungen des Gesetzes von 1820 im Wesentlichen bestehen und half nur durch Aenderung derselben in einzelnen Punkten besonders fühlbar gewordenen Mängeln ab.

In Klasse C wurden einerseits die Mittelsätze der 3 ersten Abtheilungen auf 18, 12 und 8 Thlr. erhöht und von dem Prinzip, dass bei absichtlicher Verbindung mehrerer Gewerbe die Steuer nur einmal zu entrichten ist, insofern eine Ausnahme gemacht, als das Schank- und Speisegewerbe der besonderen Besteuerung in Klasse C fortan auch dann unterliegt, wenn es neben einem Handelsgewerbe betrieben wird, selbst wenn sein Umfang nur eine Besteuerung mit einem hinter dem Mittelsatz zurückbleibenden Steuersatze gestattet. Andererseits brachte das Gesetz in Klasse C eine Erleichterung insofern, als das Vermiethen möblirter Zimmer fortan steuerfrei bleibt, wenn es mit nicht mehr als 3 heizbaren Zimmern betrieben wird oder in Bade- und Brunnenorten nur an Kurgäste stattfindet. In Klasse E (Fleischer) sind die Mittelsätze in der 3. und 4. Abtheilung — in den beiden ersten Abtheilungen fand, wie oben erwähnt, die Besteuerung überhaupt nicht nach Mittelsätzen statt — auf 6 und 4 Thlr. und in der 4. Abtheilung auch der Minimalsatz auf 2 Thlr. ermässigt, in Klasse H die Steuerfreiheit der Weberei und Wirkerei von 2 auf 4 Stühle ausgedehnt, in Klasse K für die in der Zwischenzeit erfundene Dampfschifffahrt als Besteuerungsmassstab die Pferdekraft der Dampfmaschine (7½ Sgr. für jede Pferdekraft) eingeführt, für die nicht mit Dampfschiffen betriebene Strom- und Lichterschifffahrt aber der bereits durch Kab.-O. v. 1. Mai 1824 auf 1⅓ Thlr. für je 6 Last Tragfähigkeit ermässigte Steuersatz auf die Hälfte, also 20 Sgr. herabgesetzt. Dagegen wird der Normalsatz der Hausirgewerbesteuer von 12 auf 16 Thlr. erhöht.

Schliesslich sind durch das Gesetz von 1861 dem Finanzminister in einer Reihe von Fällen diskretionäre Befugnisse zur Gewährung von Steuererleichterungen gegeben: er kann nämlich für Städte der ersten und zweiten Abtheilung, in denen wegen bedeutender Einfuhr oder aus andern Gründen das Gewerbe der Bäcker oder Fleischer unbedeutender ist, den der Besteuerung derselben zu Grunde zu legenden Satz pro Kopf der Bevölkerung bis auf 7½ bezw. 3¾ Thlr. herabsetzen, in H auch solchen Handwerkern, welche der Natur ihres Gewerbes nach dasselbe in lohnender Weise nicht wohl betreiben können, ohne auch ausser den Jahrmärkten ein offenes Lager von fertigen Waaren zu halten oder die Wochenmärkte ihres Wohnortes zu beziehen, Steuerfreiheit gestatten, solange der Waarenvorrath nicht erheblich ist und das Gewerbe mit nicht mehr als einem erwachsenen Gehilfen und einem Lehrling betrieben wird, in L (Hausirgewerbe) für gewisse Gewerbsarten oder in einzelnen Fällen die Steuer unter den Betrag von 16 Thlr. ermässigen, und in B endlich in solchen Städten der ersten und zweiten Abtheilung, in denen wegen des Vorhandenseins zahlreicher Obst-, Gemüse- und ähnlicher Händler, die nur den Minimalsatz aufzubringen vermögen, sich die Steuer für die übrigen Gewerbetreibenden dieser Klasse unverhältnissmässig hoch stellt, einen Steuererlass bis zu 10 Proz. des Veranlagungssolls eintreten lassen.

§ 39. Durch die Aenderungen, welche das Ges. v. 19. Juli 1861 bezüglich der Klassen D (Bäcker) und E (Fleischer) verfügte, wurde dem Verlangen nach Umgestaltung der Besteuerung dieser Gewerbe nicht genügt, und die gleichen Wünsche der Brauer (F) und Müller (J) blieben vollständig unerfüllt. Erst das Ges. v. 20. März 1872 (G.-S. S. 285) brachte eine Reform der Besteuerung der Müller. Das Bedürfniss zu einer solchen lag im Wesentlichen darin, dass die wenigen, der Bauart und der Triebkraft entnommenen Besteuerungskriterien des Gesetzes von 1820 der mannigfaltig entwickelten Verschiedenheit der Konstruktion der Mühlen nicht mehr genügten und nicht mehr zutreffende Merkmale für die steuerliche Leistungsfähigkeit des Betriebes abgaben. Es wurde deshalb die Klasse J aufgehoben und bestimmt, dass die Besteuerung der Mühlenbetriebe bei bedeutendem Umfange in A I, bei mittlerem in A II, bei geringem sowie bei blosser oder überwiegender Lohnmüllerei in H zu erfolgen hat.

Ausserdem bestimmt das Gesetz von 1872, dass Handwerker, denen nach dem Gesetz von 1861 der Gewerbebetrieb steuerfrei gestattet wird, bei Berechnung der Steuersumme nicht zu zählen sind, und vermehrt die zulässigen Abstufungen der Steuersätze um solche von 3, 5 und 7 Thlr.

Eine ähnliche Umgestaltung wie das Gesetz von 1872 für die Müller, brachte dasjenige v. 5. Juni 1874 (G.-S. S. 219) für die Klassen D, E und F. Die Besteuerung der Bäcker und Fleischer in den beiden ersten Abtheilungen nach der Bevölkerungszahl des Betriebsortes hatte schon längst zu den heftigsten Klagen Anlass gegeben, da die Zeit, wo jede Stadt für Bäcker und Fleischer ein selbständiges Absatzgebiet bildete und deshalb die Einwohnerzahl von entscheidendem Einflusse für deren Umsatz war, längst vorüber war. Vollständig unerträglich aber musste die Besteuerung nach diesem Merkmale mit Aufhebung der Mahl- und Schlachtsteuer (vgl. oben § 24) werden, welche der Konkurrenz auswärtiger Bäcker und Fleischer die letzten Schranken aus dem Wege räumte. Die besonderen Klassen D und E wurden daher aufgehoben und die Bäcker und Fleischer den drei Handelsklassen A I, A II und B zugewiesen. Dass man auch den Kleinbetrieb der Bäckerei und Fleischerei den Handelsklassen und nicht, was bei der handwerksmässigen Herstellung nahe gelegen hätte, der Handwerksklasse zuwies, hatte seinen Grund darin, dass selbst bei dem Kleinbetriebe doch diese handwerksmässige Herstellung der Waare gegen den mehr handelsmässigen Vertrieb derselben zurücktritt und daher die Einfügung der Klasse H als drittes Glied für die Abstufung der Besteuerung wenig angebracht gewesen wäre. Für die Brauerei endlich genügte die Menge des verarbeiteten Malzes als Besteuerungsmerkmal nicht mehr wegen der Verschiedenheit in den

Apparaten und in der Zusammensetzung der so mannigfaltigen Biersorten. Es wurde deshalb auch die Klasse F beseitigt und die Brauerei den drei Handelsklassen zugewiesen, wobei für die Zuweisung der Kleinbetriebe zu B und nicht zu H dieselben Erwägungen massgebend waren, wie bei der Bäckerei und Fleischerei.

Für Klasse B brachte das Ges. v. 5. Juni 1874 insofern eine Erleichterung, als der Finanzminister Gewerbetreibenden, welche nur den niedrigsten Satz der Klasse aufzubringen vermögen, Steuerfreiheit bewilligen kann, in welchem Falle sie auch bei Berechnung des Steuerkontingents nicht gezählt werden. Die Agenten der Versicherungsgesellschaften werden von der Steuer vom stehenden Gewerbe befreit, ebenso von der Steuer vom Gewerbebetrieb im Umherziehen das nach der Gewerbeordnung auf Grund von Legitimationsscheinen der unteren Verwaltungsbehörden und von Legitimationskarten zulässige Aufkaufen von Waaren und Aufsuchen von Waarenbestellungen.

§ 40. Die Bedeutung des Ges. v. 3. Juli 1876 (G.-S. S. 427) besteht im Wesentlichen in der Trennung der Besteuerung des Gewerbebetriebes im Umherziehen, die in diesem Gesetze erschöpfend geregelt wird, von derjenigen des stehenden Gewerbes.

Der Steuer vom Gewerbebetriebe im Umherziehen unterliegt fortan, wer ausserhalb seines Wohnortes ohne Begründung einer gewerblichen Niederlassung und ohne vorgängige Bestellung in eigener Person

a) Waaren, mit Ausschluss selbstgewonnener land-, forstwirthschaftlicher, Garten-, Obstbau-, Jagd- und Fischfangprodukte, feilbietet,
b) Waaren bei Nichtkaufleuten oder nicht in offenen Verkaufsstellen zum Wiederverkauf ankauft,
c) Waarenbestellungen aufsucht,
d) gewerbliche oder künstlerische Leistungen oder Schaustellungen, bei welchen kein höheres wissenschaftliches oder Kunstinteresse obwaltet, feilbietet.

Nicht unterliegen der Steuer:

a) Kaufleute, Fabrikanten etc., die ein stehendes Gewerbe betreiben, sowie deren Reisende, sofern sie von den Waaren, auf die sie Bestellungen suchen, nur Proben oder Muster mit sich führen oder Waaren aufkaufen und diese nur behufs Beförderung nach dem Bestimmungsort mit sich führen; b) die Personen, welche nur im Mess- und Marktverkehr die oben bezeichneten Art des Gewerbebetriebs ausüben; c) Personen, die selbstgewonnene Waaren, bezüglich deren dies Landesbrauch ist, zu Wasser verfahren und vom Fahrzeug aus feilbieten; d) das Feilbieten der von der Behörde gestatteten Waaren bei Festen und anderen ausserordentlicheu Gelegenheiten; e) Gewerbetreibende, die nicht weiter als 15 km vom Wohnort selbstverfertigte, zum Wochenmarktsverkehr gehörige Waaren feilbieten oder gewerbliche Leistungen bezüglich deren dies Landesbrauch ist, anbieten oder das Musikergewerbe ausüben; f) Gewerbetreibende, die ausserhalb ihres Wohnorts, aber innerhalb des Gemeindebezirks und der etwa durch besondere Anordnung der Regierung demselben in dieser Hinsicht gleichgestellten nächsten Umgebung Waaren aufkaufen, Waaren oder Leistungen feilbieten oder Bestellungen suchen.

Ausländer, die in Deutschland einen Wohnsitz oder eine gewerbliche Niederlassung nicht haben, unterliegen, sofern nicht durch Verträge oder Anordnung des Finanzministers etwas anderes bestimmt ist, folgenden besonderen Bestimmungen: 1. die Ausnahmen der selbstgewonnenen Produkte der Landwirthschaft u. s. w. und bezüglich des Aufsuchens von

Bestellungen etc. gelten nicht; 2. der Handel auf Messen und Jahrmärkten ist steuerfrei; 3. ebenso das Feilbieten von zum Wochenmarktverkehr gehörigen Verzehrungsgegenständen und der Waarenankauf auf Wochenmärkten; 4. die Regierungen können das steuerfreie Hausiren mit zu den Gegenständen des Wochenmarkts gehörigen, selbstgewonnenen Produkten und selbstgefertigten Waaren innerhalb eines bestimmten, höchstens 15 km von der Grenze zu erstreckenden Bezirks gestatten.

Alle von der Hausirgewerbesteuer ausgenommenen Gewerbebetriebe ausserhalb des Wohnortes und ohne gewerbliche Niederlassung werden dem stehenden Gewerbe zugerechnet.

Preussen, die Gewerbe der letzteren Art betreiben wollen, ohne dasselbe Gewerbe zugleich als stehendes zu betreiben, haben dies der Kommunalbehörde des Wohnorts resp. bei Mangel eines solchen des Orts, in dem der Betrieb beginnen soll, anzuzeigen, Deutsche anderer Bundesstaaten nur, wenn sie dasselbe Gewerbe nicht in einem anderen Bundesstaat als stehendes betreiben; Ausländer, die in Deutschland ihren Wohnsitz oder eine gewerbliche Niederlassung haben, werden Inländern gleichgestellt. Wer das von ihm als Hausirgewerbe versteuerte Gewerbe vorübergehend ohne Begründung einer gewerblichen Niederlassung an seinem Wohnort ausübt, unterliegt deshalb nicht der Steuer vom stehenden Gewerbe.

Der Normalsatz der Steuer von 48 M. ist beibehalten. Für Gewerbe geringerer Art, wie das Sammeln geringwerthiger Erzeugnisse und Abgänge der Haus- und Landwirthschaft, Anbieten untergeordneter gewerblicher Leistungen und Feilbieten von Lebensmitteln, Haushaltungs- und Wirthschaftsbedürfnissen und anderen geringwerthigen Waaren, sowie auch für andere hinter dem gewöhnlichen Umfange erheblich zurückbleibende oder durch besondere Umstände beeinträchtigte Hausirbetriebe können jedoch Steuersätze von 36, 24, 18, 12 und 6 M., andererseits für solche von bedeutendem Umfange erhöhte von 72, 96 und 144 M. festgesetzt werden. Die obigen Ermässigungen können auch den Mitgliedern von Musiker- und ähnlichen Gesellschaften, die aus mindestens 4 Personen bestehen, bewilligt werden. Steuerfreiheit kann der Finanzminister bewilligen. Die Steuer ist eine gegen Aushändigung des — mit dem gewerbepolizeilichen Wandergewerbescheine zu verbindenden — Gewerbescheines zu entrichtende Jahressteuer und wird daher bei Abstandnahme vom Gewerbebetriebe im Laufe des Jahres in der Regel nicht erstattet.

Angehörige fremder Staaten, mit denen kein entsprechendes Uebereinkommen getroffen ist, haben auf die ermässigten Sätze keinen Anspruch Für Angehörige solcher Staaten, in denen die Preussen ungünstiger als die Einheimischen gestellt sind, kann der Finanzminister die Steuer auf das Achtfache erhöhen. Unterbleibt der Gewerbebetrieb oder wird er eingestellt infolge von Ereignissen, die unvorhergesehen und unabhängig vom Willen des Gewerbetreibenden eintreten, so wird, wenn der Gewerbeschein innerhalb von 6 Monaten nach der Einlösung zurückgegeben wird, die Steuer ganz resp. zum entsprechenden Theil erstattet; auch kann auf Antrag des Inhabers oder seiner Hinterbliebenen für den Rest des Jahres ein neuer Gewerbeschein steuerfrei oder zu ermässigtem Satze ertheilt werden. Tritt eine allgemeine Unterbrechung der vorgenannten Art im ganzen Staate oder einem Theile ein, so kann der Finanzminister den Betroffenen die Steuer ganz oder zum Theil erstatten lassen.

Die Festsetzung der Steuer erfolgt durch die Regierung. Die Rechtsmittel sind die im Ges. v. 18. Juni 1840 vorgesehenen (vgl. oben § 19).

Im Uebrigen enthält das Ges. v. 3. Juli 1876 neue Vorschriften über Strafen und Strafverfahren in Gewerbesteuersachen. Die Strafen für Unterlassung der Anmeldung eines stehenden und Ausübung eines Wandergewerbes ohne einen auf dieses lautenden Gewerbeschein werden vom vierfachen auf den doppelten Jahresbetrag der Steuer, um die der Staat bei Nichtentdeckung der Kontravention verkürzt worden wäre, herabgesetzt. Das Strafverfahren ist ein gerichtliches, wenn nicht der Beschuldigte die von der Regierung vorläufig festgesetzte Geldstrafe nebst Kosten binnen der ihm gestellten Frist freiwillig zahlt. Die Regierung kann aber von der vorläufigen Straffestsetzung Abstand nehmen, in welchem Falle, sowie wenn der Beschuldigte in Haft ist oder in Preussen keinen Wohnsitz hat, sogleich das gerichtliche Verfahren eintritt. Die Regierung, nicht auch das Gericht, kann eine mildere Strafe als die doppelte Jahressteuer in Anwendung bringen. Neben der Strafe ist die vorenthaltene Steuer zu entrichten.

Im Gegensatze zu allen anderen für die übrige Monarchie ergangenen Gesetzen über die direkten Steuern wurde dasjenige vom 3. Juli 1876, soweit es die Wandergewerbesteuer betraf, auch für die Hohenzollernschen Lande (vgl. unten Kap. VI) erlassen. Doch beträgt die Steuer für lediglich auf diese beschränkte Wandergewerbe in der Regel nur 10 M.; unter gleichen Voraussetzungen wie in der übrigen Monarchie sind ermässigte Sätze, und zwar von 7, 5, 4, 2 und für Mitglieder von Musiker- u. s. w. Gesellschaften, die das Gewerbe nicht länger als vier Wochen in den Hohenzollernschen Landen ausüben, noch niedrigere Sätze zugelassen, wogegen höhere Sätze als 10 M. nicht vorgesehen sind.

Zu dem Ges. v. 3. Juli 1876 erliess der Finanzminister unterm 3. Sept. desselben Jahres eine Ausführungsanweisung, die unterm 27. Aug. 1896 eine Umarbeitung erfuhr.

§ 41. Eine Zuschlagssteuer zu der Wandergewerbesteuer wurde wegen der dem sesshaften Gewerbe verursachten Schädigung für gewisse Formen des Wandergewerbes eingeführt durch das Ges. betreffend die Besteuerung des Wanderlagerbetriebes v. 27. Febr. 1880 (G.-S. S. 174), allerdings nicht zu Gunsten der Staatskasse, sondern, soweit die Steuer in Orten der drei ersten Gewerbesteuerabtheilungen aufkommt, zu Gunsten der Gemeinden, soweit sie in Orten der vierten und in den Hohenzollernschen Landen aufkommt, zu Gunsten der Kreise bezw. Amtsverbände, die sie aber zu Gunsten der betheiligten Gemeinden und Gutsbezirke zu verwenden haben. Steuerpflichtig ist, wer ausserhalb seines Wohnorts und ohne Begründung einer gewerblichen Niederlassung die Waaren eines Wanderlagers von einer festen Verkaufsstätte aus feilbieten will. Die Steuer beträgt für jedes Verkaufslokal in Orten der I. Gewerbesteuerabtheilung 50, in solchen der II. und III. 40 und in solchen der IV. 30 M. wöchentlich; für Wanderauktionen sind dieselben Sätze pro Tag zu entrichten. Der Steuer unterliegt nicht der Mess- und Marktverkehr, der Verkauf von Ausstellungsobjekten auf öffentlichen Ausstellungen, der Saisonverkehr in Bade-, Brunnen- und ähnlichen Orten, das Feilbieten von Gegenständen des Wochenmarktverkehrs vom Schiffe aus — mit gewissen Ausnahmen — und von Lebensmitteln. Zu weiteren generellen oder speziellen Befreiungen ist der Finanzminister befugt.

Zu dem Gesetz ist unter dem 4. März 1880 eine ministerielle Ausführungsanweisung erlassen.

V. Kapitel.

Die Eisenbahnabgaben.

§ 42. Weder die Klassensteuer in Folge ihrer Beschränkung auf physische Personen, noch die Gewerbesteuer in Folge derjenigen auf bestimmte Formen des Gewerbebetriebes erfassten die bei Erlass der Ges. v. 30. Mai 1820 in Preussen noch nicht vorhandenen Eisenbahnen. Das Eisenbahngesetz v. 3. Nov. 1838 (vgl. oben § 4 des VII. Buches) stellte die Einführung einer nach dem Verhältniss des Aktienkapitals zum Ertrage abgestuften Abgabe in Aussicht, die aber erst dann regulirt werden sollte, wenn die zweite Privatbahn drei Jahre in vollständigem Betriebe gewesen sein würde. Dagegen wurde die Befreiung von der Gewerbesteuer ausdrücklich ausgesprochen. Der Ertrag der Abgabe sollte lediglich zur Entschädigung für die dem Staate durch die Eisenbahnen entzogenen Einnahmen und zur Amortisation des Anlagekapitals verwendet werden.

Es verging indess viel längere Zeit als drei Jahre nach der Betriebseröffnung der zweiten Preussischen Privatbahn, ehe es zur Ausführung des § 38 des Eisenbahngesetzes kam, weil es nicht rathsam erschien, die ohnehin abnehmende Neigung des Kapitalmarktes für Eisenbahnanlagen noch in irgend einer Weise abzuschwächen, und sodann in Folge der Ereignisse des Jahres 1848. Erst in der Session 1851/52 wurde ein Gesetzentwurf vorgelegt, der aber damals unerledigt blieb. In der nächsten Session wiederum vorgelegt, gelangte er mit Abänderungen zur Annahme und als „Gesetz betreffend die von den Eisenbahnen zu entrichtende Abgabe" am 30. Mai 1853 zur Allerhöchsten Vollziehung (G.-S. S. 449). Das Gesetz erstreckt sich zwar nach seinem Wortlaute auf sämmtliche im Privateigenthum befindliche Eisenbahnen, ist aber nach seinem Inhalt nur auf inländische Eisenbahnaktiengesellschaften anwendbar. Die von diesen zu entrichtende Eisenbahnabgabe richtet sich nach dem Verhältniss des Reinertrages, d. i. desjenigen Ertrages, „welcher nach Abzug der Verwaltungs-, Unterhaltungs- und Betriebskosten, ferner des erforderlichen Beitrages zum Reservefonds sowie der zur planmässigen Verzinsung und Tilgung der etwa gemachten Anleihen erforderlichen Beträge auf das verwendete Aktienkapital zur Vertheilung kommt", zu dem Aktienkapital: beläuft sich der Reinertrag, d. i. also die Dividende, auf nicht mehr als 4 Proz. des Aktienkapitals, so beträgt die Abgabe $^1/_{40}$ des Ertrages, bei höherem Reinertrage aber von dem Mehrertrage über 4 bis zu 5 Proz. $^1/_{20}$, von dem Mehrertrage über 5 bis zu 6 Proz. $^1/_{10}$ und von dem Mehrertrage über 6 Proz. $^2/_{10}$, und zwar dergestalt, dass die wirklich vertheilte Dividende zuzüglich der Abgabe das Steuerobjekt bildet. Wegen der Verwendung der Abgabe ist auf § 11 des VII. Buches zu verweisen.

Super- oder Extradividenden des Staates (vgl. oben § 7 des VII. Buches) werden vom steuerpflichtigen Ertrage abgesetzt; in Jahren, in denen die Zinsgarantie des Staates (vgl. § 7 a. a. O.) in Anspruch genommen wird, unterbleibt die Erhebung der Abgabe.

Die Festsetzung der Abgabe erfolgt „mit Berücksichtigung" des von dem Eisenbahnkommissariate bezw., wenn die Bahn unter Staatsverwaltung steht, von der betreffenden Verwaltungsbehörde einzureichenden Abschlusses durch die Regierung. Rechtsmittel sind nicht vorgesehen; doch dürften die diesbezüglichen, allgemeinen für „direkte Steuern" gegebenen Vorschriften des mehrerwähnten Ges. v. 18. Juni 1840 anwendbar sein.

§ 43. Die Bestimmungen des Ges. v. 30. Mai 1853 erwiesen sich als unzureichend, als auch ausländische Aktiengesellschaften, einzelne physische Personen oder Personenmehrheiten ohne die Form der Aktiengesellschaft und fremde Staaten Bahnen im Preussischen Staatsgebiete erbauten und betrieben. In Folge dessen wurde nach einem gescheiterten Versuche in der Landtagssession 1865 das Gesetz „betreffend die Abgabe von allen nicht im Besitze des Staates oder inländischer Eisenbahnaktiengesellschaften befindlichen Eisenbahnen" v. 16. März 1867 (G.-S. S. 465) erlassen. Dasselbe unterscheidet sich von dem Gesetze von 1853 durch die Art der Berechnung des abgabepflichtigen Reinertrages, und an die Stelle des Aktienkapitals tritt das Anlagekapital, d. i. der auf die Herstellung der Bahn und deren Ausrüstung mit Einschluss der Betriebsmittel nützlich verwendete Betrag. Steuerpflichtiger Reinertrag ist der Ueberschuss der Betriebsroheinnahme — einschliesslich der tarifmässigen Frachtbeträge von Transporten für eigene Rechnung der Eigenthümer und Betriebsunternehmer — über die Verwaltungs-, Unterhaltungs- und Betriebskosten, wobei die Rücklagen in den Reserve- oder Erneuerungsfonds, nicht aber aus diesen Fonds zu bestreitende Ausgaben den Unterhaltungs- und Betriebskosten zugerechnet werden.

Der Besitzer der Bahn muss über Einnahme und Ausgabe des ganzen Unternehmens und jeder Station Buch führen und sich Lokalrevisionen der Buchführung unterwerfen, Roheinnahme und Unkosten bis 1. Mai des folgenden Jahres deklariren und der Deklaration die Beläge beifügen. Werden diese Verpflichtungen nicht erfüllt, so setzt die Eisenbahnaufsichtsbehörde die in Berechnung zu ziehenden Beträge fest. Von den Verwendungen während des Baues kommen bis zur Betriebseröffnung, soweit nicht ungerechtfertigte Verzögerungen stattgefunden haben, 5 Proz. Zinsen in Ansatz. Die Höhe des Anlagekapitals hat der Besitzer bis zum Schlusse des Kalenderjahres, in dem der Betrieb eröffnet wird, nachzuweisen, und wird dieses sodann von der Bahnaufsichtsbehörde endgültig festgestellt. Kommt der Besitzer dieser Verpflichtung nicht nach, so setzt die Aufsichtsbehörde selbstständig fest. Gleiches gilt bei Erhöhungen des Anlagekapitals. Aufwendungen für Erneuerungen werden dem Anlagekapitale nur zugerechnet, soweit sie, durch ungewöhnliche Ereignisse verursacht, weder aus den laufenden Einnahmen noch dem Reserve- und Erneuerungsfonds zu bestreiten sind; die Frist, in der der Besitzer den Nachweis zu erbringen hat, setzt die Aufsichtsbehörde fest.

Mehrere in zusammenhängendem Betriebe stehende Bahnen eines Besitzers werden als ein Ganzes behandelt. Als Roheinnahme inländischer, mit ausländischen Bahnen in zusammenhängendem Betriebe stehender Bahnen kann ein nach dem Meilenverhältnisse berechneter Theil der Gesammteinnahme angenommen werden. Gehört eine solche Bahn einer ausländischen Aktiengesellschaft, so kann bei der Konzessionirung oder durch Uebereinkommen bestimmt werden, dass ein bestimmter Theil des Aktienkapitals als Anlagekapital und der hierauf jährlich zur Vertheilung kommende Ertrag als steuerpflichtiger Reinertrag angesehen und bei Berechnung der Abgabe zu Grunde gelegt werde. Wegen der Festsetzung der Abgabe, der Rechtsmittel und der Nichterhebung in Jahren, in denen der Staat Garantiezuschüsse leistet, gilt das im vorigen Paragraphen Bemerkte.

VI. Kapitel.

Die direkten Steuern der Hohenzollernschen Lande.

§ 44. Als die Fürsten von Hohenzollern-Sigmaringen und Hohenzollern-Hechingen ihre Länder am 7. Dez. 1849 an die Krone Preussen abtraten, stand Preussen gerade mitten in den Kämpfen um eine zeitgemässe Personal- und Grundsteuerreform. War es schon deshalb ausgeschlossen, die unbefriedigende Preussische Steuerverfassung in den Hohenzollernschen Landen einzuführen, so verbot es sich auch, weil das kleine, als schmaler Landstreifen zwischen Württemberg und Baden eingebettete Gebiet vollkommen den Charakter dieser seiner Nachbarstaaten trug, in Handel und Verkehr mit diesen, nicht aber mit dem weit entfernten übrigen Preussischen Staatsgebiet übereinstimmte und in Beziehungen stand, es daher auch angezeigt erscheinen musste, ihm die mit denen Württembergs und Badens grundsätzlich übereinstimmende Steuerverfassung zu belassen und nicht die auf andre Verhältnisse zugeschnittene Preussische aufzudrängen. Dagegen war es allerdings ein durch die Verhältnisse nicht gebotener, nach der Vereinigung der beiden Fürstenthümer unter Preussischer Herrschaft unbefriedigender Zustand, dass die Besteuerung in den beiden Fürstenthümern eine grundsätzlich verschiedene war. Durch Ges. v. 22. Febr. 1867 (G.-S. S. 269) wurden daher die bisherigen Hechinger Steuern, nämlich Grund- und Häusersteuer, Schatzung der Stadt Hechingen, Gefällsteuer, Patentsteuer und Konzessionsgelder, Kapitalsteuer, Besoldungssteuer, Abgabe von Hunden, Accise vom Schlachten, Schächten und von Gipsmühlen und Brückengelder in Schlatt und Bissingen aufgehoben und durch die im Fürstenthum Hohenzollern-Sigmaringen geltenden Steuern ersetzt.

Die direkte Besteuerung beruhte daher nunmehr auf dem zunächst für das Fürstenthum Hohenzollern-Sigmaringen ergangenen Ges. über die Normen der direkten Besteuerung v. 30. Aug. 1834 (Sigmaringer G.-S. Bd. IV S. 93), welches später nur durch das Ges. v. 25. März 1875 (G.-S. S. 181) in wenigen Punkten, im Wesentlichen nur bezüglich der Höhe der Steuersätze abgeändert worden ist.

Nach demselben umfasst das Steuersystem eine Grund-, Gefäll-, Gebäude-, Gewerbe-, Kapitalien- und Dienstertragssteuer. Für jede dieser Steuern ist ein besonderes Kataster aufgestellt, in dem die der Besteuerung zu Grunde zu legenden „Steuerkapitalien" eingetragen werden.

Der Grundsteuer unterliegen mit Ausnahme der öffentlichen Wege etc., Dienstgrundstücke der Kirchendiener und Schullehrer, sowie der gebäudesteuerpflichtigen Hofräume alle Grundstücke und alle „auf Grund und Boden haftende Nutzungsrechte, insofern der Ertrag derselben nicht als Gegenstand der Gefällsteuer erscheint". Mit

Rücksicht auf die Person des Eigenthümers finden Befreiungen von der Grundsteuer nicht statt. Das „Steuerkapital", d. h. den Massstab der Besteuerung, bildet der mit 20 kapitalisirte sogen. „Nutzungswerth", d. i. der Reinertrag nach Abzug der mit 25 kapitalisirten Reallasten.

Dem Abzug der Reallasten bei der Grund- wie auch bei der Gebäude- und Gewerbesteuer entspricht ihre Heranziehung zu der Gefällsteuer. In Folge der Ablösung der Reallasten auf Grund des Ges. v. 28. Mai 1860 (G.-S. S. 261) und des Sigmaringischen Ges. v. 6. Sept. 1848 kommen als Objekte der Gefällsteuern nur noch in Betracht nicht abgelöste Jagd- und Fischereigerechtigkeiten, Abgaben und Leistungen zur Erbauung und Unterhaltung der Kirchen-, Pfarr-, Messnerei- und Schulgebäude, sowie gewisse zum Diensteinkommen der katholischen Geistlichen gehörende Kompetenzen aus Holzgerechtigkeiten und Fruchtgefällen. Die Berechnung des Steuerkapitals der Gefälle geschieht in derselben Weise, wie die Berechnung behufs Abzugs der Reallast bei der Grundsteuer. Auf den Gefällen haftende Lasten kommen in Abzug. Die Veranlagung erfolgt auf Grund einer „Fassion" des Gefällberechtigten.

Der Gebäudesteuer unterliegen die Gebäude aller Art einschliesslich der Hofräume, nicht aber auch der Gärten; befreit sind Fürstliche Schlösser, gottesdienstliche Gebäude, Schulen, Krankenhäuser und andere öffentlichen Zwecken gewidmete Gebäude und Dienstwohnungen. Die Besteuerung erfolgt nach dem „Nutzungs- und Gebrauchswerth", der nach Bestimmung, Bauart, Lage und Grösse (Grundfläche und Zahl der Stockwerke) beurtheilt wird, während Alter und baulicher Zustand nicht berücksichtigt werden. Doch wird nicht, wie bei der Grundsteuer, der jährliche Nutzungswerth ermittelt und dieser kapitalisirt, sondern die Ermittelung von vornherein auf den Kapitalwerth für die Quadratruthe des überbauten Raumes gerichtet. Der sich auf diese Weise ergebende, in eine 9 Klassen und innerhalb jeder Klasse eine Reihe von Abstufungen umfassende Skala eingereihte Werth bildet das Steuerkapital. Reallasten kommen in Abzug.

Die Gewerbesteuer „ruht auf dem Ertrage der Gewerbe", der in dem Arbeitsverdienst des Gewerbetreibenden und der Gehülfen und in dem „Kapitalgewinn" aus dem Gewerbs- und Fabrikvorrichtungen, Waarenvorräthe und Geldkapital umfassenden Gewerbekapital besteht. Doch findet eine ziffermässige Ermittelung dieses das „Steuerkapital" bildenden Ertrages des einzelnen Betriebes nicht statt. Die Steuer ist vielmehr eine Gewerbeklassensteuer. Die Katastrirung erfolgt nach vier Hauptabtheilungen: a) Handwerker, b) Handlungen und Fabriken, c) Mühlen und andere Werke, d) Wirthschaftsgewerbe, die wieder in „Wirthschaftsgewerbe im engeren Sinne" und „Getränkefabriken" unterschieden werden. Für jede derselben ist eine Klassentafel aufgestellt, die eine Reihe von Klassen und innerhalb der Klassen verschiedene „Abstufungen“ vorsieht; für jede Abstufung ist in der Klassentafel das Steuerkapital festgesetzt, und zwar für Handwerker und Wirthschaftsgewerbe in einer Summe, für die beiden anderen Hauptabtheilungen getrennt für Kapitalgewinn und Arbeitsverdienst. Die Einreihung in die Klassen und Abstufungen erfolgt nach einer Reihe verschiedenartiger, den Ertrag beeinflussender Merkmale. Der Betrag des Gewerbekapitals ist in der Regel zu fatiren und die Richtigkeit der Fassion in Anstandsfällen durch Vorlegung der Bücher nachzuweisen.

Der Kapitaliensteuer unterliegen nach dem vom Steuerpflichtigen summarisch zu fatirenden Besitzstand am 1. Mai jedes Jahres alle im Besitz physischer wie nichtphysischer Personen befindlichen verzinslichen Aktivkapitalien mit sehr umfangreichen Ausnahmen (u. a. ausserhalb Hohenzollerns oder in Sparkassen angelegte Kapitalien und öffentliche Fonds). Ein Abzug der Passivkapitalien findet nicht statt.

Die Dienstertragssteuer endlich trifft alles in Geld und Geldeswerth bestehende Diensteinkommen ohne Unterschied zwischen öffentlichen und Privatdienstverhältnissen und einschliesslich der Pensionen; befreit sind nur Diensteinkommen von nicht mehr als 180 M. und gewisse Personen, wie untere Militärpersonen, Handwerksgesellen, Dienstboten und Tagelöhner. Das steuerpflichtige Diensteinkommen ist alljährlich von den Censiten zu fatiren.

Die Steuersätze betragen nach dem Ges. v. 25. März 1875 bei der Grund-, Gefäll-, Gebäude-, Gewerbe- und Kapitaliensteuer gleichmässig 17 Pf. für je 100 M. des in dem Steuerkataster nachgewiesenen Steuerkapitals. Die Dienstertragssteuer beträgt dagegen

bei Diensteinkommen von	180	bis	200 M.	einschliesslich	1/2	Proz.
von jeden weiteren 100 M. über	200	„	500 „	„	1	„
„	500	„	1 100 „	„	1 1/2	„
„	1 100	„	1 600 „	„	2	„
„	1 600	„	2 400 „	„	2 1/2	„
„	2 400	„	3 200 „	„	3	„
„	3 200	„	4 200 „	„	3 1/2	„
„	4 200				4	„ .

Die Veranlagung erfolgt nur für die Kapitalien- und Dienstertragsteuer alljährlich. Bei der Gewerbesteuer findet eine allgemeine Revision, durch die das Steuerverhältniss der Gewerbetreibenden gegenüber der Staatskasse neu regulirt wird, nur alle 6 Jahre statt. In der Zwischenzeit wird nur bei bedeutenden Veränderungen in der Gewerbesteuersumme eines Ortes um wenigstens 10 Proz. oder bei Aufhören eines mit 8000 Gulden und mehr veranlagten Gewerbes für den betreffenden Ort eine neue Regulirung auch gegenüber der Staatskasse vorgenommen; von diesen Fällen abgesehen, bleiben die Steuersummen der einzelnen Orte der Staatskasse gegenüber unverändert, während das Orts-Gewerbesteuerkataster, also die Untervertheilung der von der Gemeinde aufzubringenden Steuersumme, alljährlich berichtigt wird. Mit der allgemeinen Revision der Gewerbesteuer ist bis in die letzte Zeit regelmässig eine solche der Gebäudesteuer verbunden worden, während die Grund- und Gefällsteuerkataster einer periodischen allgemeinen Revision nicht unterliegen.

Das Rechtsmittelverfahren ist durch ein Ges. v. 4. März 1835 (Sigmaringen, G.-S. Bd. IV S. 223) geregelt.

Ausser diesen direkten Steuern blieb in den Hohenzollernschen Landen, abweichend von den übrigen Landestheilen, noch eine staatliche Hundesteuer bestehen, welche in dem Etat zu den direkten Steuern gezählt wurde. Dieselbe wurde in Gemässheit des durch das oben erwähnte Ges. v. 22. Febr. 1867 auf Hohenzollern-Hechingen ausgedehnten Sigmaringenschen Ges. v. 19. Jan. 1843 (Sigmaringen, G.-S. Bd. VI S. 268) und des Ges. v. 27. Juni 1875 (G.-S. S. 517) mit jährlich 8 M. für den Hund erhoben, aber zu $^3/_8$ den Gemeinden überwiesen.

VII. Kapitel.

Die direkten Steuern in den neuen Provinzen.

§ 45. Anders wie die Hohenzollernschen Lande bilden die Provinzen, welche aus den in Folge des Krieges von 1866 mit Preussen vereinigten Landestheilen gebildet wurden, einen umfangreichen, im räumlichen wie wirthschaftlichen Zusammenhange mit den alten Provinzen stehenden Länderkomplex. In ihnen die vorgefundenen Steuerverfassungen bestehen zu lassen, ging daher unmöglich an, wollte man nicht gröblich gegen den Grundsatz gleichmässiger Heranziehung der Staatsbürger zu den Staatslasten verstossen und einen ähnlich verworrenen Zustand herbeiführen, wie er in der alten Monarchie im 18. und theilweise noch im 19. Jahrhundert geherrscht hatte, durch die Grundsteuerregulirung aber endlich überwunden war.

Im Königreich Hannover bestanden bei der Annexion folgende direkte Steuern: Grundsteuer, Häusersteuer, Personensteuer, Gewerbesteuer, Besoldungssteuer, Erwerbsteuer, Einkommensteuer, ausserdem in sieben vom Zollverein ausgeschlossenen Ortschaften als Entgelt für die Befreiung von indirekten Steuern sogenannte „fixirte Steuern". Die Grundsteuer war eine kontingentirte Steuer von ca. $10^1/_4$ Proz. des Reinertrages, wie er bei einer einmaligen Einschätzung ermittelt war. Letztere ging von Bonitätsklassen je nach der Höhe des Naturalrohertrages (bei Aeckern nach dem Verhältniss zwischen Ernte und Aussaat an Wintergetreide, z. B. zweitem, drittem u. s. w. Korn) aus; der Abzug an Bewirthschaftungskosten etc. war nicht ziffermässig ermittelt, sondern für das ganze Königreich in bestimmten Antheilen jenes Rohertrages, z B. bei Acker auf $1^1/_2$, 2 u. s. w. Korn, festgestellt. Anders wie in Preussen fanden bei Unglücksfällen gesetzlich vorgesehene Remissionen statt. Die Häusersteuer traf nur Wohnhäuser und betrug von je 100 Thlr. Steuerkapital 4 Sgr. 9,6 Pf.; das Steuerkapital bestand in dem Nettomiethswerth, der wieder durch 3 Proz. des Kapitalwerthes abzüglich $^1/_3$ für Reparaturen dargestellt wurde, somit in 2 Proz. des Letzteren. Doch waren behufs Vereinfachung Häuserklassen unterschieden mit Kapitalwerthen bis zu 150 Thlr., von 151—250, 251—500 Thlr. u. s. w. Die Personensteuer war eine Personalsteuer nach Ständen — der Klassifikationstarif umfasste deren nicht weniger als 470 — und innerhalb der einzelnen Stände noch 12 Abstufungen, für die theils das Einkommen, theils die Grundsteuer, theils der Umsatz u. a. m. massgebend waren. Die Gewerbesteuer traf Gewerbe aller Art, u. a. auch den Bergbau, und die Pachtung von Grundstücken und Pachtgegenständen anderer Art in 12 nach dem gewerblichen Einkommen abgestuften Klassen. Der Besoldungssteuer unterlagen aktive und inaktive öffentliche Beamte, Militärpersonen vom Hauptmann I. Klasse aufwärts, Geistliche und Lehrer mit ihrem Diensteinkommen; der ihr gleich konstruirten Erwerbsteuer war das Einkommen aus Privatdienst, Kunst, Wissenschaft und sonstiger nicht unter die vorerwähnten Steuern fallender gewinnbringender Beschäftigung unterworfen. In der Regel begann die Steuerpflicht der Besoldungs- und Erwerbsteuer erst bei 140 Thlr. Der Steuersatz stieg bei beiden von $^1/_5$ bis auf $2^3/_5$ Proz. Der Einkommensteuer von $2^3/_5$ Proz. unterlag das nicht schon durch eine andere Steuer getroffene fundirte Reineinkommen physischer und nichtphysischer Personen mit Ausnahme von Stiftungen, Kirchen, öffentlichen Kassen und einigen anderen Befreiungen.

Im Kurfürstenthum Hessen wurden erhoben Grundsteuer, Gewerbesteuer, Klassensteuer, Servisgeld der Stadt Cassel und eine von Rechtswegen zu den indirekten Steuern zu rechnende Hundesteuer. Die auch die Gebäude umfassende Grundsteuer beruhte noch auf nach der Zwischenherrschaft Jérôme Bonapartes wiederhergestellten Bestimmungen aus dem 18. Jahrhundert. Doch waren die allen aus früheren Jahrhunderten stammenden Grundsteuern eigenthümlichen umfangreichen Exemtionen 1814 zum grössten Theile beseitigt oder doch in eine blosse Privilegirung in Ansehung der Höhe der Steuer umgewandelt worden. Die Steuer beruhte auf dem Reinertrage, der mit 5 multiplizirt das Steuerkapital bildete, und betrug 1 Heller ($^1/_{324}$) vom Gulden Steuerkapital. Das Katasterwerk stammte aus der ersten Hälfte des 19. Jahrhunderts. Der auf Ges. v. 21. Juli 1840 und 15. Sept. 1853 beruhenden Gewerbesteuer unterlagen Handel, Handwerk, sonstige Gewerbe und Künste. Sie wollte den muthmasslichen Reinertrag treffen und benutzte hierzu als Merkmale namentlich die Grösse des Betriebsortes, die Gehülfenzahl und für einzelne Gewerbe besondere Umstände. Bei einzelnen Gewerben bestand das Institut der Steuergesellschaften und Mittelsätze. Ueberhaupt hatte die Kurhessische Gewerbesteuer viele Aehnlichkeit mit der Preussischen. Die Klassensteuer war eine klassifizirte Einkommensteuer mit degressiver, im Maximum für ein „Simplum“, deren regelmässig 10 im Jahre erhoben wurden, 0,3 Proz. nicht ganz erreichender Skala. Das Servisgeld wurde von Cassel als Entgelt für die Befreiung von Einquartirung mit jährlich 1500 Thlr. entrichtet.

Im Herzogthum Nassau war durch Edikt v. 10./14. Febr. 1809 ein aus Grund-, Gebäude-, Gewerbe- und Bergwerksteuer bestehendes Steuersystem eingeführt worden. Die Grundsteuer ist bereits oben im § 29 skizzirt. Dagegen war an die Stelle der dort erwähnten Art der Gebäudebesteuerung durch Edikt v. 26. Mai 1821 eine andere nach einer Verbindung des Kaufwerths mit dem zu 7 Proz. kapitalisirten Miethswerth getreten. Von dem so ausgemittelten Werthe wurde $^1/_6$ als Steuerkapital angenommen und das Steuersimplum, deren jährlich fünf entrichtet wurden, auf $^1/_{40}$ des Steuerkapitals bestimmt. Die Gewerbesteuer war nicht, was ihr Name besagt, sondern eine allgemeine Einkommensteuer, von der befreit waren im Wesentlichen nur Dienstboten und sonstige Privatbedienstete, die im Haushalt des Dienstherrn leben, diejenigen, welche allein von Kapitalzinsen, vom Pachtertrage ihres Grundbesitzes, einem Altentheile oder Almosen leben, untere Militärpersonen, Beamte und Pensionäre mit nicht mehr als 30 Gulden Diensteinkommen. Die Veranlagung erfolgte theils nach Klassen, theils unmittelbar nach dem Einkommen, theils endlich nach anderen Merkmalen. Auch hier betrug, wie bei der Grund- und Gebäudesteuer, ein Simplum $^1/_{240}$ des hier nicht auf $^1/_6$ des ermittelten Werthes reduzirten Steuerkapitals. Die Bergwerksteuer bestand aus einer Grubenfeldabgabe nach der Feldesgrösse und einer Gewerbesteuer nach dem Werth der Förderung. Hüttenwerke zahlten letztere nach dem Betriebsumfang.

In Schleswig-Holstein bestanden die Kontribution, die Magazinkorn- und Fouragegelder, die Landsteuer, die Haussteuer, die Gewerberekognitionsgelder, die Nahrungssteuer, die Rangsteuer und die sogenannten „stehenden Gefälle“. Die Kontribution war eine alte, allgemeine Grundsteuer nach der „Pflugzahl", welch' letztere nach der Grösse und einer rohen Bonitätsschätzung des urbaren Landes, in den Städten nach deren Betriebsamkeit und militärischer Leistungsfähigkeit („Steinpflüge") bemessen war und sich in den einzelnen Landestheilen verschieden hoch, von 28,8 bis zu 57,6 Thlr. für den Pflug stellte. Die Magazinkorn- und Fouragegelder wurden nur in einzelnen Distrikten erhoben, und zwar als Zuschlag zur Kontribution. Die Landsteuer war eine Steuer vom fruchtbringenden Eigenthum des urbaren Landes und von dem Erwerb durch Benutzung desselben, also eine partielle Vermögens- und Ertragsteuer, die Haussteuer eine Werthsteuer von allen Gebäuden in Städten und Flecken und von den gewerblichen des platten Landes. Die Gewerberekognitionsgelder waren hauptsächlich für die Erlaubniss zum Betriebe städtischer Gewerbe auf dem platten Lande zu entrichten, wogegen die Nahrungsteuer die Gewerbesteuer einzelner, nicht aller Städte und Flecken darstellte. Die Rangsteuer wurde von Beamten, Militärs, Geistlichen u. s. w. nach Massgabe ihrer Einrangirung in eine Rangordnung vom 14. Okt. 1764 erhoben. Die stehenden Gefälle bestanden überwiegend aus Domanialabgaben, enthielten aber auch alle Abgaben mit dem Charakter von Gewerbesteuern, Haussteuern und namentlich Grundsteuern. Diese Andeutungen dürften genügen, um ersehen zu lassen, dass die Steuerverfassung Schleswig-Holsteins eine ganz besonders rückständige war.

In den bisher zur grossherzoglich Hessischen Provinz Oberhessen gehörigen Landestheilen fand Preussen eine Immobiliar-, eine Gewerbe- und eine Personalsteuer vor. Die Immobiliensteuer zerfiel in eine Grundsteuer von den Liegenschaften und Realberechtigungen und in eine Gebäudesteuer. Erstere war nach dem Reinertrag, letztere nach dem mittleren Kaufwerth unter Abzug von $^1/_4$ für Unterhaltung und Abnutzung umgelegt, bei jener bildete der Reinertrag, bei dieser ein nach der Art des Gebäudes (Wohngebäude u. s. w.) verschieden bemessener Prozentsatz des Kaufwerthes (1,8 oder 1,5 Proz.) das Steuerkapital. Die Gewerbesteuer traf alle Arten von Gewerben, aber auch nur diese. Die Steuerkapitalien wurden gebildet aus fixen, nach einer Klasseneintheilung mit Rücksicht auf den Betriebsort und den Umfang des Gewerbes festgesetzten Beträgen und gewissen Zusätzen nach bestimmten Kennzeichen des Betriebsumfanges. Der Personalsteuer unterlagen mit gewissen Ausnahmen (Militärpersonen, Arme, im Haushalt der Meister lebende Gesellen und Lehrlinge u. s. w.) alle selbständigen Inländer und Erwerbsgeschäfte betreibende Ausländer nach dem Massstabe des durch $^4/_5$ des Gebäudesteuerkapitals dargestellten Miethswerths ihrer Wohnungen. Ausserdem wurden eine Hunde- und eine Nachtigallensteuer an den Staat entrichtet.

In der vormaligen Landgrafschaft Hessen-Homburg wurden erhoben: eine Grundsteuer nach dem auf Grund 15jähriger Durchschnittspreise ermittelten Reinertrag, eine Gebäudesteuer, für welche das Steuerkapital bisdeten bei Wohngebäuden 4, bei Kunstgebäuden und Mühlen $3^1/_2$ Proz. des Kapitalwerths, welche durch den zu 5 Proz. kapitalisirten und um 10 Proz. für Unterhaltungskosten gekürzten Miethswerth dargestellt wurde. Die Gewerbe- und Viehsteuer traf den Arbeitsverdienst, das in Gewerben umlaufende Kapital und das Vieh, den erstgenannten nach festen Steuerkapitalien, die nach Art der Arbeit zwischen 30 und 1000 fl. abgestuft waren, das Kapital nach Steuerkapitalien von 5 Proz. seines Werthes, das Vieh nach solchen von, je nach der Art des Viehes, 1 fl. bis 2 fl. 30 Kreuzer per Haupt.

Im vormals Hessischen Oberamtsbezirk Meisenheim bestand das Französische Steuersystem, umfassend die Grundsteuer, Personal- und Mobiliarsteuer, Fenster- und Thürensteuer und Patentgebühr (Gewerbesteuer). Wegen der Grundsteuer kann auf § 29 verwiesen werden. Die Thür- und Fenstersteuer wurde nach der Zahl der Thüren und Fenster der Gebäude mit gewissen Ausnahmen erhoben. Die Personal- und Mobiliarsteuer wurde auf die Gemeinden kontingentirt und zu dem Kontingent zunächst als Personalsteuer von jedem Steuerpflichtigen der Werth dreier Arbeitstage, seit längerer Zeit unverändert 2 Frcs., entrichtet, der Rest aber als Mobiliarsteuer nach dem Miethswerth aufgebracht. Die Patentgebühr traf die Gewerbetreibenden mit einer fixen Abgabe nach einem Tarif und einer proportionellen nach dem Miethswerth der benutzten Räume.

Die vormals Bayerischen Landestheile zahlten Grundsteuer nach dem mittleren Reinertrag, Häusersteuer — auch von landwirthschaftlichen Gebäuden — theils nach der Miethsertragsfähigkeit (Miethsteuer), theils nach der Grundfläche (Arealsteuer), Kapitalrentensteuer, die von etwa 3 Proz. bis auf etwa 1½ Proz. in Klassen degressiv gestaltet war, Gewerbesteuer von allen Arten des Gewerbebetriebs, zerfallend in die unveränderliche Normalanlage und die nach der Schwunghaftigkeit sich richtende veränderliche Betriebsanlage, mit einer detaillirten, insbesondere auch die Grösse des Betriebsorts berücksichtigenden Skala, endlich von dem durch keine der erwähnten Ertragsteuern getroffenen Einkommen „Einkommensteuer", in Wahrheit eine Ertragsteuer von gewinnbringender Beschäftigung, in 3 Abtheilungen.

Innerhalb des Gebiets der vormals freien Stadt Frankfurt a./M. war die Besteuerung eine andere für den Stadt- wie für den Landbezirk. Dort trugen die Steuern nur theilweise den Charakter von Staatssteuern, da sie auch zur Befriedigung der Kommunalbedürfnisse dienten; sie bestanden in der Wohn- und Miethsteuer, einer Personalsteuer nach dem Miethswerth der Wohnungen und anderen Lokalitäten, der bei Einkommen von mehr als 600 fl. einsetzenden, von ½ bis auf 2 Proz. (bei 8 500 fl.) steigenden Einkommensteuer der Stadtangehörigen und Forensen, einschliesslich der Fremden, welche Hypotheken im Stadtbezirk besassen, und dem Polizeistempel oder der Permissionsgebühr, einer Abgabe von Nichtgemeindeangehörigen für Gestattung des Aufenthalts. Im Landbezirk wurden erhoben Grund- und Gefällsteuer, erstere nach der Fläche und Kulturart, letztere nach dem Gefällkapital, das durch den 25fachen Jahresbetrag dargestellt wurde, ferner Gebäudesteuer nach einem 1826 hergestellten Kataster und Klassensteuer, ein Gemisch von Personal- und Gewerbesteuern, theils in fixen Sätzen nach der Lebensstellung, theils nach einer Klassentafel für Gewerbetreibende, theils endlich nach der Grösse des Grundbesitzes oder dem Umfang des Gewerbebetriebes.

In dem Herzogthum Lauenburg waren, nachdem es — seit 13. Sept. 1865 — mit Preussen nur durch Personalunion verbunden war, über die Personalbesteuerung und die Gewerbesteuer mit den in den alten Landestheilen damals geltenden im Wesentlichen übereinstimmende Vorschriften eingeführt worden. Durch Ges. v. 7. Dez. 1872 (Offizielles Wochenbl. f. Lauenburg S. 362) waren auch die Vorschriften des Eisenbahnabgabengesetzes v. 16. März 1867 eingeführt, und ein Gesetz vom gleichen Tage (a. a. O. S. 339) hatte die Erhebung mehrerer älteren Abgaben als provisorische Grundsteuer angeordnet. Dagegen wurde an Stelle der Gebäudesteuer von dem Landeskommunalverband ein Aversum von jährlich 7 000 Thlr. an die Staatskasse gezahlt (§ 15 des Ges. v. 7. Dez. 1872, Offizielles Wochenbl. S. 325).

§ 46. Die im vorigen Paragraphen skizzirten direkten Steuersysteme der neuen Landestheile mit Ausnahme Lauenburgs wurden schon im Jahre nach der Einverleibung mittels Allerhöchster Verordnungen durch die altländischen Steuern ersetzt, und zwar in Hannover, Kurhessen und Schleswig-Holstein durch drei Verordnungen v. 28. April 1867 (G.-S. S. 533, 538 u. 543), in den zum Regierungsbezirk Wiesbaden vereinigten Gebieten sowie im Kreise Vöhl mit Eimelrod und Höringen durch Verordn. v. 11. Mai 1867 (G.-S. S. 593), im Oberamtsbezirk Meisenheim durch Verordn. v. 4. Juni 1867 (G.-S. S. 761) und in den ehemals Bayerischen Gebietstheilen durch Verordn. v. 24. Juni 1867 (G.-S. S. 842). Vorbehalten blieb nur die Einführung der Grundsteuer; im Stadtgebiet Frankfurt a. M. wurde an Stelle der bisherigen Klassensteuer die Mahl- und Schlachtsteuer eingeführt. Die depossedirten Fürstenhäuser wurden in diesen Verordnungen steuerlich wie die des Königlichen Hauses behandelt.

Der Vorbehalt bezüglich der Grundsteuer fand seine Erledigung in dem Ges. „betreffend die Ausführung der anderweiten Regelung der Grundsteuer in den Provinzen Schleswig-Holstein, Hannover und Hessen-Nassau, sowie in dem Kreise Meisenheim“[1]) v. 11. Febr. 1870 (G.-S. S. 85). Nach demselben wurde das Grundsteuerkontingent dieser Landestheile vom Jahre 1875 ab, welcher Zeitpunkt aber durch Ges. v. 3. Jan. 1874 (G.-S. S. 5) um ein Jahr, für Schleswig-Holstein sogar bis 1878 hinausgeschoben wurde, auf 3 200 000 Thlr. bestimmt, sodass sich das gesammte Kontingent nun auf 13 200 000 Thlr. stellte. Die zur Erfüllung jener 3 200 000 Thlr. = 9 600 000 M. erforderlichen Hauptsummen sind demnächst nach erfolgter Grundsteuerregulirung durch Verordn. v. 13. Dez. 1875 (G.-S. S. 612) festgestellt worden auf 3 245 992,35 M. für Schleswig-Holstein, 4 335 199,78 M. für Hannover ausschliesslich des Jadegebiets, 1 994 749,81 M. für Hessen-Nassau und 24 058,06 M. für den Kreis Meisenheim.

Das Ges. v. 11. Febr. 1870 enthält im Uebrigen verschiedene Modifikationen der altländischen Gesetzgebung. So richtet sich die Steuerpflicht oder Steuerfreiheit der standesherrlichen Domänen nach dem bisherigen Zustand. In die Centralkommission ordnet jedes der beiden Häuser des Landtags für jede Provinz zwei Abgeordnete ab. Eine proviserische Untervertheilung der Hauptsummen fand nicht statt. Die Reklamationsfrist ist von der Zustellung eines Güterauszugs, nicht der Auslage der Flurbücher etc. abhängig. Die Entscheidung erfolgt theils durch den Bezirkskommissar, theils durch die Veranlagungs-, theils durch die Bezirkskommission. Die Kosten der Feststellung und Untervertheilung sind nur zu $^1/_3$ von den Grundbesitzern der betreffenden Provinzen, für Meisenheim von dem rheinisch-westfälischen Fonds zur Unterhaltung des Katasters zu erstatten.

Auch das Gesetz wegen Entschädigung für Aufhebung der Grundsteuerbefreiungen wird durch das Ges. v. 11. Febr. 1870 in den neuen Landestheilen mit einigen Massgaben eingeführt, deren wichtigste ist, dass die Entschädigung bei Mangel eines nachweisbaren Rechtstitels von vornherein auf das 9,067fache der Mehrbelastung (vgl. oben § 35) festgesetzt ist.

Bei der Ausführung stellte sich die Grundsteuer in Schleswig-Holstein auf 9,504, in den anderen beiden Provinzen und Meisenheim auf 9,570 Proz.

Die Aussonderung der den Charakter direkter Staatssteuern und insbesondere einer Grundsteuer tragenden Beträge der stehenden Gefälle in Schleswig-Holstein ist durch die oben gedachte Verordn. v. 28. April 1867 und das Ges. v. 11. Febr. 1870 ebenfalls geordnet.

Länger behielt das im Jahre 1853 von Oldenburg erworbene Jadegebiet seine aus der Oldenburgischen Zeit stammende Steuerverfassung bei. Erst das Ges. betreffend den Rechtszustand dieses Gebietes v. 23. März 1873 (G.-S. S. 107) führte die altländischen direkten Steuern ein, die Grundsteuer mit der Massgabe, dass der bei

---

[1]) Zur Rheinprovinz geschlagen.

Ausführung des Ges. v. 11. Febr. 1870 sich für Hannover ergebende Prozentsatz zur Anwendung kam und das Veranlagungssoll auf das Kontingent von 3,2 Mill. Thlr. nicht in Anrechnung zu bringen war.

Noch später wurde die völlige Uebereinstimmung der direkten Besteuerung mit derjenigen der übrigen Monarchie im Herzogthum Lauenburg herbeigeführt. Die Grundsteuerregulirung wurde durch das Lauenburgische Ges. v. 15. Febr. 1875 (Offizielles Wochenbl. für Lauenburg S. 127) und die Erhebung der regulirten Grundsteuer, die sich auf 9,451 Proz. stellte, vom 1. Jan. 1879 ab durch Verordn. v. 8. Okt. 1877 (G.-S. S. 229) angeordnet. In derselben Weise traf ein zweites Ges. v. 15. Febr. 1875 (S. 171 a. a. O.) hinsichtlich der Gebäudesteuer Bestimmungen, während die Klassen- und Einkommensteuer, die Gewerbesteuer und die Eisenbahnabgabe nach dem Ges. v. 30. Mai 1853 erst durch § 9 des Ges. betreffend die Vereinigung des Herzogthums Lauenburg mit der Preussischen Monarchie vom 23. Juni 1876 (G.-S. S. 169) eingefürt wurden.

Die in Lauenburg für die Aufhebung rechtlicher oder auch nur thatsächlich besessener Grundsteuerfreiheiten zu gewährende Entschädigung war nach Art. II eines mit dem Landeskommunalverband von Lauenburg unterm 15. Mai 1876 abgeschlossenen, dem Ges. v. 23. Juni 1876 zu Grunde liegenden Vertrages als eine der Gegenleistungen für die Ueberlassung des Domaniums von diesem Verbande zu zahlen.

IV. Abschnitt.

Die Miquel'sche Steuerreform.[1])

I. Kapitel.

Die Mängel des direkten Steuersystems, wie es Anfangs des letzten Jahrzehnts des 19. Jahrhunderts bestand.

§ 47. Wer die Entwickelung des Preussischen direkten Steuersystems in den ersten acht Jahrzehnten des 19. Jahrhunderts auch nur oberflächlich ansieht, dem wird sich von vornherein die Vermuthung aufdrängen, dass dabei etwas in Wahrheit Befriedigendes nicht habe herauskommen können. Dazu fehlte es an einer von einheitlichen, grossen Gesichtspunkten getragenen und mit fester Hand durchgesetzten Reform. Bei dem Wiederaufbau des Staates nach den Freiheitskriegen schreckte man vor der Reform der Grundsteuer zurück. Bei dem Ringen um eine Neugestaltung der Personalsteuern Mitte des Jahrhunderts wich die Regierung, um nur etwas zu Stande zu bringen, Schritt vor Schritt vor den Forderungen einer noch ungeschulten Landesvertretung zurück, bis schliesslich ein Gesetz zu Stande kam, über dessen Mängel sich wohl die Regierung selbst

---

[1]) Die folgende Darstellung folgt vielfach früheren Monographien des Verfassers.

keinen Augenblick zweifelhaft gewesen sein wird. In der Grundsteuerregulirung wurde dann ein, für sich betrachtet, technisch mustergültiges Werk geschaffen, dem Steuersystem aber ein todtes und ein nur schwerfälliger Entwickelung fähiges Glied hinzugefügt. Und was an der Gewerbesteuer bald da bald dort gebessert wurde, war Flickarbeit kümmerlichster Art, die von einer den veränderten Zeitverhältnissen gerecht werdenden Umgestaltung himmelweit entfernt war.

Ueber das Unbefriedigende des dergestalt aus Jahrzehnte auseinanderliegender, immer nur das einzelne Glied ins Auge fassender Stückarbeit zusammengeschweissten Preussischen direkten Steuersystems und darüber, wie sehr der Grossstaat Preussen allmählich in dieser Beziehung gegenüber anderen deutschen Staaten, wie Sachsen und Baden, ins Hintertreffen gerathen war, befand sich denn auch nachgerade kaum Jemand in Preussen im Unklaren. Und, was das Schlimmste bei der Sache war, die Mängel des Systems führten zu Benachtheiligungen der minder steuerkräftigen Schichten und zu Bevorzugungen der steuerkräftigsten, mithin zu dem Gegentheil dessen, was man eine gerechte Besteuerung nach der Leistungsfähigkeit nennt. Verfasser hat s. Z. an anderer Stelle[1]) von diesem Zustande folgendes Bild, mit dem sich im Wesentlichen der entsprechende Theil des Immediatberichts des Finanzministers über „die Finanzverwaltung Preussens vom 1. Juli 1890 bis 1. April 1897“ deckt, gezeichnet:

„Was die Kombination der Steuern anlangte, so empfanden es die Landwirthe und sonstigen Grundbesitzer sowie die Gewerbetreibenden bitter, dass ihnen neben der Klassen- oder Einkommensteuer in der Grund-, Gebäude- oder Gewerbesteuer eine zweite direkte Steuer auferlegt war, während der Besitzer mobilen Kapitals sich allein mit der Klassen- oder Einkommensteuer abfand. Das Drückende dieser Doppelbesteuerung des Grundbesitzes und Gewerbebetriebes musste nothwendig immer mehr empfunden werden, je mehr die Bedeutung des mobilen Kapitals gegenüber den anderen Wirthschaftsfaktoren zunahm, je tiefer namentlich die Landwirthschaft von Jahr zu Jahr in eine ihre Verschuldung zu unerträglicher Höhe steigernde Nothlage gerieth. Der verschuldete Grundbesitzer und Gewerbetreibende sah, wie der Kapitalist von einer den Ertrag des Kapitals treffenden Ertragsteuer frei war, während er eine solche für einen Ertrag zu zahlen hatte, der nicht einmal ihm, sondern in Gestalt von Schuldenzinsen seinen Gläubigern zufloss. Dazu kam die die verschiedenen Ertragsteuern zu einander hinsichtlich der Höhe der Besteuerung zu gar nicht vergleichbaren Grössen machende Verschiedenartigkeit ihrer Besteuerungsgrundsätze. Da war die Grundsteuer mit ca. $9^1/_2$ Proz. des Reinertrages, die Gebäudesteuer mit 4 bezw. 2 Proz. des rohen Nutzungswerths, die Bergwerksteuer mit 2 Proz. des Roherlöses, die von $2^1/_2$ Proz. des Reinertrages in scharfer Progression steigende Eisenbahnabgabe und endlich die Gewerbesteuer, die sich weder nach Roh- noch nach Reinertrag richtete. Es stand ferner jeder Vergleichung der Ertragsteuern untereinander entgegen, dass die Grundsteuer Anfang der 60er Jahre auf Grund von jetzt um viele Jahrzehnte zurückliegenden Verhältnissen ein für allemal veranlagt war, während die Gebäudesteuer 15jährige, die übrigen Ertragsteuern einjährige Veranlagungsperioden hatten. Aber auch jede für sich, ohne Beziehung zu den anderen betrachtet, wiesen die einzelnen Ertragsteuern mehr und mehr die empfindlichsten Mängel auf. Bei der Grundsteuer stellte sich

[1]) Annale des Deutschen Reiches, 1894 S. 210 ff.

von Tag zu Tag mehr die enorme Ungleichmässigkeit ihrer Veranlagung, namentlich zwischen verschiedenen Landestheilen, heraus. Die verschiedene Entwickelung der Preise der landwirthschaftlichen Produkte führte dahin, dass einzelne Kulturarten und Bonitätsklassen, nach denen s. Z. die Veranlagung erfolgt war, im Verhältniss zu anderen sich bevorzugt oder benachtheiligt sahen; denn da auf jedem Boden nur gewisse Früchte mit Erfolg gebaut werden können, so waren diejenigen Böden, deren anbaufähige Produkte seit der Grundsteuerregulirung weniger als die auf andern Böden zu bauenden im Preise gestiegen waren, gegenüber dieser Bodenklasse in der Grundsteuer prägravirt. Eine Benachtheiligung hatte ferner das System des Parzellarkatasters für den grösseren Grundbesitz gegenüber dem kleineren zur Folge, da erfahrungsmässig der wirkliche wirthschaftliche Reinertrag ein mit der zunehmenden Grösse des Grundbesitzes abnehmendes Vielfaches des ohne Rücksicht auf den wirthschaftlichen Zusammenhang parzellenweise geschätzten Grundsteuerreinertrages ergiebt.

Wenn auch die Gebäudesteuer nicht in gleicher Weise unbeweglich ist, wie die Grundsteuer, so vermochte doch auch sie mit ihren 15jährigen Revisionsperioden und ihrer Zugrundelegung 10jähriger Miethspreise nicht mehr den oft schnell wechselnden Verhältnissen derart zu folgen, dass empfindliche Ungleichmässigkeiten vermieden worden wären. Auch stellten sich die Veranlagung ländlicher Wohngebäude mit Berücksichtigung des Landbesitzes, die Freilassung landwirthschaftlicher Gebäude gegenüber der Steuerpflicht gewerblicher als Anlässe zu Unzufriedenheiten und, wenigstens was den ersten Punkt anlangt, auch als wirklich bedenklich heraus.

Als vollends unhaltbar und auf die Dauer unerträglich erwies sich aber mehr und mehr die Gewerbesteuer. Ihre ganze Organisation, hervorgegangen aus den unentwickelten Verhältnissen im Anfange dieses Jahrhunderts, konnte auch unmöglich mehr durch blosse Flickarbeit der grossartigen Entwickelung von Handel und Industrie in den letzten Jahrzehnten angepasst werden. Die bunte Vielgestaltigkeit der Gewerbe führte zu immer grösserer Verschwommenheit und Zweifelhaftigkeit der Grenzen zwischen den Gewerbesteuerklassen. Die Ausbildung der Verkehrsverhältnisse, die den Betrieb von der örtlichen Lage und der Grösse des Betriebsorts ziemlich emanzipirte, machte die Eintheilung der Ortschaften in Abtheilungen unhaltbar. Die Kontingentirung nach Mittelsätzen, deren höchster — in der Klasse A I in der ersten Abtheilung — 288 Mark betrug, verhinderte eine nur einigermassen angemessene Besteuerung der grossen Betriebe und machte im Allgemeinen die Besteuerung des einzelnen Betriebes von dem zufälligen Mischungsverhältniss grösserer, mittlerer und kleinerer Betriebe in der Steuergesellschaft abhängig. Die kleinen Gewerbetreibenden waren in Folge dieser Umstände enorm hoch, bis zu 5 und 6 Proz. ihres Ertrages besteuert, die grossen Betriebe lächerlich niedrig, mit Bruchtheilen eines Prozents.[1])

Bei der Bergwerksteuer endlich machte sich in Folge der Steigerung der Produktionskosten, die natürlich für die minder ergiebigen Bergwerke besonders schwer ins Gewicht fiel, die Ungerechtigkeit einer Bruttobesteuerung immer empfindlicher geltend.

Zu diesen wesentlich durch die Entwickelung der wirthschaftlichen Verhältnisse zu verschärfter Wirkung gekommenen Mängeln der Ertragsteuer trat nun ein Umschwung in den steuerpolitischen Anschauungen. Die Ansicht von der alleinigen Berechtigung des Prinzips der Besteuerung nach der Leistungsfähigkeit für die direkten Staatssteuern gelangte immer mehr gegenüber demjenigen der Besteuerung nach dem Interesse, nach Leistung und Gegenleistung, zur Alleinherrschaft, und vor diesem konnten natürlich die Ertragsteuern, welche schon vermöge ihrer Nichtberücksichtigung der Schulden die individuelle Leistungsfähigkeit des Steuerträgers ausser Acht lassen, keine Gnade finden.

Auch gegen die Klassen- und Einkommensteuer erhoben neue wissenschaftliche Anschauungen ihre Stimme: das namentlich von den sogenannten Kathedersozialisten aufgestellte Prinzip einer progressiven Einkommensbesteuerung gelangte, getragen von den

[1]) Vergl. die ausführliche Darlegung der Mängel der Gewerbesteuer in des Verfassers Aufsatz „Die Reformbedürftigkeit der Preussischen Gewerbesteuer" im Band LXII der „Preussischen Jahrbücher" (1888).

sozialpolitischen Strömungen der letzten Jahrzehnte, zu immer weiterer Anerkennung, und diesem konnte eine von 3001 wie von 100000 M. Einkommen 3 Proz. erhebende Einkommensteuer nicht genügen: man machte sehr mit Recht geltend, dass, zumal bei den gesteigerten Kosten der Lebenshaltung, denen gegenüber ein Einkommen von 3000 M. bei Vorhandensein von Familie als ein ziemlich kümmerliches erschien, das Opfer von 3 Proz. für die Einkommen in den niederen Stufen der Einkommensteuer ein unvergleichlich schwereres sei, als für die grossen, überreichlichen Einkommen. Vor allem aber war die Klassen- und Einkommensteuer vermöge der mangelhaften Veranlagungsvorschriften in einer Weise entartet, dass sie allerdings einen vollständigen Hohn auf eine gerechte Steuer darstellte. Das Fehlen jeglicher Deklarationspflicht und das Verbot jedes lästigen Eindringens in die Vermögens- und Einkommensverhältnisse der Censiten machten eine zutreffende Ermittelung des Einkommens, wo es nicht, wie bei Beamten, Arbeitern, offen zu Tage lag, zur vollständigen Unmöglichkeit, und zwar umsomehr, je grösser und dadurch schwerer zu beurtheilen das Einkommen war. Den Vortheil hiervon hatten wiederum in erster Linie die schon durch das Fehlen einer Ertragsteuer vom mobilen Kapital so ungemein bevorzugten Kapitalisten; denn bei den Grundbesitzern und Gewerbetreibenden lagen doch immerhin in dem Grundbesitz und Gewerbebetrieb äussere Anhaltspunkte für die Schätzung des Einkommens vor, die bei dem Kapitalisten, zumal wenn er, wie das so vielfach der Fall, trotz hohem Einkommen eine übereinfache Lebensweise führte, vollständig fehlten. So kam es dahin, dass die wirklich reichen Leute nur einen Bruchtheil ihres thatsächlichen Einkommens, die auf ihres Kopfes oder ihrer Hände Arbeit Angewiesenen aber ihr volles Einkommen bis zum letzten Pfennig versteuerten. Dazu gesellte sich die, nachdem die Klassensteuer thatsächlich zu einer Einkommensteuer geworden war, jedes inneren Grundes entbehrende formelle Trennung der Klassen- von der Einkommensteuer. In diesem Punkte war besonders bedenklich der Umstand, dass bei der Veranlagung der Einkommensteuer den gewählten Kommissionen ein unvergleichlich grösserer Einfluss eingeräumt war, als bei der Veranlagung der Klassensteuer, was einen weiteren Nährstoff für das ohnehin so weitgehende Misstrauen der Minderbegüterten gegenüber den Wohlhabenderen abgab. Und in der That bewirkte das Fehlen einer Centralinstanz für die Veranlagung der Einkommensteuer, dass diese erheblich ungleichmässiger als die Klassensteuer veranlagt und die Ansicht nicht ungerechtfertigt war, dass die wirklich reichen Leute sich vielfach in einer ungerechtfertigten und dem kleineren Einkommen unmöglichen Weise der Steuer entzögen.

Sozusagen potenzirt wurden die Mängel des Staatssteuersystems durch die Entwicklung, welche die Kommunalbesteuerung genommen hatte. Die gesetzlichen Bestimmungen über dieselbe waren vollkommen unzureichend. Die Städteordnungen der älteren Landestheile, Schleswig-Holsteins und der Stadt Frankfurt a. M. beschränkten sich darauf, die grundsätzliche Zulässigkeit von direkten und indirekten Gemeindesteuern, sowohl in Form von Zuschlägen zu den Staatssteuern, als auch als selbständigen Steuern, sowie von Naturaldiensten auszusprechen und nur in gewissen Fällen die Genehmigung der Aufsichtsbehörde zu erfordern. Die hannoversche Städteordnung enthielt über die Arten der Gemeindeabgaben nicht einmal derartige allgemeine Bestimmungen, während sie die Zulässigkeit von Naturaldiensten auf „dringende Fälle" beschränkte. Die — für Stadt und Land geltende — kurhessische Gemeindeordnung verwies im Gegensatz zu allen übrigen Gemeindeverfassungsgesetzen Preussens prinzipaliter auf Verbrauchsabgaben; nur soweit diese nicht ausreichten, wurden direkte Gemeindesteuern, „Gemeindeumlagen", zugelassen, über deren Vertheilungsfuss aber gesetzliche Bestimmungen nicht gegeben wurden; Gemeindedienste waren zulässig. In Nassau waren wieder umgekehrt — für Städte und Landgemeinden — in erster Linie nur Zuschläge zu den direkten Staatssteuern, und erst wenn diese Zuschläge eine bestimmte Höhe erreicht hatten, besondere „Abgaben" zugelassen; für die Dienste waren Maximalgrenzen gezogen. Nur in den ehemals hessen-darmstädtischen und hessen-homburgischen Gebietstheilen enthielten die Gemeindeverfassungsgesetze Bestimmungen, welche die Gemeindesteuern in bestimmte Beziehungen zu den aus ihnen zu bestreitenden Gemeindeausgaben setzten, während in den vormals bayerischen Gebietstheilen zwar prinzipaliter Zuschläge vorgeschrieben, aber auch selbständige Gemeindesteuern zugelassen waren.

Noch mangelhafter waren vielfach die Bestimmungen der Landgemeindeverfassungen. Besonders galt dies von den östlichen Provinzen der Monarchie: das Allgemeine Landrecht besagte nur, die baaren Geldausgaben seien „in der Regel" nach dem Verhältniss der „landesherrlichen Steuern" aufzubringen, Spanndienste nach der Bespannung, Handdienste nach Köpfen zu leisten, das Gemeindeverfassungsgesetz v. 14. April 1856, wenn eine neue Vertheilung der Gemeindelasten erforderlich werde, so seien dabei die Abstufungen des Grundbesitzes und das Klassenverhältniss sowie die Nach- und Vortheile zu berücksichtigen. Westfalen und die Rheinprovinz hatten für die Landgemeinden im Wesentlichen gleiche Bestimmungen wie für die Städte, Schleswig-Holstein denen des erwähnten Ges v. 14. April 1856 gleiche, wogegen in Hannover zwar prinzipaliter der bestehende Beitragsfuss beibehalten, bei Abänderungen desselben und Neufestsetzungen für Abgaben und Dienste aber das Verhältniss der direkten Staatssteuern vorgeschrieben war. In den Landgemeinden des vormaligen Gebiets der Stadt Frankfurt a. M. galten denen der vormals hessen-darmstädtischen und hessen-homburgischen Gebiete ähnliche Bestimmungen. Die Reichs- und die allgemeine Landesgesetzgebung hatten in dieses Wirrsal der Gemeindeverfassungsgesetze vor allem im Sinne einer Einschränkung der indirekten Gemeindesteuern eingegriffen: der Zollvereinsvertrag v. 8. Juli 1867 und das Preussische Ges. v. 25. Mai 1873, durch welches die Mahlsteuer auch als Gemeindeabgabe völlig aufgehoben, die Schlachtsteuer nur in sehr engen Grenzen noch zugelassen wurde, hatten den Gemeinden die ergiebigsten indirekten Steuerquellen ganz oder fast gänzlich verschlossen. Sonst waren noch einheitlich für die Monarchie geregelt die Gemeindesteuerprivilegien der Staatsbeamten, Geistlichen, Kirchendiener, Elementarlehrer und der Militärpersonen.

Die weiteren Kommunalverbände, Kreise und Provinzen waren in der Besteuerung lediglich auf Zuschläge zu den direkten Staatssteuern beschränkt.

Der Zustand der Gemeindebesteuerung, der sich auf der Grundlage jener ungenügenden gesetzlichen Bestimmungen im Laufe der Zeit herausgebildet hatte, war ein äusserst unerfreulicher und in vieler Hinsicht auf die Dauer unhaltbarer. Weder die indirekten Gemeindeabgaben noch die selbständigen direkten Gemeindesteuern hatten eine grössere Bedeutung erlangt: in den bei weitem meisten Gemeinden bestanden lediglich Zuschläge zu den direkten Staatssteuern; namentlich galt dies von den Städten, während auf dem platten Lande sich doch vielerorts die althergebrachten, freilich auch sehr oft den veränderten Verhältnissen durchaus nicht mehr entsprechenden Vertheilungsmassstäbe, z. B. nach Hufen, nach den Abstufungen des Grundbesitzes in Bauern, Kossathen, Häusler etc. etc., nach Einspännern, Zweispännern u. s. w. erhielten. Und auch die Entwicklung des Zuschlagsystems vollzog sich, und zwar wieder vorherrschend in den Städten, sehr einseitig, indem Zuschläge auf die Ertragsteuern nicht oder nur in sehr bescheidenen Grenzen, in desto höherem Masse dagegen auf die Klassen- und Einkommensteuer gelegt wurden.

— — — — — — — — — — — — — — — — — — — —

Die übermässigen Zuschläge zu den Personalsteuern führten wiederum zu einer sich fortgesetzt steigernden Depravation der Veranlagung der staatlichen Personalsteuern, indem sich bei den Einschätzungskommissionen der stillschweigende Grundsatz herausbildete, mit Rücksicht auf die hohen Kommunalzuschläge das Einkommen möglichst niedrig zur Staatssteuer einzuschätzen. Unter dieser Praxis mussten wieder die ohnehin zumeist weniger leistungsfähigen Empfänger feststehender Bezüge, also namentlich die Angestellten aller Art, leiden; denn bei ihnen, deren Einkommen zu Tage lag, konnte von einer unter dessen thatsächliche Höhe herabgehenden Veranlagung nicht die Rede sein. Den Vortheil hatten dagegen wiederum die schon durch das Fehlen einer Ertragsteuer vom mobilen Kapital begünstigten Kapitalisten, deren sich am meisten zum Verbergen geeignetes Einkommen der Schätzung den freiesten Spielraum gewährte.

Dass gerade in den Städten die Zuschläge zu den Personalsteuern so enorm überwogen, konnte, abgesehen davon, dass ja in der That die staatlichen Realsteuern, namentlich in Anbetracht der Nichtberücksichtigung der Schulden, eine nur in beschränktem Masse Zuschläge vertragende Höhe hatten, deshalb nicht überraschen, weil ja in den Stadtvertretungen die Hausbesitzer die Mehrheit besitzen. In welcher rücksichtslosen Weise diese aber ihre speziellen Interessen zu wahren verstehen, dafür liefern die von vielen Hausbesitzervereinen zu den Steuerreformgesetzen an den Landtag gerichteten Petitionen schlagende Beweise,[1] in denen mit einer oft verblüffenden Unverfrorenheit nicht mehr und nicht weniger als Ausserhebungsetzung der staatlichen Realsteuern ohne jede schärfere Heranziehung derselben zu den Kommunalabgaben verlangt wird. Auf dem platten Lande besteht die Gemeinde in der Regel so überwiegend aus Grundbesitzern, dass diese sich sagen mussten, sie würden, auch wenn sie die Personalsteuern in erhöhtem Masse zu den Gemeindelasten heranzögen, doch vorwiegend die Betroffenen sein und es sei daher für sie ziemlich irrelevant, ob sie die Gemeindelasten mehr nach den Personal- oder mehr nach den Realsteuern aufbrächten. Indess darf man sich, wenn man den Gründen des Ueberwiegens der Personalsteuerzuschläge in den Städten nachforscht, auch nicht verhehlen, dass auch die staatlichen Kommunalaufsichtsbehörden hieran nicht ohne Schuld sind: sie haben zu wenig von ihren Befugnissen Gebrauch gemacht, um eine angemessene Mitheranziehung der Realsteuern durchzusetzen; es wäre sonst nicht möglich gewesen, dass so viele Städte Zuschläge von mehreren Hundert Prozent zu den Personalsteuern erhoben, ohne die Realsteuern auch nur mit einem Pfennig Zuschlag zu belegen."

§ 48. Dass einzelne Anläufe zu Reformen in den 70er und 80er Jahren unternommen wurden, aber nie zu befriedigenden Resultaten führten, ist bereits im vorigen Abschnitt dargelegt.

Nicht besser war das Schicksal der Versuche einer systematischen Beseitigung der die staatliche Einkommensbesteuerung immer mehr gefährdenden Missstände auf dem Gebiete der Kommunalbesteuerung: dreimal, in den Sessionen 1877/78, 1878/79 und 1879/80, wurden dem Landtage Entwürfe eines Gemeindeabgabengesetzes vorgelegt, immer aber wurden sie im Abgeordnetenhause begraben.

Indess wurde doch wenigstens für einzelne dringende Mängel eine, wenn auch von einer Sseuerreform weit entfernte, Abhülfe erzielt. Das nach seinem Urheber „lex Huene" genannte „Gesetz betreffend Ueberweisung von Beträgen, welche aus landwirthschaftlichen Zöllen eingehen, an die Kommunalverbände" v. 14. Mai 1885 sollte die Finanznoth der Kommunalverbände durch Zuweisung neuer Einnahmen lindern. Die lex Huene beruhte auf der früher (§ 25) erwähnten „Franckenstein'schen Klausel", d. i. dem § 8 des Zolltarifgesetzes v. 15. Juli 1879, nach welchem die 130 Mill. Mark in einem Jahre übersteigende Einnahme an Zöllen und Tabaksteuer vom Reich an die Bundesstaaten herauszuzahlen ist. Die lex Huene überwies nun die hiernach an Preussen herauszuzahlenden Erträge der Getreide- und Viehzölle nach Abzug von 15 Mill. Mark an die Kreise, die hieraus die Kreisabgaben zu bestreiten, soweit die Summen aber zu diesem Zweck nicht erforderlich waren, Beihülfen zur Entlastung von Schul- und Armenverbänden zu gewähren oder aber die Beträge den Gemeinde- und Gutsbezirken zu überweisen hatten. Dadurch wurden allerdings die kommunalen Lasten herabgedrückt; aber das Gesetz hatte den grossen Nachtheil, dass es die Kreise und indirekt auch die Gemeinden zwang, mit einem von Jahr zu Jahr schwankenden, im voraus nicht zu schätzenden Einnahmefaktor zu rechnen, und eine so erhebliche Einnahmequelle der Kreise auf die stetig angefeindeten landwirthschaftlichen Zölle basirte, deren spätere, seitens der liberalen Parteien fortgesetzt angestrebte Beseitigung oder wesentliche Ermässigung die Kreishaushalte, die sich auf die Ueberweisungen in manchmal unvorsichtiger Weise eingerichtet hatten, in gefährliche Verwirrung zu bringen drohte.

In demselben Jahre wie dieses Gesetz entstand, ebenfalls aus der Initiative des Abgeordnetenhauses, ein zweites, das die Abhilfe einzelner Nothstände im Kommunalabgabenwesen bezweckte, das in den früheren Büchern oft erwähnte „Kommunalsteuernothgesetz" v. 27. Juli 1885. Dasselbe regelte in einheitlicher Weise für die ganze Monarchie — mit Ausnahme der Hohenzollernschen Lande — die Kommunaleinkommensbesteuerung der juristischen Personen, Aktiengesellschaften, Kommanditgesell-

[1]) Nach dem Inkrafttreten des Kommunalabgabengesetzes haben sich solche Beweise krassesten Egoismusses noch gehäuft.

schaften auf Aktien, Berggewerkschaften und Forensen sowie die Vermeidung der Doppelbelastung desselben Einkommens mit kommunalen Einkommensteuern in mehreren Gemeinden bei mehrfachem Wohnsitz oder Aufenthalt. Insbesondere ist erst mit diesem Gesetz den Landgemeinden der östlichen Provinzen, Schleswig-Holsteins, Hannovers und des Gebiets der ehemaligen freien Stadt Frankfurt a. M. und den Stadt- und Landgemeinden der früher Nassauischen, Hessen-Homburgischen, Grossherzoglich-Hessischen und Bayerischen Landestheile das ihnen bis dahin im Gegensatz zu den Gemeinden anderer Provinzen und Landestheile nicht zustehende Recht der Besteuerung des Einkommens juristischer Personen gegeben.

Von einer durchgreifenden Abhülfe der auf dem Gebiet der Kommunalbesteuerung bestehenden Missstände durch diese beiden Gesetze kann natürlich keine Rede sein. Eine solche Abhülfe war auch nach allseitiger Uebereinstimmung nur in Verbindung mit und auf Grund einer durchgreifenden Reform des direkten Staatssteuersystems möglich.

Die Gründe für die Stagnation in der Steuergesetzgebung waren mannigfacher Art. Zum nicht geringen Theil scheinen sie in Meinungsverschiedenheiten über die Richtung einer Reform zwischen dem leitenden Staatsmann und dem Finanzminister gelegen zu haben.

Wohl mag der damalige Finanzminister nicht die überwiegende Genialität, Gewandtheit und Thatkraft eines Miquel besessen haben.[1]) Aber ihm allein die Ergebnisslosigkeit der Steuerreformbestrebungen zur Last zu legen, wäre verfehlt. Und erst recht kann man nicht, wie es Fürst Bismarck in seinen „Gedanken und Erinnerungen“ (Bd. II S. 207 f.) thun zu wollen scheint, die Räthe des Finanzministeriums verantwortlich machen. Die Bearbeitung der Steuerreformfragen lag unseres Wissens schon Jahre lang vor dem Abgange des Finanzministers v. Scholz in den Händen derjenigen Persönlichkeiten, die demnächst bei der Steuerreform Herrn v. Miquel zur Seite standen, und denen man Mangel an Eifer für die Reform am allerwenigsten vorwerfen kann. Mit den Bismarck'schen Reformideen mögen sie freilich in vielen Punkten nicht übereingestimmt haben, und nach dem, was Fürst Bismarck a. a. O. andeutet, nicht mit Unrecht. Sie mögen in der „Auflegung der Grund- und Häusersteuer“, der ältesten überhaupt bestehenden Steuern, eine „einmal begangene Ungerechtigkeit“ nicht zu erblicken vermocht haben, sondern nur darin, dass neben der Grund-, Gebäude- und Gewerbesteuer eine Kapitalrentensteuer fehlte, und mögen es als unbefriedigend angesehen haben, dass die grossentheils dem Grundbesitz zu Gute kommenden oder durch ihn verursachten Ausgaben der Gemeinden nur zu einem so geringen Theile, wie es damals der Fall war, durch Zuschläge zur Grund- und Gebäudesteuer ausgeglichen wurden. Sie mögen auch, wie später Miquel, überzeugt gewesen sein, dass eine Reform der Personalsteuern in der Richtung vollständiger Erfassung des Einkommens in ihrer Durchführung auf die Dauer an der ganz überwiegenden Basirung der Kommunalfinanzen auf die hohen Einkommensteuerzuschläge scheitern müsse. Schon damals an den völligen Verzicht des Staates auf die Realsteuern zu gehen, wäre ein Wagniss gewesen, das auch Miquel erst unternahm, als der finanzielle Erfolg seiner Einkommensteuer feststand, und nur gegen Einführung einer Vermögensteuer, unter den Kautelen des Kommunalabgabengesetzes gegen Ueberbürdung der Einkommensteuer mit Zuschlägen und gegen Aufhebung der lex Huene An eine Vermögensteuer dachte damals wohl noch Niemand, und dass Fürst Bismarck für eine solche sowie für die starke Heranziehung der Realsteuern in den Gemeinden und die Zurückforderung der Entschädigung für die Aufhebung der Grundsteuerprivilegien zu haben gewesen wäre, scheint nach seinen Bemerkungen a. a. O. denn doch sehr zweifelhaft, nicht minder, ob der Landtag vor der Ermässigung der Getreidezölle durch die Caprivi'schen Handelsverträge und vor der Revision der Gebäudesteuer darauf eingegangen wäre, gegen Ausserhebungsetzung der staatlichen Realsteuern auf die lex Huene zu verzichten, die Einkommensteuer in der Gestalt des Ges. v. 24. Juni 1891, die Vermögensteuer, die Rückzahlung der Grundsteuerentschädigungen und die schärfere Heranziehung des Grundbesitzes in den

[1]) Um Missverständnissen vorzubeugen, sei bemerkt, dass die Verfasser erst nach dem Amtsantritt des Ministers v. Miquel in das Finanzministerium eingetreten sind.

Kommunen zu bewilligen. Die von Fürst Bismarck befürwortete Mehrbelastung des Einkommens aus ausländischen Werthen aber wäre ein recht zweischneidiges Schwert gewesen, das sich nur zu leicht gegen die einheimischen Staats- und Kommunalfinanzen und den heimischen Handel und Gewerbefleiss hätte wenden können. Dass endlich Bismarck mit der Forderung der „Selbsteinschätzung", wenn er hiermit eine Fassionspflicht meint, im Finanzministerium keinen grundsätzlichen Widerstand gefunden haben würde, bewiesen die Bitterschen und Scholz'schen Steuerreformgesetzentwürfe. Wenn aber Bismarck etwa mit der „Selbsteinschätzung" mehr als die Benutzung der Steuerdeklaration als eine der Grundlagen der Veranlagung, ihre Behandlung als für die Veranlagungsorgane bindende Norm gemeint haben sollte, so lehrt allerdings die Erfahrung, dass ein Widerstand gegen eine solche Art von Selbsteinschätzung sehr gerechtfertigt war. Jedenfalls kann man bei aller Verehrung für den unvergleichlichen ersten Kanzler füglich bezweifeln, ob, wenn er an Anschauungen, wie er sie in seinen „Gedanken und Erinnerungen" andeutet, festgehalten hätte, unter ihm auch einem Miquel eine Steuerreform mit den Vorzügen derjenigen von 1891—1893 gelungen wäre.

So ganz verloren für die Steuerreform war übrigens die Zeit der nach aussen scheinbaren Stagnation nicht. Denn für eine Reform wie die Miquel'sche war früher die Zeit noch nicht gekommen, und hätte Miquel nicht, als er das Finanzministerium übernahm, die eingehenden Vorarbeiten vieler Jahre, einen Generalsteuerdirektor und Räthe vorgefunden, die seit vielen Jahren die Steuerreformfragen nach allen Richtungen hin studirt hatten, so hätte er nie und nimmer schon fünf Monate nach seinem Amtsantritt mit den Entwürfen eines Einkommen- und eines Gewerbesteuergesetzes vor den Landtag treten können.

II. Kapitel.

Der Reformplan.

§ 49. Der am 24. Juni 1890 an die Spitze des Finanzministeriums berufene Oberbürgermeister von Frankfurt a. M. und vielerprobte Parlamentarier und Parteiführer Johannes v. Miquel erkannte als einen Grundfehler der früheren resultatlos verlaufenen Reformversuche den, dass sie stückweise, ohne einen einheitlichen, alle Theile umfassenden Plan in Angriff genommen waren. In dieser Erkenntniss wurde nunmehr von vornherein ein allgemeiner Plan ins Auge gefasst, der sich natürlich fürs Erste nur auf die grossen Ziele erstrecken konnte, ohne sich schon in allen Beziehungen auf die Einzelheiten der Durchführung festzulegen.

Auf dem Gebiete der Staatsbesteuerung galt es, den Grundsatz einer gerechten Besteuerung nach dem inzwischen von der Wissenschaft gegenüber demjenigen des Interesses als den allein richtig anerkannten Massstab der individuellen Leistungsfähigkeit zur Durchführung zu bringen. Dazu bedurfte es auf der einen Seite der Ausscheidung der mit demselben nicht vereinbaren Ertragsteuern aus dem Staatssteuersystem. Ob diese vollständig möglich sein würde, hing indess von der Lage der Staatsfinanzen und der Erschliessung und Ergiebigkeit anderer Einnahmequellen ab und liess sich daher bei Inangriffnahme der Steuerreform noch nicht übersehen. Jedenfalls konnte man als sicher erreichbar betrachten eine sehr erhebliche

Herabsetzung der staatlichen Ertragsteuern, durch die man wenigstens einer Besteuerung nach der Leistungsfähigkeit erheblich näher kam. Die Einkommensteuer war derart umzugestalten, dass sie das wirkliche Einkommen möglichst richtig erfasst und dabei durch die verschiedene Höhe des Steuersatzes auf die in stärkerem Verhältniss als dem der ziffermässigen Höhe steigende bezw. abnehmende Leistungsfähigkeit grösserer und kleinerer Einkommen sowie durch geeignete Bestimmungen mehr als bisher auf die auch bei gleichem Einkommen in Folge individueller Verhältnisse nicht gleiche Steuerfähigkeit Rücksicht nimmt. Sodann war ein Weg zu finden, um das fundirte Einkommen seiner grössern Leistungsfähigkeit entsprechend stärker als das unfundirte zu besteuern.

Der Finanznoth der Gemeinden, der in ihrer Besteuerung herrschenden Prinziplosigkeit und Verwirrung, insbesondere der für sie und den Staat gleich bedrohlichen vorwiegenden Heranziehung der Einkommensteuer zur Balanzirung des Gemeindehaushalts musste durch bessere Ausbildung und Ausnutzung der neben den direkten Steuern zur Verfügung stehenden Einnahmequellen und Erschliessung neuer und geeigneter Quellen direkter Besteuerung abgeholfen werden. Letzteres war nur möglich durch Versetzung der Realsteuern aus dem Staats- in den Gemeindehaushalt. Denn hier treffen die gegen ihre Weiterverwendung als Staatssteuern sprechenden Gründe nicht zu, haben die Realsteuern vielmehr gerade durch ihre geringere Beweglichkeit und den Nichtabzug der Schulden Vorzüge vor den Personalsteuern. Zutreffend führte in dieser Beziehung die Denkschrift vom 2. Nov. 1892 zu den Entwürfen der Steuerreformgesetze v. 3. Juli 1893 (Drucks. des Abg.-H. Sess. 1892/93 Nr. 8) Folgendes aus:

„Die Gemeinde ist wesentlich ein wirthschaftlicher Verband. Wenngleich die Gemeinden in vielen Beziehungen an der Erfüllung unmittelbarer Staatszwecke betheiligt sind, so haben sie doch an erster Stelle diejenigen Vorbedingungen zu erfüllen, auf denen das nachbarliche, wirthschaftliche Zusammenleben und die Erwerbsthätigkeit ihrer Einwohner beruhen. Hierauf bezieht sich ein grosser, oft der grösste Theil der kommunalen Aufwendungen. Ein Theil der Ausgaben der Gemeinden gereicht gewiss allen Einwohnern mehr oder minder gleichmässig zum Vortheil; ein anderer Theil der Ausgaben kommt aber ganz oder überwiegend den mit der Gemeinde untrennbar verbundenen Objekten — Grund- und Hausbesitz und Gewerbebetrieb — zu gute und erhöht deren Werth oder wird durch sie veranlasst. Eine feste Grenze zwischen diesen beiden Theilen der Ausgaben lässt sich gewiss allgemein nicht ziehen. So erscheinen z. B. die Kosten für Schul- und Armenwesen, für die öffentliche Sicherheit und ähnliche als Aufwendungen für allgemeine Zwecke, welche von allen Einwohnern getragen werden müssen. Gleichwohl befinden sich hierunter nicht selten, namentlich in Gemeinden mit stark entwickelter Grossindustrie, Aufwendungen, welche vorzugsweise durch gewerbliche Unternehmungen veranlasst werden oder diesen besonders zum Vortheile gereichen. Das Gleiche gilt von den Kosten aller derjenigen Veranstaltungen, welche auf Erhöhung und Verfeinerung des Lebensgenusses abzielen. Solche Veranstaltungen erhöhen die Annehmlichkeit des Aufenthaltes, vermehren den Zuzug und steigern hiermit den Werth des Grund- und Hausbesitzes, sowie den Ertrag der auf den lokalen Absatz angewiesenen Gewerbebetriebe. Auf der anderen Seite kommen die Aufwendungen für die Anlegung und Unterhaltung von Strassen, für den Bau von Wegen und Wasserstrassen u. s. w. an erster Stelle den Grund- und Hausbesitzern und den Gewerbetreibenden unmittelbar zu gute und müssen daher auch vorzugsweise von diesen getragen werden.

Es ist dabei wohl zu beachten, dass, während den nicht dauernd ansässigen oder an den Aufenthalt in der Gemeinde gebundenen Steuerpflichtigen häufig nur vorübergehende Vortheile aus der Gemeindeentwicklung zufallen, diese für die mit der Gemeinde unzertrennlich verbundenen Objekte dauernder Natur sind.

Hieraus ergiebt sich, dass die ausschliessliche oder überwiegende Aufbringung des kommunalen Steuerbedarfs durch Einkommensteuern ohne Rücksicht auf die Zwecke und die Wirkungen der Gemeindeausgaben der Anforderung einer gerechten Steuervertheilung widerspricht. Das Einkommen aus Arbeit und aus Geldkapital wird sonst unverhältnissmässig für solche Zwecke besteuert, für welche die Inhaber der anderen Güterquellen in erster Linie aufzukommen haben, während auf der anderen Seite die grossen Werthsteigerungen, namentlich des städtischen Grundbesitzes, welche lediglich durch die die Steigerung der Ausgaben wiederum bedingende fortschreitende Entwicklung der Gemeinde hervorgerufen sind, in der Besteuerung fast unberücksichtigt bleiben und damit den Gemeinden eine bedeutende, gerade mit dem Wachsen der Ausgaben naturgemäss steigende Steuerkraft zum grossen Theile entzogen wird.

Wenn die Realsteuern, wie oben ausgeführt wurde, den Voraussetzungen einer gerechten Steuervertheilung im Staate nicht entsprechen, so stehen die gleichen Bedenken ihrer Verwendung als Kommunalsteuern nicht entgegen.

Die Mängel der Realsteuern im staatlichen Steuersystem fallen in der einzelnen Gemeinde im Wesentlichen weg oder können dort leichter vermieden werden. Die ungleiche Veranlagung der Grundsteuer tritt innerhalb der Gemeinde nicht hervor. Als Staatssteuer sind die Grundsteuer und im Wesentlichen auch die Gebäudesteuer nicht geeignet, den veränderten wirthschaftlichen Verhältnissen sich anzupassen. In der Gemeinde ist es leicht ausführbar, bei der Veranlagung der Realsteuern den Veränderungen in den Werths- und Ertragsverhältnissen zu folgen und so diese Steuern als lebendige Glieder des Gemeindeorganismus zu gestalten.

Innerhalb der Kommunalverbände kann die Leistungsfähigkeit nicht den ausschliesslichen Massstab der Besteuerung bilden. Er wird ergänzt werden müssen durch den Grundsatz der Leistung und Gegenleistung. Neben den die Leistungsfähigkeit berücksichtigenden persönlichen Steuern wird daher regelmässig ein den Aufwendungen für die realen Güterquellen entsprechender Theil des Steuerbedarfs durch Realsteuern aufzubringen sein. In dem engbegrenzten Gemeindebezirke lassen sich sowohl die besonderen wirthschaftlichen Vortheile, welche den einzelnen Güterquellen aus den Veranstaltungen der Gemeinde erwachsen, als auch die derselben im Interesse von Grund- und Hausbesitz und Gewerbebetrieb verursachten besonderen Kosten mit hinreichender Sicherheit übersehen, um auf diesen Grundlagen das Mass der realen Besteuerung im Ganzen, wie für die einzelnen Güterquellen bestimmen zu können.

Die ausschliessliche Aufbringung des kommunalen Steuerbedarfs durch Einkommensteuern schädigt aber auch in hohem Grade die Interessen der Gemeinde selbst und ihres Haushalts. Die Verlegung des Schwergewichts in die Einkommensbesteuerung führt leicht zu empfindlichen Störungen des Gleichgewichts im kommunalen Haushalt, sobald aus irgend einer Veranlassung das besteuerte Einkommen in der einzelnen Gemeinde sinkt. Die hieraus entspringenden Folgen äussern sich für den Gemeindehaushalt namentlich der kleineren und mittleren Gemeinden weit rascher und empfindlicher als für den Haushalt des Staats. Ein wirthschaftlicher Rückgang ist häufig nur ein lokaler oder auf einzelne Erwerbszweige beschränkter; während sich die Folgen in dem grossen Staatsgebiete ausgleichen, machen sie sich in dem kleineren Gemeindewesen um so rascher und drückender fühlbar. Hier kann selbst schon der Ausfall der Einkommensteuer eines einzigen, bis dahin hochbesteuerten Gemeindeangehörigen eine empfindliche Störung im kommunalen Haushalte verursachen. Ein Gemeinwesen, welches ausschliesslich oder vorzugsweise sich auf die in der Gemeinde aufkommenden Personalsteuern stützt, stellt den in der Regel nicht zu vermindernden Ausgabenetat auf unsichere und schwankende Einnahmen, welche bei wirthschaftlichem Rückgange eines in der Gemeinde bestehenden Haupterwerbszweiges gerade in solchen Zeiten versagen, in welchen die Ausgaben der Gemeinden steigen.

Eine als ungerecht und drückend empfundene kommunale Einkommensbesteuerung muss an sich die gesunde Entwicklung der Gemeinde hemmen, insbesondere seitdem mit der neuen Einkommensteuer das Einkommen nicht nur in vollem Betrage erfasst, sondern auch in den höheren Stufen mit höheren Sätzen belastet wird. Hiermit macht sich der durch die kommunale Einkommensbesteuerung ausgeübte Steuerdruck in gesteigertem Masse fühlbar. Während vordem bei unverhältnissmässig niedriger Veranlagung der Prinzipalsteuer die hohen Einkommensteuerzuschläge vielleicht ohne übermässigen Druck getragen wurden, hat nunmehr [1]) eine Verschiebung der Steuerlast stattgefunden, welche nicht nur oft wohlhabende oder reiche Personen von dem Zuzuge in eine Gemeinde mit hoher Einkommensteuerbelastung abhalten, sondern gerade die steuerkräftigsten Einwohner, welche nicht durch ihre Erwerbsthätigkeit oder durch starke persönliche Beziehungen an die Gemeinde gefesselt sind, dazu führen wird, ihren Wohnsitz oder Aufenthalt in eine Gemeinde mit niedrigerer Einkommensteuerbelastung zu verlegen. Eine überwiegende und unvorsichtige Anknüpfung der Kommunalbesteuerung an die staatliche Einkommensteuer kann daher namentlich in kleineren und mittleren Gemeinden nur zu leicht zur Folge haben, dass die Gemeinden sich selbst ihrer leistungsfähigsten Steuerkräfte berauben und hiermit zugleich die ungesunde Entwicklung einzelner Grossstädte fördern, in welchen sich wegen der Konzentration des Kapitals in denselben die kommunale Einkommensbesteuerung in mässigerer Höhe bewegt.

Die Gemeinden sind hiernach durch ihr eigenes Interesse darauf angewiesen, bei der Vertheilung ihres Steuerbedarfs mit Realsteuern in dem vollen, durch allgemeine volkswirthschaftliche Rücksichten und durch die besonderen Verhältnisse gebotenen Umfange auch diejenigen Objekte zu belasten, welche mit ihnen in einer unzertrennlichen Verbindung stehen und daher die sicherste Fundirung des Gemeindehaushalts gewähren. Vorbedingung aber einer solchen Finanzpolitik der Kommunalverbände ist wiederum die Freigabe dieser Objekte aus der bisherigen staatlichen Besteuerung. Dies entspricht nicht minder einem dringenden Gebot der Staatsfinanzen. Nach allen bisher gemachten Erfahrungen ist es nicht so sehr die Höhe der staatlichen Einkommensteuer, als ihre Vervielfältigung durch übermässige Zuschläge, welche die weitverbreiteten Klagen über Steuerdruck hervorgerufen hat. Es leuchtet ein, dass mit der Höhe der Zuschläge das Bestreben der Steuerpflichtigen zunimmt, die Prinzipalsteuer möglichst herabzudrücken. Eine dem Geiste des Einkommensteuergesetzes entsprechende Veranlagung ist nur möglich, wenn die Steuerpflichtigen selbst nicht nur in den eigenen Steuererklärungen ihr Einkommen richtig und ohne Rückhalt angeben, sondern auch, soweit sie den Veranlagungs- und Berufungskommissionen angehören, sich bei ihren amtlichen Obliegenheiten von dem Bestreben leiten lassen, das gesammte Einkommen aller Steuerpflichtigen nach den Vorschriften des Gesetzes zur Besteuerung heranzuziehen.

Beides ist in vollem Masse nur zu erreichen, sofern die Ueberlastung mit Zuschlägen aufhört. Wenn unter dem Drucke übermässiger Zuschläge sich eine allgemeine Abneigung gegen die staatliche Einkommensteuer selbst herausbildet, so ist eine dem Geiste des Gesetzes entsprechende Veranlagung der Einkommensteuer, der Hauptsteuer des Staats, in hohem Grade erschwert und gefährdet."

Obwohl die möglichst vollständige Beseitigung der Realsteuern als Staatssteuern von vornherein ins Auge gefasst war, glaubte die Regierung doch zuvor noch die Gewerbesteuer ihrerseits einer gründlichen Umgestaltung unterziehen zu sollen, da die Mängel der bestehenden Gewerbesteuer derartige waren und die Schwierigkeiten

[1]) durch das Einkommensteuergesetz v. 24. Juni 1891.

einer Reform durch die Gemeinde immerhin so erhebliche sind, dass man eine so mangelhafte Steuer wie die Gewerbesteuer nach dem Ges. v. 30. Mai 1820 und den Novellen zu demselben den Gemeinden nicht als eine Basis ihres Steuersystems überweisen konnte.

Aus diesem Gesammtplan der Steuerreform ergab sich von selbst die Ausführung in zwei Etappen, deren erste die Reform der Einkommen- und Gewerbesteuer, deren zweite die in ihrem Ausmass von dem finanziellen Erfolg der reformirten Einkommensteuer abhängige Versetzung der Realsteuern aus dem Staat in die Gemeinde, die Schaffung eines Ersatzes für den Ausfall und einer Differenzirung der Besteuerung des fundirten und des unfundirten Einkommens zu umfassen hatte.

III. Kapitel.

Die Reform der Einkommensteuer.

§ 50. Als erster Theil des Miquel'schen Reformwerkes wurden dem Landtage am 13. Nov. 1890 auf Grund Allerhöchster Ermächtigung v. 3. desselben Monats die Entwürfe eines Einkommensteuergesetzes und eines Gesetzes betreffend Abänderung des Erbschaftssteuergesetzes vorgelegt, denen am 17. desselben Monats auf Grund Ermächtigung von demselben Tage derjenige eines Gewerbesteuergesetzes folgte.

Der Entwurf der Novelle zum Erbschaftssteuergesetze, dessen Besprechung im Uebrigen dem IX. Buche vorzubehalten ist, muss gleichwohl auch hier Erwähnung finden, weil er in erster Linie bezweckte, auf dem Umwege der Ausdehnung der Erbschaftssteuer auf Erbanfälle an Ehegatten und Verwandte auf- und absteigender Linie eine höhere Besteuerung des fundirten gegenüber dem unfundirten Einkommen zu erzielen. Diese Absicht fand indessen, wie gleich hier bemerkt sein mag, nicht die Billigung des Landtags, der die gedachte Ausdehnung der Erbschaftssteuer ablehnte, im Uebrigen aber die Novelle annahm.

In der That war der Widerstand gegen die Ausdehnung der Erbschaftssteuerpflicht wohl berechtigt. Es ist nicht zu leugnen, dass eine Besteuerung des Erbganges an die nächsten Angehörigen gegen die im deutschen Volke herrschenden Anschauungen von Familieneigenthum verstösst und deshalb ganz besonders in einer Zeit bedenklich ist, in der grosse Parteien die Beseitigung des Privateigenthums überhaupt anstreben. Von dem Standpunkt einer Sonderbesteuerung des fundirten Einkommens konnte man aber eine auf alle Erbgänge ausgedehnte Erbschaftsteuer doch nicht ernstlich rechtfertigen, so lange Grundbesitz und Gewerbebetrieb durch Ertragsteuern belastet waren; denn die Erbschaftssteuer trifft Grundbesitz und gewerbliche Umlagen ebenso gut, wie das mobile Kapital, sodass also die durch Fehlen einer Ertragsteuer vom mobilen Kapital bewirkte Privilegirung desselben vor Grundbesitz und Gewerbebetrieb durch sie keineswegs ausgeglichen wird. Ja noch mehr, eine solche allgemeine Erbschaftsteuer träfe wiederum Grundbesitz und Gewerbebetrieb viel härter als das mobile Kapital. Besteht der Nachlass in letzterem, so ist es verhältnissmässig leicht, die Gelder zur Bezahlung der Erbschaftsteuer flüssig zu machen. Wenn aber die Erbschaft lediglich in Grundbesitz oder gewerblichen Anlagen besteht, so ist es oft für den Erben recht schwer und mit Nachtheilen verbunden, die zur Bezahlung der Steuer nöthigen Baarmittel zu beschaffen. Ganz besonders würde dieser Fall eintreten gerade bei Erbgängen an die Ehefrau oder die Descendenten, da hier durch den Tod des Ehemannes, Vaters oder Grossvaters die finanzielle Lage der Erben in der Regel nicht verbessert, sondern verschlechtert wird. Dazu kommt, dass die Erbschaftsteuer, als Besteuerungsform des fundirten Einkommens oder des Vermögens betrachtet, eine von Zufälligkeiten abhängige Höhe insofern besitzt, als selbstredend bei häufigerem Erbübergang desselben Vermögens die von diesem insgesammt zu entrichtende Erbschaftsteuer sehr viel mehr ansmacht als bei selteneren Erbübergängen. Diese Ungleichmässigkeit gleicht sich auch im Laufe der Zeit keineswegs immer aus, in mancher Familie, auch in einzelnen Berufsarten bildet eine mehr oder weniger kurze Lebensdauer die Regel, in manchen Familien oder Berufsarten eine überdurchschnittlich lange.

§ 51. Der Einkommensteuergesetzentwurf fand vielfachen Widerspruch und rief hartnäckige Kämpfe im Parlament hervor, besonders wegen der Ausdehnung der Steuerpflicht auf gewisse handelsrechtliche Erwerbsgesellschaften, über die steuerliche Behandlung der Standesherren, die mehr oder minder pro- oder richtiger degressive Gestaltung des Steuertarifs, darüber, ob der Vorsitz in der Veranlagungskommission den Landräthen oder besonderen Kommissarien und die höchstinstanzliche Rechtsmittelentscheidung, wie die Regierung wollte, einem besonderen Steuergerichtshof oder dem schon bestehenden Oberverwaltungsgericht zu übertragen sei. Namentlich der Streit um die Progression der Steuersätze über die vorgeschlagene Grenze von 3 Proz. hinaus drohte das Zustandekommen des ganzen Gesetzes zu gefährden. Indess gelang es, auch diese Klippe zu umschiffen, und nach erfolgter Zustimmung beider Häuser des Landtags wurde das Einkommensteuergesetz in allerdings in vielen, aber doch nur in wenigen erheblichen Punkten gegen die Vorlage veränderter Gestalt am 24. Juni 1891 Allerhöchst vollzogen und in Nr. 19 (S. 175) in der Gesetzsammlung publizirt. Zum ersten Male zur Anwendung gelangte es bei der Veranlagung für das Rechnungsjahr 1892/93.

§ 52. Das neue Einkommensteuergesetz hat die durch die früheren Aenderungen in der Klassensteuer bereits angebahnte einheitliche Besteuerung der Einkommen über und unter 3000 M. endlich durchgeführt; nur hinsichtlich der Verpflichtung zur Steuererklärung und der Zuständigkeit für die Veranlagung bestehen zwischen beiden noch Unterschiede. Die subjektive Steuerpflicht hat eine bedeutsame Erweiterung erfahren durch die schon berührte Ausdehnung auf gewisse nichtphysische Personen. Es sind nämlich steuerpflichtig

1. die Preussischen Staatsangehörigen, mit Ausnahme derjenigen, a) welche, ohne in Preussen einen Wohnsitz zu haben, in einem anderen Bundesstaate oder in einem Deutschen Schutzgebiete wohnen oder sich aufhalten, b) welche neben einem Wohnsitz in Preussen in einem anderen Bundesstaate oder in einem Deutschen Schutzgebiete ihren dienstlichen Wohnsitz

haben, c) welche, ohne in Preussen einen Wohnsitz zu haben, seit mehr als zwei Jahren sich im Auslande dauernd aufhalten;[1])

2. diejenigen Angehörigen anderer Bundesstaaten, welche a) ohne in ihrem Heimathsstaate einen Wohnsitz zu haben, in Preussen wohnen oder, ohne im Deutschen Reiche einen Wohnsitz zu haben, sich in Preussen aufhalten, oder welche b) in Preussen ihren dienstlichen Wohnsitz haben;
3. diejenigen Ausländer, welche in Preussen einen Wohnsitz haben, oder sich daselbst des Erwerbes wegen oder länger als ein Jahr aufhalten;
4. Aktiengesellschaften, Kommanditgesellschaften auf Aktien und Berggewerkschaften, welche in Preussen einen Sitz haben, sowie diejenigen eingetragenen Genossenschaften, deren Geschäftsbetrieb über den Kreis ihrer Mitglieder hinausgeht;
5. Konsumvereine mit offenem Laden, sofern dieselben die Rechte juristischer Personen haben;
6. ohne Rücksicht auf Staatsangehörigkeit, Wohnsitz oder Aufenthalt alle physischen Personen mit dem Einkommen aus den von der Preussischen Staatskasse gezahlten Besoldungen, Pensionen und Wartegeldern sowie physische Personen und die vorstehend unter Nr. 4 u. 5 bezeichneten Gesellschaftsformen mit dem Einkommen aus Preussischem Grundbesitz, Preussischen Gewerbe- oder Handelsanlagen oder sonstigen gewerblichen Betriebsstätten.

Von der Einkommensteuer befreit sind jedoch 1. die Mitglieder des Preussischen Königs-, Hohenzollernschen Fürstenhauses und der 1866 depossedirten Fürstenhäuser, 2. — soweit nicht Steuerpflicht nach vorstehender Nr. 6 vorliegt - die fremden Diplomaten und die ausserpreussischen Bundesrathsbevollmächtigten sammt ihrem Dienstpersonal, soweit letzteres aus Ausländern besteht, 3. mit derselben Einschränkung sonstige nach völkerrechtlichen Grundsätzen oder Vereinbarungen befreite Personen, 4. Häupter und Mitglieder derjenigen ehemals reichsunmittelbaren Familien, denen bisher das Recht auf Personalsteuerfreiheit zustand, bis durch besonderes Gesetz ihnen für die Beseitigung des Privilegs Entschädigung zugebilligt sein würde; die Regierungsvorlage hatte ihre Heranziehung ohne Rücksicht auf das zuvorige Zustandekommen eines Entschädigungsgesetzes v. 1. April 1894 vorgeschlagen.

Die vorläufige Steuerfreiheit der ehemals Reichsunmittelbaren wurde indess schon durch Ges. v. 18. Juli 1892 (G.-S. S. 210) vom 1. April 1893

[1]) Auf Reichs- und Staatsbeamte, welche im Auslande ihren dienstlichen Wohnsitz haben und dort zu entsprechenden direkten Staatssteuern nicht herangezogen werden, findet die Ausnahme unter c keine Anwendung.

ab aufgehoben gegen eine Entschädigung in Höhe des $13^{1}/_{3}$fachen Betrages der in Folge Aufhebung der Befreiung für das Steuerjahr 1893/94 zu entrichtenden Einkommensteuer abzüglich der auf bisher schon steuerpflichtiges oder aus persönlichen Dienstverhältnissen veranlagtes Einkommen entfallenden Steuer. Als entschädigungsberechtigt anerkannt wurden folgende Häuser: Bentheim-Steinfurt, Salm-Salm, Sayn-Wittgenstein-Hohenstein, Solms-Braunfels, Solms-Hohensolms-Lich, Wied, Stolberg-Stolberg, Stolberg-Rossla, Isenburg-Birstein, Isenburg-Büdingen-Wächtersbach, Isenburg-Büdingen-Meerholz, Solms-Rödelheim, in auf einen engern Kreis von Familienmitgliedern — die in der Grafschaft Wernigerode lebenden — beschränktem Umfang Stolberg-Wernigerode, endlich solche Familien, die einen Entschädigungsanspruch etwa noch rechtlich erstreiten sollten.[1]) Auf Grund dieses Gesetzes sind insgesammt gezahlt 1 645 646 M.

Die subjektive Steuerpflicht der nichtphysischen Personen ist den Vorschlägen der Regierung entsprechend geordnet, ja es sind sogar die oben unter Nr. 5 aufgeführten Konsumvereine mit offenem Laden vom Landtage hinzugefügt. Dagegen musste die Regierung Konzessionen machen hinsichtlich der objektiven Steuerpflicht der gedachten Erwerbsgesellschaften. Sie hatte als steuerpflichtiges Einkommen betrachtet wissen wollen die als Aktienzinsen oder Dividenden, gleichviel unter welcher Benennung, vertheilten Ueberschüsse zuzüglich der zur Tilgung der Schulden oder des Grundkapitals, zur Verbesserung oder Geschäftserweiterung sowie zur Bildung von Reservefonds verwendeten Beträge, abzüglich dagegen von 3 Proz. des Aktienkapitals bezw. der Summe der Geschäftsantheile. Nachdem mannigfaltige Anträge abgelehnt waren, verständigte man sich indess dahin, bei der Gesellschaft den Abzug von $3^{1}/_{2}$ Proz. des eingezahlten Aktienkapitals bezw. der Summe der eingezahlten Geschäftsantheile der Mitglieder einer eingetragenen Genossenschaft, bei Berggewerkschaften von $3^{1}/_{2}$ Proz. des aus dem Erwerbspreise und den Kosten der Anlage und Einrichtung bezw. Erweiterung des Bergwerks sich zusammensetzenden Grundkapitals oder, soweit diese Kosten vor dem 1. April 1892 aufgewendet sind, nach Wahl der Pflichtigen des zwanzigfachen Betrages der im Durchschnitt der letzten vier Jahre vor dem Inkrafttreten des Gesetzes vertheilten Ausbeute zu gestatten, für die Kommunalbesteuerung aber diesen Abzug nicht zuzulassen. Eine völlige Vermeidung der Doppelbesteuerung der Dividenden etc. ist also weder nach der Regierungsvorlage noch nach dem Gesetze erreicht.

Im Uebrigen schliesst sich das Gesetz, was die objektive Steuerpflicht, d. h. die Bestimmung des steuerpflichtigen Objekts anlangt, im Wesentlichen dem bestehenden Recht an. Ausgeschlossen

[1]) Ueber die Rechtslage vgl. die Begründung und den Kommissionsbericht zu dem gedachten Gesetz, Drucks. des Abg.-H. 1892 Nr. 107 u. 176. Vgl. auch des Verfassers Kritik des Gesetzes in „Die Preussische Steuerreform“, Annal. d. Deutschen Reichs 1894 S. 230 ff.

von der Besteuerung werden: 1. das Einkommen aus den in anderen Deutschen Bundesstaaten oder in einem Deutschen Schutzgebiete belegenen Grundstücken, den daselbst betriebenen Gewerben sowie aus Besoldungen, Pensionen und Wartegeldern, welche Deutsche Militärpersonen und Civilbeamte sowie deren Hinterbliebene aus der Kasse eines anderen Bundesstaates beziehen; 2. das Einkommen der nach § 1 Nr. 3 steuerpflichtigen Ausländer aus ausländischem Grundbesitz oder Gewerbebetrieb, sofern dieselben nicht des Erwerbes wegen in Preussen einen Wohnsitz oder Aufenthalt haben; 3. das Militäreinkommen der Personen des Unteroffizier- und Gemeinenstandes sowie während der Zugehörigkeit zu einem in der Kriegsformation befindlichen Theile des Heeres oder der Marine das Militäreinkommen aller Angehörigen des aktiven Heeres und der aktiven Marine; 4. der das persönliche pensionsberechtigende Gehalt übersteigende Theil des dienstlichen Einkommens derjenigen Staats- und Reichsbeamten und Offiziere, welche ihren dienstlichen Wohnsitz im Auslande haben. Sofern dieselben im Auslande zu entsprechenden direkten Staatssteuern herangezogen werden, bleibt auch das persönliche pensionsberechtigende Gehalt frei; 5. die auf Grund gesetzlicher Vorschrift den Kriegsinvaliden gewährten Pensionserhöhungen und Verstümmelungszulagen sowie die mit Kriegsdekorationen verbundenen Ehrensolde. Anders als bisher ist dagegen die Gruppirung der Einkommensarten: das bisherige Recht unterschied Einkommen aus Grundvermögen einschliesslich des Bergbaues, aus Kapitalvermögen oder Rechten auf periodische Hebungen oder Vortheile irgend welcher Art und endlich aus Handel, Gewerbe, Pachtungen oder Gewinn bringenden Beschäftigungen; das neue Gesetz unterscheidet als Quellen des Einkommens 1. Kapitalvermögen, 2. Grundvermögen einschliesslich Pachtungen und Miethen, 3. Handel und Gewerbe einschliesslich Bergbau, 4. Gewinn bringende Beschäftigung und Rechte auf periodische Hebungen und Vortheile, soweit nicht schon unter 1—3 fallend. Diese Gruppirung ist insbesondere insofern sachgemässer, als das Einkommen aus Pacht und Miethe seiner ganzen Natur nach demjenigen aus Grundvermögen, nicht dem aus Handel und Gewerbe, umgekehrt der Bergbau dem Gewerbe und nicht dem Grundeigenthum zuzurechnen ist.

Klarer wird auch die Grenzlinie zwischen Einkommen und Vermehrung des Stammvermögens gezogen: zu letzterer gehören „ausserordentliche Einnahmen aus Erbschaften, Schenkungen, Lebensversicherungen, aus dem nicht gewerbsmässig oder zu Spekulationszwecken unternommenen Verkauf von Grundstücken und ähnliche Erwerbungen", zum Einkommen insbesondere also auch Gewinne aus Grundstücksspekulationen.

Einwandsfreier formulirt sind auch die Bestimmungen über die behufs Ermittelung des steuerpflichtigen Reineinkommens von dem Roheinkommen zu machenden Abzüge, und von erheblicher sozialpolitischer Bedeutung ist es, dass unter diese Abzüge von dem Landtage auch Lebensversicherungsprämien bis zur Höhe von 600 M. jährlich aufgenommen sind.

Die zulässigen Abzüge sind folgende: 1. die zur Erwerbung, Sicherung und Erhaltung des Einkommens verwendeten Ausgaben, einschliesslich auch der unter den Kommunalabgaben begriffenen Deichlasten; 2. die von den Steuerpflichtigen zu zahlenden Schuldenzinsen und Renten, soweit dieselben nicht auf Einnahmequellen haften, welche bei der Veranlagung ausser Betracht zu lassen sind; 3. die auf besonderen Rechtstiteln beruhenden dauernden Lasten; 4. die von dem Grundeigenthume, dem Bergbau und dem Gewerbebetriebe zu entrichtenden direkten Staatssteuern sowie solche indirekte Abgaben, welche zu den Geschäftsunkosten zu rechnen sind; 5. die regelmässigen jährlichen Absetzungen für Abnutzung von Gebäuden, Maschinen, Betriebsgeräthschaften u. s. w., soweit solche nicht bereits unter den Betriebsausgaben verrechnet sind; 6. die von den Steuerpflichtigen gesetz- oder vertragsmässig zu entrichtenden Beiträge zu Kranken-, Unfall-, Alters- und Invalidenversicherungs-, Wittwen-, Waisen- und Pensionskassen; 7. Versicherungsprämien, welche für Versicherung des Steuerpflichtigen auf den Todes- oder Lebensfall gezahlt werden, soweit dieselben den Betrag von 600 M. jährlich nicht übersteigen. Nicht abzugsfähig sind dagegen insbesondere: Verwendungen zur Verbesserung und Vermehrung des Vermögens, zu Geschäftserweiterungen, Kapitalanlagen oder Kapitalabtragungen, welche nicht lediglich als durch eine gute Wirthschaft gebotene und aus den Betriebseinnahmen zu deckende Ausgaben anzusehen sind, sowie die zur Bestreitung des Haushalts der Steuerpflichtigen und zum Unterhalte ihrer Angehörigen gemachten Ausgaben, einschliesslich des Geldwerthes der zu diesen Zwecken verbrauchten Erzeugnisse und Waaren des eigenen landwirthschaftlichen oder gewerblichen Betriebes.

An der Regel, dass feststehende Einnahmen und Ausgaben nach ihrem Betrage für das Steuerjahr, ihrem Betrage nach unbestimmte oder schwankende, nach dem dreijährigen Durchschnitt — nur bei der erstmaligen Veranlagung war der zweijährige zu Grunde zu legen — zu berechnen sind, ist festgehalten; das Einkommen der nichtphysischen Personen wird, ohne Unterscheidung nach seiner Art, in dieser Hinsicht wie unbestimmtes behandelt.

Nicht minder hält das neue Gesetz an der Besteuerung nach Haushaltungen fest.

Nicht zu den Haushaltungsangehörigen zählen mit Gehalt oder Lohn zu Dienstleistungen angenommene Personen, Kostgänger, Untermiether und Schlafstellenmiether. Ausser diesen sind aber auch selbständig zu veranlagen Ehefrauen, wenn sie dauernd von dem Ehemanne getrennt leben, Kinder und andere Haushaltungsangehörige, wenn sie ein der Verfügung des Haushaltungsvorstandes nicht unterliegendes Einkommen aus eigenem Erwerb — mit Ausschluss der Beihülfe im Geschäft des Haushaltungsvorstandes — oder aus anderen Quellen haben.

§ 53. Die Steuerpflicht beginnt, wie bisher nach Ausserhebungsetzung der beiden untersten Klassensteuerstufen, bei einem Einkommen von mehr als 900 M. Jedoch ist, um der durch Unterhalt und Erziehung der Kinder beeinträchtigten Leistungsfähigkeit mehr als bisher Rechnung zu tragen, für jedes nicht selbständig zu veranlagende Familienmitglied unter 14 Jahren der Abzug von 50 M. von dem steuerpflichtigen Einkommen des Haushaltungsvorstandes, sofern dasselbe den Betrag von 3000 M. nicht übersteigt, vorgeschrieben mit der Massgabe, dass bei Vorhandensein von drei oder mehr Familienmitgliedern dieser Art auf jeden Fall eine Ermässigung um eine Stufe stattfindet. Die Steuerpflicht tritt daher je nach der Zahl solcher Familienmitglieder bei einem höheren Einkommen als von mehr als 900 M. ein. Daneben ist eine Ermässigung um eine bis drei Steuerstufen, also unter Umständen die Steuerfreiheit für Einkommen bis zu 1350 M., wegen besonderer wirthschaftlicher Verhältnisse wie bisher gestattet, jedoch kann diese Berücksichtigung nicht nur bei Einkommen bis zu 3000 M., sondern bei solchen bis zu 9500 M. stattfinden.

Von noch ungleich allgemeinerer Bedeutung als diese grössere Rücksichtnahme auf die individuelle Leistungsfähigkeit ist die Umwandlung der alten für die Einkommen über 3000 M. prozentualen Einkommen- und nur für die kleineren Einkommen degressiven Klassensteuer in eine von 4 Proz. bei Einkommen von mehr als 100 000 M., bis auf 0,67 - 0,57 Proz. bei solchen von 901—1050 M. abfallende Steuer, sodass der Steuersatz bei Einkommen von mehr als 3000 - 3300 M. nur noch 2 statt der früheren 3 Proz. beträgt und der letztere Satz erst bei Einkommen von mehr als 9500 M. eintritt. Ausserdem ist einem Gebot der ausgleichenden Gerechtigkeit durch engere Steuerstufen genügt, da ja, je weiter die Stufen sind, umsomehr der Nachtheil jeder klassifizirten Steuer, dass innerhalb der einzelnen Stufe das niedrigere Einkommen einen höheren Prozentsatz als das höhere an Steuer zu entrichten hat, hervortritt.

Nach dem Steuertarif des Gesetzes steigen die ersten 6 Stufen um je 150, also bis auf 1 800, die Steuersätze derselben von 6 auf 9, 12, 16, 21 und 26 M. Die nächsten 9 Stufen (bis 4 500 M.) umfassen je 300, weitere 11 je 500 M. (bis 9 500 M.), während die Steuersätze in Stufe 7 31, in Stufe 8 36 M. betragen, dann drei Mal um 8, zwei Mal um 10, zwei Mal um 12, vier Mal um 14, zwei Mal um 16, drei Mal um 20 und für Einkommen von mehr als 9 000—9 500 M. von 252 auf 276 M., also um 24 M., steigen. Für Einkommen von mehr als 9 500—30 500 M. umfasst jede Stufe 1 000, für solche von mehr als 30 500 bis 32 000 M. 1 500, für solche von mehr als 32 000—100 000 M. 2 000 M., und für noch höhere 5 000 M. Der Steuersatz steigt von 276 ein Mal um 24, dann in den Stufen bis zu 30 500 M. Einkommen um je 30, in den Stufen 30 500 - 32 000 um je 60, für Einkommen von 32 000 bis 78 000 M. um je 80, für solche von 78 000—105 000 M. um je 100 M., von da an um je 200 M.

Der Entwurf hatte für die mittleren Einkommen von 2 400 M. aufwärts bis zu 9 000 M. höhere Steuersätze vorgeschlagen, wollte dagegen über 3 Proz. überhaupt nicht hinausgehen. In dem Abgeordnetenhause wurde die Forderung erhoben, einmal die kleineren und mittleren Einkommen mehr, als es die Regierungsvorlage vorschlug, zu entlasten, dagegen bei den grossen Einkommen über den Satz von 3 Proz. hinaus, mindestens bis zu 4 Proz. zu gehen. Regierungsseitig wurde darauf hingewiesen, dass eine noch stärkere Degression bei den kleineren und mittleren Einkommen das finanzielle Ergebniss der Einkommensteuer gefährde, da ja diese Einkommen die ganz überwiegende Mehrheit bildeten, so dass der Ausfall bei diesen durch Erhöhungen der Steuer der verhältnissmässig wenigen grossen Einkommen nicht ausgeglichen werde. Eine Steigerung des Steuersatzes über 3 Proz. hinaus habe aber auch ernste Bedenken, weil sie sich schon einer Progressivsteuer nähere, die Gefahr einer Auswanderung des Kapitals in andere deutsche Bundesstaaten mit sich bringe und die Möglichkeit, wahrheitsgetreue Steuerdeklarationen zu erlangen, namentlich mit Rücksicht auf die hohen Kommunalzuschläge in Frage stelle. Nichtsdestoweniger nahm das Abgeordnetenhaus für die Einkommen von 2400—9000 M. starke Herabsetzungen des Steuersatzes vor und liess denselben von 3 Proz. bei 9500—10500 M. allmählich bis auf 4 Proz. des niedrigsten in die Stufe fallenden Einkommens bei Einkommen von 100000 M. an steigen. Das Herrenhaus versuchte zwar, die Steigerung über 3 Proz. hinaus wieder zu beseitigen, doch blieb das Abgeordnetenhaus bei seinen Beschlüssen stehen, so dass sich das andere Haus schliesslich fügte. „In der That stellt diese Umgestaltung des Tarifs die bedeutsamste Verbesserung des Regierungsentwurfes dar. Der von der Regierung vorgeschlagene Tarif enthielt für die mittleren Einkommen, die vielfach gerade die bedrängtesten sind, vielfach nicht nur keine oder minimale Steuerermässigungen, sondern sogar Erhöhungen gegen die bisherige Einkommensteuer, und wenn, wie seitens des Ministerpräsidenten im Abgeordnetenhause erklärt wurde, bei jeder Regierungsvorlage die sozialpolitischen Gesichtspunkte in erster Linie mit bestimmend sein sollten, so war allerdings nicht recht verständlich, wie man schon bei 9500—10500 M. Einkommen das Maximum des Steuersatzes erreichen lassen konnte, so dass also derjenige, der 9600 M. Einkommen bezieht, denselben Prozentsatz seines Einkommens an Steuer zu entrichten haben sollte, wie der Censit mit 100000 oder 1000000 M. Einkommen. Denn es steht doch wohl ausser Frage, dass heutzutage ein Einkommen von etwa 10000 M., namentlich bei starker Familie, noch kein überreiches ist, für das 300 M. ein ebensowenig fühlbares Opfer wären, als etwa für 100000 M. Einkommen 3000 M. oder gar für 1000000 M. 30000 M. Steuer. Wenn man nicht darauf hätte Rücksicht nehmen müssen, dass in anderen deutschen Staaten die Einkommensteuer niedriger oder doch nicht höher ist und daher die Gefahr der Uebersiedelung grosser Einkommen in diese allerdings in gewissem Umfange vorliegen mochte, so hätte man sogar in der Progression noch weiter als bis zu 4 Proz. gehen können. Der Vorwurf des sozialistischen, zur Konfiskation des Eigenthums führenden Charakters der Progressivsteuer kann doch im Ernst Niemand schrecken. Wenn die Progressivsteuer sozialistisch oder kommunistisch ist, so ist es das ganze Prinzip der Besteuerung nach der Leistungsfähigkeit, dessen Geltung doch eine jetzt nahezu unbestrittene ist. Wenn aber der Sozialismus eine Forderung aufstellt, die man als berechtigt anerkennen muss, so darf man sie gewiss nicht, bloss weil sie der Sozialismus aufgestellt hat, zurückweisen; man würde damit diesem nur eine Waffe in die Hand drücken." [1])

§ 54. Die formellen Vorschriften des Einkommensteuergesetzes unterscheiden sich von den bisherigen vortheilhaft namentlich durch die Beseitigung des jede gerechte Einkommensteuer von vornherein vereitelnden Verbots des tieferen Eindringens in die Vermögens- und Einkommensverhältnisse, durch die Einführung der Deklarationspflicht, deren unentschuldigte Nichterfüllung innerhalb der ersten Frist den Verlust der Rechtsmittel, innerhalb einer zweiten zu stellenden Frist einen Steuerzuschlag von 25 Proz. nach sich zieht, durch die stärkere Vertretung des Staatsinteresses in den Veranlagungsbehörden erster und zweiter Instanz, durch die Beseitigung der bei einer Quotitätssteuer verfehlten Remonstration, dagegen Zulassung einer mit richterlichen Kautelen umgebenen drittinstanzlichen Entscheidung durch eine Centralinstanz für den ganzen Staat, das Oberverwaltungsgericht, das allerdings nur wegen Rechtsverletzungen angerufen werden kann. Das Rechtsmittel an die zweite Instanz heisst jetzt „Berufung", dasjenige dritter Instanz dagegen nicht, wie im ordentlichen Rechtswege und Verwaltungsstreitverfahren „Revision", sondern „Beschwerde".

---

[1]) Strutz in den Annalen des Deutschen Reiches 1894 S. 233.

Die Vorbereitungen der Veranlagung umfassen die Personenstandsaufnahme und die Anlegung der Einkommensnachweisung durch die Gemeindebehörde.

Jeder bereits mit einem Einkommen von mehr als 3000 M. zur Einkommensteuer veranlagte Steuerpflichtige ist auf die jährlich durch öffentliche Bekanntmachung ergehende, andere Steuerpflichtige sind auf besondere Aufforderung zur Abgabe einer Steuererklärung verpflichtet, die innerhalb der auf mindestens vierzehn Tage zu bemessenden Frist nach den vom Finanzminister vorgeschriebenen, kostenlos zu verabfolgenden Formularen, bei dem Vorsitzenden der Veranlagungskommission schriftlich oder zu Protokoll, unter der Versicherung abzugeben ist, dass die Angaben nach bestem Wissen und Gewissen gemacht sind. Die nicht physischen Personen sind ausserdem verpflichtet, ihre Geschäftsberichte und Jahresabschlüsse sowie die darauf bezüglichen Beschlüsse der Generalversammlungen nach den näheren Bestimmungen des Finanzministers alljährlich dem Vorsitzenden der Veranlagungskommission einzureichen. Soweit es sich nur um durch Schätzung zu ermittelndes Einkommen handelt, soll dem Steuerpflichtigen auf seinen Antrag gestattet werden, in die Steuererklärung statt der ziffermässigen Angabe des Einkommens die zur Schätzung desselben erforderlichen Nachweisungen aufzunehmen. Die Steuererklärung kann vom Vorsitzenden der Veranlagungskommission wie auch von letzterer beanstandet werden. Wissentlich unrichtige Angaben sind mit Strafe bedroht.

Der Veranlagung der Steuerpflichtigen geht eine Voreinschätzung durch besondere Kommissionen voraus. Die Voreinschätzungskommissionen bestehen aus dem Gemeindevorstande als Vorsitzendem und aus einer von der Regierung zu bestimmenden Anzahl von Mitgliedern, welche unter möglichster Berücksichtigung der verschiedenen Arten des Einkommens theils von der Regierung ernannt, theils von der Gemeindeversammlung beziehungsweise Gemeindevertretung gewählt werden. Die Zahl der ernannten Mitglieder einschliesslich des Vorsitzenden muss hinter der Zahl der gewählten Mitglieder zurückbleiben. Die Regierung kann von der Ernennung von Mitgliedern absehen. Unter Beobachtung gewisser Förmlichkeiten können auch mehrere Gemeinden oder Gutsbezirke zu gemeinschaftlichen Voreinschätzungsbezirken vereinigt werden. Die Voreinschätzungskommission schlägt die Steuersätze für Einkommen bis zu 3000 M. vor und begutachtet hinsichtlich der übrigen die Veranlagungsmerkmale. Schliesst sich der Vorsitzende der Veranlagungskommission hinsichtlich der ersteren dem Vorschlage an, so setzt er, anderenfalls die Veranlagungskommission, der dies für die Einkommen über 3000 M. ausnahmslos zusteht, die Steuer fest. Veranlagungskommissionen werden in der Regel für jeden landräthlichen Kreis gebildet. Sie stehen wie früher unter dem Vorsitz des Landraths oder eines besonderen Kommissars. Das Verlangen eines Theiles des Abgeordnetenhauses, grundsätzlich den Vorsitz besonderen Kommissarien zu übertragen, fand nicht die Billigung der Mehrheit und der Staatsregierung. Die Mitglieder der Veranlagungskommission werden theils, höchstens bis zu der um eins verminderten Hälfte der Gesammtzahl, von der Regierung ernannt, theils von der Kreis- — in Stadtkreisen Gemeinde- — Vertretung gewählt.

Der Vorsitzende der Veranlagungskommission, welcher zugleich die Interessen des Staates vertritt, hat innerhalb seines Veranlagungsbezirks die Geschäftsführung der Vorsitzenden der Voreinschätzungskommissionen zu beaufsichtigen und das Veranlagungsgeschäft zu leiten. Sämmtliche Staats- und Kommunalbehörden haben die Einsicht aller die Einkommensverhältnisse der Steuerpflichtigen betreffenden Bücher, Akten, Urkunden u. s. w. zu gestatten und auf Ersuchen Abschriften aus denselben zu ertheilen, sofern nicht besondere gesetzliche Bestimmungen oder dienstliche Rücksichten entgegenstehen. Doch ist nach einem unseres Erachtens nicht gerechtfertigten Beschlusse des Landtags die Einsicht der Bücher, Akten u. s. w. der Sparkassen nicht gestattet.

Dem Vorsitzenden der Veranlagungskommission können zur Bearbeitung der Einkommensteuersachen von der Regierung Hülfsbeamte zugeordnet werden. Dieselben können an den Kommissionssitzungen als Stellvertreter des Vorsitzenden oder mit berathender Stimme theilnehmen.

Wird eine Steuererklärung durch die Veranlagungskommission oder den Vorsitzenden beanstandet, so darf bei der Veranlagung von den Angaben des Steuerpflichtigen nur nach vorgängiger, die Bedenken nicht behebender Verhandlung mit letzterem abgewichen werden.

Das Ergebniss der Veranlagung hat der Vorsitzende der Veranlagungskommission jedem Steuerpflichtigen mittels einer, zugleich eine Belehrung über das Rechtsmittel der Berufung enthaltenden Zuschrift bekannt zu machen.

Gegen das Ergebniss der Veranlagung steht sowohl dem Steuerpflichtigen als auch dem Vorsitzenden der Veranlagungskommission das Rechtsmittel der Berufung an die Berufungskommission mit vierwöchentlicher Frist zu. Die Berufungskommission wird für jeden Regierungsbezirk bezw. Berlin unter dem Vorsitze eines von dem Finanzminister zu ernennenden Regierungskommissars gebildet; ihre Mitglieder werden theils von der Regierung ernannt, theils von dem Provinzialausschusse, in Berlin von dem Magistrat und der Stadtverordnetenversammlung in gemeinschaftlicher Sitzung unter dem Vorsitz des Bürgermeisters, gewählt. Der Vorsitzende der Berufungskommission ist in Bezug auf die richtige Feststellung der Steuer der Vertreter der Staatsinteressen für seinen Bezirk, ihm liegt die obere Leitung des gesammten Veranlagungsgeschäfts im Bezirke ob. Die Berufungskommission entscheidet über alle gegen das Verfahren und die Entscheidungen der Veranlagungskommissionen angebrachten Beschwerden und Berufungen. Behufs Prüfung der Berufungen können die Berufungskommission und deren Vorsitzender eine genaue Feststellung der Vermögens- und Einkommensverhältnisse der Steuerpflichtigen veranlassen. Dabei sind sie befugt, von den zu diesem Zweck den Veranlagungskommissionen und deren Vorsitzenden zustehenden Hülfsmitteln Gebrauch zu machen, ausserdem aber auch die eidliche Bekräftigung des Zeugnisses oder Gutachtens der vernommenen Zeugen beziehungsweise Sachverständigen vor dem zuständigen Amtsgericht zu erfordern.

Die gegen die Berufungsentscheidung dem Steuerpflichtigen wie dem Vorsitzenden der Berufungskommission mit vierwöchentlicher Frist gegebene Beschwerde sollte nach dem Regierungsentwurf an einen theils aus Räthen des Finanzministeriums, theils aus Mitgliedern des Oberverwaltungsgerichts und des Kammergerichts gebildeten Steuergerichtshof gehen. Der Landtag setzte an dessen Stelle das Oberverwaltungsgericht. Die Zulässigkeit der Beschwerde ist analog der Revision in Verwaltungsstreitsachen an die Behauptung der Nichtanwendung oder unrichtigen Anwendung des bestehenden Rechts oder wesentlicher Mängel des Verfahrens geknüpft.

Dem Finanzminister steht zwar die Oberaufsicht und die Entscheidung von Beschwerden über das Verfahren der Berufungskommissionen zu, nicht aber, was noch heute die Steuerpflichtigen nicht begriffen haben, eine Einwirkung auf die materiellen Entscheidungen über Steuerpflicht und Steuerbetrag.

§ 55. Noch seien einige Aenderungen des bisherigen Zustandes von materieller Bedeutung hervorgehoben. Die Unbilligkeit, welche darin lag, dass eine Ermässigung der Steuer im Laufe des Steuerjahres wegen Herabgehens des Einkommens bisher nur beansprucht werden konnte, wenn eine Verminderung des Einkommens um mehr als den vierten Theil infolge des vom Willen des Censiten unabhängigen Verlustes einer Einnahmequelle eingetreten war, ist dadurch beseitigt, dass es künftig darauf, ob die Einnahmequelle gegen oder mit dem Willen des Steuerpflichtigen weggefallen ist, nicht mehr ankommt. Auf der anderen Seite führt freilich auch eine Einkommensvermehrung in einem Falle zu einer Erhöhung der Steuer, nämlich bei Erbanfällen, ein Verlangen, dessen Billigkeit füglich nicht in Abrede gestellt werden kann, wenn man berücksichtigt, dass sonst der Nachlass bis zum nächsten Steuerjahr überhaupt steuerfrei bleiben würde. Was die Strafbestimmungen anlangt, so sind nicht nur für wissentlich falsche Angaben in den Steuererklärungen oder anderen von zuständiger Seite erforderten Auskünften, aber nur wenn diese Angaben geeignet sind, zu einer Verkürzung der Steuer zu führen, Geldstrafen angedroht, sondern es wird auch die unbefugte Offenbarung der gelegentlich der Veranlagungsarbeiten zu ihrer Kenntniss gelangten Verhältnisse der Steuerpflichtigen seitens der bei der Veranlagung betheiligten Beamten und Kommissionsmitglieder unter Strafe gestellt; für diesen Fall wird neben Geld- auch Gefängnissstrafe vorgesehen. Mit dieser Strafbestimmung sollte ein nothwendiges Korrelat zu der Deklarationspflicht geschaffen werden, da letzere nur dann durchführbar ist, wenn die Steuerpflichtigen gegen eine missbräuchliche Ausnutzung der von ihnen gemachten Angaben sichergestellt sind.

Die bisherige Befugniss der Kommunal- und Sozietätsverbände endlich, auch die Einkommen von nicht mehr als 900 M. zu ihren nach dem Massstabe der Einkommensteuer umgelegten Abgaben heranzuziehen, wird aufrecht erhalten. Diese Einkommen sind zu fingirten Einkommensteuersätzen zu veranlagen, und zwar Einkommen bis zu 420 M. auf $^2/_5$ Proz. des ermittelten steuerpflichtigen Einkommens bis zum Höchstbetrage von 1,2 M., Einkommen von mehr als 420—660 M. zu 2,4 M. und Einkommen von mehr als 660—900 M. zu 4 M. Das Verfahren in der Berufungsinstanz ist jedoch bei dieser fingirten Steuer insofern vereinfacht, als, wenn die Festsetzung der fingirten Steuer durch den Vorsitzenden der Veranlagungskommission erfolgt ist, die Berufung nicht an die Berufungs-, sondern an die Veranlagungskommission geht. Beschwerde findet überhaupt nicht statt.

Den Gemeinden und Gutsbezirken wurden für die ihnen übertragenen Geschäfte bei der Veranlagung 2 Proz., wenn ihnen aber auch die Erhebung der Steuer übertragen ist, weitere 2 Proz. der Isteinnahme zugebilligt.

§ 56. Die Staatsregierung hatte erklärt, die Steuerreform nicht zu dem Zwecke der Erzielung von Mehreinnahmen für die Staatskasse in Angriff zu nehmen. Dass es ihr hiermit Ernst sei, bewies sie damit, dass sie vorschlug, etwaige Mehrerträge der Einkommensteuer, die über die voraussichtlich auch mit der alten Klassen- und Einkommensteuer zu erzielende Mehreinnahme hinausgingen, für die Zwecke der weiteren Steuerreform festzulegen: soweit die Einnahme an Einkommensteuer im Jahre 1892/93 79 833 000 M. und in jedem ferneren Jahre einen um je 5,15 Proz. höheren Betrag übersteigen würde, sollte er bis zu anderweiter gesetzlicher Regelung für die Zwecke der weiteren Steuerreform, namentlich zur Erleichterung der mittleren und kleineren Einkommen und zur Ueberweisung von Grund- und Gebäudesteuer an kommunale Verbände zu einem besonderen Fonds aufgesammelt werden, freilich mit der Einschränkung „soweit darüber nicht zur Bedeckung von Staatsausgaben durch den Staatshaushaltsetat verfügt wird“. Sollte jedoch die anderweite gesetzliche Regelung nicht bis 1. April 1895 erfolgen, so sollte dieser ganze Fonds zum Erlass von Einkommensteuer und zwar zu gleichheitlichen Erlassen für alle Steuerstufen verwandt werden. Im Landtage war man zwar darüber einig, die Mehrerträge der Einkommensteuer nicht der Staatskasse zur Verwendung für die Staatsausgaben zu überlassen. Aber über die Verwendung gingen die Meinungen weit auseinander: die Gegner der ins Auge gefassten demnächstigen Ueberlassung der Grund- und Gebäudesteuer an die Kommunalverbände wünschten die Mehrerträge sofort zu Einkommensteuererlassen zu verwenden, Andere wollten aus ihnen zunächst die Mittel zur Förderung von Schulbauten entnehmen. Schliesslich fand, modifizirt, der Vorschlag der Regierung Annahme: soweit der Einkommensteuerertrag 1892/93 80 000 000 M. und für die folgenden Jahre einen um je 4 Proz. erhöhten Betrag übersteigt, werden die Ueberschüsse nach Massgabe eines zu erlassenden besonderen Gesetzes für die Ueberweisung von Grund- und Gebäudesteuer an kommunale Verbände verwandt; bis zum Erlass dieses Gesetzes, jedoch längstens bis zum Etatsjahr 1893/94 einschliesslich, fliessen die Ueberschüsse zu einem besonderen Fonds, der nebst Zinsen in der vorbezeichneten Weise zu verwenden ist; für den Fall des Nichtzustandekommens des erwähnten besonderen Gesetzes bis zum 1. April 1894 wurden die Vorschläge der Regierung über die Verwendung der Ueberschüsse angenommen.

§ 57. Die im vorigen Paragraphen erwähnten Bestimmungen fanden, wie wir sehen werden, ihre Erledigung durch die Steuerreformgesetze v. 14. Juli 1893. Bereits gedacht haben wir der Beseitigung der Steuerfreiheit der ehemals Reichsunmittelbaren. Abgesehen hiervon erfuhr das Einkommensteuergesetz materielle Aenderungen bisher nur insofern, als durch Staatsvertrag mit Oesterreich v. 21. Juni 1899 die beiderseitigen Staatsangehörigen behufs Vermeidung der Doppelbesteuerung Bestimmungen unterworfen sind, welche denen nach dem Reichsgesetz v. 13. Mai 1876 für Deutsche Reichsangehörige entsprechen, dem Finanzminister durch das diesen Vertrag sanktionirende Ges. v. 18. April 1900 (G.-S. S. 259) die Befugniss zugesprochen ist, behufs Vermeidung von Doppelbesteuerung solcher Personen und Steuerquellen, welche der Steuerhoheit mehrerer Staaten unterliegen, unter Voraussetzung der Gegenseitigkeit von den Preussischen Steuergesetzen abweichende Vereinbarungen zu treffen, endlich durch Reichsgesetz v. 22. Mai 1893 (R.-G.-Bl. S. 171) die Steuerfreiheit der an Kriegsinvaliden gewährten Verstümmelungszulagen auf die Friedensinvaliden ausgedehnt ist. Dass die Veranlagungs- und Hebegebühren der Gemeinden weggefallen sind, bleibt später zu erörtern.

Was das formelle Recht betrifft, so findet die durch das Ergänzungssteuergesetz (vgl. unten § 69) zugelassene Wiedereinsetzung in den vorigen Stand auch auf Versäumung der Rechtsmittelfristen bei der Einkommensteuer Anwendung. Wegen des Ges. v. 22. April 1892 betreffend die Tagegelder und Reisekosten der Kommissionsmitglieder ist auf § 126 im III. Hauptabschnitt zu verweisen.

Zu dem Einkommensteuergesetz hat der Finanzminister unterm 5. Aug. 1891 eine äusserst eingehende Ausführungsanweisung erlassen, an deren Stelle jetzt die Neuredaktion v. 6. Juli 1900 getreten ist.

IV. Kapitel.

Die Reform der Gewerbesteuer.

§ 58. Ziemlich glatt und ohne viele Aenderungen von Bedeutung passirte der Entwurf des Gewerbesteuergesetzes das Parlament, obwohl er im Vergleich zum Einkommensteuergesetz weit weniger durchgearbeitet und gelungen war. Das Gesetz wurde wie das Einkommensteuergesetz am 24. Juni 1891 Allerhöchst vollzogen und am 10. Juli 1891 publizirt (G.-S. S. 205). Anwendung fand es zum ersten Male für die Veranlagung pro 1893/94.

Im Gegensatz zu dem Einkommensteuergesetz hat das Gewerbesteuergesetz völlig neue Bahnen eingeschlagen. Beibehalten ist nur die Bildung von Steuergesellschaften mit der Besteuerung nach Mittelsätzen für die Gewerbesteuerklassen II, III u. IV, welche die Gewerbebetriebe mit 1500 bis ausschliesslich 50 000 M. Ertrag oder 3000 bis ausschliesslich 1 Mill. Mark Anlage- und Betriebskapital umfassen, während in der obersten Klasse die Steuer unter Beobachtung gesetzlich festgelegter Stufen Eins vom Hundert des Ertrages beträgt.

Die Steuerpflicht ist nunmehr eine allgemeine für alle Arten des stehenden Gewerbebetriebes. Die in dem Gesetz aufgezählten Befreiungen sind nur zum kleinsten Theil wirklich solche, in der Hauptsache Grenzbestimmungen zwischen „Gewerbe“ und anderen Berufen.

Letzteres gilt insbesondere von der Befreiung der Land- und Forstwirthschaft und der ihr verwandten Urproduktionen mit ihren Nebenbetrieben, der Ausbeutung der Substanz des Grund und Bodens, der amtlichen, künstlerischen, wissenschaftlichen, schriftstellerischen, unterrichtenden oder erziehenden Thätigkeit, einschliesslich derjenigen der Aerzte, Rechtsanwälte, vereideten Land- und Feldmesser und Markscheider. Dasselbe gilt aber auch von den nur die eigenen Bedürfnisse ihrer Mitglieder an Geld, Lebensmitteln und anderen Gegenständen zu beschaffen bezweckenden Vereine, eingetragenen Genossenschaften und Korporationen, welche der Steuer nicht unterliegen, sofern sie satzungsgemäss und thatsächlich ihren Verkehr auf ihre Mitglieder beschränken und keinen Gewinn unter die Mitglieder vertheilen, auch eine Vertheilung des aus dem Gewinne angesammelten Vermögens unter die Mitglieder für den Fall der Auflösung ausschliessen; denn auch diese betreiben kein Gewerbe, d. h. keine „mit der Absicht auf Gewinnerzielung unternommene, selbstständige, berufsmässige und erlaubte Arbeitsthätigkeit, welche sich als Betheiligung am allgemeinen wirthschaftlichen Verkehr darstellt“, wie das Oberverwaltungsgericht den Gewerbebetrieb definirt hat. Aehnlich liegt die Sache bei den nach dem Gesetze steuerfreien landschaftlichen Kreditverbänden, öffentlichen Versicherungsanstalten, von den Kommunalverbänden betriebenen gemeinnützigen Geld- und Kreditanstalten, Kanalisations- und auf den Gemeindebezirk beschränkten Wasserwerken, Schlachthäusern, Viehhöfen, Markthallen, Volksbädern und Pfandleihanstalten, bei den sonstigen von den Kommunen im öffentlichen Interesse unternommenen Betrieben, denen der Finanzminister Steuerfreiheit gewähren kann und bei Ertraglosigkeit gewähren muss, sowie bei den lediglich wohlthätige oder gemeinnützige Zwecke unter Ausschluss eines Gewinnes für die Unternehmer verfolgenden Unternehmungen, denen der Finanzminister ebenfalls Steuerfreiheit bewilligen kann.

Als wirkliche Steuerexemtionen bleiben nur die des Deutschen Reiches, des Preussischen Staates, der Reichsbank, des Handels ausserpreussischer Gewerbetreibender auf Messen und Jahrmärkten und mit Verzehrungsgegenständen des Wochenmarktverkehrs auf Wochenmärkten, endlich der Molkereigenossenschaften, Winzervereine und anderen Vereinigungen zur Verarbeitung und Verwerthung der selbstgewonnenen Erzeugnisse der Theilnehmer, sofern ihr Betrieb ein solcher ist, wie er beim einzelnen Mitglied hinsichtlich seiner eigenen Erzeugnisse nicht steuerpflichtig sein würde. Denn die Gewerbesteuerfreiheit der der Eisenbahnabgabe unterliegenden Eisenbahnen ist ja nichts weiter als eine Konsequenz der Heranziehung zu dieser Abgabe.

Ist somit der Art des Betriebes nach die neue Gewerbesteuer eine viel umfassendere wie die alte, so ist sie doch der Zahl der steuerpflichtigen Betriebe nach weit beschränkter, weil alle Betriebe, bei denen weder der jährliche Ertrag 1500 M. noch das Anlage- und Betriebskapital 3000 M. erreicht, steuerfrei bleiben. Dabei ist allerdings zu berücksichtigen, dass das neue Gesetz mit einer unerheblichen Ausnahme — Konsumanstalten gewerblicher Unternehmer — sämmtliche in derselben Hand befindliche Betriebe als e i n Gewerbe behandelt.

Sowohl in der Freilassung der kleinen Betriebe und in der einheitlichen Besteuerung als auch in der Wahl der Bemessungsgrundlage und in der Höhe der Steuer liegt eine stark an eine partielle Einkommensteuer anklingende Berücksichtigung der individuellen Leistungsfähigkeit. Denn die Bemessungsgrundlage bildet der Ertrag des letzten Jahres, neben dem das Anlage- und Betriebskapital nur eine Rolle für die Einreihung in die Steuerklassen spielt.

Die Besteuerung erfolgt nämlich in vier lediglich nach Höhe des Ertrages und des Anlage- und Betriebskapitals nicht mehr nach Gewerbearten unterschiedenen Klassen, dergestalt, dass zugehören der I. Klasse Gewerbebetriebe mit mindestens 50 000 M. Ertrag oder mindestens 1 Mill. Mark Werth des Anlage- und Betriebskapitals, der II. solche mit 20 000—50 000 M. Ertrag oder 150 000—1 000 000 M. Anlage- und Betriebskapital, während die Grenzen bei der III. Klasse 4000—20 000 bezw. 30 000—150 000 M., bei der IV. Klasse 1500-4000 bezw. 3000-30 000 M. sind. Doch ist dem Grundsatz, dass die prinzipale Grundlage der Ertrag bilden soll, noch insofern Rechnung getragen, als Gewerbetreibenden, die nur wegen der Höhe des Anlage- und Betriebskapitals in eine dem Ertrage der beiden letzten Jahre nicht entsprechende höhere Klasse kommen würden, gestattet ist, die Versetzung in diejenige niedrigere Klasse, in die sie nach der Höhe des Ertrags gehören würden, zu beanspruchen, wogegen allerdings Steuerfreiheit wegen eines unter 1500 M. bleibenden Ertrages nicht zugestanden ist, wenn Anlage- und Betriebskapital 3000 M. erreichen. Der Steuersatz richtet sich allein nach dem Ertrage. In der I. Klasse beträgt er, wie erwähnt, 1 Proz. desselben. In den übrigen Klassen ist zwar, wie gesagt, die Kontingentirung nach Mittelsätzen beibehalten; doch wird dieser Mittelsatz so bestimmt, dass er wesentlich hinter 1 Proz. des mittleren, in die betreffende Klasse fallenden Ertrags zurückbleibt, so dass in der Regel das Kontingent aufzubringen ist, ohne über diesen Prozentsatz bei dem Einzelnen hinauszugehen; auch soll, wenn letzteres der Fall, der Censit — ausgenommen Konsumvereine und Konsumanstalten — befugt sein, Ermässigung auf 1 Proz. des Ertrags zu beanspruchen, und den Steuergesellschaften wird zugestanden, sich in Fällen, in denen das Kontingent von ihnen ohne Ueberbürdung nicht aufzubringen ist, wegen Ermässigung desselben an den Finanzminister zu wenden.

Die Mittelsätze betragen ohne Rücksicht auf den Betriebsort in der Klasse II 300, III 80 und IV 16 M., mithin von dem mittleren in die Klasse fallenden Anlage- und Betriebskapital beziehentlich 0,88, 0,66 und 0,58 Proz., die geringsten und höchsten Steuersätze in II 156 und 480, in III 32 und 192, in IV 4 und 36 M. Die Steuersätze steigen bis 40 M. um je 4, von da ab bis 96 M. um je 8 M., weiter bis 192 M. um je 12 und weiter bis 480 M. um je 36 M. In Klasse I können für Erträge unter 50000 M. Steuersätze von 300, 336, 372 u. s. w. bis 480 M. festgesetzt werden; für die auch nach der Höhe des Ertrages in Klasse I gehörigen Betriebe steigen die Stufen um je 4800 M. Ertrag und die Steuersätze von 524 M. anfangend um je 48 M.

§ 59. Je einen Veranlagungsbezirk bilden für Klasse I die Provinz, für II ein oder mehrere Regierungsbezirke, für III und IV der Kreis. Entsprechend der zwischen der Klasse I auf der einen und den Klassen II bis IV auf der anderen Seite hinsichtlich der Besteuerung, dort Quotitäts-, hier Repartitionssteuer, bestehenden Verschiedenheit ist eine solche auch in dem Veranlagungsverfahren insofern vorhanden, als zu dem unter Vorsitz eines Regierungskommissars die Veranlagung bewirkenden Steuerausschuss für die Klasse I $^2/_3$ der Mitglieder vom Provinzialausschuss gewählt und $^1/_3$ vom Finanzminister ernannt, in den übrigen Klassen aber alle Mitglieder direkt von den der betreffenden Klasse angehörigen Gewerbetreibenden des Veranlagungsbezirkes gewählt werden.

Als Rechtsmittel stehen dem Steuerpflichtigen der Einspruch an den Steuerausschuss, der die Veranlagung bewirkt, gegen die hierauf ergehende Entscheidung die Berufung an die Bezirksregierung und gegen die Berufungsentscheidung noch die Beschwerde an das Oberverwaltungsgericht unter denselben Voraussetzungen wie nach dem Einkommensteuergesetz zu, während dem Vorsitzenden des Steuerausschusses gegen die Veranlagungsbeschlüsse in Klasse I, in den Klassen II, III und IV gegen die Feststellung der „Namentlichen Nachweisung", welche die Zahl der Steuerpflichtigen und damit das Steuerkontingent bestimmt, sowie in allen Klassen gegen die Einspruchsentscheidungen die Berufung zusteht. Die Beschwerde ist nur dem Steuerpflichtigen gegeben. Die Rechtsmittelfristen sind dieselben wie nach dem Einkommensteuergesetz. Die Benachrichtigung von der Veranlagung erfolgt in allen Klassen durch verschlossene Zuschrift.

Eine Deklarationspflicht der Steuerpflichtigen in ähnlichem Umfang wie bei der Einkommensteuer kennt das Gewerbesteuergesetz nicht. Die analogen Verpflichtungen des Steuerpflichtigen beschränken sich nach diesem darauf: 1. auf Aufforderung des Gemeindevorstandes oder des Vorsitzenden des zuständigen Steuerausschusses schriftlich zu erklären, a) welches oder welche Gewerbe er treibt oder zu treiben beginnt, b) welche Betriebsstätten er unterhält, c) welche Gattungen und wie viele Hülfspersonen, Gehülfen und Arbeiter und d) welche Gattung und wie viele Maschinen einschliesslich der Motoren im Gewerbebetriebe verwendet werden, e) auch andere auf die äusserlich erkennbaren Merkmale des Betriebes gerichtete Fragen wahrheitsgemäss zu beantworten; 2. auf besondere Aufforderung des Vorsitzenden eines zuständigen Steuerausschusses des Veranlagungsbezirks in verschlossenem Schreiben oder mündlich zu Protokoll zu erklären, a) ob der jährliche Ertrag seines Gewerbebetriebes 1500 bis ausschliesslich 4000 M., oder 4000 bis ausschliesslich 20000 M., oder 20000 bis ausschliesslich 50000 M., oder 50000 M. oder mehr beträgt; b) ob der Werth des Anlage- und Betriebskapitals 3000 bis ausschliesslich 30000 M., oder 30000 bis 150000 M., oder 150000 bis ausschliesslich 1000000 M., oder 1000000 M. oder mehr beträgt. Solche Erklärungen sind geheim aufzubewahren. Weitergehende Auskunftsertheilung über die Höhe des Ertrages, sowie den Werth des Anlage- und Betriebskapitals ist der Gewerbetreibende abzulehnen berechtigt. Dem Steuerpflichtigen ist auf seinen Antrag in Fällen, in welchen es sich um einen nur durch Schätzung zu ermittelnden Ertrag handelt, gestattet, statt der erwähnten Erklärung diejenigen Nachweisungen zu geben, deren der Steuerausschuss zur Schätzung des Ertrages bedarf. Nur juristische Personen, Aktiengesellschaften, Kommanditgesellschaften auf Aktien, eingetragene Genossenschaften und alle zur öffentlichen Rechnungslegung verpflichteten gewerblichen Unternehmungen sind verpflichtet, ihre Geschäftsberichte und Jahresabschlüsse sowie darauf bezügliche Beschlüsse der Generalversammlungen nach den näheren Bestimmungen des Finanzministers alljährlich der Bezirksregierung einzureichen. Eine Vorlegung der Geschäftsbücher des Gewerbetreibenden findet nur statt, wenn dieser selbst dazu bereit ist. Zur Offenbarung von Geschäftsgeheimnissen ist der Gewerbetreibende in keinem Falle verpflichtet.

Mit der Besichtigung der Anlagen, Betriebsstätten und Vorräthe, welche der Vorsitzende des Steuerausschusses anzuordnen befugt ist, können ohne Zustimmung des Gewerbetreibenden andere Personen als Staatsbeamte, nicht beauftragt werden. Im Uebrigen sind die Befugnisse der Veranlagungsbehörde analog wie bei der Einkommensteuer geordnet. Dasselbe gilt von der Steuererhebung, den Gebühren der Gemeinden und Gutsbezirke und den Aufsichtsrechten des Finanzministers.

Mit Strafe sind bedroht die unterlassene Anmeldung eines steuerpflichtigen Gewerbes (doppelte Steuer), die Verletzung der Verpflichtung zu Auskunftsertheilungen und zur Gestattung der Besichtigung der gewerblichen Anlage (bis 300 M.), endlich die Verletzung der Verschwiegenheit wie bei der Einkommensteuer.

Ermässigung oder Erlass rechtskräftig veranlagter Steuern kann die Regierung verfügen, wenn der Betrieb durch Tod oder Krankheit des Inhabers, Brandunglück, Ueberschwemmung oder sonstige Ereignisse wesentlich geschädigt wird; Niederschlagung veranlagter Steuerbeträge kann, wie bei der Einkommensteuer, wegen Gefährdung der wirthschaftlichen Existenz oder Unbeitreibbarkeit erfolgen.

§ 60. Neben der Reform der eigentlichen Gewerbesteuer hat das Gewerbesteuergesetz noch eine besondere, weniger auf steuerpolitischen als auf volkswirthschaftlichen und ethischen Gründen beruhende Sonderbesteuerung der Gastwirthschaft, der Schankwirthschaft und des Kleinhandels mit Branntwein oder Spiritus gebracht, indem diesen neben der Gewerbesteuer eine Betriebssteuer von jährlich bezw. 100, 50, 25, 15 oder 10 M., je nachdem der Betrieb in der I., II., III. oder IV. Klasse zur Gewerbesteuer veranlagt oder, weil Ertrag und Anlage- und Betriebskapital die Grenzen der Steuerpflicht nicht erreichen, gewerbesteuerfrei gelassen ist, auferlegt ist. Diese Steuer ist von Betrieben, welche geistige Getränke verabfolgen, für jede Betriebsstätte besonders zu entrichten. Sie ist eine Jahressteuer und daher in einer Summe und ohne Anspruch auf verhältnissmässige Erstattung wegen Einstellung des Betriebes im Laufe des Jahres zu entrichten. Für vorübergehende Betriebe kann jedoch die Regierung auf Antrag die Steuer bis auf 5 M. ermässigen. Weinbauer, die selbstgewonnenen Most oder Wein im Polizeibezirke ihres Weinguts oder Wohnorts nur drei Monate im Jahre ausschenken, sind weder gewerbe- noch betriebssteuerpflichtig.

Die Betriebssteuer wird vom Vorsitzenden des für die Veranlagung des Betriebes zur Gewerbesteuer zuständigen Steuerausschusses, für gewerbesteuerfreie Betriebe von demjenigen der Klasse IV festgesetzt. Gegen die Festsetzung findet nur Beschwerde an die Regierung und in höherer Instanz an den Finanzminister statt.

§ 61. Da, wie im § 56 erwähnt, die Staatsregierung Mehreinnahmen nicht als den Zweck der Steuerreform betrachtete, andererseits aber die Staatskasse auch keine Mindereinnahmen vertrug, so wurde in dem Gewerbesteuergesetz Vorkehrung sowohl für den einen wie für den anderen Fall getroffen. Nach § 81 sollte, sofern das Veranlagungssoll in dem ersten Veranlagungsjahr 1893/94 einschliesslich Betriebssteuer 19 811 359 M., eine Summe, die nach den bisherigen Ergebnissen der Gewerbesteuer kalkulirt war, um mehr als 5 Proz. übersteigen oder um mehr als 5 Proz. hinter ihr zurückbleiben würde, eine entsprechende Herabsetzung bezw. Erhöhung des Steuerprozentsatzes der Klasse I und der Mittelsätze sowie der höchsten und niedrigsten Steuersätze der übrigen Klassen durch Königliche Verordnung erfolgen, die in dieser Weise modifizirten Sätze aber alsdann für die Folgezeit massgebend bleiben, letzteres eine in Anbetracht des Schwankens einer Gewerbesteuer nach dem Ertrage des letzten Jahres etwas unvorsichtige Bestimmung, zumal in Anbetracht der, wie wir im zweiten Hauptabschnitt sehen werden, grossen finanziellen Bedeutung der I. Klasse, welche nicht nach Mittelsätzen steuert, und der durch die Befugniss jedes Steuerpflichtigen, Herabsetzung der Steuer auf 1 Proz. des Ertrages zu verlangen, grossentheils illusorisch gemachten Bedeutung der Kontingentirung nach Mittelsätzen für die Stabilität des Steueraufkommens in den übrigen Klassen.

§ 62. Das Gewerbesteuergesetz hat durch die Steuerreformgesetze v. 14. Juli 1893 einschneidende Aenderungen erfahren, auf die wir später zu sprechen kommen.

Das Gesetz ist, wie ebenfalls an anderer Stelle auszuführen sein wird, heute, wo die Gewerbesteuer zur Kommunalsteuer geworden ist, für den Zweck einer solchen verfehlt. Aber auch schon in den Rahmen der staatlichen Ertragsteuer fügte es sich wenig ein und führte eine derjenigen des Grund und Bodens durch die Grund- und Gebäudesteuer adäquate Belastung des Gewerbes keineswegs herbei. Die Grundsteuer ist vollkommen unbeweglich und lässt auch wegen der mit jeder Revision derselben verknüpften enormen Kosten eine solche in kürzeren Zwischenräumen nicht zu; die Gebäudesteuer wird alle 15 Jahre, die Gewerbesteuer dagegen alljährlich neu veranlagt. Die Grundsteuer beruht auf den Ergebnissen eines um mehr als 30 Jahre zurückliegenden 24jährigen Zeitraums, die Gebäudesteuer auf den Durchschnittspreisen einer 10jährigen Periode, deren Endpunkt unter Umständen, nämlich vor jeder neuen Revision, 15 Jahre zurückliegt, wogegen der Gewerbesteuer jedes Mal das Ergebniss des letztvergangenen Jahres zu Grunde gelegt wird. Ferner trifft die Gewerbesteuer nur die einen bestimmten Minimalumfang erreichenden Betriebe, während Grund- und Gebäudesteuer eine derartige Minimalgrenze nicht kennen. Ebenso ungleichmässig sind die Steuersätze und die Bemessungsgrundlagen. Die Grundsteuer beträgt ca. 9½ Proz. des bei „gemeingewöhnlicher" Bewirthschaftung nachhaltig zu erzielenden Reinertrages, dessen Verhältniss zu dem wirklichen Reinertrage bei der notorischen Ungleichmässigkeit der Grundsteuerveranlagung zwischen den verschiedenen Landestheilen, auch abgesehen von der thatsächlichen Bewirthschaftungsart, ein sehr verschiedenes ist, die Gebäudesteuer 4 bezw. 2 Proz. des rohen Nutzungswerths, die Gewerbesteuer in maximo 1 Proz. des Reinertrages. Endlich hatte man durch die einheitliche Besteuerung aller in einer Hand befindlichen Betriebe Personalsteuermomente in die Gewerbesteuer hineingetragen, die den beiden anderen Ertragsteuern mit Recht fremd waren, und die Gewerbesteuer dadurch zu einem Zwitter zwischen Ertrag- und partieller Einkommensteuer gemacht. Es ist uns sehr zweifelhaft, ob nicht selbst im Rahmen der staatlichen Ertragsteuern eine

Gewerbesteuer nach dem Anlage- und Betriebskapital, wie wir sie schon im Jahre 1888 vorgeschlagen haben,[1]) den Vorzug verdient haben würde, unzweifelhaft aber, dass das Anlage- und Betriebskapital eine ungleich brauchbarere Grundlage der Kommunalbesteuerung abgegeben haben würde. Dass man die neue Gewerbesteuer auf dem für letztere so überaus ungeeigneten Ertrage aufbaute, erklärt sich nur daraus, dass man damals kaum zu hoffen wagte, für den Staat auch auf die Gewerbesteuer verzichten zu können.

Der Finanzminister erliess zu dem Gewerbesteuergesetz eine Ausführungsanweisung unterm 10. April 1892, hinsichtlich der Betriebssteuer unterm 23. Aug. 1892. Infolge der Umgestaltungen durch die Steuerreformgesetze v. 14. Juli 1893 ergingen unterm 5. März 1894 „Zusatzbestimmungen" zu der ersteren und an Stelle der letzteren eine neue „Anweisung zur Veranlagung der Betriebssteuer". Demnächst erfolgte unterm 4. Nov. 1895 eine Neuredaktion der Ausführungsanweisung zum Gewerbesteuergesetz.

V. Kapitel.

Die Steuerreformgesetze vom 14. Juli 1893 im Allgemeinen.

§ 62. Noch ehe eins der Reformgesetze v. 24. Juni 1891 in Kraft getreten war, wurden im Finanzministerium die Vorarbeiten für den zweiten Abschnitt der Steuerreform in Angriff genommen. Schon Ende Oktober 1891 wurde dort der Entwurf eines Kommunalabgabengesetzes fertig gestellt, und noch früher war der Entwurf eines Vermögensteuergesetzes ausgearbeitet worden. Allerdings hatte der letztere nur eine informatorische Bedeutung, da eine Entschliessung darüber, ob die stärkere Belastung des fundirten Einkommens im Verhältniss zum unfundirten auf dem Wege der Vermögensteuer oder im Rahmen der Einkommensteuer den Vorzug verdiene, noch nicht gefasst war.

Ueberhaupt schwebten alle weiteren Reformpläne solange in der Luft, wie nicht die Ergebnisse der ersten Veranlagung nach dem neuen Einkommensteuergesetz vorlagen. Diese lieferte nun, allerdings vor Erledigung der Rechtsmittel, das über Erwarten günstige Resultat von beinahe 125 Mill. Mark, d. i. eines Mehrs von ca. 44 Mill. Mark, von denen 4 Mill. Mark auf Abgänge durch Rechtsmittel u. s. w. gerechnet wurden. Nunmehr unterbreitete der „Reichs- und Staatsanzeiger" in der Nummer vom 23. April 1892 der Beurtheilung der öffentlichen Meinung drei — oder eigentlich vier — Wege für die Fortführung der Steuerreform, wobei er ausser jenen 40 Mill. Mark Mehrerträgen der Einkommensteuer als eventuell verfügbar bezeichnete die auf Grund der sogen. lex Huene den Kreisen zufliessenden Erträge der Getreide- und Viehzölle, aber hervorhob, wie in Folge der Herabsetzungen dieser Zölle durch die Handelsverträge und in Erwägung des Umstandes, dass die Ernten der letzten Jahre, in denen die Zölle

---

[1]) Strutz, Die Reformbedürftigkeit der Preussischen Gewerbesteuer, in den Preuss. Jahrbüchern Bd. LXII S. 368 ff.

für Preussen Erträge von ca. 47 Mill. Mark lieferten, aussergewöhnlich schlechte gewesen seien, der durchschnittliche Betrag der Ueberweisungen aus denselben kaum auf mehr als 20—25 Mill. Mark in Anschlag gebracht werden dürfe. Hiernach würden für die Steuerreform disponibel sein mindestens 60 Mill. Mark, während die in erster Linie nach Möglichkeit als Staatssteuern zu beseitigenden Ertragsteuern pro 1892/93 veranschlagt waren auf 39 Mill. Mark Grundsteuer und 35 086 000 M. Gebäudesteuer, zusammen also 75 Mill. Mark, wozu dann noch die Gewerbesteuer mit etwa 20 Mill. Mark und die Bergwerksteuer mit ca. 5 Mill. Mark tritt. Auf Grund dieser finanziellen Basis seien folgende Wege gangbar:

1. Der Staat verwendet den Gesammtbetrag von 60 Mill. Mark dazu, auf $^4/_5$ der Grund- und Gebäudesteuer zu verzichten, oder aber er belässt die Erträge der landwirthschaftlichen Zölle, etwa in fixirten Beträgen und unter einem reformirten Vertheilungsmassstab, den Kreisen und verzichtet nur auf etwa die Hälfte der Grund- und Gebäudesteuer, zu deren Deckung die Mehrerträge der Einkommensteuer ausreichen. In beiden Fällen würde die reformirte Gewerbesteuer vorerst als Staatssteuer bestehen bleiben, bis eine günstigere Finanzlage des Staates gestatte, auch auf sie und den Rest der Grund- und Gebäudesteuer ganz oder theilweise zu verzichten. Bei diesem Wege würde als fernere Aufgabe in Betracht kommen, einen Ausgleich für die beibehaltene Doppelbesteuerung des Grundbesitzes und Gewerbebetriebes in einer entsprechenden Ertragsbesteuerung des mobilen Kapitals zu finden.

2. Völliger Verzicht des Staates auf Grund-, Gebäude- und Gewerbesteuer und mindestens wesentliche Herabsetzung der Bergwerksteuer unter Deckung des die erwähnten 60 Mill. Mark aus der Einkommensteuer und den landwirthschaftlichen Zöllen übersteigenden Ausfalls für die Staatskasse mit 35—40 Mill. Mark durch eine auf die Werthobjekte nach Abzug der Schulden im Verhältniss des Werthes umgelegte „Ergänzungsteuer zur Einkommensteuer“.

3. Den dritten Weg bezeichnete der Reichsanzeiger als ein Uebergangsstadium. Er besteht in einem Verzicht auf $^3/_4$ der Grund- und Gebäudesteuer, Beibehaltung der Gewerbesteuer sowie der Ueberweisungen aus den landwirthschaftlichen Zöllen, aber in fixirten Beträgen und nach einem besseren Vertheilungsmassstab, und endlich Deckung der unter diesen Voraussetzungen dem Staate über das Mehreinkommen der Einkommensteuer hinaus entzogenen 18—20 Mill. Mark durch die ad 2 erwähnte, entsprechend niedriger zu normirende Ergänzungsteuer.

Aus der Kundgebung des Reichsanzeigers war schon unschwer zu erkennen, dass die Staatsregierung den an zweiter Stelle skizzirten Weg für den zweckentsprechendsten erachtete. In diesem Sinne fiel auch das überwiegende Urtheil derjenigen Organe der öffentlichen Meinung aus, die nicht eine zu der ganzen Steuerreform a priori ablehnende Haltung einnahmen; allerdings war die in Aussicht genommene „Ergänzungsteuer“ weiten Kreisen noch unsympathisch.[1])

§ 63. Die Staatsregierung schlug denn auch mit den auf Grund Allerhöchster Ermächtigung v. 2. Nov. 1892 am 10. desselben Monats mit einer ausführlichen Denkschrift dem Landtage vorgelegten drei Entwürfen eines Gesetzes wegen Aufhebung direkter Staatssteuern, eines Ergänzungsteuer- und eines Kommunalabgabengesetzes (Drucks. des Abg.-H. Nr. 8) diesen Weg ein.

Aus der Denkschrift mögen hier die markantesten Ausführungen über Gründe, Ziele und Weg der Steuerreform Platz finden. Ueber die Unhaltbarkeit der staatlichen Ertragsteuern äussert sie u. a. Folgendes:

„Die Eigenthümlichkeiten unseres Ertragsteuersystems lassen sich nur durch die geschichtliche Entstehung und Entwickelung aus den von früheren Jahrhunderten her überlieferten Grundsteuern erklären.

Erst die Fortschritte der volkswirthschaftlichen Lehre führten zu der Erkenntniss der Unvollständigkeit und Einseitigkeit eines wesentlich aus Grundsteuern bestehenden Systems der direkten Steuern; man ergänzte dasselbe durch eine von vornherein höchst bescheidene Gewerbesteuer, demnächst durch die Gebäudesteuer; der Abschluss des Systems durch Einfügung des fehlenden Gliedes einer Kapitalrentensteuer ist aber in Preussen, bisher eine unerfüllte Forderung geblieben.

Entstanden in den Zeiten primitiver Staatseinrichtungen, weiter entwickelt nach überwiegenden fiskalischen Rücksichten, wird das heutige Ertragsteuersystem mehr von der Macht der Gewohnheit, als von der Ueberzeugung innerer Berechtigung gehalten.

Wie berechtigt aber auch im Allgemeinen auf steuerlichem Gebiete der Anschluss an das Bestehende, die ruhige Weiterentwickelung des geschichtlich Ueberlieferten sein mag, so dürfen doch solche Rücksichten nicht den alleinigen Ausschlag geben, wenn es sich um die durch die veränderten wirthschaftlichen und sozialen Verhältnisse herbeigeführte Nothwendigkeit fundamentaler Neugestaltungen handelt. Hier tritt dann neben den durch die Finanzlage des Staates gebotenen Rücksichten vor allem die Forderung der Gerechtigkeit der Steuervertheilung in den Vordergrund.

Das bestehende Ertragsteuersystem entspricht dieser Forderung jedenfalls nicht mehr. In einem aus Ertragsteuern und Einkommensteuer zusammengesetzten Systeme soll den ersteren die Aufgabe zufallen, das Besitzeinkommen (fundirtes Einkommen), seiner höheren Steuerkraft entsprechend, vorzugsweise zur Tragung der Steuerlasten heranzuziehen. Sollen aber die Ertragsteuern diese Aufgabe erfüllen, so müssen sie mindestens die das Besitzeinkommen hervorbringenden Güterquellen — Grundkapital (Grund- und Hausbesitz), Gewerbebetrieb und Geldkapital — vollständig, einheitlich und mit verhältnissmässiger Gleichheit in einem der höheren steuerlichen Leistungsfähigkeit entsprechenden Masse treffen. Wird eine dieser Voraussetzungen unerfüllt gelassen, so ist eine ungleiche und unbillige Vorbelastung des betreffenden Besitzeinkommens die nothwendige Folge.

[1]) Vgl. die Kritiken der Reformpläne bei Strutz „Zur Steuerreform“, der zuerst erschienenen derselben, ferner Enneccerus „Die Steuerreform“, Schreiber „Unparteiische Betrachtungen über das Preussische Steuerprogramm, Strutz „Angriffe auf den Steuerreformplan“ im Deutschen Wochenblatt 1892 Nr. 46 u. 47.

Hiermit ist von vornherein der Gedanke abgeschnitten, etwa lediglich die Grund- und Gebäudesteuer aus dem staatlichen Ertragsteuersystem auszuscheiden und die Gewerbesteuer für sich allein fortbestehen zu lassen. Nicht minder würde der Gedanke zurückgewiesen werden müssen, unter Aufhebung der bestehenden Ertragsteuern eine Kapitalrentensteuer einzuführen oder unter Einführung einer solchen Steuer die Gewerbesteuer ohne Grund- und Gebäudesteuer aufrecht zu erhalten. Alle derartigen Massnahmen würden der fundamentalen Forderung der Vollständigkeit des Ertragsteuersystems widersprechen. Von demselben Gesichtspunkte aus würde es nicht gerechtfertigt werden können, die bestehenden Ertragsteuern ohne Zufügung des fehlenden Gliedes der Kapitalrentensteuer aufrecht zu erhalten.

Unzulässig wäre es aber auch, die erheblichen Verschiedenheiten in der Höhe der Steuerbelastung — eine 4 bis 5 prozentige Grund- und eine 4 prozentige Gebäudesteuer neben einer höchstens 1 prozentigen Gewerbesteuer — bestehen zu lassen; eine Ausgleichung in der Höhe der Belastung wäre jedenfalls eine nicht abzuweisende Forderung.

— —

Es liegt auf der Hand, dass die Disparität der Grundlagen und Massstäbe der Steuerbemessung — die Besteuerung nach der Ertragsfähigkeit und dem Katastralreinertrage bei der Grundsteuer, nach durchschnittlichen Miethswerthen längerer Zeiträume bei der Gebäudesteuer, nach dem Jahresertrage und dem Anlage- und Betriebskapital bei der Gewerbesteuer — eine völlig verschiedene Belastung bewirken müsste, wenn auch der Steuerfuss, soweit dies überhaupt möglich, in gleicher Höhe bemessen sein würde.

Wollte man im Uebrigen auf den bestehenden Grundlagen eine annähernd gleichmässige Belastung erzielen, so würde jedenfalls die Grundsteuer, unter Beseitigung der Kontingentirung, in eine nach dem Ertrage bemessene Quotitätssteuer umgewandelt werden müssen. Zur Erreichung dieses Zieles würde nicht nur eine sofortige allgemeine Neuveranlagung der Grundsteuer, sondern auch eine periodische Revision in Zeiträumen von etwa 10 Jahren erforderlich sein. Solche Massnahmen würden schon an der Kostspieligkeit scheitern, welche an der Thatsache bemessen werden mag, dass die Ausführung der Grundsteuerveranlagung einen Kostenaufwand von 33 297 175 M. in den alten und von 26 263 056 M. in den neuen Provinzen, insgesammt also von 59 560 232 M. verursacht hat. Wollte man aber von periodischen Revisionen Abstand nehmen, so würde die Grundsteuerveranlagung nach Verlauf von 10 bis 20 Jahren sich annähernd wieder in dem gleichen Zustande befinden, wie die gegenwärtig bestehende, nach allgemeinem Urtheile längst veraltete Veranlagung.

Um die Gebäudesteuer in ausreichendem Masse bei der Gegenwart zu erhalten, müssten sowohl der Zeitraum für die Berechnung des mittleren Miethswerths — jetzt 10 Jahre —, als auch die Revisionsperioden — gegenwärtig 15 Jahre —, erheblich gekürzt werden. Die erstere Massnahme würde keinen Schwierigkeiten begegnen, dagegen würde durch die Einführung kürzerer, etwa fünfjähriger, Revisionsperioden der Kostenaufwand, welcher für jede Revision auf etwa 6 Mill. Mark zu veranschlagen ist, erheblich gesteigert werden.

Bei der Reform dürfte ferner die schwierige Frage, nach welchem Massstabe die Gebäude auf dem platten Lande und in ländlichen, für die Berechnung nach durchschnittlichen Miethspreisen keinen Anhalt gewährenden Ortschaften zur Gebäudesteuer heranzuziehen sein würden, nicht zu umgehen sein. Die gegenwärtig hierfür geltenden Bestimmungen können als eine glückliche Lösung nicht bezeichnet werden.

Bei einer Erhöhung der Gewerbesteuer würde die Belastung der gewerblichen Gebäude mit der Gebäudesteuer schwerlich aufrecht erhalten werden können. Vergleicht man endlich die weitgehenden Berücksichtigungen der Leistungsfähigkeit bei der Gewerbesteuer, insbesondere die Freistellung aller Betriebe mit einem Ertrage unter 1500 M. und einem Anlage- und Betriebskapitale unter 3000 M., mit dem starren Objektsteuercharakter der Grund- und Gebäudesteuer, so wird man sich der Ueberzeugung nicht verschliessen können, dass eine Reform der Ertragsteuern die steuerliche Leistungsfähigkeit auch bei der Grund- und Gebäudesteuer nicht unberücksichtigt lassen dürfte.

— —

Selbst auf breitester Grundlage vorgenommene Reformen würden das Ziel, mittels der Ertragsteuern eine wirklich gerechte und gleichmässige steuerliche Vorbelastung des Besitzeinkommens zu bewirken, nur in sehr beschränktem Grade erreichen lassen. Dies liegt im inneren Wesen der Ertragsteuern begründet.

Die Ertragsteuern dürfen den Ertrag der Güterquellen, aus denen das Besitzeinkommen fliesst, nur soweit treffen, als er unmittelbar aus der Anwendung eines Vermögens (Kapitals) entspringt, dagegen darf der durch Arbeit erzielte Ertrag nicht getroffen werden, weil in der Belastung des Arbeitsertrages mit Ertragsteuern gegenüber der Steuerfreiheit des reinen Arbeitseinkommens eine ungerechte Vorbesteuerung liegen würde.

— —

Ein den Anforderungen der Gerechtigkeit und Billigkeit entsprechendes System der direkten Staatssteuern lässt sich nur auf der Grundlage der persönlichen Leistungsfähigkeit aufbauen. Es ist unmöglich, die Ertragsteuern in solcher Weise umgestalten zu können, dass die persönliche Leistungsfähigkeit eine ausreichende Berücksichtigung fände. Ertragsteuern und Berücksichtigung der persönlichen Leistungsfähigkeit sind Gegensätze, welche sich bei der heutigen Ausbildung des wirthschaftlichen Lebens überhaupt nicht mit einander vereinigen lassen. An die Stelle der früheren einfachen, gleichmässigen und regelmässigen Ausnutzung der Güterquellen, welche die Annahme annähernd gleicher Durchschnittserträge ermöglicht, ist gegenwärtig eine so verschiedenartige, von der Intelligenz, der Kapitalkraft, den Verkehrs- und Absatzverhältnissen u. s. w. abhängige produktive Verwerthung der Güterquellen getreten, dass den Realsteuern die Grundlage entzogen ist, auf welcher sie früher beruhten. Soll der Grundsatz der Besteuerung nach der Leistungsfähigkeit im Systeme der direkten Staatssteuern die ausschliessliche Richtschnur bilden, so bleibt nur die völlige Beseitigung der Ertragsteuern als Staatssteuern übrig.

— —

Neben einer hochentwickelten, auch das Besitzeinkommen voll erfassenden und mit Steuersätzen bis zu 4 vom Hundert belastenden Einkommensteuer, welche zugleich in weitem Umfange die steuerliche Leistungsfähigkeit berücksichtigt, kann für die Dauer eine staatliche Bruttobesteuerung ihren Platz nicht mehr behaupten.

— —

Wenn die Staatsregierung nach dem Vorstehenden schon lediglich vom Standpunkte der staatlichen Besteuerung aus zu dem Entschlusse gelangen musste, die sämmtlichen Ertragsteuern aus dem Systeme der direkten Steuern gänzlich auszuscheiden, so führen die Rücksichten auf die kommunalen Steuerbedürfnisse fast noch zwingender auf den gleichen Weg.

— —

Nach dem Vorstehenden erscheint es auch vom Standpunkte der kommunalen Besteuerung geboten, die Aufhebung der staatlichen Ertragsteuern vorzuschlagen, um hiermit den Gemeinden diejenigen Steuerquellen zu eröffnen, deren sie für die richtige Ausgestaltung ihres Steuerwesens bedürfen."

Als Angelpunkte, um die sich der wesentliche Inhalt der Vorlagen gruppirt, bezeichnet die Denkschrift:

„1. die Aussonderung der Ertrag- (Real-, Objekt-) Steuern in ihrer bisherigen Form aus dem Systeme der Staatssteuern;

2. die Eröffnung neuer Einnahmequellen für den Staat als Ersatz für die aufgegebenen Steuern, und zu diesem Zwecke insbesondere

3. die Einführung einer Ergänzungssteuer;
4. die Regelung des Gemeindesteuerwesens durch ein Kommunalabgabengesetz.

Die vorgeschlagenen Massnahmen bedingen und ergänzen sich gegenseitig. Durch die Herausnahme eines der vorbezeichneten Glieder würde der ein untrennbares Ganzes bildende Gesammtplan in seinen Grundlagen erschüttert werden."

Bezüglich des ersten Punktes wird namentlich Folgendes ausgeführt:

„Nicht eine Ueberweisung vom Staate erhobener Steuern an Gemeinden oder andere Kommunalverbände steht in Frage, nach den früheren Ausführungen kann es sich nur um die völlige Aussonderung der sämmtlichen Ertragsteuern aus dem Systeme der direkten Staatssteuern handeln.

Es leuchtet ein, dass die erörterten Uebelstände keine wirksame Abhülfe finden würden durch eine Massregel, welche sich darauf beschränkt, zur Erleichterung der Steuerlast in den Gemeinden denselben 40 Mill. Mark oder irgend eine andere Summe aus den Erträgen der Staatssteuern zu überweisen. Auf dem Gebiete der Staatsbesteuerung würden mit der Grund-, Gebäude- und Gewerbesteuer in der gegenwärtigen Form auch die nachgewiesenen Härten und Unbilligkeiten unverändert bestehen bleiben. Innerhalb der Gemeinde könnte allerdings eine augenblickliche Herabminderung der Gemeindesteuern und dadurch einige Erleichterung der Pflichtigen erreicht, eine dauernde Gesundung des Steuerwesens aber auch hier nicht erzielt werden. Ein zutreffender Massstab der Vertheilung solcher Zuwendungen an die Gemeinden wäre ohnehin noch viel schwieriger zu finden, als bei den Ueberweisungen an die Kreise.

Die Zuwendung von Staatsrenten an kommunale Verbände kann gerechtfertigt sein und wohlthätig wirken, wenn es sich darum handelt, denselben zur Erfüllung bestimmter staatlicher Aufgaben die erforderlichen Mittel zur Verfügung zu stellen. Als Grundlage für die Steuerverfassung und die Selbstverwaltung der Kommunalverbände dagegen empfiehlt sich ein derartiges Dotationssystem nicht. In Preussen besitzen die kommunalen Verbände, insbesondere die Gemeinden ein weitgehendes Selbstbestimmungsrecht in der Verwaltung ihrer eigenen Angelegenheiten, auch in der Begrenzung der Aufgaben, welche sie in den Kreis des kommunalen Interesses ziehen wollen. Eine nothwendige Ergänzung dieses wichtigen Rechts bildet die Verpflichtung, für die Beschaffung der Mittel zur Bestreitung des Haushalts die Sorge und Verantwortung zu tragen. Wie auch der Vertheilungsmassstab gedacht werden möge, unausführbar wäre es, die Ueberweisungsrenten nach den besonderen Bedürfnissen und Verhältnissen der einzelnen Gemeinden zu bemessen. Die ohne Rücksicht hierauf vertheilten Mittel würden der einen Gemeinde keine wirksame Hülfe bringen, der anderen ohne wirkliches Bedürfniss und auf die Gefahr unwirthschaftlicher Verwendung zufliessen.

Es kommt darauf an, den Gemeinden selbständige Steuerquellen zu eröffnen, welche sie nach den aus der Natur der Gemeinde folgenden Gesichtspunkten und nach ihren besonderen Bedürfnissen zu benutzen und unter Verantwortlichkeit ihrer eigenen Organe zu bewirthschaften haben. Nur durch den endgültigen und dauernden Verzicht des Staates auf die Ertragssteuern wird daher für eine gerechte Einrichtung des Staatssteuersystems die Voraussetzung, für eine zweckmässige Gestaltung des Gemeindesteuerwesens und somit für eine wohlthätige Decentralisation die sichere Grundlage geschaffen.

— —

Es bleibt zu prüfen, ob der vom Standpunkte der Steuerreform für nothwendig erkannten Verzichtleistung des Staates etwa aus anderen Gesichtspunkten begründete Bedenken entgegenstehen.

1. In erster Reihe werden von dieser einschneidenden Massregel die allgemeinen Finanzinteressen des Staates berührt.

Die Grund- und Gebäudesteuer hat mit Recht von jeher als eine der zuverlässigsten Staatseinnahmen gegolten, und ihre Aufhebung ist nur unter der Voraussetzung statthaft, dass dafür voller Ersatz geschaffen wird; dagegen ist die Sicherheit der

Staatsfinanzen von der Beibehaltung gerade dieser Steuerform nicht abhängig. Die Grundsteuerverfassung hat sich zu einer Zeit entwickelt, als im Vergleiche zum Grundbesitz andere Formen des Kapitals und der Produktion einen minder bedeutsamen Faktor des Volkswohlstandes in Preussen bildeten. So lange diese Voraussetzung zutraf, hatte das System der direkten Staatssteuern in dem Aufkommen der Grundsteuer seinen natürlichen Schwerpunkt, zumal die Personalbesteuerung auch technisch noch wenig ausgebildet war. Seit der gewaltigen Entwickelung von Handel und Industrie und mit der steigenden Macht des beweglichen Kapitals haben sich die Verhältnisse namentlich im Verlaufe des letzten Menschenalters wesentlich verschoben.

— —

Ein wesentlicher Vorzug der Grundsteuer wird mit Recht darin erblickt, dass mit Sicherheit auf den unverkürzten Eingang der veranschlagten Steuer ohne wesentliche Ausfälle gerechnet werden darf. Auf Grund langjähriger Erfahrung ist aber auch der an den Personalsteuern zu erwartende Ausfall mit hinreichender Zuverlässigkeit vorher zu bestimmen, so dass dieses Moment bei dem Voranschlage in Rechnung gezogen werden kann. Ueberdies ist das Hauptgewicht der Personalsteuern mehr und mehr auf die Schultern des wohlhabenderen Theils der Bevölkerung verlegt und hierdurch der Eingang der veranlagten Beträge in höherem Grade als früher gesichert.

— —

Wenn vielfach die Grundsteuer als ein besonders werthvoller Rückhalt für Kriegs- und andere Nothfälle gilt, so beruht auch diese Anschauung im wesentlichen auf Voraussetzungen, welche in der Vergangenheit liegen, jetzt aber schon deshalb nicht mehr zutreffen, weil die ungleichmässig und ohne Rücksicht auf die Verschuldung veranlagte Grundsteuer am allerwenigsten bei ungünstiger Lage des gesammten Erwerbs- und Wirthschaftslebens als ein brauchbarer Massstab zur Vertheilung von Lasten angesehen werden kann.

Der ganze Reformplan zielt darauf ab, das direkte Steuerwesen nach allen Richtungen hin den Verhältnissen der Gegenwart anzupassen, und es wird sich zeigen, dass bei Annahme der Vorschläge nicht eine Schwächung der Staatsfinanzen zu besorgen, sondern im Gegentheil eine Stärkung derselben zu erwarten ist.

2. Es ist allerdings nicht zu leugnen, dass die Grundsteuer in den älteren Provinzen, woselbst die Grundsteuer bereits mit dem Jahre 1865 in Hebung getreten ist, infolge der stattgehabten Besitzwechsel zum Theil thatsächlich, wenn auch nicht rechtlich, einen rentenartigen Charakter angenommen hat. Für die neuen Landestheile, woselbst die Grundsteuer erst mit dem Jahre 1876, bezw. 1878 zur Hebung gelangt ist, wird jedoch eine derartige Wirkung höchstens in vereinzelten Fällen angenommen werden können.

Es würde aber verfehlt sein, aus dem rentenartigen Charakter, welchen die Grundsteuer in einem Theile des Staatsgebietes angenommen haben mag, einen Grund für eine abweichende Behandlung dieser Steuer bei der Reform des ganzen Systems zu entnehmen.

Einestheils würde dieser Einwand zum Theil auch bei der Gebäudesteuer und selbst der Gewerbesteuer erhoben werden können. Anderntheils ist zu erwägen, dass auch bisher Grund und Boden und Gewerbe als solche der Gemeindebesteuerung unterworfen waren und dass die veränderlichen Zuschläge zu den Realsteuern die Inkrustirung dieser Steuern vielfach verhindert haben. Endlich aber handelt es sich bei der geplanten Reform überhaupt nicht um eine völlige Freistellung des Grund und Bodens und der Gewerbe von jeder Besteuerung, vielmehr bleiben dieselben in vollem Masse der Kommunalbesteuerung unterworfen. Von einem Geschenk einer auf dem Boden haftenden Rente an den augenblicklichen Besitzer kann daher im Rahmen des Reformplanes nicht die Rede sein. Es handelt sich um eine Erleichterung der kommunalen Lasten der Gemeinden und der Gutsbezirke durch den Verzicht des Staates auf die unmittelbare Besteuerung der Objekte, und das Mass der hierdurch eintretenden Verminderung der Belastung der einzelnen Objekte ist bedingt durch Verhältnisse, welche sich für den einzelnen Verband nicht übersehen lassen. Jedenfalls bleibt die Steuerpflicht der Objekte selbst bestehen. Dies gilt, wenn auch zum

Theil in anderer Form, insbesondere auch von denjenigen Besitzungen, welche einem Gemeindeverbande nicht angehören, sondern einen selbständigen Gutsbezirk bilden. Abgesehen davon, dass der Besitzer eines solchen Gutes nach wie vor der unmittelbare Träger der Kommunallasten innerhalb des Gutsbezirkes bleibt, wird er als Angehöriger der weiteren Kommunalverbände auch fernerhin der Kreisbesteuerung unterliegen und durch diese in der Regel schärfer als bisher getroffen werden, falls nach den Vorschlägen der Staatsregierung die Ueberweisung von Ueberschüssen aus den Getreide- und Viehzöllen nach Massgabe des Ges. v. 14. Mai 1885 in Zukunft fortfällt.

Wenn allgemein die staatliche Doppelbesteuerung durch den Verzicht auf die Realsteuern beseitigt werden soll, ist es selbstverständlich gänzlich unthunlich, Grundbesitzungen und Gewerbebetriebe um deswillen davon auszuschliessen, weil sie zu dem politischen Verbande eines Gutsbezirkes gehören.

3. Ebensowenig ist ein Grund gegen den Verzicht des Staates auf die Grund- und Gebäudesteuer daraus herzuleiten, dass bei Auferlegung dieser Abgabe Entschädigungen für die damals bestehenden Grundsteuerbefreiungen und Bevorzugungen gewährt worden sind. Allerdings würde es nicht gerechtfertigt sein, den Entschädigten nunmehr die Last wieder abzunehmen und daneben die Entschädigung zu belassen, deren Voraussetzungen mit dem Verzichte des Staates auf die Grundsteuer hinfällig werden. Durch den Erlass der Leistung wird die Verpflichtung zur Erstattung der als Gegenleistung empfangenen Entschädigung begründet. Eine nothwendige Einschränkung erleidet dieser Grundsatz nur hinsichtlich derjenigen Grundstücke, welche nach erfolgter Entschädigung durch lästiges Rechtsgeschäft — mit Ausnahme des Falles der Erbtheilung — veräussert worden sind; hier fehlt es an einem Erstattungspflichtigen, weil der gegenwärtige Besitzer von der Entschädigung keinen Vortheil bezogen hat, dem entschädigten Vorbesitzer aber die Aufhebung der Grundsteuer nicht zu gute kommt. Wenn in derartigen Fällen, wie in der Begründung des erwähnten Gesetzentwurfes dargethan ist, von der Rückforderung der Entschädigungssumme abgesehen werden muss, so ist dieser Umstand von untergeordneter Bedeutung und in keinem Falle dazu angethan, den Fortgang der für nothwendig erkannten Steuerreform in Frage zu stellen."

Rechnerisch legte die Denkschrift den Vorschlägen folgendes Exempel zu Grunde:

Mit der Aufgabe der Ertragsteuern verzichtet der Staat auf folgende sichere Einnahmen:

Grundsteuer	39 907 000 M.
Gebäudesteuer	35 086 000 „
Steuer vom stehenden Gewerbebetriebe	19 811 000 „
Bergwerksabgaben	6 926 000 „
zusammen	101 730 000 M.

Davon finden Deckung durch:

1. Mehrerträge der Einkommensteuer	40 000 000 M.	
2. Aufhebung des Ges. v. 14. Mai 1885	24 000 000 „	
3. Wegfall der an die Gemeinden gezahlten Gebühren für		
a) Einkommensteuerveranlagung	1 600 000 „	
b) Gewerbesteuerveranlagung	150 000 „	
c) Erhebung der Realsteuern	1 190 000 „	
	66 940 000 M.	66 940 000 M.
Verbleiben		34 790 000 M.
oder rund		35 000 000 M.

welche durch Eröffnung einer neuen Einnahmequelle zu beschaffen sind.

§ 64. Wie sich aus den vorstehenden Auszügen aus der Denkschrift ergiebt, griffen die neuen Vorlagen ungleich tiefer in das bestehende System ein, als es die Gesetze vom 24. Juni 1891 gethan hatten. Sie bedingten den Verzicht des Staates auf mehr als 100 Mill. Mark Einnahmen, welche man stets, wenn auch übertriebener Weise — in Zeiten der schlimmsten Krisen, unglücklichen Kriegen sind Grund- und Gebäudesteuer absolut nicht exigibeler als Personalsteuern, eher das Gegentheil — als besonders sichere anzusehen gewöhnt war, wollten den noch nirgends gewagten Schritt der Beschränkung des Staates lediglich auf Personalsteuern thun, hierzu eine bisher noch in keinem Grossstaat erprobte Steuer schaffen, und mutheten endlich den Gemeinden zu, die Grundlagen ihres Haushaltes völlig umzugestalten.

Es kann daher nicht Wunder nehmen, dass um diese Vorlagen sich noch weit lebhaftere parlamentarische Kämpfe entwickelten als um die ersten Steuerreformgesetze, und dass die Staatsregierung sich zu bedeutsamen Zugeständnissen bequemen musste, um ihr Werk nicht scheitern zu lassen. Die Grundlage der ganzen Reform, die Aufhebung der staatlichen Realsteuern, fand allerdings nur bei einer kleinen Minderheit Widerspruch, und selbst der angreifbarste Punkt der ganzen Reform, die Zurückforderung der s. Z. für die Aufhebung der Grundsteuerprivilegien gewährten Entschädigungen, wurde nicht so lebhaft angegriffen, wie man es wohl besorgen konnte, weil man die Vortheile der durch Ablehnung dieser Forderung gefährdeten Aufhebung der staatlichen Ertragsteuer mit Recht für grösser als den in jener liegenden Nachtheil hielt.[1]) Freilich kamen die Angriffe später, als die Reform zu Stande gekommen war und die Angriffe nun völlig deplacirt waren, nach. Denn nachdem die Gegner der Rückerstattung im Landtage verständigerweise ihre berechtigten Bedenken im Interesse

[1]) Vgl. über die Bedenken gegen die Rückforderung der Grundsteuerentschädigungen Strutz in Nr. 46 des Deutschen Wochenblatts vom 17. Nov. 1892 S. 552, wo wir u. a. ausführten:

„Die Entschädigung ist s. Z. gewährt für die Aufhebung eines auf besonderem Rechtstitel oder Herkommen beruhenden Privilegs, vermöge dessen gewisse Güter bei der Auferlegung von Grundsteuern freizulassen oder zu bevorzugen waren. Sie würde deshalb mit Recht zurückgefordert werden, wenn jetzt die frühere Privilegirung vor dem übrigen Grundbesitz wieder hergestellt werden sollte. Das aber ist nicht der Fall, sondern der früher privilegirte Grundbesitz wird bei der Ausserhebungsetzung der Grundsteuer wie der nicht privilegirte behandelt. Fordert man jetzt die Entschädigung zurück, so schafft man allerdings wieder ein Privilegium, aber nicht für den ehemals in der Grundsteuer bevorzugten Besitz, sondern für den nicht bevorzugten: ersterer wird in den früheren Zustand der Grundsteuerfreiheit wieder eingesetzt, muss aber dafür die empfangene Entschädigung zurückzahlen, letzterer aber erhält das Privilegium der Grundsteuerfreiheit ebenfalls, und ohne hierfür den geringsten Erwerbspreis zu zahlen. Man schafft also für diesen ein neues Privileg, während dem früher privilegirten das alte Privileg belassen wird, worin für ihn nicht wie für jenen ein Geschenk liegt, da die Wegnahme des Privilegs ohne Entschädigung ein Rechtsbruch wäre. Ein Geschenk wird denn also dem vor 1861 in der Grundsteuer nicht bevorzugten Grundbesitz gewährt und dieser damit vor dem ehemals privilegirten bevorzugt. Logisch müsste also, wenn der letztere die Entschädigung zurückzahlen muss, dem ersteren gewissermassen ein Einkaufsgeld für die Theilnahme an dem bisher nur jenem zustehenden Privileg auferlegt werden. Ferner würde aus der Rückforderung der Ent-

des Zustandekommens der Steuerreform zurückgestellt hatten, durften sie auch nicht, als die staatlichen Realsteuern erlassen waren, jenes ihr Zugeständniss, ohne das wohl andere Parteien und die Staatsregierung für den Realsteuererlass nicht zu haben gewesen sein würden, gewissermassen widerrufen, indem sie die Wiederbeseitigung der ihnen lästigen Erstattungspflicht forderten, wohl aber die Vortheile der Steuerreform behalten wollten.

Ungleich weniger günstig als der abgesehen von der Rückerstattung der Grundsteuerentschädigungen und der Aufhebung der lex Huene eigentlich nur gebende Entwurf des sogen. Aufhebungsgesetzes wurde der eine neue Steuer fordernde des Ergänzungsteuergesetzes aufgenommen. Theils bestritt man überhaupt die Nothwendigkeit der neuen Steuer, theils wollte man sie durch eine Differenzirung der Steuersätze für fundirtes und für unfundirtes Einkommen ersetzen, theils endlich kämpfte man gegen die beabsichtigte Heranziehung des Grundbesitzes nach dem Verkaufswerth. In den beiden ersten Fragen errang die Staatsregierung einen vollen Sieg, in der dritten gelang ein Kompromiss. Dagegen musste sie sich mit der Streichung der obligatorischen Vermögensanzeige, mit einer Reihe über die Vorlage hinausgehender Erleichterungen für kleinere Vermögen, der Festlegung vom 1. April 1899 ab dreijähriger Veranlagungsperioden statt deren Bestimmung durch Königliche Verordnung und mit einer Beschränkung des Steueraufkommens auf weniger als 35 Mill. Mark in dem Falle, wenn der hieran fehlende Betrag durch ein gewisses Mass überschreitende Mehrerträge der Einkommensteuer gedeckt wird, abfinden.

---

schädigungen, da sie nur aus obigem Gesichtspunkt der Wiederherstellung des Zustandes vor 1861 zu rechtfertigen wäre, folgen, dass das Privileg auch in vollem Umfange wiederhergestellt werden müsste; dazu gehört, dass ein Gut, dem der Staat vermöge dieses Privilegiums keine Grundsteuer auferlegen darf, auch nicht mit kommunalen Zuschlägen zu einer solchen belastet werden dürfte, und thatsächlich sind durchaus nicht alle s. Z. an der Entschädigung betheiligten Güter heute noch selbständige Gutsbezirke. Und wo bleibt denn eine Entschädigung dafür, dass diese Güter 30 Jahre lang die Grundsteuer gezahlt haben? Der Zinsfuss des jetzt zurückzuzahlenden Entschädigungskapitals bildet bei dem Sinken des Zinsfusses schon längst kein vollwerthiges Aequivalent für die gezahlte Grundsteuer. Wenn man endlich zur Begründung der Rückforderung darauf hinweist, dass durch die Aufhebung der Grundsteuer die Güter um deren kapitalisirten Betrag im Werthe steigen, so tritt dies doch nicht bloss bei den s. Z. entschädigten Gütern, sondern bei dem gesammten Grundbesitz ein, ja auch bei dem der Gebäudesteuer unterliegenden; die Aufhebung der Gewerbesteuer aber bewirkt ebenso eine Werthsteigerung der gewerblichen Anlagen, da bei der Schätzung des Werthes auch dieser die Höhe der zu leistenden Steuern und Abgaben in Betracht kommt. Ich kann daher nicht umhin, in der Rückforderung der Grundsteuerentschädigungen ein privilegium odiosum des hiervon betroffenen Grundbesitzes gegenüber dem übrigen zu erblicken. Indess, wie gesagt, deshalb die Steuerreform zum Scheitern zu bringen, wäre ein eminenter Fehler, schon weil allein die Beseitigung der staatlichen Ertragsbesteuerung ohne Schuldenabzug ein jene Unbilligkeit aufwiegender Vortheil ist. Nur soll man dann nicht noch sagen, der Grossgrundbesitz schöpfe bei der Steuerreform das Fett ab!"

Bedenklich war von diesen Aenderungen die Beseitigung der obligatorischen Vermögensanzeige, deren nachtheilige Folgen auch nicht ausgeblieben sind. Mochten manche Bestimmungen über die Vermögensanzeige in der Regierungsvorlage hart und lästig erscheinen, es wäre unschwer gewesen, sie auszumerzen oder zu ändern, ohne gleich die ganze obligatorische Vermögensanzeige über Bord zu werfen. Es ist nicht einzusehen, warum diese eine unerträgliche Belästigung sein soll, nachdem man die obligatorische Einkommensteuererklärung acceptirt hat. Die ganze Vermögensanzeige hätte sich unschwer durch eine geringe Erweiterung des Formulars der Einkommensteuererklärung bewerkstelligen lassen. Dass aber die Vermögensdeklarationspflicht in diesem Umfange ein besonders lästiges Eindringen in die Verhältnisse des Censiten enthalte, kann ebenfalls nicht zugegeben werden, da im Wesentlichen dieselben Angaben schon in der Einkommensteuererklärung gemacht werden müssen oder doch jederzeit zur Feststellung der Richtigkeit derselben erfordert werden können. Allerdings verliert gerade aus diesem letzteren Grunde die Streichung der Deklarationspflicht aus dem Ergänzungsteuergesetz viel von ihrem sonst noch bedenklicheren Charakter, da eben vieles von dem, was die Vermögensanzeige offenbaren sollte, aus der Einkommensteuerveranlagung entnommen werden kann. Immerhin wäre es richtiger gewesen, diesen Umweg zu vermeiden.

Der umfangreichste der drei Entwürfe, derjenige des Kommunalabgabengesetzes, erfuhr vielfache Abänderungen, die, wie die Erfahrung gelehrt hat, nur zum kleineren Theil Verbesserungen sind. Am einschneidensten waren die Abschwächungen der Regeln über die Heranziehung der Realsteuern zu den Gemeindelasten. Die Regierung erklärte, dass sie zwar auch mit diesen die Ziele der Steuerreform zu erreichen hoffe, wenn auch nicht in dem Masse, wie sie es gewünscht hätte, und die Erfahrung hat gezeigt und wird im Laufe der Zeit immer mehr zeigen, dass die Regierung mit dieser Einschränkung ihrer Hoffnungen nicht zuviel gesagt hat.

So bedurfte es denn achtmonatlicher Verhandlungen in Plenum, Kommissionen und Unterkommissionen, bis es gelang, die drei Gesetze unter Dach zu bringen, worauf dieselben am 14. Juli 1893 Allerhöchst vollzogen und in dem am 28. Juli 1893 ausgegebenen Stück 21 der Gesetzsammlung (S. 119, 134 u. 152) veröffentlicht wurden. In Kraft traten sie am 1. April 1895.

An Ausführungsvorschriften wurden erlassen die „Zusatzbestimmungen v. 6. März 1894 zu den Geschäftsanweisungen für die Katasterverwaltung", diejenigen v. 5. März 1894 zur Ausführungsanweisung für die Gewerbesteuer, die neue Anweisung zur Veranlagung der Betriebssteuer v. 5. März 1894, die Anweisung v. 29. Nov. 1893 wegen Rückerstattung der Grundsteuerentschädigungen, die „Technische Anleitung v. 26. Dez. 1893 für die erstmalige Schätzung des Werthes der Grundstücke behufs Veranlagung der Ergänzungssteuer", die Anweisung v. 3. April 1894 zur Ausführung des Ergänzungsteuergesetzes, an deren Stelle später die Neuredaktion v. 6. Juli 1900 getreten ist, und die Ausführungsanweisung zum Kommunalabgabengesetz v. 10. Mai 1894.

VI. Kapitel.

Das Gesetz wegen Aufhebung direkter Staatssteuern.

§ 65. Das sogen. Aufhebungsgesetz setzt „behufs Erleichterung und anderweitiger Regelung der öffentlichen Lasten der Gemeinden

(Gutsbezirke)“ die Grund-, Gebäude-, Gewerbe- und Betriebssteuer „der Staatskasse gegenüber“, die Bergwerksabgaben aber überhaupt ausser Hebung, sodass der Staatskasse von den bisherigen Steuern, abgesehen von denen der Hohenzollernschen Lande, nur die Einkommensteuer, die Steuer vom Gewerbebetrieb im Umherziehen und die Eisenbahnabgabe verblieben. Die nur der Staatskasse gegenüber ausser Hebung gesetzten Steuern werden unter Erweiterung auf die bisher steuerfreien, nach dem Kommunalabgabengesetz aber steuerpflichtig werdenden Objekte vom Staate für die Zwecke der Kommunalbesteuerung und der Wahlen zum Hause der Abgeordneten, die Grund- und Gebäudesteuer auch wegen der auf anderen Gebieten liegenden Bedeutung der Kataster, vom Staate weiter veranlagt, ohne dass die Gemeinden hierfür einen anderen Kostenbeitrag leisten, als in Gestalt des Wegfalls ihrer Veranlagungsgebühren bei sämmtlichen Steuern und der Verpflichtung zur kostenlosen Elementarerhebung der direkten Staatssteuern, Domänen-, Rentenbank- und Grundsteuerentschädigungsrenten für die Staatskasse und zur Abführung derselben an diese. Der Staatskasse verbleibt das Aufkommen an Gebühren, Kosten und Strafen im Bereiche der ausser Hebung gesetzten Realsteuern, während Nachsteuern an die Gemeinde fliessen, die natürlich auch die Steuerausfälle und die Hebungs- und Beitreibungskosten trägt. Die Betriebssteuer wird in den im Gewerbesteuergesetz festgesetzten Beträgen von den Gemeinden für Rechnung des Kreises forterhoben. Die Bergwerksabgaben dagegen werden, da sie die Grundlage einer Gemeindebesteuerung nicht bilden sollen, vielmehr der Bergbau der Gewerbesteuer unterworfen wird, auch nicht mehr weiter veranlagt, sind also thatsächlich nicht nur „ausser Hebung gesetzt“, sondern aufgehoben.

Die für die Provinzen Rheinland und Westfalen bestehenden besonderen Vorschriften über den Grundsteuerdeckungsfonds und den Fonds zur Erhaltung und Erneuerung des Katasters (vgl. oben §§ 31 u. 36) treten ausser Kraft, und es gehen die Bestände sowie die Passiven des Grundsteuerdeckungsfonds auf die Kreise der betreffenden Regierungsbezirke nach Massgabe der veranlagten Grundsteuer, des Fonds zur Erhaltung und Erneuerung des Katasters auf die Staatskasse über. Thatsächlich waren bei der Auflösung die Passiva übersteigende Aktiva nur bei ersterem (450 000 M.), dagegen bei letzterem Fonds die Aktiva übersteigende Verbindlichkeiten vorhanden. Sofern im Bereiche der Katasterverwaltung die Ausführung von Neumessungen ganzer Gemarkungen oder grösserer Theile von solchen seitens einer Gemeinde oder der betheiligten Grundbesitzer beantragt wird, oder vorzugsweise der Gemeinde oder den betheiligten Grundbesitzern zum Vortheile gereicht, kann die Ausführung nach Bestimmung des Finanzministers von der Entrichtung eines seitens der Gemeinde oder der betheiligten Grundbesitzer zu leistenden Beitrages zu den Kosten der Neumessung abhängig gemacht werden.

Die Festsetzung der Betriebssteuer erfolgt fortan für alle Gewerbesteuerklassen in den Landkreisen durch den Landrath, in den Stadtkreisen durch den Gemeindevorstand, in Berlin durch die Direktion für die Verwaltung der direkten Steuern. Erstreckt sich ein geistige Getränke verabfolgendes betriebssteuerpflichtiges Gewerbe über mehrere Kreise, so ist für jeden dieser Kreise die Hälfte der im Gewerbesteuergesetz bestimmten Steuersätze zu entrichten.

Die Verpflichtung der Gemeinde zur Elementarerhebung der Staatssteuern u. s. w. war im Gesetz selbst auch nicht ausgesprochen, sondern nur vorbehalten, diese Verpflichtung durch Königliche Verordnung auszusprechen. Diese Verordnung ist unterm 22. Jan. 1894 ergangen. Von dem in ihr gemachten Vorbehalt, Gemeinden mit weniger als 5000 Einwohnern bis längstens 1. April 1900 von der Verpflichtung zu befreien, ist kein Gebrauch gemacht, wohl aber von demjenigen, die Gemeinden und Gutsbezirke allgemein oder einzelne derselben von der Hebung der Wandergewerbesteuer zu entbinden. Die Erhebung der Eisenbahnabgabe ist schon durch die Allerhöchste Verordnung ausgenommen.

Unseres Erachtens wäre es übrigens nicht unbillig gewesen, wenigstens denjenigen Gemeinden, die ihre Realsteuern in Prozenten der vom Staate weiterveranlagten erheben, einen Beitrag zu den Veranlagungskosten aufzuerlegen. Vielleicht hätte das die leider so geringe Neigung der Gemeinden zur Einführung besonderer Gemeindesteuern verstärkt; stützen doch jetzt Gemeinden ihre ablehnende Haltung bisweilen sogar darauf, es sei ja unnöthiger Aufwand von Arbeit und Kosten, ihrerseits neben der staatlichen noch eine besondere Veranlagung vorzunehmen, obwohl sie die Kosten des Staates nicht bezahlen und sich darum bezüglich dieser nicht den Kopf zu zerbrechen brauchen.

Wie wir über die völlige Aufhebung der Bergwerksabgaben denken, haben wir schon im § 36 des III. Buches (S. 335) angedeutet.

§ 66. Die Grundsteuerentschädigungen sind prinzipiell zurückzuerstatten. Die Rückerstattung bleibt ausgeschlossen bezüglich derjenigen Güter und Grundstücke, welche nach erfolgter Entschädigung durch lästiges (entgeltliches) Rechtsgeschäft veräussert worden sind. Wenn sich die Veräusserung nur auf einen Theil des Gutes bezw. Grundstückes erstreckt hat, so wird der Betrag der Rückerstattung nach dem Verhältnisse der Grundsteuer ermittelt. Falls jedoch der veräusserte Theil nur aus Absplissen zu öffentlichen Wegen, zu Flüssen, Bächen, Kanälen oder zu Eisenbahnen besteht, wird der hierauf entfallende Entschädigungsbetrag von der für das ganze Gut oder Grundstück geleisteten Entschädigung nur dann abgerechnet, wenn der zur Rückerstattung Verpflichtete nachweist, dass der Grundsteuerreinertrag der Absplisse mehr als den zehnten Theil des Grundsteuerreinertrages des ganzen Gutes oder Grundstücks und zugleich mehr als 30 M. beträgt. Endlich findet eine Rückerstattung nicht statt in gewissen nur in Schleswig-Holstein vorkommenden und daher allgemeineren Interesses entbehrenden Fällen. Bezüglich derjenigen Güter und Grundstücke, deren Eigenthum nach erfolgter Entschädigung durch Schenkung, Vermächtniss, in Folge von Erbtheilungen oder Gutsüberlassungsverträgen übergegangen ist, bleibt die Rückerstattung des Entschädigungskapitals zu demjenigen Bruchtheile ausgeschlossen, zu welchem der zeitige Eigenthümer weder unmittelbar noch mittelbar Erbe des Entschädigten geworden ist.

Diejenigen Städte, welche gemäss § 7 des Ges. v. 21. Mai 1861 entschädigt worden sind, haben die empfangene Entschädigung an die Staatskasse zurückzuerstatten. Sofern die einer Stadtgemeinde überwiesene Entschädigungssumme auf die einzelnen Besitzer der Grundstücke in der städtischen Feldmark vertheilt worden ist, haben diese die Rückerstattung an die Staatskasse zu bewirken. Solchen Gemeinden, welche die Grundsteuerentschädigung zu gemeinnützigen, keine entsprechende Verzinsung gewährenden Einrichtungen verwendet haben, kann — nach einem Beschluss des Landtags — die Rückerstattung durch den Finanzminister ganz oder theilweise erlassen werden. Ebenfalls vom Landtage eingefügt ist die Befugniss des Finanzministers, in Fällen, wo in Folge von privatrechtlichen Abmachungen dem Grundbesitzer die Ausserhebungsetzung der staatlichen Grund- und Gebäudesteuer nicht zu statten kommt, den Zeitpunkt der Rückerstattung und den Beginn der Verzinsung bis zum Ablauf des betreffenden Vertrages, längstens aber bis zum 1. April 1910 hinauszuschieben.

Die zurückzuerstattenden Kapitalien sind seitens der Pflichtigen vom 1. April 1895 ab mit 3½ vom Hundert zu verzinsen. Die Feststellung der zurückzuerstattenden Kapitalien gebührt dem Finanzminister. Gegen die Feststellung steht den Pflichtigen binnen einer, vom Tage der Mittheilung des zu erstattenden Betrages ab laufenden, Ausschlussfrist von drei Monaten der Rechtsweg offen. Die Beschreitung des Rechtsweges hat aufschiebende Wirkung. Kapitalbeträge, welche den Betrag von 25 M. nicht erreichen, sowie Kapitalbeträge, welche über einen durch 25 ohne Rest theilbaren, in Mark ausgedrückten Geldbetrag hinausgehen, müssen binnen einer Frist von sechs Monaten nach erfolgter endgültiger Feststellung nebst den bis zum Zahlungstage aufgelaufenen Zinsen zur Staatskasse eingezahlt werden. Dem Verpflichteten steht es frei, nach seiner Wahl entweder den nach Abstossung dieser Kapitalsätze verbleibenden Betrag des zu erstattenden Kapitals nebst den Zinsen binnen sechs Monaten nach erfolgter endgültiger Feststellung ebenfalls zur Staatskasse zurückzuzahlen oder statt dessen für die Zeit vom 1. April 1895 ab auf die Dauer von 60½ Jahren eine in vierteljährigen Theilbeträgen fällige Tilgungsrente von jährlich 4 vom Hundert des Kapitals zu entrichten, wodurch das Kapital mit 3½ vom Hundert verzinst, sowie mit ½ vom Hundert und mit den durch die fortschreitende Tilgung ersparten Zinsen des ursprünglichen Kapitalbetrages getilgt wird. Die Regierung hatte eine Rente von 5 Proz., mithin Tilgung mit 1½ Proz., für 35 Jahre vorgeschlagen. Auch während des Zeitraums von 60½ Jahren kann der Verpflichtete die Tilgungsrente zum Beginn eines jeden Rechnungsjahres durch Baarzahlung des noch nicht getilgten Theiles des Kapitals ganz oder theilweise ablösen, mit der Beschränkung, dass bei theilweiser Ablösung der fortzuentrichtende Theil der Tilgungsrente einen auf volle Mark abgerundeten Jahresbetrag ergeben muss. Die fälligen Beträge an Kapital und Renten unterliegen der Beitreibung im Verwaltungszwangsverfahren. Die Erstattungspflicht bildet eine Reallast der Grundstücke.

Die sämmtlichen behufs der Rückerstattung eingehenden Beträge werden zur Tilgung von Staatsschulden durch Rückkauf von Staatsschulddokumenten Seitens der Hauptverwaltung der Staatsschulden verwendet.

Das Verfahren behufs Feststellung der zurückzuerstattenden Kapitalien war bis zum 1. April 1897 im Wesentlichen zum Abschluss gebracht. Von den auf Grund der Ges. v. 21. Mai 1861 und 11. Febr. 1870 zur Auszahlung an 96 200 Einzelempfänger gelangten 29 087 233 M. waren nach dem Stande am 1. April 1897 zur Rückzahlung festgestellt gegen 57 347 Pflichtige 14 203 756,35 M. An Städte waren ausgezahlt 6 119 558,20 M., wovon auf die Grundbesitzer untervertheilt worden sind 2 110 033,38 M. Von dieser letzteren Summe sind zur Rückzahlung festgestellt 969 432,62 M., von den nicht untervertheilten 4 009 524,82 M. nur 2 108 682,64 M. Ausserdem sind an vertragsmässig gewährten Entschädigungen zurückzuerstatten 1 311 185,97 M., Alles in Allem somit 18 576 389,15 M. Die Mehrzahl der Erstattungspflichtigen hat die Rückzahlung in Rentenform gewählt. An die Staatsschuldenverwaltung waren daher bis Ende 1899 gelangt erst 6 340 600,76 M. und in den Etats dieser Verwaltung für 1900 und 1901 sind ausgeworfen je 1/2 Mill. Mark.

§ 67. Schliesslich hebt das Aufhebungsgesetz auch die lex Huene auf. Da sich jedoch die Steuerreform auf die Hohenzollernschen Lande (vgl. oben § 44 und unten § 76) nicht erstreckte, so musste diesen, die an den Ueberweisungen Antheil hatten, ein Ausgleich gewährt werden. Es geschah dies in der Weise, dass für sie bis zur Umgestaltung ihrer direkten Steuern eine Jahresrente von 62 020 M., d. i. derjenige Betrag, der bei Fortbestehen der lex Huene unter Annahme eines nach derselben auf die Kreise zu vertheilenden Gesammtbetrages von 30 Mill. Mark auf sie entfallen würde, ausgeworfen wurde, die auf die Gemeinden nach der Einwohnerzahl unterzuvertheilen war.

VII. Kapitel.

Das Ergänzungsteuergesetz.

§ 68. Das Ergänzungsteuergesetz trägt seinen Namen, nicht, wie man wohl behauptet, bloss um die unpopuläre Bezeichnung „Vermögensteuer“ zu vermeiden, sondern mit Rücksicht auf die Aufgabe der Ergänzungsteuer, das direkte Steuersystem nach Ausscheidung der Ertragsteuern durch Herstellung einer von jeder Besteuerung nach der Leistungsfähigkeit zu fordernden differenziellen Behandlung des fundirten und des unfundirten Einkommens, durch Heranziehung absichtlich oder unabsichtlich ertragloser, aber ertragfähiger Objekte sowie durch Beschaffung des anderweitig nicht gedeckten finanziellen Ausfalls zu ergänzen.

Die Ergänzungsteuer ist eine nominelle, klassifizirte, proportionale und kontengentirte Vermögensteuer von normalmässig 1/2 vom Tausend des niedrigsten in die betreffende Steuerstufe fallenden Werthbetrages des nach Abzug der Verbindlichkeiten verbleibenden Vermögens. Im Gegensatz zur Einkommensteuer beschränkt sie sich auf physische Personen, deren Kreis nach Vorgang der Ersteren umgrenzt wird. Die objektive Steuerpflicht erstreckt sich nicht auf Möbel, Hausrath und andere bewegliche körperliche Sachen, insofern dieselben nicht als Zubehör eines Grundstücks oder als Bestandtheile eines Anlage- und Betriebskapitals anzusehen sind, ferner nicht auf die ausserhalb

Preussens — gleichviel ob im Reichsin- oder Auslande — belegenen Grundstücke und das dem Land-, Forstwirthschafts-, Bergbau- oder Gewerbebetriebe ausserhalb Preussends dienende Anlage- und Betriebskapital. Endlich werden nicht herangezogen alle steuerbaren Vermögen von nicht mehr als 6000 M., solche von nicht mehr als 20 000 M. in Händen wegen eines Einkommens von nicht mehr als 900 M. einkommensteuerfreier Personen, und solche bis zu 20 000 M. bei weiblichen Personen, die minderjährige Familienangehörige zu unterhalten haben, vaterlosen minderjährigen Waisen und Erwerbsunfähigen, sofern das Jahreseinkommen dieser Personen 1200 M. nicht übersteigt. Das Anlage- und Betriebskapital umfasst die sämmtlichen dem betreffenden Betriebe — dauernd oder vorübergehend — gewidmeten Gegenstände und Rechte, welche einen in Geld schätzbaren Werth haben.

Das sonstige Kapitalvermögen umfasst: a) verzinsliche und unverzinsliche, verbriefte und unverbriefte Kapitalforderungen jeder Art einschliesslich des Werthes von Aktien oder Antheilscheinen, Kommanditantheilen, Kuxen, Geschäftsguthaben bei Genossenschaften, Geschäftsantheilen und anderen Gesellschaftseinlagen; b) baares Geld, Banknoten und Kassenscheine, mit Ausschluss der aus den laufenden Jahreseinkünften des Steuerpflichtigen vorhandenen Bestände, sowie Gold und Silber in Barren, insoweit die Werthe zu a und b nicht als Theile eines Anlage- und Betriebkapitals anzusehen sind; c) den Kapitalwerth der Rechte auf Apanagen, Renten, Leibrenten, Altentheilsbezüge und auf andere periodische geldwerthe Hebungen, welche dem Steuerpflichtigen auf seine Lebenszeit oder auf die Lebenszeit eines Anderen, auf unbestimmte Zeit oder auf die Dauer von mindestens zehn Jahren entweder vertragsmässig als Gegenleistung für die Hingabe von Vermögenswerthen oder aus letztwilligen Verfügungen oder Familienstiftungen oder vermöge hausgesetzlicher Bestimmung zustehen; hierzu gehören jedoch nicht Ansprüche an Wittwen-, Waisen- und Pensionskassen, Ansprüche aus einer Kranken- oder Unfall- oder der gesetzlichen Invaliditäts- und Altersversicherung, auf Pensionen, welche mit Rücksicht auf ein früheres Arbeits- oder Dienstverhältniss gezahlt werden, sowie auf Renten, welche in letztwilligen Verfügungen Personen zugewendet sind, die zum Hausstande des Erblassers gehört und in einem Dienstverhältniss zu demselben gestanden haben.

Die Besteuerung nach Haushaltungen findet auch hier statt, ausserdem aber auch eine Anrechnung des Fideikommissvermögens beim Fideikommissbesitzer, ungetheilter Nachlassmassen bei den Erben pro rata des Erbtheils und des Anlage- und Betriebkapitals einer nicht der Einkommensteuer unterliegenden Erwerbsgesellschaft bei den Theilhabern nach Verhältniss ihrer Antheile.

Von dem Aktivvermögen sind in Abzug zu bringen: die dinglichen und persönlichen Kapitalschulden des Steuerpflichtigen mit Ausschluss derjenigen Verbindlichkeiten, welche zur Bestreitung der laufenden Haushaltungskosten eingegangen sind (Haushaltungsschulden), sowie der Kapitalwerth der vom Steuerpflichtigen oder aus einer Fideikommissstiftung zu entrichtenden Apanagen, Renten, Altentheile und sonstigen periodischen geldwerthen Leistungen, welche beim Berechtigten zum steuerbaren Vermögen zu rechnen sind, alle diese Verbindlichkeiten, insoweit sie nicht auf Vermögenstheilen haften, welche bei der Veranlagung ausser Betracht zu lassen sind.

Der Besteuerung wird im Allgemeinen der gemeine Werth der einzelnen Vermögenstheile zur Zeit der Veranlagung zu Grunde gelegt.

Bei Landwirthschafts- und Gewerbebetrieben, bei denen regelmässige jährliche Abschlüsse stattfinden, kann bei der Berechnung und Schätzung des steuerbaren Vermögens der Vermögensstand am Schlusse des letzten Wirthschafts- oder Rechnungsjahres zu Grunde gelegt werden.

Bei der Veranschlagung des Werthes von Grundstücken, welche dem Betriebe der Land- oder Forstwirthschaft, der Viehzucht, dem Wein-, Obst- oder Gartenbau dienen, sind auch das lebende und todte Wirthschaftsinventar sowie die sonst zum Anlage- und Betriebskapital gehörigen Werthe — einschliesslich der den gewerblichen Nebenbetrieben dienenden Gegenstände — mit der Massgabe zu berücksichtigen, dass Mehr- oder Minderwerthe des Inventars gegenüber einem wirthschaftlich normalen Bestande in Zu- oder Abrechnung zu bringen sind. Aus den wirthschaftlichen Vorjahren noch vorhandene, zum Verkauf bestimmte Vorräthe kommen als selbständige Vermögensstücke in Anrechnung.

Baares Geld deutscher Währung, Reichskassenscheine und Reichsbanknoten gelangen mit dem Nennwerthe, Silber und Gold in Barren sowie fremde Geldsorten mit dem Verkaufswerthe in Ansatz. Im Uebrigen sind Werthpapiere, wenn dieselben in Deutschland einen Börsenkurs haben, nach diesem, anderenfalls nach ihrem Verkaufswerthe zu veranschlagen. Alle sonstigen Kapitalforderungen und Schulden sind mit dem Nennwerthe in Ansatz zu bringen, insofern nicht Umstände vorliegen, welche die Annahme eines von dem Nennwerthe abweichenden Verkaufswerthes begründen.

Behufs Ermittelung des Kapitalwerthes von Niessbrauchsrechten, Apanagen, Renten, Leibrenten, Altentheilsbezügen und anderen periodischen Nutzungen und Leistungen ist der nach im Gesetz (§ 13) näher angegebenen Grundsätzen kapitalisirte Geldwerth der einjährigen Nutzung oder Leistung zu Grunde zu legen.

Vom Kapitalwerthe unverzinslicher befristeter Forderungen und Schulden werden für die Zeit bis zur Fälligkeit vier Prozent Jahreszinsen in Abzug gebracht.

Noch nicht fällige Ansprüche aus Lebens-, Kapital- und Rentenversicherungen kommen mit zwei Dritteln der Summe der eingezahlten Prämien oder Kapitalbeiträge, falls aber der Betrag nachgewiesen wird, für welchen die Versicherungsanstalt die Police zurückkaufen würde, mit diesem Rückkaufswerthe in Anrechnung.

Die Steuerstufen steigen von mehr als 6000 bis 24 000 M. um je 2000, dann bis 60 000 um je 4000, weiter bis 200 000 um je 10 000 und sodann um je 20 000 M., die Steuersätze dementsprechend von 3 bis 12 M. um je eine Mark, dann bis 30 M. um je 2, bis 100 um je 5, von da an um je 10 M. Jedoch werden Personen, deren Vermögen 32 000 M. nicht übersteigt, wenn sie nicht zur Einkommensteuer veranlagt sind, mit höchstens 3 M. jährlich, wenn sie zu den ersten vier Stufen derselben veranlagt sind, höchstens mit einem um 2 M. unter der von ihnen zu zahlenden Einkommensteuer verbleibenden Betrage zur Ergänzungsteuer herangezogen, und Steuerpflichtigen, welchen wegen beeinträchtigter Leistungsfähigkeit eine Ermässigung der Einkommensteuer gewährt wird, kann bei der Veranlagung auch eine Ermässigung der Ergänzungsteuer um höchstens zwei Stufen gewährt werden, sofern das steuerpflichtige Vermögen nicht mehr als 52 000 M. beträgt.

§ 69. Die Veranlagung schliesst sich möglichst eng an die der Einkommensteuer an. Doch findet eine Voreinschätzung durch die Voreinschätzungskommission nicht statt. Dagegen wird für jeden Veranlagungsbezirk ein Schätzungsausschuss gebildet, zu welchem gehören: der Vorsitzende der Veranlagungskommission oder der von demselben zu bezeichnende Stellvertreter und mindestens vier Mitglieder, von welchen zwei ständige durch die Regierung ernannt, die übrigen aus der Zahl der gewählten Mitglieder (stellvertretenden Mitglieder) der Veranlagungskommission durch dieselben abgeordnet werden. Derselbe hat die behufs Veranlagung der Steuerpflichtigen erforderlichen Werthermittelungen vorzunehmen und den Werth der steuerbaren Vermögen, insbesondere die Werthe der im Veranlagungsbezirke belegenen Grundstücke, sowie die Werthe der gewerblichen Anlage- und Betriebskapitalien zu begutachten. Der Ausschuss erhält zu diesem Zwecke Kenntniss von allen durch den Vorsitzenden der Veranlagungskommission gesammelten Nachrichten, den behufs Veranlagung zur Einkommensteuer eingereichten Steuererklärungen, den auf letztere bezüglichen Schriftstücken sowie dem Ergebniss der Einkommensteuerveranlagung und ist befugt, Auskunftspersonen zu vernehmen oder mit berathender Stimme bei seinen Verhandlungen zuzuziehen.

Zur Abgabe einer Vermögensanzeige sind die Steuerpflichtigen, wie schon erwähnt, berechtigt, aber nicht verpflichtet.

Die Veranlagungskommission unterwirft die Gutachten des Schätzungsausschusses, die eingegangenen Vermögensanzeigen und die Nachweisungen einer genauen Prüfung und setzt den nach ihrem Ermessen zutreffenden Steuersatz auf Grund der stattgehabten Ermittelungen fest.

Die Rechtsmittel sind wie bei der Einkommensteuer geordnet. Doch ist für beide Steuern die Wiedereinsetzung in den vorigen Stand zugelassen, welche beantragen kann, wer durch Naturereignisse oder andere unabwendbare Zufälle an Einhaltung der Rechtsmittelfristen verhindert war.

Die Veranlagung erfolgte zunächst zweimal für je ein, dann einmal für zwei Steuerjahre; seit 1. April 1899 hat sie stets für eine Periode von drei Steuerjahren stattzufinden.

Veränderungen des Vermögens im Laufe der Veranlagungsperiode werden nur in folgenden Fällen berücksichtigt: 1. Tritt im Laufe eines Steuerjahres eine Vermehrung des steuerbaren Vermögens in Folge Erb- oder Fideikommissanfalles, Abtheilungs- oder Ueberlassungsvertrages zwischen Eltern und Kindern, Schenkung oder Verheirathung ein, so ist der Erwerber entsprechend der Vermehrung seines Vermögens anderweit zur Ergänzungsteuer zu veranlagen und zur Entrichtung derselben von dem Beginne des auf den Vermögenszuwachs folgenden Monats ab verpflichtet. 2. Wird nachgewiesen, dass im Laufe eines Steuerjahres in Folge Wegfalles eines Vermögenstheiles der Gesammtwerth des steuerbaren Vermögens eines Pflichtigen um mehr als den vierten Theil vermindert worden ist, oder dass der wegfallende Theil des Vermögens anderweit zur Ergänzungssteuer herangezogen wird, so kann vom Beginne des auf den Eintritt der Vermögensverminderung folgenden Monats ab die Ermässigung der Ergänzungssteuer auf den dem verbliebenen Vermögen entsprechenden Steuersatz beansprucht werden.

Die Strafbestimmungen unterscheiden sich von denen des Einkommensteuergesetzes nur dadurch, dass für Hinterziehungen die Strafe nicht das 4- bis 10fache, sondern das 10- bis 25fache der Steuer beträgt.

§ 70. Da die Ergänzungsteuer nach dem ganzen Plan der Steuerreform nur dazu dienen sollte, den durch die Einkommensteuer und die Erträge der landwirthschaftlichen Zölle nicht gedeckten Ausfall der Staatskasse in Folge Aufgabe der Realsteuern zu decken, so traf schon der Entwurf Vorkehrung, dass der hierzu nöthige Betrag von 35 Mill. Mark durch die Ergänzungsteuer nicht überschritten, aber auch unter allen Umständen erreicht werde: würde das Veranlagungssoll 1895/96 jenen Betrag um mehr als 5 Proz. übersteigen, so sollte eine entsprechende Herabsetzung der Steuersätze erfolgen und diese für die Zukunft massgebend bleiben; würde dagegen das Veranlagungssoll 1895/96 um mehr als 5 Proz. unter 35 Mill. Mark bleiben, so sollte eine entsprechende Erhöhung der Steuersätze eintreten, aber nur für so lange, bis das Veranlagungssoll 35 Mill. Mark zuzüglich einer Steigerung von 4 Proz. für jedes auf 1895/96 folgende Steuerjahr erreichen würde. Der Landtag hat die Erhöhung der Ergänzungsteuersätze auch von dem Ergebniss der Einkommensteuer abhängig gemacht: jene Erhöhung wegen eines hinter 35 Mill. Mark um mehr als 5 Proz. zurückbleibenden Veranlagungssolls tritt nur ein, soweit der Ausfall nicht durch einen Mehrertrag der Einkommensteuer für das Jahr 1895/96 über 135 Mill. Mark und die Zinsen eines Fonds gedeckt wird, welcher bis zum Etatsjahr 1894/95 einschliesslich aus denjenigen Summen, um die der Ertrag der Einkommensteuer 1892/93 80 Mill. Mark, und für jedes der beiden folgenden Jahre einen um je 4 Proz. höheren Betrag übersteigt, und deren Zinsen zu bilden ist, soweit nicht anderweitig, gesetzliche Bestimmung über diese Beträge getroffen wird. Die nicht zur Ergänzung des Aufkommens der Ergänzungsteuer erforderlichen Zinsen dieses Fonds sind zu Volksschulbauten und Unterstützungen unvermögender Schulverbände zu verwenden, der Fonds selbst aber ist am 1. April 1895 zu den allgemeinen Staatsfonds zu vereinnahmen. Da, wohl Dank der Streichung der Deklarationspflicht, wie im nächsten Hauptabschnitt zu zeigen sein wird, das Veranlagungssoll von 35 Mill. Mark bei der Ergänzungsteuer nicht erreicht ist, so mussten durch Verordn. v. 25. Juni 1885 (G.-S. S. 265) die Steuersätze um 5,2 Proz. erhöht werden, also von 0,5 auf 5,26 vom Tausend.

Bei Feststellung der hiernach zu berechnenden Jahressteuersätze wird jeder überschiessende, nicht durch 20 theilbare Pfennigbetrag auf den nächsten in dieser Weise theilbaren Betrag abgerundet.

Eine u. E. überflüssige Bestimmung fügte der Landtag dahin hinzu, dass Veränderungen der Ergänzungssteuersätze ausser in den erwähnten Fällen des Nichterreichens oder Ueberschreitens der für das Steueraufkommen festgesetzten Grenzen nur unter gleichzeitiger und verhältnissmässiger Aenderung der Einkommensteuersätze zulässig sein sollen. Ueberflüssig ist diese Bestimmung deshalb, weil jede solche Aenderung der Steuersätze nur durch ein Gesetz erfolgen kann, durch ein solches aber jederzeit ein früheres, also auch dieser Paragraph aufgehoben oder abgeändert werden kann. Sollte diese Vorschrift wirklich praktische Bedeutung haben, so hätte man mindestens für eine Abänderung derselben die für Verfassungsänderungen festgesetzte erschwerende Form vorschreiben müssen. So ist der ganze Paragraph die Aeusserung eines blossen Wunsches für die Zukunft, an den sich künftig die gesetzgebenden Faktoren absolut nicht zu kehren brauchen. Uebrigens hätte man, wenn man gerade das gegenwärtige Verhältniss der Sätze der Ergänzungsteuer zu denen der Einkommensteuer für das richtige, namentlich auch für die höhere Besteuerung des fundirten im Verhältniss zum unfundirten Einkommen, hielt, logischer Weise ebenso die Aenderung der Einkommensteuersätze ohne solche der Ergänzungsteuersätze verbieten müssen, wie eine Aenderung dieser ohne jene.

Wichtiger ist das schon in der Regierungsvorlage enthaltene Verbot der Belastung der Ergänzungsteuer mit Zuschlägen Seitens öffentlicher Verbände. Man hat neuerdings dieses Verbot angegriffen und verlangt, das durch keine Realsteuer getroffene mobile Kapital mit Ergänzungsteuerzuschlägen zu den Gemeindelasten heranzuziehen, weil sonst in der Gemeinde das Prinzip der Besteuerung nach der Leistungsfähigkeit zum Vortheil des mobilen und zum Nachtheil des immobilen Kapitals verletzt werde. Dabei vergisst man, dass die Realsteuern in der Gemeinde nicht sowohl zur Mehrbelastung des fundirten gegenüber dem unfundirten Einkommen, als vielmehr zur Verwirklichung des Grundsatzes der Besteuerung nach dem Interesse dienen. Sondervortheile von den Gemeindeveranstaltungen hat und Sonderlasten verursacht aber das mobile Kapital nicht, wie Grundbesitz und Gewerbebetrieb. Will man die stärkere Leistungsfähigkeit des fundirten Einkommens um ihretwillen treffen, so dürfte man, da die Realsteuern in der Gemeinde diesem Zweck nicht dienen, das immobile Kapital von den Zuschlägen zur Ergänzungsteuer nicht ausnehmen.

Man hat auch die Proportionalität der Ergänzungsteuer zum Vorwurf gemacht, da die steuerliche Gerechtigkeit eine Progression fordere. Theoretisch mag das nicht unrichtig sein und in diesem Punkte, aber auch nur in diesem Punkte die Ergänzungssteuer hinter einer Differenzirung des fundirten und unfundirten Einkommens im Rahmen einer progressiven Einkommensteuer zurückstehen. Dass aber eine progressive Vermögensteuer bei der beinahe komisch wirkenden Angst vor dem „sozialistischen" oder „kommunistischen" Charakter der Vermögensteuer nicht durchzusetzen gewesen wäre, ist uns nicht zweifelhaft. Sodann war und ist immerhin, da auch jetzt noch die meisten anderen Staaten Vermögensteuern nicht haben, auch heut noch die Gefahr eines Auswanderns von Kapital bei zu starker Anspannung der Vermögensteuer nicht ganz von der Hand zu weisen, ein Bedenken, das übrigens auch gegen die Belastung der Ergänzungsteuer mit Gemeindezuschlägen spricht. Mehr Berechtigung hat die Bemängelung der ebenfalls nur aus der Lage der Dinge im Jahre 1892 einigermassen zu rechtfertigenden Beschränkung der Steuer auf physische Personen; im Prinzip ungerecht und unlogisch bleibt diese Beschränkung, ungerecht, weil die einkommensteuerpflichtigen Erwerbsgesellschaften selbständige Rechtssubjekte mit selbständigem Einkommen sind, und weil in der Verschonung derselben mit einer den im Erwerbsleben mit ihnen konkurrirenden physischen Personen auferlegten Steuer eine Benachtheiligung dieser, die ohnehin zumeist weniger kapitalkräftig sind, und damit eine Erschwerung der Konkurrenzfähigkeit derselben liegt, unlogisch, weil, wenn man bei der Einkommensteuer die Frage der Steuerpflicht jener Gesellschaften bejaht, man sie doch bei der Vermögensteuer, die selbst, wenn sie nicht in so enger Verbindung mit der Einkommensteuer auftritt wie in Preussen, ebenso eine Personalsteuer ist, wie diese, nicht verneinen darf. Diese Erwerbsgesellschaften beziehen ihr Einkommen doch nur aus ihrem Grundbesitz, ihrem gewerblichen Anlage- und Betriebskapital; nur wenn man dieses als Eigenthum der Gesellschaft und nicht der einzelnen Gesellschafter ansieht, lässt sich die Einkommensteuerpflicht rechtfertigen; ist es aber Eigenthum der Gesellschaft, dann fehlt jeder logische Grund für die Freilassung von der Vermögensteuer. Welche grossen Vermögenswerthe durch die Beschränkung auf physische Personen der Steuer verloren gehen, liegt auf der Hand, wie auch, dass, da die Ergänzungsteuer einen bestimmten Ertrag bringen muss, den Nachtheil hiervon die Gesammtheit der steuerpflichtigen physischen Personen hat.

VIII. Kapitel.

Das Kommunalabgabengesetz.

§ 71. Das Kommunalabgabengesetz berührt die direkten Staatssteuern als Einnahmequelle des Fiskus nur indirekt, indem es dazu dienen soll, durch Beschränkung der Kommunalzuschläge zur Einkommensteuer die letztere vor Depravation zu schützen. Im Rahmen dieses Buches kann es daher nur eine kurze Berücksichtigung finden.

Das Gesetz geht von folgenden Grundsätzen aus:

1. Der im Wege direkter Besteuerung aufzubringende Gemeindebedarf ist thunlichst zu beschränken und zu diesem Zweck auf Erschliessung neuer bezw. bessere Ausnutzung bisher ungenügend ausgebeuteter Einnahmequellen, insbesondere der Gebühren, der Beiträge an bestimmten Aufwendungen besonders interessirter Kreise von Gemeindeangehörigen Bedacht zu nehmen.

2. Die direkte Gemeindebesteuerung ist erheblich mehr als bisher auf Realsteuern zu begründen, insbesondere sind

3. durch Realsteuern regelmässig diejenigen Aufwendungen der Gemeinde zu decken, welche in überwiegendem Masse dem Grundbesitz und dem Gewerbebetriebe zum Vortheil gereichen.

4. Den Gemeinden ist zum Zwecke der Realbesteuerung die Einführung besonderer Steuern vom Grundbesitz sowie von den im Gemeindebezirk betriebenen stehenden Gewerben zu gestatten.

5. Die Gemeindeeinkommensteuer kann theilweise durch Aufwandsteuern ersetzt, im übrigen aber in der Regel nur in Form von Zuschlägen zur Staatseinkommensteuer erhoben werden.

Der zu 1 bezeichnete Grundsatz wird dadurch zum Ausdruck gebracht, dass den Gemeinden die Befugniss zur Erhebung von Steuern nur insoweit zugesprochen ist, als die sonstigen Einnahmen, „insbesondere aus dem Gemeindevermögen, aus Gebühren, Beiträgen und vom Staate oder von weiteren Kommunalverbänden den Gemeinden überwiesenen Mitteln“ nicht ausreichen, und zur Erhebung direkter Steuern nur soweit, als die indirekten Steuern den Steuerbedarf nicht decken; für die gewerblichen Unternehmungen der Gemeinden aber wird verlangt, dass sie in der Regel grundsätzlich so verwaltet werden, dass sie mindestens ihre Ausgaben einschliesslich Verzinsung und Tilgung des Anlagekapitals selbst decken.

Hinsichtlich der Verpflichtung zur Erhebung von Gebühren unterscheidet das Gesetz zwischen Gebühren für die Benutzung der von den Gemeinden im öffentlichen Interesse dargebotenen Anlagen, Anstalten und Einrichtungen und den Verwaltungsgebühren, d. h. denen für einzelne Handlungen der Gemeindeorgane. Zur Erhebung der ersteren wird ein Zwang statuirt, sofern die betreffende Veranstaltung einzelnen Gemeindeangehörigen oder einzelnen Klassen derselben vorzugsweise zum Vortheil gereicht, und zwar in der Regel in einer solchen Höhe der Gebühren, dass die Kosten der Veranstaltung einschliesslich Verzinsung und Tilgung des Anlagekapitals gedeckt werden. Dagegen besteht zur Erhebung von Verwaltungsgebühren in keinem Fall ein Zwang, und ihre Höhe ist derart beschränkt, dass das Gebührenaufkommen die Kosten nicht übersteigt; mit dieser Massgabe sind ausser den gegenwärtig zulässigen Fällen Gebühren für eine Reihe bau-, feuer- und sicherheitspolizeilicher Funktionen gestattet, und zwar nicht nur den Gemeinden, sondern auch den Amtsbezirken, Aemtern (in Westfalen) und Landbürgermeistereien (in der Rheinprovinz).

Wie bei den Gebühren, wird auch bei den behufs Herstellung und Unterhaltung von Anlagen, Anstalten und Einrichtungen, welche durch das öffentliche Interesse erfordert werden, von denjenigen Grundeigenthümern und Gewerbetreibenden, denen aus diesen Veranstaltungen besondere wirthschaftliche Vortheile erwachsen, zu erfordernden Beiträgen zwischen Fällen, wo solche zugelassen, und solchen, wo sie vorgeschrieben werden, unterschieden; zugelassen werden sie unter obigen Voraussetzungen allgemein, vorgeschrieben, wenigstens als Regel, wenn anderenfalls die Kosten durch Steuern aufzubringen sein würden.

Grundsätzlich anders als zu den Gebühren und Beiträgen stellt sich das Gesetz zu den indirekten Steuern, indem eine Verpflichtung zur Erhebung solcher in keinem Falle ausgesprochen, den Aufsichtsbehörden also nicht die Befugniss beigelegt ist, etwa die Genehmigung zur Erhebung direkter Steuern lediglich deshalb zu versagen, weil die Gemeinde keine oder nach Ansicht der Aufsichtsbehörde nicht ausreichende indirekte Steuern erhebe. Thatsächlich empfiehlt somit das Gesetz nur die Ausbildung indirekter Steuern. Dabei werden aber nicht nur, wie dies ja ein Landesgesetz nicht anders kann, die reichsgesetzlichen Beschränkungen aufrecht erhalten, sondern auch darüber hinaus die Neueinführung oder Erhöhung von Verbrauchsabgaben auf Fleisch — ausgenommen Wildpret und Geflügel —, Getreide, Mehl, Backwerk, Kartoffeln und Brennmaterialien aller Art vollständig untersagt, auch die landesgesetzlichen Beschränkungen der Forterhebung der Schlachtsteuer aufrecht erhalten. Die praktische Bedeutung der Bestimmungen des Gesetzes in der Richtung einer Ausdehnung der indirekten Besteuerung kann daher nur eine bescheidene sein und besteht hauptsächlich darin, dass die Befugniss zur Einführung indirekter Steuern gleichmässig den Stadt- wie den Landgemeinden aller Landestheile zuerkannt wird.

§ 72. Darüber, dass trotz aller Bestimmungen über indirekte Steuern, Gebühren und Beiträge doch in der grossen Mehrzahl der Gemeinden der Schwerpunkt auch künftig in den direkten Steuern liegen würde und würde liegen müssen, gab man sich niemals Illusionen hin, und dementsprechend beschäftigt sich das Gesetz auch in seinem bei weitem umfangreichsten Theile damit, eine rationelle Gestaltung derselben sicher zu stellen. An die Spitze stellt es den Grundsatz, dass alle direkten Gemeindesteuern auf alle Pflichtigen nach festen und gleichmässigen Grundsätzen zu vertheilen seien, übernimmt aber aus der Landgemeindeordnung für die östlichen Provinzen die Zulässigkeit von Mehr- oder Minderbelastungen einzelner an gewissen Veranstaltungen der Gemeinde in besonders hohem oder besonders geringem Masse interessirter Theile des Gemeindebezirks oder Klassen der Gemeindeangehörigen.

Völlig neue Bahnen sind in der Ausführung der im vorigen Paragraphen bezeichneten Prinzipien der Regelung des Verhältnisses zwischen Real- und Personalbesteuerung in der Gemeinde beschritten. Es werden bestimmte Regeln, von denen aber Abweichungen zulässig sind, aufgestellt. Werden Zuschläge zur Staatseinkommensteuer erhoben, so sind mindestens gleich hohe, höchstens aber um die Hälfte höhere Prozente der vom Staate — nicht mehr erhobenen, aber, wie oben erwähnt — weiter zu veranlagenden Realsteuern zu erheben; ohne gleichzeitige Heranziehung der Einkommensteuer dürfen Realsteuern in keiner grösseren Höhe als von 100 Proz. der vom Staat veranlagten Realsteuern erhoben werden. Mehr als 200 Proz. der Realsteuern dürfen in der Regel nicht erhoben werden; reichen 150 Proz. der staatlich veranlagten Realsteuern nicht aus und ist die Einkommensteuer auch schon mit 150 Proz. belastet, so können von dem Mehrbetrage für jedes Prozent der staatlich veranlagten Realsteuern 2 Proz. der Staatseinkommensteuer erhoben werden. Jede Belastung der Einkommensteuer mit mehr als 100 Proz. bedarf der Genehmigung der Aufsichtsbehörde unter Zustimmung der Ressortminister. Soweit an Stelle der Zuschläge bezw. Prozente der Staatssteuern besondere Gemeindesteuern erhoben werden, sind diese bei der Vertheilung des Steuerbedarfs nach diesen Regeln auf diejenige Steuerart (Real- oder Personalsteuer) zu verrechnen, zu der sie nach ihrer Einrichtung gehören. Für die Zulassung von Abweichungen von den Regeln ist als Norm ausdrücklich aufgestellt, dass, soweit die Ausgleichung nicht durch Erhebung besonderer Beiträge oder durch Mehr- und Minderbelastung erfolgt, die überwiegend dem Grundbesitz oder Gewerbebetrieb zum Vortheil gereichenden Aufwendungen in der Regel durch Realsteuern zu decken sind; als solche Aufwendungen, bei denen dies „namentlich" der Fall sei, sind diejenigen für Bau und Unterhaltung von Strassen und Wegen, für Ent- und Bewässerungsanlagen und für Verzinsung und Tilgung der für solche Zwecke aufgenommenen Anleihen namhaft gemacht. Was nun das Mass der Heranziehung der einzelnen Realsteuern im Verhältniss zu einander anlangt, so soll dieses in der Regel das gleiche sein; doch ist für Fälle des überwiegenden Interesses des Liegenschafts- oder Hausbesitzes oder des Gewerbebetriebes an bestimmten Aufwendungen der Gemeinde auch eine verschiedene Bemessung der Realsteuern bis zu der Grenze zugelassen, dass Grund- und Gebäudesteuer in der Regel höchstens doppelt so hoch wie die Gewerbesteuer herangezogen werden dürfen und umgekehrt; nur für die Betriebsteuer ist eine höhere Heranziehung ohne eine solche Schranke freigegeben.

In welcher Weise die Gemeinden im Einzelnen ihre Real- und Personalsteuern einrichten wollen, ob in Form von Zuschlägen zu den Staatssteuern oder als selbständige Gemeindesteuern, wird bezüglich der Realsteuern den Gemeinden überlassen, wohingegen als Personalsteuer regelmässig nur Zuschläge zur Staatseinkommensteuer zugelassen werden. Da die staatlich veranlagten Realsteuern und ganz besonders die Gewerbesteuer für die Gemeindebesteuerung nur in beschränktem Masse geeignet sind, so haben sich die Minister der Finanzen und des Innern die erdenklichste Mühe gegeben, durch Aufstellung von Mustern für Steuerordnungen u. s. w. die Gemeinden zur Einführung besonderer, ihren lokalen Verhältnissen angepasster Gemeindesteuern zu bewegen, bisher indess mit grösserem Erfolge nur mit Gemeindegrundsteuern nach dem gemeinen Werth. Es wird daher vielfach die

Forderung erhoben, durch Gesetz die kommunale Gewerbebesteuerung dort, wo die Gemeinde zu keiner autonomen Regelung schreitet, auf eine andere Basis als die für ihren jetzigen Zweck völlig ungeeignete des Ges. v. 24. Juni 1891 zu stellen. Dabei dürften unseres Erachtens vorzugsweise in Frage kommen die Beseitigung der Kontingentirung nach Mittelsätzen für mit der Gemeinde nicht zusammenfallende Veranlagungsbezirke, die Beseitigung der einheitlichen Besteuerung aller in einer Hand befindlichen Betriebe, die Zurückdrängung des Ertrages etwa in die Rolle, die er im Waarenhaussteuergesetz (vgl. unten § 79) spielt, und seine Ersetzung als prinzipalen Massstabes durch das Anlage- und Betriebskapital oder nur das Anlagekapital, eventuell unter Kombination mit äusseren Merkmalen, und eine Progression nach den Interessen der Gemeindeveranstaltungen durch Abstufung der Steuersätze nach Art und Umfang des Betriebes. Indess man hat sich den Weg zu einer gesetzlichen Reform der Gewerbesteuer durch die mechanischen Regeln über die Vertheilung des Steuerbedarfs sehr erschwert. Vor Allem aber würde eine solche gesetzliche Reform, möchte man sie gestalten wie man wollte, doch nie eine für die Verhältnisse aller Gemeinden geeignete Steuerreform schaffen können.

§ 73. Die Befreiungen von den sei es in Prozenten der staatlich veranlagten, sei es auf Grund autonomer Steuerordnungen erhobenen Gemeinde-Realsteuern vom Grundbesitz sind im Wesentlichen in Uebereinstimmung mit dem bisherigen Recht geordnet; nur die Steuerfreiheit der Dienstgrundstücke und Dienstwohnungen der Beamten ist in Wegfall gebracht; dagegen ist die Steuerpflicht für die Realsteuern vom Gewerbebetrieb, und zwar auch bei Erhebung von Zuschlägen, auch auf folgende, von der Staatssteuer befreite Kategorien von Betrieben ausgedehnt: landwirthschaftliche Brennereien, Bergbau, gewerbsmässige Gewinnung von Bernstein, Ausbeutung von Torfstichen, Sand-, Kies- und ähnlichen Gruben, Stein-, Schiefer-, Kalk- und dergleichen Brüche, Betriebe kommunaler und anderer öffentlicher Verbände, des Staates und der Reichsbank. Die Steuerfreiheit der Betriebe mit weniger als 1500 M. Ertrag und 3000 M. Anlage- und Betriebskapital wird dagegen auch für die Kommunalbesteuerung aufrecht erhalten. Es wird auch eine verschiedene Belastung der Gewerbearten nach dem Vortheil von den Gemeindeveranstaltungen oder dem Masse der der Gemeinde durch sie verursachten Kosten gestattet. Bezüglich der Realsteuern vom Grundbesitz verdient noch hervorgehoben zu werden die Zulassung einer höheren Belastung der Bauplätze, die ihren Grund in der Tendenz hat, der zur sozialpolitisch bedenklichen Steigerung der Wohnungsmiethen beitragenden ungesunden Spekulation mit Bauplätzen entgegenzutreten, aber wegen der Formulirung durch den Landtag ein todt geborenes Kind geblieben ist.

Eingehender als über die Realsteuern verhält sich die Vorlage über die Gemeindeeinkommensteuer; hier kehren im Wesentlichen die Bestimmungen des Kommunalsteuernothgesetzes (vgl. § 62 im I. Buch) wieder. Diesem und dem Einkommensteuergesetze entsprechend wird die Steuerpflicht geregelt, indem derselben unterworfen werden ausser den in der Gemeinde wohnhaften physischen Personen die Forensen mit ihrem Forensaleinkommen, die der Staatseinkommensteuerpflicht unterworfenen nicht-physischen Personen (Erwerbsgesellschaften) und die juristischen Personen in Gemeinden, in denen sie ihren Sitz, eine Zweigniederlassung, Betriebs-, Werk- oder Verkaufsstätte oder eine zum selbstständigen Abschluss von Geschäften befugte Agentur haben, endlich der Staatsfiskus, dieser aber nur mit dem Einkommen aus den von ihm betriebenen Gewerben, Eisenbahn- und Bergbauunternehmungen sowie aus seinen Domänen und Forsten. Die Kommunalsteuerprivilegien der Beamten, Geistlichen, Kirchendiener, Elementarschullehrer, Militärpersonen sowie der Wittwen und Waisen dieser Personen sind bis auf weiteres aufrecht erhalten und es ist sogar ein weiteres Privileg für Ausländer zugelassen: es sollen die Gemeinden befugt sein, diese (Angehörige ausserdeutscher Staaten, wie auch anderer deutscher Bundesstaaten) bis auf die Dauer von 3 Jahren von der Gemeindeeinkommensteuer freizulassen oder nur mit ermässigten Sätzen heranzuziehen, sofern der Wohnsitz in der Gemeinde nicht des Erwerbes wegen stattfindet. Hinsichtlich der Heranziehung der Personen mit nicht mehr als 900 M. Einkommen wiederholt das Gesetz die Bestimmungen des Einkommensteuergesetzes.

Einen vollkommen neuen Gedanken enthält es dagegen darin, dass es, um ein die Ordnung des Gemeindehaushalts gefährdendes Schwanken der Steuern grosser Steuerzahler zu verhüten, den Gemeinden gestattet, mit den Inhabern von fabrikmässigen Betrieben und Bergwerken anstatt der von diesen zu zahlenden Gemeindeeinkommen- und Gewerbesteuern feste „Steuerbeiträge" für mehrere Jahre im Voraus zu vereinbaren.

In der schwierigen Frage der Vermeidung von Doppelbesteuerung schloss sich die Vorlage an das bisherige, in dem Kommunalsteuernothgesetze enthaltene Recht an. Im Abgeordnetenhause wurde aber beanstandet, dass, wenn sich mehrere Wohnsitzgemeinden in das steuerpflichtige Einkommen eines Censiten zu theilen haben, nicht der auf jede entfallende Theil des Einkommens in die diesem Theil entsprechende Steuerstufe eingeschätzt, sondern der für das Gesammteinkommen ermittelte Steuersatz vertheilt werden sollte, wogegen die Forensalgemeinden das Forensaleinkommen nur in die diesem entsprechende Steuerstufe einschätzen dürften, also, soweit bei der Staatssteuer die Degression reicht, gegenüber den theilenden mehreren Wohnsitzgemeinden benachtheiligt wären, sowie dass infolge der alleinigen Berücksichtigung des Forensal-, nicht des Gesammteinkommens bei der Besteuerung in der Forensalgemeinde Jemand in dieser Einkommensteuer zahlen müsse, auch wenn er zwar aus dem forensalen Besitz einen Ueberschuss, aus anderen Einnahmequellen aber ein diesen übersteigendes Defizit, also ein staatssteuerpflichtiges Gesammteinkommen überhaupt nicht habe. Der Kern beider Fragen liegt darin, ob man auch für die Gemeindeeinkommensteuer wie für die Gemeinderealsteuern den Gesichtspunkt der Besteuerung nach dem Interesse oder aber den der Besteuerung nach der Leistungsfähigkeit in den Vordergrund rücken will. Ersterenfalls darf man nur das in der einzelnen Gemeinde zufliessende Einkommen, nicht das Gesammteinkommen, letzterenfalls das Gesammteinkommen, das die steuerliche Leistungsfähigkeit der Person anzeigt, in Rücksicht ziehen. Nun ist die ganze Gemeindeeinkommensteuerpflicht der Forensen überhaupt nur vom Gesichtspunkt der Besteuerung nach dem Interesse gerechtfertigt, und es ist daher zu billigen, dass der Landtag schliesslich die ersterwähnte Verschiedenheit zwischen der Besteuerung durch mehrere Wohnsitzgemeinden und derjenigen durch Wohnsitz- und Forensalgemeinden aufrecht erhalten hat. Dagegen ist dem zweiten Bedenken durch einen Zusatz Rechnung getragen worden, wonach, wenn das Einkommen eines Steuerpflichtigen in mehreren Wohnsitz- oder Forensalgemeinden steuerpflichtig ist, die Summe der in diesen Gemeinden zur Steuer herangezogenen Einkommenstheile, sofern sie nicht aus auch auf ausserpreussische Gemeinden sich erstreckenden Gewerbe- oder Bergbaubetrieben fliessen, den Höchstbetrag der Steuerstufe nicht übersteigen darf, in der der Steuerpflichtige mit seinem Gesammteinkommen zur Staatssteuer veranlagt ist.

Verfehlt, weil ungerecht und für die Gemeinden selbst nachtheilig, war es, dass auf Veranlassung des Herrenhauses die Freilassung des Forensaleinkommens in der Wohnsitzgemeinde auf das innerhalb Preussens erwachsende Forensaleinkommen beschränkt wurde. Nur im Interesse des Zustandekommens der ganzen Reform acceptirte das andere Haus und die Staatsregierung diese Bestimmung. Schon durch eine Novelle v. 30. Juli 1895 (G.-S. S. 409) wurde sie aber wegen ihrer Unhaltbarkeit beseitigt.

§ 74. Einen auf richtigen Gedanken beruhenden, aber weiterer Ausgestaltung harrenden gesetzgeberischen Versuch bedeutet die vom Landtage aufgenommene Verpflichtung der Betriebsgemeinden zu Zuschüssen an die Arbeiterwohnsitzgemeinden: in Fällen, wo die Arbeiterschaft industrieller Etablissements in der überwiegenden Mehrheit nicht in der Gemeinde, in der das Etablissement gelegen ist, sondern in benachbarten Gemeinden ihren Wohnsitz hat und dort die Schul- und Armenlasten unverhältnissmässig vermehrt, ohne dass diese Gemeinden bei der geringen Steuerkraft der Arbeiter ein einigermassen entsprechendes Aequivalent erhalten, wird die Arbeiterwohnsitzgemeinde ermächtigt, wenn durch die Erhöhung der Volksschul- und Armenlasten eine Steuerüberbürdung droht, von der Betriebsgemeinde einen nach der Höhe der Mehrausgaben, anderseits aber auch nach dem Vortheil der Arbeiterwohnsitzgemeinde zu bemessenden und in gewissen Grenzen sich haltenden Zuschuss zu verlangen.

§ 75. Als eine Konsequenz der Ausserhebungsetzung der staatlichen Ertragsteuern erscheint es, dass auch die Kreisabgaben mehr als bisher auf die Realbesteuerung basirt werden: während nach den Kreisordnungen bei Vertheilung der Kreisabgaben die Grund-, Gebäude- und die von dem Gewerbebetriebe auf dem platten Lande aufkommende Gewerbesteuer der Klasse A I, nach dem Gewerbesteuergesetz v. 24. Juni 1891 der Klassen I und II, mindestens mit der Hälfte und höchstens mit dem vollen Betrage desjenigen Prozentsatzes heranzuziehen sind, mit dem die Einkommensteuer belastet wird, steckt der Entwurf diese Grenzen, zwischen denen die Mitte die Regel bilden soll, auf mindestens den halben und höchstens den anderthalbfachen Betrag des Prozentsatzes der Belastung der Einkommensteuer und beseitigt ausserdem die Unterscheidung zwischen der auf dem platten Lande und der in den Städten aufkommenden Gewerbesteuer der Klassen I und II. Andere Neuerungen involviren die Möglichkeit einer wesentlichen Vereinfachung des Kreis- und auch des Gemeindefinanzwesens. Nach den Kreisordnungen sind die Kreisabgaben Individualsteuern und wird das Kreisabgabensoll für die einzelnen Gemeinden und Gutsbezirke nur im Ganzen berechnet und den Gemeinden und Gutsbezirken zur Untervertheilung und Abführung überwiesen; die Untervertheilung muss aber nach dem vom Kreistag für die Erhebung der Kreisabgaben festgesetzten Vertheilungsmassstabe erfolgen. Die Befugniss, ihren Antheil an den Kreisabgaben nach eigenem Ermessen aufzubringen, also namentlich als Gemeindeabgaben oder aus dem Gemeindevermögen, hatten nach den meisten Kreisordnungen nur die Stadt-, nur in Westfalen, der Rheinprovinz und Schleswig-Holstein auch die Landgemeinden. Das Gesetz räumt diese Befugniss allgemein allen Gemeinden ein. Endlich ist die Beschränkung, dass Mehr- und Minderbelastungen einzelner Kreistheile mit Kreisabgaben nur nach Quoten der Letzteren, Mehr- und Minderbelastungen einzelner Kreise mit Provinzialabgaben nur nach Quoten der direkten Staatssteuern erfolgen dürfen, fortgefallen und der Massstab der Mehr- und Minderbelastung dem Kreise bezw. der Provinz überlassen.

Auf die Erfolge des Kommunalabgabengesetzes werden wir in einem Anhange zu diesem Buche kurz eingehen.

IX. Kapitel.

Die Umgestaltung der direkten Steuern in den Hohenzollernschen Landen.

§ 76. Die Steuerreform von 1891 und 1893 erstreckte sich nicht auf die Hohenzollernschen Lande und die durch Reichsgesetz vom 15. Dez. 1890 (R.-G.-Bl. S. 207) mit dem Preussischen Staate vereinigte Insel Helgoland.

Auf letzterer werden noch heute direkte Staatssteuen nicht erhoben. Dagegen war die Herstellung einer Uebereinstimmung in der direkten Besteuerung zwischen den Hohenzollernschen Landen und dem übrigen Staatsgebiet schon bei Vorlegung der Steuerreformgesetze von der Staatsregierung für einen möglichst nahen Zeitpunkt ins Auge gefasst, und das mit Recht. Denn das direkte Steuersystem der Hohenzollernschen Lande stellte sich, wie oben im § 44 gezeigt ist, als eine reine Ertragsbesteuerung dar, wie sie in dem übrigen Staatsgebiet mit dem 1. April 1895 völlig aufgegeben ist. Schon dieser Umstand liess seine Beseitigung geboten erscheinen. Denn es widerstreitet dem Charakter des Einheitsstaates, zu den Lasten des Staates die Angehörigen eines

Landestheils nach durchgängig anderen Grundsätzen heranzuziehen, wie diejenigen anderer Landestheile. Es trafen ferner die allgemeinen Erwägungen, welche zur Ausscheidung der Ertragsteuern aus dem Staatssteuersystem für das übrige Preussen geführt haben, auch für die Hohenzollernschen Steuern zu. Aber auch die besonderen Mängel, welche den bis zu der Steuerreform bestehenden Preussischen Ertragsteuern zum Vorwurfe gemacht worden sind, wurden von den Hohenzollernschen weniger vermieden, als es auf den ersten Blick den Anschein hatte. Das ganze Steuersystem beruhte eben auf Anschauungen, wie sie zur Zeit seiner Einführung namentlich in Süddeutschland auf dem Gebiete des Steuerwesens herrschend waren, jetzt aber fast allgemein aufgegeben sind. Die Nachbarstaaten der Hohenzollernschen Lande, mit deren Steuersystemen damals das Hohenzollerns im Einklange stand, waren längst zu grundlegenden Reformen übergegangen, welche zwar noch nicht, wie in Preussen, zu einer Aufgabe der Ertragsteuern, aber doch zu einer zeitgemässen Fortbildung und Ergänzung derselben geführt hatten, und überall war das, wenn auch noch nicht in allen Staaten erfolgreiche, Bestreben hervorgetreten, sie mindestens durch eine allgemeine Einkommensteuer zu ergänzen.

Schon im Winter 1894/95 wurde daher im Finanzministerium der Entwurf eines Steuerreformgesetzes für die Hohenzollernschen Lande fertiggestellt. Seiner Einbringung stellte sich aber der Umstand entgegen, dass Vorbedingung für die Ueberweisung neuer Steuerquellen an die Gemeinden eine deren angemessene Ausnutzung gewährleistende Reform der in Hohenzollern geltenden, total veralteten drei verschiedenen Gemeindeordnungen war. Da sich nun die Fertigstellung einer neuen Hohenzollernschen Gemeindeordnung verzögerte, so konnte der Steuerreformgesetzentwurf mit den Entwürfen einer Hohenzollernschen Gemeindeordnung, eines Gesetzes betreffend Abänderung und Ergänzung der Hohenzollernschen Amts- und Landesordnung sowie eines Gesetzes betreffend Aenderung des Verfahrens für die Wahlen zum Hause der Abgeordneten in den Hohenzollernschen Landen erst im Dezember 1899 dem Kommunallandtage der Hohenzollernschen Lande vorgelegt werden. Ueber die Grundzüge der Reform äusserte sich die Begründung des Gesetzentwurfs wie folgt:

„Ueber die grundsätzliche Richtung, welche die Steuerreform für Hohenzollern jetzt einzuschlagen haben wird, können Zweifel nicht obwalten: sie muss in der Herstellung einer thunlichst vollständigen Uebereinstimmung mit der Steuerverfassung in dem übrigen Staatsgebiete bestehen. Es sind daher die bestehenden 6 Ertragsteuern als Staatssteuern aufzugeben und als solche durch die auf den Ges. v. 24. Juli 1891 und 14. Juli 1893 beruhende Einkommen- und Ergänzungssteuer zu ersetzen. Für die Zwecke der kommunalen Besteuerung erscheint es aber geboten, die Veranlagung derjenigen Ertragsteuern fortzuführen, welche in einem den Grundsatz einer Besteuerung nach dem Interesse, nach Leistung und Gegenleistung zur Geltung bringenden Kommunalsteuersystem unentbehrlich sind. Jener Grundsatz, wie ihn das Kommunalabgabengesetz v. 14. Juli 1893 durchführt, und wie er auch den Ausgangspunkt

76*

für die in dem Entwurfe der Gemeindeordnung vorzunehmende Neuordnung des Kommunalsteuerwesens in den Hohenzollernschen Landen bildet, fordert eine Realbesteuerung nur der Grundbesitzer und Gewerbetreibenden als derjenigen Elemente, welche ein besonderes Interesse an den Veranstaltungen der Gemeinden zu haben, von ihnen besonderen Vortheil zu ziehen oder der Gemeinde besondere Ausgaben zu verursachen pflegen, nicht auch der Besitzer mobilen Kapitals und der der Dienstertragsteuer unterliegenden Beamten etc., die vielmehr ihr Interesse an der Gemeinde mit etwaigen Zuschlägen zur Einkommensteuer ausreichend abgelten. Aus diesen Gründen wird die Veranlagung nur der Grund-, Gefäll-, Gebäude- und Gewerbesteuer, nicht auch der Kapitalien- und Dienstertragsteuer, die übrigens auch gegenwärtig schon zu den Gemeindezuschlägen nicht herangezogen werden, vom Staate fortzuführen sein".

Der Entwurf beschränkte sich aber nicht auf die direkten Steuern, sondern schlug ausserdem vor, die sogen. „Wirthschaftsabgaben" aufzuheben und dafür die Preussische Stempelsteuer einzuführen.

Während der Kommunallandtag den übrigen Bestimmungen des Entwurfs, wenn auch denen bezüglich Rückerstattung der Grundsteuerentschädigungen (vgl. unten § 77) nur widerwillig zustimmte, sprach er sich in Uebereinstimmung mit der freilich durch Presse und Versammlungen sehr bearbeiteten öffentlichen Meinung entschieden gegen die Einführung der Preussischen Stempelsteuer aus, obwohl die wichtigsten Stempel, der Immobilienkaufstempel und der Schuldverschreibungsstempel für den Immobiliarkredit bereits in den Hohenzollernschen Landen bestanden.

Die Staatsregierung trug dem Wunsche des Kommunallandtags Rechnung und verzichtete auf die Einführung des Stempelsteuergesetzes. Andererseits lehnte sie nun aber auch die Aufhebung der Wirthschaftsabgaben, für welche die Stempeleinnahmen Ersatz bieten sollten, ab.

In dieser veränderten Gestalt wurde der Gesetzentwurf — wie auch die übrigen oben erwähnten — in der Session von 1900 vom Landtag der Monarchie angenommen und als Ges. v. 2. Juli 1900 (G.-S. S. 252) publizirt. In Kraft trat das Gesetz am 1. April 1901.

§ 77. Das Gesetz hat, was die Ausserhebungsetzung bezw. Aufhebung der bisherigen Steuern anlangt, einen völlig analogen Inhalt wie das Aufhebungsgesetz v. 14. Juli 1893. Wegen der Rückerstattung der Grundsteuerentschädigungen werden die einschlägigen Vorschriften dieses Gesetzes für anwendbar erklärt.

Entschädigungen für die Aufhebung von Grundsteuerbefreiungen waren seiner Zeit bei Einführung der Sigmaringenschen Steuergesetze in Hohenzollern-Hechingen nach einem Ges. v. 22. Febr. 1867 in Höhe desselben Vielfachen der neuen Grundsteuer gewährt worden, das sich bei Ausführung des Ges. v. 21. Mai 1861 für verfassungsrechtliche Exemtionen in den alten Provinzen ergab, nämlich des 9,0677fachen. Der Gesammtbetrag der hiernach zuerkannten Grundsteuerentschädigungen beläuft sich auf 17923 fl. 35 Kr. = 30726,15 M., wovon der grösste Theil auf das Fürstlich Hohenzollernsche Fideikommiss entfällt.

Das Gesetz verfügt sodann die Einführung des Einkommen- und Ergänzungsteuergesetzes mit ganz unwesentlichen, lediglich auf die etwas abweichende Verwaltungsorganisation und den anderen Zeitpunkt der Einführung zurückzuführenden Aenderungen. In das Kontingent der Ergänzungsteuer von 35 Mill. Mark wird das Aufkommen aus den Hohenzollernschen Landen nicht eingerechnet.

Schliesslich kommen natürlich die bisher als Ausgleich für die Ueberweisungen aus der lex Huene und für die Aufhebung der beiden untersten Klassensteuerstufen gezahlten Renten von zusammen 104631 M. in Wegfall.

Das Kommunalabgabengesetz ist mit einer Reihe von Modifikationen durch die Gemeindeordnung v. 2. Juli 1900 (G.-S. S. 189) in den Hohenzollernschen Landen eingeführt.

X. Kapitel.

Die sonstigen Gesetze über direkte Steuern aus der Aera Miquel.

§ 78. Wir haben schliesslich noch zweier Gesetze aus der Initiative Miquels zu gedenken, von denen das eine, von ganz untergeordneter Bedeutung, zwar die direkten Staatssteuern betrifft, aber mit der grossen Steuerreform in keinem Zusammenhang steht, das andere zwar, wenn auch lose, mit dieser zusammenhängt, aber nur die Kommunalbesteuerung angeht. Wir meinen das Ges. v. 23. Dez. 1896 (G.-S. S. 273) wegen Aenderung des Ges. v. 3. Juli 1876 betreffend die Besteuerung des Gewerbebetriebes im Umherziehen und das Waarenhaussteuergesetz v. 18. Juli 1900 (G.-S. S. 294).

Das Gesetz betreffend die Besteuerung des Gewerbebetriebes im Umherziehen v. 3. Juli 1876 befreite von der Steuer vom Gewerbebetriebe im Umherziehen u. a. „Kaufleute, Fabrikanten und andere Personen, welche ein stehendes Gewerbe betreiben, sowie die in deren Diensten stehenden Reisenden, welche ausserhalb des Ortes ihrer gewerblichen Niederlassung, bezw. der gewerblichen Niederlassung ihrer Geschäftsherren, a) Waarenbestellungen suchen, wenn sie von den Waaren, auf welche sie Bestellungen suchen, nur Proben oder Muster mit sich führen, b) Waaren aufkaufen, wenn sie die aufgekauften Waaren nur Behufs deren Beförderung nach dem Bestimmungsorte mit sich führen“.

Diese Bestimmung schloss sich durchaus dem § 44 der Reichsgewerbeordnung in der ursprünglichen Fassung vom 21. Juni 1869 an und stimmte sachlich vollständig damit überein, sodass in allen Fällen, in welchen es zum Aufsuchen von Bestellungen und zum Waarenaufkauf nur einer Legitimationskarte — nicht eines Wandergewerbescheines — bedurfte, auch Befreiung von der Wandergewerbesteuer eintrat. Die vollständige Uebereinstimmung hat jedoch nur bis zum Jahre 1883 gedauert. Denn durch das Reichsgesetz v. 1. Juli 1883 (R.-G.-Bl. S. 159) erhielt der § 44 der Gewerbeordnung eine andere

Fassung, in Folge deren es zum Bestellungsuchen und zum Waarenaufkauf für andere Zwecke als diejenigen des eigenen Gewerbebetriebes und für den Waarenankauf bei anderen Personen als bei Kaufleuten oder Produzenten der Waare ausserhalb offener Verkaufsstellen eines Wandergewerbescheins bedurfte, ohne dass deshalb die Heranziehung zur Wandergewerbesteuer erfolgen konnte.

Diese Nichtübereinstimmung der steuerlichen und der Vorschriften der Gewerbeordnung war aber von so geringer praktischer Bedeutung, dass Schwierigkeiten für die Handhabung der beiderseitigen Bestimmungen nicht entstanden und ein Bedürfniss zur Aenderung des Steuergesetzes bis in die neueste Zeit nicht hervorgetreten ist.

Durch Art. 9 des Reichsgesetzes betreffend die Abänderung der Gewerbeordnung v. 6. Aug. 1896 wurden nun aber dem § 44 der Letzteren weitere Bestimmungen hinzugefügt, wonach zu dem Aufsuchen von Waarenbestellungen bei anderen Personen als Kaufleuten und solchen, in deren Geschäftsbetriebe Waaren der angebotenen Art Verwendung finden, oder bei Kaufleuten ausserhalb ihrer Geschäftsräume, sofern es ohne vorgängige ausdrückliche Aufforderung geschieht und nicht die im Art. 9 a. a. O. vorgesehenen Ausnahmen vorliegen, fortan ein Wandergewerbeschein erforderlich ist.

Das Ges. v. 23. Dez. 1896 stellte nun durch entsprechende Aenderung des Ges. v. 3. Juli 1876 die Uebereinstimmung der Wandergewerbesteuerpflicht mit der reichsrechtlichen Wandergewerbescheinpflicht in dieser Beziehung wieder her.

§ 79. Schon seit dem Jahre 1896 drängte die Landesvertretung die Staatsregierung zu gesetzgeberischen Massnahmen auf steuerlichem Gebiet, um die Schäden, welche die seit Mitte der 90er Jahre in Deutschland, wie schon früher in Frankreich, Nordamerika und England auftretenden grossen, Waaren der verschiedensten Branchen führenden Waarenhäuser dem kleinen und mittleren Detailhandel zufügten, zu beseitigen oder zu mildern. Die Staatsregierung trug ernste Bedenken, diesem Verlangen zu entsprechen, weil sie sich darüber klar war, wie wenig in dieser Beziehung durch Steuern, die nicht den reichsgesetzlich unzulässigen Charakter einer Erdrosselungssteuer tragen, zu erreichen sei, und dass es nur der einzelnen Gemeinde möglich sei, eine Sondersteuer für Waarenhäuser so zu konstruiren, dass nur Betriebe getroffen würden, die man auch wirklich zu treffen beabsichtigt, während ein für den ganzen Staat erlassenes Gesetz immer, möge man die Grenzen der Steuerpflicht ziehen wie man wolle, hier Betriebe erfassen würde, deren Sonderbelastung bei Erlass des Gesetzes nicht beabsichtigt war, dort solche freilassen würde, die man recht eigentlich treffen wollte. Sie verwies daher zunächst auf die autonome Regelung durch die Gemeinden und suchte hierzu auch durch geeignete Muster von Gewerbesteuerordnungen anzuregen. Die Gemeinden versagten aber gänzlich.

Ungern entschloss sich daher die Regierung, im Herbst 1898 einen Gesetzentwurf auszuarbeiten, der auf einer Kombination von Nutzungswerth der Geschäftsräume, Zahl der beschäftigten Personen und Zahl der geführten Waarengruppen als Besteuerungsmerkmalen beruhte. Als der Entwurf bekannt wurde, fand er eine überwiegend ungünstige Aufnahme, bei den Einen, weil sie überhaupt eine solche Sonderbesteuerung für ungerecht, schädlich und für ein Präcedenz gefährlicher Art hielten, bei den Anderen, weil sie als Allheilmittel die Besteuerung nach dem Umsatz ansehen. So wurde dieser Entwurf dem Landtage gar nicht erst vorgelegt.

Da die Staatsregierung aus der Aufnahme dieses Entwurfes erkannt hatte, dass dem zweifellos äusserst populären Verlangen nach einer Waarenhaussteuer nur durch eine Umsatzsteuer genügt werden könne, so entschloss sie sich trotz ihrer Bedenken, die sie in der Begründung offen aussprach, in der Session von 1900 einen derartigen Entwurf vorzulegen. Das Schicksal desselben stand bis zum letzten Augenblick der parlamentarischen Verhandlungen, weniger wegen des Widerstandes der grundsätzlichen Gegner, als wegen der Ueberspannung der Forderungen der Freunde der Waarenhaussteuer, auf des Messers Schneide.[1]) Schliesslich gelangte man aber zu einer Einigung, und am 18 Juli 1900 wurde das „Gesetz betreffend die Waarenhaussteuer" Allerhöchst vollzogen.

Die Waarenhaussteuer ist eine nach dem Umsatze von 1 bis auf 2 Proz. desselben, aber — von gewissen Unternehmungsformen, wie Konsumvereinen, abgesehen — nicht über 20 Proz. des gewerbesteuerpflichtigen Ertrages steigende, vom Staate veranlagte, aber den Gemeinden, die sie übrigens durch eine noch weitergehende Gemeindesteuer ersetzen können, zufliessende Steuer derjenigen Klein- (Detail-) Handelsbetriebe, welche mehr als eine von vier im Gesetz umschriebenen, weit gegriffenen Waarengruppen führen und im Detailhandel einen Umsatz von mehr als 400 000 M. erzielen. Die Ausführungsanweisung datirt vom 26. Sept. 1900.

Die erste Veranlagung des Gesetzes für 1901 ergab im Ganzen ca. 100 steuerpflichtige Betriebe mit einem Veranlagungssoll von ca. 3 Mill. Mark, von dem jedoch die schon bei Verkündigung des Gesetzes bestehenden Waarenhäuser für 1900 nur die Hälfte zu entrichten haben.

[1]) Vgl. die Geschichte des Gesetzes in der Einleitung zu Strutz „Gesetz betreffend die Waarenhaussteuer". Nr. 27 der Guttentag'schen Sammlung Preussischer Gesetze.

II. Hauptabschnitt.

Die Einnahmen der Verwaltung der direkten Steuern.

Vorbemerkung.

§ 80. Ehe wir auf die Betrachtung der einzelnen Einnahmeposten der Verwaltung der direkten Steuern, wie sie im Anschluss an den Staatshaushaltsetat, in dem sie jetzt das vierte Kapitel bilden, in der Anlage LXVIII nachgewiesen sind, übergehen, sei auf eine materielle, wenn auch dem Betrage nach unerhebliche Verschiedenheit zwischen den Etatsansätzen vor 1880/81 und den späteren aufmerksam gemacht. Auf Grund einer Kab.-O. v. 7. April 1828, eines Ges. v. 21. Jan. 1839 (G.-S. S. 58) und eines solchen vom 31. März 1852 (G.-S. S. 106) wurde in den Theilen der Rheinprovinz, in denen der Französische Code civil galt, ein Beitrag von jährlich 73892 Thlr. zu den Kosten der Justizverwaltung in Gestalt von Beischlägen zu den direkten Staatssteuern erhoben. Die Vertheilung auf die einzelnen Steuern erfolgte nach dem Gesetz von 1839 folgendermassen: zur Gewerbesteuer von den stehenden Gewerben wurde ein Beischlag von 3½ Proz. erhoben, der hierdurch nicht gedeckte Rest aber zur einen Hälfte durch Beischläge zur Grund-, zur anderen Hälfte durch solche zur Klassen-, Mahl- und Schlachtsteuer aufgebracht. Nach dem Gesetz von 1852 verblieb es bezüglich des Beitrages der Gewerbesteuer wie bisher; dagegen steuerten Grund- (einschl. der 1861 abgetrennten Gebäude-), Klassen-, klassifizirte Einkommen-, Mahl- und Schlachtsteuer nun nach Verhältniss ihres Sollaufkommens bei. Durch § 31 des Ausführungsgesetzes zum Deutschen Gerichtskostengesetze v. 10. März 1879 (G.-S. S. 145) kamen diese Beischläge in Wegfall. Bis dahin, d. i. bis einschliesslich 1879/80 erscheinen sie mit in den im Etat ausgeworfenen Steuersolls.

Von nicht grösserer Erheblichkeit sind die 1872—1887/88 in dem Etatssoll der Klassen- und klassifizirten Einkommensteuer enthaltenen Beiträge der ausserhalb der Zollgrenze liegenden Gebietstheile zu den an die Reichskasse abzuführenden Aversen für Zölle und Verbrauchssteuern. Dieselben wurden auf Grund eines Ges. v. 5. März 1868 (G.-S. S. 205) alljährlich durch den Etat festgestellt und zwar, da sie nach diesem Gesetz als „Zuschläge zu direkten Staatssteuern“ zu erheben waren, auf den dritten Theil der in den Zollausschüssen aufkommenden Klassen- und Einkommensteuer, nach dem Etat für 1888/89 auf 103000 M. bei der Klassen-, 79000 M. bei der Einkommensteuer. Sie kamen mit dem Etatsjahr 1889/90 in Wegfall, weil von da an Preussen derartige Aversen nicht mehr zu leisten hat. Vor 1872 wurden sie bei den verschiedenen Einnahmen der allgemeinen Kassenverwaltung aufgeführt.

I. Kapitel.

Die Grund- und Gebäudesteuer.

§ 81. Da die älteren Grundsteuern und auch die Grundsteuer von den Liegenschaften nach dem Ges. v. 21. Mai 1861, wie im vorigen Hauptabschnitt ausgeführt ist, Repartitionssteuern waren und nicht periodisch neu veranlagt wurden, so fehlte ihrem Aufkommen natürlich fast jede Beweglichkeit: die Werthe, nach denen die Steuer umgelegt wurde, blieben hinsichtlich der einzelnen Objekte unverändert, und nur der bei Liegenschaften ihrer Natur nach unerhebliche Ab- und Zugang an Steuerobjekten selbst sowie die Entdeckung gewisser Irrthümer beeinflusste in ganz geringem Masse das Steueraufkommen. Wie die Spalte 2 der Anlage LXVIII zeigt, hat dasselbe denn auch von 1849—1864 im Soll nur zwischen 30,989 (1849) und 30,253 Mill. (1855) Mark geschwankt. Der relativ erhebliche Rückgang um mehr als 600000 M. von 1849 auf 1850 war auch nur ein scheinbarer, indem 1849 mit der Staatsgrundsteuer erhobene Beträge verschiedener Art, wie diejenigen für den Remissionsfonds der westlichen Provinzen u. a. m., in Einnahme gestellt waren und dann wieder unter den Ausgaben erschienen, was seit 1850 nicht mehr der Fall war. In der Folgezeit bis zur Reform erfuhr das Grundsteuersoll eine relativ namhafte Aenderung gegen das Vorjahr nur noch 1857, wo es um reichlich 400000 M. höher als 1856 angesetzt war. Vorzugsweise, mit ungefähr 393000 M., stellte dieses Mehr die Renten dar, welche die Städte als Entgelt für ihre Entbürdung von der Verpflichtung zur Tragung der Kriminalkosten, zur Unterhaltung und Verwaltung der Gefängnisse sowie zur Fortgewährung der Gerichtslokalien nach dem Ges. v. 1. Aug. 1855 (G.-S. S. 579) zu übernehmen hatten; die Renten wurden für jede Stadt nach dem Durchschnitt der von ihr für die gedachten Zwecke in den Jahren 1847—1852 wirklich gemachten, durch gegenüberstehende Einnahmen nicht gedeckten Aufwendungen berechnet. Von 1857 bis zum Inkrafttreten der Ges. v. 21. Mai 1861 mit dem Etatsjahr 1865 betrugen die Schwankungen nur noch einmal, 1859 zu 1860, einige 60000 M., sonst nie mehr als einige 40000 M. Das Minus von rund 62000 M. 1860 war wiederum eine Folge des vorgedachten Ges. vom 1. Aug. 1855, indem bis 1859 den Etatsansätzen vorläufige Berechnungen, erst seit 1860 die definitive Berechnung der Renten zu Grunde lag.

§ 82. An Grundsteuer in engerem Sinne nach dem Ges. v. 21. Mai 1861 wurden für 1865 angesetzt 30300696 M. Diese Summe setzte sich wie folgt zusammen: Kontingent 30 Mill. Mark, Justizverwaltungskostenbeischlag in der Rheinprovinz (vgl. oben § 80) 51600 M., Kosten der durch Staatsbeamte erfolgenden Elementarerhebung in den beiden westlichen Provinzen nach Verordn. v. 6. Febr. 1841 (G.-S. S. 29), welche Kosten nach § 2 des Grundsteuergesetzes v. 21. Jan. 1839 von den Grundsteuerpflichtigen als Zuschlag zur Grundsteuer wieder einzuziehen sind, 249096 M.

Im Jahre 1867 traten zu 30,312 Mill. Mark Grundsteuer in engerem Sinne aus den alten Provinzen an grund- und gebäudesteuerartigen Abgaben der neuen Landestheile 13,653 Mill. M. hinzu. Im Etat für 1868 erscheint als Ergebniss der Einführung der Gebäudesteuer in den neuen Landestheilen und der Ermässigung der provisorisch bis zur Aufhebung der altpreussischen weiter erhobenen bisherigen Grundsteuern daselbst eine erhebliche Verminderung der für 1867 an Grund- und Gebäudesteuer ausgebrachten Summe von rund 54,2 auf 51,9 Mill. Mark. Doch sind rund 600000 M. de facto hinzuzurechnen, die an grundsteuerartigen Abgaben in den noch ungetrennt im Domänenetat aufgeführten „stehenden Gefällen" der Provinz Schleswig-Holstein enthalten waren. Von dem Gesammtansatz an Grundsteuer von 38918400 M. entfielen auf die neuen Landestheile 8617575 M. Einen namhaften Zuwachs erfuhr derselbe 1870, als der inzwischen vorläufig — die definitive Feststellung zog sich noch einige Jahre hin — auf 793200 M. ermittelte grundsteuerartige Theil der gedachten stehenden Gefälle vom Domänenetat hierher übertragen wurde; wenn trotzdem der Voranschlag nur 39283200 M. oder 361200 M. mehr als 1869 betrug, so lag das namentlich an der Absetzung der Grundsteuer der Domänen und Forsten in den neuen Landestheilen und der Erledigung der Ueberbürdungsbeschwerden nach dem Ges. v. 8. Febr. 1867 über die definitive Untervertheilung der Grundsteuer in den östlichen Provinzen. In den nächsten Jahren gingen die Ansätze auf 39,25 und 39,15 Mill. Mark zurück, um dann bis 1875 allmählich wieder auf 39,208, 1876 aber auf 39,862 Mill. Mark zu steigen. Das Mehr des Jahres 1876 wie auch später dasjenige des Jahres 1878/79 resultirte vorzugsweise aus der oben im § 46 erwähnten Inkraftsetzung der neuen Grundsteuerhauptsummen des Ges. v. 11. Febr. 1870 in den neuen Landestheilen, während 1877/78 die Grundsteuer Lauenburgs mit 123000 M. in Zugang kam (vgl. oben § 46). Von 1879/80 ab tritt die bei dem Charakter der Preussischen Grundsteuer naturgemässe Erscheinung eines ganz langsamen, aber ziemlich stetigen Rückganges ihres Aufkommens hervor. Denn bei Zunahme der Bevölkerung und der industriellen Entwickelung, Vermehrung der Verkehrswege u. s. w. müssen immer mehr Liegenschaften aus der Kategorie der grundsteuerpflichtigen in die der gebäudesteuerpflichtigen oder wegen ihrer Bestimmung zu einem öffentlichen Dienst oder Gebrauch steuerfreien übergehen; der hierdurch bewirkte Abgang kann immer weniger durch Zugang bisher grundsteuerfreier Grundstücke ausgeglichen werden. Verstärkt wurde der hierdurch bedingte Rückgang, nachdem durch Ges. v. 15. April 1889 (G.-S. S. 99) der Finanzminister ermächtigt worden war, die Grundsteuer von solchen Liegenschaften, deren Ertrag in Folge von Ueberschwemmung für ein oder mehrere Jahre ganz oder zu einem erheblichen Theile verloren geht, auf ein oder mehrere Jahre ganz oder theilweise zu erlassen, und Liegenschaften, deren Ertragfähigkeit durch Ueberschwemmunggsschäden eine erhebliche Verminderung bleibend erlitten hat, in eine geringere Klasse des Klassifikationstarifs zu versetzen. So waren denn für 1894/95, das letzte Jahr, in dem sie für den Staat erhoben wurde, nur noch 39 844 800 M. an Grundsteuer, also 363 200 M. weniger als im Jahre 1878/79, welches den höchsten Betrag aufwies, in Ansatz gebracht.

Auf die einzelnen Regierungsbezirke entfielen:

	1878/79 M.	1894/95 M.	mithin 1894/95 gegen 1878/79 M.
Königsberg	1 411 169	1 408 910	— 2 259
Gumbinnen	848 525	846 684	— 1 841
Danzig	673 470	666 816	— 6 554
Marienwerder	1 041 486	1 020 771	— 20 715
Stadt Berlin	15 400	9 600	— 5 800
Potsdam	1 757 015	1 746 546	— 10 469
Frankfurt	1 548 755	1 545 330	— 3 425
Stettin	1 144 006	1 138 337	— 5 669
Köslin	720 442	716 839	— 3 603
Stralsund	622 600	624 702	+ 2 102
Posen	1 311 594	1 279 421	— 32 173
Bromberg	861 335	838 438	— 22 897
Breslau	2 216 915	2 210 847	— 6 068
Liegnitz	1 582 607	1 579 132	— 3 475
Oppeln	1 407 893	1 403 974	— 3 919
Magdeburg	1 953 073	1 932 739	— 20 334
Merseburg	2 332 754	2 325 049	— 7 705
Erfurt	636 907	634 280	— 2 627
Schleswig	3 466 550	3 504 000	+ 37 450
Provinz Hannover	4 465 400	4 471 380	+ 5 980
Münster	942 800	934 075	— 8 725
Minden	865 200	860 800	— 4 400
Arnsberg	1 158 900	1 141 100	— 17 800
Cassel	1 232 292	1 215 400	— 16 892
Wiesbaden	875 492	840 880	— 34 612
Coblenz	865 850	854 600	— 9 250
Düsseldorf	1 595 300	1 557 550	— 37 750
Cöln	994 550	976 000	— 18 550
Trier	825 650	812 700	— 12 950
Aachen	885 800	876 100	— 9 700

Zugenommen hat also das Steuersoll nur in den Provinzen Schleswig-Holstein und Hannover und im Regierungsbezirk Stralsund, in welchen Landestheilen in relativ erheblichem Umfange durch Anlandungen und Eindeichungen an der Küste Land gewonnen ist.

§ 83. Wie die Grundsteuer ab-, so muss die Gebäudesteuer mit Vermehrung der Bevölkerung und der Industrie an Ertrag zunehmen, da diese Umstände eine Vermehrung der Wohn- und der gewerblichen Gebäude bedingen. Dagegen vermag auch die Gebäudesteuer Preussens der Vermehrung der als Bemessungsgrundlage dienenden Werthe, also der Miethswerthe, soweit dieselben nicht durch Aenderungen in der Gebäudesubstanz hervorgerufen ist, vermöge ihrer 15jährigen Veranlagungsperioden, nur sehr unvollkommen zu folgen. Es hat das zur Folge, dass innerhalb dieser 15jährigen Perioden eine langsame und allmähliche und dann alle 15 Jahre in Folge der Revision eine starke ruckweise Vermehrung des Veranlagungssolls stattfindet.

Allgemeine Revisionen haben bisher nur zwei stattgefunden, deren Ergebnisse am 1. Jan. 1880 und am 1. Jan. 1895 in Kraft getreten sind, somit die Etatssolls von 1879/80 und 1894/95 für das letzte Vierteljahr beeinflussten, während die volle Wirkung der ersten Revision von 1880/81 ab, die der zweiten aber für die Staatskasse in Folge der Ausserhebungsetzung der Gebäudesteuer garnicht eintrat. Hauptsächlich in Folge dieser Revisionen stieg daher das Etatssoll von 17,788 Mill. für 1878/79 auf 20,977 Mill. 1879/80 und 27 Mill. 1880/81 und von 36,623 Mill. 1893/94 auf 40,0443 Mill. 1894/95. Das bei der ersten Revision ermittelte Mehr an Steuer betrug 6 572 615 M. oder 33 Proz., das der zweiten 7 425 673 M. oder 19,3 Proz.

Abgesehen von diesen durch die erstmalige Einstellung der Revisionsergebnisse beeinflussten Jahren 1879/80, 1880/81 und 1894/95 und dem Jahr 1868, wo die neuen Provinzen zum ersten Male mit der Gebäudesteuer des Ges. v. 21. Mai 1861 erscheinen, ist das Steuersoll gestiegen von 1868 bis 1878/79 von 12,9375 auf 17,788 Mill. Mark oder durchschnittlich pro Jahr um rund 0,485 Mill. Mark, von 1880/81 bis 1893/94 von 27 auf 36,623 Mill. Mark oder im Jahresdurchschnitt um rund 0,742 Mill. Mark. In der ersten Periode fand eine weit über jenen Durchschnitt hinausgehende Steigerung nur 1877/78 und 1878/79, von 15,761 auf 16,664 und 17,788 Mill. Mark statt. Man wird hierin den Niederschlag der wirthschaftlichen Blüthezeit der ersten 70er Jahre zu erblicken haben, da ja, wie im vorigen Hauptabschnitt an entsprechender Stelle hervorgehoben, die Besteuerung neuerbauter und die Steuererhöhung für erweiterte Gebäude erst nach Ablauf von zwei Jahren eintrat; der Zugang der Lauenburgischen Gebäudesteuer 1878/79 war nur ganz unerheblich, 21 000 M. Uebrigens ist es ja auch bei wirthschaftlich gleich bleibenden Verhältnissen nur natürlich, dass der Steuerzugang in den letzten Jahren einer Periode absolut am grössten ist, weil ja derselbe absolute Zugang einen prozentual geringeren als in den früheren Jahren mit ihrem niedrigeren Steuersoll darstellen würde. Ganz dieselbe, durch den letzteren Umstand und die seit Mitte der 70er Jahre ungünstigen, später günstiger werdenden wirthschaftlichen Verhältnisse genügend erklärte Erscheinung finden wir zwischen der ersten und zweiten Revision: in den ersten Jahren Vermehrungen des Solls um je 500 000 M. und — 1883/84, 1884/85, 1886/87 und 1887/88 — noch weniger bis herab zu 360 000 M. (1884/85), in den Jahren 1891/92—1893/94 solche von je mehr als 1 Mill. Mark bis herauf zu (1893/94) mehr als 1½ Mill. Mark. Ein Rückgang ist in der ganzen Zeit der Erhebung der staatlichen Gebäudesteuer nach dem Gesetz von 1861 nur in dem Etatsansatz für 1866 zu verzeichnen gewesen, der mit 10 149 528 M. um 368 472 M. hinter dem des Vorjahrs zurückblieb, weil sich nach den Ergebnissen der Veranlagung der vorjährige Voranschlag für die ländlichen Wohngebäude als zu hoch erwiesen hatte.

Berücksichtigt man, dass innerhalb der 27 Jahre von 1868 bis Ende 1894/95 sich das Veranlagungssoll der Gebäudesteuer von rund 13 auf rund 46 Mill. Mark gehoben hat, so erkennt man, welche entwickelungsfähige Einnahmequelle der Staat in der Gebäudesteuer aus der Hand gegeben hat, und wie sehr er daher auch auf deren angemessener Ausnutzung durch die Gemeinden bestehen muss.

Auf die einzelnen Regierungsbezirke entfielen von dem Gebäudesteuersoll:

	1868 M.	1894/95 M.		1868 M.	1894/95 M.
Königsberg	406 170	881 200	Merseburg	407 907	953 900
Gumbinnen	211 443	359 800	Erfurt	161 610	389 220
Danzig	243 879	584 400	Münster	205 569	361 050
Marienwerder	225 723	426 700	Minden	170 950	356 800
Posen	323 385	715 700	Arnsberg	412 714	1 249 700
Bromberg	166 764	383 800	Coblenz	292 314	514 500
Stettin	377 943	862 200	Düsseldorf	944 244	2 518 000
Köslin	139 434	296 400	Cöln	491 502	1 505 000
Stralsund	112 056	177 000	Trier	237 654	477 300
Breslau	745 671	1 881 400	Aachen	293 457	631 300
Liegnitz	382 392	820 800		1869	
Oppeln	311 682	792 467	Schleswig	656 625	1 493 000
Berlin	1 568 286	7 149 700	Provinz Hannover	1 200 000	2 060 250
Potsdam	507 150	1 462 300	Cassel	539 000	643 700
Frankfurt	415 509	817 700	Wiesbaden	621 600	1 541 600
Magdeburg	517 377	1 398 179			

Eine Vergleichung dieser Zahlen für die einzelnen Bezirke, von denen diejenigen, in denen die Steigerung prozentual am stärksten und am geringsten war, durch den Druck hervorgehoben sind, zeigt den überwiegenden Einfluss der Entwickelung der grossen Städte und der Industrie. Mehr als verdreifacht hat sich das Aufkommen in Berlin und den Bezirken Cöln und Arnsberg, um mehr als 150 Proz. bis zu 200 Proz. ist es gestiegen in den Bezirken Breslau, Oppeln, Potsdam, Magdeburg, Düsseldorf, dagegen nur um weniger als 50 Proz. nirgends, mehr als 50, aber weniger als 100 Proz. in Gumbinnen,

Marienwerder, Stralsund, Frankfurt, Münster, Coblenz, Cassel und der Provinz Hannover.

Seitdem die Gebäudesteuer als Staatssteuer ausser Hebung gesetzt ist, hat sich ihr Veranlagungssoll bis auf 62 194 122 M. für 1901 gehoben, wozu allerdings nicht unerheblich die im § 73 besprochene Einschränkung der Steuerbefreiungen beigetragen hat.

II. Kapitel.

Die Gewerbesteuer.

§ 84. Wenn auch nicht in dem Masse, wie der Gebäudesteuer, geschweige denn der Grundsteuer, so fehlte doch auch der Gewerbesteuer, wie sie bis zum 1. April 1893 erhoben wurde, die volle Anpassungsfähigkeit an die Steuerkraft der ihr unterliegenden Steuerobjekte, indem in den nach Mittelsätzen steuernden Steuerklassen wohl die Vermehrung der Zahl der Steuerpflichtigen und die Versetzung der Betriebsorte in eine höhere Abtheilung (vgl. oben § 18), nicht aber die Erhöhung der Leistungsfähigkeit der einzelnen Betriebe, soweit sie nicht in den Handelsklassen derartig war, dass sie die Versetzung in eine höhere Klasse bedingte, eine Erhöhung des Steueraufkommens herbeizuführen geeignet war. Dagegen erhellt schon aus der Darstellung in den §§ 37 ff., dass mehrere der dort besprochenen Novellen zu dem Ges. v. 30. Mai 1820 von erheblichem Einfluss auf das Steuererträgniss sein mussten. Von gewissem, wenn auch nicht gar erheblichem Einfluss auf die Gestaltung des Steuererträgnisses, das bis zur Ausserhebungsetzung der Steuer vom stehenden Gewerbe in einer Summe für diese und die Wandergewerbesteuer nachgewiesen wurde, war es auch, dass diese letztere Steuer in erster Linie nicht die Erzielung des höchstmöglichen nachhaltigen Erträgnisses beabsichtigt, sondern polizeiliche sowie wirthschafts- und sozialpolitische Zwecke verfolgt und danach gestaltet ist.

Wie die Anlage LXVIII erweist, hat sich das Sollaufkommen der Gewerbesteuer von 1849—1857 in langsam aufsteigender, gelegentlich durch kleine Rückschläge unterbrochener Linie von 7,289 auf 8,742 Mill. Mark gehoben. Die stärkere Erhöhung auf 9,252 Mill. Mark 1858 war grösstentheils mit Rücksicht auf die nach dem Ges. v. 17. Nov. 1857 (G.-S. S. 849) am 1. Jan. 1858 eintretende Steuerpflicht der Aktien- und ähnlichen Gesellschaften erfolgt. Auch für 1859 wurde noch ein gegen das Vorjahr um 400 000 M. erhöhter Betrag in den Etat eingestellt. Dann aber nöthigte der wirthschaftliche Rückgang zu weit niedrigerer Veranschlagung der gegen das Veranlagungsergebniss des Vorjahrs zu erwartenden Mehrerträge, sodass erst 1862, als die Krisis überwunden und das Ges. v. 19. Juli 1861 (vgl. oben § 38) erlassen war, die zehnte Million überschritten wurde. Die günstigen gewerblichen Verhältnisse liessen nun das Etatssoll schneller steigen, sodass schon 1864 11,265, 1867 – unter Ausschluss der neuen Landestheile — 12,177 Mill. Mark erreicht wurden. Nach der Ausdehnung der altländischen Gewerbesteuer auf die neuen Provinzen betrug 1868 das Etatssoll 14,7099 Mill. Mark und stieg bis 1869 auf 15,198, 1872 auf 16,158 Mill. Mark, nachdem für 1871 mit Rücksicht auf den Französischen Krieg nur derselbe Betrag wie für 1870, 15,711 Mill. Mark, eingestellt worden war. Seit 1872 war insofern ein etwas anderer Modus der Veranschlagung eingeführt worden, als nunmehr nur noch für die Steuer vom stehenden Gewerbe das Veranlagungssoll des Vorjahrs unter Berücksichtigung der erfahrungsmässigen Zu- und Abgänge zu Grunde gelegt, dagegen die Steuer vom Gewerbebetrieb im Umherziehen nach dem letzten festgestellten wirklichen Aufkommen, also demjenigen des vorletzten Vorjahres veranschlagt wurde. Da nun naturgemäss für 1871 in Folge des Krieges erheblich weniger Gewerbescheine eingelöst wurden, erhöhte sich das Etatssoll für 1873 nur unerheblich. Später hemmte die einbrechende Wirthschaftskrisis das Aufsteigen des Steueraufkommens, und das Ges. v. 5. Juni 1875 (vgl. oben § 38) bewirkte einen Ausfall von ca. 375 000 M. Daher stieg der Voranschlag wohl 1874 und 1875 noch um je ½ Mill. Mark, 1876 aber nur um rund 170 000 M. Für 1877/78 und 1878/79 wurden zwar 18,107 und 18,616 Mill. Mark angesetzt, aber 1878/79 der Voranschlag von der Wirklichkeit, die ihn früher regelmässig um einige 100 000 M. überstiegen hatte, nur eben noch erreicht, und nunmehr trat eine bis Mitte der 80er Jahre anhaltende derartige Stagnation in den Veranlagungsergebnissen ein, dass die auf denselben basirenden Voranschläge sich bis 1884/85 auf 18,622 (1882/83) bis 18,853 Mill. Mark (1884/85) halten mussten und 1882/83 der seit 1860 und auch später nicht mehr dagewesene Fall eines positiven Rückgangs gegen das Vorjahr eintrat. Eine nennenswerthe Erhebung begann erst bei der Veranlagung für 1884/85. Immerhin waren die Mehrerträge prozentual nur bescheidene, sodass die Voranschläge in den letzten acht Jahren des Bestehens der alten Gewerbesteuer sich nur auf 19,200, 19,521, 20,008, 20,217, 20,618, 21,119, 21,601 und 21,919 Mill. Mark stellten, also das jeweilige Vorjahr nur einmal (1887/88) um nahezu 2½ Proz. überstiegen. Es trat eben mit der Ausdehnung der gewerblichen Grossbetriebe die in erster Linie durch die Anwendung des Instituts der Mittelsätze verschuldete völlig ungenügende Erfassung dieser Betriebe immer krasser hervor. Brachte doch 1892/93 die Klasse A I mit 7415 Steuerpflichtigen nur 2 027 790 M., dagegen der kleine Handel (B) 5 014 950 M., die überwiegend auch dem Kleinbetriebe zuzurechnende Handwerksklasse (H) 2 059 377 M., also der Grossbetrieb knapp so viel wie das Handwerk und noch nicht halb so viel wie der kleine Handelsbetrieb auf. Die veraltete Gewerbesteuer hatte sich immer mehr zu einem Zerrbild einer vernünftigen Steuer, zu einer nach unten progressiven Steuer ausgewachsen.

Auf die übrigen Klassen entfielen 1892/93, und zwar auf A II 6 007 137, C 3 273 738 und K 539 206 M., während 1875 aufbrachten A I 1 451 502, A II 5 025 126, B 3 401 354, C 2 784 159, H 1 612 697 und K 342 928, zusammen 14 616 876 M. Es war also, trotzdem 1875 ein besonders ungünstiges Veranlagungsergebniss — ca. 78 000 M. weniger als im Vorjahre — erzielt wurde, doch bis 1892/93 das Aufkommen in A I nur um etwa 40, in A II nur um ca. 20, in A I und A II zusammen um nur 24, in C um 18, dagegen in H um ca. 25, in K um fast 60 und in B um ebenfalls fast 60 Proz. gestiegen.

§ 85. In der Vertheilung der Steuerlast zwischen Gross- und Kleinbetrieb brachte nun das Gewerbesteuergesetz v. 24. Juni 1891 den von ihm beabsichtigten völligen Umschwung. Denn nach der ersten Veranlagung nach dem neuen Gesetz (für 1893/94) hatten allein die 3389 Steuerpflichtigen der I. Klasse (= 0,8 Proz. aller Steuerpflichtigen) 5 932 682 M., die überwiegend auch dem Grossbetriebe zugehörige Klasse II mit 8854 Steuerpflichtigen 2 595 684 M. aufzubringen, während auf die 353 800 (= 80,6 Proz. aller) Steuerpflichtigen enthaltende Klasse IV nur 5 663 976 M., auf Klasse III mit 72 897 Censiten nur 3 758 568 M. entfielen. An Betriebssteuer kam auf die vier Steuerklassen 37 000, 55 300, 401 400 und 1 341 265 M., auf die Gewerbesteuerfreien 558 600 M. Auf die Klassen III und IV und die Gewerbesteuerfreien entfiel also eine Belastung von 13 723 809 M., auf die Klassen I und II von 8 620 666 M. oder pro Kopf jener 28,5, dieser 706 M., während früher der Mittelsatz der Klasse A I nur 288 in der I., 216 M. in der II. Abtheilung betragen hatte, d. i. noch weniger als 1893/94 auf einen Steuerpflichtigen der II. Klasse entfiel. Allerdings ist hierbei zu berücksichtigen, dass früher ein und derselbe Gewerbetreibende unter Umständen in mehreren Klassen Steuer zahlte. Im zweiten und letzten Jahre der Erhebung der neuen Gewerbesteuer für den Staat, 1894/95, sollten zahlen in Klasse I 3561 Gewerbetreibende 6 166 756 M. Gewerbe- und 34 700 M. Betriebssteuer, in II 8834 Censiten 2 643 972 bezw. 54 900 M., in III 71 327 Censiten 5 759 065 und 398 100 M., in IV 365 676 Censiten 5 875 024 und 1 405 845 M. und 54 986 Gewerbesteuerfreie 550 695 M. Betriebssteuer. Die Durchschnittsbelastung der beiden oberen Klassen war also auf 718 M. gestiegen, die der beiden unteren und der nur Betriebssteuerpflichtigen auf 28,4 M. zurückgegangen.

Seitdem die Gewerbesteuer dem Staate gegenüber ausser Hebung gesetzt ist, hat die Verschiebung der Steuerlast von den kleineren auf die grösseren Betriebe weitere bedeutende Fortschritte gemacht, zu denen neben dem vorzugsweise dem Grossbetriebe zu Gute gekommenen wirthschaftlichen Aufschwung auch die sich überwiegend auf Betriebe der oberen Klassen erstreckende Erweiterung der Steuerpflicht durch das Kommunalabgabengesetz beigetragen hat; stieg doch die Censitenzahl 1894/95 zu 1895/96 in Klasse I um mehr als 11, in II nur um noch nicht 0,8, in III um 4,3 und in IV um 3 Proz. Ueber die Verschiebung der Steuerlast seien folgende Angaben gemacht:

Die Zahl der Steuerpflichtigen belief sich nach der Veranlagung für 1893/94, der ersten auf Grund des Ges. v. 24. Juni 1891, auf 438 940 (gegen 890 420 im Steuerjahre 1892/93 vor der Reform der Gewerbesteuer). In den folgenden Jahren ist sie bis 1901 fortgesetzt, auf 449 398, 464 031, 474 923, 485 854, 498 215, 513 823, 528 854 und 541 138 gestiegen und beträgt somit für 1901 23,3 Proz. mehr als für 1893/94.

Das Veranlagungssoll hat betragen 1893/94: 19 950 910 M. (gegen 19 206 586 M. im Steuerjahre 1892/93), und ist in der Folgezeit ebenfalls von Jahr zu Jahr gewachsen, und zwar auf 20 444 819, 21 860 364, 22 921 339, 24 727 870, 26 616 970, 28 887 712, 31 473 625 und 32 590 305 M. Im Jahre 1901 übersteigt es also dasjenige von 1893/94 um 63,4 Proz.

Auf die einzelnen Steuerklassen entfallen, und zwar:

auf Klasse:		von der Gesammtzahl der Steuerpflichtigen:		von dem Veranlagungssoll:	
I.	1893/94 . .	3 389 =	0,8 Proz.	5 932 682 M. =	29,7 Proz.
	1901 . . .	6 943 =	1,3 „	15 355 430 „ =	47,1 „
	mithin 1901	+ 3 654 =	+ 0,5 „	+ 9 423 748 „ =	+ 17,4 „
II.	1893/94 . .	8 854 =	2,0 „	2 595 684 „ =	13,0 „
	1901 . . .	10 577 =	2,0 „	3 195 898 „ =	9,8 „
	mithin 1901	+ 2 723 =	± 0,0 „	+ 600 114 „ =	— 4,2 „
III.	1893/94 . .	72 897 =	16,6 „	5 758 568 „ =	28,9 „
	1901 . . .	87 413 =	16,1 „	7 027 117 „ =	21,6 „
	mithin 1901	+ 14 516 =	— 0,5 „	+ 1 268 549 „ =	— 7,3 „
IV.	1893/94 . .	353 800 =	80,6 „	5 663 976 „ =	28,4 „
	1901 . . .	436 205 =	80,6 „	7 011 860 „ =	21,5 „
	mithin 1901	+ 72 405 =	± 0,0 „	+ 1 347 884 „ =	— 6,9 „

Die bei Erlass des Ges. v. 24. Juni 1891 beabsichtigte stärkere Heranziehung der grossen Betriebe zur Gewerbesteuer ist also in wachsendem Umfange verwirklicht.

Die den Grossbetrieb darstellenden Klassen I und II zusammen umfassen 1901 3,3 Proz. der Steuerpflichtigen gegen 2,8 Proz. im Jahre 1893/84 und tragen 56,9 Proz. der staatlich veranlagten Gewerbesteuer.

In der Klasse I übersteigt die prozentuale Vermehrung der Zahl der Steuerpflichtigen (105 Proz.) und die Zunahme des Veranlagungssolls (159 Proz.) bei weitem die entsprechenden Zahlen für die übrigen Steuerklassen.

Der im Durchschnitt auf jeden Steuerpflichtigen entfallende Gewerbesteuersatz ist bei Klasse I von rund 1750 M. auf rund 2250 M. 1900 gestiegen, 1901 aber infolge des wirthschaftlichen Rückganges auf 2212 M. gesunken; in den übrigen Steuerklassen schliesst die Besteuerung nach Mittelsätzen jede erhebliche Steigerung des Durchschnittssteuersatzes aus.

In den Etat für 1893/94 wurden, der Bestimmung im § 81 des Gewerbesteuergesetzes entsprechend (vgl. oben § 61), unter Abrundung 19 811 500 M. Gewerbe- und Betriebs- neben 2 650 000 M. Hausirgewerbesteuer insgesammt also 22 461 500 M. eingestellt. Da der den gedachten § 81 des Gewerbesteuergesetzes aufhebende § 10 des Ges. wegen Aufhebung direkter Staatssteuern v. 14. Juli 1893 abweichend von dem grössten übrigen Theile dieses Gesetzes bereits mit dessen Verkündigung in Kraft getreten war, konnte bei der Etatsaufstellung für 1894/95 bereits mit dem vollen Veranlagungssoll von 1893/94 gerechnet werden, und es wurde daher dieses zuzüglich 2 646 246 M. Hausirsteuer, insgesammt daher, abgerundet, 24 991 000 M. eingestellt.

Wie sich dies Veranlagungssoll der Gewerbesteuer vom stehenden Gewerbe nach der letzten Veranlagung auf Grund des alten und nach der ersten auf Grund des neuen Gesetzes auf die einzelnen Regierungsbezirke und innerhalb dieser auf die Steuerklassen vertheilt, ist in der Anlage LXIX ersichtlich gemacht. Man möge aus dieser ersehen, wie in solchen

Bezirken, in denen der mittlere und Kleinbetrieb vorherrscht, infolge des neuen Gesetzes das Veranlagungssoll ganz bedeutend gesunken ist; so in den Bezirken Gumbinnen, Marienwerder, Frankfurt, Köslin, Stralsund, Posen, Liegnitz, Schleswig, Lüneburg. Dagegen ist es in Berlin und den mit Grossbetrieben stark besetzten Bezirken Stettin, Magdeburg, Hannover, Hildesheim, Arnsberg, Wiesbaden, Düsseldorf, Cöln und Aachen mehr oder minder erheblich gestiegen und würde noch weit mehr gestiegen sein, wäre nicht damals der Bergbau mit seinen Nebenbetrieben noch steuerfrei gewesen. Auf diesen Grund wird es auch zurückzuführen sein, dass im Oppelner Bezirk das Verwaltungssoll erheblich sank; als diese Betriebe 1895/96 steuerpflichtig wurden, stieg im Oppelner Bezirk das Veranlagungssoll mit einem Ruck um 25 Proz., während für den ganzen Staat die Zunahme von 1894/95 auf 1895/96 nur etwa 7 Proz. betrug. Man erkennt also auch in der Vertheilung des Veranlagungssolls auf die Regierungsbezirke, dass die beabsichtigte Verschiebung der Steuerlast nach oben hin erreicht ist.

§ 86. Seit 1895/96 beschränkt sich die Einnahme des Staates an Gewerbesteuer auf die jetzt im Tit. 3 des 4. Etatskapitels erscheinende vom Gewerbebetrieb im Umherziehen. Dieselbe hat sich in den Jahren 1895/96—1897/98 theils in Folge der Ausdehnung der Steuerpflicht durch das Ges. v. 23. Dez. 1896 (vgl. oben § 78), theils wohl auch in Folge strengerer Handhabung der Bestimmungen über die Höhe der Steuersätze im Sinne der auf Schutz der ansässigen Gewerbetreibenden gerichteten Bestrebungen, in bemerkenswerther Weise gehoben, seitdem aber wieder eine rückläufige Bewegung gezeigt, während sie in den letzten 70er, ganzen 80er und ersten 90er Jahren stagnirt hatte. Sie stellte sich (Anl. LXVIII Sp. 5) 1877/78-1894/95 in der Wirklichkeit, der, wie erwähnt, die Etatsansätze zwei Jahre später folgen — nur dass das Aufkommen des Kalenderjahres, für welches ja die Gewerbescheine lauten, zu Grunde gelegt wird[1]) — auf 2,46 bis 2,676 Mill. Mark, seitdem auf 2,745 bis 3,037 Mill. Mark.

Seit 1901 wird hier auch die früher mit den übrigen Steuern der Hohenzollernschen Lande in Tit. 5 verrechnete Steuer von dem auf letztere beschränkten Hausirbetrieb vereinnahmt; für 1901 sind hierauf 6500 M. in Ansatz gebracht.

III. Kapitel.

Die Eisenbahnabgabe.

§ 87. Da die Eisenbahnabgabe (jetzt Tit. 4 Kap. 4 des Etats) nach den gezahlten Dividenden bezw. dem Reinertrage bemessen wird (vgl. oben §§ 42, 43), so muss bei den starken Wellenbewegungen der im Eisenbahnbetriebe erzielten Ueberschüsse auch ihr Aufkommen, das, abgesehen von der Anfangs der 60er Jahre kurze Zeit befolgten Praxis der Veranschlagung nach dreijährigem Durchschnitt, nach den

[1]) Daher die Abweichungen der Solleinnahme von der Isteinnahme des vorletzten Vorjahres in der Anlage.

für das Vorjahr festgesetzten Beträgen veranschlagt wird, starken Schwankungen unterliegen. Diese Schwankungen werden nun noch verstärkt, weil, wie wir gesehen haben, der Steuersatz mit dem Verhältniss der Bemessungsgrundlage zum Aktien- bezw. Anlagekapital steigt und fällt. Noch weit stärker beeinflusst aber, wenn man die Entwickelung eines längeren Zeitraums in Betracht zieht, das Aufkommen der wechselnde Bestand der verhältnissmässig wenigen Steuerpflichtigen.

Aus dem letzteren Grunde ergiebt sich auch, dass im Grossen und Ganzen in der Periode seit 1854 erst in Folge der Vermehrung der Privatbahnen eine aufsteigende, dann in Folge der Verstaatlichungen eine rapid abfallende Bewegung der Eisenbahnabgabe zu beobachten gewesen ist und der ganze Ertrag derselben heute nur ein sehr unbedeutender ist.

Betrachtet man die Voranschläge der einzelnen Jahre (vgl. Anl. LXVIII Sp. 6), die somit die wirthschaftlichen Ergebnisse der Privatbahnen in dem jeweiligen vorletzten Vorjahre widerspiegeln, so war von 1854—1859 ein schnelles, nur 1857 durch einen minimalen Rückgang unterbrochenes Anwachsen von 852 420 auf 2 098 875 M. erfolgt. Dann aber nöthigten starke Einnahmerückschläge bei den meisten, namentlich den grössten abgabepflichtigen Eisenbahnen, wie der Berlin-Anhalter, Berlin-Potsdam-Magdeburger, Berlin-Stettiner, Magdeburg-Leipziger, Cöln-Mindener, Oberschlesischen, Rheinischen und Thüringischen, dazu, den Voranschlag den Ergebnissen von 1859 entsprechend für 1860 auf 1 462 515 M. zu ermässigen. Wohl mit Rücksicht auf die ungewöhnlichen Verhältnisse politischer und wirthschaftlicher Art im Jahre 1859 wurde sodann für 1861 nicht das Aufkommen von 1860, sondern der dreijährige Durchschnitt in den Etat eingestellt. Schon 1862 kehrte man aber zu dem früheren Verfahren zurück; da sich auch die wirthschaftlichen Verhältnisse inzwischen gehoben hatten, so wurden nun schon 2,31 Mill. Mark in Ansatz gebracht. Von nun an bis 1867 stieg die Einnahme rapide, sodass 1867 für die alten Landestheile schon fast 5 Mill. Mark in Ansatz kamen. Doch blieb das wirkliche Aufkommen dieses Jahres um fast ½ Mill. Mark hinter dem Voranschlag zurück. Man begnügte sich daher, für 1868 und, da in diesem Jahre die Isteinnahme auch nur etwa 4,68 Mill. Mark betrug, auch für 1869 den Voranschlag von 1867 beizubehalten. Für 1870 wurde ein nur um 24 000 M. höherer Betrag eingestellt. Dann aber kam der wirthschaftliche Aufschwung, unter dessen Einfluss, da auch neue Bahnen hinzukamen, die Solleinnahmen bis auf 7,029 Mill. Mark für 1873 stiegen. Noch rapider war aber dann der Rückschlag in Folge der schweren Wirthschaftskrisis: die Ansätze sanken fortgesetzt bis auf 3,014 Mill. Mark für 1879/80. Nunmehr übten die Verstaatlichungen ihren einnahmemindernden, andererseits die allmähliche Gesundung der wirthschaftlichen Verhältnisse einen jenen freilich nicht ausgleichenden einnahmesteigernden Einfluss aus: bis 1883/84 bewegt sich der Etat zwischen 2,016 (1880/81) und 2,974 Mill. Mark (1882/83), um in Folge der Verstaatlichungen von 1884 und 1885 (vgl. oben im VII. Buch) auf 0,92 Mill. Mark 1884/85 und 0,274 Mill. Mark im nächsten Jahre zu sinken. Im weiteren Verlaufe der 80er Jahre mit ihren weiteren Verstaatlichungen ging die Eisenbahnabgabe noch weiter, bis auf 246 300 und 248 000 M. für 1888/89 und 1889/90 zurück. Auf dem Niveau von 224 000 (1894/95) bis 300 000 M. — der Voranschlag von 313 100 M. für 1890/91 erwies sich als um ca. 25 000 M. zu hoch — hielt sie sich sodann bis 1896/97. Seitdem hat sie sich in Folge des grossen Verkehrsaufschwunges und einer erheblichen Vermehrung der abgabepflichtigen Eisenbahnen bis 1901 fortgesetzt auf 324 600, 393 600, 443 200, 529 200 und 565 100 M. gehoben; erst im Etatsentwurf für 1902 setzt sich diese Entwickelung nicht fort, sondern erscheinen nur 561 700 M.

Wie sich die Eisenbahnabgabe auf die einzelnen Bahnen vertheilt, ist in der Anlage LXX für die Jahre 1894/95 und 1901 nachgewiesen, wobei diejenigen Bahnen, die 1894/95, nicht aber 1900 eine Abgabe zahlten und umgekehrt, durch den Druck hervorgehoben sind.

IV. Kapitel.

Die Klassen- und klassifizirte Einkommensteuer.

§ 88. Dass die wiederholten Aenderungen des Ges. v. 1. Mai 1851, wie sie oben in den §§ 23—25 zur Darstellung gelangt sind, von der einschneidensten Wirkung auf die Entwickelung der Staatseinnahmen aus der Klassen- und klassifizirten Einkommensteuer sein mussten, erhellt ohne Weiteres. Aber auch abgesehen von den gesetzgeberischen Eingriffen war das Aufkommen an diesen Steuern weit davon entfernt, dem Entwickelungsgange der Einkommensverhältnisse zu folgen. Wer sich darüber noch Illusionen hingegeben hatte, dem mussten durch das Ergebniss der ersten Veranlagung nach dem neuen Einkommensteuergesetz mit seiner Deklarationspflicht gründlich die Augen geöffnet werden.

Welche von beiden Steuern, die Klassen- oder die klassifizirte Einkommensteuer, in ihren Erträgen sich von einem zutreffenden Bilde von der Gestaltung der Einkommensverhältnisse weiter entfernte, ist für die Zeit, seitdem die der Klassensteuer durch ihre Kontingentirung gezogene Grenze gefallen war, schwer zu entscheiden. Jedenfalls neigte die Klassensteuer mehr dazu, ein zu günstiges Bild von den Einkommensverhältnissen der minderbemittelten Klassen zu geben, die Einkommensteuer dazu, die Einkommensverhältnisse der wohlhabenderen und reichen Klassen in viel zu ungünstigerem Lichte erscheinen zu lassen.

§ 89. Den Anspruch, aus ihrem Aufkommen Schlüsse auf das Einkommen der ihr unterworfenen Kreise zu gestatten, kann die **Klassensteuer** überhaupt erst seit ihrer Umwandlung in eine Steuer nach dem Einkommen und Ausdehnung auf das ganze Land durch die Ges. v. 25. Mai 1873 erheben. Vorher gab sie nur Aufschluss, bei wie vielen Haushalten und Einzelsteuernden des platten Landes und der nicht mahl- und schlachtsteuerpflichtigen Städte man ein Einkommen von weniger als 3000 M. vermuthete, und wie sich diese Zahl und das Steueraufkommen auf die klassensteuerpflichtigen Bevölkerungsklassen vertheilte. Noch weniger liess sich aus der Klassensteuer von 1820 entnehmen, da sie keine Obergrenze bei einem bestimmten Einkommensbetrage hatte, überdies für die Rheinprovinz kontingentirt war und ihr Geltungsbereich in Folge Uebergangs von Städten von der Mahl- und Schlachtsteuer zur Klassensteuer schwankte. Für 1849 und 1850 waren (Anl. LXVIII Sp. 7) auf Grund dreijähriger Fraktur bezw. nach der Kontingentsfestsetzung für die Rheinprovinz vorgesehen 22,715 und 22,896 Mill. Mark, während der Etatsansatz für 1851 mit 22,998 Mill. Mark auf demjenigen von 1850 beruhte, dem zu erwartende Mehreinnahmen zugeschlagen waren. Das Veranlagungssoll für 1851 stellte sich auf rund 24,198 Mill. Mark, wovon entfielen auf 6903 Steuerzahler der I. Hauptklasse rund 1,397, auf 88 461 der II. 4,086, auf 459 355 der III. 7,275 und auf 4 484 621 der IV. 11,440 Mill. Mark, im Ganzen auf den Kopf der klassensteuerpflichtigen Bevölkerung 1,89 M. gegen 1,87 M. 1850 und 1849.

Der Etatsansatz für 1852 beruhte auf den Ergebnissen der ersten, für das zweite Halbjahr 1851 erfolgten Veranlagung nach dem am 1. Juli 1851 in Kraft getretenen Ges. v. 1. Mai 1851, dem die für 1852 zu erwartenden Mehreinnahmen zugesetzt sind. Analog wurde auch später bei der Etatsaufstellung verfahren. Durch die Beschränkung der Klassensteuerpflicht auf Einkommen unter 3000 M. verminderte sich der Etatsansatz nur wenig, und schon 1854 hatte er mit 23,26 Mill. Mark den letzten vor der Reform überschritten. Die starken Erhöhungen auf 29,76 und 30,597 Mill. Mark in den beiden nächsten Jahren entprechen dagegen nicht der Erhöhung des Veranlagungssolls, sondern rühren daher, dass nach Ges. v. 20. Mai 1854 (G.-S. S. 314) zur Verzinsung und Tilgung einer für Militärzwecke nach einem Gesetze vom gleichen Tage aufzunehmenden Anleihe von 90 Mill. Mark für 7 Monate des Jahres 1855 und das ganze Jahr 1856 ein Zuschlag von 25 Proz. zur Klassen-, Einkommen-, Mahl- und Schlachtsteuer vorgesehen wurde. Als dieser wegfiel, ermässigte sich der Voranschlag 1857—1860 auf 25 bis 27 Mill. Mark. Durch Ges. vom 21. Mai 1859 (G.-S. S. 244), 27. Juni 1860 (G.-S. S. 279) und 10. Juni 1861 (G.-S. S. 341) wurde der frühere Zuschlag immer auf die Dauer eines Jahres wiederum genehmigt; in Folge dessen sahen die Etats für 1861 und 1862 denselben für je ein Halbjahr und daher ein Steuersoll von

30,66 bezw. 31,02 Mill. Mark vor, während er in dem Soll für 1860 nicht enthalten war und für die nach 1862 folgenden Jahre naturgemäss die Ansätze in Folge Wegfalls des Zuschlags wieder heruntergingen, sodass sie sich bei ständiger Erhöhung bis 1867 — ohne die neuen Landestheile — erst auf 29,265 Mill. Mark gehoben hatten. Das Veranlagungssoll betrug 1852 23,399 und 1867 29,644 Mill. Mark oder auf den Kopf der klassensteuerpflichtigen Bevölkerung 1,71 bezw. 1,93 M. Auf jede der drei Hauptklassen (Stufen 1—3, 4—8, 9—12) entfielen 1852 beziehentlich 49,26, 33,22 und 17,52 Proz. des Veranlagungssolls, 1867 dagegen beziehentlich 46,75, 31,12 und 22,13 Proz. Die Steuerlast hatte sich also etwas nach den oberen Stufen verschoben.

Nach Einführung der Klassensteuer in den neuen Landestheilen hob sich das Etatssoll um etwa ein Drittel, d. i. 1868 auf 38,3955 Mill. Mark, und erreichte 1870 39$^1/_5$ Mill. Mark, welcher Ansatz mit Rücksicht auf die Störung der wirthschaftlichen Verhältnisse durch den Krieg auch für 1871 beibehalten, aber weder 1870 noch 1871 ganz erreicht wurde. In den beiden nächsten Jahren konnte er etwas, auf 39$^1/_2$ und 39,79 Mill. Mark erhöht werden.

Das Veranlagungssoll stellte sich 1869 in den alten Provinzen auf 30,443, in den neuen auf 9,382, zusammen auf 39,824 Mill. Mark. Auf den Kopf der klassensteuerpflichtigen Bevölkerung entfielen in den alten Provinzen 1,95, in den neuen aber 2,52, im Durchschnitt der Monarchie 2,06 M., also in Folge des Hinzutretens der neuen Landestheile erheblich mehr als 1867. Im Jahre 1873 war das Veranlagungssoll auf 41,774 Mill. Mark oder 2,12 M. pro Kopf gestiegen; in den einzelnen Bezirken stellte sich der Betrag pro Kopf auf 1,675 M. (Bromberg) bis 4,35 M. (Lüneburg). Von den drei Hauptklassen war das Aufkommen der I. um etwa 4, das der II. um etwa 4$^1/_2$ und das der III. um etwa 5 Proz. gewachsen; es hatte also eine weitere, geringe Verschiebung nach oben stattgefunden; die Personenzahl war in der I. Hauptklasse um etwa 1$^1/_3$, in der II. um etwa 4, in der III. um nicht ganz 2 Proz. gestiegen.

§ 90. Die Kontingentirung der Klassensteuer auf 39 bezw. 42 Mill. Mark durch die Ges. v. 25. Mai 1873 (vgl. oben § 24) unterband selbstredend das naturgemässe Anwachsen ihres Aufkommens bei günstiger wirthschaftlicher Entwickelung. Indess traf dies den Fiskus nicht so schwer, wie es hätte der Fall sein können, weil in die Zeit der Gebundenheit der Klassensteuer die schwere Wirthschaftskrisis fiel, die das Veranlagungssoll empfindlich drückte. Stellte sich doch das letztere 1875 auf 44,495, 1876 auf 44,493, 1877/78 auf 44,989, 1878/79 auf 45,012, 1879/80 aber nur auf 44,660, 1880/81 auf 44,156, 1881/82 auf 43,904 und 1882/83 auf 43,922 Mill. Mark, und der hiervon auf eine Person der klassensteuerpflichtigen Bevölkerung entfallende Betrag war 1881/82 auf 1,70 M. zurückgegangen.

In den Etat konnten auch nicht einmal die vollen Kontingente von 39 bezw. 42 und seit 1876 in Folge des Hinzukommens von Lauenburg von 42,1 Mill. Mark eingestellt werden. Denn das Kontingent betraf die „aus der Veranlagung mit Ausschluss der Zugänge zu erzielende Solleinnahme“, und bis zum 1. März war zu bestimmen, wieviel auf jeden Thaler veranlagter Steuer zu erheben sei. In Folge dessen konnte in den Etat immer nur das Kontingent abzüglich desjenigen Betrages, um den nach den Erfahrungen der Vorjahre voraussichtlich die Abgänge die Zugänge übersteigen würden, eingestellt werden. Der Etatsansatz blieb daher 1874—1880/81 stets um etwa ½ Mill. bis zu etwa 700 000 M. hinter dem Kontingent zurück. Für 1881/82 war in Folge des Ges. v. 16. Juli 1880 der Erlass von drei Monatsraten und für 1882/83 in Folge dieses und des Ges. v. 10. März 1881 (vgl. oben § 25) wegen höherer Ueberweisungen vom Reiche ausserdem einer vierten Monatsrate aller und einer fünften der 6 untersten Klassensteuerstufen, zusammen 1882/83 von 15 677 400 M. vorzusehen, sodass im Etat verblieben nur 30,77 bezw. 25,146 Mill. Mark.

§ 91. Als das Ges. v. 26. März 1883 (vgl. oben § 25) zwar die Kontingentirung der Klassensteuer beseitigt, aber gleichzeitig die beiden untersten Stufen, auf welche 1883/84 von einem Veranlagungssoll von 43,963 Mill. Mark deren 14,211 entfielen, aufgehoben und die Ausserhebungsetzung von drei Monatsraten der übrigen Stufen beibehalten hatte, schrumpfte der Etatsansatz auf wenig mehr als die Hälfte des früheren Kontingents und noch nicht die Hälfte des bisherigen Veranlagungssolls, nämlich 1883/84 auf 21,6345 und 1884/85 auf 21,7265 Mill. Mark zusammen, während die Zahl der steuerpflichtig verbleibenden Personen von mehr als 5 auf 1,3 Mill. Mark zurückging. In dieser verstümmelten Gestalt konnte nun freilich die Klassensteuer, soweit es eben ihre inhärenten Mängel gestatteten, der Zunahme des Volkseinkommens folgen, sodass sie bis zu ihrer Aufhebung mit stetig steigenden Erträgen, zuletzt mit 25,941 Mill. Mark im Etat erschien. Ihr Veranlagungssoll aber war einschliesslich der beiden aufgehobenen Stufen und der ausser Hebung gesetzten Vierteljahrsrate von 1883/84 bis 1891/92 von 43,963 auf 54,915 Mill., das der beiden aufgehobenen Stufen allein von 14,211 auf 17,214 Mill. Mark gestiegen. Die Zahl der in den Stufen 3 bis 12 veranlagten Personen war gleichzeitig von 1,308 auf 1,743 Mill., d. i. von 24,75 auf 27,65 Proz. der klassensteuerpflichtigen Bevölkerung, diejenige der den Stufen 1 und 2 angehörigen von 3,713 auf 4,393 Mill. gestiegen. Dagegen hatte sich die Zahl der wegen Einkommens von weniger als 420 M. Steuerfreien von 7,410 auf 7,236 Mill. vermindert.

In den einzelnen Klassensteuerstufen belief sich a) die Zahl der steuerpflichtigen Personen, b) das Veranlagungssoll auf

1883/84	Stufe:	3	4	5	6	7
	a)	343 589	273 367	173 816	136 051	82 374
	b)	3 092 301	3 280 404	3 128 688	3 265 224	2 471 220
	Stufe:	8	9	10	11	12
	a)	79 796	69 226	66 114	40 138	43 779
	b)	2 872 656	2 907 492	3 173 472	2 408 280	3 152 088
1891/92	Stufe:	3	4	5	6	7
	a)	570 184	340 711	191 533	169 390	99 573
	b)	5 131 656	4 088 532	3 447 594	4 065 360	2 987 190
	Stufe:	8	9	10	11	12
	a)	99 056	87 857	83 346	49 922	51 791
	b)	3 566 016	3 689 994	4 000 608	2 995 320	3 778 952

Hinsichtlich der verhältnissmässigen Vermehrung der Steuerpflichtigen rangiren somit die Steuerstufen in folgender Reihenfolge: 3, 9, 4, 10, 8, 6, 11, 7, 12 und 5. Da sich in dem gleichen Zeitraume auch die Zahl der Einkommensteuerzahler weit mehr als die Bevölkerung vermehrt hat, darf angenommen werden, dass die Vermehrung der Klassensteuerpflichtigen, die ebenfalls in allen Stufen stärker als die der Bevölkerung war, hauptsächlich durch Aufsteigen Steuerfreier oder in niedrigeren Stufen Veranlagter herbeigeführt ist, nicht durch die umgekehrte Erscheinung.

Auf eine Vergleichung der Entwicklung in den einzelnen Stufen und mit derjenigen der Einkommensteuer sowie in den verschiedenen Bezirken wird am Schluss dieses Kapitels eingegangen werden.

§ 92. Solange die **klassifizirte Einkommensteuer** nach oben hin durch den Steuersatz von 7200 Thlr. begrenzt war (vgl. oben § 24), konnten ihre Veranlagungsergebnisse, abgesehen von dem lediglich fiskalischen, nur beschränktes Interesse beanspruchen, weil sie gegenüber der Frage, in welchem Masse die grossen Einkommen von mehr als 720 000 M. ihrer Höhe nach gestiegen seien, die Antwort schuldig blieben. Wir beschränken uns daher hier hinsichtlich des Zeitraums von 1851—1873 auf wenige Angaben.

Von einer Bevölkerung von $17\frac{1}{8}$ Millionen waren 1851 zur Einkommensteuer veranlagt rund 45 000, 1867 mit Ausschluss der neuen Provinzen von 19,16 Millionen rund 73 000, 1869 von 23,6 Millionen rund 100 000 und 1872 von 24,6 Millionen rund 111 000 Personen. Die Zahl der Steuerpflichtigen stieg also weit schneller als die Bevölkerung. Das Veranlagungssoll stellte sich in den gedachten vier Jahren ohne den Abzug für die Steuerpflichtigen in den mahl- und schlachtsteuerpflichtigen Städten (§ 22) auf beziehentlich 8,051, 13,735, 18,492 und 22,6 Mill. Mark.

Das nach gleichen Grundsätzen wie bei der Klassensteuer — natürlich unter Absetzung des Nachlasses an die Steuerpflichtigen in den mahl- und schlachtsteuerpflichtigen Städten — veranschlagte Etatssoll (Anl. LXVIII Sp. 8) war 1852 mit $7\frac{1}{2}$ Mill. Mark erheblich überschätzt. Daher erschienen 1853 und 1854 nur je 6,6 Mill. Mark. Durch Erhöhung des Steuersolls und die bei der Klassensteuer erwähnten

Zuschläge hob sich der Voranschlag 1854 und 1855 auf 8,784 und 9,354 Mill. Mark; nach Wegfall der Zuschläge stieg er in den nächsten Jahren von 8,04 bis auf 9,075 Mill. Mark, 1863 aber, nachdem 1861 und 1862 wieder die Zuschläge in Ansatz gekommen waren, auf 9,669 und weiter bis auf 10,082 Mill. Mark für 1867. Nach dem Hinzutreten der neuen Landestheile stellte er sich 1868 auf 14,5986 und stieg bis 1872 auf 16,956 Mill. Mark.

§ 93. Vom Etatsjahr 1873 ab spiegeln sich in den Etatsansätzen der Einkommensteuer die Einflüsse der mehrerwähnten Ges. vom 25. Mai 1873, sodass für 1873 und 1874 21 bezw. 21,447, von 1875 bis 1880/81 aber von 28,047 ständig bis 31,613 Mill. Mark steigende Erträge eingestellt sind. Doch wirkte gerade die Beseitigung der Obergrenze der Steuersätze zu der Vermehrung der Einnahmen immerhin weniger, als man glauben sollte, mit; denn schon die Veranlagung für 1873 hatte abzüglich der Nachlässe für Censiten in mahl- und schlachtsteuerpflichtigen Städten ein Steuersoll von 21,818 Mill. Mark geliefert, und zu einem höheren als dem früheren höchsten Steuersatz von 7200 M. waren 1874 nur 11 Personen mit zusammen 572 400 M. Steuer veranlagt. Dagegen belief sich allerdings die 1875 wegfallende, kurzgenannt, Mahl- und Schlachtsteuervergütung 1874 auf 3 542 220 M. und erklärt ihr Wegfall somit zur reichlichen Hälfte den Sprung des Etatsansatzes von 1874 auf 1875. Von 1875—1880/81 ergaben die Veranlagungen rund 30,162, 31,055, 31,724, 32,222, 32,539, 33,561 Mill. Mark, zu denen beitrugen beziehentlich 150 496, 157 096, 172 589, 167 307, 169 925, 174 313 Personen.

Zahl der Censiten und Veranlagungssolls stiegen noch weiter bis zur Aufhebung der klassifizirten Einkommensteuer fortgesetzt, jene auf 177 989, 182 605, 187 762, 194 554, 202 082, 207 608, 215 320, 222 850, 232 477, 242 077 und 254 270, diese auf 34,451 35,537, 36,846, 38,641, 40,256, 41,227, 42,964, 44,503, 47,109, 49,849 und 52,786 Mill. Mark. Dagegen hinderten die Steuererlasse nach den früher besprochenen Ges. v. 16. Juli 1880, 10. März 1881 und 26. März 1883 ein dem Veranlagungssoll entsprechendes Anwachsen der Soll- und Isteinnahmen.

Die Zahl der Censiten, auf die sich der Erlass seit dem Ges. v. 26. März 1883 erstreckte, d. i. der zum Satze der obersten Klassensteuerstufe und der in den beiden ersten Einkommensteuerstufen veranlagten, belief sich 1883/84 auf 85 923 = 45,8 Proz., 1891/92 auf 116 316 = 43,4 Proz. der Gesammtzahl, ihr Veranlagungssoll 1883/84 mit rund 8,23 Mill. Mark auf 22, 1891/92 mit 11,14 Mill. Mark auf 21 Proz. des gesammten Veranlagungssolls. Die Ausfälle aber berechneten sich im Jahre 1881/82, wo drei Monatsraten der Stufen 1—5 erlassen wurden, auf 3 586 504, 1882/83, da nach dem Etat vier Monatsraten der fünf untersten Stufen nicht erhoben wurden, auf 4 900 410 M. und stiegen, nachdem das Ges. v. 26. März 1883 in Kraft getreten war, von 1 115 190 M. 1883/84 bis auf 1 504 392 M. 1891/92. In Folge dessen kamen als Einnahme in den Etats für 1881/82 und 1882/83 nur 29,106 und 28,8276 Mill. Mark, und erst nachdem das Ges. v. 26. März 1883 den Erlass eingeschränkt hatte, 1883/84 wieder mehr als 30, nämlich 33,483 Mill. Mark in Ansatz. Bis zu ihrer Aufhebung stieg sodann die Steuer, zuerst langsamer, dann schneller, im Einnahmesoll bis auf 46 975 000 M.

So ansehnlich diese Steigerung an sich war, so konnte kein Kundiger darüber im Zweifel sein, dass sie dank des Fehlens einer Deklarationspflicht und des Verbots tieferen und lästigen Eindringens in die Verhältnisse der Censiten die wirkliche Entwickelung der Einkommen von mehr als 3000 M. nicht entfernt erreichte. Waren doch 1891/92 im ganzen Staate mit Einkommen von mehr als 780 000 M. veranlagt nur 18 Personen, mit solchen von mehr als 1,02 Mill. nur 10, und mit solchem von mehr als $1^1/_2$ Mill. nur 5. Auf die einzelnen Stufen vertheilten sich die Steuerpflichtigen wie folgt:

Stufe	Zahl 1883/84	Zahl 1891/92	Stufe	Zahl 1883/84	Zahl 1891/92	Stufe	Zahl 1883/84	Zahl 1891/92
Satz der 12. Klassensteuerstufe	2 603	5 066	20	473	718	39	2	3
1	53 076	68 659	21	277	468	40	3	4
2	30 244	42 591	22	275	422	41	2	3
3	21 169	28 132	23	294	370	42	2	2
4	15 634	20 892	24	216	331	43	1	—
5	12 143	15 522	25	161	254	44	1	3
6	13 761	18 321	26	101	217	45	—	1
7	8 271	11 226	27	70	124	46	1	—
8	6 471	8 728	28	70	136	49	—	1
9	4 434	6 109	29	69	82	50	—	1
10	3 953	5 500	30	54	100	52	—	2
11	3 479	4 948	31	21	68	60	1	—
12	2 919	4 060	32	24	55	63	1	1
13	1 744	2 555	33	24	31	68	1	—
14	1 519	2 106	34	10	30	70	1	—
15	1 344	2 055	35	9	16	77	—	1
16	940	1 443	36	7	13	90	—	1
17	794	1 110	37	2	7	97	—	1
18	595	963	38	1	11	128	—	1
19	495	806						

§ 94. Gehen wir zum Schluss dieses Kapitels noch mit einigen Worten auf die Gestaltung der Klassen- und Einkommensteuer zusammen in den letzten 5 Jahren ihres Bestehens, einem Zeitraum, der durch mancherlei das Volkseinkommen stark beeinflussende wirthschaftliche Vorgänge, wie das Gesunden der Industrie, die grossen Bergarbeiterstrikes mit ihren Lohnsteigerungen, die Erhöhung der Getreidezölle u. a. m. besonders bemerkenswerth ist, ein!

Die Zahl der Klassen- und Einkommensteuerpflichtigen stieg in dieser Zeit von 22,20 (19,51 Proz. Klassen- und 2,69 Proz. Einkommensteuerpflichtige) auf 24,38 (21,41 + 2,97) Proz. der in den Steuerrollen aufgeführten Bevölkerung, also um etwa $^1/_{10}$, am stärksten in Berlin und den Bezirken Münster, Arnsberg und Trier, also Hauptsitzen der Montan- und Eisenindustrie; dagegen weisen einzelne überwiegend landwirthschaftliche Bezirke, wie Königsberg, Gumbinnen, Köslin, die beiden Posenschen und Lüneburg sogar einen Rückgang auf. In den Städten war die Vermehrung um reichlich $^1/_4$ stärker als auf dem platten Lande (29,16 : 32,23 gegenüber 17,99 : 19,25 Proz.). Doch unterschieden sich in dieser Beziehung die einzelnen Landestheile sehr wesentlich: wo, wie in den meisten Bezirken östlich der Oder, ungewöhnlich viele kleine Landstädte vorhanden sind, blieb die Vermehrung in den Städten weit hinter dem Staatsdurchschnitt zurück, wo, wie in Theilen Oberschlesiens, Westfalens und der Rheinprovinz, auch das platte Land industriellen Charakter trägt, war die Zunahme auf dem platten Lande eine weit über den Durchschnitt hinausgehende, z. B. in den Bezirken Trier, Düsseldorf, Münster und Arnsberg 19,22 : 29,36, 23,14 : 26,01, 23,88 : 27,53 und 19,2 : 29,36 Proz.

Vorwiegend entfiel die Vermehrung auf die kleineren Einkommen: der auf die Einkommen zwischen 900 und 1200 M. entfallende Theil der Bevölkerung stieg um 24, derjenige der Einkommen zwischen 900 und 1500 M. um 19 und derjenige der Einkommen von 900—1800 M. um 18 Proz., dagegen nahmen die Einkommensteuerpflichtigen nur von 2,69 auf 2,97 Proz. der Bevölkerung, also um 10 Proz. zu. Wegen Einkommens von nicht mehr als 900 M. waren steuerfrei 1887/88 74,06, 1891/92 nur noch 71,17 Proz. der Bevölkerung. Die Vermehrung der Einkommen zwischen 900 und 1800 M. war also vorzugsweise durch Zuwachs aus den Reihen der früher steuerfreien, nicht aus denen der höheren Einkommen bewirkt. Freilich zeigten einzelne industriearme Landestheile, wie Ostpreussen und die Provinz Posen, ein von diesem Bilde des Gesammtstaats abweichendes, einen Rückgang der Klassensteuerpflichtigen ohne entsprechende Vermehrung der Einkommensteuerpflichtigen, dagegen theilweise unter Zunahme der Steuerfreien. Umgekehrt war das Bild noch weitaus vortheilhafter als im Staatsdurchschnitt in Berlin, den hauptsächlichen Industriebezirken und dem die Berliner Vororte umfassenden Bezirk Potsdam. Vergleicht man Stadt und Land, so waren von der Bevölkerung veranlagt:

	in den Städten		auf dem Lande	
	1887/88	1891/82	1887/88	1891/92
zur Einkommensteuer	5,37	5,76	1,07	1,15
„ Klassensteuer überhaupt	23,79	26,47	16,92	18,10
„ „ nach Einkommen von 900—1800 M.	5,83	6,92	3,28	3,73
„ „ „ „ „ 900—1200 „	3,29	4,11	2,00	2,42

Prozent der Bevölkerung.

Das Gesammtbild, das wir innerhalb des uns hier zur Verfügung stehenden Raumes nicht weiter ausmalen können, lässt sich folgendermassen skizziren: stärkere Zunahme der kleinen Einkommen von 900 M. aufwärts als der grösseren bei Abnahme der ganz kleinen unter 900 M., stärkere Vermehrung der Einkommen in den Städten als auf dem Lande und stärkere Vermehrung in industriellen als in landwirthschaftlichen Bezirken.

V. Kapitel.

Die Einkommensteuer nach dem Gesetz vom 24. Juni 1891.

§ 95. Die erste Veranlagung nach dem neuen Einkommensteuergesetz fand für 1892/93 statt. Sie ergab ein Veranlagungssoll von 124 842 848 M., was gegen die Klassen- und Einkommensteuer für 1891/92 — nach Abrechnung der erlassenen Monatsraten — ein Mehr von 45 284 866 M. bedeutete. Von diesem Mehrertrag entfallen auf die neu in die Steuerpflicht eingetretenen nichtphysischen Personen 10 056 743 M., auf die physischen 35 228 123 M. Nur zu einem kleinen Theile ist das Mehr den Tarifveränderungen zuzuschreiben. Denn die Erhöhungen der Steuersätze für die Einkommen von mehr als 8000 M. ergeben ein Mehraufkommen von 8 963 780 M., dem bei den Einkommen von 900 - 8000 M. Ermässigungen von 4 925 833 M. gegenüberstehen, sodass der Tarif im Ganzen nur ein Mehr von 4 037 947 M. zur Folge hatte, während 31 190 176 M. oder etwa $^8/_9$ des Mehraufkommens bei den physischen Personen vorzugsweise der richtigeren Erfassung des Einkommens zuzuschreiben waren. Das bei Veranlagung der physischen Personen zur Berechnung gezogene gesammte steuerpflichtige Einkommen betrug 1892/93 rund 5724,3 gegen 4273,7 Mill. Mark im Jahre 1891/92, also 1892/93 rund 1450,6 Millionen oder 34 Proz. mehr, welche bisher zum grössten Theil der Besteuerung entgangen waren.

Die Zahl der steuerpflichtigen physischen Personen stieg von 1 997 633 oder 6,78 Proz. der Bevölkerung auf 2 435 858 oder 8,15 Proz., mithin in einem Jahre um 22 Proz.

Die Verschiebung in der Belastung der verschiedenen Einkommensgruppen ergiebt folgende Uebersicht:

Etatsjahr	Einkommensgruppe M.	Censiten (physische Personen)	Hebungssoll M.	Durchschnittl. Steuerbeitrag jed. Censiten M.	Durchschnittl. Belastung des Einkommens Proz.
1892/93	900—3 000	2 118 969	32 835 099	15,50	1,13
1891/92		1 743 363	28 275 917	16,22	1,18
1892/93		+ 375 606	+ 4 559 182	— 0,72	— 0,05
1892/93	3 000—6 000	204 544	18 728 248	91,56	2,25
1891/92		180 862	18 707 142	103,43	2,56
1892/93		+ 23 682	+ 21 106	— 11,87	— 0,31
1892/93	6 000—9 500	55 561	11 223 980	202,01	2,73
1891/92	6 000—9 600	38 275	7 922 052	206,98	2,76
1892/93		+ 17 286	+ 3 301 928	— 4,97	— 0,03
1892/93	9 500—30 500	46 092	21 442 738	465,22	3,00
1891/92	9 600—32 400	29 886	12 958 956	433,61	2,79
1892/93		+ 16 206	+ 8 483 782	+ 31,61	+ 0,21
1892/93	30 500—100 000	9 034	15 627 740	1 729,88	3,46
1891/92	32 400—96 000	4 332	6 089 796	1 405,77	2,80
1892/93		+ 4 702	+ 9 537 944	+ 324,11	+ 0,66
1892/93	über 100 000	1 658	14 928 300	9 003,80	3,95
1891/92	„ 96 000	915	5 604 120	6 124,72	2,82
1892/93		+ 743	+ 9 324 180	+ 2 879,08	+ 1,13

Bis herauf zu den Einkommen von 9500 M. ist somit eine Entlastung des durchschnittlich auf den Censiten entfallenden Steuerbetrags und der durchschnittlichen Belastung des Einkommens eingetreten, und die für die höheren Einkommen erfolgte Mehrbelastung ist prozentualiter für jede höhere der unterschiedenen Einkommensgruppen grösser als für die niedrigere.

Die der Absicht des Gesetzes entsprechende Entlastung der kleineren und mittleren Einkommen und Mehrbelastung der grösseren zeigt sich auch in folgenden Zahlen: Es sank 1892/93 gegen 1891/92 der Antheil der Einkommen von 900—3000 M. an der Gesammtzahl der Censiten von 87,27 auf 86,99, dagegen am Veranlagungssoll von 35,54 auf 28,6 Proz., der Antheil der Einkommen von 3000 - 6000 M. an der Gesammtzahl der Censiten von 9,05 auf 8,40, dagegen am Veranlagungssoll von 23,5 auf 16,32 Proz., während derjenige der Einkommen von 6000 bis $\frac{9600}{9500}$ M. an der Censitenzahl zwar von 1,92 auf 2,28 Proz. stieg, am Steuersoll jedoch von 9,98 auf 9,78 Proz. sank. Dagegen partizipirten die drei oben unterschiedenen Gruppen der Einkommen über 9600 bezw. 9500 M. an der Censitenzahl 1892/93 mit 1,89, 0,37 und 0,07, 1891/92 nur mit 1,49, 0,22 und 0,05 Proz. und am Steuersoll 1892/93 mit 18,68, 13,62 und 13,00 gegen 16,25, 7,70 und 7,03 Proz. 1891/92. Während also die Einkommen von 900 - 6000 M. 1891/92 59 Proz. der gesammten Steuerlast trugen, sank 1892/93 ihr Antheil auf 45 Proz., obwohl sich ihr Antheil an der Censitenzahl nur von 96,28 auf 95,39 Proz. verringert hatte.

§ 96. Innerhalb des weiteren Zeitraums bis 1901 gestalteten sich die Veranlagungsergebnisse der reformirten Einkommensteuer folgendermassen — die in Klammern angegebenen Zahlen sind diejenigen für 1892/93 —:

Für das Steuerjahr 1901 war bei 3 649 188 Censiten der Betrag von 186 888 684 M. an Einkommensteuer veranlagt worden, während sich in den Vorjahren seit 1892/93 die Censitenzahl auf 2 437 886, 2 481 837, 2 520 930, 2 605 183, 2 654 444, 2 765 996, 2 909 403 und 3 094 428, das Veranlagungssoll auf 124 842 848, 123 190 131, 122 029 765, 123 433 466, 127 080 740, 134 954 972, 146 738 875 und 159 555 722 M. stellte. Gegen das jeweilige Vorjahr hat sich also stets ein Mehr an Censiten, insgesammt von 1892/93 bis 1901 eine Steigerung um nahezu 50 Proz. ergeben, wogegen die Steuern 1893/94 bis 1895/96 hinter 1892/93 zurückblieben, im Ganzen aber von 1892/93 bis 1900 um 62 045 836 M. oder ebenfalls fast 50 Proz. gestiegen sind. Die physischen Personen sind 1892/93 bis 1901 von 2 439 878 auf 3 646 527 Censiten, ihr Steuersoll ist von 114 786 105 auf 168 127 100 M., die juristischen Personen sind von 2028 auf 2661 Censiten, ihre Steuer ist von 10 056 743 auf 18 761 584 M. gestiegen. Auf sie entfiel der Rückgang des Steuersolls 1893/94 etwa zur Hälfte, 1894/95 voll.

Die nicht physischen Personen (Aktiengesellschaften u. s. w.) waren 1901 (1892/93) nach ihren einzelnen Arten wie folgt veranlagt:

1960	(1434)	Aktiengesellschaften und Kommanditgesellschaften auf Aktien mit	17 686 066	(8 553 353)	M. Steuern,
115	(196)	Berggewerkschaften mit	826 794	(1 402 614)	„ „
374	(309)	eigetragene Genossenschaften	84 556	(71 156)	„ „
212	(89)	Konsumvereine (§ 1 Nr. 5 des Ges.) . . .	164 168	(29 620)	„ „

Das dieser Veranlagung zu Grunde gelegte, nach dem Durchschnitte der letzten drei, 1892/93 zwei Geschäftsjahre und nach Vorschrift des § 16 des Gesetzes berechnete steuerpflichtige Einkommen hat betragen:

	M.	davon in Preussen steuerpflichtig M.
bei den Aktien- und Aktienkommanditgesellschaften	588 616 852	449 425 555
	(292 892 748)	(217 685 947)
„ „ Berggewerkschaften	21 174 630	21 068 037
	(36 488 770)	(36 092 639)
„ „ eingetragenen Genossenschaften	3 180 435	2 922 822
	(2 499 183)	(2 338 553)
„ „ Konsumvereinen (§ 1 Nr. 5 des Ges.)	4 827 511	4 708 019
	(953 746)	(953 726)
zusammen	617 799 428	478 124 483
	(332 834 447)	(257 070 865)

Das eingezahlte Aktienkapital bezw. bei den Berggewerkschaften das Grundkapital und bei den eingetragenen Genossenschaften die Summe der eingezahlten Geschäftsantheile der Mitglieder hat sich belaufen:

bei den Aktien- und Aktienkommanditgesellschaften auf .	6 342 392 067	(3 380 658 766)	M.
„ „ Berggewerkschaften auf	527 565 567	(824 879 470)	„
„ „ eingetragenen Genossenschaften auf	26 094 052	(21 702 244)	„
„ „ Konsumvereinen (§ 1 Nr. 5 des Ges.) auf . . .	4 454 476	(4 040 289)	„
zusammen auf . . .	6 900 506 162	(4 231 280 769)	M.

Der von der Feststellung des steuerpflichtigen Einkommens als steuerfrei in Abzug zu bringende Betrag von 3½ Proz. erreichte 241 527 565 (148 346 061) M.

Die äussert auffällige Verminderung der Berggewerkschaften ist wohl vorzugsweise auf die von dem Oberverwaltungsgericht aufgestellten Rechtsnormen über den Begriff der Berggewerkschaft und ihr Einkommen zurückzuführen.

Die physischen Personen anlangend, so hat sich die Bevölkerungsziffer nach der zum Zwecke der Veranlagung stattgehabten Personenstandsaufnahme 1901 auf 34 056 414 (1892/93: 29 895 224) Köpfe gestellt. Einkommensteuerfrei sind hiervon verblieben als Exterritoriale und dergl. 9176 (6832), als solche, deren Einkommen 900 M. nicht überstieg, 20 581 002 (20 945 227), zusammen 20 590 178 (20 952 059), und zwar in den Städten 7 500 284 (7 291 286) und auf dem Lande 13 089 894 (13 659 103).

Die einkommensteuerpflichtige Bevölkerung (einschl. der Freigestellten und ihrer Angehörigen) betrug

in den Städten	7 192 689	(4 537 612)	Köpfe,
auf dem Lande	6 273 547	(4 405 553)	„
zusammen . . .	13 466 236	(8 943 165)	Köpfe.

Die veranlagten Censiten ergeben 10,71 (8,15) Hunderttheile der Gesammtbevölkerung.

Mit einem Einkommen von mehr als 3000 M. sind veranlagt 435 696 (316 889) Censiten (physische Personen), mithin 1,24 (1,19) vom Hundert der Bevölkerung und 12,26 (12,64) vom Hundert aller Censiten.

Gruppenweise nach dem Einkommen geordnet beträgt im Veranlagungsjahre 1901 die Anzahl der Censiten in den Einkommensstufen von

über	900—3 000 M	88,05	(86,99)	Proz. der Gesammtzahl,
„	3 000—6 000 M.	7,69	(8,40)	„ „ „
„	6 000—9 500 M.	2,08	(2,28)	„ „ „
„	9 500—30 500 M.	1,75	(1,89)	„ „ „
„	30 500—100 000 M.	0,37	(0,37)	„ „ „
„	100 000 M.	0,08	(0,07)	„ „ „

Nachstehend wird noch eine Uebersicht der Vertheilung der Bevölkerung (Censiten und Angehörige zusammen) nach Gruppen der Veranlagung gegeben, und zwar für 1900, 1901 und für das Jahr 1896/97, in welchem zum ersten Male die Angehörigen nach Einkommensgruppen gleichmässig ersichtlich gemacht worden sind und welches zugleich (neben dem Jahre 1895/96) ein verhältnissmässig ungünstiges Ergebniss der Einschätzung zeigt, indem die Zahl der Censiten mit einem grösseren, 3000 M. überschreitenden Einkommen im Verhältnisse zur Bevölkerung zurückblieb. Es werden dabei zugleich diejenigen Schichten der Bevölkerung ersichtlich, welche nach § 18 u. 19 des Einkommensteuergesetzes (wegen grosser Kinderzahl und wegen anderer, aussergewöhnlicher Belastung) von der Steuer freigestellt worden sind.

Die gesammte Bevölkerung vertheilt sich in den Jahren 1896, 1900 und 1901 wie folgt:

A. Anzahl der Köpfe

		in den Städten		auf dem Lande		insgesammt	
		überhaupt	Proz. der Bevölkerung	überhaupt	Proz der Bevölkerung	überhaupt	Proz. der Bevölkerung
a) weil das Einkommen den Betrag von 900 M. nicht überschreitet: . .	1901	7 500 284	51,05	13 089 894	67,60	20 590 178	60,46
	1900	7 658 966	53,43	13 231 136	69,15	20 890 102	62,41
	1896	7 462 675	58,53	13 603 778	73,14	21 066 453	67,20
b) nach §§ 18 u. 19 freigestellt (einschliessl. der Personen, deren Veranlagung ausgesetzt ist):	1901	724 941	4,93	906 777	4,68	1 631 718	4,79
	1900	652 248	4,55	834 954	4,36	1 487 202	4,44
	1896	477 621	3,74	620 736	3,24	1 097 757	3,50
zusammen A . .	1901	8 225 225	55,98	13 996 671	72,28	22 221 896	65,25
	1900	8 311 214	57,98	14 066 090	73,51	22 377 304	66,86
	1896	7 939 696	62,27	14 224 514	76,48	22 164 210	70,70

B. Zur Einkommensteuer veranlagt in den Gruppen

a) von mehr als 900—3000 M.	1901	5 380 320	36,62	4 985 663	25,75	10 365 983	30,44
	1900	4 985 102	34,78	4 706 530	24,60	9 691 732	28,96
	1896	3 974 902	31,18	4 071 817	21,89	8 046 719	25,67
b) von mehr als 3000—6000 M.	1901	672 012	4,57	282 043	1,46	954 055	2,80
	1900	640 802	4,47	268 971	1,41	909 773	2,72
	1896	517 042	4,08	228 383	1,23	745 425	2,38
c) von mehr als 6000—9500 M.	1901	198 607	1,35	53 000	0,27	251 607	0,74
	1900	190 567	1,33	49 676	0,26	240 243	0,72
	1896	155 212	1,22	41 637	0,22	196 849	0,63
d) von mehr als 9500—30 500 M.	1901	173 176	1,18	36 700	0,19	209 876	0,62
	1900	166 256	1,16	34 450	0,18	200 706	0,60
	1896	132 168	1,04	26 672	0,14	158 840	0,51

		Anzahl der Köpfe					
		in den Städten		auf dem Lande		insgesammt	
		überhaupt	Proz. der Bevölkerung	überhaupt	Proz. der Bevölkerung	überhaupt	Proz. der Bevölkerung
e) von mehr als 30 500—100 000 M.	1901	36 306	0,25	7 705	0,04	44 011	0,13
	1900	34 252	0,24	7 130	0,04	41 382	0,12
	1896	26 324	0,21	5 166	0,03	31 490	0,10
f) von mehr als 100 000 M.	1901	7 327	0,05	1 659	0,01	8 986	0,03
	1900	7 080	0,05	1 598	0,01	8 678	0,03
	1896	4 797	0,04	953	0,01	5 750	0,02
Zusammen B . .	1901	6 467 748	44,02	5 366 770	27,72	11 834 518	34,75
	1900	6 024 059	42,02	5 068 455	26,49	11 092 514	33,14
	1896	4 810 445	37,73	4 374 628	23,52	9 185 073	29,30
Zusammen A und B	1901	14 692 973	100,00	19 363 441	100,00	34 056 414	100,00
	1900	14 335 273	100,00	19 134 545	100,00	33 469 818	100,00
	1896	12 750 14[illegible]	100,00	18 599 142	100,00	31 349 283	100,00

Die veranlagte Bevölkerung (mit ihren Haushaltungsangehörgen) umfasst hiernach insgesammt im Jahre 1901 bereits etwas über ein Drittel und im Jahre 1900 fast ein Drittel, im Jahre 1896 nur annähernd drei Zehntel, auf dem Lande 1901 und 1900 etwas über ein Viertel, im Jahre 1896 fast ein Viertel der Gesammtbevölkerung, diejenige mit mehr als 3000 M. Einkommen 4,31 gegen 4,19 im Vorjahre und 3,63 im Jahre 1896, in den Städten 7,40 gegen 7,25 im Vorjahre und 6,55 im Jahre 1896, auf dem Lande nur 1,97 gegen 1,89 im Vorjahre und 1,63 im Jahre 1896 vom Hundert. Die einkommensteuerpflichtige Schicht hat sich in Preussen in den Jahren 1896, 1900 und 1901 im Verhältniss von 2930 zu 3314 zu 3475, in den Städten von 3773 zu 4202 zu 4402, auf dem Lande von 2352 zu 2649 zu 2772 ausgedehnt. Die einkommensteuerfreie Schicht ist in diesen drei Jahren im Verhältniss von 7 070 zu 6686 zu 6525, in den Städten von 6 227 zu 5 798 zu 5598, auf dem Lande von 7648 zu 7351 zu 7228 zurückgegangen.

Die günstige Entwickelung, welche in diesen Ziffern hervortritt, prägt sich noch schärfer aus, wenn diejenige Schicht der Bevölkerung, welche zwar ein Einkommen von mehr als 900 M. bezieht, aus Gründen der §§ 18 u. 19 des Gesetzes aber freigestellt ist, mitberücksichtigt wird. Die Schicht, welche dieser Wohlthat theilhaftig geworden ist, stieg

in den Städten	von	3,74	auf	4,55	und	4,93	v. H. der Bevölkerung,
auf dem Lande	„	3,34	„	4,36	„	4,68	„ „ „ „
überhaupt	„	3,50	„	4,44	„	4,79	„ „ „ „

Rechnet man diese Ziffern zu denjenigen der einkommensteuerpflichtigen Bevölkerung hinzu, so ergiebt sich eine Schicht mit mehr als 900 M Einkommen

in den Städten	von	41,47	bezw.	46,57	bezw.	48,95	v. H. der Bevölkerung,
auf dem Lande	„	26,86	„	30,85	„	32,40	„ „ „ „
überhaupt	„	32,80	„	37,59	„	39,54	„ „ „ „

Gegenwärtig hat also bereits weit über ein Drittel der Bevölkerung ein Einkommen von über 900 M. Dabei ist zu berücksichtigen, dass zu dem Reste von 60,46 v. H, dessen Einkommen über 900 M. nicht hinausgeht, ohne Zweifel noch eine grosse Anzahl von Personen gehört, die durchaus nicht den unbemittelten Schichten zuzurechnen sind; so z. B. Söhne und Töchter wohlhabender Bauern, die in fremder Haus- oder Landwirthschaft ein eigenes, aber 900 M. nicht überschreitendes Arbeitseinkommen erwerben, oder Kinder reicher Leute, welche ein eigenes, der Verfügung des Familienhauptes nicht unterliegendes Zinseinkommen von nicht mehr als 900 M. besitzen.

Das veranlagte Einkommen der physischen Personen betrug 1901 8 376 057 778 (5 724 323 767) M., ist also um ca. 46 vom Hundert gestiegen. Von der Gesammtsumme entfallen

auf die Städte 5 586 104 801 (3 873 315 496) M.,
„ das Land 2 519 952 977 (1 851 008 271) „ ;

das Durchschnittseinkommen stellt sich daher auf einen Censiten (nicht auf den Kopf der Bevölkerung)

in den Städten . . . auf 2 616,81 (2 732,50) M.,
auf dem Lande . . „ 1 788,91 (1 824,39) „
überhaupt . . . . . . „ 2 297,00 (2 350,02) „

Betrachtet man hierbei die Regierungsbezirke im Einzelnen, so weist das höchste Durchschnittseinkommen wie in den Vorjahren Wiesbaden mit 3510,95 (3813,61) M. auf; die niedrigsten Beträge hatten 1892/93 Gumbinnen mit 1896,55, Stade mit 1895,55, Trier mit 1774,82 und Arnsberg mit 1669,86 M., 1901 Arnsberg mit 1692,77, Trier mit 1800,20 und Stade mit 1810,45 M.

Das Durchschnittseinkommen für Berlin stellt sich auf 2670,58 (2932,61) M.

Scheidet man das Durchschnittseinkommen der Censiten innerhalb der Regierungsbezirke nach Stadt und Land, so finden sich die höchsten Ziffern in den Städten der Regierungsbezirke Wiesbaden 4215,97 (4677,81), Aachen 3590,92 (3568,99) und Sigmaringen 3257,16 (—), sowie auf dem Lande 1892/93 bei den Bezirken Breslau mit 2422,92 und Magdeburg mit 2338,85, 1901 bei den Bezirken Breslau 2487,92, Potsdam 2213,51 und Stralsund 2140,34; die niedrigsten Ziffern in den Städten der Regierungsbezirke Stade 1974,13 (2072,75) und Arnsberg 1978,97 (2039,05), sowie auf dem Lande bei Arnsberg 1462,29 (1407,91) und Trier 1509,92 (1513,37).

In den Stadtkreisen stellt sich das Durchschnittseinkommen eines Censiten auf 2786,67 (3060,30) M. Am niedrigsten stehen 1902 hierbei Rixdorf mit 1458,56, Oberhausen mit 1489,47, Linden mit 1572,40, Königshütte i. Ob.-Schles. mit 1634,24, Spandau mit 1706,29, Recklinghausen mit 1755,56, sowie Gelsenkirchen mit 1776,61 M.; die höchsten Stellungen nehmen Bonn mit 4964,91, Frankfurt a. M. mit 4790,61 und Wiesbaden mit 4390,15 M. ein.

Das veranlagte Einkommen der physischen Personen mit mehr als 3000 M. Einkommen, d. i. der gesetzlich zur Deklaration verpflichteten, beträgt 4 048 157 053 (2 792 345 342) M. Es sondert sich nach den für diese Censiten besonders zusammengestellten Einkommensquellen, wie folgt:

I. aus Kapitalvermögen	1 208 059 567	(891 721 201)	M.
II. „ Grundvermögen	967 880 570	(755 361 284)	„
III. „ Handel, Gewerbe und Bergbau .	1 496 726 722	(982 804 091)	„
IV. „ gewinnbringender Beschäftigung	1 036 694 129	(593 941 967)	„

In Abzug sind an Schuldenzinsen, dauernden Lasten und sonstigen gesetzlichen Abzügen 661 203 935 (431 483 201) M. gebracht.

Das Sollaufkommen der Steuer der physischen Personen vertheilt sich auf die Städte mit 126 520 247 (84 315 007) M. und auf das Land mit 41 606 853 (30 471 098) M.

Dasselbe ist mithin gestiegen von je 100 in den Städten auf ca. 150, auf dem Lande nur auf ca. 127.

Der Steuerbetrag des einzelnen Censiten stellte sich im Durchschnitte in den Städten auf 2,16 (2,19), auf dem Lande auf 1,65 (1,63), überhaupt 2,01 (2,01) v. H. des veranlagten Einkommens.

Auf den Kopf der Bevölkerung entfallen in den Städten 8,61 (7,13), auf dem Lande 2,15 (1,69) und überhaupt 4,94 (3,84) M.

An Steuer bringen die einzelnen Einkommensgruppen der Censiten (physische Personen) auf und zwar die Censiten mit einem Einkommen von

über 900 bis 3 000 M. . .	28,31	(28,60)	v. H. des Gesammtsolls
„ 3 000 „ 6 000 „ . .	15,12	(16,32)	„ „ „ „
„ 6 000 „ 9 500 „ . .	9,08	(9,98)	„ „ „ „
„ 9 500 „ 30 500 „ . .	17,67	(16,25)	„ „ „ „
„ 30 500 „ 100 000 „ . .	13,79	(7,70)	„ „ „ „
„ 100 000 M.	16,03	(7,03)	„ „ „ „

Auf Grund des § 18 (Abzug von 50 M. für jedes Kind unter 14 Jahren bei Einkommen bis zu 3000 M.) sind 1901 unter 3 210 831 Censiten, welche bei obigem Einkommen zu einer Gesammtsteuer von 47 601 342 M. veranlagt worden sind, 269 156 Censiten, und zwar in den Städten 124 889 und auf dem Lande 144 267, freigestellt und 835 870 Censiten, und zwar in den Städten 402 196 und auf dem Lande 433 674, auf eine niedrigere Stufe ermässigt. Der Ausfall an Steuer beträgt 5 462 900 und zwar in den Städten 2 582 306 und auf dem Lande 2 880 594 M.

In Gemässheit des § 19 des Gesetzes sind wegen beeinträchtigter Leistungsfähigkeit

[Fortsetzung nächste Seite.]

Es betrug		1892
a) die Gesammtzahl der Censiten	in Mill.	2,44
b) deren Veranlagungssoll	in Mill. M.	124,84
c) die Gesammtzahl der nicht physischen Personen unter den Censiten		2 028
d) deren Veranlagungssoll	"	10,06
e) die Gesammtzahl der physischen Personen unter der Censiten (ohne Angehörige):		
in den Städten	in Mill.	1,41
auf dem platten Lande	"	1,03
überhaupt	"	2,44
vom Hundert der Bevölkerung:		
in den Städten	v. H.	11,92
auf dem platten Lande	"	5,68
überhaupt	"	8,15
f) das Veranlagungssoll der Censiten zu e:		
in den Städten	in Mill. M.	84.32
auf dem platten Lande	"	30,47
überhaupt	"	114,79
g) das veranlagte Einkommen zu f:		
in den Städten	in Mill. M.	3 873
auf dem platten Lande	"	1 851
überhaupt	"	5 724
h) die Zahl der mit mehr als 3000 M. Einkommen veranlagten physischen Personen vom Hundert der Bevölkerung:		
in den Städten	v. H.	2,010
auf dem platten Lande	"	0,438
überhaupt	"	1,060
i) das Gesammteinkommen zu h:		
in den Städten	in Mill. M.	2 474
auf dem platten Lande	"	750
überhaupt	"	3 224
und zwar aus Kapitalvermögen:		
in den Städten	in Mill. M.	717
auf dem platten Lande	"	175
überhaupt	"	892
aus Grundvermögen:		
in den Städten	in Mill. M.	389
auf dem platten Lande	"	366
überhaupt	"	755
aus Handel, Gewerbe und Bergbau:		
in den Städten	in Mill. M.	867
auf dem platten Lande	"	116
überhaupt	"	983
aus gewinnbringender Beschäftigung:		
in den Städten	in Mill. M.	501
auf dem platten Lande	"	93
überhaupt	"	594
k) der Abzug an Schuldenzinsen, Lasten u. s. w.:		
in den Städten	in Mill. M.	276
auf dem platten Lande	"	155
überhaupt	"	431
darunter nur Schuldenzinsen und Renten (§ 9 I, 2 des Gesetzes):		
in den Städten	in Mill. M.	234
auf dem platten Lande	"	134
überhaupt	"	368

von den hierbei in Betracht kommenden 3 566 506 Censiten 16 664, und zwar in den Städten 8 209 und auf dem Lande 8 455, freigestellt und 116 865 Censiten, und zwar in den Städten 68 112 und auf dem Lande 48 753, auf eine niedrigere Stufe ermässigt worden. Die Gesammtsteuer dieser Censiten beträgt 88 296 210 M., der Ausfall an Steuer 1 069 759 und zwar in den Städten 688 382 und auf dem Lande 381 377 M.

§ 97. Im Folgenden sind noch die wichtigsten Ziffern der Einkommenstatistik für die letzten 10 Jahre nebeneinander gestellt.

1893	1894	1895	1896	1897	1898	1899	1900	1901
2,48	2,52	2,61	2,65	2,77	2,91	3,09	3,38	3,65
123,19	122,03	123,43	127,08	134,95	146,74	159,56	174,39	186,89
2 059	1 922	1 891	1 929	2 001	2 124	2 262	2 443	2 661
9,39	7,76	6,92	6,77	8,05	10,33	12,97	15,99	18,76
1,44	1,48	1,54	1,57	1,65	1,75	1,87	2,07	2,24
1,04	1,04	1,06	1,08	1,11	1,16	1,22	1,31	1,41
2,48	2,52	2,60	2,65	2,76	2,91	3,09	3,38	3,65
12,10	12,14	12,38	12,33	12,63	12,97	13,42	14,41	15,23
5,71	5,72	5,78	5,81	5,92	6,13	6,43	6,86	7,27
8,24	8,29	8,45	8,46	8,68	8,99	9,40	10,09	10,71
83,76	84,43	86,45	89,77	95,18	103,04	110,75	119,54	126,52
30,03	29,84	30,07	30,54	31,72	33,37	35.83	38,85	41,61
113,80	114,27	116,52	120,31	126,90	136,41	146,58	158,40	168,13
3 879	3 934	4 060	4 183	4 410	4 724	5 072	5 489	5 856
1 846	1 850	1 877	1 903	1 965	2 051	2 185	2 352	2 520
5 725	5 785	5 937	6 086	6 375	6 775	7 258	7 841	8 376
2,009	1,996	1,978	1,976	2,012	2,106	2,158	2,222	2,279
0,437	0,431	0,425	0,425	0,437	0,451	0,474	0,498	0,521
1,062	1,057	1,052	1,056	1,084	1,142	1,188	1,237	1,279
2 466	2 483	2 537	2 634	2 792	3 032	3 278	3 513	3 716
742	733	731	738	770	804	867	932	993
3 208	3 217	3 267	3 372	3 563	3 836	4 145	4 445	4 709
715	716	727	737	761	811	882	927	978
172	172	178	176	182	185	199	214	230
887	888	904	912	943	996	1 081	1 141	1 208
389	393	409	426	448	471	505	540	576
357	349	331	329	336	345	363	381	392
746	742	739	755	785	816	867	921	968
844	842	847	899	974	1 061	1 142	1 240	1 299
115	111	117	121	132	145	162	178	198
960	954	963	1 019	1 106	1 206	1 304	1 418	1 497
518	532	555	572	609	690	750	807	863
97	101	105	112	120	129	143	158	173
615	633	660	685	729	818	892	964	1 037
291	302	310	326	345	370	403	435	472
160	157	156	157	161	163	170	180	189
451	459	466	483	506	533	573	615	661
246	255	264	277	293	314	342	371	403
137	133	134	134	137	137	143	151	159
383	388	397	410	430	451	485	521	562

Vergleichen wir schliesslich den in den einzelnen Regierungsbezirken auf den Kopf der Bevölkerung entfallenden Betrag an Klassen- und klassifizirter Einkommensteuer mit demjenigen an Einkommensteuer nach dem Ges. v. 24. Juni 1891, so ergiebt sich folgende Reihenfolge — die markantesten Verschiebungen sind durch den Druck hervorgehoben —:

1891/92		1892/93		1901	
Berlin	10,03 M.	Berlin	14,41 M.	Berlin	17,07 M.
Wiesbaden	4,87 „	Wiesbaden	9,25 „	Wiesbaden	12,78 „
Cöln	4,36 „	Cöln	6,69 „	Cöln	8,75 „
Magdeburg	3,95 „	Düsseldorf	5,91 „	Düsseldorf	7,83 „
Hannover	3,25 „	Magdeburg	5,45 „	Potsdam	7,50 „
Potsdam	3,15 „	Hannover	5,02 „	Hannover	6,48 „
Breslau	2,77 „	Arnsberg	4,99 „	Aachen	6,17 „
Düsseldorf	2,76 „	Aachen	4,61 „	Magdeburg	6,10 „
Schleswig	2,71 „	Potsdam	4,58 „	Arnsberg	6,10 „
Aurich	2,68 „	Merseburg	4,08 „	Breslau	4,85 „
Merseburg	2,67 „	Schleswig	3,82 „	Merseburg	4,66 „
Erfurt	2,63 „	Breslau	3,72 „	Cassel	4,49 „
Aachen	2,58 „	Stettin	3,50 „	Erfurt	4,40 „
Stettin	2,41 „	Erfurt	3,43 „	Schleswig	4,38 „
Cassel	2,29 „	Hildesheim	3,32 „	Hildesheim	4,36 „
Münster	2,06 „	Osnabrück	3,26 „	Münster	4,33 „
Hildesheim	2,05 „	Münster	3,10 „	Stettin	4,16 „
Liegnitz	2,02 „	Aurich	2,94 „	Sigmaringen	4,12 „
Arnsberg	2,00 „	Coblenz	2,92 „	Trier	3,80 „
Stade	1,99 „	Cassel	2,91 „	Coblenz	3,69 „
Minden	1,95 „	Stade	2,81 „	Minden	3,66 „
Coblenz	1,94 „	Trier	2,80 „	Aurich	3,63 „
Danzig	1,80 „	Minden	2,79 „	Lüneburg	3,60 „
Lüneburg	1,76 „	Lüneburg	2,72 „	Liegnitz	3,50 „
Frankfurt	1,73 „	Liegnitz	2,67 „	Stade	3,40 „
Trier	1,58 „	Frankfurt	2,40 „	Stralsund	3,14 „
Königsberg	1,43 „	Oppeln	2,30 „	Osnabrück	2,94 „
Oppeln	1,43 „	Danzig	2,26 „	Oppeln	2,93 „
Osnabrück	1,43 „	Königsberg	1,89 „	Frankfurt	2,91 „
Köslin	1,24 „	Bromberg	1,68 „	Danzig	2,86 „
Bromberg	1,19 „	Köslin	1,54 „	Königsberg	2,60 „
Stralsund	1,18 „	Stralsund	1,52 „	Bromberg	2,03 „
Posen	1,18 „	Posen	1,52 „	Posen	1,99 „
Marienwerder	1,03 „	Marienwerder	1,28 „	Köslin	1,89 „
Gumbinnen	0,93 „	Gumbinnen	1,19 „	Marienwerder	1,66 „
				Gumbinnen	1,46 „

Auch in diesen Angaben erkennen wir unschwer den Einfluss der Deklarationspflicht sowie der gerechteren Steuerskala und Veranlagung: der Abstand zwischen den notorisch reichen und den armen Bezirken ist ein grösserer geworden, und die Bezirke mit Grossindustrie treten mehr in die ersten Reihen als früher, wozu allerdings auch die Heranziehung der Erwerbsgesellschaften beitrug.

§ 98. Die in den vorangehenden Paragraphen gegebenen Zahlen lassen zur Evidenz erkennen, wie sich in dem ganzen seit seinem Erlass verflossenen Zeitraum das Einkommensteuergesetz zur Erreichung seiner Ziele geeignet erwies. Die Steuerlast hat sich noch mehr nach den grösseren Einkommen hin verschoben, sodass 1901 die physischen

Personen mit Einkommen von 900 bis 6000 M. noch 43,45 Proz., dagegen die Einkommen über 30 500 29,82 Proz. zu tragen hatten gegen 44,92 bezw. 14,72 Proz. im Jahre 1892/93, obwohl jene 1901 von der Gesammtzahl der Censiten 33,24, diese nur 0,16 Proz. ausmachten. Die Berücksichtigung der Kinderzahl und besonderen wirthschaftlichen Verhältnisse hat immer weitere Bedeutung erlangt. Die Veranlagungsergebnisse beweisen ferner, dass die neue Steuer, was von einer guten guten Einkommensteuer zu verlangen ist, von der früheren aber nicht geleistet wurde, den Wellenbewegungen des Wirthschaftslebens folgt. Als 1893/94 in verschiedenen Erwerbszweigen eine rückläufige Bewegung sich bemerklich machte, die aber mit der Krisis der 70er Jahre auch nicht annähernd zu vergleichen ist, ging auch das Veranlagungssoll zurück, während die alte Einkommensteuer durch jene Krisis ziemlich wenig berührt wurde, da eben die grösseren, durch sie betroffenen Einkommen so wenig vollständig erfasst waren, dass sie eine Steuerermässigung zum grossen Theil nicht beanspruchen konnten. Umgekehrt kam aber auch der grossartige wirthschaftliche Aufschwung in der zweiten Hälfte der 90er Jahre in ganz anderem Masse in einem Steigen des Veranlagungssolls zum Ausdruck, als es bei der früheren Steuer möglich gewesen wäre. Dabei zeigen die Veranlagungsergebnisse auch, in wie verschiedenem Masse an diesem Aufschwung die einzelnen Einkommensquellen und Stadt und Land betheiligt waren, wie sehr in der Vermehrung des Einkommens aus Grundvermögen und Kapitalvermögen das platte Land hinter den Städten zurückgeblieben ist. Allerdings hat die Empfindlichkeit der Einkommensteuer gegen die Schwankungen des Wirthschaftslebens auch ihre Nachtheile für die Staatsfinanzen, welche ohnehin im Uebrigen auf hiergegen noch empfindlichere Einnahmequellen angewiesen sind, und insofern waren allerdings die früheren Steuern eine sicherere Einnahme.

§ 99. In die Etats für 1892/93, 1893/94 und 1894/95 konnten nur die im § 82 des Gesetzes festgesetzten Beträge von 80 000 000, (80 000 000 + 80 000 000 · $^{4}/_{100}$ =) 83 200 000 und (83 200 000 + 83 200 000 · $^{4}/_{100}$ =) 865 280 000 M. eingestellt werden, sodass rund 41,352, 38,322 und 34,438 Mill. M. an den im Gesetz (§ 83) vorgesehenen Fonds abzuführen waren. Erst nach dem Inkrafttreten der Steuerreformgesetze vom 14. Juli 1893, d. i. mit dem Etatsjahr 1895/96 erlangte die Finanzverwaltung die Disposition über die gesammte Einnahme. Dieselbe wurde in den Etat für 1895/96 (Kap. 4 Tit. 1) nach dem abgerundeten Durchschnitt der Jahre 1892/93 und 1893/94 mit 121 400 000 M. eingestellt und auch von der Wirklichkeit nur um 1,352 Mill. M. übertroffen. Für die folgenden Jahre wurde der Durchschnitt der drei letzten bei der Etatsaufstellung abgeschlossenen Jahre zuzüglich desjenigen Betrages, um den das Veranlagungssoll des Jahres, in dem die Etatsaufstellung erfolgt, dasjenige des Vorjahres übersteigt, zu Grunde gelegt. Für 1901 trat hinzu das auf 146 500 M. geschätzte Einkommensteuersoll der Hohenzollernschen Lande. Es ergaben sich daher für die 6 Jahre 1896/97 bis 1901 Etatsansätze von 122, 125, 133, 145, 159 und 174 Mill. M., denen 1896/97 bis 1901 Isteinnahmen von rund 126,875, 134,885, 146,334, 159,094 und 172,949 Mill. M. gegenüberstanden, sodass thatsächlich bisher die Solleinnahme der vorjährigen Isteinnahme entsprach. In Zeiten wirthschaftlichen Rückganges oder auch nur Stillstandes wird man mit dieser Art der Etatsveranschlagung nicht fortfahren dürfen, und es ist daher bereits für 1902 nur derselbe Betrag von 174 Mill. M. wie für 1901 vorgesehen. Für die günstigen Jahre bis 1900 hatte man sie dagegen wohl als übertrieben vorsichtig bemängelt; indess gerade für eine so den wirklichen Einkommensverhältnissen folgende Steuer würde eine ein noch höheres Steigen der Einnahme vorsehende Veranschlagung vollständig in der Luft schweben.

VI. Kapitel.

Die Ergänzungssteuer.

§ 100. Bei Aufstellung des Entwurfs des Ergänzungssteuergesetzes war auf Grund der zur Verfügung stehenden unsicheren Unterlagen das steuerbare Grundvermögen ausschliesslich der gewerblichen Gebäude und nach Abzug der Schulden auf 25, das gewerbliche Anlage- und Betriebskapital einschliesslich der gewerblichen Gebäude auf 20,6 und das sonstige Kapitalvermögen auf 28,2 Milliarden geschätzt worden. Die erste Veranlagung ergab 23,8, 10,5 und 26,3 Milliarden. Berücksichtigt man die vom Landtage beschlossenen Abschwächungen der Steuerpflicht gegenüber der Vorlage (vergl. § 64), so zeigte dieses Veranlagungsergebniss hinsichtlich des Grundvermögens eine überraschende Uebereinstimmung mit der vorherigen Schätzung. Dasselbe gilt hinsichtlich des mobilen Kapitals, zumal die durch die gedachten Aenderungen des Gesetzentwurfs befreiten Vermögen vorwiegend in solchem bestehen. Wenn ganz im Gegensatz hierzu sich das gewerbliche Anlage- und Betriebskapital nur reichlich halb so hoch, wie man veranschlagt, stellte, so war das zweifellos die vorauszusehende Folge der Ablehnung der Deklarationspflicht durch den Landtag. Denn das Anlage- und Betriebskapital namentlich der Grossbetriebe bietet einer Schätzung die grössten Schwierigkeiten, grössere insbesondere auch als das mobile Kapital, da auf dessen Höhe die Angaben der Einkommensteuer-Erklärungen Schlüsse gestatten; zu freiwilligen Vermögensanzeigen aber pflegt Niemand weniger geneigt zu sein als der Gewerbetreibende.

Wenn in Folge dessen das Veranlagungssoll mit 29 563 132 M. hinter 35 Mill. M. um mehr als 5 Proz. zurückblieb und daher durch

Verordn. v. 25. Juni 1895 die Steuersätze um 5,2 Pfennig für jede Mark erhöht werden mussten, so haben das die nach ihrem vollen Vermögenswerth erfassten Steuerpflichtigen in erster Linie der unbeabsichtigten Begünstigung der Gewerbetreibenden durch die Streichung der Deklarationspflicht zu verdanken. In Folge der Erhöhung der Steuersätze stellte sich das Veranlagungssoll für 1895/96 auf 31 045 836 M., während sich später ergaben 1896/97 31 064 602 M., 1897/99 31 833 480 M. und 1899/1902 34 123 393 M.

§ 101. Vergleicht man die Veranlagungsergebnisse der Perioden 1895/96 und 1899/1902, so bietet sich das im Nachstehenden entwickelte Bild, — die Zahlen für 1895/96 werden denen für 1899/1902 in Parenthese beigefügt —.

Veranlagt sind 1899/1902 1 221 876 (1 152 332) Censiten, gleich 3,71 (3,74) Hunderttheile der Gesammtbevölkerung, und zwar in den Städten 568 845 (520 192) und auf dem Lande 653 031 (632 140).

Die veranlagte Bevölkerung einschliesslich der Angehörigen der Censiten beträgt

in den Städten . . .	1 823 342 (1 724 638)	Köpfe
auf dem Lande . . .	2 744 167 (2 631 906)	„
zusammen . .	4 567 509 (4 356 544)	Köpfe

oder auf einen Censiten in den Städten 3,21 (3,32), auf dem Lande 4,20 (4,16) und überhaupt 3,74 (3,78) Köpfe.

Veranlagt sind zur Ergänzungsteuer mit einem Einkommen

von nicht mehr als 3000 M. .	908 884 (883 449)	Censiten,
von mehr als 3000 M. . . .	312 992 (268 883)	„ .

Von den letzteren entfallen

auf die Städte	235 842 (199 991)	Censiten,
auf das Land	77 150 (68 892)	„ .

Das gesammte steuerpflichtige Vermögen der Censiten in Höhe von 69 906 912 872 (63 917 805 052) M. entfällt

auf die Städte mit 43 326 810 531 (38 350 204 175) M.,
„ das Land „ 26 580 102 341 (25 567 600 877) „

Das Durchschnittsvermögen jedes Censiten stellt sich daher

in den Städten auf . .	76 166,29 (73 723,17)	M.,
auf dem Lande	40 702,67 (40 446,11)	„
überhaupt	57 212,77 (55 468,22)	„

Das steuerpflichtige Vermögen der sämmtlichen Censiten ist sonach um 5,98 Milliarden Mark, gleich 9,35 Proz. — in den Städten um 4,976 Milliarden Mark, gleich 13 Proz., auf dem Lande um 1,013 Milliarden Mark, oder noch nicht 4 Proz. —, das des einzelnen Censiten durchschnittlich um 1 744,55 Mark gestiegen.

Gruppenweise geordnet beträgt die Anzahl der Censiten mit einem Vermögen von mehr als

6 000	bis	20 000 M.	597 123 (563 807)	oder	48,87 (48,93)	v. H. der Gesammtzahl,	
20 000	„	32 000 „	216 598 (203 397)	„	17,73 (17,65)	„ „ „	„
32 000	„	52 000 „	168 450 (162 306)	„	13,79 (14,09)	„ „ „	„
52 000	„	100 000 „	129 198 (122 670)	„	10,57 (10,65)	„ „ „	„

100 000 bis	200 000 M.	62 164	(57 153)	oder	5,09	(4,96)	v. H. der Gesammtzahl,
200 000 „	500 000 „	32 943	(29 372)	„	2,70	(2,55)	„ „ „ „
500 000 „	1 000 000 „	9 386	(8 371)	„	0,77	(0,73)	„ „ „ „
1 000 000 „	2 000 000 „	3 905	(3 429)	„	0,32	(0,30)	„ „ „ „
2 000 000 M.	. . . . .	2 109	(1 827)	„	0,17	(0,16)	„ „ „ „ .

Ein Vermögen von mehr als 500 000 M. besitzen hiernach nur 1,26 (1,19) v. H. aller Censiten.

Die vorstehenden absoluten Ziffern weisen in allen Gruppen eine Vermehrung der Censiten nach, während die Antheilsziffern der Censiten mit einem Vermögen von mehr als 6000 bis 20 000 M. und 32 000 bis 100 000 M sich verringert haben.

Das veranlagte Vermögen der 312 992 (268 883) Censiten mit mehr als 3000 M. Einkommen beträgt

in den Städten .	35 683 502 531	(30 808 720 175)	M.
auf dem Lande .	12 616 579 341	(11 731 396 179)	„
zusammen	48 300 081 872	(42 540 116 354)	M.

und sondert sich nach den einzelnen Vermögensarten, wie folgt:

I. Kapitalvermögen 25 570 351 645 (21 401 511 453) M.,
II. Grundbesitz einschliesslich des Betriebskapitals 25 153 960 416 (22 309 748 542) M.,
III. Anlage- und Betriebskapital in Handel, Gewerbe und Bergbau 9 687 021 735 (8 425 876 601) M.,
IV. Werth der selbständigen Rechte und Gerechtigkeiten 116 048 708 (130 768 315) M.

In Abzug ist der Kapitalwerth der Schulden mit 12 227 300 632 (9 727 788 557) M. gebracht. Das Gesammtvermögen aus den 4 Arten desselben ist um rund 8351 Mill., dagegen der Kapitalwerth der Schulden nur um 2549 Mill. M. und das veranlagte Vermögen um rund 5460 Mill. M. gestiegen.

Das Sollaufkommen der Ergänzungsteuer vertheilt sich

auf die Städte .	. mit 21 820 261	(19 208 575)	M.
auf das Land .	. „ 12 303 131	(11 837 262)	„

Auf den Kopf der Bevölkerung entfallen in den Städten 1,56 (1,54), auf dem Lande 0,65 (0,64) und überhaupt 1,04 (1,01) M.

An Steuer bringen die einzelnen Vermögensgruppen der Censiten auf und zwar bei einem Vermögen von mehr als

6 000 bis	20 000 M.	3 151 444,40	(2 980 712,80)	M.	oder	9,24	(9,60)	v. H. des
20 000 „	32 000 „	2 307 648,60	(2 211 840,40)	„	„	6,76	(7,12)	Gesammtsolls
32 000 „	52 000 „	3 417 901,20	(3 287 912,80)	„	„	10,02	(10,59)	„
52 000 „	100 000 „	4 518 376,00	(4 279 649,20)	„	„	13,24	(13,78)	„
100 000 „	200 000 „	4 346 327,40	(3 992 839,80)	„	„	12,74	(12,86)	„
200 000 „	500 000 „	5 058 754,40	(4 500 851,40)	„	„	14,82	(14,50)	„
500 000 „	1 000 000 „	3 343 534,60	(2 978 326,40)	„	„	9,80	(9,60)	„
1 000 000 „	2 000 000 „	2 803 494,60	(2 453 064,60)	„	„	8,22	(7,90)	„
2 000 000 M.	. . . . .	5 175 911,40	(4 360 638,20)	„	„	15,17	(14,05)	„ .

Hiernach bleiben 1899/1902 gegen 1895/96 die sämmtlichen Gruppen der Censiten mit einem Vermögen bis zu 200 000 M. mit ihren Antheilsziffern an dem Gesammtsoll zurück, während die Vermögen von mehr als 200 000 M. stärker daran betheiligt sind. Die Vermögen über 500 000 M. bringen 33,19 (31,55) v. H., die kleinen von nicht mehr als 32 000 M. 16,00 (16,72) und die mittleren 50,82 (51,73) v. H. des Steuersolls auf. Es hat sich also auch hier eine Verschiebung der Steuerlast nach der Richtung der grossen Vermögen vollzogen.

§ 102. Im Folgenden sind noch die wichtigsten Ziffern der Ergänzungsteuerstatistik für die bisherigen vier Veranlagungsperioden nebeneinander gestellt.

Es betrug		1895/96	1896/97	1897/99	1899/1902
a) die Gesammtzahl der Censiten (ohne Angehörige):					
in den Städten	in Mill.	0,52	0,53	0,54	0,57
auf dem platten Lande . . .	„	0,63	0,64	0,64	0,65
überhaupt	„	1,15	1,17	1,18	1,22
vom Hundert der Bevölkerung:					
in den Städten	v. H.	4,18	4,14	4,11	4,08
auf dem platten Lande . . .	„	3,44	3,43	3,42	3,45
überhaupt	„	3,74	3,72	3,70	3,71
b) deren Veranlagungssoll:					
in den Städten	in Mill. M.	19,21	19,23	19,88	21,82
auf dem platten Lande . . .	„	11,84	11,83	11,95	12,30
überhaupt	„	31,05	31,06	31,83	34,12
c) das veranlagte Vermögen zu b:					
in den Städten	in Mill. M.	38 350,20	38 350,42	39 790,24	43 326,81
auf dem platten Lande . . .	„	25 567,60	25 673,76	25 886,68	26 580,10
überhaupt	„	63 917,81	64 024,18	65 676,92	69 906,91
d) die Zahl der mit mehr als 3000 M. Einkommen zur Ergänzungsteuer veranlagten Personen:					
in den Städten	Censiten	199 991	204 440	213 129	235 842
auf dem platten Lande . . .	„	68 892	69 664	71 615	77 150
überhaupt	„	268 883	274 104	284 744	312 992
vom Hundert der Bevölkerung:					
in den Städten	v. H.	1,61	1,60	1,63	1,69
auf dem platten Lande . . .	„	0,38	0,37	0,38	0,41
überhaupt	„	0,87	0,87	0,89	0,95
e) das Gesammtvermögen zu d:					
in den Städten	in Mill. M.	37 123,14	37 833,42	39 580,69	44 113,71
auf dem platten Lande . . .	„	15 144,76	15 145,52	15 488,94	16 413,68
überhaupt	„	52 267,90	52 978,94	55 069,63	60 527,38
und zwar das Kapitalvermögen:					
in den Städten	in Mill. M.	17 224,06	17 501,13	18 546,51	20 807,23
auf dem platten Lande . . .	„	4 177,45	4 264,43	4 427,65	4 763,12
überhaupt	„	21 401,51	21 765,56	22 974,16	25 570,35
das Grundvermögen einschliesslich des Betriebskapitals:					
in den Städten	in Mill. M.	12 551,37	12 793,12	13 302,13	14 883,60
auf dem platten Lande . . .	„	9 758,38	9 693,86	9 846,36	10 270,36
überhaupt	„	22 309,75	22 486,98	23 148,50	25 153,96
der Werth des Anlage- und Betriebskapitals in Handel, Gewerbe und Bergbau:					
in den Städten	in Mill. M.	7 291,96	7 479,78	7 667,14	8 362,42
auf dem platten Lande . . .	„	1 133,92	1 132,90	1 168,85	1 324,60
überhaupt	„	8 425,88	8 612,68	8 835,99	9 687,02
der Werth der selbständigen Rechte und Gerechtigkeiten:					
in den Städten	in Mill. M.	55,75	59,38	64,91	60,45
auf dem platten Lande . . .	„	75,01	54,33	46,08	55,60
überhaupt	„	130,77	113,72	110,99	116,05
f) der in Abzug zu bringende Kapitalwerth der Schulden:					
in den Städten	in Mill. M.	6 314,42	6 876,07	7 219,32	8 430,20
auf dem platten Lande . . .	„	3 413,37	3 441,87	3 559,43	3 797,10
überhaupt	„	9 727,79	10 317,94	10 778,75	12 227,30

§ 103. In den Etat (Kap. 4 Tit. 2) wurde für das erste Jahr, in dem die Ergänzungsteuer zur Erhebung kam, 1895/96, der Betrag von 35 Mill. M., den man, wie erwähnt, durch sie zu erzielen beabsichtigte und hoffte, eingestellt. Nachdem aber diese Erwartung sich nicht erfüllt hatte, stellte man 1896/97 das sich durch Erhöhung der Steuersätze für 1895/96 ergebende Veranlagungssoll von 1895/96 unter Abrundung mit 31,1 Mill. M. ein. Diese Summe wurde, wie die Anl. LXVIII Sp. 9 ergiebt, in der Wirklichkeit nur um ein Geringes überschritten; da aber bei der Etatsaufstellung für 1897/98 erst die Isteinnahme von 1895/96, die nur 30,3 Mill. M. betrug, bekannt war, verblieb es auch für 1897/98 bei demselben Voranschlag wie im Vorjahr, den nun aber die Wirklichkeit um fast 0,85 Mill. M. überstieg. Für die folgenden Jahre wurde dasselbe Verfahren wie bei der Einkommensteuer beobachtet, d. h. es wurde der Durchschnitt der drei — 1898/99 zwei — letzten Jahre, deren Abschlüsse vorlagen, zu- bezw. abzüglich des Betrages, um die das letzte Veranlagungssoll das vorherige bezw. im zweiten und dritten Jahr der Veranlagungsperiode die Abgänge die Zugänge überstiegen oder umgekehrt, zu Grunde gelegt. So gelangte man, 1901 unter Einrechnung des auf 27 800 M. geschätzten Aufkommens aus den Hohenzollernschen Landen, zu Voranschlägen von 31½, 32, 33 und 33 Mill. M. für die Jahre 1898/99 bis 1901, während die Isteinnahme 1898/99 31 744 001 M., 1899 aber in Folge der in diesem Jahre erfolgten neuen Veranlagung 34 148 690 M., 1900 33 986 164 M. betrug. Für 1902, wo eine neue Veranlagung stattfindet, ist ein Betrag von 34 Mill. M. eingestellt.

VII. Kapitel.

Die übrigen Einnahmen der Verwaltung der direkten Steuern.

§ 104. Von den übrigen Einnahmen aus der Verwaltung der direkten Steuern sind diejenigen an Steuern der Hohenzollernschen Lande im Etat für 1901 als besonderer Titel verschwunden, weil nach Beseitigung der besonderen Steuerverfassung dieses Landestheils die Einnahmen mit den gleichartigen der übrigen Monarchie verrechnet werden. Auch vor 1873 fehlte dieser Titel im Etat der direkten Steuern, weil bis dahin für die Hohenzollernschen Lande ein besonderer Etat aufgestellt wurde, in dem die dortigen Steuern erschienen. In den 28 Jahren, in denen die Hohenzollernschen Steuern einen besonderen Titel des Etats der direkten Steuern bildeten, sind sie fortgesetzt, aber, wie es in ihrem Charakter und in den örtlichen Verhältnissen begründet war, sehr langsam gestiegen, sodass 1900 eine Solleinnahme von 321 600 M. einer solchen von 238 851 M. im Jahre 1873 gegenüberstand. Ihre Veranschlagung erfolgte bis einschliesslich 1886/87 nach dem Ergebniss der letzten Veranlagung, seitdem nach der wirklichen Einnahme des vorletzten Vorjahres.

Die übrigen Einnahmen waren, abgesehen von den Jahren 1850 bis 1852, wo die Strafgelder in einen besonderen Titel verwiesen waren, bis 1865 in einem Titel „Verschiedene Einnahmen“ zusammengefasst.

Sie bestanden damals hauptsächlich in den Strafgeldern, der 1868 aufgehobenen Mennonitensteuer, bis 1857 in 5 Proz. Zinsen eines Fonds von 180 000 M., welcher aus den früher zur Unterstützung von Wittwen und Waisen der Steuerbeamten verwendeten Antheilen an den aufkommenden Strafgeldern gebildet und von der Staatsschuldenverwaltung verwaltet wurde, in dem Steuerantheil von dem neutralen Gebiet Moresnet, in Pensionsbeiträgen u. a. m.

Die Mennonitensteuer war in der Provinz Preussen einem Theil der Mennoniten als Jahresfixum von 5000 Thlr. durch das „Gnadenprivilegium" von 1780 auferlegt; in den übrigen Landestheilen war sie nach späteren Erlassen nach dem Massstabe des Einkommens von denjenigen Mennoniten zu entrichten, die sich nicht für sich und ihre Nachkommen zur Ableistung der Militärdienstpflicht bereit erklärten. Sie beruhte darauf, dass diese Religionsgemeinschaft den Krieg grundsätzlich verwirft und man sie durch Verpflichtung zum Heeresdienst nicht in Gewissensnoth versetzen wollte. Als daher das Bundesgesetz betreffend die Verpflichtung zum Kriegsdienst v. 9. Nov. 1869 (B.-G.-Bl. S. 13) dieses Privilegium nicht aufrecht erhielt, sah man die Voraussetzung für die Steuer als weggefallen an und setzte die Steuer ohne ausdrückliche Aufhebung ausser Hebung. Ihr Aufkommen hatte zuletzt ca. 21 900 M. betragen.

Die Gemeinde Neutral-Moresnet, mit einer Gemarkung von 330 ha zwischen dem Preussischen Regierungsbezirk Aachen und der Belgischen Provinz Lüttich gelegen, steht nach Vertrag v. 16. Juni 1816 ungetheilt unter Preussischer und Belgischer Hoheit. Beide Staaten beziehen die Steuern je zur Hälfte. Diese Steuern bestehen in Grund-, Personal- und Mobiliar-, Thür- und Fenster- und Patentsteuer nach der zur Zeit der Erwerbung geltenden Französischen Gesetzgebung. Der Preussische Antheil war nach Abzug der Gebühren und Kosten für die Heberolle für 1901 veranschlagt auf 1021 M.

Die oben erwähnte Zinseinnahme von 9000 M. ging in ihrer Entstehung auf die Organisation der Zoll- und Steuerverwaltung in den Jahren 1818 und 1819 zurück. Damals waren zwei Fonds zu Belohnungen etc. der Zoll- und Steuerbeamten und zu Unterstützungen an Wittwen und Waisen derselben gegründet und u. a. mit den Zoll- und Steuerstrafgeldern und Konfiskaterlösen dotirt worden. Auf Verlangen des Landtags wurden seit 1850 die zur Dotirung der Fonds bestimmten Einnahmen zur Staatskasse eingezogen und besondere Etatspositionen für Gratifikationen und Unterstützungen der Zoll- und Steuerbeamten sowie ihrer Wittwen und Waisen eingestellt. Aus den bisherigen Revenüen des Wittwen- und Waisenfonds war aber ein Ueberschuss von 183 000 Thlr. angesammelt worden, von dem 1852 60 000 Thlr. für die Wittwen und Waisen der Beamten der direkten Steuerverwaltung bestimmt wurden. Da seit 1850 die Unterstützungen aus allgemeinen Staatsfonds geleistet wurden, bezog der Staat auch die Zinsen jener besonderen Fonds, und es erschien deshalb zwecklos, dieselben im Etat der direkten und indirekten Steuern in Einnahme, im Etat der Staatsschuldenverwaltung in Ausgabe zu stellen. Mit dem Etatsjahre 1858 zog man jene Fonds daher auch formell zur Staatskasse ein, und damit fiel die Zinseneinnahme und -Ausgabe in den vorgedachten Etats fort.

Die durch § 25 des Pensionsreglements v. 30. April 1825 den Beamten auferlegten Pensionsbeiträge, durch welche „der Staatskasse bei der Bildung des Pensionsfonds einige Erleichterung gewährt werden sollte", sind v. 1. Jan. 1868 ab in Wegfall gekommen.

Die Strafgelder beruhen auf den in einzelnen Steuergesetzen enthaltenen Strafbestimmungen gegen Steuerhinterziehungen und sonstige Steuerkontraventionen. Beim Etat der Verwaltung der direkten Steuern werden sie aber nur insoweit vereinnahmt, als sie auf Grund der vorläufigen Straffestsetzungen der Regierungen gezahlt werden; erfolgt dagegen, sei es, weil der Beschuldigte gegen die Strafverfügung Widerspruch erhebt, sei es, weil er Strafe und Kosten nicht in der in der Verfügung bestimmten Frist zahlt, sei es endlich, weil die Regierung ihrerseits die Sache an das Gericht abgiebt, die Straffestsetzung durch dieses, so wird die Strafe beim Justizetat verrechnet.

§ 105. Die in Spalte 13 der Anl. LXVIII zusammengefassten Einnahmen bezifferten sich nach dem Etat für 1849 auf 114 900 M. Hierin waren aber rund 72 000 M. Beischläge zur Mahl- und Schlachtsteuer für die Justizkosten und den Wegebaufonds in der Rheinprovinz (vgl. § 80) enthalten. Dieselben gehörten korrekterweise auf den Etat der indirekten Steuern und wurden denn auch 1850 dorthin übertragen. Dagegen kamen Strafgelder, die, wie im vorigen Paragraphen erwähnt, bis dahin zu den dort gedachten Fonds flossen, erst seit 1850 zur Vereinnahmung. In Folge dieser Aenderungen stellte sich seit 1850 die Solleinnahme nur auf einige 50 000 bis einige 60 000 M. Nur drei Mal im Laufe der 50er Jahre, 1856, 1857 und 1859, überstieg sie 70 000 M. erheblich, theils weil die Strafgelder erheblich stiegen, theils wegen Nachzahlungen von Pensionsbeiträgen, 1859 in Folge einmaliger Pensionsbeiträge von Gehaltserhöhungen. In den 60er Jahren erschienen zuerst auch nur Solleinnahmen von einigen 60 000 M., 1865 bis 1867 (ausschliesslich neue Landestheile) 70 000 bis 75 300 M., was dem allmählichen Anwachsen verschiedener Einnahmeposten, deren dreijähriger Durchschnitt den Etatsansätzen zu Grunde lag, zuzuschreiben ist. Inzwischen war jedoch eine neue erhebliche Einnahme in den Fortschreibungsgebühren hinzugekommen, auf die wir im nächsten Paragraphen eingehen werden, und durch das Hinzutreten der neuen Provinzen erwuchs diesem Titel für kurze Zeit eine verhältnissmässig sehr bedeutende Mehreinnahme in der besonderen Gewerbesteuer von $8^1/_3$ Proz. vom Reinertrage des letzten Jahres, welche den Spielpächtern in Ems und Wiesbaden durch ein Nassauisches Gesetz v. 29. Juni 1861 auferlegt war und bei Einführung der Preussischen Steuergesetzgebung aufrecht erhalten wurde. Von der für 1868 in Spalte 13 der Anl. LXVIII nachgewiesenen Solleinnahme von rund 194 000 M. entfielen auf sie 108 900 M. Im Etat für 1870 trat auch eine gleiche Steuer von dem Kuretablissement in Homburg hinzu, ohne dass jedoch der Gesammtansatz über den in den letzten 60er Jahren von den beiden anderen Spielbanken erzielten Steuerbetrag erhöht wurde. Da, wie im vorigen Paragraphen erwähnt, 1868 die für dieses Jahr noch veranschlagten Pensionsbeiträge wegfielen, verringerte sich der Etatsansatz abzüglich der Fortschreibungsgebühren 1869 und 1870 auf rund 140 000 M., stieg aber dann 1871 auf 207 300 M. Uebrigens war seit 1868 eine besondere Einnahme auch in dem von der Stadt Cassel als Aequivalent für die Einquartierungsfreiheit mit jährlich 4 500 M. entrichtete Quartiergeld hinzugekommen.

Als gemäss § 1 des Ges. v. 5. März 1868 (G.-S. S. 209) am 31. Dez. 1872 die Spielbanken ihre Pforten schlossen, auch 1872 die Einquartierungsfreiheit Cassels in Wegfall kam, schnellte die Solleinnahme 1873 auf 61 599 M. zurück. Erst 1876 hob sie sich wieder nennenswerth und stieg dann rasch bis auf 226 500 M. im Jahre 1881/82. Im Etat für 1876 rührte diese Steigerung vorzugsweise von einem Abkommen mit der Stadt Frankfurt a. M. her, Inhalts dessen der Staat gegen eine Gebühr von 3 Proz. bei der Klassen- und 1 Proz. bei der Einkommensteuer die Erhebung der städtischen Klassen- und Einkommensteuer bezw. der Gemeindezuschläge zu den entsprechenden Staatssteuern übernahm. Allerdings stand dieser Mehreinnahme, die sich 1876 auf 12 270 M. belief, aber mit dem höheren Veranlagungssoll fortgesetzt stieg und 1881/82 schon 28 500 M. erreicht hatte, auch eine entsprechende Mehrausgabe in dem Titel „Vermischte Ausgaben" gegenüber. Im nächsten Jahre 1877/78 wurden hier auch die 21 000 M. verrechnet, die vom Landes-Kommunalverbande Lauenburg bis zur Einführung der Gebäudesteuer zu zahlen waren, doch gingen diese schon 1878/79 auf den Titel „Gebäudesteuer" über. Dagegen kam mit diesem Jahre ein erheblicher Betrag, 1878/79 23 700 M., in Zugang, da bisher die Steuerempfänger in den neuen Provinzen auf Hebegebühren gestellt gewesen waren, nunmehr aber festes Gehalt erhielten, wogegen der Staat die bisher an die Steuerempfänger gezahlten Tantièmen für die Erhebung der Brandsteuer im Regierungsbezirk Cassel einzog und später auch Beiträge zu den Pensionen der Steuerempfänger von der General-Brandversicherungskommission in Cassel erhob. Auch das waren, da ihnen auch Mehrausgaben gegenüberstanden, in Wahrheit gewissermassen nur durchlaufende Posten. Dasselbe galt von dem noch erheblicheren Zuwachs (50 000 M.), der 1881/82 dem Titel „Strafbeträge und sonstige Einnahmen", -- die Fortschreibungsgebühren bildeten bereits seit 1874 einen besonderen Titel —, dadurch entstand, dass in den östlichen Provinzen die Geschäfte der Vollziehungsbeamten bei den Kreis-Steuerkassen grundsätzlich den Vollziehungsbeamten der indirekten Steuerverwaltung übertragen, wo aber besondere Vollziehungsbeamte beibehalten wurden, diese statt Gebühren feste Besoldung erhielten; in Folge dessen kamen nunmehr die Gebühren für die Geschäfte der beibehaltenen Beamten hier zur Vereinnahmung. Als auch die Vollziehungsbeamten der westlichen Provinzen etatsmässig mit fester Besoldung angestellt wurden, erhöhte sich im Etat für 1885/86 die Gebühreneinnahme auf 150 000 M., nachdem in den Jahren vorher die Gesammteinnahme des Titels etwas zurückgegangen war. Noch ungleich mehr stiegen die Vollziehungsgebühren und in Folge dessen das Gesammtsoll des Titels, in dem übrigens 1883/84 bis 1887/88 auch die Wittwen- und Waisenbeiträge der auf dem Etat der direkten Steuern stehenden Beamten vereinnahmt wurden (vgl. § 44 im I. Buch S. 85 f.), im Etat für 1885/86, als in Folge Zurückführung der Gerichtskostenerhebung von der Verwaltung der indirekten Steuern auf die Justizverwaltung die erstere Verwaltung die Zahl ihrer Vollziehungsbeamten einschränkte und deshalb die direkte Steuerverwaltung die der ihrigen vermehren musste. Einschliesslich 164 000 M. Reliktenbeiträgen stellte sich daher 1885/86 das Etatssoll auf 729 000 M. und im nächsten Jahr auf 570 500 M. + 155 000 M. Reliktenbeiträge. Doch erwies sich die

Schätzung der Vollstreckungsgebühren als zu hoch, und wurde daher 1886/87 eine um fast 100000 M. niedrigere Einnahme vorgesehen. Dagegen wurde 1888/89, wo die Reliktenbeiträge weggefallen waren, doch wegen der im nächsten Hauptabschnitt zu besprechenden anderen Organisation der Katasterbüreaus in Folge deren die bisher den nicht etatsmässigen Beamten dieser Büreaus zugeflossenen Gebühren zur Staatskasse eingezogen wurden, eine Einnahme von 680500 M., im nächsten Jahre von 674500 M. vorgesehen. Seit dem Etatsjahr 1890/91 sind diese wie die Gebühren im Verwaltungszwangsverfahren dem Titel „Strafbeträge und sonstige Einnahmen“ (jetzt Tit. 8) abgenommen und mit den Fortschreibungsgebühren zu dem Titel „Gebühren“ — jetzt 6 — vereinigt. Sank in Folge dessen der Etatsansatz schon 1890/91 auf 120000 M., so fiel vom nächsten Etatsjahr ab in Folge anderer Einrichtung der Erhebung der Brandsteuer im Regierungsbezirk Cassel die Einnahme hierfür mit 39000 M. fort, 1899 auch in Folge Absterbens des letzten Pensionärs der nur einige 100 M. betragende Pensionsbeitrag der dortigen Brandversicherungsanstalt, und mit dem 1. April 1895 wurde in Folge der anderweitigen Organisation des Hebewesens bei den direkten Staatssteuern auch die Einziehung der städtischen Einkommensteuer in Frankfurt a. M. durch die dortige Kreiskasse, wofür im Durchschnitt der drei Vorjahre 19300 M. vereinnahmt worden waren, eingestellt. Andererseits wurden die am 1. April 1895 verbliebenen Reste der ausser Hebung gesetzten Realsteuern bezw. die am 1. April 1901 verbliebenen der Hohenzollernschen Steuern bei dem in Rede stehenden Titel vereinnahmt und hierfür in den Jahren 1895/96 bis 1902 eingestellt 100000, 450, 300, 300, 300, 300, 1100 und 1000 M. Endlich erscheinen hier in Folge der im § 106 des VII. Buches (S. 773) gedachten Bestimmung des Komptabilitätsgesetzes seit 1900 die Einnahmen der v. Mahrenholtz'schen Stiftung zur Unterstützung armer Steuerpflichtiger mit 700 M., denen im Tit. 26 der Ausgabe eine gleich hohe Ausgabe gegenübersteht. Diese Veränderungen und die Gestaltung der Isteinnahmen bei den übrigen Posten, wie namentlich das Steigen der Strafgelder in Folge Einführung der Deklarationspflicht, erklären die Entwickelung der Solleinnahmen seit 1890/91, die sich 1891/92 bis 1902 auf 81000, 81000, 81000, 100000, 189300, 124400, 133000, 170800, 299700, 397100, 493000 und 435000 M. stellten.

§ 106. Die schon im vorigen Paragraphen beiläufig erwähnten Fortschreibungsgebühren sind Gebühren, welche als Beitrag zu den Kosten des Fortschreibungsgeschäfts für die Fortschreibung des bei den Liegenschaften und Gebäuden vorkommenden Eigenthumswechsels in den Katastern erhoben werden. Sie wurden in den Provinzen Westfalen und Rheinland schon auf Grund des § 2d des Grundsteuergesetzes v. 21. Jan. 1839 (vgl. § 31) erhoben, aber früher nicht im Etat als Einnahme nachgewiesen, sondern mit den etwaigen Ersparnissen bei den etatsmässigen, sich gegenseitig übertragenden Fonds der Grundsteuerverwaltung bezw. nach Bestreitung der bei letzterer vorgekommenen Ueberschreitungen zu einem für die gedachten beiden Provinzen gemeinschaftlichen „Fortschreibungs-Central-Zuschuss-Fonds" vereinigt und zur Bestreitung der Staatskosten der Fortschreibungsbeamten, der durch die Mitwirkung der Bürgermeister (Amtmänner) bei dem Fortschreibungsgeschäft entstehenden Kosten, der Remunerationen der Hilfsarbeiter, der Unterstützung der Katasterbeamten und ähnlicher Kosten verwendet. Als das Gesetz v. 21. Mai 1861 und die beiden Verordnungen über die Grundsteuervertheilung v. 12. Dez. 1864 in Kraft getreten (vgl. § 36) und die gesammten Kosten der Katasterverwaltung im Staatshaushaltsetat in Ausgabe nachzuweisen waren, mussten auch die Fortschreibungsgebühren unter Beseitigung der Sondereinrichtung in den westlichen Provinzen in Einnahme gestellt werden. In die Etats für 1866 und 1867 wurden daher (vgl. Anl.LXVIII Sp. 11) als Bestandtheil des Titels „Verschiedene andere Einnahmen" je 120 000 M., 1868 und 1869 aber mit Rücksicht auf die neuen Provinzen je 139 380 M. eingestellt. Da diese Voranschläge in der Wirklichkeit bei weitem nicht erreicht wurden, wurde seit 1870 — seit 1874 in einem besonderen Titel — ein erheblich niedrigerer Betrag eingestellt, der den Tiefpunkt 1874 mit 69 000 M. erreichte und erst seit 1879/80 sich zwischen 90 000 und 98 000 M. bewegte. Die Veranschlagung erfolgte ausser 1887/88, wo wegen des stetigen Rückganges der Isteinnahme die des Jahres 1885/86 zu Grunde gelegt wurde, nach dem Durchschnitt der letzten drei Jahre.

Im Etat für 1890/91 wurden, wie schon im vorigen Paragraphen erwähnt, die bisher in dem Titel „Strafbeträge und sonstige Einnahmen" nachgewiesenen Gebühren des Verwaltungszwangsverfahrens und der Katasterbüreaus mit den Fortschreibungsgebühren unter einem Titel „Gebühren" vereinigt. Gleichzeitig wurden, wie seit 1888/89 die Gebühren der Katasterbüreaus bei den Regierungen, so jetzt auch die bisher den Katasterkontroleuren zugeflossenen Gebühren sowie auch die Nebeneinnahmen derselben für Nebenbeschäftigungen unter anderweitiger Regulirung der Einkommenverhältnisse dieser Beamten zur Staatskasse vereinnahmt, und zwar die Gebühren in dem Titel „Gebühren", die Einnahmen für Nebenbeschäftigungen in einem besonderen Titel.

Die anderweite Regelung erstreckte sich auf alle bisher den Katasterkontroleuren zugeflossenen Nebeneinnahmen für solche Arbeiten und Leistungen, welche zur Fortschreibung und Berichtigung der Grund- und Gebäudesteuerbücher und Karten bestimmt sind oder in der Hauptsache den Zweck haben, die Katastereinrichtungen für andere Zweige des öffentlichen Dienstes oder im berechtigten Interesse des betheiligten Publikums nutzbar zu machen, insbesondere:

1. a) für die zur Ausführung der sogenannten Fortschreibungsvermessungen gehörigen Arbeiten aller Art, einschliesslich der Bearbeitung der Parzellirungsprojekte und

der Sonderung von Grundstücken, gleichviel ob Seitens der betheiligten Grundeigenthümer die vollständige Ausführung dem Katasterkontroleur übertragen ist oder von anderen Landmessern hergestellte Vermessungsschriften mit dem Antrage beigebracht worden sind, darnach die noch fehlenden Arbeiten auszuführen; ferner einschliesslich der Ausfertigung der Unterlagen, welche in Fällen von Grundstückstheilungen zum Zwecke der Auflassung oder im Geltungsbereiche des rheinischen Rechts zum Zwecke der Aufnahme notarieller Verträge erforderlich sind; nicht minder für die Uebernahme der Ergebnisse von Auseinandersetzungen in das Kataster (soweit solche durch die Katasterkontroleure stattfindet),

b) für alle weiteren Leistungen, welche in Verbindung mit den Fortschreibungsvermessungsarbeiten (zu a) auf den Antrag der Betheiligten ausgeführt werden, wie beispielsweise die Erstreckung der Vermessung auf Gegenstände, welche nicht zur Berichtigung des Katasters gehören, die Anfertigung besonderer Karten nach den Messungszahlen und dergleichen mehr;

2. für die ausser Verbindung mit Fortschreibungsvermessungen besonders zu bewirkende Wiederherstellung von Eigenthumsgrenzen, welche der Katasterkontroleur, soweit es seine sonstigen Amtsgeschäfte gestatten, nach den Anordnungen der vorgesetzten Dienstbehörde auf Antrag der Grundeigenthümer zu übernehmen verpflichtet ist, sofern

   a) in den für die Grundsteuerveranlagung benutzten oder hergestellten Karten und Akten (Gemeinheitstheilungs-, Separations-, Grundstückszusammenlegungs- etc. Karten, Rezessen, Gemarkungsakten, Vermessungsrissen und dergl.) oder in den im Verlaufe der Fortschreibungen entstandenen Ergänzungsakten und Feldbüchern ausreichende Vermessungsunterlagen vorhanden sind, um danach die zweifelhaft gewordenen Grenzstrecken in zuverlässiger Weise bestimmen und damit den in den Katasterbüchern und Karten nachgewiesenen Besitzstand im Felde wieder herstellen zu können,

   b) die Grenzwiederherstellung auf den Antrag einer öffentlichen Behörde erfolgt oder von allen dabei betheiligten Eigenthümern gemeinschaftlich beantragt, bezw. das Einverständniss des Fehlenden vorweg glaubhaft nachgewiesen ist;

3. für die Anfertigung der nicht zu den Auflassungsunterlagen etc. (1 zu a) gehörigen anderen Auszüge aus den Katasterbüchern und den Fortschreibungsverhandlungen, der Handzeichnungen nach den Gemarkungsreinkarten und nach den noch in den Händen des Katasterkontroleurs befindlichen Ergänzungskarten; ferner für die Anfertigung von Abschriften der Grundsteuerflurbücher und der Gebäudesteuerrollen, sowie der Anhänge zu denselben für die Gerichte behufs Anlegung und Fortführung der Grundbücher; ingleichen für die Anfertigung anderer Abschriften der Kataster, sowie der Grund- und Gebäudesteuer-Heberollen und für deren etwaige Fortschreibung; für die etwaige Anfertigung der Legitimationstabellen in Auseinandersetzungssachen und für etwaige sonstige Mittheilungen aus den Katasterbüchern und Karten;

4. für die Rentenvertheilung in den Fällen von Grundstückstheilungen, für die in einigen Regierungsbezirken stattfindenden Mittheilungen an die Rentenbankdirektion über die in den Rentenkatastern zu bewirkenden Fortschreibungen, für die Anfertigung von Abschriften der Rentenvertheilungspläne u. s. w.

Der Gesammtbetrag aller vorgedachten Nebeneinnahmen betrug im Durchschnitte der Etatsjahre 1886/87, 1887/88 und 1888/89 jährlich 1 675 000 M.

Die anderweite Regelung bestand darin, dass die gedachten bisherigen Nebeneinnahmen der Katasterkontroleure, soweit sie bisher aus Mitteln einer Verwaltung des Staats gezahlt worden, zu Gunsten der Staatskasse hinfort ausser Ansatz bleiben, soweit sie aber anderweit aufgekommen sind, künftig zur Staatskasse eingezogen werden.

Dafür ist den Katasterkontroleuren ein Ersatz in der Weise gewährt worden, dass einerseits

1. ein Theil jener Nebeneinnahmen in pensionsfähige Besoldung umgewandelt, andererseits

2. die feste Amtskostenentschädigung angemessen erhöht und für Fälle des besonderen Bedürfnisses ein einmaliger Zuschuss zu der festen Entschädigung;
3. für Tage, an welchen Geschäfte in nicht weniger als 2 Kilometer Entfernung vom Wohnort nothwendig verrichtet werden mussten, ein Reisekostenzuschuss gezahlt und ausserdem
4. die nothwendig aufzuwenden gewesenen Auslagen an Arbeits- und Botenlöhnen, sowie an Kahnmiethen gegen quittirte Beläge oder in der Form einer festen Entschädigung erstattet werden;
5. bei den Katasterämtern mit umfangreichem Geschäftsbetriebe dem Katasterkontroleur ein Hülfsbeamter in der Person eines aus der Staatskasse besoldeten Katasterzeichners beigegeben wird.

Zu 1. Die Besoldungen der Katasterkontroleure betrugen bis 1890/91 2100 bis 3000 M., durchschnittlich 2550 M. jährlich. Nunmehr wurde, behufs Umwandlung eines Theils der bisherigen Nebeneinnahmen in Besoldung der Durchschnittssatz von 2550 auf 3150 M., also um 600 M., als denjenigen Betrag erhöht, welchen die mit den Katasterkontroleuren in der Besoldung gemeinsam vorrückenden Katastersekretäre als pensionsfähige Zulage neben der Besoldung bisher schon bezogen hatten. Dabei ist aber der niedrigste Satz behufs des besseren Anschlusses an die bis 1950 M. aufsteigenden Besoldungen der Katasterassistenten auf nur 2400 M., dagegen der höchste Satz auf 3900 M. festgestellt. Anschliessend hieran sind den genannten Katastersekretären ebenfalls Besoldungen von 2400 bis 3900 M., durchschnittlich 3150 M. gewährt, so dass die besondere Zulage von 600 M. jährlich als solche in Wegfall kam.

Ferner wurde denjenigen Katasterkontroleuren, deren Dienststellen nach den obwaltenden örtlichen und sonstigen Verhältnissen ungewöhnlich schwierig zu verwalten sind, neben der Besoldung noch eine besondere Stellenzulage bis zu je 600 M. jährlich gewährt.

Zu 2. Für die feste Amtskostenentschädigung, welche nach dem Staatshaushaltsetat für 1889/90 im Gesammtdurchschnittssatze 1200 M. jährlich betrug, wurde hinfort ein Gesammtdurchschnittsbetrag von 2000 M. in Aussicht genommen. Da aber die Geschäfte der Katasterkontroleure in einzelnen Jahren in dem Maasse ungewöhnlich umfangreich werden können, dass die aufzuwendenden Geschäftsunkosten in der unter Voraussetzung gewöhnlicher Verhältnisse bemessenen festen Amtskostenentschädigung keine genügende Deckung finden, beispielsweise, wenn neu angelegte Eisenbahnen, Chausseen, Kanäle u. dgl. m. von erheblicher Längenausdehnung in das Kataster zu übernehmen, wenn für Zwecke der Justizverwaltung umfangreiche Flurbuchsabschriften und zahlreiche Auszüge aus den Mutterrollen behufs der Anlegung oder Zurückführung der Grundbücher anzufertigen sind, wurden zur Befriedigung solcher aussergewöhnlichen Bedürfnisse einmalige Zuschüsse zu der festen Amtskostenentschädigung in Aussicht genommen.

Entsprechend der bisherigen Einrichtung, wonach die oben bezeichneten Gebühren den Katasterkontroleuren unmittelbar zuflossen, lag den letzteren die Beschaffung der zu den betreffenden Arbeiten und einigen anderen Geschäftszwecken erforderlichen Druckformulare, Zeichenleinwand u. dgl. m. aus den Amtseinnahmen ob. Mit der veränderten Einrichtung wurden die hierdurch entstehenden Kosten auf die Staatskasse übernommen. Ferner hatten die Katasterkontroleure die zur Aufbewahrung der Katasterbücher, Karten und Akten erforderlichen Schränke und Gestelle nebst Arbeitstischen ebenfalls aus den Amtseinnahmen zu beschaffen und zu unterhalten. Auch diese Kosten wurden auf die Staatskasse übernommen.

Zu 3. Die mit Geschäften ausserhalb des Wohnorts verbundenen Zehrungs-, Uebernachtungs-, Reisekosten u. s. w. sind bei Bemessung der festen Amtskostenentschädigung (zu 2) zwar mit zu berücksichtigen. Da diese Geschäfte aber ebenfalls erheblichen Schwankungen unterliegen, erschien es gerechtfertigt, die Entschädigung nicht ausschliesslich auf diesem Wege zu gewähren, sondern daneben noch für jeden Kalendertag, an welchem Amtsgeschäfte in nicht weniger als 2 Kilometer Entfernung vom Wohnorte nothwendig verrichtet werden mussten, einen Reisekostenzuschuss zu zahlen, welcher a) für Tage, auf welche eine nothwendig auswärts zugebrachte Nacht folgt, nach dem Durchschnittssatze von 13 M., b) für andere Tage nach dem Durchschnittssatze von 10 M. täglich bemessen wurde, und zwar gleichviel ob nach den bisherigen Grundsätzen die Entschädigung hierfür allein in dem Amtskostenaversum oder in dem Gebührenbezuge gewährt wurde.

Von dieser Form der Vergütung ausgenommen wurden diejenigen Dienstreisen der Katasterkontroleure, welche bisher schon nach den gesetzlichen Sätzen der Tagegelder und Reisekosten vergütet wurden, wobei es soweit thunlich auch künftig belassen werden sollte.

Zu 5. Von den Katasterzeichnern wird vor ihrer Anstellung die Ablegung einer Prüfung in gleicher Weise gefordert, wie von den in den Katasterbureaus der Königlichen Regierungen anzustellenden Katasterzeichnern. Auch wurden ihnen mit letzteren die gleichen Besoldungen von 1650 bis 2250 M., durchschnittlich 1950 M. jährlich gewährt.

Alle vorgedachten Einrichtungen sollten dahin wirken, die Katasterkontroleure von dem Anscheine, als könnten sie von dem Streben nach Erlangung möglichst hoher Nebeneinnahmen geleitet werden, zu befreien und ihre amtliche Stellung im Allgemeinen zu heben. Es wurde die wirthschaftliche Abhängigkeit von den Nebeneinnahmen beseitigt, in welcher die Katasterkontroleure bis dahin dadurch standen, dass die Einnahmen nicht nur in den verschiedenen Jahren stiegen und fielen, sondern auch im Laufe des Jahres unregelmässig eingingen, während die hauptsächlichsten Ausgaben regelmässig geleistet werden müssen. Zugleich wurde dadurch, dass das bisherige Nebeneinkommen zum Theil in pensionsfähige Besoldung umgewandelt wurde, die Lage der mit Pension aus dem Dienste scheidenden Beamten und der zum Bezuge von Wittwen- und Waisengeld berechtigten Hinterbliebenen verstorbener Beamten in namhafter Weise verbessert.

Ausgeschlossen von der vorstehend erörterten anderweiten Gestaltung der Einkommensverhältnisse blieben diejenigen Geschäfte und Arbeiten, welche mit dem Amte eines Katasterkontroleurs nicht in unmittelbarer organischer Beziehung stehen, insbesondere:

1. die den Katasterkontroleuren im Nebenamte übertragenen Geschäfte,
2. die Wahrnehmung gerichtlicher Termine als Sachverständige oder Zeugen,
3. solche geometrische Nebenarbeiten, welche den Katasterkontroleuren lediglich oder doch in der Hauptsache mit Rücksicht auf ihre Eigenschaft als Feld-(Land-)messer übertragen werden, insoweit solches im Interesse der Staatsverwaltung, im Interesse öffentlicher Verbände oder Institute, oder im berechtigten Interesse von Privaten gerechtfertigt erscheint.

Bezüglich der zu 3 gedachten Arbeiten wurde jedoch bestimmt, dass die Aufträge zur Ausführung derselben den Katasterkontroleuren hinfort in jedem einzelnen Falle ausnahmslos von der vorgesetzten Dienstbehörde ertheilt werden müssen, sowie dass die Vergütungen hierfür, soweit sie nicht den Katasterkontroleuren aus Fonds anderer Staatsverwaltungen direkt zu gewähren sind, in gleicher Weise wie die zu 1 gedachten Gebührnisse, jedoch abgesondert von denselben, zur Staatskasse zu vereinnahmen und aus letzterer an die betreffenden Katasterkontroleure auszuzahlen sind. Der Betrag dieser Vergütungen war nach den Erfahrungen der Etatsjahre 1886/87, 1887/88 und 1888/89 auf jährlich 145 000 M. zu veranschlagen.

In den Titel „Gebühren" (jetzt Tit. 6) wurden für Gebühren der Katasterkontroleure 1890/91 1 675 000 M., in den Titel „Für Nebenbeschäftigungen der Katasterbeamten" (jetzt Tit. 7) 145 000 M. eingestellt, denen ungefähr gleich hohe Mehrausgaben gegenüberstanden. Der Titel „Gebühren" erlangte so eine Höhe von 2 315 700 M., erreichte aber in den nächsten Jahren auf Grund der in dem jeweils letztabgeschlossenen Vorjahr wirklich erzielten Einnahmen, namentlich aber, als 1895 die Mahn- und Exekutionsgebühren in Folge der Uebertragung der Einziehung der direkten Staatssteuern und Renten auf die Gemeinden und Gutsbezirke insoweit diesen zufielen, überdies die Katasterverwaltung durch die Arbeiten zur Durchführung der Steuerreformgesetze vom 14. Juli 1893 dergestalt in Anspruch genommen war, dass die gebührenpflichtigen Arbeiten vielfach zurückgestellt werden mussten, nicht mehr diesen Betrag, sondern verminderte sich 1895/96 und 1896/97 sogar bis auf 1,6605 und 1,6911 Mill. M. Als dann die zurückgestellten Arbeiten nachzuholen waren, konnten wieder etwas höhere Beträge eingestellt werden, aber doch (1897/98 bis 1902) nur 1,9306, 2,0045, 1,8907, 1,9284, 1,9785 und 1,9945 Mill. M. Der Titel „Für Nebenbeschäftigungen der Katasterbeamten" wurde bis einschliesslich 1894/95 alljährlich mit demselben Betrage von 145 700 M. veranschlagt. Da aber aus dem oben erwähnten Grunde unmittelbar nach Inkrafttreten der Gesetze v. 14. Juli 1893 die Katasterbeamten natürlich zu Nebenbeschäftigungen wenig kamen, sank 1895/96 und 1896/97 die Solleinnahme auf 100 000 M. Jedoch betrug schon 1896/97 die Isteinnahme 187 387 M., da die zurückgestellten Arbeiten bereits nachgeholt wurden. Nachdem 1897/98 nur 136 000 M. eingestellt waren, hob sich der Etatsansatz daher 1898/99 auf 187 400 M.; in den nächsten Jahren wurde der Ansatz um ein Geringes ermässigt, 1901 aber auf 195 700 und 1902 auf 222 400 M. erhöht.

III. Hauptabschnitt.

Die Ausgaben der Verwaltung der direkten Steuern.

Vorbemerkung.

§ 107. Von den in den früheren Büchern behandelten Staats-Einnahmen und -Ausgaben unterscheiden sich diejenigen der direkten Steuern ihrem ganzen Charakter nach. Bei den Betriebsverwaltungen sucht der Staat durch wirthschaftliche Thätigkeit Werthe, welche die hierfür aufgewendeten Gegenwerthe übersteigen, zu schaffen, bei den direkten Steuern handelt es sich für ihn nur darum, einen Theil der von seinen Unterthanen erworbenen Werthe für sich in Anspruch zu nehmen. Dort bilden die Einnahmen die Bruttoerträge, die Ausgaben die zu ihrer Erwerbung aufgewendeten Gegenwerthe, die Gestehungskosten. Hier sind die Einnahmen lediglich Quoten der von Anderen erworbenen Werthe; die Gestehungskosten auch dieser Quoten erscheinen im Budget nicht des Staates, sondern der Steuerpflichtigen, und die Ausgaben des Staates sind nicht, wie bei den Betriebsverwaltungen, Ausgaben, um Werthe zu schaffen, sondern Ausgaben behufs Ueberleitung von Werthen aus dem Vermögen der Steuerpflichtigen in das des Staates.

Spielen deshalb die Ausgaben im Verhältniss zur Einnahme bei der direkten Steuerverwaltung ohnehin schon eine weit geringere Rolle als bei den Betriebsverwaltungen, so erscheinen sie im Staatshaushaltsetat noch weit geringer, als sie in Wahrheit sind. Denn ein sehr grosser Theil der wirklich durch die direkte Steuerverwaltung verursachten Ausgaben steht nicht auf dem Etat dieser Verwaltung, sondern auf anderen Spezialetats oder wird von anderen Verbänden als dem Staate getragen. Ersteres gilt von den gesammten Kosten der Centralinstanz, die beim Finanzministerium verrechnet werden, von dem durch die Steuerverwaltung verursachten Antheil an den Ausgaben für die Regierungen, die ebendort erscheinen, mit Ausnahme derjenigen für die

Katasterbureaus, ferner von den Ausgaben für die Landrathsämter, die ja zum Theil auch durch die Geschäfte in Steuersachen verursacht werden, aber ganz beim Ministerium des Innern verrechnet werden, endlich von dem eben dort verrechneten, sehr bedeutenden Mehrbedarf für das Oberverwaltungsgericht, der durch dessen Bestellung als Beschwerdeinstanz entstanden ist. Gewisse Geschäfte für die Steuerverwaltung haben auch die Gemeinden zu besorgen, ohne hierfür eine Vergütung vom Staate zu erhalten, und seit 1. April 1895, wie wir im I. Hauptabschnitt gesehen haben, ist ihnen die gesammte Elementarerhebung der direkten Steuern unter Wegfall der bis dahin gezahlten Hebegebühren auferlegt.

So bietet der Etat der direkten Steuern ein überaus lückenhaftes Bild von den wirklichen Kosten der Veranlagung und Einziehung derselben. Er umfasst im Wesentlichen nur die Ausgaben für die für Berlin in direkten Steuersachen die Stelle der Regierung einnehmende Direktion für die Verwaltung der direkten Steuern, für die Katasterverwaltung, die Kassenverwaltung in der Kreisinstanz, für die wenigen besonderen Veranlagungskommissarien und die diesen und den Landräthen speziell für Steuersachen beigegebenen mittleren, Kanzlei- und Unterbeamten, und besondere Vergütungen für nebenamtliche Wahrnehmung steuerlicher Funktionen.

Eine der jetzigen ähnliche Gruppirung der Ausgaben im Etat, dessen 6. Kapitel jetzt die dauernden Einnahmen der direkten Steuerverwaltung einnehmen, datirt erst vom Jahre 1873 ab. In den ersten Jahren des konstitutionellen Regimes entsprach der Ausgabeetat vollständig dem Einnahmeetat, d. h. es erschienen unter je einem Titel die Ausgaben bei jeder der damaligen Steuern — nur für die Eisenbahnabgabe wurden Ausgaben nicht angesetzt —, denen nur noch ein Titel „Zu Belohnungen und Unterstützungen" hinzugefügt war. Im Etat für 1853 wurden die bis dahin prinziplos unter den Ausgaben bei der Grundsteuer verrechneten „Kosten der Kreiskassen-, Steueraufsichts- und Fortschreibungsbeamten" und „Exekutions- und sonstige Kosten" in zwei besonderen Titeln untergebracht, 1854 aber der Titel „Zu Belohnungen und Unterstützungen" mit demjenigen der „Kosten der Kreiskassen- u. s. w. Beamten" vereinigt. Auch die „extraordinären Ausgaben" wurden hier verrechnet. Erst 1862 wurde dieser Titel in deren 3 zerlegt: „Besoldungen", „Belohnungen und Unterstützungen" und „Sächliche und vermischte Ausgaben". Dagegen wurden die Exekutionskosten dem letzteren Titel einverleibt. Gleichzeitig wurden die Ausgaben für die Grundsteuer auf Tit. 1 vertheilt, was aber 1865 wieder beseitigt wurde. In Folge der Durchführung der Gesetze v. 21. Mai 1861 wurde 1866 ein neuer Titel „Zur Remunerirung der Hilfsarbeiter in den Grund- und Gebäudesteuer-Büreaus" eingeschoben, der 1870 unter Uebertragung bisher unter den „sächlichen und vermischten Ausgaben" verrechneter Remunerationen anderer Büreau-Hilfsarbeiter die erweiterte Bezeichnung „Zur Remunerirung der Büreau-Hilfsarbeiter" erhielt. Die vielfachen Aenderungen des Etatsschemas im Einzelnen, nachdem dasselbe 1873 in den Umrissen eine dem heutigen analoge Gestalt erhalten hatte, werden in der nachfolgenden Darstellung Erwähnung finden.

I. Abschnitt.

Die persönlichen Ausgaben.

I. Kapitel.

Die Verwaltungsorganisation.

§ 108. Die oberste Leitung der gesammten Verwaltung der direkten Steuern stand und steht dem Finanzminister zu. Doch sind seine Befugnisse zu materiellen Entscheidungen jetzt wesentlich beschränkter als vor der Miquel'schen Steuerreform. Denn, wie erwähnt, entscheidet jetzt über die ordentlichen Rechtsmittel gegen die Veranlagung zur Einkommen-, Ergänzung-, Gewerbe- und Waarenhaussteuer in höchster Instanz das Oberverwaltungsgericht. Bezüglich dieser Steuern steht dem Finanzminister nur noch die Entscheidung über Beschwerden wegen des Verfahrens und bei den beiden ersten Steuern wegen Versagung von Steuerermässigungen im Laufe des Steuerjahres und die Niederschlagung von Steuerbeträgen, endlich die Entscheidung von Beschwerden gegen Festsetzung des Einkommensteuerzuschlags wegen Nichtabgabe der Steuererklärung zu. Höchste Rechtsmittelinstanz ist er noch bei der Wandergewerbesteuer, Eisenbahnabgabe und bei der vom Staate veranlagten Gebäude-, Wanderlager- und, soweit von Rechtsmitteln bei ihr die Rede ist, der Grundsteuer. Früher war er es bei der Klassen- und Gewerbesteuer. (Vgl. oben im I. Hauptabschnitt bei den einzelnen Steuern.)

Die Bearbeitung der Angelegenheiten der direkten Steuern erfolgt in einer am 1. Jan. 1867 von der für direkte und indirekte Steuern gemeinsamen abgezweigten und mit der „Centralkommission zur Regelung der Grundsteuer“ verschmolzenen besonderen Abtheilung des Finanzministeriums unter Leitung eines den Titel „Generaldirektor der direkten Steuern“ führenden Ministerialdirektors. Der Abtheilung gehören zur Zeit 8 vortragende Räthe an, darunter 3 katastertechnische, die aber nicht, wie die technischen Räthe anderer Ministerien andere Amtsbezeichnungen wie die nichttechnischen führen. Bis zum 1. April 1895 hatte der einzige katastertechnische vortragende Rath den Titel „Generalinspektor des Katasters“; neben ihm war ein „Oberkatasterinspektor“ als ständiger Hilfsarbeiter beschäftigt. Neuerlich wird die Bezeichnung „Generalinspektor des Katasters“ wieder angewendet. Von den etatsmässigen Bureau- und Registraturbeamten des Ministeriums gehören 17 der Abtheilung an.

§ 109. In der Bezirksinstanz wurden und werden die Angelegenheiten der direkten Steuern, abgesehen von Berlin, von den Regierungen bearbeitet, und zwar, soweit Abtheilungen gebildet sind, von derselben, wie die Domänenangelegenheiten, neuerdings bei einzelnen

Regierungen von einer Unterabtheilung der Abtheilung für direkte Steuern, Domänen und Forsten. Das Nähere hierüber ist aus § 40 des I. Buches zu ersehen. Auch die Zuständigkeit der Regierungen war vor der Miquel'schen Steuerreform eine ausgedehntere als jetzt. Insbesondere erstreckte sie sich neben der allgemeinen Aufsicht über das Verfahren, der Festsetzung von Ab- und Zugängen, Nachsteuern, Strafen und Steuerermässigungen im Laufe des Steuerjahres auf die Entscheidung der Reklamationen mit alleiniger Ausnahme derjenigen gegen die Einkommensteuer und in Fällen, wo sich die Regierung dem Gutachten der Kreiskommission nicht anschliessen wollte, gegen die Klassensteuer. Auch in erster Instanz setzte die Regierung die Klassen-, Hausirgewerbesteuer und Eisenbahnabgabe fest. In die regelmässige Veranlagung der neuen Einkommen-, Ergänzung- und Gewerbesteuer hat die Regierung materiell nicht mehr einzugreifen, und die Entscheidung der Rechtsmittel in erster Instanz ist ihr hier auch nur bei der Gewerbesteuer verblieben. Auch die Aufsicht über die Geschäftsführung der Veranlagungsbehörden ist ihr abgenommen bei der Einkommen- und Ergänzungsteuer, wo sie dem Vorsitzenden der Berufungskommission, allerdings zur Zeit ausnahmslos — abgesehen von Sigmaringen, wo keine Abtheilungen bestehen — dem Dirigenten der Abtheilung für direkte Steuern, übertragen ist. Bei diesen Steuern beschränkt sich die Zuständigkeit der Regierung in materieller Beziehung daher im Wesentlichen auf Entscheidungen über Ermässigungsanträge, Festsetzung der Zu- und Abgangslisten, des Zuschlages wegen Nichtabgabe der Steuererklärungen, der Nachsteuer bei Hinterziehungen, vorläufige Straffestsetzungen, Festsetzung der von den Steuerpflichtigen zu erstattenden Kosten u. s. w. Doch ist das Handinhandgehen der Regierung mit der über die Berufungen entscheidenden Berufungskommission dadurch gesichert, dass dieser, wie erwähnt, in der Regel der Dirigent und ein Mitglied der Steuerabtheilung der Regierung als Vorsitzender bezw. Stellvertreter desselben angehören. Vgl. im Uebrigen wegen des Rechtsmittelverfahrens die Ausführungen im I. Hauptabschnitt, wegen der Katasterverwaltung unten § 112.

In der Kreisinstanz fungirte und fungirt, wie ebenfalls im I. Hauptabschnitt dargelegt ist, in der Regel der Landrath bezw. in Stadtkreisen der Oberbürgermeister als Vorsitzender der für den Kreis zuständigen Steuerkommissionen. Doch sind seit der Steuerreform in immerhin grösserer Zahl mit dem Vorsitz in der Einkommensteuer-Veranlagungskommission und den Gewerbesteuer - Ausschüssen der Klassen III und IV besondere Kommissarien betraut, vorzugsweise allerdings in Stadtkreisen. Wegen der örtlichen Kommissionen kann auf das im I. Hauptabschnitt Bemerkte Bezug genommen werden.

§ 110. Für die Gegenwart ergiebt sich nach vorstehenden Bemerkungen sowie nach den Ausführungen im I. Hauptabschnitt daher das Mitwirken folgender Behörden:

	Centralinstanz:	II. Instanz:	I. Instanz:	vorbereitende Behörden:
Einkommensteuer	Finanzminister, Oberverwaltungsgericht	Berufungskommission, Vorsitzender der Berufungskommission, Regierung	Veranlagungskommission, Vorsitzender derselben, Regierung	Gemeindebehörde, Voreinschätzungskommission, Vorsitzender der Veranlagungskommission.
Ergänzungsteuer	wie oben	wie oben	wie oben	Gemeindevorstand, Katasteramt, Schätzungsausschuss, Vorsitzender der Veranlagungskommission.
Steuer vom Gewerbebetrieb im Umherziehen . .	Finanzminister	Regierung	Regierung	Landrath bezw. Oberbürgermeister
Eisenbahnabgabe .	Finanzminister	—	Regierung Finanzminister[1])	—
Grundsteuer . . .	Finanzminister	Regierung	Regierung	Gemeindebehörde, Katasteramt.
Gebäudesteuer . .	Finanzminister	Regierung	Gebäudesteuerveranlagungskommission	Katasteramt und Ausführungskommissar.
Gewerbesteuer . .	Finanzminister, Oberverwaltungsgericht	Regierung	Steuerausschuss und dessen Vorsitzender, Regierung.	Gemeindebehörde, Vorsitzender des Steuerausschusses.

§ 111. Für die Stadt Berlin besteht, wie auf dem Gebiet der allgemeinen Landesverwaltung, eine abweichende Organisation. Hier bestand bis zum Jahre 1851 ein „Gewerbesteueramt“. Dasselbe wurde später zu dem „Hauptsteueramt für direkte Steuern“ erweitert und 1865 mit der auf Grund des Klassen- und Einkommensteuergesetzes v. 1. Mai 1861 errichteten Einkommen-Einschätzungskommission verschmolzen. Durch Allerh. Ordre v. 2. Juni 1869 erhielt diese Behörde die Bezeichnung „Direktion für die Verwaltung der direkten Steuern“. Sie nimmt für Berlin in Angelegenheiten der direkten Steuern die Funktionen wahr, die in der Provinz der Regierung und den Landräthen zustehen. Der Dirigent und Mitglieder derselben führen und führten den Vorsitz in den für die Veranlagung der verschiedenen Staatssteuern in erster und zweiter Instanz zuständigen Kommissionen bezw. Ausschüssen. Nur die Eisenbahnabgabe ressortirt für Berlin direkt vom Finanzministerium.

Die anfänglich kleine Behörde ist in Folge des Wachsthums der Stadt Berlin, namentlich aber durch die unvergleichlich grössere Arbeit, welche die Veranlagung der neuen Einkommen-, Ergänzungs- und

[1]) Für Berlin.

Gewerbesteuer verursachten, als für die früheren Veranlagungsgeschäfte erforderlich war, in einem Maasse angewachsen, wie wohl keine andere Provinzialbehörde. Noch Ende der 80er Jahre zählte sie einen Dirigenten, einen Oberregierungsrath und 8 Dezernenten, während der Etat für 1901 vorsieht — ausschliesslich der Katasterwaltung — einen Dirigenten, zwei Oberregierungsräthe und 12 Regierungsräthe, zu denen aber noch 14 ausseretatsmässige Dezernenten (Regierungsassessoren und ausseretatsmässige Regierungsräthe) kamen; für 1902 ist die Stelle eines dreizehnten Regierungsraths vorgesehen. An etatsmässigen Kassen-, Bureau-, Kanzlei- und Unterbeamten waren — abgesehen von den Vollziehungsbeamten — vorhanden

	1891/92	1901	mithin 1901	für 1902 vorgesehen
Rendanten	1	1	±	1
Kassirer	1	—	— 1	—
Regierungssekretäre, Buchhalter und Sekretariatsassistenten	91	211	+ 120	205
Kanzlisten	7	17	+ 10	16
Kanzleidiener	21	36	+ 15	36

Dazu kommen weit über 100 Civil- und Militärsupernumerare. Die Geschäfte werden seit 1894/95 in zwei Abtheilungen, die eine für die Einkommen- und Ergänzungsteuer, die andere für die übrigen Steuern, unter je einem Oberregierungsrath bearbeitet. Für die Einkommen- und Ergänzungsteuerveranlagung sind bei der Grösse Berlins eine Reihe von Unterkommissionen gebildet.

§ 112. Während die Direktion für die Verwaltung der direkten Steuern in Berlin eine durch die Eigenart der Verhältnisse dieser Stadt begründete örtliche Ausnahme von der Regel der Verbindung der Verwaltung der direkten Steuern mit der allgemeinen Landesverwaltung bildet, stellt die **Katasterverwaltung,** deren Aufgabe in der Erhaltung der Grund- und Gebäudesteuerkataster bei der Gegenwart (Fortschreibung) besteht, eine nur in der Bezirksinstanz mit der Behörde der allgemeinen Landesverwaltung verknüpfte Organisation dar.

Die heutige Organisation der Katasterverwaltung rührt in ihren Grundzügen aus den Provinzen Rheinland und Westfalen her. Hier war die obere Leitung der durch Kab.-O. v. 26. Juli 1820 genehmigten Aufnahme des Grundsteuerkatasters sowie der Katasterverwaltung während der Aufnahmeperiode unter Aufsicht des Finanzministers einem der beiden Oberpräsidenten als „Generaldirektor des Katasters“ übertragen, dem zwei Generalkommissarien zur Seite standen. Innerhalb der einzelnen Regierungsbezirke wurden die Geschäfte durch ihm unmittelbar untergeordnete, aus einem Dirigenten und einem Obergeometer bestehende Katasterkommissionen geleitet, denen das nöthige

Personal an Kontroleuren, Geometern und Bureauhülfsarbeitern beigegeben war. Als das Grundsteuerkataster in seinen wesentlichsten Theilen vollendet war, wurde 1834 diese Organisation aufgelöst. An ihre Stelle trat bei jeder Regierung ein Katasterbureau nebst Katasterarchiv unter einem Katasterinspektor, der theils selbstständig, theils unter Mitwirkung des Steuerdepartementsraths alle auf das Kataster bezüglichen Geschäfte zu bearbeiten hatte. Ihm unterstanden die in den einzelnen Kreisen bestellten Fortschreibungsbeamten, „Katasterkontroleure". Um aber die Einheitlichkeit des Verfahrens bei Fortführung des Katasters zu erhalten, wurde für beide Provinzen ein „Generalinspektor des Katasters" im Nebenamt bestellt, der indess, den Regierungen koordinirt, nur eine kontrolirende Thätigkeit ohne die Befugniss zu eigenen Anordnungen hatte. Diese Einrichtung bewährte sich wegen der unzureichenden Kompetenz des Generalinspektors nicht und erschien namentlich ungenügend für die durch Verordn. vom 14. Okt. 1844 angeordnete periodische Revision des Katasters. Durch Kab.-O. v. 29. Jan. 1855 kehrte man daher zu der früheren Einrichtung des Generaldirektors zurück; an die Stelle der Katasterbureaus traten Katasterinspektionen. Gewisse Befugnisse verblieben den Regierungen. Die Rechte und Pflichten des Generaldirektors, der Regierungen und der Katasterinspektoren wurden durch eine Geschäftsanweisung vom 8. Juni 1855 geregelt.

Nach Ausführung der Ges. v. 21. Mai 1861 wurde behufs Erhaltung der Kataster bei der Gegenwart in den östlichen Provinzen eine derjenigen der westlichen nachgebildete Organisation, 1865 zunächst provisorisch, eingeführt, jedoch unter Ausscheidung des auch im Westen schon bei der Ausführung der Ges. v. 21. Mai 1861 nicht mehr betheiligten Generaldirektors: bei jeder Regierung wurde ein ihr untergeordnetes Katasterbureau unter Leitung eines als technischer Oberbeamter fungirenden Bureauvorstehers (Obergeometers) errichtet, während in den einzelnen Kreisen Fortschreibungsbeamte bestellt wurden. Im Jahre 1867 wurden die bisher provisorisch angestellten Katasterbeamten definitiv angestellt, und es erhielten die Vorsteher der Katasterbureaus die Bezeichnung als „Kataster-Inspektor", die Sekretäre dieser Bureaus als „Kataster-Sekretär", die in den Kreisen angestellten Fortschreibungsbeamten als „Kataster-Kontroleur", die als Assistenten in der Katasterverwaltung beschäftigten Supernumerare als „Kataster-Assistent", die übrigen Supernumerare als „Kataster-Supernumerar". Aeltere Katasterinspektoren erhalten den Charakter als „Steuerrath", ältere Katasterkontroleure den als „Steuer-Inspektor". Nach Einverleibung der neuen Landestheile wurden dort die Katastereinrichtungen der östlichen Provinzen eingeführt. Endlich wurden 1871 auch die in den beiden alten westlichen Provinzen noch bestehenden Abweichungen von den Einrichtungen der östlichen unter Beseitigung der Stellung des Generaldirektors beseitigt. Später sind dann noch bei einzelnen Regierungen zweite Katasterinspektoren angestellt worden, sodass 1901 deren 53 vorhanden waren, auch sonst verschiedentliche Aenderungen erfolgt, die Grundzüge der Organisation aber erhalten geblieben. In den Hohenzollernschen Landen fungiren in Anbetracht des geringen Umfanges derselben ein Katasterkontroleur als Katasterinspektor und in jedem Oberamtsbezirk ein Bezirksgeometer als Katasterkontroleur. Eine neue Beamtenkategorie wurde im Zusammenhang mit der Einziehung der in den Katasterbureaus und Katasterämtern aufkommenden Gebühren zur Staatskasse (vgl. oben § 106) in den Katasterzeichnern geschaffen. Beamten mit geringerer technischer und allgemeiner Bildung, als sie für die inzwischen als „Katasterlandmesser" bezeichneten Katastersupernumerare vorgeschrieben ist, die aus den Privatgehülfen hervorgehend, als etatsmässige Beamte den Katasterbureaus und stark beschäftigten Katasterämtern beigegeben werden. Umgekehrt verschwand 1895/96 die Kategorie der Katasterassistenten, indem von den vorhandenen 50 Stellen 30 in Sekretärstellen umgewandelt wurden, für die übrigen 20 aber die Versehung durch diätarisch beschäftigte Katasterlandmesser in Aussicht genommen wurde.

Die Vorbedingungen für die Annahme als Katasterlandmesser sind: Reifezeugniss für die Prima einer neunklassigen höheren Lehranstalt, einjährige praktische Beschäftigung bei einem Landmesser, zweijähriges Studium auf einer der landwirthschaftlichen Hochschulen Berlin oder Poppelsdorf, Bestehen der Landmesserprüfung und mindestens einjährige Beschäftigung bei einem Katasterkontroleur, für die Anstellung eines Katasterlandmessers als Katasterkontroleur oder -Sekretär mindestens vierjährige Beschäftigung als Katasterlandmesser in einem Katasterbureau, zuletzt in dauernden Hülfsarbeiterstellen, und Bestehen einer zweiten Prüfung. Für die Katasterverwaltung sind vom Finanzminister umfassende Geschäftsanweisungen erlassen, deren jetzt gültige Fassung v. 21. Febr. 1896 datirt.

Die Zahl der etatsmässigen Katasterbeamten ist im Laufe der Zeit sehr stark gestiegen. Denn es waren vorhanden

	1874[1]	1879/80	1884/85	1889/90	1891/92	1895/96	1901	mithin 1901 gegen 1874 ±
Kataster-Inspektoren	33	33	33	52	53	53	53	+ 20
„ -Kontroleure u. Sekretäre	542	563	570	596	611	691	752	+ 210
„ -Assistenten	28	28	75	73	50	—	—	— 28
„ -Zeichner . .	—	—	—	40	182	192	260	+ 260
Bezirksgeometer . . .	5	4	4	4	4	4	4	— 1

Im Etat für 1902 werden weitere 10 Stellen für Katasterkontroleure erbeten. Durch eine derartige Stellenvermehrung sind nicht nur die Aussichten der Beamten verbessert, sondern es ist vor allen Dingen den Interessen der Bevölkerung Rechnung getragen, für die es von grösstem Werthe ist, dass die Fortschreibungs- und Vermessungsarbeiten rasch erledigt werden.

---

[1]) Ausserdem in den neuen Provinzen 5 Oberboniteure und 18 Landmesser.

§ 113. Von einschneidendster Bedeutung war die Miquel'sche Steuerreform für die Einrichtung des **Kassenwesens.**

Bis zur Ausserhebungsetzung der Realsteuern bestanden in dieser Beziehung zwischen den östlichen und westlichen Provinzen völlig verschiedene Einrichtungen. In den westlichen Provinzen, deren Gemeinden durch Kab.-O. v. 6. Febr. 1841 (G.-S. S. 29) von der durch § 7 des Abgabengesetzes v. 30. Mai 1870 ausgesprochenen Verpflichtung zur Elementarerhebung der direkten Staatssteuern entbunden waren, — wie auch in Berlin — erfolgte die Erhebung der Staatssteuern fast ausnahmslos durch staatliche Organe, und zwar durch die deshalb verhältnissmässig kleine Bezirke besitzenden Steuerkassen — die wenigen aus alter Zeit als Mittelglieder zwischen ihnen und der Regierungs-Hauptkasse noch bestehenden Kreiskassen waren in den 50er Jahren aufgehoben. — Dagegen hatten in den östlichen Provinzen die Gemeinden und Gutsbezirke die Verpflichtung, die Grund- und Gebäudesteuer und vor dem 1. April 1892/93 bezw. 1893/94 die Klassensteuer und die Gewerbesteuer der Klassen A II, B, C, H und K, seitdem die Einkommensteuer der Einkommen bis zu 3000 M. und die Gewerbesteuer der Klassen III und IV einschliesslich der Betriebssteuer — und zwar die Einkommen- und Gewerbesteuer gegen eine Vergütung von 2 Proz. der Isteinnahme — ihrerseits zu erheben und an die staatlichen Kassen, die in der Regel für je einen Kreis eingerichteten Kreiskassen, abzuführen, die also ihrerseits die Elementarerhebung nur der Einkommensteuer von Einkommen über 3000 M., der Gewerbesteuer der Klasse A I bezw. der Klassen I und II und der Hausirsteuer besorgten. Die Steuerkassen wurden von „Steuerempfängern", die Kreiskassen von „Kreis-Steuereinnehmern" verwaltet; beiden Beamtenkategorien war indess durch Kab.-O. v. 10. Dez. 1884 die Amtsbezeichnung „Rentmeister" beigelegt worden. Nur die Steuerkasse in Berlin und die Kreiskasse in Frankfurt a. M. waren mit Rücksicht auf die Erheblichkeit des Kassenverkehrs und die besondere Art der Steuererhebung, Abholung der Steuern beim Steuerpflichtigen durch besondere „Steuererheber", abweichend organisirt und unterstanden je einem Rendanten, dem ein Kassirer, Buchhalter und — in Frankfurt a. M. — Assistenten beigegeben waren. Die Kassen höherer Ordnung, die bei den Regierungen bestehenden Regierungs-Hauptkassen und die General-Staatskasse, erscheinen im Etat des Finanzministeriums. Als, wie im I. Hauptabschnitt dargelegt, der Staat als eine der Gegenleistungen für seinen Verzicht auf die Realsteuern den Gemeinden und Gutsbezirken die unentgeltliche Elementarerhebung der direkten Staatssteuern auferlegte, wurde die Verschiedenheit zwischen den östlichen und westlichen Provinzen beseitigt und die Zahl der Kassen erheblich vermindert, indem an die Stelle von 248 Kreiskassen in den östlichen und 552 Steuerkassen in den westlichen Provinzen für die ganze Monarchie 435 Kreiskassen — ausschliesslich Frankfurt a. M. —, traten, also 365 Kassen in Wegfall kamen. Damit wurden die Stellen von 365 Rentmeistern und 288 etatsmässigen Vollziehungsbeamten bezw. Steuererhebern erspart.

Für die in Folge der Umgestaltung der Kassen verfügbar gewordenen Beamten wurde nach dem Gesetz v. 1. April 1895 (G.-S. S. 87) in derselben Weise gesorgt, wie dies ein Jahr zuvor bezüglich der durch die Umgestaltung der Eisenbahnbehörden disponibel gewordenen Beamten durch das Gesetz v. 4. Juni 1894 geschehen war (vgl. § 202 des VII. Buchs). Nur wurde denjenigen Rentmeistern aus der Rheinprovinz und Westfalen, die nach den Vorschriften der dortigen Landgemeindeverfassungsgesetze Landbürgermeisterei- oder Amtskassen verwaltet hatten, das hierfür bezogene reine Einkommen insoweit angerechnet, dass das gesammte reine Diensteinkommen 4200 M. nicht überstieg.

Ausserdem wurde der Finanzminister ermächtigt, 1. den zu seiner Verfügung verbleibenden sowie den im Staatsdienst anderweite Verwendung findenden Beamten neben ihren gesetzlichen Bezügen einmalige oder fortlaufende, widerrufliche, nicht pensionsberechtigte Zuschüsse bis zur Höhe ihres früheren Gesammteinkommens aus Haupt- und Nebenämtern zu gewähren, 2. den zu seiner Verfügung bleibenden Beamten beim Uebertritt in eine nicht staatliche, insbesondere in eine kommunale Dienststellung die erworbenen Pensions- und Reliktenversorgungsansprüche zu belassen und Zuschüsse bis zur Erreichung ihres früheren reinen Diensteinkommens zu gewähren, 3. den zu seiner Verfügung verbleibenden oder in nichtstaatliche Dienststellungen übergehenden Beamten bei der Pensionirung Zuschüsse bis zum Betrage einer nach einem Diensteinkommen von 3600 M. berechneten Pension zu bewilligen.

Zur Ausführung dieses Gesetzes wurden in den Etat für 1895/96 (Kap. 6a) für Dispositionsgehälter, Wartegelder etc. 850 000 M., für Gehaltszuschüsse, Pensionen und Pensionszuschüsse an in nichtstaatliche Stellungen übergetretene Beamte 20 000 M. und zu Unterstützungen 25 000 M. eingestellt (vgl. Anl. LXX). Die erste Position ist durch Wiederverwendung von Beamten, Uebergang derselben in andere Stellungen, Absterben u. s. w. fortgesetzt auf 633 000, 503 000, 424 000, 402 000 M., und da am 1. Mai und 1. Juni 1900 die in dem Gesetz v. 1. April 1895 gestellte Frist von 5 Jahren, nach deren Ablauf Pensionirung zu Lasten des allgemeinen Pensionsfonds des Finanzministeriums eintrat, ablief, 75 000 M. zurückgegangen, die zweite 1896/97 auf 60 000 M. erhöht und von 1897/98 bis 1900 mit 66 000 M. ausgebracht, die dritte bis 1900 unverändert geblieben. Im Etat für 1901 wurden die nach Wegfall der Dispositionsgehälter noch verbliebenen Ausgaben auf einzelne Titel des 6. Kapitels übertragen, worauf bei Besprechung dieser Titel zurückzukommen sein wird.

Die Zahl der Kreiskassen hat sich seit 1895/96 noch weiter, bis 1902 auf — ausschliesslich Frankfurt a. M. — 430 verringert, und die Stellen der etatsmässigen Vollziehungsbeamten sind allmählich bis auf 70 (1902), wieder abgesehen von Frankfurt a. M., eingezogen.

II. Kapitel.

Besoldungen.

(Staatshaushaltsetat Kap. 6 Tit. 1 bis 5.)

§ 114. Die Besoldungen im Etat der direkten Steuern nehmen, abgesehen von dem Tit. 5 „Wohnungsgeldzuschüsse", 4 Titel ein, nämlich 1. Direktion für die Verwaltung der direkten Steuern in Berlin, 2. Verwaltung des Grund- und Gebäudesteuer-Katasters, 3. Kassenverwaltung, 4. Einkommensteuer-Veranlagungskommissionen und Gewerbesteuerausschüsse.

Das Haupt-Steueramt für direkte Steuern in Berlin, aus dem sich, wie erwähnt, die Direktion für die Verwaltung der direkten Steuern entwickelte, war nach dem Vorgang der Hauptämter der indirekten Steuerverwaltung organisirt und hatte anfänglich nur einen höheren Beamten mit einer Besoldung von 4500 M. Der Vorsitzende der daneben bestehenden Einkommensteuer-Einschätzungskommission bezog eine solche von 4800 M. Als 1865 beide Behörden verschmolzen wurden, und die Gesetze v. 21. Mai 1861 in Kraft traten, wurde die Stelle für einen dritten höheren Beamten geschaffen und daher den bisherigen (4500 + 4600 =) 9100 M. das Durchschnittsgehalt eines Regierungsraths mit 4500 M. hinzugesetzt. Durch den Etat für 1869 wurde dem Dirigenten, der 1870 auch den Amtscharakter als „Ober-Regierungsrath" erhielt, wie den Regierungs-Abtheilungs-Dirigenten eine Funktionszulage von 900 M. gewährt. Dadurch, dass die drei höheren Beamten des Hauptamts und später der Direktion nur unter sich rangirten, waren sie indess sehr im Nachtheil gegenüber den Ober- und Regierungsräthen der allgemeinen Verwaltung. Daher wurden 1872 ihre Besoldungen von dem Etat der direkten Steuern abgesetzt und mit denen der allgemeinen Verwaltung auf dem Etat des Finanzministeriums vereinigt, von wo sie erst 1895/96 auf jenen zurückkehrten. Inzwischen war der Dirigent am 1. Jan. 1874 aus der Gehaltsklasse der Ober- und Regierungsräthe herausgehoben und mit einem Gehalt von 8700 M. und dem Range der Räthe III. Klasse ausgestattet worden. Bei der allgemeinen Besoldungsaufbesserung am 1. April 1897 erhielt er wie die Oberpräsidialräthe einen vom Mindestgehalt der vortragenden Räthe (7500 M.) in Zwischenräumen von je 3 Jahren um je 600 M. bis auf 9300 M. steigendes Gehalt. Die Regierungs- und Ober-Regierungsräthe der Direktion rangirten und rangiren im Gehalt mit denen der allgemeinen Verwaltung.

Der Dirigent der Direktion führt den Titel „Geheimer Finanzrath" und erhält später den Charakter als „Geheimer Ober-Finanzrath" mit dem Range der Räthe II. Klasse; sein Stellenrang ist aber nur der der III. Klasse.

Die Bureaubeamten der Direktion sind seit 1870 denen der Regierungen bezw., so lange ein Unterschied in den Besoldungen zwischen Berlin und dem übrigen Staate bestand, nach den für Berlin geltenden höheren Sätzen im Gehalt (jetzt 1800—4200 M., die vor dem 1. April 1897 angestellten bis 4800 M.) wie auch in Rang und Titel (früher 2 Klassen: Regierungssekretäre und Assistenten, jetzt nur Regierungssekretäre) gleichgestellt, während bis dahin, wie bei den Hauptämtern der indirekten Steuerverwaltung, nur Assistenten mit Besoldungen von 1200—2400, vor 1859 nur 2100 M., vorhanden waren. Es ist daher das Nähere über die Besoldung der Bureaubeamten seit 1870 der Darstellung des Etats des Finanzministeriums vorzubehalten. Geführt wurden die Bureaubeamten der Direktion aber stets im Etat der direkten Steuern.

Etatsmässige Kanzlisten erhielt die Direktion erst 1872; dieselben sind seitdem stets denen der Regierungen gleichgestellt gewesen (Gehalt 1650—2700 M.).

Die Kanzleidiener (Boten) erhielten Anfangs Einheitsgehälter von 720 M., seit 1858 von 750 bis auf 900 M. aufsteigende Gehälter und sind dann mit denen der Provinzialbehörden auf 900—1050 M. (1867), 960—1200 M. (1872) und 1000—1500 M. (1890/91) gestiegen. Zwei Stellen sind noch bis zum Ausscheiden der jetzigen Inhaber, in Folge der Kassenumgestaltung entbehrlich gewordener Vollziehungsbeamten, mit dem ehemaligen Gehalt solcher von 1500—2400 M. ausgestattet.

Bei der mit der Direktion verbundenen Steuerkasse waren Anfangs je ein Rendant, Kontroleur und Kassirer angestellt, die bis einschliesslich 1859 erhielten beziehentlich 3300, 2400 und 2400 M., dann um je 300 M. erhöht wurden. Der Kassirer wurde 1865 weiter auf 3000 M., der Rendant unter Einziehung der Kontroleurstelle als besonderer Stelle 1870 auf 3900 M. aufgebessert. Bei der allgemeinen Besoldungsaufbesserung von 1872 erhielten der Rendant 4500, der Kassirer 4200 M., und durch den Etat für 1877/78 wurde das Gehalt jenes abermals um 300 M. erhöht, die Stelle des Kassirers aber mit denen der Sekretäre, die auch als Kassenbuchhalter fungirten, vereinigt. Die letztere Massnahme wurde indess schon 1881/82 in Folge der auf Anregung der Oberrechnungskammer angeordneten Einrangirung der Sekretariats-, Kassen- und Kanzleibeamten der Direktion unter die Zahl der gleichartigen Beamten in den Provinzen wieder rückgängig gemacht. Als am 1. April 1895 den Gemeinden die Elementarerhebung der Staatssteuern übertragen wurde, vereinigte man die Stellen des Rendanten und Kassirers zu einer mit 4200, seit 1897/98 mit 3600—4800 M. ausgestatteten; der gegenwärtige Inhaber erhält zur Zeit noch eine pensionsfähige Zulage von 600 M. Die Kassenbuchhalter rangiren mit den Sekretären.

Eine mit der Uebertragung der Elementarerhebung auf die Stadt Berlin weggefallene Beamtenkategorie sind die — zuletzt 45 — Steuererheber und Vollziehungsbeamten, die, seitdem 1890/91 ihre Obliegenheiten vereinigt waren, 1500—2400 M. erhielten, während vorher die Besoldung der Steuererheber ebensoviel, die der Vollziehungsbeamten nur 1300—2100 M. betragen hatte.

Die Anstellung etatsmässiger „ambulanter Steuererheber“ mit Besoldungen von durchschnittlich 1500 M. erfolgte in Folge der Einrichtung der Abholung der Steuern bei den Censiten, der „ambulanten Steuererhebung“, zuerst 1865. Durch den Etat für 1869 wurde ihre Durchschnittsbesoldung auf 1650, 1872 auf 1950 M. mit Begrenzung der Höchstbesoldung auf 2400 M. erhöht, 1877/78 das Mindestgehalt auf 1500 M bestimmt. Die Vollziehungsbeamten waren früher auf Gebühren angewiesen. Seit 1881/82 wurden letztere zur Staatskasse eingezogen; die Vollziehungsbeamten aber erhielten fixe Besoldungen von 1300 bis 2100 M.

Der gesammte Besoldungsetat der Direktion für die Verwaltung der direkten Steuern bezw. des Hauptsteueramts in Berlin (jetzt Kap. 6 Tit. 1 des Etats) stellte sich nach seiner Vereinigung mit der Einkommensteuer-Einschätzungskommission 1865 auf rund 70000 M., 1872 trotz des Uebergangs der Besoldungen der höheren Beamten auf den Etat des Finanzministeriums schon auf rund 120000 M., 1873, als er zum ersten Mal in einem Etatstitel zusammengefasst erschien, auf 141000 M. Wie er dann unter dem Zusammenwirken der Vermehrung der Beamten und der Erhöhung der Besoldungen fast ununterbrochen weiter gestiegen ist, bis auf 741570 M. im Etat für 1901 und 764880 M. für 1902, wolle der Leser aus der Anlage LXX ersehen. Der einzige Rückgang war 1895/96 wegen der Uebertragung der Steuereinziehung auf die Stadt Berlin zu verzeichnen.

Aus Nebenämtern bezieht der Dirigent eine Remuneration von 1500 M. als Vorsitzender der Einkommensteuer-Berufungskommission (vgl. über diese Remunerationen unten § 120).

Die Stellen und Gehälter sämmtlicher Beamten der Direktion mit Ausnahme des Dirigenten, des Rendanten und der Kanzleidiener übertragen sich mit denen der beim Etat des Finanzministeriums und des Ministeriums des Innern nachgewiesenen gleichartigen Beamten, die der Sekretäre und Buchhalter auch mit denen der Steuersekretäre bei Veranlagungskommissionen und Gewerbesteuerausschüssen (vgl. unten § 117).

§ 115. Auch die Ausgaben zur Besoldung der Katasterbeamten (Staatshaushaltsetat Kap. 6 Tit. 2) sind in Folge Vermehrung der Beamten und Erhöhung ihrer Gehälter ungemein gestiegen, wie die Anlage LXX zeigt, seit 1874 auf mehr als das Doppelte. Anfangs der 50er Jahre waren zwar auch schon 8 Katasterbureauvorsteher mit Gehältern von 2700—3600 M. und 90 Steuerkontroleure und Fortschreibungsbeamte mit solchen von 1200—2400, später 2700 und 3000 M. vorhanden, und der Gesammtbetrag der Besoldungen stellte sich auf rund 184000 M. Aber nur von letzteren entfielen 7 auf die die Westfälische Grundsteuerverfassung besitzenden Theile der Provinz Sachsen, alle übrigen 91 Beamten auf die beiden westlichen Provinzen. Im Etat für 1859 wurden die Gehälter, wie folgt, bestimmt: Katasterinspektoren 3000—3300, Katastersekretäre 1500 bis 2700, Distriktssteuerkontroleure (in den die Westfälische Grundsteuerverfassung besitzenden Theilen der Provinz Sachsen) 2400-3000 und Katasterkontroleure 1200—2400 M. Die Gesammtausgabe für insgesammt 149 Beamte belief sich auf rund 285 000 M. Nach dem Inkrafttreten der Gesetze v. 21. Mai 1865 sah der Etat für 1865 vor 25 Inspektoren à 3000—3300, 25 Sekretäre à 1500—2700, 353 Kontroleure à 1500—2700 M., die Katasterkontroleure sind also bereits den Sekretären gleichgestellt. Der Gesammtbesoldungsbedarf bezifferte sich auf rund 873 000 M. Die Gleichstellung der Kontroleure und Sekretäre, deren Mindestgehalt inzwischen schon auf 1800 M. erhöht war, wurde durch den Etat für 1872 wieder beseitigt, indem die Letzteren mit 1800—3000 M. den Regierungssekretären gleichgestellt wurden; gleichzeitig wurden die Inspektoren auf 3300—4200 M. erhöht. Durch die allgemeine Besoldungsaufbesserung von 1872 kamen letztere auf 3600—4800, die Sekretäre auf 2100—3600, die Kontroleure auf 2100—3000, die nach Beseitigung des besonderen Etats für die Hohenzollernschen Lande auf den Etat der direkten Steuern übergehenden dortigen Bezirksgeometer auf durchschnittlich rund 824 und höchstens rund 944 M.[1]) Der gesammte Besoldungsetat der Katasterverwaltung war 1873 auf 1 467 588 M. angewachsen. Die seit 1874 angestellten Assistenten erhielten 1800—1950 M. Durch den Etat für 1882/83 wurden die Sekretäre und Kontroleure wieder grundsätzlich gleichgestellt, indem erstere die 600 M., um die ihr Höchstgehalt das der Kontroleure bisher überstieg, fortan als pensionsfähige Zulage erhielten. Als 1888/89 bei einzelnen Regierungen zweite Katasterinspektorenstellen geschaffen wurden, stattete man diese mit Gehältern von 3300 bis 3600 M. aus. Die gleichzeitig errichteten Zeichnerstellen wurden mit 1650-2250 M. dotirt. In Folge dessen stieg der von 1874 bis 1887/88 von 1,611 auf 1,834 Mill. M. angewachsene Besoldungsetat der Katasterverwaltung 1888/89 auf 1,937 Mill. M. Namhafte Besoldungserhöhungen hatte die im § 106 erörterte Einziehung der Gebühren zur Staatskasse im Gefolge, gleichzeitig aber auch die völlige Gleichstellung der Sekretäre und Kontroleure: beide erhielten 1890/91 2400 bis 3900 M., die Inspektoren, und zwar sämmtliche, um ein Missverhältniss zu den Besoldungen der Sekretäre und Kontroleure zu verhüten, 3600 bis 6000 M. Die Bezirksgeometer in Hohenzollern wurden im nächsten Jahr gegen Wegfall der Gebühren auf 1500 bis 1800, 1895/96 auf 1800—2700 M. gestellt. Das Maximalgehalt der Zeichner wurde 1890/91 wie dasjenige der Zeichner anderer Verwaltungen auf 2700 M. erhöht. Das System der Dienstaltersstufen wurde für die Inspektoren 1894/95, für die übrigen Beamten schon ein

[1]) Die vorübergehend in den neuen Provinzen noch beibehaltenen Oberboniteure und Landmesser erhielten neben Gebühren jene 900 M., diese vor 1872 300—600, nach 1872 600-750 M.

Jahr zuvor eingeführt. Bei der allgemeinen Besoldungsaufbesserung von 1897 gehörten die Katasterinspektoren zu den wenigen Beamten, die auch im Mindestgehalt aufgebessert wurden: sie steigen seitdem in 12 Jahren von 4000 auf 4700, 5400, 6000 und 6600 M. Kontroleure und Sekretäre rücken drei Mal um 400 und drei Mal um 300 M. von 2400 auf 4500 M. auf, die Bezirksgeometer in gleicher Weise von 1800 auf 4200 M.

Die Inspektoren bilden eine Gehaltsklasse mit den Ober-Zoll- und Ober-Steuerinspektoren und den Vermessungsinspektoren der landwirthschaftlichen Verwaltung und Ansiedelungskommission, die Kontroleure und Sekretäre mit den Vermessungsbeamten dieser Verwaltungen, den landräthlichen Hülfsbeamten und Distriktskommissaren in Posen, die Zeichner mit den Zeichnern und Kanzleibeamten der Provinzialbehörden.

Der die Inspektorgeschäfte für die Hohenzollernschen Lande wahrnehmende Katasterkontroleur erhält hierfür eine pensionsfähige Funktionszulage von 600 M.

Der Besoldungsetat der Katasterverwaltung ist, wie die Anlage LXX zeigt, in den 10 Jahren von 1891/92 bis 1902 fortgesetzt, von 2 675 850 auf 3 519 300 M., also um mehr als den vierten Theil gestiegen.

Aus Nebenämtern bezogen 1901 183 Katasterkontroleure und 1 Katastersekretär als ständige Revisoren von Kreis- etc. Kassen 30 bis 200 M., zusammen 18 877 M. (durchschnittlich 97 M.); 1 Katasterkontroleur als Deichrentmeister 720 M.; ein Katasterkontroleur als Chausseedirektor 3382 M.; 1 Katasterkontroleur als Domänenrentmeister 600 M.; 4 Katasterkontroleure für Ertheilung von Unterricht an landwirthschaftlichen etc. Schulen 140 bis 300 M., zusammen 920 M. (durchschnittlich 230 M.); 61 Katasterkontroleure für die Fortschreibung von Deich-, Meliorations- und anderen Katastern sowie für ähnliche Geschäfte 3 bis 750 M., zusammen 7384 M. (durchschnittlich 121 M.); 1 Katasterkontroleur als Kanalinspektor 540 M.; 1 Katasterkontroleur als Strandamtsverwalter 10 M.; 3 Katasterkontroleure als Direktoren bezw. Mitglieder des Kuratoriums von Kreissparkassen 150 bis 900 M., zusammen 1350 M. (durchschnittlich 450 M.); 1 Katasterkontroleur für die Wahrnehmung der Geschäfte des Katasterinspektors im Fürstenthum Waldeck 600 M. In den vorstehenden Beträgen ist auch die Vergütung für die den betreffenden Beamten wegen der Nebenämter erwachsenden Geschäftsunkosten enthalten.

§ 116. Das vollständige Netz eigener Kassen der direkten Steuerverwaltung hat sich erst allmählich durch Loslösung von den für beide Steuerarten und auch für die Domänenverwaltung gemeinsamen Kassen entwickelt, und ebenso ist man erst allmählich zu einheitlichen Grundsätzen über die Besoldung der Kassenbeamten gelangt. Nach den Anlagen des Etats für 1851 schwankten die Besoldungen der theils im Haupt-, theils im Nebenamt angestellten Kreissteuereinnehmer in den Provinzen zwischen 300 und 3600, die der — nur in ganz geringer Zahl vorhandenen — Kreiskassenkontroleure zwischen 300 und 1800, die der wenigen Untererheber zwischen 150 und 3000 M. Das gesammte Kassenpersonal beanspruchte einen Gehaltsaufwand von rund 400 000 M. Darin waren nicht enthalten die Bezüge der Steuerempfänger in den westlichen Provinzen. Diese waren ebenso wie später die Steuerempfänger in den neuen Provinzen bis einschliesslich 1877/78 auf Hebegebühren und Tantièmen angewiesen, von denen $^2/_3$, höchstens aber 3600 M., als pensionsfähiges Gehalt galten, und, soweit diese

$^2/_3$ der Hebegebühren hinter 3600 M. zurückblieben, auf ergänzende Zuschüsse. Die Gehälter der im Hauptamt angestellten Kreissteuereinnehmer beliefen sich bis 1860 auf 1200—3000, die der Kontroleure und Assistenten auf 150—2100, die der Untererheber auf 150 bis 1500 M. Seit 1861 standen sich die Steuereinnehmer auf 2100 bis 3000 M. Im Etat für 1870 wurde ihr Mindestgehalt um 300 M. und bei der allgemeinen Gehaltsregulirung 1872 ihr Höchstgehalt um 600 M. erhöht. Als 1877/78 die Steuerempfänger der neuen Provinzen fixirt wurden, wurden sie im Höchstgehalt den Einnehmern gleich, im Mindestgehalt um 600 M. niedriger gestellt. Mit Rücksicht auf die Vermehrung der Geschäfte und Erhöhung der Verantwortlichkeit wurden 1882/83 die Besoldungen der Einnehmer auf 3000—4200, die der Empfänger auf 2000—4200 M. erhöht. 1888/89 wurde das Mindestgehalt der nunmehr den Titel „Rentmeister" führenden Steuerempfänger um weitere 400 M. erhöht. Seit 1890/91 wurde allmählich mit der Fixirung auch der Rentmeister in Westfalen und Rheinland vorgegangen, jedoch unter Normirung des Mindestgehaltes auf nur 2100 M., sodass es nun vier Arten von Rentmeistern gab: in den östlichen Provinzen solche mit 3000—4200, in den neuen solche mit 2400 bis 4200, in Rheinland und Westfalen solche mit 2100—4200 M. und solche, die sich mit der Fixirung nicht einverstanden erklärten. Bei der weiteren Durchführung der Fixirung wurde eine ganz neue Art der Gehaltsbemessung angewendet: mit Rücksicht auf die Verschiedenheit des Geschäftsumfanges der Steuerkassen wurde das Gehalt der Steuerkassen- (nicht auch der Kreiskassen-) Rentmeister in „Dienstaltersgehalt" und „Stellengehalt" zerlegt, um für jüngere Rentmeister bedeutenderer Kassen entsprechende Gehälter zu sichern. Die Dienstaltersgehälter wurden in Anbetracht der Verschiedenheit der Verhältnisse im Mindestbetrage in den einzelnen Bezirken verschieden, auf 2400, 2100, 1800 und 1500 M., im Höchstbetrage auf 3300 bis 3000 M. bemessen, während das Stellengehalt bis 1200 M., neben Dienstaltersgehältern 2400—3300 M. bis 900 M. stieg. Diese etwas komplizirte Gestaltung hatte aber nur kurzen Bestand: schon 1895/96 wurden sämmtlichen Rentmeistern der Monarchie, abgesehen von auch früher schon gewährten Entschädigungen für frühere Dienstbezüge, von 3000 dreimal um 300 und um 200 M., also bis 4200 M. steigende Gehälter gewährt, die 1897 eine Erhöhung auf 3000—4500 M. erfuhren.

Etatsmässige Vollziehungsbeamte sind in den Provinzen, in denen der Staat die Elementarerhebung der Steuern besorgte, zuerst 1894/95, und zwar mit einem Gehalt von 900—1300 M., angestellt, während bis dahin die Vollziehungsbeamten auf Gebühren angewiesen waren. Vom nächsten Jahre ab wurde hiermit auch in den östlichen Provinzen vorgegangen. Das Gehalt wurde durch den Nachtrag zum Staatshaushaltsetat für 1890/91 auf 1000—1500 M. erhöht. Die für die ambulante Steuererhebung in den Städten Hannover und Linden 1892/93 errichteten und mit 1500—2100 M. dotirten Steuererheber und Vollziehungsbeamtenstellen sind 1895/96 wieder eingezogen; nur der Inhaber einer solchen Stelle bezieht noch als Vollziehungsbeamter 1500 bis (seit 1897) 2400 M. Die schon seit den 50er Jahren mit 360 M. ausgestatteten Kassendienerstellen waren 1901 bis auf eine beseitigt, die jetzt durch Absterben des Inhabers auch weggefallen ist.

Mit Rücksicht auf die ambulante Steuererhebung war schon seit Einführung der altländischen Steuergesetzgebung abweichend organisirt die Kreiskasse in Frankfurt a. M. Das Personal bestand Anfangs aus 1 Rendanten mit (einschliesslich 600 M. Lokalzulage) 4500, 1 Kassirer mit 3000, 1 Kontroleur mit 2700 M. Gehalt, 3 Steuererhebern mit Gehältern bis zu später durchschnittlich 2100 M. und 1 Kassendiener mit (einschliesslich 150 M. Lokalzulage) 1200 M. Schon 1869 wurden 2 Assistenten, später Buchhalter, mit 2400 und 2100 M. angestellt. Bei der Gehälterregulirung 1872 erhielten Rendant, Kassirer, Kontroleur 300 M. Zulage, und die Buchhalter, deren Zahl 1875 auf 4, 1876 auf 5 vermehrt wurde, wie auch gleichzeitig 1875 3 und 1876 2 weitere Steuererheber angestellt wurden, von 2400—2700 M. steigende Gehälter. Die Lokalzulagen wurden 1877/78 auf den Titel zur Remunerirung von Hülfsarbeitern etc. übertragen, sodass seitdem als Gehalt für den Rendanten nur 4200, für den Kassendiener 1050 M. erschienen. Die Zahl der Buchhalter wurde durch denselben Etat abermals um 2 vermehrt, das Gehalt der Steuererheber auf 1800—2400 M. bemessen. 1879/80 wurden 8 Kassenassistenten mit 1800—2400, später 1800—1950 und 4 Kanzlisten mit 1650—2250 M., 1881/82 6 weitere Steuererheber angestellt, dagegen 1879/80 die Kontroleurstelle eingezogen. Nach Aufhebung der beiden untersten Klassensteuerstufen wurde 1885/86 die Zahl der Buchhalter auf 6 — künftig 5 —, die der Assistenten auf 7 — künftig 6 — und die der Steuererheber auf 10 vermindert, dagegen wurden die Gehälter des Rendanten — unter Wegfall der Lokalzulage — auf 4800, des Kassirers auf 3600, der Buchhalter auf 2100 bis 3600 M. erhöht und 5 Vollziehungsbeamte mit 900—1300 M. angestellt. Später wurden erhöht der Rendant 1897 auf 4800—5400 M., der Kassirer auf 3000—4200, die Buchhalter nach Vereinigung mit den Assistenten 1897 auf 1800—4200 M, die Kanzlisten 1891/92 auf 1650—2700, der Kassendiener 1890/91 auf 1250 und 1893/94 auf 1000—1500 M. Die Stellen der Steuererheber und Vollziehungsbeamten wurden 1892/93 vereinigt, mit Besoldungen von 1500—2400 M. Infolge Uebertragung der Steuererhebung auf die Stadt ist das Personal auf 1 Rendanten, 1 Kassirer, 4 Buchalter, 1 Kanzlisten und 1 Vollziehungsbeamten vermindert.

Der gesammte Besoldungsbedarf der Kassenverwaltung (Staatshaushaltsetat Kap. 6 Tit. 3) ist, wie die Anlage LXX zeigt, von Mitte der 70er Jahre bis 1894/95 von 669 660 auf 2 829 952 M. gestiegen, da in diesen Zeitraum die Fixirung der Steuerempfänger und Vollziehungsbeamten fällt, dann aber in Folge der Neuorganisation der Kassenverwaltung auf rund 2 Mill. Mark (1901: 2 028 252 M., 1902: 2 025 347 M.) zurückgegangen. In den Jahren 1874—1893/94 bezw. 1895/96 kamen indess noch hinzu die in der Anlage als früherer Tit. 4 bezw. 3a aufgeführten Beträge.

Aus Nebenämtern bezogen — einschliesslich Vergütung für die Geschäftsunkosten — nach dem Etat für 1901: 1 Rentmeister als Stadtkassenrevisor 150 M.; 1 Rentmeister für die Revision von Gemeinderechnungen 302 M.; 26 Rentmeister für die Lokal-Domänenverwaltung 10 M bis 2100 M., zusammen 6060 M. (durchschnittlich 233 M.); 227 Rentmeister für die Verwaltung von Spezialbaukassen, von Kommunal- und Instituten- etc. Kassen, für die Einziehung von Provinzial-, Kreis- und Kommunal- etc. Beiträgen, sowie für ähnliche Geschäfte 9 M. bis 6342 M., zusammen 305 225 M. (durchschnittlich 1345 M.);

1 Vollziehungsbeamter für die Wahrnehmung der Vollziehungsbeamtengeschäfte für Kommunalkassen 1643 M. und 1 Vollziehungsbeamter für die Wahrnehmung der Geschäfte des Schriftführers einer Sterbeauflage 300 M.

§ 117. Der Tit. 4 „Einkommensteuer-Veranlagungskommissionen und Gewerbesteuer-Ausschüsse" des Etatskapitels 6 ist erst eine Folge der Mehrarbeit, welche die Veranlagung der neuen Einkommen- und Gewerbesteuer verursacht. Früher wurden die Funktionen des Vorsitzenden der Einkommensteuer-Einschätzungskommission, wo sie, was nur ganz vereinzelt vorkam, einmal nicht dem Landrath bezw. Bürgermeister belassen werden konnten, nebenamtlich gegen Remuneration versehen. Etatsmässige Stellen für Vorsitzende von Einkommensteuer-Veranlagungskommissionen, denen in der Regel auch der Vorsitz in den Gewerbesteuerausschüssen der Klassen III und IV übertragen zu werden pflegt, wurden zuerst für 1892/93, und zwar 20 gefordert. Die Zahl stieg im nächsten Jahr auf 30, und ist es hierbei bisher verblieben. Die Besoldung war und ist die der Regierungsräthe, also bis 1897 4200—6000, seitdem 4200 bis 7200 M.

Das etatsmässige Bureaupersonal (Regierungs - Sekretariats-Assistenten) der Veranlagungskommission und Steuerausschüsse bezog anfänglich seine Besoldung aus den im Etat des Finanzministeriums für die allgemeine Landesverwaltung ausgebrachten Fonds; doch wurden in der Hauptsache aus dem Titel des Etats der direkten Steuern zur Remunerirung von Hülfsarbeitern bezahlte Hülfskräfte beschäftigt. Erst durch den Etat für 1894/95 wurden besondere etatsmässige Stellen für 120 „Steuersekretäre" mit dem Gehalt der Kreissekretäre (1800—3600 M.) und für 7 Kanzlisten mit 1650—2700 M. errichtet. Die Zahl der Steuersekretäre ist 1895/96 auf 170, 1897/98 auf 330, 1898/99 auf 540, 1899 auf 638, 1900 auf 668 und 1901 auf 704, diejenige der Kanzlisten 1897/98 auf 21, 1898/99 auf 26, 1899 auf 36, 1900 auf 48 und 1901 auf 62 erhöht. Dagegen sind für 1902 die Stellen von 24 Steuersekretären und 4 Kanzlisten wieder auf den Etat des Finanzministeriums übergegangen. Seit 1896/97 sind einzelnen Veranlagungskommissionen auch etatsmässige Boten mit einem von 900 bis 1500 M. steigenden Gehalt (Dienstalterszulagen 2 à 100, und 5 à 80 M.) beigegeben, deren Zahl von 1896/97 bis 1902 allmählich von 10 auf 21 vermehrt worden ist. In den Stellen der Steuersekretäre, deren Gehalt seit 1897 wie das der Regierungs- und Kreissekretäre 1800 bis 4200 M. (Dienstalterszulagen 3 Mal 400 und 4 Mal 300 M.) beträgt, sind viele bei der anderweiten Kasseneinrichtung entbehrlich gewordene Rentmeister untergebracht. Bis zu der Gehaltsaufbesserung von 1897/98 bezogen diese mit Rücksicht auf ihre früheren Dienstbezüge als Rentmeister, um sie nicht schlechter als früher zu stellen, von den Normalgehältern abweichende Besoldungen. Jetzt sind sie alle in das Normalgehalt eingereiht, und es erhalten nur einzelne besondere Zulagen als Ersatz früherer Dienstbezüge, wofür indess 1901 nur noch 3368 M., 1902 3260 M. erforderlich waren.

Der Gesammtbedarf des Titels 4 ist, überwiegend durch die Stellenvermehrungen, in den 10 Jahren von 1892/93 bis 1902 von 102 000 auf 1 804 986 M. angewachsen (vgl. Anl. LXX).

Aus Nebenämtern bezogen 1901: 16 Steuersekretäre als ständige Revisoren von Kreis- etc. Kassen 90 M. bis 140 M., zusammen 1730 M. (durchschnittlich 108 M.); 3 Steuersekretäre für die Wahrnehmung der Geschäfte als Amtsanwalt 360 M. bis 840 M., zusammen 1800 M. (durchschnittlich 600 M.); 1 Steuersekretär als Gegenrechnungsführer bei einer Kreissparkasse 300 M.; 1 Steuersekretär für die Verwaltung einer Ortskrankenkasse 700 M.; 3 Steuersekretäre für rechnerische Hülfeleistung in der Kreiskommunalverwaltung 250 M. bis 500 M., zusammen 1050 M. (durchschnittlich 350 M.); 1 Steuersekretär für die Bearbeitung von Kreisangelegenheiten 800 M.; 1 Steuersekretär als Stempelvertheiler 12 M.; 4 Steuersekretäre für die Revision von Gemeinderechnungen bezw. Kreissparkassenrechnungen und und Geschäftsbüchern einer Mühlengesellschaft 12 M. bis 350 M., zusammen 812 M. (durchschnittlich 203 M.); 3 Steuersekretäre für die Verwaltung einer Kreiskommunal- bezw. Kirchen- und Gymnasialkasse 260 M. bis 600 M., zusammen 1292 M. (durchschnittlich 431 M.); 2 Steuersekretäre als Protokollführer beim Schiedsgericht einer landwirthschaftlichen Berufsgenossenschaft bezw. Schriftführer eines landwirthschaftlichen und Gewerbevereins 100 M. und 180 M., zusammen 280 M.; 1 Steuersekretär als Bureaugehülfe bei einer Hebammen-Lehranstalt 500 M.; 1 Steuersekretär für Kalkulaturarbeiten bei einer Landgestütskasse 150 M.

In den vorstehenden Beträgen ist auch die Vergütung für die den betreffenden Beamten wegen der Nebenämter erwachsenden Geschäftsunkosten enthalten.

§ 118. Die Wohnungsgeldzuschüsse (Kap. 6 Tit. 5 des Etats) beanspruchten 1901 (vgl. Anl. LXX) 897 400 M., 1902 wegen der im vorigen Paragraphen erwähnten Stellenübertragungen auf den Etat des Finanzministeriums nur 889 100 M. Wenn dieser Betrag gegenüber der Gesammtzahl der aus Tit. 1—4 besoldeten Beamten und in Anbetracht der verhältnissmässig wenigen darunter befindlichen höheren Beamten ein hoher ist, so rührt das daher, dass ein verhältnissmässig sehr grosser Theil der Beamten in Berlin (Direktion für die Verwaltung der direkten Steuern, 1 Katasterbureau, 4 Katasterämter, 2 Veranlagungskommissionen) und dem ebenfalls der Servisklasse A angehörenden Frankfurt a. M. seinen Sitz hat, und dass sich unter den Beamten verschwindend wenig Unterbeamte befinden. Der Bedarf ist natürlich durch die Vermehrung der aus Mitteln des Etats der direkten Steuern besoldeten etatsmässigen Beamten, seit 1879/80 um fast 100 Proz. gestiegen, und seine 1895/96 durch die Kassenumgestaltung bedingte Verminderung war schon 1898/90 namentlich durch die Vermehrung der Beamten bei der Berliner Direktion und den Veranlagungskommissionen wieder wettgemacht.

III. Kapitel.

Andere persönliche Ausgaben.

(Staatshaushaltsetat Kap. 6 Tit. 6—13.)

§ 119. Von den gesammten „Anderen persönlichen Ausgaben" machen jetzt fast 3/4 aus die im Tit. 6 verrechneten „Zur Remunerirung von Hülfsarbeitern im Bureau-, Kassen-, Kanzlei- und Unterbeamtendienste; zur Remunerirung der ständigen Revisoren der Kreiskassen und zu Stellenzulagen", obwohl die Remuneration der zahlreichen Regierungs-Assessoren bei der Steuerdirektion in Berlin sowie bei den Vorsitzenden der Berufungs- und Veranlagungskommissionen aus dem Etat des Finanzministeriums (Kap. 58 Tit. 6) bestritten werden. Wie die Anlage LXX zeigt, hat der Titel sich allmählich zu derartiger Bedeutung entwickelt.

Anfänglich waren die etatsmässigen Gehälter und die Remunerationen ausseretatsmässiger Beamten bei dem Titel „Besoldungen" zusammengefasst, später die Letzteren bei dem Titel „Amtskosten etc." nachgewiesen. Zuerst gelegentlich der Organisation der Katasterverwaltung wurden 1866 gesondert Mittel zur Remunerirung der Hülfsarbeiter in den Katasterbureaus ausgebracht (1866: 58 500 M). Erst 1870 erhielt der Titel unter Uebernahme der betreffenden Mittel vom Titel „Amtskosten" die erweiterte Bestimmung für „Bureauhülfsarbeiter" überhaupt. Die Dotation hielt sich aber in bescheidenen Grenzen, sodass sie erst 1883/84 1/4 Mill. Mark erreichte, nachdem der Titel auch für Kassen- und Kanzleibeamte bestimmt, 1873 die Remunerationen erhöht, das Bureau- und Kanzleipersonal wiederholt vermehrt, 1877/78 die Lokalzulagen für Rendant und Kassendiener der Kreiskasse in Frankfurt a. M. hierher übernommen, 1881/82 Entschädigungen an Steuereinnehmer und Steuerempfänger für Mehrarbeiten und Mehraufwendungen aus Anlass der neuen Gerichtsorganisation eingestellt, 1883/84 behufs wirksamerer Kontrole einzelner Kreis- und Steuerkassen, als sie durch die Kuratoren zu erfolgen pflegten, ständige Revisoren im Nebenamt mit Remunerationen von 50, 100 und 150 M. — soweit sie hierzu durch ihr Hauptamt verpflichtet waren und nicht Billigkeitsgründe für Gewährung einer Remuneration sprachen, auch ohne solche — bestellt waren. In den folgenden Jahren vor dem Inkrafttreten des neuen Einkommensteuergesetzes betrug die Zunahme der Ausgaben reichlich 100 Proz. (1891/92: 539 010 M). Hierzu trugen die früher erwähnte anderweite Regelung des Vollziehungswesens, die Vermehrung der ständigen Kreiskassenrevisoren und — in Folge Beseitigung der Katasterassistenten — der Katasterdiätare neben anderen Stellenvermehrungen, die trotz Vermehrung der etatsmässigen Stellen nöthig wurden, vorzugsweise bei: für den ersten Zweck wurden 1885/86 116 000, für den zweiten 1887/88 20 000 und für den Dritten 1888/89 59 400 M. mehr eingestellt. Die Einführung des Einkommensteuergesetzes bedingte

1892/93 für Bureauhülfsarbeiter bei den Veranlagungskommissionen einen Mehransatz von 409 500, von dem allerdings im nächsten Etat in Folge Errichtung etatsmässiger Stellen 22 100 M. wieder abgesetzt wurden. Dafür waren aber für Vermehrung anderer Beamten 47 500 M. mehr erforderlich. Nur die im § 117 besprochenen starken Vermehrungen der etatsmässigen Stellen bei den Veranlagungsbehörden, die in einzelnen Jahren Minderansätze zuliessen, sowie die Uebertragung von 62 000 M. an Löhnen für im Unterbeamtendienst ohne Beamtenqualität beschäftigte Personen und nach der Bogenzahl bezahlten Kopialien auf Tit. 19 machten es möglich, dass der Bedarf in den folgenden Jahren nicht noch mehr stieg, als es der Fall war. Immerhin ist er, wie die Anlage zeigt, von rund 980 000 M. 1892/93 auf 1 100 000 M. 1900 und 1 235 000 M. 1901, wo auch der Mehrbedarf an Beamten für die Hohenzollernschen Lande hinzukam, gestiegen. Der letztere Betrag ist auch für 1902 ausgebracht.

Die Diätensätze betragen gegenwärtig für die Katasterlandmesser 1650—1800 M. jährlich, für die Hülfszeichner 1440—1620 M. jährlich, für die den Vorsitzenden der Einkommensteuer-Veranlagungskommissionen und der Gewerbesteuerausschüsse zugetheilten Bureaudiätare 1800 M., für Kanzleidiätare im Maximum 1650 M. jährlich.

An Stellenzulagen beziehen Katasterkontroleure in Berlin und Breslau bis zum Betrage von je 500 M., in anderen Orten bis zu je 400 M., zusammen 1850 M., andere Subalternbeamte bis zu je 400 M., zusammen 1200 M. (darunter künftig wegfallend 900 M.); Unterbeamte bis zu je 200 M., zusammen 3000 M.

§ 120. Wie der im vorigen Paragraphen besprochene Titel sein starkes Anwachsen der Steuerreform verdankt, so der Tit. 7 „Zu Remunerationen für die kommissarische oder nebenamtliche Wahrnehmung des Vorsitzes oder des stellvertretenden Vorsitzes in Einkommensteuer-Berufungs- oder Veranlagungskommissionen sowie in Gewerbesteuerausschüssen“ seine Entstehung. Für diesen Zweck sowie für Remunerationen an Hülfsbeamte (Assessoren) bei den Vorsitzenden von Veranlagungskommissionen wurden 1892/93 201 000 M. ausgeworfen, nämlich für 35 Vorsitzende von Berufungskommissionen durchschnittlich 1600, für 40 Stellvertreter derselben durchschnittlich 1000, für 30 Vorsitzende von Veranlagungskommissionen im Nebenamt durchschnittlich 2000 und für 50 Assessoren durchschnittlich 900 M. Die 45 000 M. für die Assessoren wurden schon 1893/94 auf den für die Assessoren der allgemeinen Verwaltung bestimmten Fonds Kap. 28 Tit. 6 des Finanzministeriums übertragen, ebenso von den verbliebenen 156 000 M. 1898/99 56 000 M., sodass seitdem die Dotation des Titels nur noch 100 000 M. beträgt, was ermöglicht ist durch Anstellung von Vorsitzenden der Veranlagungskommissionen im Hauptamt und dadurch, dass neu ernannten Oberregierungsräthen der Steuerabtheilung die Remuneration für den Vorsitz in der Berufungskommission nicht mehr oder nur in geringerer Höhe gewährt wird.

Wenn allmählich diese Remunerationen mindestens für die Vorsitzenden der Berufungskommissionen in Fortfall gebracht werden, so ist das nur mit Genugthuung zu begrüssen. Sie scheinen uns hier nur einen Nothbehelf zu bilden. Denn dass für die Dirigenten der Finanzabtheilungen der Regierungen, geschweige denn für diejenigen der Unterabtheilungen für direkte Steuern und für den Dirigenten der Berliner Direktion der direkten Steuern der Vorsitz in der Berufungskommission eine nach allgemeinen Grundsätzen die Gewährung einer Remuneration rechtfertigende nebenamtliche Funktion oder „ausserordentliche“ Dienstleistung darstelle, ist gegenüber der Art und dem Umfang der Obliegenheiten dieser Stellung eine unhaltbare Fiktion. Glaubt man den Abtheilungsdirigenten bei den Regierungen in Anbetracht ihres Gehaltes die Wahrnehmung dieser Obliegenheiten nicht ansinnen zu können, so hebe man diese Beamten, wie es in Berlin geschehen ist, unter Loslösung der direkten Steuerangelegenheiten von den Regierungen nach Analogie der Provinzialsteuerdirektionen aus der Klasse der Oberregierungsräthe in Besoldung und Rang heraus oder man ordne ihnen mehr Beamte bei.

§ 121. Ein im Gegensatz zu dem im § 120 besprochenen seit langer Zeit bestehender und die entgegengesetzte Entwickelung wie der im § 119 aufweisender Fonds ist der des Titels 8 „Zur Gewährung von Vergütungen für Zehrungs-, Uebernachtungs- und Fuhrkosten bezw. Dienstaufwands-Entschädigungen an die etatsmässigen Vollziehungsbeamten“. Der Titel ist hervorgegangen aus den „Exekutionskosten“, die mit „sonstigen Kosten“ bis einschliesslich 1852 eine Position des Titels „Ausgabe“ bei der Grundsteuer“, seitdem einen besonderen Titel mit den beiden Positionen „Exekutionskosten“ und „sonstige Kosten“ bildeten. Seit 1862 machten die Exekutionskosten eine der drei Positionen des Titels „Sächliche und vermischte Ausgaben“ aus. Der Bedarf war von rund 42 000 M. im Jahre 1853 auf 112 620 M. in den Jahren 1865 bis 1867 gestiegen. Infolge der Erweiterung des Staatsgebiets wurden für 1868 140 112 M. angesetzt, 1869 aber der Betrag, da die Besoldungen der Steuerdiener in der Provinz Hannover, die noch nicht, wie die der übrigen Provinzen, hier, sondern unter „Besoldungen“ geführt worden waren, nun auch hierher übertragen wurden und es weniger als bisher möglich war, Exekutoren gegen blossen Genuss der Gebühren zu finden, auf 215 796 M., später allmählich bis auf nahezu 240 000 M. erhöht. Als 1873 die Position unter der Bezeichnung „Zur Gewährung von Zuschüssen zu den Exekutionsgebühren der Steuer-Exekutoren“ zu einem besonderen Titel gemacht wurde, betrug seine Dotation rund 294 500 M., da fast 57 000 M., die gelegentlich der allgemeinen Besoldungsaufbesserung 1872 zur Erhöhung der Zuschüsse bewilligt waren, nun aus dem Etat des Finanzministeriums hierher übergingen, aber 1874 nur noch 251 673 M., weil die Besoldungen der als Exekutoren fungirenden etatsmässigen Beamten auf die Besoldungstitel übergingen. Auch später stieg der Ansatz nicht erheblich über 250 000 – 260 000 M., bis 1881/82 infolge Uebertragung der Vollziehungsbeamtengeschäfte bei den meisten Kreiskassen der östlichen Provinzen auf die Beamten der indirekten Steuerpartie der Ansatz auf 157 690 M. zurückging, wovon

12 480 M. auf Pauschvergütungen für Zehrungs-, Uebernachtungs- und Fuhrkosten an die beibehaltenen 42 etatsmässigen Vollziehungsbeamten in den östlichen Provinzen entfielen. Nothwendige Erhöhung der Zuschüsse zu den Gebühreneinnahmen 1883/84 und die Anstellung von 200 etatsmässigen Vollziehungsbeamten 1884/85, für die hier die Vergütungen für Zehrungskosten u. s. w. vorzusehen waren, ohne dass die Ausgabe von Zuschüssen vermindert werden konnte, waren der Grund, dass der Bedarf in diesen beiden Jahren auf 224 152 und 298 628 M. stieg. Indess die früher erwähnte anderweite Regelung des Vollziehungswesens und die etatsmässige Anstellung aller Vollziehungsbeamten beschränkte schon 1885/86 den Titel auf die Vergütungen für Zehrungskosten und sonstigen Dienstaufwand derselben, so dass der Ansatz nunmehr auf wenige Tausend über 100 000 M. blieb, bis der Uebergang der Steuererhebung auf die Gemeinden und Gutsbezirke seine Reduzirung auf — mangels sicheren Anhalts — 44 700 M. 1895/96 und 40 700 M. 1896/97, dann aber, als der Bedarf sich übersehen liess, auf 22 000 M. 1897/98 und infolge weiterer Einziehung von Stellen auf 19 000, 16 000, 14 600, 13 000 und 12 900 M. in den folgenden Jahren ermöglichte.

§ 122. Von den übrigen Titeln der „Anderen persönlichen Ausgaben" war der jetzt die Nummer 9 tragende bis einschliesslich 1900 nur für Entschädigungen an solche ehemalige Ortserheber im Regierungsbezirk Cassel, welche bei der Organisation des Hebewesens nach der Einverleibung Kurhessens disponibel geworden waren, aber nicht, wie die definitiv angestellt gewesenen, Anspruch auf Wartegeld hatten, bestimmt, um ihnen aus Billigkeitsgründen einen Ersatz für ihr weggefallenes Diensteinkommen zu gewähren, und, wie die Anlage LXX zeigt, von ganz untergeordneten, sich durch Absterben u. s. w. ständig noch verringender Bedeutung. Dagegen sind, wie früher erwähnt, 1901 von dem aufgelassenen Kapitel 6a (Dispositionsgehälter) unter entsprechender Erweiterung der Titelbezeichnung 88 300 M. hierher übertragen.

Die Titel 10 „Zu ausserordentlichen Remunerationen und Unterstützungen für Kanzlei- und Unterbeamte", 10a „Zu ausserordentlichen Remunerationen für mittlere Beamte", 10b „Zu ausserordentlichen Unterstützungen für höhere und mittlere Beamte" und 11 „Zu Unterstützungen für ausgeschiedene Beamte, sowie für Wittwen und Waisen von Beamten" entsprachen, was die Grundsätze für ihre Dotirung und Verwendung anlangt, bis 1900 durchaus den gleichartigen Titeln der Betriebsverwaltungen und kann daher auf die Darstellung in den früheren Büchern, insbesondere auf Seite 97 ff. verwiesen werden. Auch 1901 hat sich hierin nur insofern etwas geändert, als Tit. 11 infolge Auflassung des Kap. 6a unter Verstärkung um 25 000 M. auch für auf

Wartegeld stehende Beamte bestimmt ist. Auch der Titel 13 „Zu Unterstützungen für Personen, welche, ohne die Eigenschaft von Beamten zu haben, in der Verwaltung der direkten Steuern beschäftigt werden oder gewesen sind, sowie für Hinterbliebene solcher Personen" findet sein Analogon in Tit. 15a des Domänenetats (vgl. S. 115), und Kap. 4 Tit. 5 desjenigen der Forstverwaltung (S. 257) mit dem Unterschiede, dass aus ihm nur die bezeichneten Personen unterstützt werden dürfen, nicht auch solche, auf die jene Merkmale nicht zutreffen.

Die Dotationen aller fünf Titel haben sich, wie die Anlage LXX zeigt, im Laufe der letzten Jahrzehnte wenig geändert: der die jetzige Tit. 10, 10a und 10b umfassende Titel war Ende der 70er Jahre mit 60000, dann mit 70000 und erst nach den Stellenvermehrungen in Folge der Steuerreform seit 1896/97 mit 100000 M. dotirt, welcher Betrag 1898/99 auf die Tit. 10, 10a und 10b im Verhältniss von 20:25:55 vertheilt wurde. Tit. 11 war sogar von 1875—1900 unverändert mit 90000 M. ausgestattet; der Grund seiner Erhöhung 1901 ist bereits erwähnt. Im Etat für 1902 sind, weil von den bisher nicht zur Verwendung gelangten Beamten eine Anzahl mittlerer Beamten wieder Verwendung gefunden hat, 5000 M. von Tit. 11 auf Tit. 10b übertragen. Die Dotation des Tit. 13 (10000 M.) ist seit seiner Einrichtung unverändert geblieben.

Zur Gewährung von Pensionszuschüssen (jetzt Tit. 12) wurden zuerst 1875 3000 M. für solche pensionirte Steuerempfänger in den westlichen und neuen Provinzen, deren Pension ein geringeres Diensteinkommen als 2400 M. zu Grunde lag, weil sich zwei Drittel der Tantièmen, auf die sie damals noch angewiesen waren, und von denen ein Drittel auf Dienstaufwand gerechnet wurde, weniger als 2400 M. betragen hatte, ausgebracht, um die Pension so zu erhöhen, als hätten sie ein pensionsfähiges Diensteinkommen von 2400 M. gehabt. Dieser Normalsatz von 2400 M. wurde 1882/83 auf 3000 und 1886/87 auf 3600 M. erhöht, in letzterem Jahre auch der Grundsatz verlassen, dass Zuschuss und Pension hinter dem in den drei letzten Jahren vor der Pensionirung aus Staatsfonds bezogenen reinen Einkommen zurückbleiben müsse. In Folge dessen wurde der vorher schon auf 6000, dann auf 9000 M. erhöhte Fonds 1889/90 auf 20000 M. bemessen, auf welchem Betrage er seither verblieben ist.

Wegen der 1883/84 bis 1888/89 bei den Spezialetats der einzelnen Verwaltungen, seitdem beim Finanzministerium verrechneten Wittwen- und Waisengelder vgl. § 147 des I. Buchs (S. 870).

IV. Kapitel.

Sonstige Kosten der Veranlagung und — bis 1. April 1895 — Erhebung.

(Staatshaushaltsetat Kap. 6 Tit. 14—18.)

§ 123. Sieht man davon ab, dass an die Stelle der früheren andere Steuern getreten sind, so kann man die unter obiger Bezeichnung stehenden Etatstitel als die Stammtitel des Ausgabeetats der direkten Steuern bezeichnen. Denn, wie im § 107 erwähnt, bestand ursprünglich nur je ein Titel für jede der Hauptsteuern, und im Laufe der Zeit wurden die meisten übrigen Titel von diesen abgezweigt, während einige wenige durch anderweite Aenderungen hinzukamen. Unter den „sonstigen Kosten der Veranlagung und Erhebung" verblieben schliesslich im Wesentlichen nur noch die durch die Mitwirkung von Laienkommissionen und Kommunalbehörden erwachsenden Kosten der Veranlagung und Erhebung. Endlich fielen mit dem 1. April 1895 in Folge der Verpflichtung der Gemeinden zur unentgeltlichen Erhebung der direkten Staatssteuern und Renten auch die Erhebungskosten fort.

Für die Grundsteuer kamen hier vor ihrer Reform, als sie auch noch die Gebäudesteuer umfasste, in Ansatz die an die Steuerempfänger der beiden westlichen Provinzen gezahlten Hebegebühren. Indess stand ihnen eine entsprechende Einnahme gegenüber, da nach § 2 des Grundsteuergesetzes die Steuerpflichtigen die Erhebungskosten als Zuschläge zur Grundsteuer aufzubringen hatten, ferner ein erheblicher Betrag für Remissionen in den östlichen Provinzen — in den westlichen bestand, wie früher erwähnt, ein besonderer Remissionsfonds — und die den Fortschreibungsbeamten der westlichen Provinzen gewährten Gebühren für Anfertigung der Heberollen. Dagegen hatten in den östlichen Provinzen die Gemeinden und Gutsbezirke nach § 7 des Abgabengesetzes v. 30. Mai 1820 die Grundsteuer unentgeltlich zu erheben und abzuführen, sodass hier nur einige ausnahmsweise hierfür bewilligte Entschädigungen zu zahlen waren. Das Grundsteuerges. v. 21. Mai 1861 änderte hierin grundsätzlich nur insofern, als die Ausgaben für Remissionen und Heberollen in Wegfall kamen. Dagegen verminderten sich die Elementarerhebungskosten in den westlichen Provinzen, die auch später durchweg 3 Proz. betrugen, erheblich, weil das Aufkommen an neuer Grundsteuer exklusive Gebäudesteuer niedriger als dasjenige der alten war. In Folge dessen wurden für 1865 nur rund 251 000 gegen rund 590 000 M. im Vorjahr ausgebracht. Da in den neuen Provinzen dieselben Einrichtungen wie in den beiden altländischen westlichen getroffen wurden, so bewirkte ihre Einverleibung eine Verdoppelung der Ausgaben (vgl. Anlage LXX). Mit der 1878/79 begonnenen und später fortgesetzten Fixirung der Steuerempfänger sank der Bedarf an Erhebungskosten ständig, bis er im letzten Jahre der Erhebung durch diese Beamten, 1894/95, auf 73240 M. angelangt war.

An die Stelle dieses Titels trat dann 1895/96 ein seitdem ständig mit 200000 M. ausgestatteter (14) „Zur Erhaltung und Erneuerung des Katasters". Bis dahin waren diese Kosten für Rheinland und Westfalen aus den dort bestehenden, aber nach § 6 des Aufhebungsgesetzes v. 14. Juli 1893 unter Uebergang seiner Verpflichtungen auf die Staatskasse aufgelassene besondere Fonds, für die übrigen Landestheile aus dem Titel „Zu vermischten Ausgaben" bestritten worden.

§ 124. Wesentlich anders wie bezüglich der Grundsteuer lagen die Verhältnisse bei der Gebäudesteuer. Zunächst setzte § 14 des Gesetzes eine Hebegebühr von 3 Proz. fest, die in den östlichen Provinzen die hebeverpflichteten Gemeinden und Gutsbezirke, in den westlichen und später in den neuen Provinzen die Steuerempfänger erhielten. Sodann findet zwar auch bei der Gebäudesteuer keine alljährliche Neuveranlagung statt, und die Kosten der alle 15 Jahre stattfindenden Revision sind aus dem Extraordinarium bestritten worden. Indess sind alljährlich neu entstandene und in ihrer Substanz veränderte Gebäude zu veranlagen, und die gewählten Mitglieder der hierzu bestellten Kommissionen erhalten für Geschäfte ausserhalb ihres Wohnorts nach § 13 des Gebäudesteuergesetzes Reise- und Tagegelder, welche nach dem Regulativ v. 25. April 1836 (G.-S. S. 181) 1—3 M. pro Meile und 2—6 M. pro Tag betrugen, nach der Verordn. v. 20. Dez. 1876 (G.-S. S. 1877 S. 3), die durch diejenige v. 4. Juli 1892 (G.-S. S. 201) in dieser Beziehung nicht abgeändert ist, bei Bahn- oder Dampfschifffahrt 13 Pf. pro km und 3 M. Ab- und Zugang, bei Landweg 40 Pf. pro km. neben in beiden Fällen 9 M. Diäten betragen.

Infolge dessen waren hier neben den die Hauptsache ausmachenden Erhebungskosten auch Veranlagungskosten auszubringen; nur 1865 unterblieb letzteres, weil es an einem Anhalt für die Schätzung noch fehlte. Da für die Gebäudesteuer Hebegebühren auch in den östlichen Provinzen zu zahlen waren, so hatte der Hinzutritt der neuen Provinzen eine prozentual geringere Erhöhung des Etatssolls (Tit. 15, vgl. Anl. LXX) als bei der Grundsteuer zur Folge. Andererseits stiegen mit dem Anwachsen des Steuersolls die Kosten, am stärksten natürlich nach der allgemeinen Revision von 1879 — diejenige von 1894 trat erst 3 Monate vor Uebergang der Steuererhebung auf die Gemeinden in Kraft —. Andererseits drückte auch hier die fortschreitende Fixirung der Steuerempfänger den Bedarf herab, so dass sich derselbe in den 70er Jahren um 400000 M., dann immer nur um 600000 M. bewegte und in den beiden letzten Jahren vor 1895/96 nur noch 518000 und 559300 M. betrug. Seit 1895/96 sind nur noch einige 20000, in den letzten Jahren 28500 und — 1902 — 26500 M. Veranlagungskosten in Ansatz gekommen.

§ 125. Die Zuständigkeit zur Erhebung der Gewerbesteuer, deren Erhebungs- und — bis 1894/95 — Veranlagungskosten im Etat unrichtiger Weise hinter denen der Personalsteuern statt zwischen den beiden anderen Realsteuern und diesen erscheinen (jetzt Tit. 17) war vor der Reform der Gewerbesteuer für die Klassen A II, B, C, H und K wie bei der Gebäudesteuer geordnet, während die Steuer der Klasse A I in der ganzen Monarchie durch die Kreis- bezw. Steuerkassen erhoben wurde. Für die reformirte Gewerbesteuer und die Betriebssteuer verblieb es hierbei mit der Massgabe, dass an die Stelle der Klasse A I die Klassen I und II mit der von Steuerpflichtigen dieser Klassen zu entrichtenden Betriebssteuer traten. Die Gemeinden und Gutsbezirke der östlichen Provinzen erhielten früher für Veranlagungsgeschäfte und Erhebung der Klassen A II, B, C, H und K 4 Proz., in den übrigen Provinzen für die Veranlagungsgeschäfte in diesen Klassen 1 Proz. des Aufkommens, die nicht fixirten Steuerempfänger für die Erhebung dieser Klassen und der Gewerbe- und Hausirsteuer höchstens 3 Proz. Nach dem neuen Gesetz (§ 75) wurden den Gemeinden für die Veranlagungsgeschäfte 2 Proz. der Isteinnahme aller Klassen (einschliesslich der Betriebssteuer) und, soweit sie die Erhebung besorgten, 2 Proz. der von ihnen erhobenen Steuer gewährt, während es hinsichtlich der Tantièmen der nicht fixirten Rentmeister bei dem Höchstsatze von 3 Proz. blieb. Infolge der Bestimmungen des mehrerwähnten Aufhebungsgesetzes v. 14. Juli 1893 und der Fixirung aller Rentmeister kamen mit dem 1. April 1895 alle Veranlagungs- und Hebegebühren in Wegfall, und verblieben dem Titel 17 nur noch die sächlichen Kosten der Veranlagung, insbesondere die Tagegelder und Reisekosten der Ausschussmitglieder und, soweit sie nicht von den Vorsitzenden aus ihren für ihr Hauptamt gewährten Dienstaufwandsentschädigungen zu bestreiten sind, dieser.

Ueber die Kosten bestimmt die Ausführungsanweisung zum Gewerbesteuergesetz in der Hauptsache Folgendes:

Diejenigen Landräthe, welche den Vorsitz in den Steuerausschüssen der Klasse III oder IV führen, haben die hierdurch veranlassten Kosten aus den ihnen für das Hauptamt gewährten Dienstaufwandsentschädigungen zu bestreiten mit Ausnahme a) der Remunerationen, Diäten, Besoldungen der ihnen überwiesenen staatlichen Hülfs- und Subalternbeamten, b) der Kosten für die sämmtlichen, ihnen auf Rechnung der Staatskasse zu liefernden Formulare, c) der Kosten für Reisen ausserhalb ihres Kreises. Für derartige Reisen stehen den Landräthen die gesetzlichen Reisekosten und Tagegelder zu. Sonstige zu Vorsitzenden der Steuerausschüsse oder zu Stellvertretern derselben ernannte Staatsbeamte sind stets zum Bezuge der ihrer Rangklasse entsprechenden Reisekosten und Tagegelder berechtigt. Von den Gemeinden (Gutsbezirken) sind insbesondere auch zu bestreiten: a) von allen Gemeinden (Gutsbezirken): diejenigen Kosten, welche entstehen durch die Vorbereitung der Veranlagung, die Anmeldung der Gewerbe und die Erledigung der seitens der Vorsitzenden der Steuerausschüsse innerhalb deren Zuständigkeit ertheilten Aufträge einschliesslich aller sächlichen Kosten für Schreibmaterialien, Drucksachen, Formulare u. s. w. —, b) von denjenigen Stadtgemeinden, in welchen ein städtischer Beamter den Vorsitz in den Steuerausschüssen der Klasse III oder IV führt: die durch die Führung dieses Vorsitzes und die damit verbundenen Geschäfte veranlassten Kosten, insbesondere auch für

Bureau und Formulare. Indess hat das Reichsgericht entschieden, dass diese Kosten den Gemeinden vom Staate zu erstatten sind.

Die Tagegelder betragen jetzt nach der Verordn. v. 4. Juli 1892 für Mitglieder der Steuerausschüsse der Klassen I, II und III 9, der Klasse IV 5 M., die Reisekosten für jene bei Reisen per Bahn oder Schiff neben 3 M. Ab- und Zugang 13, für diese 10, neben 2 M. Ab- und Zugang 10 Pf., auf Landwegen für alle 40 Pf. pro km. Vorher wurden den Mitgliedern aller Ausschüsse die höheren Sätze gezahlt. Unter der Herrschaft der alten Gewerbesteuer trug der Staat nur die Diäten und Reisekosten der Abgeordneten in der Klasse A I, deren Sätze dieselben wie bei der Gebäudesteuer waren.

Der Bedarf an Veranlagungskosten musste mit dem Steueraufkommen steigen. Dagegen hielt auch hier die fortschreitende Fixirung der Kassenbeamten die gleiche Entwicklung der Erhebungskosten, welche den Haupttheil des Gesammtbedarfs, Ende der 70er Jahre nahezu drei Viertel, ausmachten, auf. Die Dotation des Titels stieg daher (vgl. Anlage LXX) zwar von 1849—1866 von 325 500 auf 397 800 und durch den Hinzutritt der neuen Provinzen auf $^1/_2$ Mill. Mark, hielt sich dann aber ständig in nur wenig grösserer oder geringerer Höhe, bis sie für 1894/95 in Folge des Mehraufkommens an Steuern nach dem Ges. v. 24. Juni 1891 auf 601 000 M. bemessen wurde, wovon 441 000 M. auf Veranlagungs- und 160 000 M. auf Erhebungskosten entfielen. Der nach dem 1. April 1895 der Staatskasse zur Last bleibende Theil der sächlichen Veranlagungskosten wurde für 1895/96 auf 156 600 M. veranschlagt, konnte aber auf Grund der Istausgaben, der jeweilig letzten drei Vorjahre alljährlich niedriger, 1902 auf nur 93 000 M. veranschlagt werden, worin auch die Kosten der Gewerbesteuerveranlagung in den Hohenzollernschen Landen, die früher bei dem jetzt ausfallenden Tit. 18 verrechnet wurden, enthalten sind.

§ 126. Analog wie bei der Gewerbesteuer wurde das Hebewesen bei der Klassen- und klassifizirten Einkommensteuer und später bei der neuen Einkommensteuer geregelt: in den östlichen Provinzen mit Ausschluss der Stadt Berlin erhoben die Gemeinden (Gutsbezirke) die Klassensteuer und die neue Einkommensteuer von den Einkommen bis zu 3000 M., während im Uebrigen die Erhebung durch die Königlichen Kassen erfolgte. Für Erhebung und Veranlagung wurden in den östlichen Provinzen den Gemeinden bis zum Ges. v. 2. Jan. 1874 4, dann 6 Proz. der Klassensteuer gewährt, für die Veranlagung der letzteren in der übrigen Monarchie seit dem Ges. v. 2. Jan. 1874 3 Proz., während für die Geschäfte der Gemeinden bei der Veranlagung der klassifizirten Einkommensteuer nichts vergütet wurde. Als die beiden untersten Klassensteuerstufen aufgehoben und von den übrigen drei Monatsraten ausser Hebung gesetzt wurden, erhielten die Gemeinden von jenen 3 Proz. Veranlagungsgebühren von dem um 3 Proz. für Ausfälle verminderten Veranlagungssoll, dagegen von den übrigen 10 Stufen die Hebe- und Veranlagungsgebühren wie bisher. Das neue Einkommensteuergesetz setzte die Veranlagungsgebühren auf 2 Proz.

aller Stufen, die Hebegebühren auf 2 Proz. der von der Gemeinde erhobenen Stufen fest. Die Tantièmen der Steuererheber waren für die Klassensteuer auf höchstens 3, für die Einkommensteuer auf höchstens 2 Proz. bemessen. Für die reformirte Einkommensteuer wurde an dem Satze von 2 Proz. festgehalten. An Veranlagungskosten des Staates wurden 1 Proz. der klassifizirten Einkommensteuer in Ansatz gebracht und dieser Prozentsatz auch für die erste Veranlagung der neuen Einkommensteuer festgehalten. Dann wurden für 1893/94 650 000 M. veranschlagt, für 1894/95 aber, da die Istausgabe, allerdings einschliesslich erheblicher einmaliger Ausgaben, 1892/93 1 458 083 M. betragen hatte, 1,2 Mill. Mark. In den beiden nächsten Jahren, als schon seit 1. April 1895 diese Veranlagungskosten den vollen Bedarf des Tit. 16 ausmachten, wurde die Dotation wegen der Ergänzungsteuerveranlagung auf 1½ Mill. Mark erhöht. Dagegen konnte mit Rücksicht auf den wirklichen Bedarf und weil die Dienstunkostenzuschüsse, die bisher den als Vorsitzende der Veranlagungskommissionen fungirenden Landräthen aus diesem Titel gezahlt waren, auf den Etat des Ministeriums des Innern übergingen, der Ansatz 1897/98 auf 1,027, 1898/99 auf 0,968, 1899 und 1900 auf 0,888 Mill. Mark beschränkt werden. Dagegen wurden für 1901 wegen der hinzutretenden Kosten in den Hohenzollernschen Landen, namentlich aber wegen der in Folge des im vorigen Paragraphen erwähnten Erkenntnisses des Reichsgerichts mit den Stadtgemeinden über Gewährung von Entschädigungen für die Bureaukosten für Vergangenheit und Zukunft erfolgten Abmachungen 1,01, für 1902 1,016 Mill. Mark eingestellt.

Die Vertheilung der Kosten zwischen Steuerfiskus und den als Vorsitzende der Veranlagungskommissionen fungirenden Landräthen ist analog, wie es im vorigen Paragraphen bezüglich der Gewerbesteuer angegeben ist. Wegen des Verhältnisses zwischen ersterem und den Gemeinden besagt die Ausführungsanweisung zum Einkommen- und Ergänzungssteuergesetz mit Rücksicht auf die erwähnte Entscheidung des Reichsgerichts: 1. Die Gemeinden (Gutsbezirke) haben ohne Anspruch auf Vergütung die sämmtlichen persönlichen und sächlichen Kosten zu tragen, welche durch die bei der Veranlagung der Einkommensteuer und Ergänzungsteuer ihnen übertragenen Geschäfte entstehen. Hierzu gehören insbesondere: diejenigen Kosten, welche entstehen durch die Vorbereitung der Veranlagung, durch die dem Vorsitzenden der Voreinschätzungskommission obliegenden Geschäfte (Porto, Schreibwerk, Arbeitshülfe u. s. w.), durch die Beschaffung, Heizung, Beleuchtung u. s. w. der zu den Sitzungen der Voreinschätzungskommission nöthigen Räume, durch die Kontrole der Zu- und Abgänge, die Aufstellung der Zugangs- und Abgangslisten und die Erledigung der Seitens der Vorsitzenden der Berufungs- und Veranlagungskommission innerhalb deren Zuständigkeit ertheilten Aufträge — einschliesslich aller sächlichen Kosten für Schreibmaterialien, Drucksachen, Formulare u s. w. —. 2. Die Entschädigung derjenigen Stadtgemeinden, in welchen der erste Bürgermeister oder an dessen Stelle ein anderer städtischer Beamter den Vorsitz in der Veranlagungskommission führt, für die durch Führung dieses Vorsitzes und die damit verbundenen Geschäfte veranlassten Kosten ist durch besondere Vereinbarungen geregelt. 3. In vereinigten Voreinschätzungsbezirken sind die zu 1 bezeichneten Kosten, soweit dieselben durch die Voreinschätzung entstehen, von den zu dem vereinigten Bezirke gehörigen Gemeinden und Gutsbezirken gemeinsam zu tragen. Die Vertheilung dieser Kosten unter die einzelnen Gemeinden und Gutsbezirke erfolgt nach dem Verhältnisse der in denselben veranlagten Einkommensteuer einschliesslich der fingirten Steuersätze.

Die jetzt noch erscheinenden Veranlagungskosten bestehen in der Hauptsache aus den sächlichen Bureaukosten-Pauschquanten der Veranlagungskommissare im Hauptamt und aus den Tagegeldern und Reisekosten der Kommissionsmitglieder.

Die Tagegelder betragen nach der früher erwähnten Verordn. v. 4. Juli 1892 und der Verordn. v. 4. Febr. 1894 (G.-S. S. 6) für die Mitglieder a) der Berufungskommissionen 12 M., b) der Veranlagungskommissionen und Schätzungsausschüsse 9 M., c) der Voreinschätzungskommissionen — auch für deren Vorsitzende — 2,5 M., die Reisekosten bei Reisen auf Bahn oder Dampfschiff zu a) und b) 13, zu c) 5 Pf. pro km, zu a) und b) neben 3 M. Zu- und Abgang, bei anderen Reisen zu a) 60, zu b) 40 und zu c) 10 Pf. pro km. Von dem Grundsatz, dass Tagegelder und Reisekosten nur bei Geschäften ausserhalb des Wohnsitzes gewährt werden, wird durch Vermerk zu Tit. 16 seit 1894/95 für ortsanwesende Vorsitzende und Mitglieder von Voreinschätzungskommissionen in gemeinschaftlichen Voreinschätzungsbezirken, seit 1895/96 auch für solche Mitglieder der Schätzungsausschüsse eine Ausnahme zugelassen: diesen können „angemessene“, jenen Versäumnissgebühren bis zu 2,5 M. gewährt werden. Für Geschäfte der Voreinschätzungskommissionen behufs Veranlagung der Einkommen bis zu 900 M., die nur im Gemeindeinteresse erfolgt, soll aus der Staatskasse keinerlei Entschädigung gezahlt werden (Erl. des Finanzministers v. 19. Jan. 1892). Bis zum Erlass der Verordn. v. 4. Juli 1892 erhielten die Mitglieder der Voreinschätzungskommissionen dieselben Gebührnisse wie die der Veranlagungskommissionen und der früheren Einkommensteuer-Einschätzungskommissionen nach der Verordn. v. 20. Dez. 1876 (9 M., 13 Pf + 3 M., 40 Pf.). Die Mitglieder der ehemals Bezirkskommissionen für die klassifizirte Einkommensteuer erhielten seit dieser Verordnung dieselben Tagegelder etc. wie jetzt die der Berufungskommissionen.

Die in der Anlage LXX in einer Summe erscheinenden Kosten der Veranlagung und Erhebung der Klassen- und der klassifizirten Einkommensteuer wurden in den Etats für beide Steuern getrennt nachgewiesen. Sie waren in Folge der Hebegebühren an die Gemeinden der östlichen Provinzen, in Folge der Veranlagungsgebühren, in Folge des höheren Satzes der Hebegebühren der Kassenbeamten bei der Klassensteuer, namentlich seitdem die Klassensteuer auf die Städte ausgedehnt war, bei ihr ungleich höher als bei der klassifizirten Einkommensteuer. Nach dem Etat für 1880/81 war das Verhältniss ungefähr 6 : 1, später immerhin noch etwa 5 : 1. Die Summe beider Titel stieg von 1,13 im Etat für 1852 in Folge Wachsens des Steueraufkommens bis auf 1,3 Mill. Mark 1866, dann unter dem Einfluss desselben Umstandes, des Hinzutretens der neuen Landestheile und der Ausdehnung der Klassensteuer auf die Städte sowie der Erhöhung der Gebühren bei ihr bis auf 2,9155 Mill. Mark 1876/78. Hierauf trat in Folge der allmählichen Fixirung der Steuerempfänger, später auch durch Aufhebung der beiden untersten Klassensteuerstufen, da diese Umstände durch das Gegengewicht des Wachsens des Veranlagungssolls nicht ausgeglichen wurden, ein Rückgang ein, der aber nur bis 1883/84 anhielt und nur bis auf 2,4267 Mill. Mark herabführte. Dass die Wirkung der Steuererleichterungen des Ges. v. 26. März 1883 hier nicht stärker hervortrat, lag daran, dass den Steuerempfängern die Tantièmen auch von den aufgehobenen Stufen und erlassenen Monatsraten gewährt wurden, was übrigens, wie erwähnt, bezüglich der

Monatsraten der Klassensteuer den hebeverpflichteten Gemeinden gegenüber gesetzliche Vorschrift war. So kam es, dass seit 1884/85 wieder ein langsames Steigen des Bedarfs zu verzeichnen war und schon 1891/92 reichlich 3 Mill. Mark erfordert wurden. Das bei dem Etatsansatz von 1892/93 (3,05 Mill. Mark) noch nicht vorausgesehene günstige Ergebniss der neuen Einkommensteuer veranlasste dann in den weiteren beiden Jahren bis zur Umgestaltung des Hebewesens Ansätze von 3 543 500 und 4 169 000 M.

§ 127. Die beiden weiteren in der Anlage LXX unter „Sonstige Kosten der Veranlagung und Erhebung" aufgeführten Etatstitel „Für die Veranlagung und Erhebung der direkten Steuern in den Hohenzollernschen Landen" und „Für die Erhebung von Domänengefällen, Rendanturen von Forstkassen und sonstige Geschäfte für den Staat" waren von geringer finanzieller Bedeutung und sind, der erstere durch die Ausdehnung der Steuerreform auf die Hohenzollernschen Lande 1901, der letztere 1895/96 im Zusammenhange mit der Umgestaltung des Hebewesens, weggefallen.

In den Hohenzollernschen Landen lag nach der bis zum 1. April 1901 geltenden Steuergesetzgebung den Gemeinden neben dem grössten Theil der Veranlagungsgeschäfte die Hebung und Beitreibung sämmtlicher direkten Steuern ob, dergestalt, dass sie der Regel nach auch die Ausfälle zu tragen hatten. Sie erhielten hierfür 4 Proz. der Grund-, Gefäll-, Gebäude- und Gewerbesteuer, während für Aufstellung der Kataster und Einzugsregister der Kapitaliensteuer die Ortsvorsteher für jeden Steuerpflichtigen 2 Pf., für den Einzug dieser und der Dienstertragsteuer die Ortserheber 2 Pf. von jeder Mark erhielten (§ 3 Ges. v. 25. März 1875). In diesen Tantièmen der Gemeinden und ihrer Beamten bestanden in der Hauptsache die in dem Tit. 18 zu verrechnenden Ausgaben, die, mit den Steuererträgen langsam von 8385 M. im Jahre 1873, wo sie bei Auflassung des besonderen Etats für die Hohenzollernschen Lande auf den der direkten Steuern übergingen, bis auf 10 400 M. für 1900 gestiegen waren.

Die Kosten der Erhebung von Domänengefällen u. s. w. wurden erst 1878/79 mit damals 46 650 M. von den Etats der Domänen, Forsten, allgemeinen Finanzverwaltung (Rentenbanken) oder den sonst bisher zuständigen Etats der Einfachheit wegen hierher übernommen, und zwar waren es die Tantièmen derjenigen Steuerempfänger der neuen Provinzen, die sich nicht mit ihrer Fixirung einverstanden erklärten. In Folge Fortsetzung der Fixirung verminderte sich der Bedarf allmählich bis auf 23 800 M. 1892/93 und erschien nur 1893/94 wieder höher, weil nun mit derselben Massnahme wie früher in den neuen Provinzen nun auch in Westfalen und Rheinland vorgegangen wurde. Mit der Uebertragung der Hebung auf die Gemeinden auf Grund der Reformgesetze v. 14. Juli 1893 fielen am 1. April 1895 diese Ausgaben fort.

II. Abschnitt.[1])

Sächliche und vermischte Ausgaben.

(Staatshaushaltsetat Kap. 6 Tit. 19—27.)

§ 128. In dieser Gruppe erscheinen an erster Stelle (Tit. 19) die Bureaubedürfnisse, als welche im Etat namentlich aufgeführt

---

[1]) Es war beabsichtigt, auf S. 1260 zu setzen „II. Abschnitt", nicht „IV. Kapitel", da

werden Löhne, Kopialien, Schreib- und Packmaterialien, Drucksachen, Feuerung, Beleuchtung, Bibliothek, Utensilien, Heften der Akten, nicht aversionirte Postporto- und Gebührenbeträge und sonstige Frachtgebühren für dienstliche Sendungen, Telegrammgebühren, sowie Drucksachen und Bureaugeräthe der Katasterämter und Kreiskassen etc. Natürlich werden hier nur verrechnet diejenigen Kosten, die nicht aus den Aversen der Katasterbeamten, Rentmeister und Veranlagungskommissare zu bestreiten sind.

Trotz der in den früheren Büchern des Werkes erwähnten Aversionirung der Postsendungen sind diese Ausgaben durch die Vermehrung der Katasterämter, die Fixirung der Kassenbeamten, die vor dieser ihre Bureaubedürfnisse selbst zu bestreiten hatten, die ausserordentliche Erweiterung der Direktion für die Verwaltung der direkten Steuern in Berlin, die Bestellung von Veranlagungskommissionen im Hauptamt, die im § 119 erwähnte Uebernahme der Löhne und Schreiblöhne von Tit. 6 und andere Umstände ungemein gestiegen. Als der Titel zuerst im Etat für 1874 erschien — 1873 hatte er die jetzigen Tit. 20 u. 22 mitumfasst und vorher war er in dem Titel „Sächliche und vermischte Ausgaben“ enthalten gewesen – beanspruchte er nur 90 480 M. und er hielt sich auch auf diesem Niveau bis 1878/79; doch war er schon 1876 und namentlich 1877/78 nicht mehr ausreichend dotirt gewesen. In den 80er Jahren stieg seine in der Hauptsache nach dem dreijährigen Durchschnitt der Istausgabe bemessene Dotation zunächst bis auf 173 000 M., um dann aber seit 1884/85 sich nur um 120 000 – 140 000 M. zu bewegen. Anfangs der 90er Jahre bedingte die Uebernahme der Kosten für Bureauutensilien und Drucksachen der Katasterämter auf Staatskosten gelegentlich der anderweitigen Regelung des Diensteinkommens der Katasterkontroleure, später die Steuerreform, die Umgestaltung des Kassenwesens, 1896/97 die mehrerwähnte Uebernahme der Löhne etc. schnell steigende Bedürfnisse, zumal die Portoaversionirung 1893/94 bezüglich dieses Titels nur für die Berliner Direktion, die Kreiskasse in Frankfurt a. M. und die Vorsitzenden der Einkommensteuer - Veranlagungskommissionen und Gewerbesteuerausschüsse im Hauptamt in Betracht kam. Dazu kam, was bei dem rasch wachsenden Bedarf sehr angemessen war, dass in der zweiten Hälfte der 90er Jahre mit dem Brauch, vom dreijährigen Durchschnitt auszugehen, gebrochen und nun die letzte festgestellte Istausgabe zu Grunde gelegt wurde. So hat sich der Voranschlag von 1891/92 (221 500 M.) bis 1896/97 (413 400 M.) nahezu verdoppelt, bis 1901 und 1902 (692 300 M.) mehr als verdreifacht.

§ 129. Die jetzt in Tit. 20 erscheinenden Amtsunkostenentschädigungen und Reisekostenzuschüsse für die Kataster-

die dort besprochenen Ausgaben nicht nur persönliche sind. Alsdann hätte dieser Abschnitt die Nr. III erhalten müssen. Versehentlich ist dort die Berichtigung unterblieben.

kontroleure und Bezirksgeometer (in Hohenzollern) wurden, wie im vorigen Paragraphen erwähnt, 1874 von den Bureaubedürfnissen im Etat getrennt. Damals lediglich in einem „Amtskosten-Aversum" bestehend, beliefen sie sich — seit 1873 — durchschnittlich auf 900 M. — vorher auf 600 M. — und ihr Gesammtbetrag stieg in Folge Vermehrung der Katasterämter von 1874 bis 1884/85 von 437 358 auf 477 720 M., zu welch letzterer Summe aber noch 26 000 M. kamen, die zur Abhülfe dringender Bedürfnisse über die Summe der Durchschnittssätze hinaus eingestellt wurden. Mit der letzteren Massnahme wurde in den nächsten Jahren durch alljährliche Einstellung ungefähr gleich hoher Mehrbeträge fortgefahren, bis 1889/90 der Durchschnittssatz auf 1200 M. erhöht wurde. Ebenso wurde fortgesetzt die Zahl der Katasterämter vermehrt, sodass der Bedarf für 1889/90 sich auf 665 000 M. stellte.

Im Etat für 1890/91 bedingte dann die im § 106 dargestellte Reform der Dienstbezüge der Katasterkontroleure einen Mehrbedarf von 1 045 160 M. (für Amtsunkostenentschädigungen, deren Durchschnittsbetrag auf 2000 M. erhöht wurde, 447 600, für einmalige Amtskostenzuschüsse 55 500, für Reisekostenzuschüsse 390 060, zur Erstattung von Arbeits- und Botenlöhnen und Kahnmieten 152 060 M.). Als fernerer Mehrbedarf traten hinzu infolge Errichtung von 9 neuen Katasterämtern 21 000 M. und durch Uebertragung von Portokosten etc., die nunmehr als Pauschvergütungen hier in Rechnung gestellt wurden, vom Etat des Finanzministeriums 60 500 M.[1]) Seit 1892/93 wurden diese Pauschvergütungen mit den Amtsunkostenfixa vereinigt, indem diese im Durchnitt auf 2100 M. erhöht wurden. Seit diesen Massregeln sind die Ausgaben des Titels, die 1890/91 mit 1 791 760, 1901 aber mit 1 963 870 und 1902 mit 2 115 100 M. erscheinen, abgesehen von 5300 M. zur anderweiten Regulirung des Diensteinkommens der Hohenzollernschen Bezirksgeometer (1891/92) nur durch Errichtung neuer Katasterämter gestiegen. Sie würden noch mehr gestiegen sein, wenn nicht infolge der Portoaversionirung zunächst 1893/94 61 390 M. abgesetzt und dann vom folgenden Jahre ab der Durchschnittssatz an Amtsunkostenvergütung um 100 M. ermässigt worden wäre.

Wegen der in Titel 21 erscheinenden Vergütungen für Nebenbeschäftigungen der Katasterbeamten kann ebenfalls auf die Darstellung im § 106 verwiesen werden. Der Etatsansatz wird gleich hoch wie derjenige in dem entsprechenden Einnahmetitel (jetzt 7) bemessen.

§ 130. Ehe die Fixirung der jetzt Rentmeister titulirten Beamten durchgeführt war, bezogen Amtskostenentschädigungen (Tit. 22) nur diejenigen von ihnen, die gegen festes Gehalt angestellt waren,

[1]) Ausserdem wurden für das eine Jahr 1890/91 in besonderem Titel 5000 M. für Stellenzulagen eingestellt.

also vor 1877/78 nur die Verwalter der Kreiskassen und seitdem erst in sich erweiterndem Umfange auch solche von Steuerkassen. Der Durchschnittssatz wurde 1873 für die Kreiskassen von 720 auf 1050, 1878/79 auf 1 200 M. erhöht. Dagegen wurde er bei Beginn der Fixirung der Steuerempfänger für diese nur auf 950 M. in Hannover und Hessen-Nassau und 1100 M. in Schleswig-Holstein bemessen, aber schon 1870/71 in jenen Provinzen auf 1000, in dieser sogar auf 1500 M. erhöht. Später erfolgten wiederholte Erhöhungen und besondere Festsetzungen für die einzelnen Bezirke Rheinlands und Westfalens. Nach der Kassenorganisation von 1895 ist er auf 1400 M., 1901 auf 1430 M. für das ganze, ja nun einheitliche Kasseneinrichtungen besitzende Staatsgebiet bemessen. Der Gesammtbedarf (vgl. Anl. LXX) ist unter dem Einfluss der wiederholten Erhöhungen der Durchschnittsbeträge, namentlich aber der allmählichen Beseitigung des Tantièmesystems von 1874 bis 1893/94 fortgesetzt von 249 390 bis auf 946 676 M. gestiegen, dann aber infolge Aversionirung der Portokosten 1894/95 auf 895 234 M., sodann infolge Verminderung der Zahl der Kassen 1895/96 auf 684 700 und bis 1900 auf 607 600 M. zurückgegangen. Die Erhöhung des Durchschnittsbetrages um 30 M. bedingte 1901 einen etwas höheren Ansatz von 616 330 M., der sich für 1902 um 105 M. ermässigte.

§ 131. Der jetzt die Nr. 23 tragende, 1873 gebildete Titel „Zu Diäten und Fuhrkosten, Versetzungs- und Vertretungskosten“ hatte damals nur zu tragen die Kosten von Dienstreisen der Kataster- und Kassenbeamten — die Kassen- und unteren Beamten der Direktion in Berlin, die ja neben jenen allein auf dem Etat der direkten Steuern standen, kommen für Dienstreisen kaum in Betracht —, insofern diese Kosten nicht aus den Amtskostenaversen zu bestreiten waren, die Kosten der Stellvertretung oder nöthigen Aushülfe in den Dienstgeschäften und die Versetzungskosten der auf dem Etat der direkten Steuern stehenden Beamten. Bei dieser beschränkten Bestimmung erreichte der Titel denn auch erst Anfangs der 80er Jahre die Höhe von 100 000 M., und erst von den grossen Vermehrungen der Beamten der direkten Steuerverwaltung infolge der Steuerreform datirt sein Anwachsen über 130 000 bis 140 000 M. hinaus: von 1891/92 bis 1895/96 stieg er um fast 100 Proz., von 136 000 auf 257 900 M. Bei letzterer Dotation ist es seitdem verblieben.

Die Höhe der Reisekosten u. s. w. und die Grundsätze über Gewährung und Berechnung derselben richten sich nach den allgemeinen Bestimmungen.

§ 132. Auf keinen der nicht überhaupt erst aus der Zeit nach 1891 herrührenden Ausgabetitel ist die Miquel'sche Steuerreform von relativ grösserem Einfluss gewesen, als auf den Titel 24 „Zur Erstattung von überhobenen Steuern“, der zur Bestreitung der Rückzahlungen von Steuern nach Ablauf des Rechnungsjahres, in dem sie gezahlt sind — die Rückzahlungen im Laufe des Jahres werden von der Einnahme abgesetzt — dient. Von 55 800 M. im Etat für 1874 stieg seine Dotation (vgl. Anl. LXX) bis auf 86 200 M. 1884/85, um sich dann, unter dem Einfluss der Aufhebung der beiden untersten Klassensteuerstufen, bis 1890/91 auf einem niedrigeren, nur wenig über dasjenige vor 1874 hinausgehenden Niveau zu halten. Dagegen wurden für 1891/92 112 500 M. und für 1892/93 126 800 M. vorgesehen mit Rücksicht auf Ausfälle bei der Grundsteuer, die infolge des Ges. v. 15. April 1889 (vgl. oben § 81) wegen Ueberschwemmungen zu erwarten waren. Die Wirkung der Steuerreform zeigte sich zuerst in der Istausgabe 1893/94, die 387 582 M. betrug, in der Sollausgabe infolge der Bemessung nach dreijährigem Durchschnitt erst 1895/96 (215 300 M.) Mangels ausreichender Erfahrungen liess man es, da die Jahre vor der Steuerreform keinen Anhalt bieten konnten, bei diesem Ansatz, bis die Ergebnisse von 1894/95 bis 1896/97 mit 853 905, 878 671 und 1 197 532 M., die also die Voranschläge um 300 bis fast 500 Proz. überstiegen, vorlagen, und schätzte demnach den Bedarf 1898/99 auf 1 Mill. M., ging aber sodann, da die Istausgabe 1897/98 bis 1899 nur 747 914, 713 184 und 835 875 M. betrug, im Voranschlag auf 0,942, 0,886 und 0,7657 Millionen zurück, während er für 1902 um ein Geringes, auf 0,7877 Millionen, erhöht ist.

Diese gegen früher unvergleichlich höheren Rückzahlungen von Steuern aus Vorjahren sind eine nothwendige Folge der oft langwierigen Verhandlungen, welche nach den Vorschriften des Einkommen- und des Ergänzungsteuergesetzes und ihrer Auslegung durch das Oberverwaltungsgericht im Interesse der Steuerpflichtigen zur Feststellung des steuerpflichtigen Einkommens und Vermögens in den Rechtsmittelinstanzen nöthig sind, der Möglichkeit wiederholter Zurückverweisungen von der dritten in die zweite Instanz, kurz des verbesserten Rechtsschutzes der Steuerpflichtigen, die sich deshalb über eine Verzögerung der rechtskräftigen Entscheidung über das Etatsjahr hinaus ebensowenig wundern können, wie in bürgerlichen und Verwaltungsstreitsachen. Hinzu kam nun noch die Neuheit der Materie, die dadurch bedingte Massenhaftigkeit der Beschwerden und häufigeren Missgriffe der untersten Instanzen. Der bereits eingetretene, 1899 allerdings unterbrochene Rückgang der Ausgaben des Tit. 24 lässt auch schon erkennen, dass es sich in den ersten Jahren um anormale Zustände handelte, wenn auch der Bedarf immer erheblich höher als vor der Steuerreform bleiben wird. Wenn nach den früheren Steuergesetzen die Entscheidungen sich seltener über das Steuerjahr hinaus verzögerten, so war das bei der damaligen im Verhältniss zur jetzigen sehr summarischen Behandlung kein Wunder und kein Kunststück. Für die Erhöhung des Voranschlages für 1902 kommt auch die Ausdehnung der Steuerreform auf Hohenzollern in Betracht, wenn er auch auf dem dreijährigen Durchschnitt beruht.

§ 133. Es bleiben uns noch die Tit. 25 „Unterhaltung der Dienstgebäude", 26 „Zu vermischten Ausgaben" und 27 „Ausgaben auf Grund des Invalidenversicherungsgesetzes" zu erwähnen. Der erstgenannte war und ist nur von sehr geringem Belang, weil die Diensträume der Katasterämter und Kassen in der Regel von den Beamten aus ihren Aversen zu beschaffen sind. Die Ausgaben des Titels betrugen daher, wenn nicht, wie 1891/92, besondere einmalige Kosten nöthig wurden, bis zur Steuerreform nicht mehr als einige 20 000 M. jährlich. Seit 1894/95 haben die Sollausgaben in Folge Erweiterung der Berliner Steuerdirektion und der Beschaffung von Diensträumen für die Veranlagungskommissare im Hauptamt 40 700 M. (1894/95), 55 700 M. (1895/96 bis 1898/99) und 56 275 M. (1899 bis 1901) betragen, während für 1902 nur 37 800 M. eingestellt sind, da die Istausgaben in den Vorjahren hinter den Voranschlägen zurückblieben.

Die entgegengesetzte Entwickelung wie der zuletzt besprochene Titel haben die Vermischten Ausgaben durchgemacht: in den 70er Jahren seit 1874 von rund 29 000 auf 80 000 M. gestiegen, bewegten sie sich in den 80er Jahren zwischen ungefähr 90 000 und 160 000 M. und hielten sich dann — abgesehen von 1895/96 — bis 1900 auf 100 000—132 200 M., während sie für 1901 und 1902 nur mit 27 000 M. angesetzt sind. In der Hauptsache umfasste der Titel seit 1882/83 die Ueberweisungen, welche den Hohenzollernschen Landen als Aequivalent für die Erleichterung der Klassen und klassifizirten Einkommensteuer gewährt wurden, seit 1896/97 die diesem Landestheil durch das Aufhebungsgesetz v. 14. Juli 1895 in Folge Aufhebung der lex Huene gewährte Rente von 62 020 M. sowie bis 1. April 1895 die Kosten der Einziehung der Gemeindesteuern in Frankfurt a. M. (vgl. § 105). Der Wegfall aller dieser Posten, derjenigen für Hohenzollern durch die dortige Steuerreform, führte zu dem Rückgang bis auf 27 000 M. 1901.

Die Kosten des Invalidenversicherungsgesetzes sind durch die Vermehrung der ausseretatsmässigen Arbeitskräfte im Schreiber- und Unterbeamtendienst von 100 M. 1892/93 bis auf 1379 M. 1900 und 1329 M. 1901 gestiegen, für 1902 sind auf Grund des dreijährigen Durchschnitts nur 1262 M. vorgesehen.

III. Abschnitt.

Einmalige und ausserordentliche Ausgaben.

§ 134. Das Extraordinarium des Etats ist bisher durch die Verwaltung der direkten Steuern nur selten in Anspruch genommen worden, und wenn es geschah, so handelte es sich recht eigentlich um ausserordentliche Ausgaben. Die Kosten der Grundsteuerregulirung in den alten Provinzen wurden seiner Zeit, wie früher erwähnt, von der Staatskasse nur vorgeschossen und erst später, nachdem sie aufgewendet waren, durch besonderes Gesetz auf die Staatskasse übernommen; sie erschienen daher unter den Staatsausgaben nicht. In Folge dessen sahen die Etats — beziehentlich Etatsentwürfe — seit 1862 anlässlich der Durchführung der Gesetze v. 21. Mai 1861 nur vor: 1864 Kosten der Feststellung der Entschädigungen für Aufhebung der Grundsteuerprivilegien 150 000 M., zur Grundsteuerregulirung in den neuen Provinzen 1868 bis 1871 je $^1/_4$, 1872 bis 1876 je $1^1/_2$ Mill. Mark und für das erste Quartal 1877 100 000 M. Im Uebrigen wurden in den 60er Jahren nur 1862 für einen Bau 13 350 M. gefordert, in den 70er Jahren zur Ablösung der rezessmässigen Befreiung der Sayn-Wittgenstein-Hohensteinschen Besitzungen von Grund- und Gebäudesteuer 1872 135 387 M., 1878/79 zu dem gleichen Zweck bezüglich der Sayn-Wittgenstein-Berleburgischen Besitzungen 77 182 M., 1879/80 für ein Dienstgebäude der Berliner Steuerdirektion 1 470 000 M. und für die erste Revision der Gebäudesteuer 1878/79 und 1879/80 je 657 500 M. In den 80er Jahren erforderte nur der Etat für 1881/82 zur Ablösung der Grundsteuerfreiheit des Grossherzoglich Oldenburgischen Fideikommisses in Holstein 930 231 M. Im letzten Jahrzehnt waren 1893/94 und 1894/95 die Mittel für die zweite Revision der Gebäudesteuer mit 2 160 500 und 3 678 700 M. vorzusehen, und die Auflösung des rheinisch-westfälischen Fonds zur Erhaltung und Erneuerung des Katasters in Folge der Gesetze v. 14. Juli 1893 erforderte zur Deckung der Verpflichtungen desselben 1895/96 eine extraordinäre Ausgabe von 314 000 M. Seitdem ist das Extraordinarium nur noch einmal, 1899, mit 85 500 M. zum Ankauf eines Dienstgebäudes für die Veranlagungskommission in Saarbrücken belastet worden.

Ergebniss.

§ 135. Die Sollüberschüsse der Verwaltung der direkten Steuern betrugen im Ordinarium in Tausenden Mark:

1849	58 032	1863	78 141	1876	139 718	1890/91	151 849
1850	58 366	1864	79 902	1877/78	141 851	1891/92	156 667
1851	58 405	1865	90 497	1878/79	143 535	1892/93	164 130
1852	65 690	1866	92 010	1879/80	146 523	1893/94	168 590
1853	64 727	1867	[1] 93 936	1880/81	151 563	1894/95	176 535
1854	66 616		[2] 112 874	1881/82	139 462	1895/96	147 222
1855	75 481	1868	118 900	1882/83	134 238	1896/97	143 947
1856	77 217	1869	120 006	1883/84	135 457	1897/98	147 468
1857	71 400	1870	122 244	1884/85	135 264	1898/99	154 704
1858	73 215	1871	123 906	1885/86	137 584	1899	167 017
1859	74 919	1872	125 616	1886/87	140 088	1900	182 197
1860	74 899	1873	131 115	1887/88	142 113	1901	196 654
1861	74 899	1874	123 658	1888/89	144 842	1902	197 321
1862	81 743	1875	137 859	1889/90	147 688		

Ihre Vergleichbarkeit ist indessen, wie die vorangegangene Darstellung im Einzelnen gezeigt hat, eine nur sehr beschränkte, weil, abgesehen von der Erweiterung des Staatsgebiets, im Laufe des gedachten 53jährigen Zeitraums die die Ueberschüsse liefernden Quellen, die einzelnen Steuern, völlig andere geworden sind. Von den 1849 bestehenden Steuern, war schon 1865 nur noch eine, die Gewerbesteuer, und auch diese in erheblich modifizirter Gestalt vorhanden; in den 70er Jahren erlitten Klassen- und Einkommensteuer, erstere insbesondere durch ihre thatsächliche Ausgestaltung zu einer Einkommensteuer, ihre Ausdehnung auf die mahl- und schlachtsteuerpflichtigen Städte und ihre Kontingentirung, die Einkommensteuer durch Beseitigung der Höchstgrenze, Aenderung der Skala und Beseitigung des Abzugs in den vorgedachten Städten, die tiefgreifendsten Veränderungen, während Anfangs der 80er Jahre die Steuererlasse eintraten. Die Miquel'sche Steuerreform vollends hat alle finanziell

[1] Ausschliesslich — [2] einschliesslich der neuen Landestheile.

ins Gewicht fallenden Steuern durch neue ersetzt. Ein gemeinsamer Zug lässt sich bei allen diesen Umgestaltungen verfolgen: die Vereinfachung und Vereinheitlichung der Steuern: die Zahl der Glieder des Steuersystems ist nach und nach immer mehr verringert und alle Verschiedenheiten innerhalb des Staatsgebiets sind beseitigt.

Andererseits haben auch die Ausgaben ihren Charakter völlig geändert: früher bestanden sie überwiegend in bestimmten Prozentsätzen von der Einnahme und richteten sich daher ziemlich streng nach dieser; diesen Charakter haben sie mehr und mehr, seit 1895 völlig verloren, und sind sie daher jetzt ungleich weniger von der Höhe der Einnahme abhängig.

Mit Rücksicht auf die gedachten Umwälzungen bei den Einnahmen kann man unter Ausscheidung der Uebergangszeiten für die Vergleichung folgende Perioden unterscheiden: 1852--1864, 1868–1873, 1875–1880/81, 1884/85–1891/92 und seit 1895/96.

Innerhalb der ersten dieser Perioden stieg der Sollüberschuss von 65,7 auf 79,9 Mill. Mark, mithin um 21½ Proz. oder pro Jahr um ca. 1,6 Proz. In ungefähr gleichem Verhältniss hatten sich die Bruttoeinnahmen im Soll (vgl. Anl. LXVIII) von 68,5 auf 83,3 Mill. Mark gehoben. In der zweiten Periode 1868–1873 stiegen die Bruttoeinnahmen von 124,8 auf 138,2 Mill. Mark, also um 10,7 oder jährlich 2,14 Proz., der Ueberschuss von 118,9 auf 131,1 Mill. Mark oder um 10,26 und 2,5 Proz. jährlich. Die Ausgaben waren also bereits etwas stärker als die Einnahmen gestiegen. Der Reinertragskoëffizient – Prozentsatz des Ueberschusses von der Bruttoeinnahme –, der in der ersten Periode ca. 96 betragen hatte, stellte sich 1873 auf nicht mehr ganz 95, hauptsächlich in Folge der Kosten der Katasterverwaltung. In der Periode 1875 - 1880/81 steigt die Bruttoeinnahme von 146,7 auf 161,5 Mill. Mark,[1]) d. i. um 10,13 Proz., pro Jahr um 2,03 Proz., der Ueberschuss von 137,9 auf 151,6 Mill. Mark oder um nicht ganz 10 Proz., also ebenfalls um eine Kleinigkeit weniger als jene; der Reinertragskoëffizient aber hat sich 1880/81 gegen 1873 um mehr als 1 Proz., auf 93,8 Proz. verschlechtert. Zu dieser Verschlechterung wirkten die Erhöhung der Tantièmen bei der Klassensteuer und die naturgemässe Steigerung der sächlichen und persönlichen Ausgaben neben Bindung des Aufkommens der Grund- und der Klassensteuer vorzugsweise mit. Noch viel intensiver war diese Verschlechterung in der nächsten Periode 1884/85 bis 1891/92 Dank der Klassen- und Einkommensteuererlasse, wozu noch die Umgestaltung der Besoldungsverhältnisse der Katasterbeamten kam, die das prozentuale Verhältniss der niedrigeren Ausgabeseite stärker als das der höheren Einnahmeseite tangirte: 1891/92 ist der etatsmässige Reinertragskoëffizient auf 91,5 Proz. gesunken. Die Bruttoeinnahme aber hob sich von 145,9 auf 171,2 Mill. Mark

[1]) In der Anlage befindet sich ein Druckfehler: es muss heissen 161 515 000 M.

oder um 17,3 Proz., d. i. pro Jahr um 2,47 Proz., die Nettoeinnahme von 135,3 auf 156,7 Mill. Mark oder um 15,8 Proz., also im Jahresdurchschnitt um 2,26 Proz. Hauptsächlich entfiel diese Zunahme auf die Einkommensteuer, deren Sollaufkommen um mehr als 30 Proz. stieg. Freilich gegenüber dem Sollüberschuss von 1880/81 bedeutete in Folge der Steuererlasse derjenige von 1891/92 nur ein Plus von 5,1 Mill. Mark oder $3^1/_3$ Proz. Nach Durchführung der Miquelschen Steuerreform stellte sich 1895/96 der Reinertragskoëffizient auf 91,1, also trotz des Wegfalls der Gemeindetantièmen in Folge der Beamtenvermehrungen u. s. w. noch etwas niedriger als vor Beginn der Reform, 1901 aber in Folge der Dank der wirthschaftlichen Verhältnisse überaus günstigen Entwickelung der Einkommensteuer um 1,1 Proz. höher als 1895/96. Als Bruttoeinnahme waren 1895/96 161,6, 1901 aber 213,2 Mill. Mark angesetzt, was einer Steigerung von fast 32 Proz. innerhalb 6 Jahren entspricht. Die etatsmässige Nettoeinnahme aber hatte sich um fast 33 Proz., von 147,2 auf 196,7 Mill. Mark gehoben. In diesen 196,7 Mill. Mark fanden 37,2 Proz. des Nettobedarfs, d. h. der gesammten Staatsverwaltungsausgaben nach Abzug der Einnahmen, Deckung, während der Nettoetat für 1895/96 den Antheil der direkten Steuern nur auf 32,5 Proz. angab. Dabei entfielen auf den Kopf der Bevölkerung an Einkommensteuer 1900 nur 4,73 M., an Ergänzungsteuer noch nicht 1 M. und an Hausirsteuer noch nicht 10 Pf., insgesammt also nicht 6 M. Der Etat für 1902 beziffert die Bruttoeinnahme auf 214,1, die Ausgabe auf 16,8, den Ueberschuss auf 197,3 Mill. Mark, mit denen nahezu 40 Proz. des Gesammtnettoerfordernisses Deckung finden sollen.

In solchen Zahlen spricht sich das glänzende Ergebniss der Steuerreform unseres heimgegangenen grossen Finanzministers Miquel aus. Wohl kam ihm der grossartige Aufschwung von Handel und Gewerbe zu Statten, wohl muss zugegeben werden, dass sein Steuersystem gegen Rückschläge auf wirthschaftlichem Gebiet empfindlicher als das frühere ist. Aber nur um diesen Preis konnte eine wirklich gerechte Besteuerung erkauft werden, und erst diese gerechte Vertheilung der Steuern mit im Vergleich zu anderen Staaten so mässigen Kopfbeträgen und Steuersätzen würde es im äussersten Nothfall ermöglichen, zu Zuschlägen zu greifen, ohne diese schlechterdings unerträglich zu machen, und so für den Staat nicht mehr erträglichen Rückgängen des Veranlagungssolls zu begegnen, ein Fall, der, Dank der Fundirung, die derselbe grosse Staatsmann den Preussischen Finanzen gegeben hat, auf absehbare Zeiten ausserhalb jeder Wahrscheinlichkeit liegt, wenn nicht Krisen ganz anderer Art als der Wellenbewegungen des Wirthschaftslebens über unser Vaterland hereinbrechen, und wenn es endlich gelingt, durch eine Finanzreform im Reiche die Deutschen Bundesstaaten wieder zu Herren über ihre Finanzen zu machen.

§ 186. Ist auch das vorliegende Werk den Finanzen des Preussischen Staates gewidmet, so können wir es doch nicht unterlassen, wenigstens mit einigen Worten auch auf die Erfolge des Kommunalabgabengesetzes v. 14. Juli 1893 einzugehen, da dasselbe, wie wir sahen, einen integrirenden Bestandtheil der Miquelschen Steuerreform bildet und seine Erfolge in der Richtung einer Beschränkung der Kommunalzuschläge zur Einkommensteuer von weittragender Bedeutung für die Entwickelung der letzteren sind.

Einigermassen zuverlässiges statistisches Material ist hierüber nur hinsichtlich der Städte vorhanden. Hier war, wenn man Berlin mit seinen gewaltigen, das Gesammtbild verschiebenden Zahlen ausser Betracht lässt, der durch Gebühren, Beiträge und Steuern zu deckende Bedarf, da viele Städte grosse Ausgaben bis zur Erschliessung neuer Einnahmequellen durch das Kommunalabgabengesetz zurückgestellt hatten und erst 1895/96 die Kreis- und Schulsozietätssteuern auf ihren Etat übernahmen, von 1894/95 auf 1895/96 um ca. 16 Proz. gestiegen. Von 1895/96 bis 1900 hat die Steigerung etwa 48 oder jährlich 9,6 Proz. betragen. Das Gesammterforderniss betrug 1900 etwa 276 Mill. Mark. Zur Deckung trugen die direkten Gemeindesteuern bei 1894/95 etwa 130, 1895/96 etwa 146½ und 1900 mindestens 211 Mill. Mark, die indirekten 1894/95 etwa 10, 1895/96 etwa 16¾, 1900 ca. 27 Mill. Mark. Der direkte Steuerbedarf ist also Dank des Kommunalabgabengesetzes langsamer als die Ausgaben der Stadtgemeinden gestiegen, d. h. mit anderen Worten diese finden zu einem höheren Prozentsatz als früher in Gebühren, Beiträgen und indirekten Steuern Deckung. Allerdings ist der in der Entlastung der direkten Steuern seit 1895/96 erzielte Erfolg bescheiden: noch 1900 waren rund 76½ Proz. des Finanzbedarfs durch direkte Steuern zu decken gegen 78½ 1895/96 und einige 80 Proz. 1894/95, und von dem Veranlagungssoll an Grund-, Gebäude-, Gewerbe- und Einkommensteuer — von den Einkommen über 900 M. — machte der Steuerbedarf der Städte aus 1894/95 einschliesslich Berlin ca. 122, 1895/96 124, ausschliesslich Berlin 1895/96 128, 1900 140 Proz. Trotz der ungewöhnlichen Zunahme der Staatseinkommen- und der staatlich veranlagten Gewerbe- und auch Gebäudesteuer in der wirthschaftlichen Blüthezeit ist also die Gemeindebelastung der vom Staat erhobenen oder veranlagten direkten Steuern noch gestiegen, was keine günstigen Auspizien für Zeiten rückläufiger wirthschaftlicher Bewegungen eröffnet. Dagegen hat sich allerdings der Antheil des Finanzbedarfs, der auf die im Interesse des Staates zu schonende Einkommensteuer entfiel, von ca. 69 Proz. 1894/95 auf ca. 45 Proz. 1895/96 vermindert. Seitdem hat sich das Verhältniss eher wieder etwas zum Nachtheil der Einkommensteuer verschoben, sodass 1900 fast 46 Proz. des Finanzbedarfs der Einkommensteuer zur Last fallen. Umgekehrt brachten die Realsteuern vom Finanzbedarf der Städte auf 1894/95 nur etwa 13½, 1895/96 aber fast 33½ Proz., dagegen 1900 nur noch 30½ Proz. Die durchschnittliche Belastung betrug[1] — allerdings das Prinzipalsteuersoll der gemeinde-, aber nicht staatseinkommensteuerpflichtigen Censiten ausser Betracht gelassen — bei der Einkommensteuer 1894/95 158, 1895/96 127, 1900 etwa 134, die der Realsteuern 1894/95 ca. 59, 1895/96 139, 1900 ca. 149 Proz und zwar der Grundsteuer 1894/95 etwa 102, 1895/96 fast 200 und 1900 etwa 380—400, der Gebäudesteuer beziehentlich 64, 136 und 125—130, der Gewerbesteuer 25, 131 und etwa 142 Proz. Berücksichtigt man nun, dass die staatlichen Realsteuern ausser Hebung gesetzt sind, so ergiebt sich für die städtischen Grundbesitzer und Gewerbetreibenden trotz der enormen Steigerung der Gemeindeausgaben eine Entlastung durch die Steuerreform um 20 Proz. des Staatssteuersolls und selbst 1900 noch von 10 Proz., während die Einkommensteuerzahler, deren Einkommen in Folge der Reform ungleich vollständiger als früher erfasst wird, um etwa 31, 1900 nur noch um etwa 24 Proz. erleichtert sind. Unter den Realsteuerpflichtigen ist aber die Erleichterung ausschliesslich den Hausbesitzern, die fortwährend über ungerechte Ausführung des Kommunalabgabengesetzes schreien, zu gute gekommen, und in der Zeit von 1895/96 bis 1900 hat sich die Belastung innerhalb der Realsteuern noch mehr zu ihren Gunsten verschoben: sie allein haben im Durchschnitt des Staates eine weitere Entlastung erfahren. Wäre die Steuerreform nicht erfolgt, der Finanzbedarf der Städte aber so gestiegen, wie es der Fall gewesen ist,

[1]) Alle Zahlen ausschliesslich Berlin.

so müsste der städtische Hausbesitz, um denselben Antheil an dem Finanzbedarf wie 1894/95 aufzubringen, heute tragen neben 100 Proz. Staats-, 60 Proz. Gemeindesteuer von dem heutigen Prinzipalsteuersoll, das aber ohne das Kommunalabgabengesetz erheblich niedriger sein würde. Ueberdies würde auch ohne die Steuerreform der prozentuale Antheil der Realsteuern an der Deckung des Finanzbedarfs auf Verlangen der Aufsichtsbehörden gestiegen sein, sodass zweifellos ohne die Steuerreform die durchschnittliche Belastung des städtischen Hausbesitzes für Staat und Gemeinde heute mindestens um einige 30—40 Proz. der Gebäudesteuer höher sein würde, als sie es für Gemeindezwecke heute ist.

Die Höhe der Gemeindezuschläge bezw. -Prozente anlangend, so betrug die Belastung der

	Einkommensteuer			Realsteuern			
	1894/95	1895/96	1900	1894/95 [1])	1895/96	1900	
bis 100 Proz. in	250 [2])	467 [2])	340 [2])	895 [3])	291	201	Städten
101—250 „ „	304	385	409	173	430	378	„
151—200 „ „	304	192	283	68	386	465	„
mehr als 200 „ „	307	100	121	29	44	115	„

In der Zeit von 1895/96 bis 1900 hatte sich das Belastungsverhältniss zwischen Einkommensteuer und Realsteuern zum Nachtheil der ersteren verschoben in 370, zu ihrem Vortheil nur in 330 Städten, und von dem Finanzbedarf fand 1900 ein grösserer Theil als 1895/96 in den Einkommensteuerzuschlägen Deckung in 556, ein geringerer nur in 535, in den Realsteuern dagegen ein grösserer nur in 351, ein geringerer dagegen in 749 Städten.

So erfreulich somit das bei der ersten Ausführung des Kommunalabgabengesetzes in der Richtung einer Verwirklichung der Ziele der Steuerreform Erreichte war, so ist es doch nicht möglich gewesen, den damals in Entlastung der Einkommensteuer erzielten Erfolg voll zu behaupten. Die Gründe liegen in der von dem Landtag beschlossenen Formulirung der mechanischen Regeln über die Vertheilung des Steuerbedarfs auf Einkommensteuer und Realsteuern, die, wenn jener rascher als das Prinzipalsoll beider Steuerarten oder wenn dasjenige der Einkommensteuer stärker als das der Realsteuern steigt, immer nachtheiliger für die Einkommensteuer werden, namentlich wenn sie nicht durch angemessene Anwendung der Regeln über die Berücksichtigung der Zwecke der Gemeindeausgaben bei Vertheilung des Steuerbedarfs korrigirt werden, ferner aber auch in dem Ueberwiegen der Hausbesitzer in den Gemeindevertretungen.

Indess darf man die Wirkung der Kommunalsteuerreform nicht allein nach der im Vorstehenden skizzirten Entwickelung, sondern auch danach beurtheilen, wie die Dinge ohne das Kommunalabgabengesetz wahrscheinlich liegen würden. Zumal in Anbetracht des schnellen Anwachsens der Einkommensteuer in den Städten würde ihr vermuthlich heute noch mindestens derselbe Prozentsatz des Steuerbedarfs zur Last fallen, wie 1894/95, nämlich 69 Proz., nimmt man aber auch nur 60 Proz. an, so würde das schon für 1900 eine Summe von — wieder ausschliesslich Berlin — Hundertundeinigesechzig Mill. Mark oder mehr als 170 Proz. ihres Veranlagungssolls ausmachen. Im Vergleich hierzu bedeutet also das Erreichte 1900 noch eine Entlastung von ca. 40 Mill. Mark und einigen 30 Proz. des Prinzipalsolls.

Man muss auch in Betracht ziehen, dass es in Folge der Reichsgesetzgebung nicht in der Macht der Preussischen Regierung und des Preussischen Landtags lag, den Gemeinden die Getränkesteuern in ergiebigerer Weise zugänglich zu machen. Es ist schon aller Ehren werth, dass 1900 in ca. 600 Städten durch Biersteuern über 6 Mill. Mark aufkamen, während 1894/95 solche nur in 124 Städten erhoben wurden, und dass durch indirekte Steuern überhaupt 1900 ca. 10 Proz. des Finanzbedarfs der Städte — ausser Berlin — gedeckt wurden. Bei der Verstopfung der Quelle der Getränkesteuern durch die Reichsgesetzgebung bildet

[1]) Nur Gebäudesteuer zum Vergleich herangezogen.
[2]) Ausschliesslich Berlin.
[3]) Darunter 202 gar nicht.

die ergiebigste indirekte Steuerquelle für die Städte die Steuer beim Eigenthumswechsel von Grundstücken (Umsatzsteuer), aus der dieselben 1900 ca. $10^3/_4$ Mill. Mark entnahmen.

Am wenigsten befriedigend sind die Fortschritte in der Ersetzung der als Grundlage der Kommunalbesteuerung in vielfacher Hinsicht ungeeigneten staatlich veranlagten Realsteuern durch selbständige Gemeinderealsteuern, trotzdem sich die Staatsregierung durch Mittheilung von Musterregulativen u. s. w. die erdenklichste Mühe gegeben hat, hierzu anzuregen. In Anbetracht der in den Verwaltungen der grösseren Städte thätigen hervorragend tüchtigen und thatkräftigen Persönlichkeiten konnte die Regierung eine derartige Sterilität nicht erwarten. Erst neuerdings scheint die von ihr empfohlene Gemeindesteuer von den Liegenschaften und Gebäuden nach dem Massstabe des gemeinen Werths bei den Gemeinden grösseren Anklang zu finden, grossentheils wohl deshalb, weil sie zu einer Entlastung der Hausbesitzer, deren Vereinigungen seit Inkrafttreten des Kommunalabgabengesetzes vielfach an rücksichtslosem Egoismus das Menschenmöglichste geleistet haben, auf Kosten des mit Recht schärfer zu besteuernden Baugeländes führt.

Die Waarenhaussteuer, deren Aufkommen von den Gemeinden zur Erleichterung der Gewerbesteuerklassen III und IV zu verwenden ist und insofern keine neue Einnahmequelle der Gemeinden bildet, hat bei ihrer ersten Veranlagung für 1901 bei ca. 100 Steuerpflichtigen ein Veranlagungssoll von ca. 3 Mill. Mark ergeben, wovon 1,3 Mill. auf Berlin und je nahezu 300 000 M. auf Cöln und Essen a./Ruhr entfallen. Doch kommt, da es sich fast ausschliesslich um bei Erlass des Gesetzes schon vorhandene Betriebe handelt, 1901 nur etwa die Hälfte des Veranlagungssolls zur Hebung und die Rechtsprechung des Oberverwaltungsgerichts, insbesondere in Sachen der Steuerpflicht der Konsumanstalten, wird das Veranlagungssoll ziemlich erheblich herabdrücken. Andererseits waren 1901 zahlreiche Betriebe vorhanden, deren Umsatz die Grenze der Steuerpflicht nahezu erreicht, sodass auf einen nicht unbeträchtlichen Zugang für 1902 zu rechnen ist.

In vielfach bedrohlicher Weise ist in den letzten Jahren die Höhe der Kreis- und Provinzialsteuern, namentlich im Osten der Monarchie, wo Belastungen von 100 und mehr Prozent der Einkommensteuer und der Realsteuern nicht zu den Seltenheiten gehören, gestiegen. In nicht weniger als 98 Kreisen betragen die Kreissteuern mehr als 50 Proz. der direkten Staatssteuern, in 39 von diesen mehr als 75 und in 6 mehr als 100 Proz. Ein von dem Landtage genehmigter Entwurf eines neuen Dotationsgesetzes, welcher den Provinzial- bezw. Bezirksverbänden eine neue Staatsdotation von jährlich 10 Mill. Mark, wovon mehr als die Hälfte ($^2/_3$ von 7 Mill. Mark) zur Erleichterung der Armen- und Wegelasten der leistungsschwachen Kreise und Gemeinden bestimmt sind, gewähren will, wird hier hoffentlich einige Abhülfe schaffen. Zu beklagen ist es, dass die Vorschriften des Kommunalabgabengesetzes keine ausreichende Handhabe bieten, um diese Kommunalverbände zu einer der Absicht der Steuerreform entsprechenden schärferen Heranziehung der Realsteuern zu nöthigen.

Im Uebrigen wird man sagen dürfen, dass, wo das Kommunalabgabengesetz sich zur vollständigen Erreichung der Ziele der Steuerreform als nicht ausreichend erwiesen hat, dies meist von Abschwächungen der Regierungsvorlage durch die Volksvertretung herrührt. Zu bedauern bleibt es, dass in dem Gesetz die ausser Hebung gesetzten Realsteuern dergestalt zur Grundlage der Vertheilung des Steuerbedarfs gemacht sind, dass der Staat zu ihrer Weiterveranlagung genöthigt ist, will er nicht die seiner Zeit umstrittensten Fragen der Kommunalsteuerreform vollständig wieder aufrollen.

Neuntes Buch.

Die indirekten Steuern.

Vorbemerkung.

§ 1. Nachdem, wie schon durch Art. 35 der Verfassung des Norddeutschen Bundes auf diesen, so durch Art. 35 der Verfassung des Deutschen Reiches die ausschliessliche Gesetzgebung „über das gesammte Zollwesen, über die Besteuerung des im Bundesgebiete gewonnenen Salzes und Tabaks, bereiteten Branntweins und Bieres und aus Rüben oder anderen inländischen Erzeugnissen dargestellten Zuckers und Syrups, über den gegenseitigen Schutz der in den einzelnen Bundesstaaten erhobenen Verbrauchsabgaben gegen Hinterziehungen, sowie über die Massregeln, welche in den Zollausschlüssen zur Sicherung der gemeinsamen Zollgrenze erforderlich sind", auf das Deutsche Reich übergegangen ist und dieses später auch einzelne Stempelabgaben an sich gezogen hat, ist Preussen nur ein kümmerlicher Torso eines Systems indirekter Steuern verblieben. Allerdings fliessen ja infolge der Franckenstein'schen Klausel (vgl. § 25 im VIII. Buch) und der analogen Vorschriften späterer Reichsgesetze über indirekte Steuern die Erträge der meisten indirekten Reichssteuern den einzelnen Bundesstaaten wieder zu. Aber sie bilden für diese keine Einnahme aus dem staatlichen Besteuerungsrecht, sondern eine Dotation seitens des Reiches. Infolgedessen erscheinen diese Ueberweisungen im Preussischen Staatshaushaltsetat auch nicht bei den indirekten Steuern, sondern bei der allgemeinen Finanzverwaltung. Im Etat der indirekten Steuern wird daher zwar das in Preussen zu erwartende Aufkommen vor der Linie vermerkt, als Einnahme der indirekten Steuerverwaltung aber nur der Preussen als Vergütung für die Erhebung und Verwaltung verbleibende Betrag eingestellt.

Eine eingehendere Darstellung der jetzt Reichssteuern bildenden indirekten Steuern gehört daher nicht in den Rahmen des gegenwärtigen Werkes. Hier muss ein skizzenhafter Umriss genügen.

I. Hauptabschnitt.

Geschichtliche Gestaltung der indirekten Steuern in Preussen und dem Deutschen Reiche.

I. Abschnitt.

Die Reform nach dem Ausgang der Freiheitskriege.

§ 2. Der in den früheren Jahrhunderten im Brandenburgisch-Preussischen Staate erhobenen wichtigeren indirekten Steuern ist bereits im I. Hauptabschnitt des vorigen Buches beiläufig gedacht, und ebenso ist dort erwähnt, dass nach Beendigung der Freiheitskriege gleichzeitig mit den direkten auch die indirekten Steuern eine den Bedürfnissen des vergrösserten, aber erschöpften Staates Rechnung tragende Umgestaltung erfuhren.

Schon vor den die direkten Steuern reformirenden Gesetzen vom 30. Mai 1820 ergingen das Ges. *über den Zoll und die Verbrauchssteuer von ausländischen Waaren und über den Verkehr zwischen den Provinzen des Staats* v. 26. Mai 1818 (G.-S. S. 65) und das Ges. *wegen Besteuerung des inländischen Branntweins, Braumalzes, Weinmostes und der Tabaksblätter* v. 8. Febr. 1819, nebst der Steuerordnung von demselben Tage (G.-S. S. 97). Durch das erstere wurde ein verhältnissmässig einfaches und in der Höhe der Sätze gemässigtes — in der Regel $^1/_2$ Thlr. pro Zentner brutto — System von Gewichtszöllen bei der Einfuhr ausländischer Erzeugnisse geschaffen, nachdem die Aufhebung der Binnen- und Provinzialzölle in den alten Provinzen schon durch Verordn. v. 11. Juni 1816 vorangegangen war. Für die heutigen Begriffe eigenartig war die Kombination von Grenzzöllen mit einer Verbrauchsteuer für gewisse ausländische Erzeugnisse, insbesondere Fabrikate, Manufaktur- und Kolonialwaaren. Doch wurde die Unterscheidung des Ges. v. 1818 zwischen Zoll und Verbrauchsteuer schon 1821 beseitigt, sodass nunmehr der ganze Betrag als Zoll erschien.

Von den Verbrauchsgegenständen, deren Besteuerung das Ges. v. 8. Febr. 1819 regelte, unterlag bis dahin der *Branntwein* nach den Gesetzen v. 28. Okt. 1810 und 7. Sept. 1811 einem Blasenzins, d. h. einer Steuer, der die durchschnittliche Produktionsfähigkeit der Blase innerhalb 24 Stunden zu Grunde gelegt war. Auch das Ges. v. 8. Febr. 1819 hielt an dieser Steuerform fest, indem die Steuer für je 4 Quart Blasenraum und jede 24 Stunden Benutzung auf 1 g. Gr. 3 Pf. normirt wurde; dabei wurde angenommen, dass der in 24 Stunden erzeugte Branntwein von 50 Proz. Alkohol sich zum Blasenraum wie 1 : 4 verhalte. Indess schon ein Regulativ v. 1. Dez. 1820 ersetzte sie für die Branntweinbereitung aus mehligen Stoffen durch eine Maischraumsteuer von 1 Groschen (= $^1/_{24}$ Thlr.) für je 20 Quart Maischbottichraum, welcher Satz durch K.-O. v. 10. Jan. 1824 auf $1^1/_2$ Sgr. (= $^1/_{20}$ Thlr.), für kleine landwirthschaftliche Brennereien auf 1 Sgr. 4 Pf. (= $^2/_{45}$ Thlr.) erhöht wurde. Brennereien von nicht mehligen Stoffen entrichteten nach einem Regulativ v. 21. Aug. 1825 eine Materialsteuer von 4 Sgr. für den Eimer Weintreber, Kernobst, Obsttreber und Beerenfrüchten und von 8 Sgr. pro Eimer Trauben- oder Obstwein, Weinhefe und Steinobst.

Die Besteuerung des *Bieres* war schon vor dem Ges. v. 8. Febr. 1819 nach dem Massstabe des Malzverbrauchs erfolgt, aber nach dem Masse des zur Verschrotung gelangenden Malzes, während das gedachte

Gesetz eine Besteuerung nach dem Gewicht des zur Einmaischung gelangenden Malzschrots einführte; die Steuer betrug 20 Sgr. vom Zentner.

Neu war für den grössten Theil der Monarchie die Besteuerung des Weines. Die Steuer betrug je nach der Lage der Weinberge und Weingärten 1 Thlr., 16, 10 oder 6 gute Groschen für den Eimer Most; bei Ernten unter $^1/_6$ eines guten Herbstes findet Steuererlass statt, und allgemein braucht die Steuer erst 6 Monate nach Aufnahme des Weingewinns entrichtet werden.

Die Tabaksteuer betrug für den Zentner getrockneter Tabakblätter 1 Thlr. und ruhte auf dem Grundstück. Hinsichtlich der Fälligkeit galten gleiche Bestimmungen wie bei der Weinsteuer.

Behufs Sicherung gegen Hinterziehungen traf die Ordnung v. 8. Febr. 1819 für alle diese Steuern mehr oder minder einschneidende Kontrolvorschriften.

§ 3. Die Mahl- und Schlachtsteuer wurde, wie in den §§ 13, 14 u. 16 des vorigen Buches erwähnt, nach den verunglückten Versuchen von 1810 und 1811 durch Ges. v. 30. Mai 1820 (G.-S. S. 143) an Stelle der früheren Accisen für die 132 grösseren Städte der Monarchie als Korrelat der in den übrigen Orten erhobenen Klassensteuer geordnet. Die Mahlsteuer war von dem auf den Mühlen in der Stadt zur Vermahlung gelangenden Getreide und den in die Stadt eingeführten Getreide, Mehl, anderen Mühlenprodukten und Backwerk zu entrichten und betrug für den Zentner Weizen $^2/_3$, für den Zentner Roggen, Gerste, Buchweizen, anderer Getreidearten und Hülsenfrüchten $^1/_6$ Thlr.; von Kraftmehl, Puder, Graupe, Grütze und Gries war das Doppelte, von Mehl das $1^1/_3$fache, von Schrot und Backwerk das Einfache desjenigen Satzes zu zahlen, den ein gleiches Gewicht des Getreides, aus dem diese Erzeugnisse bereitet worden, zu entrichten haben würde. Mit Rücksicht auf die Mahlsteuer wurden gewisse Kontrolen des Mühlenbetriebes (Mindestmenge des zur Vermahlung gelangenden Getreides, Mahlzettel, ohne welche Vermahlung nicht stattfinden durfte, Verbot beweglicher Mahlmühlen, Handmühlen und Stampfen, Konzessionspflicht der Müller und Bäcker) angeordnet.

Die Schlachtsteuer war von allem geschlachteten Rindvieh, Schafen, Ziegen, Schweinen, mit Einschluss der Kälber, Lämmer und Ferkel, nach Wahl des Steuerpflichtigen entweder nach dem Schlachtgewicht (einschliesslich Knochen und Fett) mit 1 Thlr. pro Zentner oder nach der Stückzahl mit dem vom Finanzminister für jedes Stück festzusetzenden Stücksatze zu entrichten. Bei der Einfuhr unterlagen das gedachte Vieh, Fleisch und Fett von diesen Thierarten und hieraus bereitete Waaren der Steuer, wobei Fleisch- und Fettwaaren mit dem $1^1/_3$fachen des Satzes von dem in den Städten ausgeschlachteten Fleische berechnet wurden.

Ausfuhrvergütungen fanden nicht statt. Müller und Schlächter mussten ihre Geschäftsräume der Steuerbehörde deklariren; die Räume standen unter Aufsicht der Letzteren.

§ 4. Die Besteuerung des Salzes erfolgte vor wie nach der Steuerreform im zweiten und dritten Jahrzehnt des 19. Jahrhunderts in der Form des Monopols, das der Seehandlung zustand (IV. Buch § 1), und dessen Ergiebigkeit bis 1816 durch die Salzkonskription, d. i. die Verpflichtung jedes Haushaltes, ein bestimmtes Quantum Salz von einer bestimmten Niederlage zu entnehmen, gesichert war. Der 1816 für die einzelnen Provinzen verschieden normirte Salzpreis wurde infolge der Finanznöthe und unter dem Einfluss der auf Unifizirung der Steuerverhältnisse der verschiedenen Landestheile gerichteten Bestrebungen durch Verordn. v. 17. Jan. 1820 (G.-S. S. 20) für die ganze Monarchie auf den bisher nur in Schlesien und Posen erhobenen Betrag von 15 Thlr. für die Tonne von 405 Pfd. bemessen.

§ 5. Das Stempelwesen, dessen Anfänge bis auf das Jahr 1682 zurückgehen, und das 1701 und 1776 Erweiterung seiner Anwendung fand, wurde neu geordnet durch Ges. v. 7. März 1822 (G.-S. S. 57). Dasselbe unterwirft nicht nur Urkunden, einschliesslich von Wechseln, Aktien und Quittungen, sondern auch Kalender, Spielkarten und Zeitungen einem Stempel und regelt auch die Erbschaftssteuer in Form eines Stempels. Allgemein befreit sind Verhandlungen und Gesuche über Objekte von nicht mehr als 50 Thlr., ferner der Fiskus und die bisher befreiten Anstalten, Gesellschaften und Personen, gewisse Gesuche, Verhandlungen und Zeugnisse. Der Stempel ist theils ein Fixstempel, theils richtet er sich nach dem Werthe. Die Entrichtung des Stempels erfolgt in der Regel durch Verwendung von Stempelpapier, in einigen Fällen durch Abstempelung gegen Entrichtung des Betrages.

Dem Fixstempel von $^1/_2$ Thlr. unterliegen insbesondere Abschiede, beglaubigte Abschriften, amtliche Atteste und Ausfertigungen, Auszüge aus Akten u. s. w., Beilbriefe, Bestellungen, Bürgerbriefe, Kautionsinstrumente, Kodizille, Dechargen, schriftliche Eheversprechen, gewisse Erkenntnisse, Gutachten, Hypothekenscheine, Kauf-, Pacht- und Miethverträge über ausländische Grundstücke und Grundgerechtigkeiten, Legalisationen von Urkunden, Lehrbriefe, Mäkleratteste, Mortifikationsscheine, Muthscheine, Notariatsinstrumente, soweit nicht ein höherer Stempel eintritt, Reise- und Waarenpässe, Prolongationen, gewisse Protokolle, Rekognitionsprotokolle, Taxen, nicht höher zu versteuernde Verträge, Vollmachten, Wanderbücher, einem höheren Fixstempel von 2 Thlr. Adoptions-, Ehe- und Erbfolgeverträge, Erbrezesse, Majorennitätserklärungen, Testamente, niedrigeren von 5 Sgr. gewisse Ausfertigungen, Gesindeentlassungsscheine, Gesuche, Reisepässe für Handwerksburschen und Personen ähnlichen Standes, gewisse Protokolle, prozentualen Werthstempeln Auktionsprotokolle ($^1/_3$ Proz.), gerichtliche Erkenntnisse über in Geld schätzbare Gegenstände (bis 1000 Thlr. 1 Proz. vom Mehrwerth, bis 20 000 Thlr. $^1/_2$, vom weiteren Mehrwerth $^1/_6$ Proz.), Fideikommissstiftungen (3 Proz.), Immobiliarkaufverträge (1 Proz.), andere Kaufverträge ($^1/_3$ Proz.), Leibrentenverträge (1 Proz.), Pacht- und Miethsverträge ($^1/_3$ Proz.), Quittungen ($^1/_{12}$ Proz.), Wechsel und kaufmännische Assignationen ($^1/_{12}$ Proz.). Erkenntnisse in Straf-,

Kriegsgerichts- und in Civilsachen über in Gelde nicht schätzbare Objekte werden je nach der Erheblichkeit, erstere mit 5—50 Thlr., Kriegsgerichtserkenntnisse mit 15 Sgr. oder 10 Thlr., Civilerkenntnisse mit 5—20 Thlr. versteuert. Kalender zahlen je nach Format und Ausstattung 1, 2, 3 oder 5 Sgr., ausländische das Doppelte; von Spielkarten, deren Vertrieb sich der Staat vorbehielt, inklusive Verkaufspreis: Tarokkarten erster Sorte 1½ Thlr., zweiter Sorte 25 Sgr., französische Karten erster Sorte 15 Sgr., zweiter Sorte 10 Sgr., dritter Sorte 5 Sgr., deutsche Karten je nach der Sorte 15, 10 oder 5, Traglierkarten 10 oder 5 Sgr. Für inländische Zeitungen beträgt der Stempel pro Jahrgang und Exemplar 1 Thlr., für ausländische 1 Thlr. 10 Sgr.

Ein Erbschaftsstempel wird nicht erhoben für Anfälle an Aszendenten, Deszendenten, mit den Kindern zur Erbschaft gelangende Wittwen und für Zuwendungen bis zu 300 Thlr. an Bedienstete des Erblassers; 1 vom Hundert haben zu entrichten der Wittwer und, sofern sie nicht mit den Kindern erbt, die Wittwe, 2 gesetzlich, aber nicht per subsequens matrimonium anerkannte natürliche Kinder, adoptirte Kinder, Geschwister und deren Deszendenten, 4 Seitenverwandte bis zum 6. Grad, Stief- und Schwiegerkinder und -Eltern; in allen übrigen Fällen sind 8 Proz. zu entrichten.

II. Abschnitt.

Die Gestaltung der indirekten Steuern bis zur Gegenwart.

I. Kapitel.

Die Zölle.

§ 6. Die Hinausrückung der Zollschranken von den einzelnen Städten an die Landesgrenzen durch das Ges. v. 26. Mai 1818 musste für die angrenzenden, zum Theil von Preussen umschlossenen kleinern deutschen Staaten schwere wirthschaftliche Nachtheile zeitigen. Nichtsdestoweniger dauerte es geraume Zeit, bis sich diese Staaten entschlossen, dass von Preussen gemachte Angebot einer Zollgemeinschaft anzunehmen.[1]) Zuerst geschah dies von den in sein Gebiet eingeschlossenen Staaten Schwarzburg-Rudolstadt (für Frankenhausen, Vertrag v. 4. Juni 1822), Sachsen-Weimar-Eisenach (Vertrag v. 27. Juni 1823) und Anhalt (Verträge v. 10. Okt. 1823, 17. Juni 1826 und 17. Juli 1828). Ein nicht von Preussen umklammerter Staat trat mit Hessen-Darmstadt durch Vertrag v. 14. Febr. 1828 der Zollgemeinschaft bei.

Inzwischen hatten sich Bayern, Württemberg und die Hohenzollernschen Fürstenthümer zu einem süddeutschen Zollverein zusammengethan, und noch im Laufe des Jahres 1828 traten Hannover, Sachsen, Kurhessen, die Thüringischen Staaten, Bremen und Frankfurt a. M. mit offenbarer Spitze gegen Preussen zu dem „mitteldeutschen Handelsverein" zusammen, indem sie sich verpflichteten, bis zum

[1]) Vgl. Treitschke, Deutsche Geschichte Bd. III S. 603 ff., IV 350 ff., V 434 ff.

31. Dez. 1834, dem Zeitpunkt des Ablaufes des Preussisch-Hessischen Vertrages, keinem fremden Zollverband einseitig beizutreten und ihre Durchfuhrzölle nicht zu erhöhen. Doch war diesem Verein nur ein kurzes Leben beschieden. Denn nachdem durch den Handelsvertrag v. 27. Mai 1829 eine Annäherung zwischen dem Preussisch-Hessischen und dem süddeutschen Vereine stattgefunden hatte und Preussen mit Zollkriegsmassregeln gegen den mitteldeutschen Verein vorging, lockerte dieser sich bald. Zunächst gestanden Meiningen und Gotha den Bau durchfuhrfreier Verbindungsstrassen zwischen Preussen und Bayern und Zollerleichterungen zu, und durch den Eimbecker Vertrag v. 27. März 1830 begründeten Hannover, Oldenburg, Braunschweig und Kurhessen innerhalb des mitteldeutschen Handelsvereins einen Zollverein mit gemeinschaftlichen niedrigen Zöllen.

Schon im folgenden Jahre traten Kurhessen (Vertrag v. 25. Aug. 1831) und Waldeck (Vertrag v. 16. April 1831) dem Preussisch-Hessischen Vereine bei, und am 22. März 1833 kam der **Zollvereinigungsvertrag** zu Stande, durch den sich der Preussisch-Hessische mit dem süddeutschen zu einem Deutschen Zollverein verband. Auch das bisher dem Anschluss an Preussen besonders abgeneigte Königreich Sachsen trat durch Vertrag v. 30. März 1833 dem Zollverein bei, und am 11. Mai desselben Jahres folgte der Thüringische Zoll- und Handelsverein, zu dem sich die thüringischen Staaten sammt den Preussischen Kreisen Erfurt, Schleusingen und Ziegenrück und dem kurhessischen Kreise Schmalkalden Tags zuvor zusammengeschlossen hatten. Die sämmtlichen im Jahre 1833 abgeschlossenen Verträge traten am 1. Jan. 1834 mit achtjähriger Gültigkeit in Kraft. Der Anschluss Badens erfolgte am 12. Mai 1835, der Nassaus am 10. Dez. 1835 und derjenige Frankfurts am 2. Jan. 1836.

Die erste und zweite Gültigkeitsperiode des Zollvereins verliefen nun, ehe die sich noch abseits haltenden deutschen Staaten sämmtlich ihm beitraten. Erst nachdem der Zollverein durch Vertrag v. 8. Mai 1841 bis Ende 1853 verlängert war, traten Lippe (18. Okt. 1841), Braunschweig (19. Okt. 1841) und Schaumburg (13. Nov. 1841) bei, während der Anschluss von Hannover und Oldenburg erst bei der abermaligen Erneuerung der Zollvereinsverträge auf 12 Jahre durch Vertrag v. 4. April 1853 erfolgte. Schon am 2. Febr. 1842 hatte sich auch Luxemburg angeschlossen.

Der Zollverein bildete lediglich eine vertragsmässige Vereinbarung ohne die Möglichkeit einer Majorisirung und bezweckte innere Verkehrsfreiheit bei Erhebung gleicher Zölle an den Grenzen des Vereinsgebiets auf gemeinsame Rechnung und unter Vertheilung der Einnahmen auf die Mitglieder. Zur Erörterung der Einzelfragen traten Bevollmächtigte der Vereinsstaaten zu „Generalkonferenzen" zusammen.

Am 16. Mai 1865 wurden die Zollvereinigungsverträge abermals auf 12 Jahre erneuert. Aber schon die Ereignisse des nächsten Jahres führten zu der verfassungsmässigen Zolleinheit des ganzen Norddeutschen Bundes mit Ausschluss der Freihäfen Hamburg und Bremen, während mit den süddeutschen Staaten das vertragsmässige Verhältniss zwar bestehen blieb, aber durch den zwischen ihnen und dem Norddeutschen Bunde als solchem abgeschlossenen Zollvereinsvertrag v. 8. Juli 1867 (B.-G.-Bl. S. 81) anderweit geregelt wurde. Für den Norddeutschen Bund hörten nach der Verfassung desselben die Zölle auf, Einnahmen seiner Mitglieder zu sein, und wurden solche des Bundes

Durch den Zollvereinsvertrag wird für das Vereinsgebiet Uebereinstimmung der Gesetzgebung über das Zollwesen, die Besteuerung des Salzes, Rübenzuckers und Tabaks vereinbart und eine gleiche Uebereinstimmung hinsichtlich der übrigen Verbrauchsteuern in Aussicht genommen. Innere Abgaben für Rechnung eines Staates, einer Kommune oder Korporation dürfen von ausländischen, mit mehr als 15 Groschen Einfuhrzoll belegten Produkten überhaupt nicht, im Uebrigen vom Staate nur von folgenden, nicht zur Aus- oder Durchfuhr bestimmten Gegenständen: Branntwein, Bier, Essig, Malz, Wein, Most, Cider, Mehl und anderen Mühlenfabrikaten, Backwaaren, Fleisch, Fleischwaaren und Fett und von Branntwein, Bier und Wein nur bis zu bestimmter Höhe erhoben werden. Kommunalabgaben dürfen nur auf zur örtlichen Konsumtion bestimmte Artikel, unter welche „allgemein“ zu rechnen sind: Bier, Essig, Malz, Cider, mahl- und schlachtsteuerpflichtige Gegenstände, Brennmaterialien, Marktviktualien und Fourage, gelegt werden, auf Wein nur in den eigentlichen Weinländern, zu denen von Preussen nur die vormals Nassauischen, Bayerischen und Hessen-Darmstädtischen Landestheile gehören, auf Branntwein nur, soweit sie schon bestanden oder nach der Landesgesetzgebung nicht versagt werden konnten. Für die kommunalen Getränkesteuern sind bestimmte Maximalsätze vorgeschrieben. Die Erträge der gemeinschaftlichen Zölle und Verbrauchssteuern werden nach Abzug der Erhebungskosten auf den Norddeutschen Bund und die einzelnen süddeutschen Staaten nach der Bevölkerung vertheilt. Die Erhebung und Verwaltung verbleibt den einzelnen Vereinsstaaten. Ein aus Vertretern der Vereinsstaaten gebildeter Zollbundesrath und ein aus dem Norddeutschen Reichstag und Abgeordneten der süddeutschen Staaten zusammengesetztes Zollparlament üben die Gesetzgebung in den Vereinsangelegenheiten. Hinsichtlich des Präsidiums, der Ausschüsse des Bundesraths, der Wahl zum Parlament u. s. w. gelten analoge Bestimmungen wie nach der Verfassung des Norddeutschen Bundes.

§ 7. Die Zollpolitik des Zollvereins schloss sich an das Preussische Zollgesetz v. 26. Mai 1818 an (Zollges. und Zollordn. v. 23. Jan. 1838), lenkte aber allmählich mehr in protektionistische Bahnen ein. So wurden 1843 die Tabakzölle erhöht, im nächsten Jahre ein Roheisenzoll eingeführt und andere Eisenzölle erhöht, 1846 der Zoll auf Garn und Maschinengespinnst, 1851 der Zigarrenzoll erhöht. Andererseits erfuhren 1851 der Zoll auf Reis, 1853 die Zölle auf Kaffee, Wein und Thee, 1856 die Getreide- und Mehlzölle Ermässigungen. Nachdem sodann 1860 eine Neuredaktion des Zolltarifs erfolgt war, trat eine entschiedene Rückkehr zu freihändlerischen Anschauungen ein, ausgehend von Grossbritannien und von den seitens Frankreichs in der ersten Hälfte der 60er Jahre abgeschlossenen Handelsverträgen (Cobdenvertrag mit Grossbritannien v. 23. Jan. 1860 und Vertrag mit Preussen und den andern Zollvereinsstaaten v. 2. Aug. 1862). Der neue Vereinszolltarif v. 1. Mai 1865 bezw. die Verordn. betreffend Abänderung desselben v. 17. Juni 1865 beseitigten die Zölle auf Getreide, Hülsenfrüchte, Mühlenfabrikate, Obst, Gemüse, Sämereien, einzelne Vieharten, Holz,

Garn u. a. m. und ermässigten die Sätze für andere Artikel, insbesondere für fast alle Fabrikate, geistige Getränke, Butter, Käse, Fleisch, Oel, Rindvieh, Eisen, Stahl, Kupfer und Waaren aus diesen Metallen, Glas und Glaswaaren, Seide und Seidenwaaren, Leinewand, Porzellan, Thonwaaren, Papier, Steinkohlen. Auch fielen nun die noch bestehenden Ausfuhrzölle mit Ausnahme desjenigen auf Lumpen; die Durchfuhrzölle waren schon am 1. März 1861 beseitigt. Am 1. Juni 1868 folgten weitere Ermässigungen. In derselben freihändlerischen Richtung bewegte sich der Zolltarif v. 1. Okt. 1870, der weitere Befreiungen und Ermässigungen, insbesondere für die Eisen- und Textil-, Kaffee-, Kakao- und Reiszölle brachte.

§ 8. Seitens des Deutschen Reiches wurde die freihändlerische Zollpolitik zunächst fortgesetzt: am 1. Okt. 1873 fiel der Roheisenzoll, übrigens auch der letzte Ausfuhrzoll, auf Lumpen, am 1. Jan. 1877 der am 1. Okt. 1873 schon ermässigte Zoll auf grobe Eisenfabrikate, Lokomotiven, Dampfkessel, Maschinen und Eisenbahnfahrzeuge. Dann aber führten die Umkehr der wirthschaftspolitischen Ansichten und finanzielle Erwägungen bekanntlich zu einer völligen Umkehr durch das Zolltarifgesetz v. 15. Juli 1879 (R.-G.-Bl. S. 207): eine grosse Anzahl bisher zollfreier Artikel wurde wieder zollpflichtig, so Roheisen, grobe Eisenfabrikate, Maschinen, Eisenbahnfahrzeuge, Bau- und Nutzholz, Pferde, Rind- und Schafvieh, Getreide und Mühlenfabrikate, andere bisher schon zollpflichtige wurden in den Zollsätzen namhaft erhöht. Für Getreide betrug der Zoll nach Ges. v. 15. Juli 1879 nur 1 M. (für Gerste 0,5 M.) für den Doppelzentner; aber durch Ges. v. 22. Mai 1885 (R.-G.-Bl. S. 93) wurde er auf 3 M. für Weizen und Roggen, 1½ M. für Gerste und Hafer, durch Ges. v. 21. Dez. 1887 (R.-G.-Bl. S. 533) für Weizen und Roggen auf 5, für Hafer auf 4 und für Gerste auf 2¼ M. erhöht. Mühlenfabrikate hatten, zusammen mit Wollwaaren, schon seit 1. Juli 1881 Zollerhöhungen erfahren, jene nach Ges. v. 21. Juni 1881 (R.-G.-Bl. S. 121), diese nach Ges. v. 19. Juni 1881 (R.-G.-Bl. S. 119). Das Ges. v. 22. Mai 1885 enthielt ausser für Getreide auch noch für andere Waaren Zollerhöhungen, so für Bau- und Nutzholz, Seidenwaaren, künstliche Blumen, Leinengarn und Leinenwaaren, Lichte, Branntwein, Schaumweine, Fleisch, Kakao, Mühlenfabrikate, Austern, Hummern, gewisse Oele und Fette, gewisse Steine, Pferde, Ochsen, Jungvieh, Kälber (Stiere und Kühe wurden ermässigt) und Schweine, dasjenige v. 21. Dez. 1887 solche für Mühlenfabrikate. Auf Grund des § 5 des Ges. v. 22. Mai 1885 war übrigens das Zolltarifgesetz in der Gestalt, die es durch dieses erhalten hatte, neu publizirt worden (R.-G.-Bl. S. 112).

Die protektionistische Richtung dieser Gesetze hat dann eine Abschwächung durch die Caprivi'schen Handelsverträge mit Oesterreich-Ungarn, Italien, der Schweiz, Serbien, Rumänien und Russland aus den Jahren 1891 bis 1894 erfahren, deren Vergünstigungen auch den mit dem Deutschen Reiche im Verhältniss der Meistbegünstigung stehenden Staaten zu Theil werden. Am wichtigsten war, wie bekannt, die Ermässigung der Getreidezölle (Weizen und Roggen 3,5, Hafer 2,8, Gerste 2, Hülsenfrüchte 1,5, Malz 3,6, Mais 1,6, Hopfen 14 M.), der Zölle auf Mühlenfabrikate (von 10½ auf 7½ M.), Fleisch (von 20 auf 15 M.), Butter (20 : 16 M.), Geflügel, Eier, Ochsen, Jungvieh, Schweine, Weine und Südfrüchte.

Hatte somit die ohnehin in äusserst misslicher Lage befindliche Deutsche Landwirthschaft zum Vortheil der Industrie sich eine wesentliche Verringerung ihres Zollschutzes durch die Handelsverträge gefallen lassen müssen, so erhob sie um so lauter ihre Stimme, zumal ihre Verhältnisse sich weiter verschlechterten, als es sich darum handelte, durch Aufstellung eines neuen Zolltarifs die Basis für die nach Ablauf der auf 12 Jahre geschlossenen Handelsverträge zu erneuernden Verträge zu schaffen. Leider liessen hierbei die Bestrebungen des unter dem Eindruck der nicht abzuleugnenden Unbilligkeit, welche darin gelegen hatte, anfangs der 90er Jahre der ohnehin nothleidenden Landwirthschaft die Kosten der Neuordnung unserer handelspolitischen Beziehungen zum Auslande aufzuerlegen, geschaffenen Bundes der Landwirthe bisher diejenige Mässigung vermissen, welche im wohlverstandenen Interesse der Landwirthschaft liegt, die sich wohl oder übel damit abfinden muss, heute in Deutschland nicht mehr dieselbe ausschlaggebende Rolle wie in früheren Zeiten zu spielen, und auf ein Kompromiss mit Industrie und Handel und der ihr als Konsumenten ihrer Erzeugnisse gegenüberstehenden Mehrheit der Bevölkerung angewiesen ist. Wiewohl der z. Z. dem Reichstage vorliegende Entwurf eines neuen Zolltarifgesetzes den agrarischen Forderungen durch namhafte Erhöhung der Zollsätze für landwirthschaftliche Erzeugnisse über die vor den Caprivi'schen Handelsverträgen normirten Sätze und Festlegung von Mindestsätzen für die künftigen Handelsvertragsverhandlungen Rechnung und auch im Uebrigen einen verschärft protektionistischen Charakter, namentlich in agrarischer Richtung, trägt, ist daher das Schicksal dieses Entwurfs ein äusserst zweifelhaftes, da selbst Parteien, die sich zum sehr erheblichen Theile aus Elementen zusammensetzen, die an Preissteigerungen der landwirthschaftlichen Produkte ein entschieden negatives Interesse haben, den agrarischen Forderungen über den Entwurf der verbündeten Regierungen hinaus nachzugeben gewillt scheinen und den Versuch machen, den durch weitere Steigerung der Agrarzölle beunruhigten Wählerkreisen ein nach den bisherigen Erfahrungen für diese imaginäres, aber für die Finanzen der Kommunalverbände äusserst bedenkliches Aequivalent in der Untersagung von Kommunalabgaben auf Lebensmittel und ein für die nichts weniger als glänzenden Reichsfinanzen ebenso bedenkliches in der Festlegung eines Theiles der Mehrerträge aus den Zöllen für weitere Arbeiterversicherungsgesetze zu bieten. Dass übrigens der neue Entwurf eine besondere Kautel für die Landwirthschaft darin enthält, dass für Getreide Minimalzölle vorgesehen werden, unter die in Handelsverträgen nicht herabgegangen werden darf, wurde schon erwähnt.

II. Kapitel.

Die Verbrauchsteuern.

§ 8a. Von den im vorigen Abschnitt erwähnten Preussischen Verbrauchsteuern sind die Weinsteuer am 1. Juli 1865 (Ges. v. 15. April 1865 — G.-S. S. 265), die Mahl- und — als Staatssteuer — die Schlachtsteuer am 1. Jan. 1875 (vgl. § 24 des VIII. Buchs) aufgehoben, die übrigen auf das Deutsche Reich übergegangen. Die Weinsteuer hatte hinsichtlich der Entrichtung durch K.-O. v. 28. Sept. 1834 insofern eine Erleichterung erfahren, als sie ausser von Weinbauern, die zugleich Schankwirthe sind, erst beim Uebergang an Dritte oder nach erfolgtem Eigenverbrauch gefordert wurde.[1]) Die Mahl- und Schlachtsteuer hatte — abgesehen von den vorübergehenden, im nächsten Haupt-Abschnitte zu erwähnenden Zuschlägen, eine allgemeine Erhöhung durch die Ersetzung des ältern Preussischen durch den leichtern Zollzentner am 1. Juli 1858 erfahren, nachdem sie in Einzelheiten durch verschiedene Kabinetsordres und Gesetze abgeändert war (wegen Ueberweisung eines Drittels der Mahlsteuer vgl. Buch VIII § 21).

§ 9. Die Preussische **Branntweinsteuer** wurde durch Verträge mit den meisten Norddeutschen Mitgliedern des Zollvereins auf deren Gebiete ausgedehnt. Die Fortschritte der Industrie, welche das Aus-

---

[1]) Nach Abschluss dieses Werkes ist am 9. Mai 1902 das Reichsgesetz über eine vom 1. Juli 1902 ab zu erhebende Schaumweinsteuer von 50 Pf. für die Flasche — von lediglich aus Fruchtwein hergestelltem von 10 Pf. — ergangen (R.-G.-Bl. S. 155). Die Steuer ist vom Hersteller mittels Anbringung eines Steuerzeichens an der Umschliessung zu entrichten, bevor der Schaumwein die Erzeugungsstätte verlässt oder innerhalb derselben getrunken wird.

beuteverhältniss wesentlich verbesserten, gaben Veranlassung, die Steuersätze 1838 (Ges. v. 16. Juni — G.-S. S. 358) auf 2 Sgr. bezw. für landwirthschaftliche Brennereien auf 1 Sgr. 8 Pf. für jede 20 Quart Maischraum und jede Einmaischung, vom 1. Aug. 1854 weiter auf 2 Sgr. 6 Pf. und 2 Sgr. 3 Pf. und vom 1. Aug. 1855 ab auf 3 bezw. 2½ Sgr. zu erhöhen (Ges. v. 19. April 1854 — G.-S. S. 265); gleichzeitig (Ges. v. 19. April 1854 — G.-S. S. 267) wurde der Eingangszoll für Hefe entsprechend erhöht.

Nach der Gründung des Norddeutschen Bundes erging für diesen, abgesehen von den Freihäfen, das Ges. v. 8. Juli 1868 (B.-G.-Bl. S. 384). Nach demselben soll die Steuer für das Quart (= 1,145 Liter) Branntwein zu 50 Proz. Alkoholgehalt $1^{9}/_{16}$ Sgr. betragen. Sie wird bei Brennereien, die mehlige Stoffe, Melasse und Rüben verarbeiten, als Maischbottichsteuer mit 3 bezw. von landwirthschaftlichen Brennereien 2½ Sgr. für je 22,90 Liter (= 20 Quart) Bottichraum, bei Brennereien, die Trebern, Obst und Beerenfrüchte u. s. w. verarbeiten, als Materialsteuer mit 4 Sgr. für 68,7 Liter (= 60 Quart) Weintrebern, Kernobst, Trebern von solchen und Beerenfrüchten, mit dem Doppelten dieses Betrages von Trauben- oder Obstwein, Weinhefe oder Steinobst, von andern nicht mehligen Stoffen nach dem Ausbeuteverhältniss und dem Normalsatze gemäss Bestimmung der obersten Landesfinanzbehörde erhoben. Für in's Ausland ausgeführten — nach Reichsgesetz v. 19. Juli 1879 auch für zu gewerblichen Zwecken verwendeten — Branntwein werden 11 Pf. für das Quart zu 50 Liter Alkohol vergütet. Eingehende Vorschriften regeln die Erhebung und Kontrolirung der Steuer; insbesondere unterliegt der ganze Brennereibetrieb mit Rücksicht auf die Kontrole der Steuer weitgehender Beaufsichtigung der Steuerbehörden und hinsichtlich des Betriebsplans den gesetzlichen Beschränkungen.

Für die Hohenzollernschen Lande regelte ein Bundesgesetz v. 4. Mai 1868 (B.-G.-Bl. S. 151) die Steuer in abweichender Weise: hier wurde sie nach der im Voraus geschätzten Jahresproduktion unter Zugrundelegung eines Satzes von 2½ fl. für den Eimer bei Alkoholgehalt bis zu 65 Proz. und von 5 fl. bei höherem Gehalt erhoben.

Bei Gründung des Deutschen Reiches blieben Bayern, Württemberg und Baden ausserhalb der Norddeutschen Branntweinsteuergemeinschaft, während das Reichsland Elsass-Lothringen ihr durch Ges. v. 16. Mai 1873 einverleibt wurde.

Die gegenüber andern Staaten minimale Steuerbelastung des Branntweins durch das Ges. von 1868 und die Bedürfnisse des Reiches führten 1886 zur Vorlage des Entwurfs eines Monopol-Gesetzentwurfs, der aber nicht die Zustimmung des Reichstags fand. Dasselbe Schicksal hatte ein noch im Mai desselben Jahres vorgelegter Entwurf, der eine Kombination von Maischraum- und Schanksteuer vorschlug. Erst ein dritter Entwurf führte zum Ziel und trat als Ges. v. 24. Juni 1887 (R.-G.-Bl. S. 253) am 1. Okt. 1887, und zwar nunmehr im ganzen Reichsgebiet in Kraft. Das Gesetz beruht auf einer Kombination der bisherigen norddeutschen Maischraum- und Materialsteuer mit einer Verbrauchsabgabe. Die Verbrauchsabgabe beträgt für eine auf die vorhandenen Brennereien in der Hauptsache nach Verhältniss ihrer Produktion in den Vorjahren von 3 zu 3 Jahren zu vertheilende Erzeugungsmenge von 4½ (in Bayern, Württemberg und Baden 3) Litern reinen Alkohols für den Kopf der Bevölkerung (das sog. „Kontingent") 50 Pf., für die Mehrerzeugung 70 Pf. für den Liter reinen Alkohols. Gewerbliche, d. h. nicht lediglich Getreide und Kartoffeln verarbeitende Brennereien zahlen ausserdem einen Zuschlag von 20 Pf. für den Liter reinen Alkohols, kleinere (bis 20 000 bezw. 10 000 Liter täglichen Bottichraum = Bemaischung) aber nur 4 bezw. 2 Pf. Den gewerblichen gleichgestellt sind landwirthschaftliche Brennereien mit mehr als 1500 Litern Bottichraum = Bemaischung, wenn sie in der Zeit zwischen 16. Juni bis 30. Sept. betrieben werden, für diese Zeit. Andere landwirthschaftliche Brennereien zahlen statt des Zuschlages zur Verbrauchsabgabe Maischbottichsteuer und nur, wenn sie mehr als 10 000 bezw. 20 000 Liter Bottichraum bemaischen, einen solchen Zuschlag von 2 bezw. 4 Pf. Die Maischraumsteuer wird grundsätzlich in bisheriger Höhe beibehalten;

jedoch zahlen kleinere, nur in der Zeit zwischen 1. Okt und 15. Juni betriebene landwirthschaftliche Brennereien nur einen nach dem Bottichraum auf $^6/_{10}$, $^8/_{10}$ und $^9/_{10}$ bemessenen Bruchtheil derselben. Melasse, Rüben oder Rübensaft verarbeitende Brennereien zahlen stets die volle Maischbottichsteuer. Die Materialsteuer beträgt fortan nur pro Hektoliter Weintreber 35, Kernobst und Beerenfrüchte 45, Brauereiabfälle, Hefenbrühe, gepresste Weinhefe, Wurzeln 50, Trauben- und Obstwein, flüssige Weinhefe und Steinobst 85 Pf. Für kleine Brennereien wird unter gewissen Voraussetzungen eine Abfindung der Verbrauchsabgabe, Maischbottich- und Materialsteuer zugelassen. Die Verbrauchsabgabe ist zu entrichten, sobald der Branntwein aus der steuerlichen Kontrole in den freien Verkehr tritt, wird aber gegen Sicherheitsleistung, bis zu 3 Monaten auch ohne solche gestundet. Die Rückvergütung ist nicht mehr auf Ausfuhr und gewerbliche Verwendung beschränkt, sondern auch bei Verwendung für wissenschaftliche, Putz-, Heizungs-, Koch- oder Beleuchtungszwecke zugelassen, aber, ausser bei der Ausfuhr, von Denaturirung abhängig. Die Verbrauchsabgabe bedingt Sicherungsmassregeln gegen Ableitung oder Entnahme von alkoholhaltigen Dämpfen, Lutter oder Branntwein; der Branntwein muss daher, ohne dass der Brenner zu ihm gelangen kann, in Sammelgefässe fliessen, in welchen er unter Steuerverschluss steht, wie auch die Destillirapparate und Röhrenleitungen unter solchen stehen. Er verbleibt dann, bis er in Verkehr tritt, unter Steuerkontrole, und seine Menge und Stärke wird behördlich festgestellt.

Seit dem Ges. v. 24. Juni 1887 ist die Branntweinsteuer-Gesetzgebung nicht mehr zu einem Ruhepunkte gelangt und durch die Novellen immer komplizirter geworden. Hervorgerufen sind die Aenderungen in erster Linie durch das Bestreben, den landwirthschaftlichen Brennereien, wie sie namentlich auf den leichtern Böden des Ostens, für die sich die ungünstige Lage der Landwirthschaft besonders fühlbar macht, eine Lebensfrage sind, Erleichterungen zu gewähren.

Schon am 8. Juni 1891 (R.-G.-Bl. S. 338) erging eine Novelle, welche die Kontingente derjenigen landwirthschaftlichen Brennereien, die in keinem der Jahre 1887/88—1889/90 mehr als 267 750 Liter Bottichraum bemaischt haben, um $^1/_5$ erhöhte, den nach dem Ges. von 1887 auf die Zeit vom 1. Okt. bis 15. Juni normirten Zeitraum, innerhalb dessen gewisse Steuerbegünstigungen eintreten, um den September erweiterte, die Materialsteuer für Obst- und Weintrebern auf 25, für Kernobst auf 35 Pf. ermässigte und für kleine Brennereien eine ähnliche Depression der Materialsteuer, wie sie schon bei der Maischbottichsteuer bestand, eintreten liess.

Bereits im nächsten Jahre wurde dem Reichstag abermals eine Novelle vorgelegt, dieses Mal aber aus finanziellen Gründen, denen durch Herabsetzung der Kontingentsmenge und Erhöhung der Verbrauchsabgabe Rechnung getragen werden sollte. Sie gelangte indessen nicht zur Verabschiedung, und nunmehr verzichteten die verbündeten Regierungen auf die Verfolgung finanzpolitischer Ziele: die Novelle v. 16. Juni 1895 (R.-G.-Bl. S. 265), auf Grund deren das Gesetz von 1887 neu publizirt ist (R.-G.-Bl. S. 276) kehrt wieder zu den wirthschaftspolitischen zurück. Um eine Produktionseinschränkung der grossen Brennereien herbeizuführen, wurde für die 300 hl reinen Alkohols übersteigende Produktion ein neuer Steuerzuschlag in Gestalt der vom Normalsatz von 6 M. allmählich für Brennereien, welche nicht mehr als 3000 bezw. bei Verwendung von Melasse, Rüben oder Rübensaft 1700 hl erzeugen, bis auf 0,5 M. pro Hektoliter abfallenden Brennsteuer geschaffen, die 150 000 hl übersteigenden Kontingente um $^1/_{20}$ herabgesetzt und für neu entstehende landwirthschaftliche und Materialbrennereien Maximalkontingente von 80 000 bezw. 8 000 hl festgestellt, die Kontingentsperioden auf 5 Jahre verlängert, den Melasse-, Rüben- und Rübensaft-Brennereien statt der Maischbottichsteuer ein Zuschlag zur Verbrauchsabgabe von 20 Pf. für den Liter und für sie wie für Hefebrennereien ein solcher von 15 M. pro Hektoliter zur Brennsteuer, der auch bei Produktion unter 300 hl zu zahlen ist, auferlegt, die Brennperiode, innerhalb deren bei Betrieb während nicht mehr als $8^1/_2$ Monaten die mehrerwähnten Begünstigungen eintreten, auf die Zeit vom 16. Sept. bis 15. Juni beschränkt und für den Sommerbrand landwirthschaftlicher Brennereien ein nach der Produktion degressiver Zuschlag zur Brennsteuer von 3,2 oder 1 M. vorgesehen. Andererseits wird, um den Export zu heben, das Aufkommen an Brennsteuer zu festen Ausfuhrprämien und, soweit es hierzu nicht Verwendung findet, zu Rückvergütungen für den im Inland zur Essigbereitung verwendeten Branntwein bestimmt. Endlich sind für die kleinen und kleinsten landwirthschaftlichen Brennereien verschiedene Erleichterungen der seitherigen Vorschriften eingeführt. Den Vorschriften über die Brennsteuer ist indess nur bis zum 30. Sept 1901 Gültigkeit beigelegt, und sie sind mit diesem Zeitpunkt, da ein die Lücke auszufüllen bestimmter Gesetzentwurf nicht rechtzeitig verabschiedet werden konnte, ersatzlos ausser Kraft getreten.

Durch ein Ges. v. 4. April 1898 (R.-G.-Bl. S. 159) ist der Bemessung der Kontingentsmenge statt der Bevölkerungsziffer der verbrauchsabgabepflichtige Inlandsverbrauch der letzten Kontingentsperiode zu Grunde gelegt.

§ 10. Auf dem Gebiete der Besteuerung des **Bieres** ist bis zum heutigen Tage noch keine Einheitlichkeit zwischen dem Norden und Süden Deutschlands erzielt, obwohl es keinem Zweifel unterliegt, dass in einer höheren Besteuerung des Bieres, als sie in der Norddeutschen Brausteuergemeinschaft stattfindet, einer der geeignetsten Auswege aus den finanziellen Schwierigkeiten des Deutschen Reiches sich bieten würde.

Nach der Gründung des Zollvereins waren die Grundsätze der 1819 geschaffenen Preussischen Biersteuer-Gesetzgebung, ähnlich wie bezüglich der Branntweinsteuer, nach und nach vertragsmässig in andere zum Zollverein gehörige Staaten zur Einführung gelangt, aber keineswegs in allen und auch nicht in völliger Uebereinstimmung. Auch das Bundesgesetz v. 4. Juli 1868 (B.-G.-Bl. S. 375) schloss nur die beiden Mecklenburg, Lauenburg und Lübeck in die Preussische Brausteuer-Gesetzgebung ein, ohne völlige Uebereinstimmung in ganz Norddeutschland herbeizuführen.

Erst das Ges. v. 31. Mai 1872 (R.-G-Bl. S. 153) schuf einen einheitlichen Rechtszustand für die sog „Brausteuergemeinschaft“, welche die Staaten Norddeutschlands und Hessen umfasst. Nach diesem Gesetz wird die Brausteuer als Materialsteuer mit 4 M. pro 100 kg für Getreide (Malz, Schrot u. s. w.), Mais, Reis und grüne Stärke, 6 M. für Stärke, Stärkemehl und Stärkegummi und 8 M. für Zucker, Syrup und alle andern Malzsurrogate erhoben, während sich das Gesetz von 1819 auf die Besteuerung des damals allein verwendeten Malzschrots beschränkte. Die Versteuerung erfolgt in der Regel in der Form der Einmaischungssteuer bei der unter Steuerkontrole nach vorgängiger Brauanzeige erfolgenden Verwendung der Braustoffe, auf Antrag der Brauer oder bei Stoffen, die vor der Einmaischung einer Vermahlung unterliegen, vor letzterer (Vermahlungssteuer); endlich ist eine Fixation, d. h. eine Steuerabfindung für einen bestimmten Zeitraum auf Grund freier Vereinbarung der Steuerbehörde und des Pflichtigen zugelassen. Der ohne besondere Brauanlagen hergestellte Haustrunk ist steuerfrei. Für zur Ausfuhr gelangendes Bier wird 1 M. pro Hektoliter vergütet. Eingehende Kontrolen, wie Anzeige der Brauereiräume und -Gefässe, Steuerverschluss derselben für die Zeit des Nichtbetriebes, Beschränkungen hinsichtlich der Aufbewahrung und Verwendung der Braustoffe sowie der Einmaischungszeit, Steuerverschluss der zur Vermahlung dienenden Mühlwerke und Quetschen, Führung von Registern, Revisionen u. s. w. dienen zur thunlichsten Verhütung von Defraudationen.

Trotz der unleugbaren Mängel dieser Steuerformen sind mehrfache Reformversuche an dem Widerstand des Reichstags gescheitert.

§ 11. Die **Tabaksteuer** bestand in der Gestalt des Ges. v. 8. Febr. 1819 nur kurze Zeit. Klagen über die Einrichtung und Höhe der Gewichtsteuer veranlassten die K.-O. v. 29. März 1828 (G.-S. S. 39), durch welche an die Stelle der Gewicht- eine Flächensteuer trat, deren Höhe derjenigen einer Gewichtsteuer von 20 Sgr. für den Centner entsprechen sollte. Der gesammte Tabakboden jedes Kreises wurde in eine von 4 Ertragsklassen eingeschätzt, in denen die Steuer für je 6 Quadratruthen 6, 5, 4 und 3 Sgr. betrug.

Die Preussische Flächensteuer gelangte allmählich in den andern Staaten des Zollvereins zur Einführung und wurde trotz ihrer offenbaren Mängel in modifizirter Gestalt auch nach der Begründung des Norddeutschen Bundes und des Deutschen Reiches bis 1879 aufrecht erhalten.

Das für das ganze Zollvereinsgebiet erlassene Ges. v. 26. Mai 1868 (B.-G.-Bl. S. 319) behielt die Flächensteuer bei, beseitigte aber die Klassifizirung derselben, indem nun von Tabakboden jeder Güte der bisherige Höchstsatz von 6 Sgr. für 6 Quadratruthen zu entrichten war; beträgt die Gesammtfläche eines Pflanzers weniger als 6 Quadratruthen, so tritt Steuerfreiheit ein. Für exportirten Tabak werden mindestens 15 Sgr. für Roh- und Schnupftabak, mindestens 20 Sgr. für entrippte Blätter und Tabakfabrikate vergütet.

Endlich durch das Reichsgesetz v. 16. Juli 1879 (R.-G.-Bl. S. 245) kehrte man zu der Gewichtsteuer zurück; nur für Tabakpflanzungen von weniger als 4 Ar, ausnahmsweise für grössere, wird die Flächensteuer — für ein Quadratmeter für das Jahr 1880 2, für 1881 3, von 1882 ab 4,5 Pf. — beibehalten. Die Gewichtsteuer beträgt 1880: 20, 1881: 30 und von 1882 ab 45 M. für den Doppelzentner in fermentirtem oder getrocknetem fabrikationsreifen Zustande. Behufs Sicherung der Steuer werden Anmeldung der Tabakpflanzungen vorgeschrieben, eine vor der Ernte vorzunehmende amtliche Ermittlung der Blüthezahl oder Gewichtsmenge, welche, soweit der Abgang nicht nachgewiesen wird, mindestens zu versteuern ist, zugelassen und bestimmte Vorschriften über die Behandlung der Tabakpflanzungen gegeben. Die Steuer ist bei der erstmaligen Veräusserung des Tabaks, spätestens jedoch am 15. Juli des auf das Erntejahr folgenden Jahres zu zahlen. Die Ausfuhrvergütung beträgt vom Doppelzentner Rohtabak, je nachdem er fermentirt oder unfermentirt ist, 40 oder 33 M., von entrippten Blättern 47, für Fabrikate aus ausländischen Blättern, und zwar Schnupf- und Kautabak 60, Rauchtabak 81, Cigarren 94, Cigaretten 66 M., für solche Fabrikate aus inländischen Blättern beziehentlich 32, 43, 50 und 35 M., der Einfuhrzoll für Tabakblätter und -Saucen 85, für Cigarren und Cigaretten 270 und für andere Fabrikate 180 M. Die Verwendung von Tabaksurrogaten ist grundsätzlich verboten, wird sie ausnahmsweise vom Bundesrath gestattet, so hat dieser auch die Höhe der bei ihrer Verwendung zu entrichtenden Abgaben zu bestimmen. Eine Novelle v. 5. April 1885 (R.-G.-Bl. S. 83) hat einige die Steuerzahlung erleichternde Bestimmungen getroffen. Dagegen sind die Anläufe zu einer fundamentalen Reform 1882 (Monopol), 1893 (Fabrikatsteuer) und 1895 (Fakturensteuer) an den Widerspruch des Reichstags gescheitert.

§ 12. Anders wie bei den bisher besprochenen Verbrauchsteuern wurde bezüglich der **Salzsteuer** nach der Gründung des Zollvereins innerhalb desselben eine Uebereinstimmung in den leitenden Grundsätzen nicht herbeigeführt. Wohl besassen bis zum Eintritt Hannovers und Oldenburgs alle Vereinsstaaten dies Monopol, aber in sehr verschiedener Gestalt. Als nun Hannover und Oldenburg bei ihrem Eintritt in den Zollverein den Uebergang zum Monopol oder auch nur eine Erhöhung der Salzsteuer ablehnten, erhielt das Monopol den ersten Stoss. Bei der Erneuerung des Zollvereins konzedirten zwar Hannover und Oldenburg eine Steuererhöhung auf 2 Thlr. für den Zentner; andererseits aber stimmte Preussen der von Sachsen beantragten Aufhebung des Monopols im Prinzip bei; doch kam es damals wegen des Widerspruchs anderer Vereinsstaaten noch nicht zur Aufhebung des Monopols. Erst als durch die Ereignisse des Jahres 1866 dem Preussischen Staate Gebiete hinzugetreten waren, in denen das Monopol nicht bestand, sprach Preussen, nachdem ein gleiches Vorgehen der anderen Vereinsstaaten gesichert war, durch Ges. und Verordn. v. 9. Aug. 1867 (G.-S. S. 1317 u. 1320) die Aufhebung des Salzmonopols und seine Ersetzung durch eine Fabrikatsteuer von 2 Thr. für den Zentner Nettogewicht v. 1. Jan. 1868 ab aus. Schon am 12. Okt. 1867 wurden diese landesrechtlichen Bestimmungen durch ein Bundesgesetz (B.-G.-Bl. S. 41) ersetzt und noch in demselben oder dem nächsten Monat erliessen die süddeutschen Staate gleiche Gesetze, womit die Gleichmässigkeit der Besteuerung in dem Gebiete des demnächstigen Deutschen Reiches bereits hergestellt war; in Elsass-Lothringen wurde das gedachte Bundesgesetz durch Ges. v. 17. Juli 1871 eingeführt.

Nach dem Ges. v. 12. Okt. 1867 unterliegt das zum inländischen Verbrauche bestimmte Salz, d. h. nicht nur Siede-, Stein- und Seesalz, sondern auch andere Stoffe, aus denen Salz ausgeschieden wird, einer vom inländischen Produzenten bezw. vom Importeur zu entrichtenden Abgabe von 2 Thlr. für den Zentner Nettogewicht: befreit ist das zur Ausfuhr, zum Einsalzen und Einpöckeln, für landwirthschaftliche und gewerbliche Zwecke — ausgenommen zur Herstellung menschlicher Nahrungs- und Genussmittel — bestimmte, ausserdem auf Kosten des einzelnen Bundesstaats nach dessen Bestimmung das zur Abhülfe von Nothständen, zu Wohlthätigkeitszwecken und zu Deputaten dienende Salz; das für landwirthschaftliche und gewerbliche Zwecke bestimmte ist jedoch durch Denaturirung zum menschlichen Genuss unbrauchbar zu machen. Die Produktionsstätten unterliegen dem Anmeldezwang und der Kontrole, das fertige Salz, Schmutz- und Fegesalz dem Mitverschluss der Steuerbehörde. Die Steuer für das inländische Salz ist zu entrichten, wenn es aus dem unter diesem Mitverschluss stehenden Magazin in den freien Verkehr tritt.

Durch den Zolltarif von 1879 ist der Eingangszoll von 6 M. nur für das seewärts eingehende Salz beibehalten, für alles übrige ausländische Salz aber ein um 40 Pf. höherer festgesetzt. Im Uebrigen haben die Bestrebungen auf Reform oder Abschaffung der Salzsteuer bisher keinen Erfolg gehabt.

§ 13. Jüngeren Datums als alle bisher besprochenen Verbrauchsteuern ist die **Zuckersteuer,** zu deren Einführung ein Anlass erst vorlag, nachdem in den ersten Jahrzehnten des 19. Jahrhunderts die Erzeugung und der Verbrauch von inländischem Rübenzucker eine grössere Verbreitung erlangt hatte. Erst durch Verordn. v. 21. März 1840 führte daher Preussen eine Abgabe von der Rübenzuckerfabrikation ein, die aber unter Zugrundelegung eines Satzes von $^1/_6$ Thlr. für den Zentner Zucker und eines Rendements von 20:1 nur 3 Pf. für den Zentner Rüben betrug und nur bestimmt war, die Kosten einer Kontrole zu decken, die der Regierung über Umfang und Ertragsfähigkeit der Rübenzuckerindustrie Unterlagen verschaffen sollte. Schon im folgenden Jahre wurde indess auf Grund einer Vereinbarung v. 8. Mai 1841 am 1. Sept. 1841 im ganzen Zollvereinsgebiet eine Steuer von 10 Sgr. für den Zentner Rohzucker eingefürt, deren Aufkommen in den ersten drei Jahren noch kein dem Zollverein gemeinsamer war. Der Steuersatz betrug in Folge Festhaltung desselben Rendementsverhältnisses 6 Pf. für den Zentner Rüben. Vom 1. Sept. 1844 ab wurde die Steuer verdreifacht, 1850 abermals verdoppelt und 1853, indem nunmehr von Fixirung eines Steuersatzes für den Zentner Rohzucker und Annahme eines bestimmten Ausbeuteverhältnisses abgesehen wurde, auf 6, 1858 auf 7½ Sgr. für den Zentner Rüben bemessen. Andererseits wurde 1861 mit dem System der Ausfuhrprämien begonnen. Diese betrugen zuerst pro Zentner 2¾ Thlr. für Rohzucker und Farin und 3⅓ Thr. für Brot-, Hut- und Kandiszucker, seit 1. Sept. 1866 aber 2 Thlr. 26 Sgr. bezw. 3½ Thlr.

Nach der Gründung des Norddeutschen Bundes wurde alsbald eine Umgestaltung der Zuckersteuer durch das unter Zustimmung des Zollparlaments und -Bundesraths für ganz Deutschland erlassene Ges. v. 26. Juni 1869 (B.-G.-Bl. S. 282) vorgenommen, indess an der Materialsteuer festgehalten: diese wurde auf 8 Sgr. für den Zentner Rüben erhöht, zugleich aber auch die Steuervergütung auf 3 Thlr. 4 Sgr. für Rohzucker von mindestens 88 Proz. Polarisation (Zuckergehalt), 3 Thlr. 25 Sgr. für Kandis- und Brot-, 3 Thlr. 18 Sgr. für sonstigen Zucker. Dabei war von der Annahme ausgegangen, dass zur Herstellung von 1 Zentner 93¾prozentigen Rohzuckers 12½ Zentner Rüben mit 3⅓ Thlr. Steuer erforderlich seien, also auf 1 Zentner 88prozentigen Rohzucker 93,87 Sgr. Steuer entfielen. Die Einfuhrzölle für raffinirten und Rohzucker wurden gleichzeitig ermässigt. Indess die starke Zunahme der Zuckerausfuhr hatte bald die Folge, dass immer mehr von dem Steueraufkommen durch die Exportprämien aufgezehrt wurde. Diese wurden daher durch Ges. v. 7. Juli 1883 (R.-G.-Bl. S. 157) bis zum 1. Aug. 1885 und durch Ges. v. 13. Mai 1885 (R.-G.-Bl. S. 91) auf ein weiteres Jahr um je 0,4 M. ermässigt. Das Gesetz von 1885 war ein Nothbehelf, weil die dem Reichstage gemachte Reformvorlage nicht zu Stande kam, und schon im Dezember desselben Jahres wurde ein neuer Entwurf vorgelegt, der auch als Ges. v. 1. Juni 1886 (R.-G.-Bl. S. 181) zur Verabschiedung gelangte, aber eine grundsätzliche Reform noch immer nicht darstellte: die Materialsteuer blieb bestehen und wurde nur von 1,6 auf 1,7 M. für den Doppelzentner erhöht, dagegen die Steuervergütung ermässigt, vom 1. Okt. 1887 ab für Rohzucker von mindestens 90 und raffinirten Zucker von 90—98 Proz. Polarisation auf 17,25 M., für anderen Zucker vom 1. Nov. 1887 ab theils auf 21,5, theils auf 20,15 M. per Doppelzentner. Ausfuhrvergütung nach Massgabe des Zuckergehalts wird nunmehr aber auch für Fabrikate, zu denen inländischer Zucker verwendet ist, zugestanden und dem Bundesrath die Ermächtigung zur Vergütung der Steuer für Zucker, der zur Viehfütterung oder zur Herstellung von anderen Fabrikaten als Verzehrungsgegenständen verwendet ist, ertheilt. Im Uebrigen werden die Kontrolvorschriften verschärft und auf Betriebe, in denen aus unversteuerten Rüben Säfte und zuckerhaltige Produkte gewonnen werden, auf Melasseentzuckerungsanstalten u. s. w. ausgedehnt.

Diese immerhin verhältnissmässig untergeordneten Aenderungen erwiesen sich alsbald als völlig unzureichend, sodass man sich nunmehr endlich entschloss, an der Materialsteuer zu rütteln. Das Ges. v. 9. Juli 1887 (R.-G.-Bl. S. 308), welches alle früheren Bestimmungen aufhebt, kombinirt die auf 0,8 M. per 100 kg herabgesetzte Rübensteuer mit einer Verbrauchsabgabe von 12 M. für 100 kg inländischen Rübenzuckers einschliesslich des Zuckers, welcher aus Abläufen der Zuckerfabrikation (Melasse, Syrup) gewonnen oder durch weitere Bearbeitung so gewonnenen Zuckers hergestellt ist und daher der Materialsteuer nicht unterliegt; unter gewissen Voraussetzungen können auch die Abläufe selbst mit einem nach ihrem Zuckergehalt zu bemessenden Bruchtheil der Verbrauchsabgabe belegt werden. Die Verbrauchsabgabe wird entrichtet, wenn der Zucker aus der Steuerkontrole, der er während und nach der Herstellung und Raffination unterliegt, in den freien Verkehr tritt. Die Ausfuhrvergütungen werden von 17,25, 21,5 und 20,15 auf 8,5, 10,65 und 10 M. herabgesetzt, die Eingangszölle auf 15 M. für Syrup und Melasse und 30 M. für Zucker normirt; für Zuckerfabrikate und -Lösungen kann die Materialsteuer und Verbrauchsabgabe nach Verhältniss des Zuckergehalts vergütet werden. Auch bei Verwendung von Zucker zur Viehfütterung und zur Herstellung von anderen Fabrikaten als Verzehrungsgegenständen kann die Steuervergütung in obiger Höhe gewährt werden. Der Ausfuhr gleich steht die Niederlegung in den unter amtlichem Verschluss stehenden sog. „Vergütungslägern". Die Feststellung und Sicherung der Steuer erfolgt durch amtliche Verwiegung der Rüben, Steuerkontrole des Fabrikats und umfassende Vorschriften über die baulichen Einrichtungen der Betriebsstätten, Anzeigepflicht betreffs derselben und der Betriebszeit, Aufsichtskontrolen, Steuerverschlüsse u. s. w.

Ein Ruhepunkt in der Zuckersteuergesetzgebung wurde indess mit diesem Kompromiss zwischen Material- und Fabrikatsteuer um so weniger erreicht, als die internationale Konkurrenz der Zucker exportirenden Staaten in der Gewährung von offenen und versteckten Ausfuhrprämien immer grössere Missstände zeitigte. Versuche, bezüglich des letzteren Punktes zu einer internationalen Vereinbarung zu gelangen, haben erst in allerjüngster Zeit zu einem noch der Sanktionirung harrenden, vom Reichstage aber schon gutgeheissenen, greifbaren Ergebniss geführt. Dagegen hat das Reichsgesetz v. 31. Mai 1891 (R.-G.-Bl. S. 295) die Kombination von Material- und Fabrikatsteuer durch eine erhöhte Fabrikatsteuer von 18 M. für 100 kg Nettogewicht ersetzt. Steuerfrei bleibt — neben dem zur Viehfütterung u. s. w. verwendeten — der unter Steuerkontrole, nicht aber der aus dem freien Verkehr ausgeführte Zucker. Für den bis zum Inkrafttreten des neuen Gesetzes (1. Aug. 1892) zur Abfertigung gestellten Zucker wird unter Voraussetzung des Identitätsnachweises bei Ausfuhr oder Niederlegung die bisherige Materialsteuervergütung gewährt und bei Abfertigung zum freien Verkehr die bisherige Materialsteuer von 12 M. erhoben. Endlich werden bis zum 31. Juli 1897 „Zuschüsse aus dem Ertrage der Zuckersteuer", das sind feste Ausfuhrprämien, gewährt, und zwar für die drei bei der bisherigen Materialsteuervergütung unterschiedenen Zuckerklassen 1,25, 2,00 und 1,65 M. in den ersten drei, 1,00, 1,25 und 1,4 M. per 100 kg in den letzten beiden Jahren. Der Zoll wird für Zucker aller Art einschliesslich Melasse, Syrup und andere Abläufe auf 36 M. erhöht.

Sehr bald stellte sich die Unmöglichkeit der mit dem Ges. v. 31. Mai 1891 beabsichtigten einseitigen Aufhebung der Zuckerprämien Seitens des Deutschen Reiches heraus. Ein Nothgesetz v. 9. Juni 1895 (R.-G.-Bl. S. 255) hielt daher zunächst die bis zum 31. Juli 1895 vorgesehenen höheren Prämiensätze bis zum 31. Juli 1897 aufrecht, ermächtigte aber den Bundesrath zur Ermässigung oder Ausserkraftsetzung derselben, sobald andere Produktionsländer ihre Prämien ermässigen oder aufheben würden. Das Ges. v. 27. Mai 1896 (R.-G.-Bl. S. 109) aber, auf Grund dessen der sich aus ihm ergebende Text des Ges. v. 31. Mai 1891 als „Zuckersteuergesetz" v. 27 Mai 1896 bekannt gemacht ist (R.-G.-Bl. S. 116), ist sogar — unter Beibehaltung derselben diskretionären Befugniss für den Bundesrath — zu erhöhten Ausfuhrzuschüssen von 2,5, 3,55 und 3 M. ohne Zeitbeschränkung zurückgekehrt. Um die Mittel für diese erhöhten Prämien zu beschaffen, wird die Zuckersteuer von 18 auf 20 M., der Zuckerzoll, dem nun auch Honig unterworfen wird, auf 40 M erhöht und ein doppelter Zuschlag zur Zuckersteuer eingeführt, dem indess Rübensäfte und Abläufe nicht unterliegen: es sind nämlich zu entrichten a) eine „Betriebssteuer", welche per 100 kg beträgt bei einer Jahresproduktion bis zu 4 Mill. kg 0,1, von mehr als 4 bis zu 5 Millionen 0,125, von mehr als 5 bis zu 6 Millionen 0,15 M. und so fort von Million zu Million um 0,025 M. steigt, b) für die das für jede Fabrik festgesetzte „Kontingent" übersteigende Produktionsmenge ein „Betriebssteuerzuschlag" in Höhe der Ausfuhrvergütung für Rohzucker (2,5 M.). Befreiung oder Vergütung findet bei beiden Zuschlägen nicht statt. Das auf die Fabriken in der Regel nach ihrer Produktion in den letzten drei Jahren mit gewissen Einschränkungen für neu entstandene Fabriken u. s. w. zu vertheilende Kontingent ist im Gesetz für 1896/97 auf 1700 Mill. kg bestimmt und steigt für jedes spätere Rechnungsjahr um das Doppelte des Betrages, um den der Inlandsverbrauch des letzten Vorjahres den des vorletzten übertroffen hat.

Auch die Zuckersteuer ist somit, wie die Branntweinsteuer, zu immer grösserer Komplizirtheit gelangt. Auf Grund der Vereinbarungen der internationalen Zuckersteuer-Konferenz in Brüssel liegt augenblicklich ein neuer Gesetzentwurf dem Reichstage vor.

III. Kapitel.

Stempel- und Erbschaftssteuern.

§ 14. Dieselbe Erscheinung, die wir im vorigen Buche als ein Zeugniss für die Trefflichkeit der Gesetzgebung von 1820 bei der Gewerbesteuer kennen gelernt haben, dass es nämlich trotz der ungeahnten Entwicklung des Wirthschaftslebens möglich gewesen ist, sich auf der durch jene Gesetzgebung geschaffenen Basis bis in die neueste Zeit wohl oder übel weiter zu helfen, kehrt auf dem Gebiet der Stempelgesetzgebung wieder. Ist doch das Stempelgesetz v. 7. März 1822 erst vor wenigen Jahren durch ein neues ersetzt worden, ja auch dieses hat nicht, wie das neue Gewerbesteuergesetz, die Bahnen des bisherigen Gesetzes verlassen.

Allerdings war die Aufrechterhaltung des Gesetzes von 1822 nur möglich, indem durch eine erhebliche Anzahl von einzelnen Kabinetsordres und Gesetzen die fühlbarsten Lücken ausgefüllt und die drückendsten Härten gemildert wurden.

So ordnete eine K.-O. v. 4. Mai 1833 (G.-S. S. 49) Stempelfreiheit bei Besitzveränderungen, die zum gemeinen Besten angeordnet werden, an, welcher Grundsatz später in das Enteignungsgesetz v. 11. Juli 1874 überging. Andere Exemtionen wurden durch das Gesetz über die Benutzung der Privatflüsse v. 28. Febr. 1843, das Gesetz über das Mobiliar-Feuerversicherungswesen v. 8. Mai 1837, dessen diesbezügliche Vorschriften durch K.-O. v. 30. Mai 1841 auf die Immobiliarversicherung ausgedehnt wurden, das Rentenbankgesetz v. 2. März 1850, ferner durch eine K.-O. v. 18. Aug. 1841 (G.-S. S. 288) für Gemeinden in Armensachen geschaffen. Später bedingten neue Befreiungen u. a. das Reichsgesetz über die Rechtsverhältnisse der zum dienstlichen Gebrauch einer Reichsverwaltung bestimmten Gegenstände v. 25. Mai 1873, das Ges. v. 2. März 1867 (G.-S. S. 385) betr. die den gemeinnützigen Aktienbaugesellschaften bewilligte Sportel- und Stempelfreiheit, das Gesetz über die Erwerbs- und Wirthschaftsgenossenschaften v. 4. Juli 1868, das Gesetz über die Landeskultur-Rentenbanken v. 13. Mai 1879. Einschneidender waren für den Steuerfiskus die durch das Gesetz betr. Ansatz und Erhebung der Gerichtskosten v. 10. Mai 1851 und die spätere Justizgesetzgebung getroffenen Bestimmungen, wonach bei den Gerichten in Vormundschafts-, Konkurs-, Civil- und Strafprozesssachen ein Stempel neben der Gebühr nicht erhoben, im Uebrigen aber eventuell mit den Gerichtskosten verrechnet wird.

Das Vertriebsmonopol für Spielkarten, deren Preis inkl. Stempel schon durch K.-O. v. 30. Juli 1829 (G.-S. S. 100) auf 1 Thlr., 10, 5 und 3 Sgr. herabgesetzt war, wurde durch Verordn. v. 16. Juni 1838 (G.-S. S. 370) aufgehoben und der Stempel auf 8 Sgr. für das Spiel Tarok- und französische Karten zu 52 Blatt und auf 3 Sgr. für französische Karten zu 32 Blatt, deutsche und Traplierkarten festgesetzt; verboten blieb die Einführung; die Fabriken unterlagen steuerlichen Kontrolen. In formeller Hinsicht bemerkenswerth ist das Ges. v. 2. Sept. 1862 (G.-S. S. 295), durch welches für vom Finanzminister zu bestimmende Arten stempelpflichtiger Schriftstücke die Erfüllung der Steuerpflicht statt durch Verwendung von Stempelbogen oder Abstempelung durch Befestigung von Stempelmarken auf den Schriftstücken zugelassen wurde.

§ 15. Als sich im Laufe des Jahrhunderts das Staatsgebiet erweiterte, war man bedacht, soweit nicht besondere Umstände, wie bei den Hohenzollern'schen Landen die geographische Lage, Ausnahmen bedingten, die altländischen Vorschriften auf die neuen Landestheile auszudehnen. Die Verordn. v. 19. Juli und v. 7. Aug. 1867 (G.-S. S. 1191 u. 1277), nebst den ihnen beigefügten Tarifen, durch welche die Verwaltung des Stempelwesens und die Erhebung der Stempelsteuer in dem vormaligen Königreich Hannover, dem vormaligen Kurfürstenthum Hessen und Herzogthum Nassau, den vormals Bayerischen Gebietstheilen sowie den Herzogthümern Schleswig und Holstein geordnet wurde, lehnen sich deshalb auf das Engste an das altpreussische Gesetz vom Jahre 1822 und die zur Ergänzung und Abänderung desselben ergangenen Bestimmungen an, ja sind zum grossen Theil eine wörtliche Nachbildung der älteren Vorschriften. Nachdem die Stempelsteuerverordnung v. 19. Juli 1867 durch den Allerhöchsten Erlass v. 14. Aug. desselben Jahres (G.-S. S. 1340) auch in den vormals Grossherzoglich und Landgräflich Hessischen Landestheilen und durch die Verordn. v. 16. Aug. desselben Jahres (G.-S. S. 1346) in der ehemals freien Stadt Frankfurt a. M. Gesetzeskraft erlangt hatte, war die beabsichtigte Uebereinstimmung mit den alten Provinzen auf dem Gebiete der Verkehrsstempelsteuern fast überall erreicht. Ausnahmen blieben bestehen nur im Kreise Herzogthum Lauenburg, in welchem ausser dem auf Grund des Erbschaftssteuergesetzes zu erhebenden Schenkungsstempel die Einziehung der Stempelabgaben auch nach Vereinigung mit dem Preussischen Staate nach der Hannoverschen Verordn. v. 31. Dez. 1813 erfolgte, und in den Hohenzollernschen Landen, in denen noch jetzt nur der vorerwähnte Schenkungsstempel und ausserdem Stempelgebühren nach Massgabe des Ges. v. 22. Juni 1875 zur Hebung kommen. Insoweit es sich um gebührenartige Stempelsteuern handelt, sind die bezüglichen Bestimmungen des Tarifs zum Stempelgesetz v. 7. März 1822 durch das Gesetz und den Tarif v. 24. Febr. 1869 in der Provinz Hannover, durch das Gesetz und den Tarif v. 5. März 1868 in den Regierungsbezirken Cassel und Wiesbaden mit Ausnahme der Stadt Frankfurt a. M. zur Einführung gelangt, allerdings unter Aufrechterhaltung einzelner früherer Sonderbestimmungen. Für die Provinz Schleswig-Holstein vollzog sich die Erhebung dieser Stempel nach den Bestimmungen der zweiten Abtheilung des Stempeltarifs v. 7. Aug. 1867, während für Frankfurt a. M. das Ges. v. 27. Juni 1875 (G.-S. S. 407) bestimmt hat, dass der ihm beigefügte Stempeltarif, der von den Bestimmungen der übrigen Tarife erheblich abweicht, an Stelle früherer Stempelgesetze in Kraft treten solle. Im Allgemeinen bestand auch hinsichtlich der gebührenartigen Stempel Uebereinstimmung zwischen den alten und neuen Landestheilen, wenn auch nicht in dem Masse, wie es bei den Verkehrsstempelsteuern der Fall ist.

Das Ges. v. 22. Juni 1875 (G.-S. S. 235) lässt in den Hohenzollernschen Landen für Subhastations-, Vormundschafts- und Kuratelsachen die aus der vorpreussischen Zeit stammenden, für Sigmaringen und Hechingen verschiedenen Vorschriften über das Sportel-, Stempel- und Taxwesen bestehen und führt neben dem Erbschaftssteuergesetz (vgl. unten § 17) auch eine dem in der übrigen Monarchie erhobenen Immobiliarstempel entsprechende Abgabe von 1 Proz. des Werthes ein, sodass thatsächlich bezüglich der wichtigsten Stempelabgaben materielle Uebereinstimmung mit der übrigen Monarchie hergestellt ist.

§ 16. Die beiden wichtigsten Massnahmen auf dem Gebiete des Stempelwesens vor der Miquel'schen Reform, von denen wenigstens die eine auch von bedeutender finanzieller Tragweite für Preussen war, waren der Uebergang gewisser Stempel auf das Reich und die Auslösung der Erbschaftssteuer aus dem Stempelgesetz.

Schon der Norddeutsche Bund zog durch Ges. v. 10. Juni 1869 (B.-G.-Bl. S. 193) den Wechselstempel an sich. Dasselbe geschah seitens des Deutschen Reiches mit dem Spielkartenstempel durch Ges. v. 3. Juli 1878 (R.-G.-Bl. S. 133) und mit dem Stempel auf Aktien, Renten- und Schuldverschreibungen und Lotterieloose durch Ges. v. 1. Juli 1881 (R.-G.-Bl. S. 185), während § 30 des Reichspressgesetzes v. 7. Mai 1874 (R.-G.-Bl. S. 65) den Zeitungs- und Kalenderstempel aufhob.

Der Wechselstempelsteuer unterliegen nach dem Ges. v. 10. Juni 1869: 1. gezogene und eigene Wechsel, die im Bundes-, jetzt im Reichsgebiet, in Umlauf gesetzt werden; 2. an Ordre lautende Zahlungsversprechen; 3. von Kaufleuten oder auf Kaufleute ausgestellte Anweisungen auf Geldauszahlungen, Akkreditive und Zahlungsaufträge, gegen deren Vorzeigung oder Auslieferung Zahlung geleiset werden soll. Befreit sind dagegen: a) vom Ausland auf das Ausland gezogene, nur dort zahlbare Wechsel; b) vom Inland auf das Ausland gezogene, nur im Ausland auf Sicht oder spätestens innerhalb 10 Tagen nach der Ausstellung zahlbare Wechsel, sofern sie vom Aussteller direkt in das Ausland remittirt werden; c) statt Baarzahlung dienende, auf Sicht zahlbare Platzanweisungen und Checks, wenn sie ohne Accept bleiben; d) Akkreditive, durch welche lediglich einer bestimmten Person ein nur im Maximalbetrage begrenzter oder unbeschränkter, nach Belieben zu benutzender Kredit zur Verfügung gestellt wird; e) Banknoten und andere auf den Inhaber lautende, auf Sicht zahlbare Anweisungen, welche der Aussteller auf sich selbst ausstellt. Die Steuer betrug nach dem Ges. v. 1869 von einer Summe

von	50 Thlr. oder weniger	1	Sgr.
über	50—100 „	1½	„
„	100—200 „	3	„
„	200—300 „	4½	„

und so fort von jeden ferneren angefangenen 100 Thlrn. 1½ Sgr. mehr. Die Steuerpflicht wird erfüllt durch Verwendung abgestempelter Blankets oder durch Verwendung von Stempelmarken auf der Urkunde. Nach der Münzreform wurde durch Ges. v. 4. Juni 1879 (R.-G.-Bl. S. 151) die Steuer bemessen auf

0,10 M.	von einer Summe von	200 M. und weniger
0,20 „	„ „ „	über 200— 400 M.
0,30 „	„ „ „	„ 400— 600 „

0,40 M. von einer Summe über 600— 800 M.
0,50 „ „ „ „ „ 800—1000 „
und von jedem fernern angefangenen 1000 M. 0,5 M. mehr.

Der Spielkartenstempel beträgt nach dem Ges. v. 3. Juli 1878 für jedes Spiel von nicht mehr als 36 Blättern 0,3, für jedes andere Spiel 0,5 M.; befreit sind unter amtlicher Kontrole ins Ausland ausgeführte Karten; es werden als Zeichen der Steuerentrichtung bestimmte einzelne Karten abgestempelt. Die Fabriken, die nur an Orten errichtet werden dürfen, an denen sich eine zur Beaufsichtigung geeignete Zoll- oder Steuerbehörde befindet, stehen unter steuerlicher Kontrole und Revision.

Das Ges. v. 1. Juli 1881 betr. die Erhebung von Reichsstempelabgaben (R.-G.-Bl. S. 185) führte ein: 1. Werthstempel von 5 vom Tausend für inländische und ausländische Aktien, Aktienantheils- und Interimsscheine, von 2 vom Tausend für inländische und ausländische, für den Handelsverkehr bestimmte Renten- und Schuldverschreibungen und von 1 vom Tausend für inländische auf den Inhaber lautende und auf Grund staatlicher Genehmigung ausgegebene Renten- und Schuldverschreibungen der Kommunalverbände, Grundbesitzer-Korporationen, Grundkredit- und Hypothekenbanken und Transportgesellschaften; 2. Fixstempel von 20 Pf. für Schlussnoten und dergleichen betreffs Kauf-, Rückkauf-, Tausch- oder Lieferungsgeschäfte über Wechsel, ausländische Noten oder ausländisches Papiergeld, Aktien oder andere Werthpapiere oder endlich Sachen und Waaren, die nach Gewicht, Mass oder Zahl gehandelt zu werden pflegen, von 1 M. für solche Schlussnoten, wenn das Geschäft auf Zeit abgeschlossen oder prolongirt ist, von 20 Pf. für Rechnungen, Buchauszüge und sonstige Berechnungen über Kauf-, anderweitige Anschaffungs- oder Lieferungsgeschäfte der gedachten Art; 3. von 5 vom Hundert für Lotterieloose, soweit es sich nicht um Lotterien zu mildthätigen Zwecken handelt. Die Form der Steuerentrichtung ist analog derjenigen beim Wechselstempel. Die Novelle v. 29. Mai 1885 (R.-G.-Bl. S. 171), auf Grund deren das ganze Gesetz in seiner neuen Gestalt unterm 3. Juni 1885 (R.-G.-Bl. S. 179) neu publizirt wurde, ersetzt die Fixstempel für Schlussnoten etc. durch Werthstempel für den Geschäftsabschluss selbst, über den nunmehr eine Schlussnote ausgestellt werden muss. $^1/_{10}$ vom Tausend ist zu zahlen für Anschaffungsgeschäfte über ausländische Noten, ausländisches Papiergeld, ausländische Geldsorten und über Aktien und andere Werthpapiere der vorstehend unter Nro. 1. bezeichneten Art, $^2/_{10}$ vom Tausend für Anschaffungsgeschäfte, die unter Zugrundelegung von Börsenusancen über Waaren, die börsenmässig gehandelt werden, geschlossen werden; frei sind Objekte bis zu 600 M.; der Werth wird nach Abstufungen von vollen 2000, bei Werthen über 10 000 M. von vollen 10 000 M. zu Grunde gelegt. Eine abermalige Umgestaltung, die wieder mit einer Neuredaktion des ganzen Gesetzes verbunden war (R.-G.-Bl. S. 381), erfuhren die Reichsstempelabgaben durch das Ges. v. 27. April 1894 (R.-G.-Bl. S. 369). Die Abgabe wurde für inländische Aktien u. s. w. von 5 auf 10 vom Tausend, für ausländische von 5 auf 15 vom Tausend, für inländische Renten- und Schuldverschreibungen von 2 auf 4, für ausländische von 2 auf 6 vom Tausend, für Renten- und Schuldverschreibungen inländischer Grundbesitzer-Korporationen, Grundkredit- und Hypothekenbanken und Transportgesellschaften — nicht auch der kommunalen Verbände — von 1 auf 2 vom Tausend erhöht. Ebenso wurden die Sätze der durch die Novelle von 1885 eingeführten Werthstempel für Börsengeschäfte und des Lotterieloosstempels verdoppelt. Eine weitere Verschärfung liegt darin, dass die Abstufungen der Steuer auf Börsengeschäfte verkleinert sind: die Steuer steigt für jede angefangenen 1000 M. um 20 bezw. 40 Pf. Genussscheine, welche sich nicht als Aktien oder Aktienantheilsscheine darstellen, werden nur von einem Fixstempel von 5, 3 oder 0,5 M. getroffen. Report- und Deportgeschäfte werden nur als ein Geschäft aufgefasst und daher nur ein Mal besteuert. Dem Lotteriestempel werden auch Wetteinsätze bei Pferderennen und ähnlichen Veranstaltungen unterworfen.

Das Gesetz von 1894 verdankte seine Entstehung dem Mehrbedarf der Heeresverwaltung; die erhöhten Anforderungen der Marineverwaltung waren die Veranlassung, dass durch Ges. v. 14. Juni 1900 (R.-G.-Bl. S. 260) abermals bedeutende Erhöhungen eintraten: für Aktien etc. sind die Sätze von 1 und $1^1/_2$ auf 2 und $2^1/_2$ Proz. erhöht und dem Satz von 2 Proz. auch Reichsbankantheilscheine unterworfen, für Kuxe und Kuxscheine ein Fixstempel von 1,5 M., für Einzahlungen auf solche aber ein Werthstempel von 1 vom Hundert eingeführt, die Abgabe von inländischen Renten- und Schuldverschreibungen denjenigen von solchen ausländischer Renten- und Eisenbahngesellschaften (6 vom Tausend) gleichgestellt, dagegen solche anderer ausländischer Korporationen und Gesellschaften mit 1 vom Hundert belegt. Verdoppelt ist des Weiteren die Steuer von inländischen Kommunalobligationen und von inländischen Lotterieloosen; diejenige für ausländische Loose ist sogar um das Anderthalbfache, auf 25 Proz. erhöht. Eine Erhöhung von $^2/_{10}$ auf $^3/_{10}$ vom Tausend erfährt der Anschaffungsstempel von in- und ausländischen Aktien und dergleichen und ausländischen Renten- und Schuldverschreibungen mit Ausnahme von solchen ausländischer Staaten und Eisenbahngesellschaften; Anschaffungsgeschäfte über Kuxe und dergleichen werden mit 1 vom Tausend besteuert. Endlich werden Schiffsfrachturkunden einem Fixstempel von 1 M. bezw. im Schiffsverkehr der Nord- und Ostsee, des Kanals und der Norwegischen Küste von 10 Pf unterworfen. In seiner neuen Gestalt wurde das Ges. v. $\frac{\text{1. Juli 1881}}{\text{29. Mai 1885}}$ als „Reichsstempelgesetz v. 27. April 1894“ auf S. 381 ff. des R.-G.-Bl. neu publizirt.

§ 17. Die enge Verbindung der Erbschaftssteuer mit dem Stempelwesen wurde für die neuen Landestheile schon durch die „Verordn. betr. die Erhebung der Erbschaftsabgabe in den durch die Gesetze v. 20. Sept. und 24. Dez. 1866 mit der Monarchie vereinigten Landestheilen“ v. 5. Juli 1867 (G.-S. S. 1120) beseitigt, für den ganzen Umfang der Monarchie aber durch das Ges. betr. die Erbschaftssteuer v. 30. Mai 1873 (G.-S. S. 329). Dasselbe befreit von der Steuer alle Anfälle unter 50 Thlr., ferner solche an Aszendenten und Deszendenten, Ehegatten, also auch Ehemänner, an den Fiskus und öffentliche Anstalten und Kassen, Armenverbände, öffentliche Armen-, Kranken-, Arbeits-, Straf-, Besserungsanstalten, Waisenhäuser und andere milde Stiftungen, öffentliche Schulen und Sammlungen, deutsche Kirchen- und Religionsgesellschaften, endlich in demselben Umfang, wie das Stempelgesetz v. 1822 Anfälle an Bedienstete des Erblassers. Soweit die letztere Befreiung nicht eintritt, ist der Anfall, wenn er in Pensionen oder anderen auf die Lebenszeit des Bedachten beschränkten Nutzungen besteht, die ihm mit Rücksicht auf dem Erblasser geleistete Dienste zugewendet werden, nur mit 1 Proz. zu versteuern. Legitimirte aussereheliche Kinder stehen den ehelichen gleich, andere zahlen, sofern sie erweislich vom Erzeuger anerkannt sind, 4 Proz. Im Uebrigen werden die bisherigen Steuersätze beibehalten; nur wird derjenige von 4 Proz. auch allen ausschliesslich zu wohlthätigen, gemeinnützigen oder Unterrichtszwecken, welche nicht nur einzelne Familien oder bestimmte Personen betreffen, bestimmten Zuwendungen bewilligt. Die objektive Steuerpflicht erstreckt sich auf Erbschaften, Vermächtnisse, Schenkungen von Todeswegen, Lehns- und Fideikommissanfälle, von Todeswegen erfolgende Anfälle von Hebungen aus Familienstiftungen; aber auch Schenkungen unter Lebenden unterliegen, wenn sie schriftlich beurkundet werden, einem nach gleichen Grundsätzen zu berechnenden Werthstempel. Die Erbschaftssteuer ist nach dem Betrage der Bereicherung des Bedachten, also unter Abzug aller Lasten u. s. w. zu berechnen, wobei der gemeine Werth zur Zeit des Anfalls zu Grunde gelegt wird. Hinsichtlich der Steuerpflicht von Immobiliarvermögen entscheidet das Territorialprinzip, hinsichtlich derjenigen von Mobiliarvermögen die Staatsangehörigkeit des Erblassers insofern, als dasselbe steuerfrei bleibt, wenn es in einen Staat verabfolgt werden soll, der in dieser Beziehung Reziprozität gewährt. Jeder, dem ein steuerfreier Anfall zukommt, hat denselben binnen 3 Monaten nach erlangter Kenntniss von demselben dem Erbschafts-Steueramt schriftlich anzumelden.

Innerhalb 2 Monaten nach Ablauf der Anmeldefrist ist dem Erbschaftssteueramt ein vollständiges Inventar mit schriftlicher Deklaration der Verhältnisse einzureichen; Verlängerung der Frist kann erfolgen, sie muss gewährt werden, wenn der Anfall noch nicht erworben ist. Sind keine steuerpflichtigen Erben, sondern nur steuerpflichtige Vermächtnisse etc. betheiligt, so kann Inventar und Deklaration auf diese beschränkt werden. Zur Vorlegung des Inventars und der Deklaration sind verpflichtet Testamentsvollzieher oder Nachlasspfleger, wenn diese nicht vorhanden, der Erbe, auch wenn er selbst nicht steuerpflichtig; bei Lehns-, Fideikommiss- und Anfällen von Hebungen aus Familienstiftungen jeder Steuerpflichtige bezüglich seines Antheils; für Bevormundete etc. haben die gesetzlichen Vertreter die Verpflichtung zu erfüllen. Das Erbschafts-Steueramt prüft Inventar und Deklaration; Erinnerungen desshalb haben die Verpflichteten in der von ihm bestimmten Frist zu erledigen, ebenso andre Auskunft zu ertheilen und die Dokumente vorzulegen, widrigenfalls das Erbschafts-Steueramt Ordnungsstrafen bis 60 M. festsetzen und das Nöthige auf Kosten der Säumigen beschaffen kann. Das Erbschafts-Steueramt kann selbst oder durch Requisition eidesstattliche Versicherungen über Richtigkeit und Vollständigkeit von Inventar und Deklaration abnehmen. Ausnahmsweise kann der Finanzminister auf Antrag vom Inventar absehen und ein Aversionalquantum für die Steuer annehmen. Setzt ein Ehegatte die Gütergemeinschaft mit den Kindern fort, so wird bei Tod eines Kindes die Versteuerung des an die Geschwister gelangenden Anfalls bis zur Auflösung ausgesetzt und geschieht dann nach dem dann vorhandenen Vermögen.

Von der steuerpflichtigen Masse kommen in Abzug alle mit ihr übernommenen Lasten und Abgaben, wozu u. a. die Kosten der Erbschaftsregulirung, nicht aber die der Erbschaftsprozesse und die Steuer gehören. Ausländische Immobilien gehören nicht zur steuerpflichtigen Masse, wohl aber anderes im Ausland befindliches Vermögen eines als Inländer Verstorbenen, falls und soweit es nicht im Ausland einer Erbschaftssteuer unterliegt. Schulden und Lasten kommen nur bei dem Theil der Masse, auf dem und insoweit sie auf diesem lasten, in Abzug, Hypotheken nur bei dem belasteten Grundstück. Immerwährende Nutzungen und Leistungen werden mit 5, solche von unbestimmter Dauer mit 8, lebenslängliche je nach dem Alter dessen, auf dessen Lebenszeit sie gestellt sind, mit 6¼ bis 50 Proz. kapitalisirt; erlischt die Leistung etc. innerhalb eines Jahres, so wird die zuviel gezahlte Steuer erstattet; steht sie mehreren zu und soll mit Tod des zuerst oder zuletzt Sterbenden für alle erlöschen, so wird sie nach dem Alter des ältesten resp. jüngsten kapitalisirt. Nutzungen etc. auf bestimmte Zeit werden nach einer dem Gesetz beigefügten Tabelle auf Grund eines Zinsfusses von 5 Proz., Kapitalnutzungen, wenn nicht auf Grund einer die anderweitige Disposition über das Kapital ausschliessenden Beschränkung eine geringere Verzinsung nachgewiesen wird, zu 5 Proz. kapitalisirt. Den Werth aller anderen Gegenstände hat der Verpflichtete bei Vermeidung der auf seine Kosten erfolgenden anderweiten Werthermittelung anzugeben. Erscheinen seine Angaben bedenklich oder findet eine Einigung nicht statt, so kann das Erbschafts-Steueramt selbständig den Werth ermitteln; die Kosten hierfür trägt der Pflichtige, wenn der ermittelte Werth den von ihm angegebenen um mehr als 10 Proz. übersteigt. Bei suspensiv bedingtem Erwerb ist die Steuer erst bei Eintritt der Bedingung zu entrichten, jedoch auf Verlangen der Behörde sicher zu stellen; bei Resolutivbedingung ist die Steuer voll zu entrichten, wird aber bei Eintritt der Bedingung bis auf den der wirklichen Bereicherung entsprechenden Betrag erstattet. Entsprechend (d. h. umgekehrt) ist die Behandlung bedingter Lasten. Betagte Erwerbungen und Lasten werden wie bedingte behandelt. Unsichere Forderungen und andere zur sofortigen Werthermittelung nicht geeignete Gegenstände werden nach dem muthmasslichen, vom Pflichtigen anzugebenden Werth berechnet; findet über diesen keine Einigung statt, so ist die Steuer vom angegebenen Werth einzuziehen unter Vorbehalt der Nachforderung bei Feststehen desselben. Für nicht berücksichtigte ungewisse oder unbekannte Ansprüche an die Masse wird die Steuer erstattet. Lehns-, Fideikommiss- und Anfälle aus Familienstiftungen werden wie Leibrenten etc. berechnet. Bei Erwerb der Substanz ohne die Nutzung kann entweder die Steuer vom Werth der Substanz minus dem kapitalisirten Werth der Nutzung entrichtet werden oder die Versteuerung ausgesetzt werden bis zur Vereinigung von Substanz und Nutzung; sie erfolgt dann lediglich nach den alsdann vorliegenden Verhältnissen. Bei fideikommissarischer Substitution gilt Fiduciar als Niessbraucher, Fideikommissar als Substanzerbe. Bei fideicommissum ejus quod supererit hat Fiduciar den Anfall, Fideikommissar das ihm herausgegebene Vermögen voll zu versteuern. Die Steuer wird für jeden Antheil besonders berechnet. Haben Ehegatten in einer gemeinsamen letztwilligen Verfügung Verwandte bedacht und ist es zweifelhaft, von welchem der Ehegatten der Anfall erfolgt ist, so wird er als von dem dem Steuerpflichtigen Nächstverwandten erfolgt angenommen. Ist der Betrag des Nachlasses des verstorbenen Ehegatten nicht zu ermitteln, so wird er gleich $1/2$ des beim Tode des letztlebenden vorhandenen Vermögens angenommen; ist das Eigenthumsverhältniss bezüglich einzelner Gegenstände streitig, so wird angenommen, dass sie jedem zur Hälfte gehören.

Für die Steuer haftet die gesammte steuerpflichtige Masse; Erben und Miterben, Universallegatare und Erwerber eines Legats unter einem Universaltitel haften auf Höhe des aus der Erbschaft Empfangenen solidarisch. Vertreter etc. der Erben, Testamentsvollstrecker etc. dürfen bei Vermeidung eigener Haftung die Anfälle erst nach Zahlung oder Sicherstellung der darauf treffenden Steuer aushändigen.

Nach Feststellung der Steuer ertheilt das Erbschafts-Steueramt eine Bescheinigung, enthaltend Betrag der Masse, Anfälle, Verwandtschaftsverhältniss, Steuerbeträge und Anweisung zur Entrichtung. Soweit der Nachlass liquid ist, ist die Steuer sogleich ohne Rücksicht auf die Erbauseinandersetzung zu zahlen. Klagen wegen Rückerstattung der Steuern sind binnen Jahresfrist nach Eintritt des den Anspruch begründenden Ereignisses anzubringen.

Strafen: Versäumung der Anmeldung, Einreichung des Inventars oder der Deklaration: ausser den dadurch verursachten Kosten das duplum der Steuer des betreffenden Anfalles, kann diese nicht ermittelt werden, Geldstrafe bis 3000 M.; wird nachgewiesen oder ist anzunehmen, dass nicht die Absicht einer Hinterziehung vorlag, so tritt Ordnungsstrafe bis 150 M. ein, welche bis zur Höhe von 60 M. ohne vorgängiges Strafverfahren durch das Erbschafts-Steueramt durch Bescheid festgesetzt werden kann, gegen den Rekurs oder Provocation auf richterliches Gehör zulässig ist. Gleiche Strafen treffen den, der wissentlich etwas verschweigt oder unrichtige Angaben macht, sofern er seine Angaben auf erforderte eidesstattliche Versicherung berichtigt oder Bestrafung wegen Urkundenfälschung oder Meineid eintritt. Wiederholter Ungehorsam gegen die Aufforderung zur eidesstattlichen Versicherung wird mit Geldstrafe von 75 bis 3000 M. geahndet. Umwandlung der Geldstrafe in Freiheitsstrafe findet nicht statt, ebenso ohne Einwilligung des Verurtheilten keine Subhastation von Grundstücken derselben.

Verjährung: noch nicht zur Hebung gestellte Erbschaftssteuer 10 Jahre nach Ablauf des Kalenderjahres, in dem der Anfall erworben oder die letzte auf Ermittelung der Steuer bezügliche Handlung vorgenommen ist, zur Hebung gestellte in 4 Jahren nach Ablauf des Kalenderjahres, in dem die Zahlungs- oder Stundungsfrist ablief oder die letzte amtliche Beitreibungshandlung vorgenommen ist; war die Forderung sicher gestellt, so beginnt die Verjährung erst mit Ablauf des Jahres, in dem die Sicherheit erloschen ist. Strafverfolgungen in 3, Strafvollstreckungen in 5 Jahren.

Gleichzeitig mit den Gesetzen zur Reform der Einkommen- und Gewerbesteuer wurde, wie im vorigen Buch (§ 50) erwähnt, auch eine

Novelle zum Erbschaftssteuergesetz vorgelegt; sie fand aber nur unter Ausscheidung der wichtigsten Vorschrift, der Ausdehnung der Steuerpflicht auf Ehegatten und Verwandte gerader Linie, Annahme. Die Aenderungen, welche das Ges. betr. Abänderung des Erbschaftssteuergesetzes v. 19. Mai 1891 (G.-S. S. 72) gebracht hat, beschränken sich in der Hauptsache auf Folgendes: Mobiliarvermögen unterliegt fortan der Steuer, wenn der Erblasser seinen Wohnsitz in Preussen hatte oder die vorläufige Ausfolgung des Nachlasses von einem Preussischen Gericht verfügt ist, das ausserhalb Preussens befindliche jedoch nur dann, wenn davon im Ausland keine oder eine geringere Steuer erhoben wird, letzterenfalls unter Anrechnung der letzteren. Unter gewissen Voraussetzungen kann der Finanzminister zur Verhütung von Doppelbesteuerungen Ausnahmen von diesen Regeln anordnen. Bei Berechnung des Kapitalwerthes der auf bestimmte Zeit beschränkten Nutzungen oder Leistungen und des nicht anderweit feststehenden Jahresbetrages einer Kapitalnutzung ist ein Zinsfuss von 4 Proz. zu Grunde zu legen. Für lebenslängliche Nutzungen beträgt der Kapitalisirungsmultiplikator für Lebensalter von nicht mehr als 15, 15 bis 25, 25 bis 35, 35 bis 45, 45 bis 55 und 55 bis 65 Jahren 18, 17, 16, 14, 12 und 8½, statt bisher 16, 15, 14, 12½, 10 und 7½. Die Schenkungssteuer ist auch dann zu entrichten, wenn die Schenkung in die Form eines lästigen Vertrages eingekleidet ist, sich aber aus den begleitenden Umständen ergiebt, dass eine Schenkung vorliegt.

Andere Neuerungen betreffen die Steuerpflicht dessen, was nach einer Auflage, welche bei Genehmigung von Schenkungen und letztwilligen Zuwendungen an Korporationen und andere juristische Personen diesen gemacht ist, von ihnen an Angehörige des Schenkers bezw. Erblassers zu gewähren ist, die Steuerpflicht bedingter Schenkungen und die Strafbestimmungen bei Schenkungen.

In dieser veränderten Gestalt ist das ganze Erbschaftssteuergesetz auf Grund einer in der Novelle ertheilten Ermächtigung am 24. Mai 1891 vom Finanzminister bekannt gemacht (G.-S. S. 78).

Eine weitere Novelle wurde aus Anlass der Reform der Stempelsteuer (vgl. § 18) erforderlich. Dieselbe, v. 31. Juli 1895 (G.-S. S. 412), unterwirft, falls Erblasser bei seinem Ableben überhaupt keinen Wohnsitz hatte, das Mobiliarvermögen der Preussischen Erbschaftssteuer, soweit es sich beim Ableben in Preussen befindet, ersetzt für Kapitalisirung immerwährender Nutzungen und Leistungen den Multiplikator 20 durch 25, erweitert die Steuerfreiheit auf 150 M. nicht übersteigende statt bisher 150 M. nicht erreichende Anfälle und beschränkt die Steuerfreiheit von Wohlthätigkeitsanstalten, Stiftungen und Schulen auf solche des Inlands; ausländischen kann sie unter Voraussetzung der Gegenseitigkeit gewährt werden. Neu ist endlich die Befreiung von Kassen und Anstalten, welche die Unterstützung der Arbeitnehmer oder Bediensteten des Erblassers sowie der Angehörigen desselben bezwecken.

In der Gestalt, welche die Erbschaftssteuer 1891 erhalten hat, ist sie durch Art. III des Ges. v. 19. Mai 1891 auch in den Hohenzollernschen Landen und im Kreise Herzogthum Lauenburg mit gewissen geringen Modifikationen, welche sich daraus ergaben, dass dort der Preussische Urkundenstempel nicht bestand, eingeführt; die Novelle von 1895 erstreckt sich ebenfalls auf diese Landestheile.

§ 18. Der Entwurf eines neuen Stempelsteuergesetzes, welchen Miquel als das letzte seiner grossen Steuerreformgesetze auf Grund Allerhöchster Ermächtigung v. 6. Febr. 1895 dem Landtage vorlegte, verliess, wie bereits erwähnt, die Bahnen des Ges. von 1822 nicht, sondern stellte sich nur die Aufgabe, „unter Festhaltung der bisherigen Grundlagen der Preussischen Stempelgesetzgebung die zerstreut liegenden Gesetze und Verordnungen einheitlich zusammen zu fassen und diejenigen Bestimmungen, welche sich bis in die Gegenwart hinein bewährt haben, unberührt zu lassen, andererseits aber veraltete und den Bedürfnissen des heutigen Verkehrs nicht mehr entsprechende Bestimmungen auszusondern oder zu ändern, vorhandene Lücken zu ergänzen und erkannte Härten durch Herbeiführung einer gerechteren, insbesondere die weniger bemittelten Klassen der Bevölkerung mehr berücksichtigenden Besteuerung zu mildern.“ Gleichwohl bedurfte es harter parlamentarischer Kämpfe und der Entwurf erfuhr mannigfache Aenderungen, ehe es gelang, ihn als Stempelsteuergesetz v. 31. Juli 1895 (G.-S. S. 413) zur Verabschiedung zu bringen.

Von den oben wiedergegebenen leitenden Gesichtspunkten ausgehend, hält das neue Gesetz an dem Grundsatze des bisherigen Stempelrechts fest, dass, obwohl eigentlich als Gegenstand der Steuer das Rechtsgeschäft selbst erscheint, nur die über die Rechtsgeschäfte errichteten Urkunden besteuert werden sollen, da die Rechtsgeschäfte, insoweit sie sich nicht durch amtliche Thätigkeit oder unter amtlicher Mitwirkung vollziehen, von der Steuerpflicht nur selten erfasst werden können, ohne dass die Geschäftsabschlüsse mit drückenden Ueberwachungsmassnahmen belastet würden. Während indess das bisherige Recht das System der Urkundenbesteuerung in seiner vollen Strenge und ohne Rücksicht darauf, ob das beurkundete Geschäft hinterher auch ausgeführt wird, zur Durchführung brachte, verordnet das neue Gesetz, dass der Stempel erstattet wird, wenn ein gesetzlich nicht erforderlicher Stempel verwendet ist, wenn Behörden oder Beamte den von ihnen verwendeten Stempel nicht beitreiben können und wenn ein beurkundetes Geschäft nichtig ist oder durch gerichtliches Urtheil für ungültig erklärt wird. Ausserdem kann der Finanzminister aus Billigkeitsgründen die Erstattung anordnen, wenn die Ausführung eines Geschäftes unterblieben ist. Eine andere in finanzieller Hinsicht ebenfalls nicht unerhebliche Milderung einer sich aus der strikten Anwendung der Urkundenbesteuerung ergebenden Härte liegt in der Gestattung einer Trennung des Entgelts bei Rechtsgeschäften über mehrere verschiedenen Steuersätzen unterliegende Gegenstände noch innerhalb der für die Verwendung des Stempels gegebenen Fristen, während das bisherige Gesetz derartige Trennungen, wenn sie nicht in dem Vertrage selbst, also vor der unterschriftlichen Vollziehung desselben, vorgenommen wurden, unberücksichtigt liess. Auch die Grundsätze über die Ermittelung des steuerpflichtigen Werths enthalten im Vergleich zur früheren Gesetzgebung Steuererleichterungen. Auf die Lebenszeit eines oder mehrerer Menschen bestimmte Nutzungen oder Leistungen waren nach letzterer mit dem Zwölfeinhalbfachen des einjährigen Betrages zu kapitalisiren. Das neue Gesetz schliesst sich an das Erbschaftssteuergesetz an, wonach für die Schätzung des Werthes von solchen von der Lebensdauer eines oder mehrerer Menschen abhängenden Nutzungen oder Leistungen das schon erreichte Lebensalter der betreffenden Personen massgebend ist. Das Bestreben, eine gerechtere Vertheilung der Stempelabgaben herbeizuführen, ist weiter der Anlass zur Ersetzung einer Anzahl bisheriger Fix- durch mässige Werth- oder angemessen abgestufte Stempel gewesen. Feste Stempelabgaben treten in der Regel nur da ein, wo entweder der Werth des Gegenstandes ein unschätzbarer ist, oder wo lediglich die Form die Erhebung des Stempels bedingt, wie bei Notariatsurkunden, Protokollen u. dergl. Aus der die Gesetzgebung mehr und mehr beherrschenden Rücksicht auf die Leistungsfähigkeit der Steuerpflichtigen und insbesondere die meistens bedürftige Lage der in Lohn und Dienst stehenden Personen ist eine Reihe von Steuervergünstigungen hervorgegangen. So sind Verträge über Arbeits- und Dienstleistungen bis zu einem jährlichen Entgelt von 1500 M. in Zukunft stempelfrei, die Stempelpflichtigkeit bei Pacht- und Miethverträgen beginnt erst bei einem jährlichen Miethzinse von mehr als 300 M., Zeugnisse für Arbeiter über Leistungen im Gewerbebetriebe des Staats oder der Gemeinden, sowie Zeugnisse für hülfsbedürftige Personen zum Genusse von Wohlthaten, Stiftungen u. s. w. sind stempelfrei. Von wesentlicher und finanziell ins Gewicht fallender Bedeutung ist ferner die Beschränkung der Stempelpflichtigkeit der Ausfertigungen sowie des Begriffs der amtlichen Zeugnisse auf solche Urkunden, zu deren Ausstellung die Behörde oder der Beamte durch ihr Amt berufen sind.

Endlich sind eine Anzahl von Tarifstellen nicht wieder in den Tarif aufgenommen, weil sie theils gegenstandslos geworden sind, theils sich die bezüglichen Schriftstücke nach der heutigen Verkehrsanschauung nicht mehr zu Objekten der Besteuerung eignen.

Da andererseits eine Verringerung des Aufkommens an Stempelsteuer bei der Finanzlage vermieden werden musste, so ergab sich die unbedingte Nothwendigkeit, einerseits die bisherigen Steuersätze der für die finanzielle Wirkung des Gesetzes hauptsächlich in Betracht kommenden Tarifstellen — namentlich den für Grundstücksveräusserungen bestehenden im Vergleich mit anderen deutschen und ausserdeutschen Staaten ohnehin niedrig bemessenen einprozentigen Werthstempel — in der bisherigen Höhe aufrecht zu erhalten, andererseits aber auf die Erlangung eines angemessenen Ersatzes für den zu erwartenden beträchtlichen Ausfall an Stempelsteuer Bedacht zu nehmen. Die wichtigsten Vorschriften, welche die Beschaffung dieses Ersatzes bezwecken, sind folgende.

Dem wirthschaftlichen Verkehr war es im Laufe der Zeit gelungen, unter Ausnutzung unzulänglicher Gesetzesbestimmungen für die Beurkundung gewisser Geschäfte Formen zu finden, die von der Steuerpflichtigkeit nicht oder doch nicht in ausreichendem Masse erfasst werden, gleichwohl aber zu demselben wirthschaftlichen Ergebniss führen, wie andere vom Gesetz mit hohen Werthstempelabgaben belegte Verkehrsakte. Nach dieser Richtung hin hatte sich vor allem der insbesondere auf dem Gebiete der Spekulation mit städtischen Grundstücken auftretende Missstand, dass die im Wege der Cession erfolgende Ueberlassung der Rechte aus Grundstückskaufverträgen und des Rechtes auf Auflassung nicht als Kaufvertrag versteuert werden konnte, in besonderem Grade fühlbar gemacht. Die Grundstücksspekulanten hatten es in der Hand, durch eine nur mit 1,50 M. stempelpflichtige Cession ihrer Auflassungsansprüche denselben wirthschaftlichen Erfolg zu erreichen, als wenn sie einen eigentlich doch beabsichtigten und eine unverhältnissmässig höhere Steuer erfordernden Weiterverkauf über das gekaufte Grundstück geschlossen hätten. Zu einer solchen Begünstigung war ein Anlass um so weniger vorhanden, als der Grundstücksspekulant die Grundstücke zumeist für niedrigere Preise erwirbt und seine Auflassungsansprüche zu höheren Preisen weiterveräussert. In solchen Fällen erhielt der Steuerfiskus den Werthstempel nur von dem ersten geringeren Preise, während die weiteren Preise nicht einmal in den jenen ersten Preis übersteigenden Beträgen zur Besteuerung herangezogen werden konnten. Auf diesen Erwägungen beruht die Bestimmung, dass Beurkundungen von Uebertragungen der Rechte des Erwerbers aus Veräusserungsgeschäften über unbewegliche Sachen und diesen gleichgeachtete Rechte oder über bewegliche Sachen in Betreff der Stempelpflicht wie Beurkundungen von Veräusserungen dieser Sachen behandelt, also an Stelle des Stempels von 1,50 M. mit dem Werthstempel von Eins bezw. einem Drittel vom Hundert belegt werden sollen, es sei denn, der erste Erwerber habe erweislich nur als Bevollmächtigter oder negotiorum gestor gehandelt.

Aus Gründen ähnlicher Art ist die Bestimmung hervorgegangen, dass die auf Erwerb gerichteten Gesellschaftsverträge angemessenen Werthstempeln und zum Theil den für Sachveräusserungen vorgeschriebenen Werthstempeln unterworfen werden.

Ferner sind die Stempelabgaben, die ihre Berechtigung in einer besonderen Inanspruchnahme staatlicher Amtsthätigkeit finden, ausgedehnt. Insoweit jedoch durch die Bestimmungen des Kommunalabgabengesetzes den Gemeinden die Erhebung von Gebühren der hier in Betracht kommenden Art überwiesen ist, werden neue staatliche Gebühren nicht eingeführt.

Endlich ordnet das Gesetz die Besteuerung der Versicherungsverträge anderweitig. Das bisherige Gesetz besteuerte Versicherungen (Assekuranzpolicen) nach der Prämie mit $^1/_2$ v. H. und liess, da alle Schriftstücke, welche einen Werth von weniger als 150 M. haben, einer Stempelabgabe nicht unterliegen, auch Versicherungspolicen bei einer Prämie von weniger als 150 M. stempelfrei. Da ausserdem Lebensversicherungspolicen nur insoweit stempelpflichtig waren, als die alljährlich zu zahlende Prämie 150 M. oder mehr beträgt, so war der weitaus grösste Theil aller Policen jeder Besteuerung entzogen. Nunmehr werden erhoben für Lebens- und Rentenversicherungen $^1/_{20}$ v. H. der Versicherungsumme, für Unfall- und Haftpflichtversicherungen $^1/_2$ Proz. des Gesammtbetrages der verabredeten Prämien, für Versicherungen gegen andere Gefahren $^1/_{1000}$ Proz. der Versicherungssumme.

§ 19. Wie sich hiernach der neue Stempeltarif in seinen Grundzügen stellt, zeigt folgende Skizze, zu der daran erinnert sei, dass allgemein neben einem Reichsstempel ein Landesstempel nicht erhoben wird.

A. Werth- und ähnliche Stempel.

Abtretung von Rechten, soweit nicht der Kaufstempel eintritt . . . $^1/_{50}$ Proz.
Auflassungen . . . . 1 „
Auktionsprotokolle . . . . . . $^1/_3$ „
Erbrezesse (s. auch Fixstempel) . $^1/_{25}$ „
Apothekenkonzessionen, wenn vererblich und veräusserlich . . $^1/_2$ „
mindestens 50 M. (s. auch Fixstempel).

Erlaubnissertheilungen für

a) Kranken- etc. Anstalten, Schauspielunternehmungen, Gastwirthschaften u. s. w., Schaustellungen u. s. w., je nachdem der Betrieb gewerbesteuerfrei oder in Klasse IV, III, II oder I besteuert ist — 1,5 M., 5 „, 15 „, 50 „, 100 „ — und

b) gewerbliche Anlagen (§ 16 der Gewerbeordnung), je nachdem die Kosten der Anlagen nicht übersteigen 1, 5, 10, 20, 50, 75 oder 100 Tausend M. . . . . . . — 1 „, 5 „, 10 „, 20 „, 50 „, 75 „, 100 „
für jede 50 000 M. über 100 000 M. 50 M. mehr.

i) Privatanschlussbahnen bei Anlagekosten bis 1 000 M. . . 1 „
1 000 „ 5 000 „ . . 5 „
5 000 „ 10 000 „ . . 10 „
10 000 bis 20 000 M. . . 20 M.
20 000 „ 50 000 „ . . 50 „
50 000 „ 75 000 „ . . 75 „
75 000 „ 100 000 „ . . 100 „
über 100 000 für je 50 000 M. 50 M. mehr.

k) Eisenbahn-, Kleinbahn- und Dampfschifffahrts-Unternehmen, je nach der Gewerbesteuerpflicht (wie zu a) . . . . — 3 „, 10 „, 25 „, 60 „, 100 „

l) ortspolizeiliche zu Transportgewerben je nach der Bedeutung des Gewerbes . . . . 3-20 „

Fideikommissstiftungen . . . . . 3 Proz.

Gesellschaftsverträge

a) Aktien- und Kommanditgesellschaften auf Aktien . . . . . . $^1/_{50}$ „
b) Gesellschaften m. b. H. bei Stammkapital
bis 100 000 M. . . $^1/_{50}$ „
100 000 „ 300 000 „ . . $^1/_{10}$ „
300 000 „ 500 000 „ . . $^1/_2$ „
über 500 000 „ . . 1 „
c) Einbringen von nicht in Geld bestehenden Vermögensobjekten in Gesellschaften zu a) und b)
Immobilien . . . . 1 „
Mobilien . . . . $^1/_3$ „
Forderungen . . . . . . $^1/_{50}$ „

Kauf- und Tauschbeträge über
a) inländische Immobilien . . . . 1 Proz.
b) ausländische „ (s. B)
c) andere Gegenstände . . . . . 1/3 „
Uebertragung von Kuxen . . . . 1/10 „
Leibrenten- und Rentenverträge . . 1 „
Pacht- und Miethverträge (s. auch B) 1/10 „
Schiedssprüche (s. auch B) . . . . 1/10 „
Schuldverschreibungen . . . . . 1/12 „
bei Rückzahlungsfrist bis 1 Jahr 1/50 „
kaufmänn. Verpflichtungsscheine, nicht auf Ordre . . . . . 1/50 M.

Sicherstellung von Rechten bei Werth
bis 600 M. . . . 0,5 „
600 „ 1 200 „ . . . 1 „
1 200 „ 10 000 „ . . . 1,5 „
über 10 000 „ . . . 5 „
nicht schätzbar . . . . 1,5 „

Standeserhöhungen
a) Herzogswürde . . . . 5000 „
b) Fürsten „ . . . . 3000 „
c) Grafen „ . . . . 1800 „
d) Freiherrn „ . . . . 1200 „
e) Adel . . . . 600 „

Wappenvermehrungen und -Aenderungen 1/8 der Sätze für Standeserhöhungen.

Erhebung von Gütern zu einer Standesherrschaft, einem Herzog- oder Fürstenthum . . . . 6000 M.

Verleihung des Patents eines
a) Kammerjunkers . . . . . . 400 „
b) Kammerherrn . . . . 1200 „
sofern vorher a) . . . . . . 800 „

Versicherungsverträge (oben schon erwähnt).

Vollmachten u. dgl., je nachdem der Werth beträgt
bis 500 M. . . . 0,5 „
500 „ 1 000 „ . . . 1 „
1 000 „ 3 000 „ . . . 1,5 „
3 000 „ 6 000 „ . . . 3 „
6 000 „ 10 000 „ . . . 5 „
10 000 „ 15 000 „ . . . 7,5 „
über 15 000 „ . . . 10 „

Generalvollmachten bei Werth über 50 000 M. . . . . 20 „

B. Fixstempel.

Abtretung von Rechten bei unschätzbarem Werth . . . . 5 M.
Annahme an Kindesstatt . . . . 50 „
Ausfertigungen, soweit nicht frei
Auszüge aus Akten etc., sow. nicht frei
Bestallungen besoldeter Beamten
Duplikate stempelpflichtiger Urkunden
Eheversprechen . . . . } 1,5 „
Eheverträge . . . . 5 „
bei Objekten unter 6 000 M. . . 1,5 „
Entlassungen aus der väterlichen Gewalt . . . . 10 „
Erbprozesse über erbschaftssteuerfreie Erbschaften . . . .
Erbverträge . . . . } 1,5 „
Apothekenkonzessionen, soweit nicht unter A fallend . . . . . . 50 „
(Filialen 5, Verlegungen 10 M.).
Approbationen . . . . 1,5 „

Erlaubnisertheilungen
c) Dampfkesselanlagen . . . . . 1,5 „
d) Pfandleihgewerbe . . . . . . 15 „
e) Versicherungsanstalten . . . . 100 „
wenn auf eine Provinz beschränkt 20 „
f) Bestellung von Agenten ausländischer Versicherungsanstalten 100 „
g) Auswanderungsunternehmer und -Agenten . . . . 100 M.
für 1 Jahr . . . . 25 „
h) Bestellung von Agenten Seitens ausländischer Auswanderungsunternehmer . . . . 100 „
m) ortspolizeiliche von Lustbarkeiten 1,5 „
bei solchen geringfügiger Art . 0,5 „
Gesellschaftsverträge über Kommandit- und offene Handelsgesellschaften . . . . . . 1,5 „
Gewerbelegitimationskarten . . . 1 „
Inventarien . . . . 1,5 „
Kauf- und Tauschverträge
a) über ausländ. Immobilien . . .
b) bei Erbschaftstheilungen zwischen den Theilnehmern an der Erbschaft
c) über reichsstempelfreie Kauf- und Anschaffungsgeschäfte . . . . } 1,5 „
Konsolidation von Bergwerken . . 100 „
bei Werthen unter 10 000 M. . 10 „
Kuxscheine . . . . 1,5 „
Legalisation von Urkunden, die nicht auf diesen selbst stattfindet . . 1,5 „
Anstellungsurkunden für Makler . . 25 „
Namensänderungen . . . . 30 „

Naturalisationen	50 M.
Notariatsurkunden, soweit nicht unter andere Positionen fallend	1,5 „
Pacht- und Miethverträge über ausländische Grundstücke	1,5 „
Pässe	1,5 „
für Handwerksburschen etc.	0,5 „
„ Leichen	5 „
Verlängerung der Polizeistunde	1 „
Proteste; Protokolle, soweit sie nicht eine nach anderem Satze zu versteuernde Verhandlung vertreten	1,5 „
Schiedssprüche über unschätzbare Streitgegenstände	10 „

Titelverleihungen an Privatpersonen	300 M.
Strafbescheide der Finanzbehörden über Strafen und Einziehungen von mehr als 15 M.	1,5 „
Taxen von Grundstücken; Verfügungen von Todeswegen; Vergleiche	1,5 „
Verleihung des Bergwerkseigenthums	50 „
Verträge, soweit nicht andere Sätze Platz greifen	1,5 „
Vollmachten an Angestellte und bei unschätzbarem Werth	1,5 „
Vorrechtseinräumung	1,5 „
Zeugnisse	1,5 „

Bei vielen dieser Positionen finden unter gewissen Bedingungen ausser den vorstehend schon angegebenen noch weitere Ermässigungen oder Befreiungen statt. Die generellen Befreiungen sind im Grossen und Ganzen in Uebereinstimmung mit dem bisherigen Recht geordnet.

Die sachlichen Befreiungen umfassen

a) Urkunden über Gegenstände, deren Werth nach Geld geschätzt werden kann, wenn dieser Werth 150 M. nicht übersteigt, insoweit nicht der Tarif entgegenstehende Bestimmungen enthält; b) Urkunden, welche wegen Bestimmung des Betrages öffentlicher Abgaben und Einziehung derselben und überhaupt wegen Leistungen an den Fiskus des Deutschen Reiches oder des Preussischen Staates in Folge allgemeiner Vorschriften aufgenommen oder beigebracht werden müssen, sofern sie allein zu diesem Zwecke dienen; c) die auf die Heeresergänzung und die Befreiung von dem Heeresdienste sowie von den Reserve- und Landwehrübungen bezüglichen amtlichen Urkunden; d) die von der Auseinandersetzungsbehörde und deren Abgeordneten oder im Auftrage und auf Ersuchen derselben von anderen Behörden wie auch in den vorgesetzten Instanzen gepflogenen Verhandlungen; e) Urkunden wegen Besitzveränderungen, denen sich die Betheiligten aus Gründen des öffentlichen Wohls zu unterwerfen gesetzlich verpflichtet sind; f) Abschriften, Auszüge und Bescheinigungen jeder Art aus den bei der Katasterverwaltung geführten bezw. aufbewahrten Karten und sonstigen Schriftstücken; g) Verfügungen und Verhandlungen der Schiedsmänner, soweit die Stempelpflichtigkeit derselben in der Tarifstelle „Vergleiche“ nicht ausdrücklich angeordnet ist; h) alle Urkunden über Gegenstände, denen durch frühere Gesetze oder landesherrliche Privilegien Stempelfreiheit bewilligt worden ist.

Persönliche Stempelsteuerbefreiungen geniessen:

a) der König, die Königin und die Königlichen Wittwen; b) der Fiskus des Deutschen Reiches und des Preussischen Staates und alle öffentlichen Anstalten und Kassen, welche für Rechnung des Reiches oder des Preussischen Staates verwaltet werden oder diesen gleichgestellt sind; c) deutsche Kirchen und andere deutsche Religionsgesellschaften, denen die Rechte juristischer Personen zustehen; d) öffentliche Armen-, Kranken-, Arbeits- und Besserungsanstalten, ferner öffentliche Waisenhäuser, vom Staate genehmigte Hospitäler und andere Versorgungsanstalten, ferner vom Staate genehmigte Vereine für die Kleinkinderbewahranstalten sowie Stiftungen, welche als milde ausdrücklich anerkannt sind; e) öffentliche Schulen und Universitäten; f) Gemeinden (Gutsbezirke) und Verbände von solchen in Armen-, Schul- und Kirchenangelegenheiten; g) — eine sozialpolitisch bedeutsame Bestimmung — Aktiengesellschaften, Genossenschaften und Gesellschaften mit beschränkter Haftung, deren durch Statut bestimmter Zweck ausschliesslich darauf gerichtet ist, unbemittelten Familien gesunde und zweckmässig eingerichtete Wohnungen in eigens erbauten oder angekauften Häusern zu billigen Preisen zu verschaffen und deren Statut die an die Gesellschafter zu vertheilende Dividende auf höchstens 4 Proz. ihrer Antheile beschränkt, auch den Gesellschaftern für den Fall der Auflösung der Gesellschaft nicht mehr als den Nennwerth ihrer Antheile zusichert, den etwaigen Rest des Gesellschaftsvermögens aber für gemeinnützige Zwecke bestimmt. Dem Staatsoberhaupte und dem Fiskus anderer Staaten als des Deutschen Reiches und des Preussischen Staates sowie den öffentlichen Anstalten und Kassen, die für Rechnung eines solchen anderen Staates verwaltet werden oder diesen gleichgestellt sind, und den Chefs der bei dem Deutschen Reiche oder bei Preussen beglaubigten Missionen kann die Stempelsteuerbefreiung gewährt werden, wenn der betreffende Staat Preussen gegenüber die gleiche Rücksicht übt.

Die ausserdem gewissen Personen, Behörden, Gesellschaften, Anstalten, Stiftungen, Vereinen u. s. w. durch frühere Gesetze oder landesherrliche Privilegien bewilligten Steuerbefreiungen bleiben auch fernerhin in Kraft.

Bei allen zweiseitigen Verträgen mit solchen Personen muss für den Vertrag die Hälfte des Stempels und für die Nebenausfertigungen ausserdem der vorgeschriebene Stempel entrichtet werden.

Bei Verträgen über Lieferungen an den Fiskus des Deutschen Reiches oder des Preussischen Staates und alle öffentlichen Anstalten und Kassen, welche für Rechnung des Reiches oder des Preussischen Staates verwaltet werden oder diesen gleichgestellt sind, hat der Lieferungsübernehmer den vollen Betrag des Stempels zu entrichten. Der Stempelsteuer unterliegen auch die von Inländern oder von Ausländern im Auslande errichteten Urkunden über Geschäfte, welche im Inland befindliche Gegenstände betreffen oder welche im Inlande zu erfüllen sind. Die Ermittelung des Werthes eines Gegenstandes zum Zwecke der Berechnung der Stempelsteuer ist auf den gemeinen Werth desselben zur Zeit der Beurkundung des Geschäfts zu richten.

Ist einem der Vertragschliessenden ein Wahlrecht oder die Befugniss eingeräumt, innerhalb bestimmter Grenzen den Umfang der Leistung zu bestimmen, so wird die Stempelsteuer nach dem höchstmöglichen Werthe des Gegenstandes des Geschäfts berechnet.

Die Steuerpflichtigen sind zur Ertheilung der von den Steuerbehörden oder den zur Einziehung oder Verwendung des Stempels noch sonst verpflichteten Behörden oder Beamten erforderten Auskunft über den Werth des Gegenstandes, soweit dazu nicht die Kenntnisse eines Sachverständigen oder besondere Ermittelungen erforderlich sind, bei Vermeidung von Ordnungsstrafen bis zu einem Gesammtbetrage von 60 M. verbunden.

Alle unmittelbaren und mittelbaren Behörden und Beamten sind verbunden, der Steuerbehörde oder den zur Einziehung oder Verwendung des Stempels noch sonst verpflichteten Behörden oder Beamten Auskunft über die für die Festsetzung der Stempelsteuer in Betracht kommenden thatsächlichen Verhältnisse zu ertheilen.

Werden über denselben Gegenstand mehrere Urkunden gleichen Inhalts ausgefertigt, so wird die auf dem Gegenstande ruhende Steuer nur zu einer derselben, und zwar in der Regel zu derjenigen Urkunde, welche als Hauptausfertigung bezeichnet ist, verwendet; die übrigen Ausfertigungen sind mit demjenigen Stempel zu versehen, welcher nach der Tarifstelle „Duplikate“ beizubringen ist.

Ist bei Rechtsgeschäften über mehrere, verschiedenen Steuersätzen unterliegende Gegenstände das Entgelt ohne Angabe der Einzelwerthe ungetrennt in einer Summe oder Leistung verabredet, so kommt für die Berechnung des Stempels der höchste Steuersatz zur Anwendung, sofern nicht von den Ausstellern der Urkunde auf derselben die Werthe für die einzelnen Gegenstände noch nachträglich angegeben werden. Enthält eine Urkunde verschiedene steuerpflichtige Geschäfte, so ist der Betrag des Stempels für jedes Geschäft besonders zu berechnen und die Urkunde mit der Summe dieser Stempelbeträge zu belegen. Sofern die einzelnen in einer Urkunde enthaltenen Geschäfte sich als Bestandtheile eines einheitlichen, nach dem Tarife steuerpflichtigen Rechtsgeschäftes darstellen, ist nur der für das letztere vorgesehene Stempelbetrag zu entrichten.

Die Stempelabgabe beträgt, insoweit der Tarif nicht abweichende Bestimmungen enthält, mindestens 0,50 M. und steigt in Abstufungen von je 0,50 M., wobei überschiessende Stempelbeträge auf 0,50 M. abgerundet werden.

Zur Zahlung der Stempelsteuer sind verpflichtet: a) bei den von Behörden und Beamten, einschliesslich der Notare, aufgenommenen Verhandlungen oder ertheilten Ausfertigungen, Abschriften, Bescheinigungen, Auszügen und Genehmigungen aller Art diejenigen, auf deren Veranlassung die Schriftstücke aufgenommen oder ertheilt sind; b) bei einseitigen Verpflichtungen und Erklärungen diejenigen, welche die Schriftstücke ausgestellt haben; c) bei Verträgen einschliesslich Punktationen alle Theilnehmer, insoweit der Tarif nicht abweichende Bestimmungen enthält. Von mehreren zur Zahlung der Stempelsteuer verpflichteten Personen haftet jede einzelne als Gesammtschuldner. Für die Entrichtung der Stempelsteuer haften unter Vorbehalt des Rückgriffs gegen die eigentlich Verpflichteten: a) Beamte, einschliesslich der Notare, jedoch ausschliesslich der Schiedsmänner, welche die von ihnen aufgenommenen Urkunden vor erfolgter oder nicht ausreichend erfolgter Stempelverwendung aushändigen oder Ausfertigungen oder Abschriften ertheilen oder wegen der Einziehung des Stempels die ihnen obliegenden Pflichten versäumen; b) Aktiengesellschaften, Kommanditgesellschaften auf Aktien, eingetragene Genossenschaften, Gewerkschaften und Gesellschaften mit beschränkter Haftung für die Stempel, welchen die von ihren Vorständen oder Geschäftsführern in ihrem Auftrage oder Namen errichteten Verhandlungen unterliegen; c) bei Auktionen diejenigen, für deren Rechnung oder auf deren Veranlassung die Versteigerung stattgefunden hat, und die von diesen Personen zur Abhaltung der Auktionen Beauftragten; d) jeder Inhaber oder Vorzeiger einer mit dem gesetzlichen Stempel nicht oder nicht ausreichend versehenen Urkunde, welcher ein rechtliches Interesse an dem Gegenstande derselben hat.

Die Stempelpflicht wird erfüllt durch: a) Niederschreiben der stempelpflichtigen Erklärung auf gestempeltes Papier; b) Verwendung von Stempelmarken auf denjenigen Schriftstücken, zu welchen Stempelmarken ohne amtliche Ueberwachung verwendet werden dürfen; c) Einreichung der stempelpflichtigen Urkunde oder, wenn diese nicht vorgelegt werden kann, einer den wesentlichen Inhalt der Urkunde enthaltenden Anzeige und Einzahlung des erforderlichen Geldbetrages bei einer zur Entwerthung von Stempelzeichen befugten Amtsstelle; d) Verwendung von Stempelmarken durch zur Entwerthung derselben befugte Amtsstellen; e) Baarzahlung der Stempelabgabe in denjenigen Fällen, in welchen dieselbe nach den Bestimmungen des Preussischen Gerichtskostengesetzes bei den Gerichtskosten zu vereinnahmen ist.

Der Finanzminister ist ermächtigt, für den Verkehr bestimmter Personen statt der Erhebung des Stempels im Einzelnen die Zahlung einer jährlichen Abfindungssumme zu gestatten.

In der Regel ist der Stempel binnen zwei Wochen nach dem Tage der Ausstellung der Urkunden bezw. der Vornahme der steuerbaren Handlung zu verwenden.

Eine bedeutsame Modifikation des Prinzips der Urkundenbesteuerung liegt in der Form der Besteuerung der Immobiliar- Pacht- und Miethverträge. Der Verpächter und Vermiether hat die während der Dauer des Kalenderjahres in Geltung gewesenen Verträge bis zum Ablauf des Januar des darauf folgenden Jahres in ein Verzeichniss (Pacht-, Mieth-, Antichrese-Verzeichniss), welches die Bezeichnung des Grundstückes, den Namen des Pächters (Miethers, Pfandinhabers), die Dauer des Vertragsverhältnisses während des betreffenden Kalenderjahres, den Zins (Nutzung), den erforderlichen Stempelbetrag und seine Namensunterschrift enthalten muss, einzeln einzutragen, das Verzeichniss mit der Versicherung, dass er andere unter die vorstehende Bestimmung fallende Verträge nicht abgeschlossen habe, zu versehen und die Versteuerung spätestens innerhalb der vorerwähnten Frist bei einer Steuerstelle zu bewirken. Vorausbezahlung für mehrere Jahre ist zulässig. Die in diesen Verzeichnissen zu machenden Angaben können bei der Steuerbehörde zu Protokoll erklärt werden. Die Verzeichnisse sind von den zur Führung derselben verpflichteten Personen fünf Jahre lang aufzubewahren. Auf Verlangen derselben erfolgt die Aufbewahrung durch die Steuerbehörde. Im Dezember jeden Jahres ist von den Hauptsteuer- und Hauptzollämtern auf die Bestimmungen über die Führung der Verzeichnisse und die Versteuerung durch Bekanntmachung in öffentlichen Blättern aufmerksam zu machen.

Die Kontraventionsstrafe beträgt in der Regel das Vier-, bei Zuwiderhandlungen bezüglich Versteuerung der Pacht- und Miethverzeichnisse das Zehnfache des hinterzogenen Stempels. Umwandlungen in Freiheitsstrafen finden nicht statt. Die Strafverfolgung verjährt in 5 Jahren. Hinsichtlich des Verwaltungsstrafverfahrens und der Voraussetzungen für die Zulässigkeit des gerichtlichen Strafverfahrens kommen dieselben Vorschriften zur Anwendung, nach welchen sich das Verfahren wegen Vergehen gegen die Zollgesetze bestimmt, jedoch mit der Massgabe, dass die Strafbescheide, wenn durch dieselben Strafen bis zum Betrage von dreihundert Mark festgesetzt werden, von den Hauptsteuer- oder Hauptzollämtern, sonst aber von den Provinzialsteuerbehörden erlassen werden.

In Beziehung auf die Verpflichtung zur Entrichtung einer Stempelabgabe ist der Rechtsweg zulässig. Die Klage ist bei Verlust des Klagerechts binnen sechs Monaten nach erfolgter Beitreibung oder geleisteter Zahlung gegen diejenige Provinzialsteuerbehörde zu richten, in deren Verwaltungsbezirk die Steuer erfordert worden ist. Wenn es sich um Stempelbeträge handelt, welche nach den für Gerichtskosten geltenden Vorschriften einzuziehen sind, ist die Klage gegen die zur Vertretung des Fiskus in Angelegenheiten der Justizverwaltung bestimmte Behörde zu richten.

Die Stempelsteuer verjährt, wenn sie auf einen Bruchtheil des Werthes des Gegenstandes zu bemessen ist, in zehn, sonst in fünf Jahren nach Ablauf des Kalenderjahres, in welchem die Zahlung der Abgabe hätte erfolgen müssen.

§ 20. Das neue Stempelsteuergesetz trat am 1. April 1896 in Kraft. Schon durch das am 1. Okt. 1897 in Kraft tretende Ges. betr. das Verwaltungsstrafverfahren bei Zuwiderhandlungen gegen die Zollgesetze und die sonstigen Vorschriften über indirekte Reichs- und Landesabgaben u. s. w. vom 26. Juli 1897 (G.-S. S. 237) erlitten indess seine Vorschriften über das Strafverfahren gewisse Modifikationen, die indess nur für die Aufgaben dieses Werkes unwesentliche und daher auch im vorigen Paragraphen nicht hervorgehobene Punkte betreffen.

Eine allerdings nur mittelbare, aber umfassende Einwirkung hat dagegen das Bürgerliche Gesetzbuch mit seinen Nebengesetzen gehabt. Allerdings ist durch das neue Bürgerliche Recht keine einzige Rechtsnorm des Stempelgesetzes ausser Kraft gesetzt. Aber einzelne Tarifvorschriften sind dadurch, dass die betreffenden Geschäfte durch jenes beseitigt sind, gegenstandslos geworden. Gilt dies von antichretischen Verträgen über Immobilien und Emanzipationserklärungen, so ist weit wichtiger die indirekte Einwirkung des Bürgerlichen Rechts durch seine Aenderungen im Rahmen der von ihm aufrecht erhaltenen Rechtsinstitute und Geschäfte, der indess natürlich hier nicht nachgegangen werden kann.

Auch das Reichsgesetz über das Auswanderungswesen v. 9. Juni 1897 (R.-G.-Bl. S. 463) hat insofern eine Tarifposition gegenstandslos gemacht, als eine besondere Erlaubniss für ausländische Auswanderungsunternehmer zur Bestellung von Agenten im Inland nicht mehr ertheilt wird.

Der Finanzminister hat unterm 13. Febr. 1896 eingehende Vorschriften zur Ausführung des Stempelgesetzes erlassen, welche demnächst unterm 28. Aug. 1900 abgeändert worden sind.

II. Hauptabschnitt.

Die Einnahmen der Verwaltung der indirekten Steuern.

Vorbemerkungen.

§ 21. Bereits in dem ersten Hauptabschnitt ist erwähnt, dass die ergiebigsten indirekten Steuerquellen, die Zölle und Verbrauchsteuern, auf das Deutsche Reich übergegangen sind. Infolgedessen erscheint zwar deren in Preussen aufkommender Ertrag noch vor der Linie im Etat der Preussischen indirekten Steuerverwaltung, aber als Solleinnahme nur ein geringer, im Wesentlichen die Verwaltungs- und Erhebungskosten darstellender Theil desselben. Das Nähere hierüber wird im ersten Abschnitt dieses Hauptabschnittes dargelegt werden.

Aber auch abgesehen hiervon haben die Einnahmen gerade dieser Verwaltung mancherlei sehr erhebliche ersatzlos gebliebene Einbussen erlitten. Vorzugsweise haben diese Einbussen ausser in dem Verzicht des Staates auf die Mahl-, Schlacht- und Weinsteuer in dem Wegfall nichtsteuerlicher Einnahmen bestanden, sei es, dass der Staat auf dieselben verzichtet, sei es, dass sie auf den Etat einer andern Verwaltung übertragen wurden.

Es erscheint empfehlenswerth, dieser aus dem Etat der indirekten Steuern ausgeschiedenen Einnahmen gleich hier zu gedenken.

§ 22. Völlig weggefallen sind zunächst die in Spalte 18 der Anlage LXXI aufgeführten Schifffahrtsabgaben auf der Elbe, der Weser, dem Rhein und der Mosel, welche in den Etats der beiden ersten 50er Jahre mit mehr als $1\frac{1}{2}$ Mill. Mark und dann trotz Ermässigungen sowie trotz völliger Beseitigung der Weserzölle immer noch mit 1,035—1,408 Mill. Mark erschienen, bis sie seit 1861 infolge Ermässigung der Rheinzölle auf 500 000—600 000 M. zurückgingen, 1866 sogar nur mit 420 000 M. erschienen, weil infolge anderer Abmachungen der Uferstaaten über den Elbzoll für Preussen eine Einnahme aus demselben nicht mehr erwuchs, auch der übrigens ein unerhebliches Erträgniss liefernde Moselzoll aufgehoben war. Durch die Friedensverträge mit Bayern, Baden und Hessen wurden dann vom 1. Jan. 1867 ab die allein verbliebenen Rheinzölle aufgehoben. Dagegen traten infolge der Einverleibung Hannovers nunmehr die diesem zustehenden Elbzölle hinzu, deren Aufkommen 1867—1870 mit 378 000 bis 431 000 M. in den Etat eingestellt wurde. Auch diese Einnahme fiel fort, als am 1. Juli 1870 der Elbzoll aufgehoben wurde.

Die Rheinschifffahrts-Abgaben waren zuerst durch die Uebereinkunft der Uferstaaten v. 31. März 1831 — Rheinschifffahrtsakte — (G.-S. S. 71 ff.) geregelt. Auf Grund des Supplementar-Artikels XVI zu dieser (G.-S. 1845 S. 587) erfuhren sie vom 1. Okt. 1851 ab eine bedeutende Herabsetzung (Verordn. v. 21. Juli 1851, G.-S. S. 520), und ein Ges. v. 26. Febr. 1861 (G.-S. S. 109) ermässigte sie auf Grund einer Konvention der Uferstaaten — ausser für Bau- und Nutzholz — vom 1. März 1861 ab unter Beseitigung der bisherigen Unterschiede zwischen Thal- und Bergfahrt auf etwa die Hälfte bis den vierten Theil der bisherigen Sätze für die Thalfahrt. Endlich wurden sie Preussischerseits durch Ges. v. 24. Dez. 1866 (G.-S. S. 873) völlig aufgehoben. In den starken Rückgängen der Etatsansätze für 1852 und 1861 drückt sich die erwartete, aber, wie sich später herausstellte, infolge Zunahme des Verkehrs überschätzte finanzielle Wirkung jener Ermässigungen der Rheinzölle aus. In denselben befanden sich übrigens alljährlich erhebliche Beträge — bis zu mehr als 150 000 M. —, welche von den über Coblenz auf dem Rheine im freien Verkehr nach den oberrheinischen Vereinsstaaten ausgehenden ausserdeutschen Erzeugnissen aufkamen, aber nach einem Landtagsabschied v. 30. Dez. 1843 der Rheinprovinz zu Kommunikationsanlagen überwiesen wurden und daher im Etat des Handelsministeriums in Ausgabe erschienen.

Die nur einige Hundert Thaler einbringende Moselschifffahrts-Abgabe wurde am 1. Okt. 1862 aufgehoben (Ges. v. 16. Sept. 1862, G.-S. S. 303).

Noch früher, durch Vertrag der Uferstaaten Preussen, Hannover, Kurhessen und Bremen von 26. Jan. 1856, wurde auf die Weserschifffahrts-Abgaben, welche durch Weserschifffahrts-Akte v. 10. Sept. 1823 und die Additionalakten und Separatkonventionen geordnet waren, verzichtet. Die hierdurch für Preussen wegfallende Einnahme hatte nur wenige Tausend Thaler betragen.

Auch die sog. — in Wittenberge erhobenen — Elbzölle beruhten auf Vereinbarungen der Uferstaaten, nämlich der Elbschifffahrts-Akte v. 23. Juni 1821 und späteren Uebereinkünften. Einzelne Tarifsätze waren durch ein Ges. v. 15. Mai 1854 (G.-S. S. 271) ermässigt worden; doch hatte dies für Preussen keinen nennenswerthen finanziellen Einfluss. Dagegen bedeutete eine Uebereinkunft der betheiligten Staaten v. 4. April 1863 (G.-S. S. 385), nach welcher vom 1. Juli 1863 ab die Abgaben ermässigt wurden, und ihr Aufkommen bis zu einem gewissen Höchstbetrage den unterelbischen Staaten als Entschädigung zufloss, für Preussen thatsächlich den Wegfall jeder Einnahme aus den Elbzöllen, die ihm in den Jahren 1861 und 1862 noch 42 613 und 33 595 Thlr. gebracht hatten. Das änderte sich erst seit 1866, wo zuerst ein geringer Ueberschuss über die Entschädigung der unterelbischen Staaten verblieb, namentlich aber als Preussen als Rechtsnachfolger Hannovers selbst in die Reihe der unterelbischen Staaten eintrat und in dieser Eigenschaft nach dem Durchschnitt der Jahre 1865—1867 71 955 Thlr. Elbzollantheil und 59 250 Thlr. Antheil an der erwähnten Entschädigung in den Etat für 1868 einstellen konnte. Wenige Jahre später, durch das auf Grund der Verfassung des Norddeutschen Bundes erlassene Ges. v. 11. Juni 1870 (G.-S. S. 416) und den Vertrag mit Oesterreich v. 22. Juni 1870, wurde indess der Elbzoll vom 1. Juli 1870 ab völlig aufgehoben, ohne dass Preussen, wie einzelne andere Uferstaaten, hierfür eine Abfindung erhielt.

Ebenfalls völlig weggefallen sind mit dem 1. Jan. 1875 auf Grund des Ges. v. 27. Mai 1874 (G.-S. S. 184) die Chausseegelder auf Staatsstrassen (Anlage LXXI Sp. 19), die vor der Erweiterung des Staatsgebiets mit fast — 1849 sogar mit reichlich — 4 Mill. Mark, seitdem mit $4^1/_2$—$4^9/_{10}$ Mill. Mark in Ansatz gekommen waren.

Wenn diese Einnahmen, abgesehen von der Erweiterung des Staatsgebiets, trotz der Vermehrung der Strassen eine rückläufige Bewegung aufwiesen, so lag das hauptsächlich an der zunehmenden Konkurrenz der Eisenbahnen. In ihnen waren seit 1849 die Einnahmen aus der Verpachtung der Grasnutzung auf den Böschungen und in den Gräben der Staatschausseen sowie aus den Weidenpflanzungen an denselben enthalten. Diese Einnahmen waren indess insofern nur durchlaufende, als sie auf Grund zweier K.-O. v. 4. Aug. 1840 und 9. März 1842 zu Unterstützungen und Gratifikationen für Chausseeaufseher und -Arbeiter zu verwenden waren. Doch wurde diese Ausgabe nicht im Etat der indirekten Steuern, sondern in dem der Handels-, Gewerbe- und Bauverwaltung nachgewiesen, wo bis 1848 auch die betreffenden Einnahmen verrechnet wurden. Die in dieser Art zu verwendende Einnahme war von rund 35 000 M. im Jahre 1849 allmählich bis auf 132 000 M. im Jahre 1874 gestiegen.

§ 23. Durch Uebergang auf andere Etats sind aus demjenigen der indirekten Steuern ausgeschieden die in den Spalten 20, 25, 29 und 30 der Anlage LXXI nachgewiesenen Einnahmen.

Von diesen umfassten diejenigen der Spalte 20 Brücken-, Fähr- und Hafengelder, Strom- und Kanalgefälle, also theils den Chausseegeldern, theils den besprochenen Schifffahrtsabgaben verwandte Gefälle. Sie setzten sich natürlich aus einer grossen Reihe einzelner Posten zusammen, deren Bestand im Laufe der Zeit mannigfachen Aenderungen unterworfen war. Da auch für sie die Konkurrenz der Eisenbahnen immer mehr in Betracht kam, so kann es nicht überraschen, dass auch sie wenigstens zeitweise eine rückläufige Bewegung aufwiesen oder doch stabil blieben, bis der maritime Aufschwung Deutschlands und die verstärkte Fürsorge für die Wasserstrassen seit Mitte der 70er Jahre eine entschieden aufsteigende Bewegung herbeiführte, sodass das Sollaufkommen, das vor 1866 meist $2^1/_2$—3 Mill. Mark betragen hatte, dann aber auf $2-1^3/_4$ Millionen gesunken war, sich im letzten Jahre vor ihrem Uebergang auf den Etat der Bauverwaltung (1894/95) auf 3,1 Millionen stellte.

Im Etat für 1849 waren veranschlagt rd. 2,228 Mill. Mark, im nächsten Jahre aber ein Plus von nicht weniger als 0,456 Millionen. Doch beruhte dies darauf, dass 1849 nicht eingestellt waren die Einnahmen (rd. 450 000 M.) und Ausgaben (rd. 50 000 M.) aus der Verwaltung des Ruhr- und Lippe-Schifffahrtwesens, weil die Ueberschüsse nach einer K.-O. v. 23. März 1839 (G.-S. S. 95) und dem Tarif v. 19. Mai 1823 (G.-S. S. 115) nicht für allgemeine Staatszwecke vereinnahmt werden durften, sondern auf die Ruhr und Lippe und zu Bauten und Anlagen, welche den Verkehr auf diesen Flüssen beförderten, und dergleichen verwendet werden mussten. Von 1850 ab stand man auf dem richtigen Standpunkt, dass diese Einnahmen trotzdem, da sie solche des Staates seien, in dem Etat ihre Stelle finden müssten. Nach einem Rückschlag auf 2,4 Millionen im Etat für 1851, der in den den Verkehr beeinflussenden politischen Verhältnissen der Vorjahre, auf Grund von deren dreijährigem Durchschnittsergebnisse die Etatsaufstellung erfolgte, seinen Grund hatte, trat ein langsames Steigen der Einnahme infolge von Verkehrsvermehrungen ein. Der grössere Sprung von 2,67 auf 2,826 Millionen 1858 hatte zum guten Theil seinen Grund in dem Hinzutreten der Einnahmen (ca. 45 000 M.) aus der Ruhrorter Hafenbahn, die 1857 unter den extraordinären Einnahmen erschienen waren, übrigens demnächst, 1862, mit rd. 136 000 M auf die Bauverwaltung übergingen. In der ersten Hälfte der 60er Jahre beeinträchtigte neben diesem Umstande erst die durch den Bau der festen Rheinbrücke bedingte Pachtermässigung, dann die unentgeltliche Ueberlassung der Brückengelderhebung bei der Cöln-

Deutzer Schiffbrücke an die Cöln-Mindener Eisenbahn, ferner die Herabsetzung der Schifffahrtsabgaben für die Küstenfahrer (Ges. v. 13. April 1863 — G.-S. S. 168), der Hafenabgaben in Swinemünde, Colberg, Rügenwalde, Stolpmünde und Neufahrwasser und der Schifffahrtsabgaben auf der Peene und dem Stettiner Haff (Ges. v. 25. Juni 1863 — G.-S. S. 168), ferner der Ruhrschifffahrts-Abgaben (Erl. v. 30. März 1863 — G.-S. S. 164), die Uebertragung von Pachteinnahmen von Ruhrorter Hafenanlagen auf die Bauverwaltung die Entwicklung der in Rede stehenden Einnahmen sehr erheblich: bei der Cölner Schiffbrücke betrug der Ausfall ca. 150 000 M., an Schifffahrtsabgaben von der Cabotage ca. 60 000, an Hafengebühren etc. ca. 300 000, an Ruhr-Schifffahrtsabgaben ca. 120 000 und an Pächten in Ruhrort ca. 20 000 M. Diese Ausfälle konnten durch die am 1. Juli 1864 erfolgte, zuerst im Etat für 1865 berücksichtigte Uebernahme der bis dahin von der Kaufmannschaft in Königsberg und Pillau erhobenen Hafenabgaben mit 454 000 M. nicht völlig ausgeglichen werden, sodass 1866 nur 2,7 Mill. Mark veranschlagt werden konnten. Die aus den neuen Landestheilen hinzukommenden Einnahmen waren verhältnissmässig sehr gering und wurden mehr als aufgewogen dadurch, dass der Etat für 1868 mit rd. 437 000 M. Ausfällen durch Ermässigung der Hafen- und Schifffahrtsabgaben in Königsberg, Pillau, Memel, auf den Wasserstrassen zwischen Oder und Elbe und auf dem Bromberger Kanal, durch Ermässigung von Schleusengeldern an Oder und Spree und Aufhebung der Lippe-Schifffahrtsabgaben rechnen musste. Herabsetzungen der Hafenabgaben in den Ostseehäfen und Aufhebung der Ruhr-Schifffahrtsabgaben im Jahre 1868 wurden als eine abermalige Einnahmeverminderung von fast 300 000 M. im Etat für 1869 angesprochen, der gegenüber 60 000 M. in den Etat für 1870 eingestellte Mehreinnahmen durch Uebernahme des Memeler Hafens in die Verwaltung des Staats wenig ins Gewicht fielen. Seitdem nach Beendigung des Französischen Krieges wieder normale Verhältnisse eingetreten sind, sind die in Rede stehenden Einnahmen in der Regel nach dem dreijährigen Durchschnitt der Isteinnahmen in den Etat eingestellt worden, ohne dass es nöthig war, wie vor 1871, besondere einnahmemindernde Umstände zu berücksichtigen. Von dem Etatsansatz entfielen Mark auf

	Brückengelder	Fährgelder	Hafengelder	Schleusengelder	andere Einnahmen
1894/95 . . .	330 000	120 000	1 300 000	1 250 000	100 000
1890/91 . . .	300 000	110 000	1 180 000	1 020 000	140 000
1879/80 . . .	305 000	110 000	932 000	853 000.	

Die Hauptbestandtheile bilden also die Hafengelder und die Schleusengelder — nur für die Benutzung besonderer Anstalten dürfen nach Art. 55 der Reichsverfassung auf natürlichen Wasserstrassen und in Häfen Abgaben erhoben werden — und sie sind es auch, die sich allein in ins Gewicht fallender Weise vermehrt haben. Dass dies nicht noch mehr geschehen ist, wird man in erster Linie auf die die Zulässigkeit und Höhe der Abgaben einschränkenden Bestimmungen des gedachten Artikels der Reichsverfassung zurückführen müssen.

§ 24. Eine noch entferntere Verwandtschaft mit den indirekten Steuern haben die in den Spalten 25, 29 und 30 der Anlage LXXI nachgewiesenen Einnahmen. Im Bezirk des Französischen Rechts, des ehemaligen Appellationsgerichts in Cöln, unterstanden nämlich nach den früheren Bestimmungen die Hypothekenämter der Verwaltung der indirekten Steuern, und diese Verwaltung zog nicht nur die bei der Verwaltung der Hypothekenbücher aufkommenden, sondern auch die Gerichtsschreibereigebühren ein, wie sie andererseits die Hypothekenbewahrer besoldete und den Gerichtsschreibern die ihnen zustehenden Gebühren wieder herauszahlte. Bei der am 1. Okt. 1879 in Kraft tretenden Justizreorganisation wurden durch § 26 des Ausführungsgesetzes zum Gerichtskostengesetz v. 10. März 1879 (G.-S. S. 145) die Gerichtsschreibereigebühren in der Staatskasse zufliessende Gerichtskosten umgewandelt. Dagegen wurde nunmehr die Einziehung der gerichtlichen Kosten und Strafen überhaupt der Verwaltung der indirekten Steuern übertragen. Infolgedessen verblieben in dem damaligen Titel 14, dessen in der Regel nach dreijährigem Durchschnitt berechnete Solleinnahme, der Entwicklung des wirthschaftlichen Lebens und Verkehrs folgend, seit 1849 allmählich von ½ bis auf 1¹/₁₀ Mill. Mark gestiegen war (Spalte 25 der Anlage LXXI), nur noch die Hypothekengebühren mit 525 000 M., während in einem neuen Titel (Spalte 29 a. a. O.) als nunmehr bedeutendste Einnahme des ganzen Etats der indirekten Steuern 46,4 Mill. Mark „gerichtliche Kosten und Strafen“ erschienen. Als sodann mit der etatsmässigen Anstellung von Vollziehungsbeamten vorgegangen wurde, deren Vollstreckungsgebühren nunmehr zur Staatskasse flossen, wurde 1881/82 ein weiterer neuer Einnahmetitel „Zwangsvollstreckungsgebühren“ (Spalte 30 a. a. O.) geschaffen und hier eine Einnahme von 260 000 M. vorgesehen. Schon mit dem Etatsjahr 1885/86 ging indess das Gerichtskostenwesen wieder auf die Justizverwaltung über. Daher verschwanden im Etat der indirekten Steuern nunmehr die beiden zuletzt genannten Titel, von denen der erstere 1884/85 eine Solleinnahme von 42½, der letztere eine solche von 0,2 Mill. Mark aufwies.

Wenn sonach diese beiden Positionen damals niedriger als bei ihrem ersten Erscheinen im Etat der indirekten Steuern angesetzt waren und insbesondere das Einnahmesoll an gerichtlichen Kosten und Strafen um 8 Millionen hinter 1881/82, um 11 hinter 1882/83 und um 4 hinter 1883/84 zurückblieb, so war das eine Folge einmal der Abnahme der Prozesse, sodann verschiedener Aenderungen der Reichs- und Landesgesetze über das Gerichtskostenwesen (Reichsges. v. 29. Juni 1881 betr. Abänderung des Gerichtskostengesetzes und der Gebührenordnung für Gerichtsvollzieher — R.-G.-Bl. S. 178 —, Ges. v. 18. Juli 1883 betr. die Gerichtskosten bei Zwangsversteigerungen und Zwangsverwaltungen von Gegenständen des unbeweglichen Vermögens — G.-S. S. 189).

Die rheinischen Hypothekengebühren verblieben auf dem Etat der indirekten Steuern bis einschliesslich 1887/88, bis zu welchem Jahre ihr Soll allmählich auf 600 000 M. angewachsen war, und gingen dann mit der ganzen rheinischen Hypothekenbuchverwaltung auf das Justizressort über.

§ 25. Nach Ausscheidung der in den beiden vorangegangenen Paragraphen besprochenen tragen die auf dem Etat der indirekten Steuern verbliebenen Einnahmen durchgängig den Charakter wirklich steuerlicher oder doch in nothwendigem inneren Zusammenhang mit der Verwaltung der indirekten Steuern stehender. Im Etat (Kap. 5) werden sie in zwei Gruppen getheilt, nämlich A Reichssteuern, B Einnahmen für alleinige Rechnung Preussens. Unserer Darstellung, die sich auf einen Zeitraum zurückerstreckt, wo die Einnahmen der ersten

Gruppe noch nicht an einen höheren Verband flossen, ist diese seit 1868 angewendete Eintheilung nicht wohl zu Grunde zu legen. Wir werden vielmehr eine solche nach der Art der Einnahmequellen wählen müssen und daher unterscheiden: I. Zölle, II. Verbrauchsteuern, III. Verkehrssteuern und IV. Sonstige Einnahmen, wobei wir die Entschädigung für die Waarenstatistik wegen des Zusammenhanges der Letzteren mit dem Zollwesen mit bei den Zöllen behandeln werden.

I. Abschnitt.

Zölle.

(Staatshaushaltsetat Kap. 5 Tit. 1.)

§ 26. Die Zölle (vgl. oben §§ 2, 6 u. 7) bildeten schon eine gemeinschaftliche Einnahme des alten Zollvereins. Aber dem Charakter des Letzteren, der ja kein selbstständiges staatsrechtliches Gebilde war, entsprechend, verblieben sie nicht ihm, sondern wurden nach Abzug 1. der Erhebungs- und Verwaltungskosten, 2. der Rückerstattung für etwaige unrichtige Erhebung, 3. der auf Grund besonderer gemeinschaftlicher Verabredungen erfolgten Steuervergütungen und Ermässigungen unter die Vereinsstaaten nach dem Verhältniss der Bevölkerung vertheilt. Die Abrechnung erfolgte in der Weise, dass nach Vorbereitung durch das „Centralbureau des Zollvereins“ die Generalkonferenz der Vertreter der Vereinsstaaten ermittelte, wieviel von der von jedem Vereinsstaate erhobenen Bruttoeinnahme diesem zu verbleiben und wieviel von ihm an andere Vereinsstaaten herauszuzahlen bezw. wieviel dem einzelnen Staat zu der von ihm erhobenen Einnahme von andern Vereinsstaaten noch durch Herauszahlung hinzuzuzahlen war. Anders im Norddeutschen Bunde und Deutschen Reiche! Hier verbleiben die Zolleinnahmen dem Bunde bezw. Reiche nach Abzug gewisser Abzüge für den Erhebungsstaat. Die Reichsverfassung bestimmt in dieser Hinsicht übereinstimmend mit der Verfassung des Norddeutschen Bundes:

„Art. 36. Die Erhebung und Verwaltung der Zölle und Verbrauchssteuern bleibt jedem Bundesstaate, soweit derselbe sie bisher ausgeübt hat, innerhalb seines Gebiets überlassen.

Der Kaiser überwacht die Einhaltung des gesetzlichen Verfahrens durch Reichsbeamte, welche er den Zoll- oder Steuerämtern und den Direktivbehörden der einzelnen Staaten, nach Vernehmung des Ausschusses des Bundesrathes für Zoll- und Steuerwesen, beiordnet.

Die von diesen Beamten über Mängel bei der Ausführung der gemeinschaftlichen Gesetzgebung (Art. 35) gemachten Anzeigen werden dem Bundesrathe zur Beschlussnahme vorgelegt.

Art. 37. Bei der Beschlussnahme über die zur Ausführung der gemeinschaftlichen Gesetzgebung (Art. 35) dienenden Verwaltungsvorschriften und Einrichtungen giebt die Stimme des Präsidiums alsdann den Ausschlag, wenn sie sich für Aufrechterhaltung der bestehenden Vorschrift oder Einrichtung ausspricht.

Art. 38. Der Ertrag der Zölle und der anderen in Art. 35 bezeichneten Abgaben, letzterer soweit sie der Reichsgesetzgebung unterliegen, fliesst in die Reichskasse.

Dieser Ertrag besteht aus der gesammten von den Zöllen und den übrigen Abgaben aufgekommenen Einnahmen nach Abzug:

1. der auf Gesetzen oder allgemeinen Verwaltungsvorschriften beruhenden Steuervergütungen und Ermässigungen,
2. der Rückerstattungen für unrichtige Erhebungen,
3. der Erhebungs- und Verwaltungskosten, und zwar:
   a) bei den Zöllen der Kosten, welche an den gegen das Ausland gelegenen Grenzen und in dem Grenzbezirke für den Schutz und die Erhebung der Zölle erforderlich sind,
   b) bei der Salzsteuer der Kosten, welche zur Besoldung der mit Erhebung und Kontrolirung dieser Steuer auf den Salzwerken beauftragten Beamten aufgewendet werden,
   c) bei der Rübenzuckersteuer und Tabaksteuer der Vergütung, welche nach den jeweiligen Beschlüssen des Bundesrathes den einzelnen Bundesregierungen für die Kosten der Verwaltung dieser Steuern zu gewähren ist,
   d) bei den übrigen Steuern mit fünfzehn Prozent der Gesammteinnahme.

Die ausserhalb der gemeinschaftlichen Zollgrenze liegenden Gebiete tragen zu den Ausgaben des Reichs durch Zahlung eines Aversums bei.

Bayern, Württemberg und Baden haben an dem in die Reichskasse fliessenden Ertrage der Steuern von Branntwein und Bier und an dem diesem Ertrage entsprechenden Theile des vorstehend erwähnten Aversums keinen Theil.

Art. 39. Die von den Erhebungsbehörden der Bundesstaaten nach Ablauf eines jeden Vierteljahres aufzustellenden Quartalextrakte und die nach dem Jahres- und Bücherschlusse aufzustellenden Finalabschlüsse über die im Laufe des Vierteljahres bezw. während des Rechnungsjahres fällig gewordenen Einnahmen an Zöllen und nach Art. 38 zur Reichskasse fliessenden Verbrauchsabgaben werden von den Direktivbehörden der Bundesstaaten, nach vorangegangener Prüfung, in Hauptübersichten zusammengestellt, in welchen jede Abgabe gesondert nachzuweisen ist, und es werden diese Uebersichten an den Ausschuss des Bundesrathes für das Rechnungswesen eingesandt.

Der Letztere stellt auf Grund dieser Uebersichten von drei zu drei Monaten den von der Kasse jedes Bundesstaates der Reichskasse schuldigen Betrag vorläufig fest und setzt von dieser Feststellung den Bundesrath und die Bundesstaaten in Kenntniss, legt auch alljährlich die schliessliche Feststellung jener Beträge mit seinen Bemerkungen dem Bundesrathe vor. Der Bundesrath beschliesst über diese Feststellung.

Die hiernach auf den Bruttoertrag der Zölle in Anrechnung zu bringenden Erhebungs- und Verwaltungskosten umfassen: 1. Besoldungen (Gehälter, Wohnungsgeldzuschüsse, Stellen- und Stationszulagen, Bekleidungszuschüsse), 2. Pferdeunterhaltungsgelder, Fuhrkosten und Uebernachtungsgelder, 3. Umzugskosten und Miethsentschädigungen bei Versetzungen, 4. Kosten der Bureaubedürfnisse, 5. Kosten der räumlichen Unterbringung und Ausstattung der Aemter und Ansageposten, 6. Pensionen, 7. Kosten der Legitimationsschein-Ausfertigung, 8. Kosten der Waarenbegleitung auf Wasserwegen und Eisenbahnen, 9. Kosten der Bewaffnung des Grenzschutzpersonals, 10. Kosten der Anschaffung und baulichen Unterhaltung der Zollschiffe, 11. Sonstige Kosten einschliesslich der Entschädigung für Revision der Zollregister von Luxemburg, 12. Kosten der Alimentirung der bei den Zollanschlüssen ausser Funktion getretenen Beamten. Weitaus den grössten Theil hiervon nehmen die Besoldungen und Pensionen in Anspruch. Im Etat selbst wird die Berechnung in umgekehrter Weise aufgemacht: Bruttoertrag x, davon sind an die Reichskasse abzuführen y, bleiben als Vergütung für Erhebungs- und Verwaltungskosten z, welche die Einnahmen des Etats bilden. Die Veranschlagung erfolgt nach den Ansätzen des Reichshaushaltsetats.

§ 27. Die jetzt im Tit. 1 des Kap. 5 des Etats erscheinenden Einnahmen Preussens aus den Zöllen (Anlage LXXI Sp. 2) sind also von der Entwicklung der Zollerträge unabhängig; sie richten sich vielmehr in erster Linie nach Zahl und Besoldung der bei der Zollwaltung und -Erhebung beschäftigten Preussischen Beamten und nur indirekt nach der Verkehrsentwicklung und dem Zolltarif insofern, als von der Stärke der Einfuhr und der Zahl der Zolltarifpositionen das Personalerforderniss beeinflusst wird. Die Umkehr zum Schutzzollsystem 1879 musste daher zu einer Erhöhung der Einnahmen führen und letztere infolge Steigens der Einfuhr und infolge der wiederholten Gehaltsaufbesserungen eine steigende Tendenz behaupten. Indess ist, wie die Anlage zeigt, diese keine stetige gewesen. Zunächst trat von 1868, wo 6,278 Millionen in Ansatz gebracht waren, bis 1872 mit 4,999 Mill. Mark sogar ein stetiger Rückgang ein. Es lag das an verschiedenen besonderen Umständen, so insbesondere an Verminderung der Preussischen Zollgrenze infolge des Eintritts von Mecklenburg und dem Reichsland in den Zollverein, an dem Wegfall eines Grenzzolldienstes in Frankfurt a. M. und an dem Uebergang der Ausgaben für die Zollvereinsbeamten (Vereinsbevollmächtigte, Stationskontroleure und Beamte des Centralbureaus des Zollvereins) von den Etats der Einzelstaaten auf den des Reiches. Für 1873 waren zwar fast $^1/_2$ Mill. Mark mehr als für das Vorjahr in Ansatz gebracht, weil der Bundesrath die Bauschvergütungen erhöht hatte. Aber dann machte sich bis Ende der 70er Jahre wieder eine zum Sinken neigende Bewegung geltend, weil wegen neuer Zollbefreiungen und Beschränkung der Legitimationsscheinkontrole Aemter und Stellen eingezogen wurden und die Zollgrenzen gegen die Zollausschlüsse infolge Verkleinerung derselben sich verkürzten. So erschienen 1879/80 im Etat nur 5,21 Millionen, die aber dann unter dem neuen Zolltarif innerhalb von 4 Jahren auf mehr als 10 Millionen stiegen. Doch war die 1883/84 eingetretene rapide Steigerung von 6,8 auf fast 9,9 Millionen keine unmittelbare Folge der Tarifreform, sondern hatte ihren Anlass darin, dass unterm 30. Juni 1882 vom Bundesrath neue Vergütungsgrundsätze aufgestellt wurden. Von 1884/85 bis 1888/89 hielten sich die Vergütungen auf ziemlich gleicher Höhe. Dagegen wurden für 1889/90 wegen des Zollanschlusses von Hamburg, Bremen und der von der Zolllinie noch ausgeschlossen gewesenen Preussischen Gebietstheile — mit Ausnahme der Geestemünder Hafenanlagen — nur 8,825, für 1890/91 8,9 Mill. Mark in Ansatz gebracht. Im Etat für 1891/92 wurden infolge erhöhter Ausgaben namentlich für Besoldungen 9,6 Millionen aufgebracht, und seitdem sind die Einnahmen erst um eine Kleinigkeit gesunken, dann aber langsam bis auf 10,54 Millionen für 1899 und 11,468 Millionen 1902 gestiegen.

§ 28. In der Zeit vor Begründung des Norddeutschen Bundes, als Preussen noch die Zolleinnahmen vom Zollverein herausgezahlt erhielt, finden wir — auf dreijährigen Durchschnitt beruhend — zuerst 1849 bis 1851 Solleinnahmen in Höhe von ca. 40 Mill. Mark, die sich aber dann auf 37, 35 und 34½ Millionen verringern. Der Grund hierfür lag zuerst in seit 1848 stark rückläufigen Konjunkturen, dann aber in Zollermässigungen gegenüber Hannover (Vertrag v. 7. Sept. 1851) und allgemeinen Zollermässigungen durch Verordn. v. 12. Juni und 21. Juli 1851 (G.-S. S. 369, 511, 519). Dazu kamen weitere Zollermässigungen durch den Handelsvertrag mit Oesterreich v. 19. Febr. 1853, Ermässigungen der Transitabgaben mit Russland und einzelne andere Massnahmen, sodass erst für 1857 wieder eine Einnahme von mehr als 35 Millionen, nämlich 37,1 Millionen in Ansatz gebracht wurden. Die Aufhebung der Durchgangsabgaben und der ihnen beizurechnenden Ausgangsabgaben (Ges. v. 26. Febr. 1861, G.-S. S. 112) bedeuteten für Preussen einen jährlichen Einnahmeausfall von reichlich 1 Mill. Mark, und die Gestaltung der wirthschaftlichen und politischen Verhältnisse seit 1859 drückte die Eingangszölle ganz erheblich, sodass es nur der in Preussen über den Durchschnitt des Zollvereins hinausgehenden Bevölkerungszunahme, die, wie erwähnt, das Theilungsverhältniss der Zolleinnahmen bestimmte, zu danken war, dass die Einnahme in den Jahren 1861 bis 1864 mit rund 37⅓, 36, 35¼ und 36 Mill. Mark in Ansatz gebracht werden konnte. Die Handelsverträge mit Frankreich v. 2. Aug. 1862 und mit Oesterreich v. 11. April 1865 sowie der neue Zollvereinsvertrag v. 16. Mai 1865 brachten mit dem 1. Juli 1865 neue Tarifermässigungen und Zollbefreiungen, die für 1865, wo noch eine Mehreinnahme von 1 Mill. Mark gegen das Vorjahr eingestellt war, noch nicht berücksichtigt waren, aber den Anlass boten, für 1866 nur eine Einnahme von 34,47, für 1867 aus den alten Provinzen nur 33,63 Millionen vorzusehen, während die Einnahme aus den neuen Landestheilen mit 15,942 Millionen angesprochen wurde.

§ 29. Eine ganz geringfügige, mit dem Zollwesen im Zusammenhang stehende Einnahme, die im Tit. 9 des Kap. 5 verrechnet wird, fliesst Preussen als **Entschädigung für die durch die Statistik des Waarenverkehrs mit dem Auslande erwachsenden Kosten** auf Grund des Reichsgesetzes v. 20. Juli 1879 (R.-G.-Bl. S. 261) zu.

Nach diesem Gesetze sind, von gewissen Ausnahmen abgesehen, alle über die Zollgrenzen ein-, aus- oder durchgeführten Waaren nach Gattung, Menge, Herkunfts- und Bestimmungsland durch die Waarenführer bei den Organen der Verwaltung der indirekten Steuern anzumelden. Zur Sicherung der Richtigkeit der Angaben können diese eine Besichtigung vornehmen und eine Berichtigung oder Vervollständigung der Anmeldescheine herbeiführen. Sie haben ferner Nachweisungen aufzustellen, welche demnächst an das Statistische Amt des Deutschen Reiches eingereicht und von diesem weiter verarbeitet werden. Von den schriftlich anzumeldenden Waaren ist, soweit nicht Befreiungen Platz greifen, was insbesondere bei allen eingehenden zollpflichtigen Waaren der Fall ist, eine in die Reichskasse fliessende „statistische Gebühr“ von geringer Höhe zu entrichten. Die Berichtigung derselben erfolgt durch Gebrauch mit Stempelwerthzeichen versehener Formulare zu den Anmeldescheinen oder durch Verwendung von Reichsstempelmarken auf den letzteren oder den dieselben vertretenden Papieren. Für die den Bundesstaaten durch die Statistik erwachsenden Kosten wird ihnen aus dem Ertrage der statistischen Gebühr eine vom Bundesrath festzusetzende Vergütung gewährt.

Die Höhe dieser Vergütung veranschlagte der Etat für 1880/81, da die Ausführungsbestimmungen des Bundesraths noch nicht ergangen waren, nach der „erheblichen, eine Verstärkung des Beamtenpersonals erforderlich machenden Mehrarbeit“ auf $^2/_3$ der statistischen Gebühr mit 180 000 M. (vgl. Anl. LXXI Sp. 23), der nächstjährige aber, da ein wesentlicher Theil der früher von den Hauptämtern zu besorgenden statistischen Arbeiten auf das Statistische Amt überging, nur noch auf 14 000 M., der Etat für 1882/83 auf 13 000 M., die nächsten nur auf 8300, 7500 und 10 000 M., indem der Reichskasse nur besonders in Rechnung gestellt wurden die Kosten der statistischen Anmeldeposten, die Zurückzahlungen an statistischer Gebühr und die sächlichen Ausgaben, während die Vergütungen für die Beamten unter den Zollverwaltungskosten verrechnet wurden. Unterm 19. Febr. 1885 traf dann endlich der Bundesrath Bestimmungen, welche sich mit dieser bisherigen Verrechnungsart deckten. Es wurde daher auch der Etatsansatz von 10 000 M. bis 1888/89 und nach vorübergehender Ermässigung auf 9000 M. bis 1891/92 beibehalten. Die Herabsetzung auf 9000 M. 1889/90 und die späteren Erhöhungen, 16 000 und schliesslich 17 000 M., beruhen auf den Isteinnahmen der drei, seit 1895/96 der zwei letzten abgeschlossenen Vorjahre.

II. Abschnitt.

Verbrauchsteuern.

I. Kapitel.

Die Tabaksteuer.

(Staatshaushaltsetat Kap. 5 Tit. 2.)

§ 30. Die finanzielle Bedeutung der Steuer von dem im Inlande gewachsenen Tabak war in Preussen, da nur in wenigen Gegenden ein erheblicherer Anbau von Tabak stattfindet, gering. In den Etats von 1849 bis 1854 (Anl. LXXI Sp. 3) erscheinen nur Beträge von 411 000, 392 000 und 390 000 M. Diese ungünstige Entwickelung des Steuerertrăgnisses war eine Folge verminderten Anbaues von Tabak, dieser wieder eine solche mehrerer auf einander folgender schlechter Ernten. In der Folgezeit weist das auf dreijährigen Istergebnissen beruhende

Sollaufkommen fortwährende Schwankungen auf: gegen das jeweilige Vorjahr wurden eingestellt 1855 bis 1860 + 30000, + 12000, — 24000, — 21000, — 27000, + 12000 M. Bei der Einrichtung der Flächensteuer sind natürlich auch diese Schwankungen in erster Linie auf Vermehrung oder Verminderung der Anbaufläche, nächstdem auf Steuererlasse in Folge Misswachses und anderer Unfälle in den betreffenden Durchschnittsjahren zurückzuführen. Dieselben Ursachen bedingten endlich nach der Erhöhung des Solls auf 426000 M. für 1861 den stetigen Abfall bis 1864, den auch die Zunahme in den Jahren 1865 und 1866 nicht ausglich; die Schuld an der Verminderung des Anbaues von Tabak trugen grossentheils Preisrückgänge. In noch viel stärkerem Masse schwankten natürlich die wirklichen Einnahmen: so standen einer solchen von ca. 491000 M. im Jahre 1859 in den Jahren 1860 bis 1865 336000, 306000, 261000, 266000, 305000 und 350000 M. gegenüber.

Wenn für das Jahr 1867 in der Anlage die nach den Ergebnissen der Vorjahre befremdlich hohe Summe von 544000 + 61000 = 605000 M. erscheint, so giebt die Erklärung hierfür ein Blick auf die Spalte 16 der Anlage: bis einschliesslich 1867 — den Angaben der Anlage für das Jahr 1867 ist schon die Anrechnung nach dem 1868 eingeführten Schema zu Grunde gelegt — wurden die Uebergangsabgaben von Tabakblättern und Tabakfabrikaten sowie, solange die Weinsteuer bestand, auch von Wein und Most in einem besonderen Titel verrechnet. Derartige Uebergangsabgaben waren nach dem Zollvereinsvertrag v. 8. Mai 1841 zu entrichten bei der Einfuhr von Verbrauchsgegenständen aus einem Zollvereinsstaat in einen anderen, der diese Gegenstände einer anderen inneren Verbrauchsteuer unterwarf als der Herkunftsstaat, und zwar wurde sie in voller Höhe der Verbrauchssteuer erhoben, andererseits aber auch bei der Ausfuhr in anderen Vereinsstaaten in voller Höhe erstattet, während die bis dahin erhobenen „Ausgleichungsabgaben“ nur die Höhe der Differenz der beiderseitigen Verbrauchsabgaben hatten und nicht zurückvergütet wurden. Nachdem die Uebergangsabgabe vom Wein und Weinmost, welche fast das Dreifache derjenigen von Tabakblättern und Tabakfabrikaten brachte, in Folge Aufhebung der Weinsteuer weggefallen war, wurde 1868 diejenige von diesen Gegenständen mit der Tabaksteuer in einer Summe ausgebracht, wie bisher schon die Uebergangsabgaben von Branntwein und Bier mit den entsprechenden Verbrauchsteuern im Etat vereinigt waren. Von der in der Anlage schon für 1867 in einer Summe angegebenen Steuer und Uebergangsabgabe der alten Landestheile entfielen 307000 M. auf die Steuer, 237000 M. auf die Uebergangsabgabe. In den Zeiten der Weinsteuer hatte seit 1849 der Gesammtbetrag der Uebergangsabgaben von den Objekten dieser und der Tabaksteuer nach der verschiedenen Stärke der Einfuhr in den Durchschnittsjahren im Soll zwischen 530000 (1850) und 750000 M.

geschwankt und im Allgemeinen in Folge des regeren Handelsverkehrs zwischen den Vereinsstaaten eine steigende Tendenz gezeigt.

§ 31. Nach Gründung des Norddeutschen Bundes wurde die Tabaksteuer, wie erwähnt, Bundes-, später Reichssteuer. Die den einzelnen Bundesstaaten zu gewährende Vergütung für die Erhebungs- und Verwaltungskosten war nach der Verfassung des Norddeutschen Bundes und ist nach derjenigen des Deutschen Reiches (vgl. den oben in § 27 abgedruckten Art. 38 der letzteren) vom Bundesrath festzusetzen. Sie wurde zuerst auf 15 Proz. der Bruttoeinnahme festgesetzt, richtete sich also völlig nach dem Steueraufkommen. Die hiernach Preussen verbleibende Einnahme war in den Jahren 1868 und 1869 auf 113 000 und 112 000 M. veranschlagt. Nachdem aber die Bruttoeinnahme dadurch, dass nach Erlass des Zollvereinsgesetzes v. 26. Mai 1868, welches die Tabaksteuer zu einer gemeinschaftlichen Einnahme aller Zollvereinsstaaten machte, die Uebergangsabgabe vom 1. Juli 1869 in Wegfall kam, um etwa die Hälfte vermindert wurde, sank die Einnahme dementsprechend auf einige 50 000 M. Erst 1875 bis 1877/78 kamen wieder etwas höhere Einnahmen, einige 60 000 M. in Ansatz, 1878/79 und 1879/80 aber wieder nur einige 50 000 M.

Die sogen. „Franckenstein'sche Klausel" (§ 8 des Zolltarifgesetzes v. 15. Juli 1879 — vgl. § 25 des VIII. Buches) fasste die Einnahmen an Zöllen und Tabaksteuer rechnungsmässig zusammen. Mit Rücksicht hierauf erscheint seit 1881/82 die Tabaksteuer im Tit. 2 des 5. Etatskapitels statt bisher im 4. Materiell war aber die Gesetzgebung des Jahres 1879 insofern von relativ wesentlicher Bedeutung für den Preussischen Etat, als die durch Ges. v. 16. Juli 1879 reformirte Tabaksteuer (vgl. oben § 11) zwar zum ersten Male für die Ernte 1880 zu entrichten war, aber erst an dem auf die Ernte folgenden 15. Juli, also erst im Etatsjahr 1881/82 fällig wurde. Für 1880/81 war daher auf nur geringe Einnahmen zu rechnen, weshalb nur 10 500 M. vorgesehen wurden. Dagegen führte das neue Gesetz von 1881/82 ab zu weit höheren Bruttoeinnahmen als früher, sodass 1881/82 die Vergütung von 15 Proz. mit 111 040 M. angesprochen wurde. Als dann von 1882/83 ab als weitere Folge des neuen Gesetzes eine andere Berechnung der Vergütung für die Erhebung und Verwaltung eintrat, nämlich mit 2 Proz. der Bruttoeinnahme für die Erhebung und 0,2 M. per Ar der mit Tabak bepflanzten Fläche für die Anbaukontrole, stieg die Einnahme Preussens zunächst auf mehr als das Doppelte (235 800 M.). Allerdings konnte dieser Ansatz nicht ferner aufrecht erhalten werden, und als 1882 und 1883 unergiebige Tabakernten eingetreten und, die gewöhnliche Folge solcher, der Umfang der Pflanzungen 1883 und 1884 erheblich gegen die Vorjahre zurückgeblieben war, wies der Etat 1886/87 nur noch 146 250 M. gegen 194 700, 194 700 und 172 400 M. in den Jahren 1883/84 bis 1885/86 auf.

Immerhin bedeuteten jene 146 250 M. noch weit mehr als das Doppelte der Einnahme vor der Steuerreform, und bis auf jenen Betrag von 1886/87 hat der Voranschlag auch nie wieder herabgesetzt zu werden brauchen, vielmehr hat er sich 1887/88 und 1888/89 auf rund 157 000 und 167 000, 1889/90 bis 1893/94 auf 180 000 bis 184 000, dann 2 Jahre auf 176 000 M. gehalten, um dann auf 183 000, 194 000, 213 000 und 211 000 M. zu steigen. In den 3 letzten Jahren 1900—1902 hat er wieder nicht unerheblich, auf 189 000, 176 000 und 173 000 M. ermässigt werden müssen.

Wie sich aus dem Vorstehenden ergiebt, richtet sich somit bei der Tabaksteuer die Vergütung für die Erhebung und Verwaltung nach Ernte und Anbaufläche, also nach den Besteuerungsmerkmalen, nicht wie bei den Zöllen nach den Ausgaben für die Erhebung und Verwaltung.

II. Kapitel.

Die Zuckersteuer.

(Staatshaushaltsetat Kap. 5 Tit. 3.)

§ 32. Von wesentlich grösserer finanzieller Bedeutung als diejenige aus der Tabaksteuer war und ist wenigstens relativ auch noch die Einnahme Preussens aus der Zuckersteuer (Kap. 5 Tit. 3 des Etats — Anlage LXXI Sp. 4), wenngleich sie einen prozentual weit geringeren Theil des Steueraufkommens ausmacht als jene.

Obschon, wie oben aus § 13 zu ersehen, damals in ihrem Satze noch niedrig, sollte die noch junge Steuer schon 1849 mehr als eine Million Mark abwerfen. Doch war bei dieser Annahme damit gerechnet, dass die Erhöhung der Steuer auf 3 Sgr. schon im Laufe des Jahres 1849 eintreten würde. Da dies nicht geschah, wurden für 1850 nur 0,9 Mill. Mark eingestellt. Nachdem die Erhöhung dann am 1. Sept. 1850 in Kraft getreten war, die Rübenverarbeitung von 1848/49 bis 1850/51 um ca. 50 Proz. zugenommen, bis 1851/52 sich verdoppelt und die Volkszählung, auf Grund deren die Vertheilung des Aufkommens auf die Zollvereinsstaaten erfolgte, 1849 ein Antheilsverhältniss Preussens an letzterem von 54,35 Proz. ergeben hatte, konnten 1851 2,4, 1852 und 1853 3,39 Millionen in den Etat eingestellt werden. Die wirklichen Einnahmen waren in allen diesen Jahren weit höher gewesen, ganz besonders 1853, da am 1. Sept. dieses Jahres die abermalige Steuererhöhung in Kraft getreten war. Diese Steuererhöhung würde für 1854 mindestens eine Verdoppelung des Voranschlages ermöglicht haben, wäre nicht ein namhafter Rückgang in der Zuckerfabrikation eingetreten und hätte nicht gleichzeitig der Eintritt der Staaten des Hannover-Oldenburgischen Steuervereins in den Zollverein und eine kostspieligere Steuerkontrole das Antheilsverhältniss Preussens gedrückt. So kamen 1854 nur 6,3, 1855 nur 6,15 und 1856 nur 6 Millionen in Ansatz. Doch hob sich die Fabrikation bald wieder in unvorhergesehenem Maasse, und

1858 trat abermals eine Erhöhung der Steuer ein, die zuerst im Etat für 1859 berücksichtigt wurde. Die Voranschläge von 6,165 und 7,47 Millionen für 1857 und 1858 wurden daher wie schon die vorangehenden von der Wirklichkeit weit übertroffen, und 1859 konnten mehr als $10^1/_2$ Millionen, 1860 und 1861 mehr als 13 Mill. Mark vorgesehen werden. Ein neuerlicher Rückgang in der Rübenverarbeitung liess indess 1860 und 1861 die Isteinnahme etwas hinter dem Soll zurückbleiben, und dies bot Veranlassung, für 1862 und 1863 nur $12^3/_4$, für 1864 nur $12^1/_2$ Millionen auszuwerfen, die von der Wirklichkeit 1862 nicht ganz erreicht, 1863 und 1864 aber wegen Erhöhung des Fabrikationsquantums und überdurchschnittlicher Zunahme der den Theilungsfaktor bildenden Bevölkerung in Preussen um 2 bis 3 Millionen übertroffen wurden. Daher stieg der Voranschlag 1865 auf 13,23, 1866 auf 14,7 und 1867 für die alten Landestheile auf 16,05 Millionen. Zu der Erhöhung für 1866 und für 1867 trug indess wesentlich auch bei, dass mit 1. Jan. 1866 auf Grund des Zollvereinsvertrages v. 16. Mai 1865 ein bis dahin Hannover und Oldenburg zugestandenes Präzipuum in Wegfall kam.

§ 33. Nach dem Uebergang der Zuckersteuer auf den Norddeutschen Bund und später das Deutsche Reich wurden zunächst den einzelnen Bundesstaaten nur die wirklichen Kosten der Beaufsichtigung der Zuckerfabriken erstattet, erst seit 1. Sept. 1871 in Gemässheit der in § 26 abgedruckten Verfassungsvorschrift für die Erhebung und Verwaltung 4 Proz. der Bruttoeinnahme überlassen. Infolge dessen betrug die Solleinnahme Preussens 1868 bis 1872 nur 0,8 bis 0,83 Mill. Mark und stieg 1872 auf 1,257 Millionen. Bei der Art ihrer Bemessung nach der Bruttoeinnahme musste ihre fernere Entwicklung natürlich von dieser und damit einmal von der Entwicklung der Rübenindustrie und sodann von der Gestaltung der Steuergesetzgebung abhängen. Der Vergütungssatz von 4 Proz. der Bruttoeinnahme ist grundsätzlich beibehalten; nur ist er durch die Ausführungsbestimmungen des Bundesraths v. 9. Juli 1896 (Centralbl. f. d. Deutsche Reich S. 231) in eine Vergütung von 3 Proz. für die Kontrole und 1 Proz. für die Erhebung zerlegt. Die Vergütung von 3 Proz. wird vierteljährlich für alle Bundesstaaten nach der Gesammtbruttosolleinnahme von Zucker- und Betriebssteuer festgestellt und auf die einzelnen Staaten nach dem Verhältniss der aus den Fabriken entnommenen Zuckerprodukte vertheilt, die Vergütung von 1 Proz. nach der Bruttosolleinnahme in den einzelnen Staaten berechnet. Hiernach brauchten allerdings auf den einzelnen Staat nicht mehr 4 Proz. der in ihm aufgekommenen Steuer zu entfallen. Erheblich wird aber die Abweichung kaum je sein. Für Preussen betrugen die wirklichen Vergütungen seitdem stets etwas mehr als 4 Proz. des Istaufkommens.

Wie sich unter dem Einfluss dieser Momente die Solleinnahme Preussens aus der Zuckersteuer seit 1873 gestaltet hat, zeigt die

Spalte 4 der Anlage LXXI. Von 1874 bis 1886/87 finden wir hier ein ununterbrochenes rasches Steigen von 1,2 bis auf 4,76 Millionen. Dann aber kam, eine Folge vorzugsweise der fortwährenden Aenderungen der Gesetzgebung, eine Periode des Schwankens, deren Abschluss der bedeutendste Sturz der Einnahme von 3,6 1891/92 auf 2 Millionen 1892/93 als Folge der Aufhebung der Materialsteuer war. Seitdem ist die Solleinnahme wieder ständig gestiegen, wenn sie auch mit 4,489 Millionen für 1902 noch nicht den Stand von 1886/87 bis 1888/89 erreicht hat.

III. Kapitel.

Die Salzsteuer.

(Staatshaushaltsetat Kap. 5 Tit. 4.)

§ 34. So lange die Besteuerung des Salzes in der Form des Monopols erfolgte (vgl. oben § 12), bestand für die Verwaltung des Salzmonopols ein besonderer Etat. Nach demselben stellten sich die

	Einnahmen	Ausgaben	Ueberschüsse		Einnahmen	Ausgaben	Ueberschüsse
	auf Tausende Mark				auf Tausende Mark		
1849 . .	25 336	8 984	16 353	1859 . .	26 774	9 572	17 202
1850 . .	25 201	9 397	15 804	1860 . .	26 721	9 408	17 315
1851 . .	24 869	9 095	15 774	1861 . .	26 225	9 029	17 196
1852 . .	24 714	8 814	15 900	1862 . .	26 740	8 631	18 108
1853 . .	24 263	8 363	15 900	1863 . .	27 100	7 844	19 256
1854 . .	24 655	8 384	16 272	1864 . .	27 344	8 135	19 209
1855 . .	24 932	8 652	16 280	1865 . .	27 557	8 355	19 202
1856 . .	25 694	8 858	16 836	1866 . .	27 747	8 399	19 348
1857 . .	26 248	9 266	16 982	1867 . .	28 643	8 599	20 044
1858 . .	27 112	9 862	17 250	1868 . .	5 632	272	5 361.

Im Allgemeinen wies somit die Einnahme und der Ueberschuss eine langsam steigende Tendenz auf, die bedingt war durch den, soweit nicht ungünstige wirthschaftliche Verhältnisse dazwischen traten, mit der Bevölkerung steigenden Salzverbrauch. Die Schwankungen in der Höhe der Ausgaben hingen vorzugsweise von der Verschiedenheit der Einkaufspreise für das Salz und davon ab, welche Bestände von einem Jahre auf das andere übergingen, um welche Mengen also das im neuen Jahre einzukaufende Quantum sich verringerte. Aenderungen in dem Verkaufspreise traten nicht ein, sodass sich die Höhe des in letzterem enthaltenen Steuerbetrages je nach der Höhe des Einkaufspreises änderte. Von der Roheinnahme, Ausgabe und Nettoeinnahme für 1867 entfallen beziehentlich 743 000, 316 000 und 427 000 M. auf die neuen Landestheile, in denen theilweise ein Salzmonopol bestand; die Bruttoeinnahme, Ausgabe und Nettoeinnahme für 1868 bezieht sich auf die Abwicklung nach Aufhebung des Monopols.

§ 35. Nach dem Uebergang der Salzbesteuerung auf den Zollverein bezw. den Norddeutschen Bund und später das Deutsche Reich (vgl.

oben § 12) verblieb nach dem Zollvereinsvertrage bezw. der Reichsverfassung (vgl. oben § 26) den Einzelstaaten nur Ersatz der Besoldungen für die mit Erhebung und Kontrolirung der Steuer auf den Salzwerken beauftragten Beamten. Für die Berechnung dieser Vergütung sind vom Bundesrath bestimmte Normen festgestellt; nach diesen sind zu vergüten: 1. die Gehälter der ausschliesslich im Interesse der Salzsteuerverwaltung angestellten Beamten, der hauptsächlichste Posten, 2. die Wohnungsgeldzuschüsse derselben, 3. Stellenzulagen, Bekleidungszuschüsse und Pferdegelder derselben, 4. Aversa für die mit der Erhebung und Kontrole der Salzsteuer auf den Salzwerken nur nebenbei beschäftigten Beamten, 5. ausserordentliche, besonders anzurechnende Ausgaben.

Die ganze Einnahme kann somit nur eine verhältnissmässig geringfügige sein und hängt in ihren Schwankungen nicht von dem Steueraufkommen, sondern von der Zahl und Besoldung der Beamten ab. Da nun der Salzverbrauch zugenommen, die Zahl der Salzwerke sich vermehrt hat und wiederholte Besoldungsaufbesserungen stattgefunden haben, so musste auch die Einnahme steigen; doch sind die sprungweisen Erhöhungen 1874 und 1883/84 auf Aenderungen der Vergütungsgrundsätze zurückzuführen. Das Gesammtergebniss der aus Spalte 5 der Anlage LXXI ersichtlichen Entwicklung von 1869—1902 ist eine Steigerung von 109 680 auf 212 000 M. Der Rückschlag von 163 500 auf 109 680 M. 1868 zu 1869 erklärt sich daraus, dass bei Aufstellung des Voranschlages die ganzen Salzsteuerverhältnisse noch nicht geregelt waren, mithin noch keine zuverlässigen Grundlagen für die Veranschlagung zu Gebote standen.

§ 36. Im Zusammenhang mit der Salzsteuer steht die Preussen verbleibende, im Tit. 14 des Etatskapitels 5 verrechnete **Kontrolgebühr von Salz.** Durch Art. 6 der Uebereinkunft der Zollvereinsstaaten v. 8. Mai 1867 wegen Erhebung einer Abgabe von Salz (G.-S. S. 1317), § 20 der Verordn. v. 9. Aug. 1867 betr. die Erhebung einer Abgabe von Salz (G.-S. S. 1320) und § 20 des Bundesgesetzes v. 12. Okt. 1867 betr. die Erhebung einer Abgabe von Salz (B.-G.-Bl. S. 41) ist zur Deckung der durch die Kontrole des steuerfreien Salzes erwachsenden Kosten die Erhebung einer Gebühr im Maximalbetrage von 2 Sgr. für den Zentner zugelassen, von der befreit bleiben muss nur das zur Natronsulphat-, Soda- und Glasfabrikation bestimmte Salz. Preussen erhob Anfangs diese Gebühr im Maximalbetrage, ermässigte sie aber schon im nächsten Jahre für Viehsalz auf die Hälfte. Nachdem Erfahrungen über die wirklichen Kosten der Kontrole gesammelt waren, wurde sie vom 1. Okt. 1873 ab auf 6 Silberpfennige für das zu landwirthschaftlichen Zwecken und auf 1 Sgr. für das zu andern Zwecken abgabefrei verabfolgte Salz ermässigt. Eine abermalige Herabsetzung erfuhr sie sodann vom 1. April 1872 ab, nämlich auf 7 Pf. für den Doppelzentner.

Diese wiederholten Herabsetzungen der Gebühr haben natürlich verhindert, dass ihr Aufkommen (Anlage LXXI Sp. 22) auch nur einigermassen der starken Zunahme des Salzverbrauchs zu landwirthschaftlichen und gewerblichen Zwecken folgte. Denn diese betrug von 1875—1897/98 mehr als 260 Proz., während das Sollaufkommen an Kontrolgebühr, das, soweit nicht inzwischen erfolgte Ermässigungen dies unangängig machten, nach dem 3jährigen Durchschnitt veranschlagt wurde und wird, von 90 000 M. für 1867 auf 75 000 M. in den vier nächsten Jahren, 1874 infolge der erwähnten Herabsetzung der Gebühr auf die Hälfte von 78 000 auf 42 000 M. sank, dann zwar bis 113 000 M. 1891/92 stieg, aber wegen der abermaligen Herabsetzung am 1. April 1892 auf 53 000 M. zurückging und seitdem immerhin nur bis auf 94 500 M. für 1902[1]) angewachsen ist.

IV. Kapitel.

Die Branntweinsteuer.

(Staatshaushaltsetat Kap. 5 Tit. 5.)

§ 37. Der Ertrag der Branntweinsteuer einschliesslich der Uebergangsabgabe (vgl. oben § 30) bildete vor der Gründung des Norddeutschen Bundes eine gemeinschaftliche Einnahme derjenigen Staaten Norddeutschlands, welche die Preussische Steuer besassen (vgl. oben § 9). Seiner Vertheilung auf die einzelnen Staaten dieses „Norddeutschen Steuervereins“ wurde mit einigen Modifikationen die Bevölkerungsziffer zu Grunde gelegt. Die, soweit nicht besondere Umstände, wie Steuererhöhungen, Verschiebungen in den Vertheilungsziffern u. s. w. eine Ausnahme erheischten, in der Regel nach dreijährigem Durchschnitt veranschlagten Einnahmen Preussens (Anlage LXXI Spalte 5) bezifferten die Etats für 1849 auf 13,474, für 1850 auf 15,0 und für 1851 bis 1853 auf 15,3 Mill. Mark. Doch blieb die wirkliche Einnahme 1852 und 1853 hinter dem Etatsansatz erheblich zurück, was den durch ungünstige Ernten bedingten hohen Getreide- und Kartoffelpreisen zugeschrieben wurde. Infolge dessen und mit Rücksicht auf eine Preussen nachtheilige Aenderung des Theilungsverhältnisses mit dem Thüringischen Zoll- und Handelsverein wurden für 1854 nur 12,9 Millionen veranschlagt. In den um 4½ bezw. 6 Millionen höheren Voranschlägen für die beiden nächsten Jahre fanden die 1854 und 1855 eingetretenen Steuererhöhungen (vgl. oben § 9) Berücksichtigung. Von 1858 bis 1867 war sodann die Steigerung der Einnahme nur eine allmähliche, im Jahresdurchschnitt nur etwas mehr als 300 000 M., sodass sich der Voranschlag für 1867 auf 22,44 Mill. Mark stellte. Beeinträchtigend fiel hierbei ins Gewicht

[1]) In der Anlage befindet sich ein Druckfehler.

die starke Zunahme der Ausfuhrvergütungen und eine für Sachsen günstigere Abmachung über dessen Antheil an dem Steuerertrag durch Vertrag v. 28. Juni 1864 (G.-S. 1865 Nr. 23). Für die 1866 erworbenen Landestheile, die einen so starken Brennereibetrieb wie der Osten der Monarchie nicht besassen, wurde die Einnahme für 1867 auf nur 4,329 Millionen veranschlagt.

§ 38. Durch die Verfassung des Norddeutschen Bundes und des Deutschen Reiches wurde das Aufkommen an Branntweinsteuer und Uebergangsabgabe zu einer Einnahme des Bundes bezw. Reiches, indess, anders wie bezüglich der Tabak-, Zucker- und Salzsteuer, den einzelnen Staaten der ja zunächst noch nicht das ganze Reich umfassenden Branntweinsteuergemeinschaft ein fester Prozentsatz (15 Proz.) des Aufkommens als Vergütung für die Erhebungs- und Verwaltungskosten überlassen. Es verblieb daher Preussen immerhin ein verhältnissmässig erheblicher Theil seiner bisherigen Einnahme. Die Höhe der verbleibenden Einnahme aber folgte natürlich streng der Entwicklung des Steueraufkommens in Preussen, ihre Veranschlagung den Annahmen des Bundes- bezw. Reichs-Haushaltsetats. In den Jahren 1868 bis 1875 stieg sie mit Schwankungen von ca. 5½ bis nahezu 6 Mill. Mark, dann rasch auf 7 Millionen und, nachdem sie sich 1878/79 bis 1881/82 auf annähernd dieser Höhe gehalten, innerhalb von 4 Jahren auf mehr als 8 Millionen. Im Etat für 1887/88 hatte sie 8,4 Mill. Mark erreicht. Nun kam das neue Branntweinsteuergesetz v. 24. Juni 1887 (vgl. oben § 9) und der Eintritt der Süddeutschen Staaten in die Branntweinsteuergemeinschaft. Damit fielen zwar dieser gegenüber die Uebergangsabgaben weg. In Preussen kamen aber infolge der Umgestaltung der Gesetzgebung 1888/89 auf an Maischbottich- und Materialsteuer 24,6857 Millionen und an Verbrauchsabgabe und Zuschlag 88,5826 Millionen, während 1887/88 nur aufgekommen waren zwar an ersteren Steuern 48,1707 Millionen, aber an Verbrauchsabgabe und Zuschlag im ersten Halbjahr nichts, im zweiten 43,0325 Millionen, 1886/87 nur Maischbottich- und Materialsteuer in Höhe von 42,3953 Millionen. Allerdings wurde gleichzeitig durch Bestimmung des Bundesraths die verfassungsmässige Vorschrift, dass den Bundesstaaten 15 Proz. der Bruttoeinnahme verbleiben sollen, insofern etwas modifizirt, als die Vergütung bezüglich der Verbrauchsabgabe und des Zuschlags zu derselben in eine solche von 10 Proz. für die Kontrole und 5 Proz. für die Erhebung zerlegt ist und nur die letztern 5 Proz. jedem Bundesstaat nach seiner Bruttoeinnahme gewährt werden; dagegen wird die Vergütung für die Kontrole für alle Bundesstaaten in einer Summe auf 10 Proz. der Gesammtbruttoeinnahme ermittelt und auf die einzelnen Staaten vierteljährlich nach dem Verhältniss der in den Brennereien gewonnenen Alkoholmengen vertheilt. Eine nennenswerthe Verschiebung hat diese Massnahme indess nicht im Gefolge gehabt und namentlich keinen Nachtheil für Preussen; wenigstens hat dieser Staat 1888/89 bis 1898/99 an Vergütung für Kontrole und Erhebung der Verbrauchsabgabe und des Zuschlags zu derselben alljährlich etwas mehr als 15 Proz. des in ihm aufgekommenen Betrages bezogen. Wohl aber hatte natürlich die ungemeine Erhöhung des Steueraufkommens eine entsprechende Steigerung der Einnahmen Preussens zur Folge. Für 1888/89 wurden nicht weniger als 22,286 Millionen eingestellt, freilich eine viel zu optimistische Schätzung! Die Wirklichkeit ergab nur etwa 17,3 Millionen. Auch die in den folgenden Jahren ermässigten Ansätze, 1889/90 bis 1891/92 ca. 20, 1892/93 bis 1898/99 18,3 (1895/96) bis 19,2 Millionen (1898/99), sind mehrfach von der Wirklichkeit nicht ganz erreicht worden. Durch das Reichsgesetz v. 4. April 1898 (R.-G.-Bl. S. 159) wurde die Vergütung der Bundesstaaten für die Erhebung und Verwaltung der Brennsteuer aufgehoben. Trotzdem kamen 1899 bis 1902 19,11, 20,1, 20,9 und 21,1 Millionen in Ansatz, während die Isteinnahme 1898/99 bis 1900 betrug 20,0, 21,2 und 21,0 Millionen.

V. Kapitel.

Die Brausteuer.

(Staatshaushaltsetat Kap. 5 Tit. 6.)

§ 39. Ganz analog wie bezüglich der Branntweinsteuer lagen vor der politischen Einigung Deutschlands und liegen auch seit derselben die Verhältnisse bezüglich der Brausteuer (vgl. oben § 10); nur umfasst auch heut noch die Brausteuergemeinschaft nicht sämmtliche Staaten des Deutschen Reiches und die vollen 15 Proz. Vergütung für Verwaltung und Erhebung der Steuer werden auch gegenwärtig noch nach der in dem betreffenden Bundesstaat aufgekommenen Bruttoeinnahme bemessen. Auch insofern unterscheidet sich die Einnahme Preussens und des Reiches aus der Brausteuer von derjenigen aus der Branntweinsteuer, als sie durch Aenderungen der Gesetzgebung seit 1849 nur durch das Ges. v. 31. Mai 1872 beeinflusst wurde, mit Rücksicht auf welches für 1874 eine Erhöhung der Bruttoeinnahme um 540 000 M. und somit der Preussen verbleibenden Vergütung um 81 000 M. vorgesehen wurde. Die Einnahme Preussens aus der Brausteuer (Anl. LXXI Sp. 7) hat sich daher bis 1866 und dann seit 1868 — für 1867 fiel die Vergrösserung des Staatsgebiets ins Gewicht — weit stetiger entwickelt, und zwar war diese Entwicklung bei der schon durch die Bevölkerungsvermehrung bedingten Zunahme des Bierkonsums naturgemäss eine aufsteigende. Allerdings blieben auch Rückschläge nicht aus: in den Jahren 1853 bis 1857 sank die Solleinnahme von 3,57 stetig bis auf 3,12, und nach der Gründung des Norddeutschen Bundes und Deutschen Reiches wiesen die Etats für 1869, 1870, 1880/81 und 1881/82 die gleiche Erscheinung auf. Aber abgesehen von der Periode 1853 bis 1857, wo der Rückgang in besonders hohen Preisen der Gerste lag, waren diese seltenen Rückschläge doch nur ganz unerheblich. Das Gesammtergebniss der im Allgemeinen auf drei-, jetzt nach dem Reichshaushaltsetat zweijährigen Durchschnittsergebnissen beruhenden Veranschlagungen war von 1849 bis 1866 ein Aufsteigen von 3 auf 5, von 1868 bis 1885/86 von 1 auf 2, bis 1895/96 auf 3 und bis 1902 auf 3,879 Mill. Mark.

VI. Kapitel.

Die Weinsteuer.

§ 40. Der Weinsteuer (Anlage LXXI Sp. 8) war, wie oben im § 8 ausgeführt, nicht beschieden, die Gründung des Norddeutschen Bundes zu erleben, und auch vorher hatte sie, wie die Zahlen der Anlage beweisen, was ihr Aufkommen anlangt, ein äusserst unruhevolles Dasein geführt: wir finden in dem Etatsansatz von einem Jahre zum andern Schwankungen bis zu – 60 Proz. (1850), + 75 (1853), + 25 (1856), + 29 (1859), + 36 (1861 und 1864). Bei den geradezu kolossalen, auch durch Veranschlagung der Steuer auf dreijährigen Durchschnitt nicht auszugleichenden Verschiedenheiten der Weinlesen (vgl. § 34 des I. Buches) können die Schwankungen, die sämmtlich hierauf zurückzuführen waren, nicht überraschen. Von irgend welcher Bedeutung für die Staatsfinanzen waren sie bei der Geringfügigkeit des ganzen Steueraufkommens auch nicht; war dieses doch am höchsten 1862 mit 507 000 M., am niedrigsten 1850 bis 1852 mit 120 000 M. veranschlagt. Allerdings ist zu dem Aufkommen an Weinsteuer, wenn man es mit demjenigen an den beiden andern Getränkesteuern vergleichen will, hinzuzurechnen die im Etat an anderer Stelle verrechnete Uebergangsabgabe (vgl. oben § 30).

VII. Kapitel.

Die Wirthschaftsabgaben in den Hohenzollernschen Landen

(Staatshaushaltsetat Kap. 5 Tit. 15)

— **§ 41** — haben wir ihrer lokalen und finanziell minimalen Bedeutung wegen in dem I. Hauptabschnitt nicht besprochen. Auf Ges. v. 21. Mai 1856 (G.-S. S. 457) und 27. März 1875 (G.-S. S. 189) beruhend, sind sie „für den Schank“ von Wein, Obstwein und Obstmost sowie „für den Kleinhandel“ mit diesen Getränken mit jährlich 10, für den Schank von Branntwein und Likör und den Kleinhandel hiermit mit jährlich 15 vom Hundert der muthmasslichen Einnahme jeder Gewerbsstätte zu entrichten. Als Kleinhandel wird der Verkauf von Wein, Obstwein und Obstmost in Mengen unter 10 Mass und derjenige von Branntwein und Likör in Mengen unter einem Mass angesehen. Die Abgabe wird für jede Gewerbsstätte jährlich im Voraus auf Grund des von den Oberämtern abgeschätzten Gewerbsumfanges durch die Regierung nach bestimmten Abstufungen festgesetzt.

Ueber die rechtliche Natur dieser Abgaben stimmen die Ansichten nicht überein. Die Einen halten sie für eine Verbrauchsabgabe, die Anderen für eine Art besonderer Gewerbesteuer, für die jetzt ein Analogon in der in der übrigen Monarchie bestehenden Betriebsteuer (vgl. §§ 60, 65 des VIII. Buches) zu finden sein würde. Für die erstere Ansicht spricht der Besteuerungsmassstab und die Beschränkung der Steuer auf gewisse geistige Getränke, für die letztere die Umlegung nach dem „abgeschätzten Gewerbsumfang", nicht nach dem wirklichen Verschleiss. Wir neigen uns der letzteren Auffassung zu, die auch Seitens der Staatsregierung gegenüber Angriffen auf die Abgabe von dem Gesichtspunkt einer Konsumtionsabgabe, von dem aus ihre reichsrechtliche Zulässigkeit in der That nicht zweifelsfrei ist, vertreten worden ist. Ihr widerspricht freilich ihre Subsumirung unter die indirekten Steuern im Staatshaushaltsetat. Diese Verrechnung veranlasst uns auch, die Abgabe hier und nicht im VIII. Buch zu behandeln, und wenn wir es in dem Abschnitt „Verbrauchsteuern" thun, so leitet uns die Erwägung, dass, wenn man die Wirthschaftsabgaben überhaupt als indirekte Steuer ansieht, dies nur aus dem Gesichtswinkel einer Verbrauchsabgabe geschehen kann.

Jedenfalls ist es zu bedauern, dass durch die Haltung des Hohenzollernschen Kommunallandtags die Absicht der Staatsregierung, bei der Ausdehnung der Miquel'schen Steuerreform auf die Hohenzollernschen Lande auch mit dieser ihrem Charakter nach unklaren, eine Anomalie gegenüber dem übrigen Staatsgebiet darstellenden Abgabe aufzuräumen, vereitelt worden ist (vgl. § 76 des VIII. Buches).

Wenn jetzt der Hohenzollernsche Kommunallandtag mit Rücksicht auf das günstige Ergebniss der erstmaligen Veranlagung der Einkommen- und Ergänzungsteuer die Aufhebung der Wirthschaftsabgaben fordert, so entbehrt das der inneren Berechtigung. Denn, wie ihm dies seiner Zeit bei Berathung des Gesetzes über die Umgestaltung der Steuern der Hohenzollernschen Lande Seitens des Verfassers als Kommissars des Finanzministers nachdrücklich vorgehalten worden ist, kann er, wenn er die Aufhebung einer Steuer vom Gesichtspunkte einer Vorbelastung der Hohenzollernschen Lande vor der übrigen Monarchie verlangt, nicht gleichzeitig eine Begünstigung vor derselben durch Abstandnahme von der Einführung der Stempelsteuer beanspruchen. Das günstige Ergebniss der Einkommen- und Ergänzungsteuerveranlagung beseitigt wohl das bei der Geringfügigkeit des Betrages ohnehin nicht schwer wiegende finanzielle Bedenken gegen eine ersatzlose Aufhebung der Wirthschaftsabgaben, berührt aber jenes Hauptbedenken einer nicht gerechtfertigten steuerlichen Begünstigung eines Landestheiles vor den übrigen nicht.

Der Ertrag der Wirthschaftsabgaben (Anl. LXXI Sp. 23), der bis 1872 auf dem bis dahin besonders aufgestellten Etat für die Hohenzollernschen Lande stand, hat sich seitdem nur wenig geändert und ist in Folge des zunehmenden Biergenusses sogar in den letzten Jahrzehnten von 40 000 M. im Anfang der 80er Jahre auf noch nicht ganz 31 000 M. gesunken.

VIII. Kapitel.

Die Mahl- und Schlachtsteuer.

§ 42. Bei Beurtheilung der in den Spalten 9 und 10 der Anlage LXXI nachgewiesenen Sollerträge der Mahl- und Schlachtsteuer (vgl. oben §§ 3 und 8a dieses und § 21 des vorigen Buches) ist zunächst zu beachten, dass in ihnen die im § 80 des vorigen Buches besprochenen Beischläge für die Justizkosten in der Rheinprovinz enthalten sind. Allerdings betrugen dieselben bis 1852 nur zwischen 12 000 und 13 000 M. bei der Mahl- und ca. 24 000 M. bei der Schlachtsteuer, später, in Folge des im § 80 des VIII. Buches erwähnten Ges. v. 31. März 1852, nur noch zwischen 7000 und 8000 M. bei jener und zwischen 9000 und 10 000 M. bei dieser. Sodann werden die auffallend hohen Beträge bei beiden Steuern in den Jahren 1855, 1856, 1861 und 1862 durch die zeitweise erhobenen, im § 88 des vorigen Buches erwähnten 25prozentigen Zuschläge erklärt. Endlich kommt für die Entwickelung der beiden Steuern in Betracht, dass ihr Geltungsbereich nicht immer gleichblieb, indem einzelnen Städten der Uebergang von der Mahl- und Schlachtsteuer zur Klassensteuer und von dieser zu jenen gestattet wurde. Dagegen blieben die Gebietserweiterungen des Jahres 1866 ohne einen dem Umfang derselben entsprechenden Einfluss auf das Aufkommen der beiden Steuern; denn in den neuen Landestheilen fanden diese allein in der Stadt Frankfurt a. M. Eingang und das dortige Aufkommen veranschlagte der dasselbe zuerst berücksichtigende Etat für 1868 auf rund 98 000 M. Mahl- und 394 000 M. Schlachtsteuer.

Soweit nicht Momente der vorstehend bezeichneten Arten hemmend oder steigernd eingriffen, war die Entwickelung des Erträgnisses, der Bevölkerungs- und Wohlstandszunahme entsprechend, bei beiden Steuern die eines langsamen, aber stetigen Wachsthums. Abgesehen von den Jahren, in denen im Vorjahr erhobene Zuschläge wegfielen, wiesen Rückschläge gegen das Vorjahr nur auf übereinstimmend bei beiden Steuern — der Rückgang bei der Schlachtsteuer 1851 war nicht nennenswerth — 1850, 1869 und 1870. In den Jahren 1850 und 1851 beruhte der Minderansatz darauf, dass in den massgebenden Durchschnittsjahren nicht ganz wenige Städte zur Klassensteuer übergegangen waren und die politischen Verhältnisse den Konsum beeinträchtigt hatten. Die Minderansätze für 1869 und 1870 wurden vorzugsweise durch geringere Isteinnahmen der Jahre 1866 und 1867 bedingt und diese wiederum hatten 1866 in den politischen Ereignissen, 1867 in durch schlechte Ernte und Futtermangel herbeigeführten ungewöhnlich hohen Getreide- und Fleischpreisen ihren Grund. Das Ergebniss der Entwickelung war, wie in der Anlage im Einzelnen ersichtlich gemacht ist, von den vorübergehenden Zuschlägen abgesehen, bei der Mahlsteuer ein Anwachsen der Solleinnahme von rund 3¼ Mill. Mark 1849 auf 4,7 Mill. 1867 und 5,3 Mill. Mark im letzten Jahre ihrer Erhebung, 1874, bei der Schlachtsteuer in den gleichen Perioden ein solches von 3,9 auf 5,8 und 8,4 Mill. Mark. Der Einnahmezuwachs war also bei der Schlachtsteuer absolut mehr als, prozentual „fast“ doppelt so stark wie bei der Mahlsteuer, ein äusserst günstiges Zeichen für die Wohlstandsvermehrung, da das Brot in ungleich höherem Masse ein unentbehrliches Nahrungsmittel aller, auch der ärmsten Schichten bildet, wie das Fleisch und eine Vermehrung des Einkommens daher weit mehr auf eine Steigerung des Fleisch-, als des Brotkonsums einwirkt.

IX. Kapitel.

Der Spielkartenstempel.

(Staatshaushaltsetat Kap. 5 Tit. 7.)

§ 43. Der Spielkartenstempel (vgl. oben § 16) ist zwar der Erhebungsform nach ein Stempel, seinem Wesen nach aber eine Verbrauchsteuer und hat daher hier, wo es sich um seine finanzielle Rolle im Abgabensystem, nicht um seine steuertechnische Gestaltung handelt, in dem den Verbrauchsteuern gewidmeten Abschnitt seine Stelle zu finden, und zwar die letzte, weil er vermöge dieses seines Wesens einerseits, seiner Form nach andererseits gewissermassen den Uebergang zu den im nächsten Abschnitt zu behandelnden wirklichen Stempelabgaben bildet.

Durch das Reichsgesetz v. 3. Juli 1878, welches ihn, der bisher in Preussen im Rahmen der allgemeinen Stempelsteuer enthalten gewesen war, zur Reichsabgabe machte, sind den einzelnen Bundesstaaten als Vergütung für die Erhebungs- und Verwaltungskosten 5 Proz. der in ihrem Gebiet zur Erhebung gelangenden Abgaben zugesprochen. Unter Zugrundelegung eines der bisherigen Einnahme Preussens entsprechenden Bruttoaufkommens von 700 000 M. wurden daher in den Jahren 1879/80 und 1880/81 als Preussen verbleibende Einnahme je 35 000 M. eingestellt (Anlage LXXI Sp. 13). Mit Rücksicht darauf jedoch, dass in den ersten Jahren eine erhebliche Nachsteuer für vor dem Inkrafttreten des Gesetzes von 1878 angefertigte Karten aufkam, diese Einnahme aber natürlich später wegfiel, übrigens auch das Sollaufkommen von 700 000 M. 1879/80 in Preussen nicht erreicht wurde, rechnete man für 1881/82 nur mit einem solchen von 666 900 M. und ermässigte daher den Etatsansatz der Preussischen Erhebungs- und Verwaltungskostenvergütung auf 33 340 M. In der Folgezeit legte man die 1882/83 auf zwei-, dann drei-, später wieder zweijährigen Durchschnittsergebnissen beruhenden Anschläge des Reichshaushaltsetats zu Grunde und kam damit für Preussen zu Schätzungen der ihm verbleibenden Einnahme von rd. 31 000 M. in den Jahren 1882/83 bis 1885/86 und dann zu stetig bis auf 40 000 M. 1892/93, 45 000 M. 1896/97 und 49 000 M. 1899 steigenden Voranschlägen; bei letzterem Betrage ist es auch 1900—1902 verblieben.

III. Abschnitt.

Verkehrssteuern.

(Reichs- und Landesstempel und Erbschaftssteuer.)

I. Kapitel.

Die Reichsstempelabgaben.

(Staatshaushaltsetat Kap. 5 Tit. 8 u. 10.)

§ 44. Im § 16 ist näher ausgeführt, in welchem Umfange das Reich auch eigentliche Stempelabgaben an sich gezogen und damit den einzelnen Bundesstaaten entzogen hat. Als dies das erste Mal, durch das Bundesgesetz über die **Wechselstempelsteuer** v. 10. Juni 1869, geschah, wurde für eine Uebergangszeit den einzelnen Bundesstaaten, um sich mit dem Einnahmeausfall abzufinden, ein erheblicherer Theil des Aufkommens überlassen: sie erhielten nämlich nach § 27 dieses Gesetzes, welches am 1. Jan. 1870 in Kraft trat, bis Ende 1871 36, 1872 und 1873 24, 1874 und 1875 12 Proz., und erst seit 1876 erhalten sie nur 2 Proz. von der jährlichen Einnahme für die in ihrem Gebiet debitirten Wechselstempelmarken und gestempelten Blankets. Das und der Debit durch die Reichspost waren der Anlass, dass man im Etat für 1871 dazu überging, den Preussischen Antheil an der Wechselstempelsteuer aus den „Bundessteuern" unter die „Einnahmen für alleinige Preussische Rechnung" zu versetzen, wo sie seitdem, jetzt im Tit. 10 des 5. Kapitels, verblieben sind. Unseres Dafürhaltens machten und machen jene Umstände den Antheil Preussens an der Steuer noch nicht zu einer „Einnahme für alleinige Rechnung Preussens" im Gegensatz zu den „Reichssteuern", und es befremdet, jetzt den Antheil an der Wechselstempelsteuer unter jenen Einnahmen, den gleich hohen, durch eine ganz analog gefasste Gesetzesbestimmung bewilligten Antheil an dem sog. Börsen- und Lotteriestempel unter den Reichssteuern zu finden. Unserers Erachtens gehören beide Titel unter letztere.

Was nun die Höhe der Preussischen Einnahme aus der Wechselstempelsteuer (Anlage LXXI Sp. 15) anlangt, so ist schon im vorigen Absatz der Grund dafür erwähnt, dass die Einnahme 1870 und 1871 mit 0,923 und 1,073, 1872 und 1873 nur mit 0,764 und 0,796, 1874 und 1875 nur mit 0,43 und 0,5 Mill. Mark im Etat erscheint, 1876 aber gar auf 0,089 Millionen zurückschnellt. Ihre späteren Veranschlagungen auf 0,086, 0,081 und 0,08 Millionen 1877/78—1879/80, 70 000 bis einige 70 000 M. 1880/81—1892/93, einige 80 000 M. 1893/94—1896/97 sowie 92 000, 99 000, 107 000, 119 000, 131 000 und 142 000 M. in den letzten 6 Jahren folgen den auf früher drei-, jetzt zweijährigen Durchschnittsergebnissen fussenden der Reichseinnahme im Reichsetat und lassen die Periode des Darniederliegens des wirthschaftlichen Lebens seit Mitte der 70er Jahre und die des Aufschwunges bis 1900 erkennen. Die Aenderung der Steuerskala durch das Ges. v. 4. Juni 1879 scheint ohne merkbaren Einfluss auf das Erträgniss gewesen zu sein.

§ 45. Von der **Stempelabgabe für Werthpapiere, Kaufgeschäfte etc., Lotterieloose und Schiffsfrachturkunden** (Kap. 5 Tit. 8 des Etats) erhält jeder Bundesstaat, wie schon im vorigen Paragraphen erwähnt, ebenfalls 2 Proz., von dem Loosestempel jedoch nur für Privat-, nicht für Staatslotterien.

Nachdem diese Abgaben am 1. Okt. 1881 in Kraft getreten waren, wurde ihr Aufkommen im Reiche, ausschliesslich Stempel von Loosen der Staatslotterien, für 1882/83 auf 12,066 Mill. Mark geschätzt und in den Etat Preussens als dessen zweiprozentiger Antheil ein Betrag von 82000 M. eingestellt (Anlage LXXI Sp. 14). Für das nächste Jahr wurde der Ansatz noch um 8000 M. erhöht. Indess die gehegten Erwartungen erfüllten sich zunächst nicht ganz, sodass man 1884/85 wieder auf 85000 M. zurückging. Dagegen ermöglichten die weiteren Ergebnisse, für 1885/86 auf eine Einnahme von 99290 M. zu rechnen. Nun kam die erste Erhöhung der Abgaben durch das Ges. v. 29. Mai 1885, von der man für 1886/87 in Preussen, immer abgesehen vom Stempel für Staatslotterien, ein Steueraufkommen von 12,732 Mill. Mark und daher als Preussische Einnahme 254640 M. erwartete. Schon die Ergebnisse des Jahres 1. Okt. 1885/86, nöthigten aber, da sich das Aufkommen nur auf 10,65 Millionen stellte, für 1887/88 nur 213000 M. vorzusehen; 1888/89 musste man abermals um 3000 M. heruntergehen und 1889/90 konnten auch nur 215000 M. eingestellt werden. Erst ein glänzendes Ergebniss 1888/89 ermöglichte es, für 1890/91 nach einem dreijährigen Durchschnitt von 12,395 Millionen 247900 M. in den Preussischen Etat einzustellen. Für 1891/92 wurden sogar 307040 M. und für 1892/93 346440 M. vorgesehen. Erreicht wurden aber diese Voranschläge bei weitem nicht. Daher die niedrigeren von 326080 und 270640 M. für 1892/93 und 1893/94! Die abermalige Steuererhöhung durch das Ges. v. 27. April 1894 bot Anlass, 1895/96 392320 und 1896/97 540900 M. einzustellen. Nachdem 1897/98 sogar 546480 M. vorgesehen worden waren, musste man sich indess überzeugen, dass man die Dinge zu rosig angesehen hatte, und sich für 1898/99—1900 mit 502160, 469000 und 516000 M. begnügen, und als man endlich nach der abermaligen Steuererhöhung durch Ges. v. 14. Juni 1900 für 1901 923000 M. vorsah, erlebte man bei dem wirthschaftlichen Rückgang, zu dem die Steuererhöhung wie die Faust auf's Auge passte, die grösste Enttäuschung, die für 1902 nur einen Voranschlag von 545000 M. zuliess.

II. Kapitel.

Die Preussische Stempelsteuer.

(Staatshaushaltsetat Kap. 5 Tit. 11.)

§ 46. Besser als das Reich mit den vom Reichstage sozusagen improvisirten, einer zum guten Theil allerdings von der Börse nicht unverschuldeten Animosität, schiefen Auffassungen und mangelhaftem Verständniss der einschlägigen Verhältnisse entsprungenen und so gerade keine glänzende Bewährung der parlamentarischen Initiative auf steuerlichem Gebiet darstellenden Erhöhungen und Verschärfungen der Reichsstempelabgaben ist Preussen mit seiner von einem Miquel reiflich durchdachten, von grossen, insbesondere nichts weniger als verkehrsfeindlichen Gesichtspunkten getragenen Reform seiner Stempelsteuer gefahren. Der Entwurf des neuen Stempelsteuergesetzes (vgl. oben §§ 18, 19) hatte höchstens auf eine mässige Erhöhung des bisherigen Steueraufkommens gerechnet, und in den Etat für 1896/97 wurden daher, wie im letzten Jahre vor der Reform, nur 23 Mill. Mark eingestellt (Anlage LXXI Sp. 11). Das Ergebniss waren aber 27 440 851 M. Allerdings trug zu diesem günstigen Resultat sehr wesentlich bei, dass, anders wie die Erhöhung der Reichsstempelabgaben, die Reform der Preussischen Stempelsteuer in eine Zeit wirthschaftlichen Aufschwunges fiel. Dessen Anhalten und die bewährte Vorsichtigkeit in der Veranschlagung bewirkten es auch, dass auch die Voranschläge von 26, 27, 30 und 32 Millionen für die nächsten vier Etatsjahre durch die wirklichen Einnahmen, die sich auf 31 772 627, 34 493 473, 36 561 881 und 34 424 195 M. stellten, übertroffen wurden. Auf Grund der Ergebnisse von 1897/98—1899 wurden für 1901 34 Millionen vorgesehen. Indess der 1900 bereits eingetretene Rückgang der Einnahme mahnte zur Vorsicht. Für 1902 sind daher nur 33 Millionen vorgesehen. Ob freilich auch nur dieser Etatsansatz erreicht werden, geschweige denn 1901 derjenige von 34 Millionen erreicht sein wird, steht dahin.

§ 47. Vor der Reform wurden die Erträge der Stempelsteuer durch die vielfache Flickarbeit an dem alten Gesetz (vgl. oben § 15), namentlich aber durch die Abtrennung der Erbschaftssteuer (§ 17) und den Uebergang einzelner Stempel auf das Reich stark beeinflusst.

Mit Rücksicht auf die ungünstigen Zeitverhältnisse hatte man 1849 statt des dreijährigen Durchschnitts, der fast $13^1/_2$ Mill. Mark ergab, einen fast 3 Millionen niedrigeren Betrag eingestellt. Für 1850 wurde der Ansatz, obwohl am 1. Jan. 1849 der Zeitungsstempel, der 1848 fast $^1/_4$ Million abgeworfen hatte, weggfiel, in Erwartung besserer Zeiten auf 10,8, 1851 auf 12 Millionen erhöht, welchen Ansätzen die Wirklichkeit fast genau entsprach. Mit dem 1. Jan. 1852 aber gingen nach dem Ges. v. 10. Mai 1851 (G.-S. S. 622), betreffend den Ansatz und die Erhebung der Gerichtskosten, die Stempel für gerichtliche Akte in den Gerichtskosten auf und daher in die Einnahmen der Justizverwaltung über. Der Voranschlag für 1852 wurde daher auf 7,65 Millionen ermässigt, wogegen beim Justizetat 4,712 Millionen in Einnahme gestellt wurden. Schon durch Ges. v. 2. Juni 1852 (G.-S. S. 301) wurde indess vom 1. Juli 1852 ab eine Stempelpflicht für politische und Anzeigeblätter wieder eingeführt, von der man eine Einnahme von $^3/_4$ Mill. Mark erwartete. Der Etat für 1853 wies daher und auf Grund der bisherigen Ergebnisse bereits wieder 9,3 Millionen auf, der Rechnungsabschluss aber sogar 10,8 Millionen. In den folgenden Jahren ging es erst langsamer, dann rascher aufwärts, bis die Krisis von 1859 dazu nöthigte, den Etatsansatz von 1859, 12,48 Millionen, für 1860 beizubehalten, 1861 aber, nachdem sich für 1859 einen Fehlbetrag von rund 790 000 M. gegen den Etat herausgestellt hatte, auf 12,45 Millionen, 1862, da überdies die Aenderung des Zeitungsstempels durch Ges. v. 29. Juni 1861 (G.-S. S. 689) und der Berechnung des Stempels von Guts- etc. Ueberlassungsverträgen zwischen Aszendenten und Deszendenten durch Ges. v. 22. Juli 1861 (G.-S. S. 754) einen Ausfall von 291 000 M. erwarten liess, sogar auf 11,934 Mill. Mark herabzugehen. Schon das Ergebniss von 1860 zeigte indess wieder eine Besserung und das nächste Jahr schloss mit mehr als $13^1/_2$, 1862 sogar mit mehr als 15 Millionen ab. Die Etats für 1863 und 1864 sahen daher 13,65 und 14,4 Millionen vor. Bei der fortdauernd günstigen Entwicklung stiegen die Solleinnahmen sodann bis 1867 weiter auf 15,6, 15,93 und 16,59 Millionen, zu welch letzterem Betrage aus den neuen Landestheilen 3,686 Millionen traten. Die Steigerung hielt auch 1868 und wenigstens in der Isteinnahme 1869 (rd. 23,7 Millionen) an. Dagegen bedeutete der Uebergang des Wechselstempels auf den Norddeutschen Bund für 1870 einen Ausfall von 2,565 Millionen, sodass für 1870 nur 20,333 gegen 22,096 Millionen in den beiden Vorjahren in Ansatz kamen. Infolge des Französischen Krieges wurde jener Ansatz von der Wirklichkeit (19,8 Millionen) nicht voll erreicht. In den nächsten beiden Jahren übertraf die wirkliche Einnahme mit 25,6 und 41,2 Millionen den Voranschlag von 21 Millionen weit, 1872, infolge der Gründerära, um fast 100 Proz.; demgegenüber verschwand der auf 180 000 M. berechnete Ausfall, der durch die Aufhebung des Stempels von Gesindedienstbüchern und -Zeugnissen nach dem Ges. v. 21. Febr. 1872 (G.-S. S. 160) verursacht war, völlig. Der Voranschlag für 1873 wurde daher auf 30 Mill. Mark erhöht. Auch der erheblichere Ausfall durch Ermässigung der Stempel für gewisse Urkunden des Familien- und Erbrechts und Aufhebung einer Reihe anderer Stempelpositionen vom 1. Mai 1873 ab (Ges. v. 26. März 1873 — G.-S. S. 131) hinderte nach solchen Ergebnissen nicht, diese Summe für 1874 beizubehalten; nur vertheilte sie sich infolge der Abtrennung der Erbschaftssteuer nun mit 25,8 Millionen auf die Stempel- und mit 4,2 Millionen auf die Erbschaftssteuer.

Inzwischen war aber der grosse Krach im Wirthschaftsleben erfolgt, in Folge dessen die wirkliche Einnahme schon 1873 auf 32,7, 1874 aber — abzüglich der Erbschaftssteuer — auf 22,8 Millionen zurückging. Dazu kam die Aufhebung des Zeitungs- und Kalenderstempels am 1. Juli 1874 durch das Pressgesetz; derselbe hatte 1873 3,8, 1874 noch 2,3 Millionen gebracht. Die Solleinnahme wurde daher 1875 auf 23,5, 1876 auf 23, als aber 1875 gar nur eine Isteinnahme von 20,2 Millionen erzielt war, weiter für 1877/78 und 1878/79 auf 21½ Millionen herabgesetzt, womit man immer noch ½ Million über der wirklichen Einnahme von 1876, fast 1⅘ über derjenigen von 1877/78 und fast 3½ Millionen über derjenigen von 1878/79 blieb, also die Schwere und Hartnäckigkeit der Krisis bedeutend unterschätzt hatte. Der Uebergang des Spielkartenstempels auf das Reich bedeutete eine weitere Einbusse von ca. 700 000 M., und ebenso beeinträchtigte der reichsgesetzliche Börsen- und Lotteriestempel die Preussischen Einnahmen wesentlich. Dazu kamen schliesslich die Staatseinnahmen schwer beeinträchtigende Erkenntnisse des Reichsgerichts betreffs der Kaufstempelpflichtigkeit der Einlagen in Aktiengesellschaften und des Begriffs der „im kaufmännischen Verkehr geschlossenen Kauf- und Lieferungsverträge“ und am 1. Okt. 1879 der Uebergang der in der Rheinprovinz, Hannover und Frankfurt a. M. noch erhobenen Stempel von gerichtlichen Urkunden in Gerichtskosten. So stellten sich die wirklichen Einnahmen 1879/80 bis 1884/85 nur auf 15,4, 13,9, 15,4, 14,5, 15,1 und 15,6 Millionen, und die ihnen folgenden Etatsansätze sanken dementsprechend, bis sie 1884/85 mit 14½ Millionen den Tiefpunkt erreichten. Von 1885/86 ab zeigt sich die schon in den Istergebnissen der beiden Vorjahre merkbare leise Besserung auch in den Etatsansätzen, die nunmehr wieder stetig, erst langsamer, dann rascher, bis auf 24,7 Millionen 1892/93 steigen, während das wirkliche Aufkommen sich 1885/86 bis 1892/93 auf 16,4, 19, 20,4, 24,6, 26,1, 24,1 und 23,4 Millionen stellt. Beitrug übrigens zu den besseren Ergebnissen auch die anderweite Regelung der Stempelsteuer für dem Reichsstempel nicht unterliegende Kauf- und Lieferungsverträge im kaufmännischen Verkehr und für Werkverdingungsverträge durch das Ges. v. 6. Juni 1884 (G.-S. S. 279), während die Ermässigung und Milderung der Stempelpflicht von Pacht-, Mieth- und antichretischen Verträgen durch das Ges. v. 19. Mai 1889 betr. Abänderung mehrerer Bestimmungen der Gesetzgebung über die Stempelsteuer (G.-S. S. 115) die entgegengesetzte Wirkung hatte. In Folge des seit 1891/92 sich wieder bemerkbar machenden Rückganges wurden sodann die Einnahmen für 1893/94 1894/95 und 1895/96 zunächst gleich hoch, dann etwas niedriger als für 1892/93, auf 24,7, 23,7 und 23 Millionen veranschlagt. In der Wirklichkeit stellten sie sich 1893/94 und 1894/95 noch niedriger, 1895/96 nur wenig höher, nämlich auf 22,2, 22,4 und 23,2 Millionen.

Ausser den von der indirekten Steuerverwaltung erhobenen, im Vorstehenden daher allein betrachteten sogen. „Naturalstempeln“ werden, wie beiläufig erwähnt, von der Justizverwaltung Stempelsteuern mit den Gerichtskosten für Auflassungen, Hypotheken, Grundschulden, gerichtliche Beurkundungen u. s. w., die sogen. „Gerichtskostenstempel“, erhoben. Ihr Aufkommen stellte sich in den 80er Jahren auf ca. 6 $^1/_2$ (1884/85) bis 9 (1889/90), seitdem bis 1895/96 auf 9,17 (1890/91) bis 10,48 Mill. Mark (1895/96).

III. Kapitel.

Die Erbschaftssteuer

(Staatshaushaltsetat Kap. 5 Tit. 12)

— **§ 48** — hat, anders wie die Stempelsteuer, wie die Anlage LXXI Spalte 12 ergiebt, seit ihrer Loslösung von der Stempelsteuer mit grosser Stetigkeit langsam zugenommen, ohne dass seit 1875 auch nur einmal der Etatsansatz gegen das Vorjahr ermässigt werden musste. Es liegt das in ihrem Wesen begründet, da sie ja von den Wellenbewegungen des wirthschaftlichen Lebens nur verhältnissmässig wenig berührt wird und die Schwankungen, die einmal besonders grosse Erbfälle hervorrufen, bei der Veranschlagung nach dreijährigem Durchschnitt sich ziemlich ausgleichen oder solche besonders grosse Erbfälle nicht voll in Rechnung gestellt werden. In der Isteinnahme, bei der diese Ausgleichung nicht eintritt, sind freilich die Schwankungen grösser: die Isteinnahme betrug 1876 bis 1900 in Mill. Mark ungefähr: 4,46, 5,02, 4,60, 4,92, 5,19, 5,69, 5,16, 5,63, 6,16, 6,79, 6,02, 7,90, 7,05, 7,46, 8,28, 7,78, 8,98, 8,43, 9,24, 8,39, 9,05, 9,00, 10,26, 9,53, 10,60. Die Solleinnahmen aber sind in der zweiten Hälfte der 70er Jahre von 3 $^1/_2$ auf 5, bis 1887/88 auf 6, bis 1891/92 auf 7,4, bis 1894/95 auf 8,3, bis 1900 auf 9 und bis 1902 auf 10,1 Mill. Mark gestiegen.

IV. Abschnitt.

Die übrigen Einnahmen der Verwaltung der indirekten Steuern.

I. Kapitel.

Niederlage-, Krahn-, Waage-, Blei-, Zettel- und Siegelgelder.

(Staatshaushaltsetat Kap. 5 Tit. 13.)

§ 49. Um das fiskalische Interesse an der Sicherung des Eingangs der Zölle mit dem wirthschaftlichen thunlichst geringer finanzieller und sonstiger Belästigung des Verkehrs nach Möglichkeit in Einklang zu bringen, werden eine Reihe besonderer Einrichtungen und Anstalten getroffen, von denen, da sie eine wenn auch nur zur Deckung der Kosten bestimmte Einnahme abwerfen oder früher abwarfen, hier zu erwähnen sind die zollfreien Niederlagen, die Begleitscheinkontrole und der zollamtliche Waarenverschluss.

Die Verordn. v. 23. Jan. 1838, das mit den zollvereinten Staaten vereinbarte Zollgesetz und die demselben entsprechende Zollordnung betreffend (G.-S. S. 33) schrieb „zur Beförderung des mittelbaren Durchfuhrhandels und des innern Verkehrs“ die Errichtung öffentlicher Niederlagen (Packhöfe, Hallen, Freihäfen) in den wichtigeren Handelsplätzen des Inlands und bei Hauptzollämtern an der Grenze, wo sich ein Bedürfniss hierfür zeigte, vor und gestattete „ausnahmsweise für solche Waaren, welche sich zur Aufbewahrung in den öffentlichen Niederlagen nicht eignen“, die Niederlegung der unverzollten Waaren in Privatlägern.

Die Niederlegung in den inländischen öffentlichen Niederlagen (Packhofsniederlagen) wurde nur Kaufleuten, Spediteuren und Fabrikanten, nur für solche fremde Waaren, von welchen der Durchgangszoll geringer als der Eingangs- oder als der Ausgangszoll oder als beide zusammen ist, und nur auf längstens 2 Jahre gestattet. Die Waare haftet für den Zoll, die Zollverwaltung für wirthschaftliche Erhaltung der Räume, sicheren Verschluss derselben und Abwendung von Feuersgefahr. Die öffentlichen Niederlagen bei den Hauptzollämtern, die „Zollläger“ stehen nur den im Orte wohnenden Kaufleuten und Spediteuren zur Verfügung, und die Lagerfrist ist auf 6 Monate beschränkt. Im Uebrigen gelten für sie analoge Bestimmungen wie für die Packhöfe.

Für die Benutzung beider Arten von öffentlichen Niederlagen kann ein Lagergeld erhoben werden, das aber für den Monat von trockenen Waaren $^1/_{36}$, von flüssigen $^1/_{24}$ Thlr. für den Zentner nicht übersteigen darf.

Die Privatläger sind entweder Kreditläger, wenn Waaren, die bloss zum Absatz im Inland bestimmt sind, zur Sicherung des kreditirten Zolls niedergelegt werden, oder Transitlager, wenn die darin lagernden Waaren zugleich oder ausschliesslich zum Absatz nach dem Ausland bestimmt sind. Der Inhaber des Privatlagers haftet für den Zoll, sofern er dessen Entrichtung nicht nachweist.

Die Begleitscheine sind entweder Begleitscheine I oder Begleitscheine II. Der Begleitschein I bezweckt die Sicherung des richtigen Eingangs im inländischen Bestimmungsorte oder der wirklich erfolgten Aus- oder Durchfuhr solcher Waaren, die sich nicht im freien Verkehr befinden, sondern noch mit einem Zollanspruch behaftet sind, der Begleitschein II lediglich die Ueberweisung der Erhebung des durch vollständige Revision ermittelten und festgestellten Eingangszolls für solche Waaren an ein anderes dazu befugtes Amt.

Der zollamtliche Waarenverschluss ist das Mittel, sich zu versichern, dass die Waare bis zur Lösung des Verschlusses durch ein dazu befugtes Amt nach Menge, Gattung und Beschaffenheit unverändert erhalten bleibe. Er besteht in der Regel in ausgeprägten Bleien (Plomben), kann aber auch in Siegeln u. s. w. bestehen. Ob und welche Art des Verschlusses einzutreten habe, bestimmt das abfertigende Amt.

Für die Begleitscheinkontrole und den Verschluss konnten Bezettelungs-, Verschlussgelder und Gebühren für das Material an Blei, Lack, Licht und Versiegelungsschnur (Blei- und Siegelgelder) erhoben werden. Die Sätze dieser Gebühren wurden durch den Zolltarif vom 1. Mai 1865 (G.-S. S. 209) auf 2 Sgr. für einen Begleitschein und 1 Sgr. für jedes angelegte Blei bestimmt. Indess schon ein Ges.

v. 2. März 1867 (G.-S. S. 350) hob vom 1. April 1867 ab alle Gebühren für die Begleitscheinkontrole und den Waarenverschluss auf.

Hinsichtlich der sonach nur verbliebenen Lagergelder und der neben diesen für Benutzung fiskalischer Krahne und Waagen erhobenen Krahn- und Waagegelder bestimmt Art. 25 des Zollvereinsvertrages v. 8. Juli 1867, dass derartige Gebühren nur bei Benutzung wirklich bestehender Einrichtungen erhoben werden und die zur Unterhaltung und gewöhnlichen Herstellung erforderlichen Kosten nicht übersteigen dürfen, ein Grundsatz, nach dem in Preussen die Finanzverwaltung, der durch Kabinetsordre v. 13. Dez. 1828 die Festsetzung übertragen war, schon bisher gehandelt hatte.

Das Vereinszollgesetz v. 1. Juli 1869 (B.-G.-Bl. S. 317) trifft denen der Zollordnung v. 23. Jan. 1838 analoge Bestimmungen über die zollfreien Niederlagen. Die öffentlichen werden jetzt in allgemeine, beschränkte und freie unterschieden, ihre Benutzung aber nicht auf Kaufleute u. s. w. beschränkt, auch ist die Lagerfrist für die allgemeinen verlängert.

Für die nöthigen Gebäude hat, wenn keine geeigneten staatlichen vorhanden sind, die Kaufmannschaft oder Kommune, die eine Niederlage wünscht, zu sorgen.

In den allgemeinen Niederlagen (Packhöfen, Hallen, Lagerhäusern, Freihäfen) wird das Niederlagsrecht nur für mit Zollansprüchen behaftete Waaren oder mit Lagerfrist von in der Regel höchstens 5 Jahren bewilligt. Die Waare haftet für den Zoll. Umpackungen sind unter Aufsicht der Beamten zulässig. Die Steuerverwaltung hat für wirthschaftliche Erhaltung, Verschluss der Waaren, Ruhe und Ordnung des Personals und Abwendung von Feuersgefahr zu sorgen; nur für Schäden, die aus Vernachlässigung dieser Pflichten entstehen, haftet sie. Bei der Abfertigung ist Einlagerungsgewicht und Beschaffenheit massgebend, jedoch Auslagerungsgewicht bei Verminderung des Gewichts durch Umpacken oder zufällige Schäden etc.; gänzlich verdorbene Waaren werden vernichtet, Zoll davon nicht erhoben. Güter unbekannter Eigenthümer werden, nachdem sie 1 Jahr gelagert, zwei Mal in Zwischenräumen von 4 Wochen (bei leicht verderblichen 3 Wochen) aufgeboten und dann 6 Monate später meistbietend verkauft; der Erlös bleibt nach Abzug der Kosten noch 6 Monate aufbewahrt und fällt, wenn sich auch dann Niemand meldet, an den Staat. Werden Güter nach 5jähriger Lagerung nicht abgeholt, so wird der Eigenthümer hierzu mit einer Frist von höchstens 4 Wochen aufgefordert; erfolgt die Abholung nicht, so werden die Waaren licitando verkauft und der Erlös nach Abzug der Kosten dem Eigenthümer zugestellt.

Beschränkte Niederlagen können an Orten, die nicht im Besitz des Niederlagsrechts sind, eingerichtet werden. Die Lagerfrist beträgt in der Regel höchstens 6 Monate. Im Uebrigen gelten analoge Bestimmungen wie für die allgemeinen Niederlagen.

Freie Niederlagen (Freiläger) können in den wichtigeren Seehäfen in örtlicher Verbindung mit dem Hafen errichtet werden. Sie werden zollgesetzlich als Ausland behandelt und sind vom umgebenden Gebiete sicher abzuschliessen.

Ausserdem können Waaren, auf denen ein Zollanspruch haftet, in Privatlägern unter oder ohne Mitverschluss der Zollbehörden niedergelegt werden; erfolgt die Niederlegung lediglich zur Sicherung des kreditirten Zolls (Privatkreditläger), so darf die Lagerfrist in der Regel nicht über 6 Monate oder wenigstens nicht über das Kalenderjahr des Eingangs sich erstrecken. Sind die Waaren zum Absatz im Auslande bestimmt (Privat-Transitläger), so gelten die bezüglich der öffentlichen Niederlagen gegebenen Bestimmungen hinsichtlich

Haftung der Lagerverwaltung und Lagerfrist. Inhaber solcher Läger, die nicht unter amtlichem Mitverschluss stehen, haften unbedingt für den Zoll.

Der bisherige Maximalsatz des Lagergeldes in öffentlichen Niederlagen ist beibehalten.

§ 50. Die Einnahme an Gebühren der im vorigen Paragraphen besprochenen Arten (Anlage LXXI Sp. 17) war und ist keine sehr bedeutende und schwankt mit der Stärke des Verkehrs, wird also in erster Linie durch die wirthschaftliche Lage, daneben durch die materielle Zollgesetzgebung beeinflusst. Nach dem dreijährigen Durchschnitt veranschlagt, ging ihr Soll infolge der verkehrsstörenden politischen Ereignisse des Jahres 1848 von 142 000 M. 1849 auf 120 000 M. 1850 zurück und stieg dann allmählich bis auf rd. 192 000 M. 1859. Doch wurde infolge der Wirthschaftskrisis Ende der 50er Jahre weder in diesem noch im vorangegangenen Jahre der Voranschlag erreicht, der daher für 1862 bis 1860 fortgesetzt ermässigt werden musste. Erst die besseren Ergebnisse seit 1862 machten von 1865 ab wieder etwas höhere Voranschläge möglich, und 1867 traten zu den für die alten Provinzen veranschlagten 156 000 M. 25 000 M. aus den neuen hinzu. Die im vorigen Paragraphen erwähnte Aufhebung der Bezettelungs-, Blei- und Siegelgelder bedeutete zwar für 1868 einen Ausfall von 72 000 M. Jedoch glaubte man die Niederlaggelder wegen Umwandlung der fiskalischen Salzmagazine in öffentliche Niederlagen für unverzolltes und unversteuertes Salz infolge Aufhebung des Salzmonopols bei Festsetzung des Lagergeldes auf 1 Sgr. pro Jahr und Centner Salz um 90 000 M. höher annehmen zu dürfen. Auch hatte sich 1864 bis 1866 für die neuen Landestheile eine Durchschnittseinnahme von rd. 57 000 M. ergeben. So wurde für 1868 auf rd. 227 000 M. gerechnet. Indess diese Rechnung trog gründlich, da nur ein Theil der Salzmagazine in Niederlagen umgewandelt wurde, und es kamen nur rund 80 000 M. ein. Da die Absicht, die Salzmagazine in Niederlagen umzuwandeln, nur zum Theil ausgeführt wurde, stellte man schon 1869 nur 143 400, 1870 aber nach den Ergebnissen von 1866 bis 1868 nur 132 000 M. ein. Dann stieg nach den 3jährigen Durchschnitten der Ist- die Solleinnahme mit einer durch den Krieg erklärten Ausnahme (1873) fortgesetzt bis auf 190 000 M. 1877/78 und 1878/79. Die höchste Isteinnahme fiel in das Jahr 1873, wo sie sich auf 212 000, und demnächst in das Jahr 1876, wo sie sich auf 191 000 M. stellte, während die hohen Voranschläge 1877/78 und 1878/79 nicht erreicht wurden. In der Folgezeit, wo auch die Aenderung der Zollpolitik nicht ohne Einfluss war, gestaltete sich die Entwicklung der Position schwankend, im Endergebniss aber bis 1892/93, wo nur noch 149 000 M. im Etat erschienen, absteigend. Erst 1897/98 kommt der Aufschwung der wirthschaftlichen Verhältnisse in der Solleinnahme (157 000 M.) zur Erscheinung, und seitdem sind die Voranschläge bis auf 175 000 M. für 1902 gestiegen.

II. Kapitel.

Strafbeträge und Kosten aus Verwaltungsstrafsachen.

(Staatshaushaltsetat Kap. 5 Tit. 16.)

§ 51. Die meisten indirekten Steuern knüpfen an einzelne Handlungen, die Einführung einer Waare aus dem Ausland, die Verarbeitung einer gewissen Rohstoffmenge, die Herstellung oder Inverkehrsetzung einer Waare, die Ausstellung einer Urkunde u. s. w. an, die sich der Aufmerksamkeit und Beurtheilung der Behörde wie der andern Steuerpflichtigen viel leichter entziehen, als die Thatsache des Besitzes eines Einkommens, Vermögens, eines Gewerbebetriebes, Grundstücks u. s. w., an die sich die direkten Steuern anschliessen. Noch weniger als die direkten können daher die indirekten Steuern der gewissenhaften Mitwirkung des Steuerpflichtigen durch Selbstdeklarationen und Innehaltung zahlreicher Kontrolvorschriften entrathen, soll nicht die amtliche Ueberwachung einen weder für den Verkehr noch für die Staatsfinanzen erträglichen Umfang annehmen. Da nun aber bei der menschlichen Natur auf die Gewissenhaftigkeit jedes Steuerpflichtigen und seines an dem finanziellen Ergebniss seines Unternehmens interessirten Personals nicht gezählt werden kann, die Versuchung zur Defraude bei den indirekten Steuern auch deshalb grösser als bei den direkten ist, weil in Folge der im Verhältniss zum Werth des Steuerobjekts grössern Höhe der meisten indirekten Steuern der Vortheil einer gelungenen Defraude grösser ist und die Kontrole durch die andern Steuerzahler mehr fehlt, so ist bei den indirekten Steuern ohne ein weit ausgedehnteres System von Strafvorschriften nicht auszukommen. Diese Strafvorschriften hier zur Darstellung zu bringen, liegt ausserhalb des Rahmens dieses Werkes. Es sei hier nur hervorgehoben, dass die meisten Strafen in einem Vielfachen der defraudirten Steuer bestehen und in vielen Fällen zur Strafe noch die Konfiskation der Waare tritt.

Wenn trotzdem und obwohl nicht selten die Strafen eine ausserordentliche Höhe erreichen, obwohl ferner in dem jetzigen Tit. 16 nicht nur die Strafgelder aus Zoll- und Steuerprozessen, sondern auch die Ordnungsstrafen der zahlreichen Beamtenschaft, Konventionalstrafen für Nichterfüllung von Verträgen und dergleichen, seit 1898/99 auch die in den Strafsachen entstandenen, von den Bestraften erstatteten Kostenbeträge, die bis dahin als durchlaufende Ausgaben und Einnahmen in den Etatsansätzen nicht berücksichtigt wurden, verrechnet werden, wenn also trotz aller dieser Momente die Solleinnahme (Anl. LXXI Sp. 24) sich nur auf wenige 100 000 M. stellt, so liegt das ausser an der immerhin beschränkten Zahl der Steuerpflichtigen insbesondere daran, dass seit dem 1. Jan. 1852 die gerichtlich erkannten Strafen nicht hier, sondern von der Justizverwaltung verrechnet werden, und dass in einzelnen Fällen erkannte ungewöhnlich hohe Strafen bei der Ziehung des dem Etat zu Grunde gelegten dreijährigen Durchschnitts nicht berücksichtigt zu werden pflegen. Bei der Zufälligkeit dieser Einnahmen liegt es auch auf der Hand, dass die Wirklichkeit oft ganz ausserordentlich vom Voranschlage abweicht. So betrug z. B. die erstere 1856 519 000, 1868 333 000, 1896/97 323 000 M., dagegen der letztere in den entsprechenden Jahren 240 000, 224 000 und 237 000 M., weil in dem erst- und dem letztgenannten Jahr je ein, 1868 zwei Prozesse eine ungewöhnlich hohe Einnahme, 1856 279 000 M., herbeiführten. Die Differenzen aus diesem Grunde würden noch grösser sein, wenn nicht gerade die ganz grossen Straffälle oft zur richterlichen Aburtheilung gelangten.

Im Grossen und Ganzen sind die Einnahmen seit 1850 — bis dahin erschienen sie nicht im Etat, sondern wurden zu Unterstützungen und Belohnungen der Beamten bezw. ihrer Hinterbliebenen verwandt (vgl. oben § 104 des VIII. Buches) — erfreulicherweise nicht dem Verkehr entsprechend gestiegen. Zunächst führte der Uebergang der gerichtlichen Strafen auf den Justizetat einen Rückgang von 209 000 auf 192 000 und 150 000 M. herbei. Dann aber wurden die Ansätze bis über denjenigen von 1856, auf 210 000 und 240 000 M. erhöht. In den Etats von 1861 bis 1865 ist wieder eine rückläufige, sodann bis 1875 eine schwankende Entwicklung, 1876 in Folge Aufhebung der Mahl- und Schlachtsteuer ein ruckweiser Rückgang um 100 000 M., bis Anfang der 90er Jahre eine entschieden, bis auf 380 000 M. steigende Bewegung zu beobachten. Für 1894/95 wurden 0,265, für 1895/96 0,25, für 1896/97 und 1897/98 je 0,237 und seitdem sind alljährlich $^1/_4$ Mill. Mark vorgesehen. Man wird dieses Zurückbleiben der Strafgelder und Kosten hinter dem Aufschwung von Industrie und Handel, mindestens zum grossen Theile einer Verbesserung der Steuergesetzgebung und der Steuerkontrolen, daneben aber auch einer grössern Ehrlichkeit der Steuerpflichtigen zuschreiben dürfen.

III. Kapitel.

Verschiedene Einnahmen.

(Staatshaushaltsetat Kap. 5 Tit. 17 bis 20.)

§ 52. Die sonstigen Einnahmen waren bis einschliesslich 1873 — in der Anlage LXXI ist die Aussonderung schon für 1873 vorgenommen — unter einem Titel „Verschiedene Einnahmen" zusammengefasst; 1874 wurde derselbe in deren vier, nämlich „Beiträge der Kommunen zu den Kosten der Erhebung der Mahl- und Schlachtsteuerzuschläge und sonstige Verwaltungskosten-Beiträge", „Miethe für Gebäude, Grundstücke und Dienstwohnungen", „Sporteln, Strafen und

Stempel bei den Verwaltungsbehörden in den Hohenzollernschen Landen" und „Ausserordentliche Einnahmen" zerlegt. Von diesen vier Titeln wurde der nur wenige 1000 M. betragende (vgl. Anl. LXXI Sp. 28) „Sporteln etc. in den Hohenzollernschen Landen" schon 1876 wieder aufgelassen, da die Erhebung von Sporteln bei den Verwaltungsbehörden mit Ausnahme der zur Staatskasse einzuziehenden, aber an den dortigen allgemeinen Kirchenfonds abzuführenden Gebühr bei Uebertragung von den Klassenansatz übersteigenden kirchlichen Pfründen (20 Proz. des Mehrbetrages) in Folge des Ges. v. 22. Juni 1875 (G.-S. S. 235) eingestellt, die übrigen Einnahmen des Titels aber mit den gleichartigen aus der übrigen Monarchie verrechnet wurden.

Die Verwaltungskostenbeiträge (jetzt Tit. 17 des Etats) aber erfuhren 1875 einen Rückgang von 0,57 auf 0,37, 1876 auf 0,32 Mill. Mark, weil die Mahlsteuer ganz aufgehoben, die Schlachtsteuer nur noch in wenigen Städten als Gemeindeabgabe beibehalten wurde. Thatsächlich brachten sie aber 1875 0,383 und 1876 0,396 Mill. Mark. Als dann vom Jahre 1880/81 ab die von den Gewerbetreibenden zu zahlenden Gebühren für Denaturirung des zu gewerblichen Zwecken verwendeten Branntweins nach dem Reichsgesetz betreffend die Steuerfreiheit dieses Branntweins v. 19. Juli 1879 (R.-G.-Bl. S. 259) in Zugang kamen, und die Gebühren für amtliche Begleitungen und Bewachungen von zollpflichtigen Waarentransporten, Privatlägern u. s. w. unter besonderer Verausgabung der den Beamten zustehenden Kompetenzen in einem Ausgabetitel hier in vollem Betrage in Einnahme gestellt wurden, während letzteres bis dahin nur mit dem die Ausgabe übersteigenden Betrage geschehen war, stieg die Solleinnahme von 0,425 Millionen 1881/82 auf 0,585 und 0,69 Millionen in den beiden nächsten Jahren und hielt sich auf der letztern Höhe, bis sie hauptsächlich mit Rücksicht auf das Steigen der letztgenannten Gebühren von 1886/87 ab fortgesetzt erhöht wurde und 1890/91 bereits 0,9, im folgenden Jahr 1 Million erreichte. Dann kam ein Stillstand, weil von Hamburg und Bremen gezahlte Beiträge für die zeitweise Abordnung Preussischer Beamten fortfielen und anderweite Bestimmungen über die Gebühren für die Kontrole der Brennereien und Spiritusreinigungsanstalten einen Ausfall bedingten, am 1. Juli 1895 auch die Erhebung und Kontrolirung indirekter Gemeindeabgaben durch Staatsbeamte in Aachen und Burtscheid wegfiel. Für 1896/97 wurden sogar 50 000 M. weniger angesetzt, dann aber stieg der Voranschlag über eine Million bis auf $1^1/_4$ Million seit 1900.

§ 53. An Miethen (Tit. 18 des Etats, Anl. LXXI Sp. 27) waren im Etat für 1873 162 000 M. enthalten gewesen. In der Hauptsache bestand diese Einnahme in Miethen für Dienstwohnungen, da damals die Beamten noch keine Wohnungsgeldzuschüsse erhielten und daher, wenn sie Dienstwohnungen inne hatten, Miethe zahlen mussten. Mit dem Inkrafttreten des Gesetzes über die Wohnungsgeldzuschüsse v. 13. Mai 1873 kamen diese Miethen in Wegfall, weshalb der Titel 1874 nur 14 400 M. aufwies. Da jedoch thatsächlich 1873 fast 32 000 M. aufkamen, wurde er 1875 auf diese Summe erhöht. Er hat sich dann bis 1887/88 auf 28 000 bis 42 000 M. gehalten und ist in Folge Abschlusses neuer Miethsverträge und Vermiethung weiterer Gebäude 1888/89 bis 1892/93 allmählich bis auf 100 000 M. gestiegen. Der Uebergang der frühern Packhofsanlage in Berlin auf den Etat des Finanzministeriums liess ihn 1893/94 auf 52 000 Mark zurückschnellen, von welchem Ansatz er sich inzwischen auf 70 000 M. gehoben hat.

§ 54. Der jetzige Titel 19 „Ausserordentliche Einnahmen" ist der am Schlusse der meisten Etats sich findende Sammeltitel, in dem Einnahmen, die in keinem andern Titel zu rubriziren sind, untergebracht werden, und der ausserdem zur Abrundung des Etats dient. Deshalb trägt sein Soll und Ist auch in besonderem Maasse den Charakter des Zufälligen. Seit 1874 hat er sich (Anlage LXXI Sp. 31) zwischen rd. 85 000 (1880/81 und 1881/82) und 310 000 M. (1875) bewegt, meist aber 120 000—160 000 M. betragen; auch in den letzten drei Etats erscheint er mit einigen 150 000 M. Die auffallend hohen Beträge für 1875 und 1876 waren durch Erlöse für verkaufte Dienstgebäude bedingt.

Für die Zeit vor 1873 umfassen die in Spalte 31 der gedachten Anlage angegebenen Zahlen auch die in den jetzigen Titeln 17 u. 18 enthaltenen Einnahmekategorien, und sie sind daher weit höher. Im Allgemeinen zeigen sie in dieser Zeit eine entschieden steigende Tendenz, wozu hauptsächlich die mit den Erträgnissen wachsenden Beiträge der Städte zu den Kosten der Mahl- und Schlachtsteuererhebung und Erhöhung der Miethseinnahmen beitrug. Gegenüber rd. 324 000 M. 1849 erschienen Ende der 50er Jahre gegen 600 000, in den 60er Jahren gegen 700 000—774 000 M., 1871 und 1872 mehr als 800 000 M. Für 1867 sah der Etat einschliesslich der neuen Provinzen sogar fast 1½ Millionen vor; hierin waren 700 000 M. aus den neuen Landestheilen enthalten, von denen aber 603 000 M. an Schifffahrtsabgaben, Konfirmationstaxen, Kollateralgeldern und Sporteln verschiedener Art schon im nächsten Jahre nicht mehr erschienen. Thatsächlich hatten sich die Einnahmen 1864—1866 infolge von 1868 wegfallenden fortlaufenden und einmaligen — bei neuen Gehältern und Gehaltsverbesserungen — Pensionsbeiträgen u. s. w. sogar im Durchschnitt auf mehr als 2 Mill. Mark gestellt.

Wegen der für die Jahre 1883/84—1887/88 in Spalte 31 a. a. O. erscheinenden Wittwen- und Waisengeldbeiträge gilt das in den früheren Büchern Bemerkte.

Schliesslich sind dort für 1851 und 1852 je 6000 M. „Verlegergebühren von den Kalenderverlegern" aufgeführt, Gebühren für die Lieferung der amtlichen Kalendermaterialien, d. h. des astronomischen, kirchlichen und bürgerlichen Kalenders, der Verzeichnisse der Postkurse und Jahrmärkte und der genealogischen Nachrichten seitens der „Kalender-Deputation" an die Kalenderverleger. Eine K.-O. v. 11. Okt. 1852 übertrug die Kalenderverwaltung dem Statistischen Bureau, und daher gingen 1853 jene Gebühren auf den Etat des Ministeriums des Innern über.

III. Hauptabschnitt.

Die Ausgaben der Verwaltung der indirekten Steuern.

I. Abschnitt.

Die Verwaltungsorganisation und die Beamten.

I. Kapitel.

Die Central- und Direktivbehörden.

§ 55. Vor den Verwaltungsreformen Friedrich Wilhelms III. ressortirte die Verwaltung der direkten Steuern von einer besondern Abtheilung, dem „Accise- und Zolldepartement" des „Generaldirektoriums" (vgl. Buch I § 40), unter Friedrich dem Grossen seit 1766 von einer bureaukratisch organisirten „General-Accise- und Zoll-Administration". In den Provinzen bestanden seitdem, in den meisten Provinzen abgesondert von den bis dahin zuständigen Kriegs- und Domänenkammern „Accise- und Zolldirektionen", in einigen nur im Vorsitz mit jenen verbundene „Accise- und Zolldeputationen"; nur in Ostfriesland blieb die Kammer zuständig. Für die Stempel- und Spielkartenstempel-Verwaltung war 1766 die unter dem Generaldirektorium stehende „Haupt-Stempel- und Kartenkammer" errichtet, unter der die örtlichen Behörden der indirekten Steuerverwaltung den Einzelvertrieb besorgten.

Das Publikandum v. 16. Dez. 1808, betreffend die veränderte Verfassung der obersten Staatsbehörden, überwies das gesammte Steuer- und Zollwesen in höchster Instanz der dritten Sektion des Finanzministeriums, und beim Finanzministerium ist es seitdem geblieben, nur dass die Nummer der Ministerialabtheilung sich geändert hat. Seit Abzweigung der direkten Steuern (vgl. oben § 108 des VIII. Buches) besteht eine besondere Abtheilung für die indirekten Steuern unter einem Ministerialdirektor mit der Amtsbezeichnung „Generaldirektor der indirekten Steuern" und mit z. Z. 8 vortragenden Räthen; an etatsmässigen Bureaubeamten sind gegenwärtig bei ihr — einschliesslich des Abrechnungsbureaus für die Reichssteuern — 27 beschäftigt.

Die Haupt-Stempel- und Kartenkammer hat einen Nachfolger in dem „Haupt-Stempelmagazin“ in Berlin gefunden, das, unmittelbar unter dem Finanzministerium stehend, den Ankauf und die Stempelung des Papiers, mit Ausschluss der Reichsstempel, besorgt und die Stempelniederlagen in den Provinzen (vgl. unten § 70) mit dem Bedarf an Stempelmaterialien zum Verkauf an das Publikum versieht; auch hat es den Ankauf von Formularen, Siegeln, Utensilien und Armaturstücken für die Zoll- und indirekte Steuerverwaltung. An der Spitze steht ein Dirigent, dem jetzt 1 Rendant, 1 Kontroleur, 4 Assistenten und 5 Magazindiener in etatsmässigen Stellen beigegeben sind.

§ 56. In der Provinzialinstanz hob das Publikandum v. 16. Dez. 1808 wegen verbesserter Einrichtung der Provinzialbehörden die besonderen Accisen und Zolldirektionen auf und überwies ihre Funktionen den Regierungen. Bei diesen wurden die Angelegenheiten der indirekten Steuern und Zölle mit allen andern Finanzangelegenheiten nach der Verordnung wegen verbesserter Einrichtung der Provinzialbehörden v. 30. April 1815 (G.-S. S. 85) und der Regierungsinstruktion v. 23. Okt. 1817 (G.-S. S. 248) von der zweiten der zwei Hauptabtheilungen bearbeitet. Doch erwies sich diese Vereinigung mit den Regierungen sehr bald als nicht praktisch. Daher wurden schon 1823 für die Rheinprovinz in Cöln, 1824 für Sachsen in Magdeburg, 1825 für Posen, Pommern, Ost- und Westpreussen in Posen, Stettin, Königsberg und Danzig bureaumässig organisirte „Provinzial-Steuerdirektionen“ mit dem Provinzial-Steuerdirektor an der Spitze errichtet. In Provinzen, wo eine solche nicht bestand, gingen ihre Geschäfte bei der Aenderung der Organisation der Provinzial-Verwaltungsbehörden durch die K.-O. v. 31. Dez. 1825 (G.-S. 1826 S. 5) auf eine besondere, die vierte, Abtheilung der Regierung über. Doch behielt nach derselben Kabinetsordre der Provinzial-Steuerdirektor das Recht, den Plenarsitzungen der Regierung seines Bezirks mit vollem Stimmrecht beizuwohnen. Die Provinzial-Steuerdirektionen wurden nach der Instruktion für die Oberpräsidenten v. 31. Dez. 1825 (G.-S. 1826 S. 1) der allgemeinen Dienstaufsicht des Oberpräsidenten unterstellt. Nachdem 1827 auch für Schlesien eine Provinzial-Steuerdirektion errichtet war, bestanden Abtheilungen für indirekte Steuern nur noch in Potsdam und Frankfurt a./O. Für die Stadt Berlin versah die Ministerialabtheilung zugleich die Geschäfte der Direktivbehörde. Erst durch Erlass v. 1. Okt. 1875 wurde auch für Brandenburg und die Stadt Berlin am 1. Okt. 1876 eine Provinzial-Steuerdirektion in Berlin errichtet, diese aber dem Finanzminister unmittelbar untergeordnet.

Nach den Ereignissen des Jahres 1866 wurde für jede der drei neuen Provinzen in gleicher Weise eine Provinzial-Steuerdirektion mit dem Sitze in Hannover, Cassel und — seit 1872, bis dahin befand der Sitz sich in Glückstadt — Altona eingesetzt. Jedoch ist der Hannoversche Kreis Ilfeld der Direktion zu Magdeburg, der Hessische Kreis Rinteln zu Münster, der zur Rheinprovinz gehörige Kreis Wetzlar zu Cassel gelegt, und Münster versieht auch die Geschäfte für die beiden Lippeschen Fürstenthümer und Waldeck. Dagegen wurde der Kurhessische Kreis Schmalkalden, wie dies schon früher mit Theilen der Provinz Sachsen, nämlich den Kreisen Erfurt Stadt und Land, Ziegenrück und Schleusingen geschehen war, dem — von Preussen zu ernennenden — Generalinspektor, seit 1890 „Generaldirektor" des Thüringischen Zoll- und Handels-, seit 1890 „Zoll- und Steuervereins" in Erfurt unterstellt.

Der Thüringische Zoll- und Handelsverein ist durch Vertrag v. 10. Mai 1833 begründet. Nach diesem Vertrage hatte jeder der betheiligten Staaten für die Erhebung und Verwaltung der gemeinschaftlichen Abgaben in seinem Gebiete zu sorgen und die erforderlichen Hebe- und örtlichen Aufsichtsbeamten selbst anzustellen und zu besolden, während die Ueberwachung einer übereinstimmenden Ausführung der in Betracht kommenden Gesetze und Verordnungen dem Generalinspektor in Erfurt unter Beigabe der nöthigen Beamten als Direktivbehörde übertragen war, deren Kosten gemeinschaftlich nach dem Bevölkerungsverhältniss der Landestheile bestritten wurden. Dem Generalinspektor waren zuletzt 17 Bezirks-Oberkontroleure und 80 Steuerhebestellen unmittelbar und dergestalt unterstellt, dass er neben den Geschäften einer Direktivbehörde noch die Obliegenheiten eines Hauptsteueramts für das gesammte Vereinsgebiet wahrzunehmen hatte. Nachdem mit Errichtung des Norddeutschen Bundes die gemeinschaftliche Verwaltung auf die Rübenzuckersteuer, Tabaksteuer, Salzsteuer und Brausteuer, sodann auf den Spielkartenstempel und die statistische Gebühr ausgedehnt war und durch die Einführung der Verbrauchsabgabe für Branntwein und Zucker in den Jahren 1887 und 1888 eine erhebliche Erweiterung erfahren hatte, konnte, namentlich bei den aus den besonderen landschaftlichen Verhältnissen sich ergebenden Schwierigkeiten, die Einrichtung den Bedürfnissen des gesteigerten Verkehrs nicht mehr genügen. Auf Anregung Preussens kam daher am 20. Nov. 1889 ein neuer Vertrag zu stande, durch den der Verein als „Thüringischer Zoll- und Steuerverein" vom 1. April 1890 ab auf 3 Jahre und mit Verabredung stillschweigender Verlängerung auf je ein weiteres Jahr, solange Kündigung nicht erfolgt, fortgesetzt wurde. Eine Verbesserung in der Verwaltung ist dadurch erzielt, dass die Ausübung der hauptamtlichen Geschäfte den Hauptsteuerämtern in Erfurt, Altenburg und Gera und besonders eingerichteten Bezirkssteuerämtern übertragen ist, und dass gemeinschaftliche Bezirks-Steuerinspektoren für die obere Leitung des Aufsichtsdienstes in grösseren, nicht auf ein einzelnes Staatsgebiet beschränkten Bezirken zur Anstellung kamen. Der Aufwand für die Direktivbehörde und den Aufsichtsdienst wird gemeinschaftlich bestritten, wogegen die Kosten für die Unterhaltung der Haupt- und Bezirkssteuerämter von den Landesregierungen zu tragen sind. Den Generaldirektor ernennt, wie den früheren Generalinspektor, Preussen.

Beibehalten ist die Bearbeitung der indirekten Steuer- und Zollangelegenheiten durch die Regierung nur noch für die Hohenzollernschen Lande (Regierungsbezirk Sigmaringen).

§ 57. Eine völlige Freiheit in der Organisation der Direktivbehörden hörte übrigens für Preussen durch den Zollvereinsvertrag von 1867 auf. Denn derselbe schreibt die Einrichtung besonderer, den Lokal- und Bezirksbehörden über- und dem Ministerium untergeordneter Behörden positiv vor (vgl. § 61).

Aelteren Datums schon als der Zollvereinsvertrag von 1867 ist die gegenseitige Kontrole der Zollverwaltung durch die Zollvereinsstaaten. Schon der erste Zollvereinsvertrag von 1833 nahm 1. Beiordnung von Kontroleuren zu den Hauptzollämtern, „welche von allen Geschäften derselben und den Nebenämtern in Beziehung auf das Abfertigungsverfahren und die Grenzbewachung Kenntniss zu nehmen und auf Einhaltung eines gesetzlichen Verfahrens, ingleichen auf die Abstellung etwaiger Mängel einzuwirken, übrigens sich jeder eigenen Verfügung zu enthalten haben," 2. Abordnung von Beamten an die Direktivbehörden, „um sich von allen vorkommenden Verwaltungsgeschäften, welche sich auf die durch den Zollvereinigungsvertrag eingegangene Gemeinschaft beziehen, vollständige Kenntniss zu verschaffen haben," 3. eventuell auch Abordnung eines höheren Beamten an die Ministerien „behufs Kenntnissnahme von den Verhältnissen der gemeinschaftlichen Zollverwaltung" in Aussicht.

Die Abordnung von Beamten zu den Ministerien ist nie praktisch geworden und daher auch im Zollvereinsvertrag von 1867 nicht mehr vorgesehen. Dagegen ist die Abordnung von „Stationskontroleuren" zu den Hauptämtern und von „Zollvereinsbevollmächtigten" zu den Direktivbehörden allmählich auch auf die gemeinschaftlichen Verbrauchsteuern ausgedehnt worden. Während aber früher die Frage, welche Staaten die Kontrolbeamten für die einzelnen Behörden zu stellen hätten, der Verständigung der Vereinsstaaten unterlag, ging das Recht der Abordnung durch den Zollvereinsvertrag von 1867 auf das Präsidium des Bundesraths nach Vernehmung des Ausschusses des letzteren für Zoll- und Steuerwesen über. Dementsprechend bestimmt Art. 36 der Reichsverfassung:

„Die Erhebung und Verwaltung der Zölle und Verbrauchsteuern (Art. 45) bleibt jedem Bundesstaate, soweit derselbe sie bisher ausgeübt hat, innerhalb seines Gebietes überlassen.

Der Kaiser überwacht die Einhaltung des gesetzlichen Verfahrens durch Reichsbeamte, welche er den Zoll- oder Steuerämtern und den Direktivbehörden der einzelnen Staaten, nach Vernehmung des Ausschusses des Bundesrathes für Zoll- und Steuerwesen, beiordnet.

Die von diesen Beamten über Mängel bei der Ausführung der gemeinschaftlichen Gesetzgebung (Art. 35) gemachten Anzeigen werden dem Bundesrathe zur Beschlussnahme vorgelegt."

Diese Reichsbeamten führen bei den Direktivbehörden, also den Preussischen Provinzial-Steuerdirektionen die Amtsbezeichnung „Reichsbevollmächtigte für Zölle und Steuern," bei den nachgeordneten Behörden diejenige „Stationskontroleure." Bisher sind sie den Beamten anderer Bundesstaaten in der Weise entnommen worden, dass sie die Stelle als Reichsbevollmächtigter oder Stationskontroleur nur kommissarisch ohne völlige Lösung ihres heimischen Dienstverhältnisses versehen und in der Regel nach einiger Zeit in letzteres wieder zurückkehren. Ihre Besoldung beziehen sie aus Reichsmitteln.

§ 58. Die Provinzial-Steuerdirektionen bestehen aus dem Provinzial-Steuerdirektor und der erforderlichen Zahl von Mitgliedern. Die Provinzial-Steuerdirektoren haben denselben Titel und Rang wie die vortragenden Räthe des Ministeriums: die jüngern sind „Geheime Finanzräthe" mit dem Range der Räthe III., die ältern „Geheime Ober-Finanzräthe" mit demjenigen der Räthe II. Klasse. Die Mitglieder sind Ober-Regierungsräthe, Regierungsräthe und Regierungs-Assessoren. Bis zum 1. Juli 1895 war bei jeder Provinzial-Steuerdirektion nur ein Ober-Regierungsrath angestellt; dann machte die Zunahme der Geschäfte für Berlin, Cöln und Breslau die Anstellung eines zweiten nöthig, und durch den Etat für 1901 wurde die gleiche Massnahme auch für Münster getroffen. Soweit zwei Ober-Regierungsräthe angestellt sind, ist der eine der ständige Vertreter des Direktors im Geschäftsgebiet der Zölle und Verbrauchsteuern, der andere in dem des Stempel- und Erbschaftssteuerwesens.

Für alle Mitglieder der Provinzial-Steuerdirektionen schreibt der § 10 des Ges. betr. die Befähigung für den höhern Verwaltungsdienst v. 11. März 1879 (G.-S. S. 160) die Befähigung zum höhern Verwaltungs- oder Justizdienst und eine praktische Vorbereitung in der Steuerverwaltung nach Massgabe eines von dem Finanzminister erlassenen Regulativs vor (vgl. unten § 62).

Die Zahl der Mitglieder der Provinzial-Steuerdirektionen und der die Obliegenheiten solcher wahrnehmenden Mitglieder der Regierungen in Potsdam und Frankfurt a./O. betrug — mit Ausschluss der Direktoren — 1849 53, 1853 bis 1866 nur 52. Nach Errichtung der 3 Direktionen in den neuen Provinzen waren 1869 70 vorhanden. Im Jahre 1874 wurde die Zahl um 10 vermehrt. Nach Errichtung der Berliner Direktion und Aufhebung der Mahl- und Schlachtsteuer sowie der Chausseegelder verringerte sich die Zahl 1876 auf 76. Aber schon 1882/83 mussten 5 neue Stellen errichtet werden, während 1887/88 ein die indirekten Steuern bearbeitendes Mitglied der Regierung in Sigmaringen hinzutrat, im nächsten Etat aber wegen der Branntwein- und Zuckersteuerreform 12 neue Stellen geschaffen wurden. Sodann kamen, wie schon erwähnt, 1895/96 3 Ober-Regierungsräthe, 1901 ein weiterer solcher hinzu, nachdem 1898/99 auch eine neue Dezernentenstelle geschaffen war. Gleichzeitig wurden 1901 auch 2 weitere neue Stellen errichtet, und für 1902 sind abermals deren 2, im Ganzen somit 103, vorgesehen.

In diesen Zahlen enthalten sind die Mitglieder der Direktionen, welche als Vorstände der bei diesen zur Verwaltung der Stempel- und seit 1873 der Erbschaftssteuer bestehenden „Stempel- und Erbschaftssteuerämter" bezw. der Abtheilungen derselben fungiren, die früheren „Stempelfiskale". Bis 1873 lag die Verwaltung der Erbschaftssteuer den Gerichten ob. Zur Zeit bestehen Stempel- und Erbschaftssteuerämter bezw. Abtheilungen solcher bei den Direktionen in Berlin 5, in Breslau 4, in Magdeburg und Münster 3, in Königsberg,

Danzig, Stettin und Posen 2, in Altona und Hannover 1, für Hessen-Nassau in Cassel 2, in Frankfurt a. M. 1. In der Rheinprovinz besteht je ein Stempel- und Erbschaftssteueramt in jeder der 5 Regierungshauptstädte und in Elberfeld. Die Ressortabgrenzung ist eine räumliche.

§ 39. Neben den Mitgliedern werden bei den Provinzial-Steuerdirektionen höhere Beamte als Hülfsarbeiter beschäftigt, die bei Vakanzen in die Stellen der Mitglieder einzurücken pflegen, und natürlich sind die Direktionen mit der erforderlichen Zahl etatsmässiger Bureau-, Kanzlei- und Unterbeamten ausgestattet. Die Bureaubeamten sind z. Z. 12 (bei jeder Direktion einer, Bureauvorsteher für das Rechnungswesen und 418 Bureauvorsteher für das Expeditions- und Kanzleiwesen, Kalkulatoren, Sekretäre und Registratoren. Die frühere Scheidung in Bureaubeamte I. und II. Klasse (Assistenten) ist, wie in den übrigen Verwaltungszweigen, seit 1896/97 beseitigt. Für Kanzlisten sind gegenwärtig 42, für Boten und Diener 50 etatsmässige Stellen vorhanden.

Ueber den Bestand an etatsmässigen Bureau- u. s. w. Beamten in früherer Zeit giebt nachstehende Tabelle Aufschluss:

	1849	1859	1866	1869	1874	1879/80	1884/85	1889/90	1894/95	1899
Bureauvorsteher	16	8	8	11	11	12	12	12	12	12
desgl. mit Besoldung d. Vertreter	—	8	8	11	181	186	241	261	261	
Sekretäre	88	93	93	135						402
Assistenten	48	55	56	81	91	95	120	130	133	
Rendanten	9	—	—	—	—	—	-	—	—	—
Kontroleure	7	—	—	—	—	—	—	—	—	—
Kanzlisten	19	20	21	32	40	42	42	48	54	42
zusammen	187	184	186	270	323	335	415	451	460	456
Boten und Diener	28	29	30	39	41	43	47	50	50	50.

Die besondern Provinzial-Steuerkassen, bei denen die Rendanten und Kontroleure angestellt waren, sind in den Provinzen schon in der ersten Hälfte der 50er Jahre nach und nach, in Berlin 1859 aufgehoben. Namhafte Stellenvermehrungen haben nach obiger Tabelle, abgesehen von 1866 bis 1869 infolge der Errichtung dreier neuer Direktionen in den neuen Provinzen, in den Zeiträumen 1869–1874, 1879/80—1884/85 und 1884/85—1889/90 stattgefunden. Diejenige des Zeitraums 1869—1874 fällt überwiegend (27 Sekretäre, 13 Assistenten, 7 Kanzlisten) in das letztere Etatsjahr und war damals bedingt durch den Uebergang der Verwaltung der Erbschaftssteuer auf die indirekte Steuerverwaltung, nachdem aus demselben Grunde schon 1873 3 neue Stellen errichtet waren. Uebrigens sind in den Zahlen bis 1875 auch die Beamten der Regierungsabtheilungen für indirekte Steuern in Potsdam und Frankfurt a./O. enthalten, weshalb die Errichtung der Berliner Direktion 1876 nur einen Mehrbedarf von 8 Stellen (4 Bureau-, 2 Kanzlei- und 2 Unterbeamte) bedingte. In dem Zeitraume 1879/80—1884/85 wurden wegen der Uebertragung der Gerichtskostenverwaltung, wegen der Einführung der Reichsstempelsteuer und wegen sonstiger Geschäftsvermehrung die Bureau- und Kanzleibeamtenstellen 1881/82 um 36 und 1883/84 um 40 vermehrt. Die Zurückführung der Gerichtskostenerhebung auf die Justizbehörden ermöglichte zwar schon 1885/86 die Wiedereinziehung von 37 Stellen. Indess neben einzelnen Stellen 1886/87 und 1887/88 wurden 1888/89 deren nicht weniger als 56, davon 54 wegen der neuen Branntwein- und Zuckersteuer, und 1889/90 aus demselben Grunde abermals 16 Stellen errichtet. Die namhafte Verringerung der Kanzlisten von 54 auf 42 erfolgte durch den Etat für 1896/97, indem 12 Stellen auf die Regierungsbehörden übertragen wurden.

II. Kapitel.

Die Erhebungs- und Kontrolbehörden.

§ 60. Als örtliche Behörden fungirten vor und nach dem Intermezzo der Französischen Regie unter Friedrich dem Grossen Zollämter mit Zolleinnehmern und Zollbereitern und Acciseämter mit Accisekontroleuren, Acciseeinnehmern, Visitatoren und Thorschreibern. Nach der Wiederaufrichtung des Staates nach den Befreiungskriegen wurden zwei Kategorien von Amtsstellen unterer Instanz eingeführt: Hauptzoll- und Hauptsteuerämter, die mit einem Hauptzoll- oder Hauptsteuerinspektor, einem Rendanten, einem Kontroleur und dem erforderlichen Unterpersonal besetzt wurden, und Unterzoll- und Untersteuerämter, die ein Einnehmer verwaltete. Für alle Zollvereinsstaaten bindende Normen stellte in dieser Beziehung das Zollgesetz und die Zollordnung von 1838 (Verordn. v. 23. Jan.) auf. „Zur Feststellung und Erhebung der Ein-, Aus- und Durchgangszölle“ sind nach § 26 des Zollgesetzes im Grenzbezirk Grenzzollämter, in den übrigen Theilen des Landes andere Hebestellen, auch, wo die Grenzzollämter nicht nahe genug an der Zolllinie liegen, an dieser besondere Ansageposten zu errichten. Nach der Zollordnung sind die Grenzzollämter entweder Hauptzollämter oder Nebenzollämter I. oder II. Klasse. Im Innern des Landes sind die Dienststellen Hauptzoll- oder Hauptsteuerämter und Zoll- oder Steuerämter; die Hauptämter sind entweder mit einer Niederlage für unverzollte Waaren verbunden oder sie sind dies nicht. Die Zuständigkeit zur Zollerhebung und Abfertigung ist für diese verschiedenen Aemter im Einzelnen abgestuft; unbeschränkt ist sie nur für die Hauptzollämter an der Grenze und für die binnenländischen Hauptämter mit Niederlagen. Die Zollordnung trifft dann noch Einzelbestimmungen über Ansageposten, Grenzaufseher, Steueraufseher, Bezeichnung der Aemter, Geschäftsstunden und dergleichen.

In Preussen wurden die Aemter wie bisher besetzt, wichtigeren Hauptämtern aber als viertes Mitglied ein Packhofsvorsteher oder

Oberrevisor beigegeben. Der äussere Dienst, die Grenzbewachung und die Kontrole der Verbrauchsteuern wurde durch Obergrenz- und Obersteuerkontroleure und die ihnen unterstellten Grenz- und Steueraufseher versehen. Nach dem Etat für 1849 waren vorhanden 43 Hauptzoll- und 68 Hauptsteuerämter mit je einem Oberzoll- bezw. Obersteuerinspektor, Hauptamtsrendant und Hauptamtskontroleur, 12 Packhofsvorsteher und Oberrevisoren, 135 Hauptzollamts- und 287 Hauptsteueramts-Assistenten, 110 Hauptzollamtsdienern, Bootsknechten und dergleichen, 180 Hauptsteueramtsdienern, Gewichtssetzern und dergleichen, 176 Obergrenz-, 278 Obersteuerkontroleure, 2405 Grenz-, 1826 Steueraufseher, 97 Einnehmer bei Nebenzollämtern I., 83 bei solchen II. Klasse und 567 bei Untersteuerämtern, 41 Assistenten bei Nebenzoll- und 56 bei Untersteuerämtern, 29 Zoll-, 152 Steuerempfänger. 6 Ansagebeamte, 397 Thorkontroleure und Thorwärter, 14 Amtsdiener bei Nebenzoll-, 32 bei Untersteuerämtern, 78 Legitimationsschein-Ausfertiger und 39 sonstige Beamte, wie Beamte des Wechselstempelamts in Berlin, der Rheinzollämter in Coblenz und Emmerich, Kontrolamtsbeamte, Baumschliesser u. s. w. Innerhalb der nächsten 10 Jahre verminderte sich, hauptsächlich in Folge des Anschlusses des Hannoverschen Steuervereins an den Zollverein, die Zahl der Grenzzollämter und Beamten nicht unwesentlich, ohne dass eine entsprechende Vermehrung im Binnenlande nöthig wurde: 1859 war die Zahl der Oberinspektoren auf 107, der Hauptamtsrendanten und -Kontroleure auf 108, der Oberkontroleure auf 443, der Grenzaufseher auf 2108, der Zoll- und Steuereinnehmer auf 692, der Zoll- und Steuerempfänger auf 175, der Ansagebeamten auf 2, der Thorkontroleure und Thorwärter auf 313, der Amtsdiener auf 34 und der Legitimationsschein-Ausfertiger auf 66 zurückgegangen, gestiegen dagegen diejenige der Hauptamtsassistenten auf 480, der Hauptamtsdiener, Bootsknechte, Gewichtssetzer etc. auf 306, der Steueraufseher auf 2008, der Assistenten bei den Nebenzoll- und Untersteuerämtern auf 65 und der sonstigen Beamten von 39 auf 43. Bis 1866 trat sodann ein erheblicher Zugang nur bei den Assistenten und unteren Beamten ein; denn derselbe betrug 3 Oberkontroleure, 52 Hauptamtsassistenten, 29 Grenz- und 119 Steueraufseher, 15 Einnehmer, 7 Assistenten bei den Nebenzoll- und Untersteuerämtern, 3 Thorkontroleure und -Wärter, 5 Amtsdiener, 9 Legitimationsschein-Ausfertiger und 3 sonstige Beamte. Dem stand gegenüber ein Abgang von 1 Hauptamtsdiener und 24 Zoll- und Steuerempfängern. Freilich waren ausserdem durch Beamte der Salzverwaltung besetzt die Stellen von 3 Hauptamtsassistenten, 13 Einnehmern und 2 Untersteueramts-Assistenten.

Nach der Erweiterung des Staatsgebiets durch die neuen Provinzen, von denen Hannover und Schleswig-Holstein lange Küstenstrecken und Auslandsgrenzen haben, musste natürlich das Personal bedeutend vermehrt werden. Nach dem Etat für 1869 betrug es 47 Oberzoll- und

92 Obersteuerinspektoren, 47 Hauptzollamts- und 93 Hauptsteueramts-Rendanten und ebensoviel Kontroleure, 15 Packhofsvorsteher und Oberrevisoren, 247 Hauptzollamts- und 535 Hauptsteueramts-Assistenten, 184 Obergrenz- und 369 Obersteuerkontroleure, 2966 Grenz- und 2650 Steueraufseher, 269 Zoll- und 701 Steuereinnehmer, 118 Nebenzollamts- und 55 Untersteueramts-Assistenten, 22 Zoll- und 150 Steuerempfänger, 3 Ansagebeamte, 244 Thorkontroleure und 79 Thorwärter, 479 Diener, Bootsknechte u. s. w., 183 Legitimationsschein-Ausfertiger und 80 andere Beamte.

§ 61. Inzwischen war der Zollvereinsvertrag von 1867 abgeschlossen worden und 1869 erging das Vereinszollgesetz. Ersterer bestimmt im Art. 19 Abs. 3 u. 4:

„In jedem dieser Vereinsstaaten, mit Ausnahme des thüringischen Vereinsgebietes, wird die Leitung des Dienstes der Lokal- und Bezirksbehörden, sowie die Vollziehung der gemeinschaftlichen Zollgesetze überhaupt, einer, oder, wo sich das Bedürfniss hierzu zeigt, mehreren Zolldirektionen übertragen, welche dem einschlägigen Ministerum des betreffenden Staates untergeordnet sind. Die Bildung der Zolldirektionen und die Einrichtung ihres Geschäftsganges bleibt den einzelnen Staatsregierungen überlassen, der Wirkungskreis derselben aber kann, insoweit er nicht schon durch gegenwärtigen Vertrag und die gemeinschaftlichen Zollgesetze bestimmt ist, durch eine vom Bundesrathe des Zollvereins festzustellende Instruktion bezeichnet werden In dem thüringischen Vereinsgebiete vertritt der gemeinschaftliche Generalinspektor in den Berührungen mit dem Bundesrathe und mit den Zollbehörden der anderen Vereinsstaaten die Stelle einer Zolldirektion."

Das Vereinszollgesetz aber besagt in den §§ 18, 19, 128, 131 Abs. 1 und 133 Folgendes:

§ 18 Zur Sicherung, Feststellung und Erhebung der Ein- und Ausgangszölle werden Zoll- und Steuerämter, und da, wo die Grenzzollämter nicht nahe genug an der Zolllinie liegen, an dieser besondere Ansagestellen errichtet. § 19. Die Aufsicht auf den Waareneinund Ausgang wird längs der Zollgrenze und im Grenzbezirke durch eine uniformirte und bewaffnete Grenzwache geübt, die zum Gebrauche ihrer Waffen nach den darüber bestehenden besonderen Bestimmungen befugt ist § 128. Jede Erhebungs- oder Abfertigungsstelle im Grenzbezirke soll durch ein Schild mit einer Inschrift bezeichnet werden, aus welcher hervorgeht, welche Behörde daselbst ihren Sitz hat. Die Zollämter sind entweder Hauptzollämter oder Nebenzollämter erster oder zweiter Klasse. Bei den Hauptzollämtern ist jede Zollentrichtung und jede durch dieses Gesetz vorgeschriebene Abfertigung ohne Einschränkung sowohl bei der Einfuhr als bei der Ausfuhr und Durchfuhr zulässig. Bei Nebenzollämtern erster Klasse können Gegenstände, von welchen die Gefälle nicht über zehn Thaler vom Zentner betragen oder welche nach der Stückzahl zu verzollen sind, in unbeschränkter Menge eingehen. Höher belegte oder nach dem Werthe zu verzollende Gegenstände dürfen nur dann über solche Aemter eingeführt werden, wenn die Gefälle von dergleichen auf einmal eingehenden Waaren den Betrag von einhundert Thalern nicht übersteigen. Zur Abfertigung der auf den Eisenbahnen eingehenden Waaren mit Ladungsverzeichniss [1]) sind

[1]) Ladungsverzeichnisse hat der Zugführer oder sonstige Bevollmächtigte der Eisenbahnverwaltung unmittelbar nach Ankunft jedes Zuges auf dem Bahnhofe des Grenzzollamts dem Amte über die Frachtgüter in zweifacher Ausfertigung zu übergeben. Die Ladungsverzeichnisse müssen die verladenen Kolli nach Inhalt, Verpackungsart, Zeichen, Nummer und Bruttogewicht nachweisen, die Gesammtzahl derselben angeben und dasjenige Amt bezeichnen, bei welchem die weitere Abfertigung verlangt wird. Ferner muss darin die Angabe der Wagen oder Wagenabtheilungen oder der abhebbaren Behälter, in welchen die

Nebenzollämter erster Klasse ohne Einschränkung befugt. Ueber Nebenzollämter zweiter Klasse können Waaren, welche nicht höher als bis fünf Thaler für den Zentner belegt sind oder welche nach der Stückzahl oder nach dem Werthe zu verzollen sind, in Mengen eingeführt werden, von welchen die Gefälle für die ganze Waarenladung den Betrag von fünfundzwanzig Thalern nicht übersteigen. Der Eingang von höher belegten Gegenständen ist nur in Mengen von höchstens fünfzig Pfund zulässig. Vieh kann über Nebenzollämter zweiter Klasse in unbeschränkter Menge eingehen. Den Ausgangszoll können Nebenzollämter erster und zweiter Klasse in unbeschränktem Betrage erheben. Dieselben sind ferner zur Abfertigung der mit der Post eingehenden Gegenstände ohne Einschränkung befugt. Innerhalb der vorstehend bezeichneten Befugnisse können Nebenzollämter erster und zweiter Klasse Waaren, welche mit Berührung des Auslandes aus einem Theile des Vereinsgebiets in einen anderen versendet werden, bei dem Aus- und Wiedereingange abfertigen. Insoweit das Bedürfniss des Verkehrs es erfordert, werden einzelne Nebenzollämter von der obersten Landesfinanzbehörde mit erweiterter Abfertigungsbefugniss, auch mit der Ermächtigung zur Ausstellung und Erledigung von Begleitscheinen I[1]) versehen werden. § 131. Im Innern des Vereinsgebietes bestehen zur Erhebung der Eingangs- und Ausgangszölle Hauptzoll- oder Hauptsteuerämter und Zoll- oder Steuerämter. Hauptzoll- und Hauptsteuerämter, mit denen eine Niederlage für Waaren verbunden ist, auf denen noch ein Zollanspruch haftet,[1]) sind zu jeder Zollerhebung oder sonstiger zollamtlichen Abfertigung, soweit sie nach dem Gesetze im Innern stattfinden darf, ermächtigt. Hauptsteuerämter ohne Niederlage können die ihnen durch Begleitschein II[1]) überwiesenen Zollbeträge erheben. Zur Ertheilung von Begleitscheinen I[1]) sind dieselben, soweit es sich um Ausstellung neuer Begleitscheine in Folge der Theilung von Waarentransporten handelt, nur auf Grund besonderer Genehmigung befugt. Der obersten Landesfinanzbehörde bleibt es vorbehalten, ausnahmsweise diese Aemter auch zur Erledigung von Begleitscheinen I[2]) zu ermächtigen. Den Eingangszoll von den mit der Post eingehenden Gegenständen dürfen alle Zoll- und Steuerämter ohne Unterschied erheben. Welche Zoll- und Steuerämter im Innern zur Erhebung des Ausgangszolles befugt sind,[3]) ferner welche Aemter Abfertigungen nach Massgabe des § 111[4]) vornehmen, auf welche Aemter Abfertigungen nach Massgabe der §§ 63 und 66 bis 71[5]) und bei welchen Aus- und Umladungen der auf den Eisenbahnen unter Wagenverschluss beförderten Güter stattfinden können, bestimmt die oberste Landesfinanzbehörde. Der letzteren bleibt es auch vorbehalten, nach Bedürfniss einzelnen Zoll- oder Steuerämtern im Innern die Befugniss zur Ertheilung und zur Erledigung von Begleitscheinen beizulegen. § 132. Steueraufseher

---

Kolli verladen sind, nach Zeichen, Nummer oder Buchstaben enthalten sein. Ein jedes Ladungsverzeichniss darf in der Regel nur solche Güter enthalten, welche nach einem und demselben Abfertigungsorte bestimmt sind. Die Wagen werden dann unter amtlichen Verschluss gesetzt und der Zugführer oder sonstige Vertreter der Eisenbahnverwaltung übernimmt durch Unterzeichnung des Ladungsverzeichnisses in Vollmacht der Eisenbahnverwaltung die Verpflichtung, die in diesen Verzeichnissen genannten Wagen u. s. w. binnen der darin bestimmten Frist in vorschriftsmässigem Zustande und mit unverletztem Verschlusse den betreffenden Abfertigungsämtern zu gestellen. Es werden sodann sowohl die Ladungsverzeichnisse mit den dazu gehörigen Frachtbriefen, als auch die Schlüssel zu den zum Verschlusse der Wagen verwendeten Schlössern amtlich verschlossen an die betreffenden Abfertigungsstellen adressirt und nebst den vom Grenzzollamte auszufertigenden Begleitzetteln dem Zugführer oder sonstigen Bevollmächtigten der Eisenbahnverwaltung zur Abgabe an die Abfertigungsstellen übergeben.

[1]) Vgl. oben § 49.

[2]) Vgl. oben § 49.

[3]) Ausgangszölle bestehen nicht mehr.

[4]) Vom Vereinsgebiet durch das Ausland nach dem Vereinsgebiet.

[5]) Abfertigung von Waaren, die mit der Eisenbahn eingehen, am Bestimmungsort, von Waaren, die im Land- oder Schiffsverkehr einem Grenzzollamt behufs Weiterbeförderung mittels Eisenbahn zugeführt werden, und von mit der Bahn transitirenden Waaren.

und andere Beamte im Innern, welche mit der Handhabung der Waarenkontrole im Binnenlande[1]) beauftragt sind, müssen, wenn sie sich in Dienstausübung befinden, entweder in Uniform gekleidet oder mit einer vom Oberinspektor des Bezirks oder dessen vorgesetzter Behörde ausgestellten und untersiegelten Legitimationskarte versehen sein."

Ausserdem erhält auch das Vereinszollgesetz Vorschriften über die Geschäftsstunden.

In Preussen ist von der im letzten Absatz des § 129 des Vereinszollgesetzes nachgelassenen Erweiterung der Zuständigkeit der Nebenzollämter weiter Gebrauch gemacht.

Alle diese Bestimmungen entsprachen den bisher schon in Geltung befindlichen und hatten daher einen merklichen Einfluss auf die Zusammensetzung des Beamtenapparates nicht. Wohl aber übten einen solchen Einfluss vielfach die Aenderungen der verschiedenen materiellen Zoll- und Steuergesetze und die Entwicklung des Verkehrs und der verbrauchsteuerpflichtigen Industrien. Zunächst freilich erwiesen sich, namentlich infolge der Aufhebung der Mahl- und Schlachtsteuer, eine Anzahl Stellen als entbehrlich, sodass 1875 nur noch aufrechterhalten waren diejenigen von 130 Oberinspektoren, 131 Hauptamts-Rendanten und ebensoviel Kontroleuren, 14 Packhofsvorstehern und Oberrevisoren, 536 Oberkontroleuren, 683 Hauptamts-Assistenten, 1 Kreuz-Zollinspektor und einem Gehülfen desselben, 33 Assistenten auf Wachtschiffen, 1 Stempelamts-Rendant in Frankfurt a. M., 842 Einnehmern bei Nebenzollämtern I. Klasse, Untersteuerämtern und, durch die Ersetzung des Salzmonopols durch die Salzsteuer hinzugekommen, Salzsteuerämtern, 125 Einnehmern bei Nebenzollämtern II. Klasse, 147 Assistenten bei solchen Aemtern, 153 Zoll- und Steuerempfängern, 43 Thorkontroleuren, 5548 Grenz- und Steueraufsehern, 3 Ansagebeamten, 5 Thorwärtern, 28 Schiffern, 110 Matrosen, 429 Dienern und sonstigen Unterbeamten.

Ausserdem waren an Erhebern von Kommunikationsabgaben und Hypothekenbewahrern, deren Stellenzahl erst seit 1873 im Etat festgelegt wurde, 65 bezw. 21 vorhanden, während die — zuletzt 840 — Chausseegelderheber, deren Stellenzahl ebenfalls bis 1873 im Etat nicht bestimmt war, in Folge Aufhebung der Chausseegelderhebung 1875 wegfielen.

Der Kreuzzollinspektor in Flensburg hat die Funktionen eines Oberzollinspektors bei der durch Zollkreuzer — daher seine Amtsbezeichnung — auf See ausgeübten Zollkontrole und -Abfertigung. Die Abfertigung durch Zollkreuzer wird jetzt allmählich als zu kostspielig beseitigt.

Auch in den nächsten Jahren wurden noch mehr Stellen eingezogen als neu errichtet, bis 1879/80 diejenigen von je 3 Oberinspektoren, Rendanten und Kontroleuren, 1 Oberrevisor, 1 Oberkontroleur, 6 Hauptamtsassistenten, 1 Assistent auf einem Schiffe, des

[1]) Im Binnenlande sind nach Bestimmung der obersten Landesfinanzbehörde nur Waaren, die einen Gegenstand des Schmuggels bilden, einer Kontrole unterworfen und nur insoweit, dass die aus dem Ausland oder Grenzbezirk eingehenden Waaren mit den in letzterem empfangenen Bezettelungen bis zum Bestimmungsort begleitet sein müssen, und dass von den Handeltreibenden, die derlei Waaren unmittelbar aus dem Ausland beziehen, in einem Buche Ort und Tag der Verzollung bei Empfang der Waare eintragen müssen.

Stempelamtsrendanten in Frankfurt a. M., von 31 Einnehmern, 13 Zoll- und Steuerempfängern, 1 Thorkontroleur, 72 Aufsehern, 2 Ansagebeamten, 1 Schiffer, 6 Matrosen und 8 Dienern und sonstigen Unterbeamten, während vermehrt waren nur die Assistenten bei Nebenzoll-, Salz- und Untersteuerämtern um 5 und die Thorwärter um einen. Dann aber bedingte 1880/81 der neue Zolltarif und die neue Tabaksteuer, 1881/82 die Ueberweisung des Gerichtskostenwesens, die freilich 1885/86 schon wieder rückgängig gemacht wurde, was einen entsprechenden Abgang von Stellen zur Folge hatte, 1888/89 und in den nächsten Jahren die neue Branntwein- und Zuckersteuer neben der fortgesetzten Steigerung des Beamtenbedarfs durch die Vermehrung des Verkehrs und der Verkehrswege sowie der zu überwachenden Betriebsanstalten, insbesondere der Zuckerfabriken und Brennereien sehr bedeutende Stellenvermehrungen. Insbesondere bot die Rückkehr zum Schutzzoll und die Reform der Branntweinsteuer auch Veranlassung zur Schaffung von neuen Beamtenkategorien, jene zu der der Revisionsinspektoren, diese zu der der Oberkontrole-Assistenten. Jene leiten besondere von dem Hauptamt räumlich getrennte Abfertigungsstellen von grösserer Bedeutung, namentlich auf Bahnhöfen; diese haben als „Oberbeamte" im Sinne der Ausführungsbestimmungen zum Branntweinsteuergesetz vorzugsweise die Abnahme der gewonnenen Branntweinmengen aus den Sammelgefässen oder nach den Messapparaten in den einzelnen Brennereien, welche die Grundlage für Festsetzung der Verbrauchsabgabe bildet, und die sonstigen regelmässig wiederkehrenden Kontrolgeschäfte unter der Oberaufsicht der Oberkontroleure wahrzunehmen und die Letzteren zugleich in ihren Geschäften, insbesondere hinsichtlich der Kontrolirung des Brennereibetriebes zu unterstützen bezw. zu vertreten. Doch ist seit 1892/93 dazu übergegangen, die Oberkontrole-Assistenten, da sie in den Sommermonaten keine genügende Beschäftigung hatten, durch Oberkontroleure in geringerer Zahl zu ersetzen. Diese Stellenvermehrungen wurden durch gelegentliche Einsparungen von Stellen, wie sie insbesondere eintraten nach Zurückführung der Gerichtskostenerhebung auf die Justizbehörden 1885/86, 1886/87 und 1887/88 durch Einziehung von Steuerämtern und Umwandlung solcher I. in solche II. Klasse und 1889/90 nach dem am 15. Okt. 1888 erfolgten Anschlusse Preussischer, Oldenburgischer, Bremischer und Hamburger Gebietstheile an das Zollgebiet, wodurch 829 Beamte erspart wurden, nicht entfernt ausgeglichen; die Steuerämter I. und II. Klasse waren 1885/86 an die Stelle der „Untersteuerämter" einerseits, der Steuerempfänger andererseits getreten.

Wie sich in Folge des Zusammenwirkens aller dieser Momente die Zusammensetzung des Beamtenapparats gestaltet hat, wolle der Leser aus der tabellarischen Uebersicht auf Seite 1363 ersehen, in der besonders starke Vermehrungen durch fetten Druck aus-

Die Beamten der Erhebungs- und Kontrolbehörden.

	1881/82	1883/84	1885/86	1887/88	1889/90	1891/92	1893/94	1895/96	1897/98	1899	1901	1902	Mithin 1902 gegen 1881/82 ±
Oberzoll- und Obersteuer-Inspektoren	128	128	128	127	126	130	131	131	131	131	131	131	+ 3
Kreuz-Zollinspektor	1	1	1	1	1	1	1	1	1	1	1	1	± 0
Hauptamts-Rendanten	129	129	129	128	127	131	172	175	175	175	176	176	+ 32
Packhofsvorsteher u. Oberrevisoren	15	14	14	13	**47**	44							
Hauptamts-Kontroleure	129	129	129	128	127	131	131	131	131				
Revisionsinspektoren	—	**62**	45	45	45	44	47	47	47	1 056	1 080	1 090	+ **400**
Oberkontroleure	561	510	521	524	**591**	593	**658**	**763**	**861**				
Oberkontrole-Assistenten	—	—	—	—	**397**	1 716	1 607	1 400	1 291	1 306	1 332	1 340	+ **286**
Hauptamts-Assistenten [1]	1 054	1 103	908	928	**1 290**								
Maschinenmeister	—	—	—	1	1	1	1	1	1	1	1	1	+ 1
Obermaschinisten	—	—	—	—	—	1	1	1	1	1	1	1	+ 1
Maschinisten	—	11	12	12	14	15	15	15	15	15	15	17	+ 17
Assistenten auf Zollkreuzern und Wachtschiffen	30	31	31	30	28	28	28	28	28	27	27	25	— 5
Einnehmer I. Klasse	887	908	858	715	702	686	670	655	651	648	645	645	— 242
„ II. „	142	144	182	**317**	302	641	649	670	682	703	707	714	+ 55
Assistenten bei Nebenzoll-, Untersteuer- und Salzsteuerämtern	475	502	233	238	**291**	bei Einnehmern II. Klasse gezählt							
Zoll- und Steuerempfänger	69	43	40	—	—	—	—	—	—	—	—	—	— 69
Thorkontroleure	42	43	43	44	47	bei Einnehmern II. Klasse gezählt							
Grenz- und Steueraufseher	6 197	6 329	**6 612**	6 678	**7 167**	7 232	7 258	7 257	7 225	7 300	7 306	7 339	+ **1 142**
Schiffer	26	35	35	35	37	39	39	47	47	47	47	47	+ **21**
Vollziehungsbeamte	530	529	—	—	—	—	—	—	—	—	—	—	— **530**
Ansagebeamte	1	—	—	—	—								
Thorwärter	6	6	6	6	6	610	614	621	627	627	630	630	+ **145**
Amtsdiener, Bootsführer, Gewichtssetzer, Matrosen, Heizer etc.	478	632	628	621	594								

[1]) Einschliesslich 1 Bureaugehülfe des Kreuz-Zollinspektors.

gezeichnet sind. Wie diese zeigt, entfallen die Stellenvermehrungen, die von 1881/82 bis 1902 insgesammt, wenn man den Abgang der Vollziehungsbeamten ausser Betracht lässt, sich auf 1787 belaufen, so gut wie ausschliesslich auf den äussern Kontroldienst (Oberkontroleure, Oberkontrole-Assistenten, Grenz- und Steueraufseher). Wenn wir in der Tabelle ein vielfaches Auf und Nieder in der Zahl der Beamten der einzelnen Kategorien wahrnehmen, so zeigt das die Sparsamkeit der Verwaltung, die, sobald sie zu der Ansicht kam, eine Stelle sei entbehrlich, mit ihrer Einziehung vorging, ohne darauf zu warten, ob sie vielleicht in künftigen Jahren wieder nothwendig werden würde. Uebrigens ist die Verwaltung der indirekten Steuern insofern unabhängiger vom Landtag gestellt als andere Verwaltungen, als sie durch einen Etatsvermerk seit 1882/83 ermächtigt wird, im Laufe des Rechnungsjahres aus Ersparnissgründen Stellen bei der Zoll- und Steuererhebung und Kontrole in niedrigere umzuwandeln.

Die rheinischen Hypothekenbewahrer verschwinden 1888/89, die Einnehmer und Erheber der Kommunikationsabgaben 1895/96 aus dem Etat der Verwaltung der indirekten Steuern.

§ 62. Ueber die Zuständigkeit der Hauptämter und Aemter in Zollsachen ist bereits in den vorangegangenen Paragraphen das im Rahmen dieses Werkes Nöthige bemerkt. Was die Verbrauchsabgaben anlangt, so eröffnen die betreffenden Reichsgesetze im Grossen und Ganzen den Landesfinanzbehörden die Möglichkeit, die Zuständigkeit zwischen den Haupt- und den Zoll- und Steuerämtern nach ihren Bedürfnissen zu vertheilen, und diese Vertheilung hat sich naturgemäss in der Richtung vollzogen, dass immer mehr Befugnisse auf die Amtsstellen der unteren Ordnung überwiesen worden sind. Die eigentliche Abfertigung liegt in der Hauptsache in den Händen der Zoll- und Steuerämter bezw. der auf den einzelnen Produktionsstätten errichteten Amtsstellen und der oberen Kontrolbeamten. Neben ihnen sind aber auch die Hauptämter selbst zur Abfertigung befugt. Im Uebrigen sind den letzteren übertragen die Beaufsichtigung der Aemter, die Befugnisse zu gewissen Anordnungen, Dispensen, Erlaubnissertheilungen, Straffestsetzungen, und andere nicht den Direktivbehörden vorbehaltene Entscheidungen, wie bezüglich der Einrichtung der der Steuerkontrole unterliegenden Fabriken, der Gewährung von Steuerkrediten, Abschliessung der von den Direktivbehörden zu genehmigenden Fixationsverträge über die Brennsteuer. Die Provinzial-Steuerdirektionen sind sowohl Behörden zweiter als auch hinsichtlich wichtigerer und allgemeinerer Angelegenheiten erster Instanz.

Die Vorbildung der Mitglieder der Provinzial-Steuerdirektionen und der noch höheren Beamten ist, wie schon erwähnt, zunächst bis zum Assessor die der höheren Verwaltungs- oder Justizbeamten. Alsdann aber sind sie, wenn sie sich lediglich der Bearbeitung des Stempelwesens widmen wollen, als Hülfsarbeiter bei den Direktionen zu beschäftigen. Für die Verwendung in der technischen Verwaltung der indirekten Steuern bedarf es dagegen zunächst noch einer Vorbereitung bei der Provinzial-Steuerdirektion und alsdann der kommissarischen Verwaltung einer Ober-Grenzkontroleurstelle, worauf den Assessoren als Durchgangsposten zum Mitgliede einer Provinzial-Steuerdirektion, aber in Form etatsmässiger Anstellung die Stellung eines Ober-Zoll- oder Ober-Steuerinspektors übertragen wird.

Alle übrigen Beamten gehen aus dem Supernumerariat hervor. Doch verlangt die indirekte Steuerverwaltung von den Civilanwärtern einjährigen erfolgreichen Besuch der I. Klasse einer höheren Lehranstalt mit neunjährigem Lehrgang, befriedigende Ableistung der einjährigen Militärdienstpflicht, einen gesunden, dem Grenz- und Steueraufsichtsdienst gewachsenen Körper, Alter von nicht mehr als 23 Jahren und Ablegung einer Prüfung; vor

Ableistung der Dienstpflicht oder bei Untauglichkeit zum Heeresdienst findet eine Annahme nur ausnahmsweise und nur durch den Minister, nicht, wie im Uebrigen, durch den Provinzial-Steuerdirektor statt. In der Regel dürfen auch nur 2 Supernumerare für jedes Hauptamt angenommen werden. Der Vorbereitungsdienst, dessen Dauer sich nach der Befähigung und den Fortschritten richtet, in der Regel aber 3 Jahre nicht übersteigt, ist bei den Amtsstellen der verschiedenen Stufen zurückzulegen, sodass er bei der Direktion abschliesst. Frühestens nach 2 Jahren ist eine zweite Prüfung abzulegen. Nach deren Bestehen wurden die Civilsupernumerare früher zu etatsmässigen Aufsehern, jetzt werden sie — seit 1. Juli 1897 —, um eine bessere Ausbildung zu erzielen, zu ausseretatsmässigen Zollpraktikanten ernannt und gegen eine Remuneration von 1100—1800 M. bis zu ihrer etatsmässigen Anstellung als Assistenten in den verschiedenen Zweigen des Aufsichts-, Abfertigungs- und Bureaudienstes verwendet. Den Militäranwärtern sind zugänglich, die mit * bezeichneten jedoch nur im Wege des Aufrückens oder der Beförderung, die Stellen der Heizer, Matrosen, Schiffer, Gewichtssetzer, Bootsführer, Thorwärter, Diener und dergleichen ausschliesslich, der Grenzaufseher unter Konkurrenz mit den Civilsupernumeraren, der Steueraufseher*, Thorkontroleure*, Einnehmer*, Maschinisten* und Assistenten* auf Zollschiffen, und Assistenten* beim Haupt-Stempelmagazin und bei Zoll- und Steuerämtern zu mindestens ²/₃, der Oberkontrole-Assistenten*, Hauptamts-Assistenten* und Assistenten* bei den Direktionen — nicht auch bei den Stempel- und Erbschaftssteuerämtern — zu mindestens ¹/₃ der Gesammtzahl. Diese Stellen, abgesehen von den Unterbeamten, sind auch mit der Aussicht auf Anstellung im Civildienst verabschiedeten Offiziere, die dann zunächst als Grenzaufseher angestellt werden und dann in höhere Stellen aufrücken, zugänglich. Den Prüfungen unterliegen auch die Militäranwärter. Ihre Anstellung erfolgt zunächst auf Probe; die Probezeit beträgt längstens 1 Jahr.

III. Kapitel.

Die Besoldungen der Beamten.

§ 63. Bei der immerhin recht erheblichen Anzahl verschiedener Kategorien von Beamten war es unvermeidlich, neben den allgemeinen Gehaltsaufbesserungen, wie sie 1872 und 1897 stattfanden, öfters auch mit solchen einzelner Beamtenklassen vorzugehen.

Ueber die Besoldungsverhältnisse bis zu der durch den Nachtragsetat für 1872 erfolgten allgemeinen Aufbesserung giebt die nachstehende Uebersicht auf S. 1366 u. 1367, in der die Aenderungen gegen das vorher angegebene Jahr durch den Druck hervorgehoben sind, Aufschluss.

Bei der allgemeinen Besoldungsaufbesserung von 1872 erhielten die Provinzial-Steuerdirektoren 10 500, die Ober-Regierungs- und Regierungsräthe 4200—6000, die Bureauvorsteher für das Rechnungswesen 4200, Kalkulatoren in Berlin sowie Buchhalter und Revisoren beim Hauptstempelmagazin 2100—4200, andere Bureaubeamte der Direktionen 2100-3600, Assistenten bei diesen 1800—1950, Kanzlisten 1650—2250, Boten und Diener bei den Direktionen und dem Hauptstempelmagazin 960—1200, der Dirigent und Rendant des Hauptstempelmagazins 4800, die Oberinspektoren 3300—5100, in Berlin bis 5400, die Hauptamts-Rendanten 2700-4200, Packhofvorsteher und Oberrevisoren 3000-3600, Hauptamts-Kontroleure 2250—3000, Ober-

Besoldungsverhältnisse der Beamten.

	im Jahre 1849 ℳ	1859 ℳ	1866 ℳ	1869 ℳ	1872 [1]) ℳ
Provinzial-Steuerdirektoren	9000	wie 1849	9600		
Mitglieder der Direktionen	3000–4800 [2])		3600–4800 [2]) / 4500 [4])		
bei den Provinzial-Steuerdirektionen: Bureauvorsteher	2700–3600	3600 [3]) / 1800–3000 / 2400 [4])			
Sekretäre	1500–3000	1800–3000 / 2400 [4])		wie 1866	
Assistenten	1200–1800	1500–1650 / 1575 [4])	wie 1859		wie 1869
Rendanten	3000–3600	—			
Kontroleure	2400–2700	—			
Kanzlisten	1200–1950	1350–1950 / 1650 [4])			
Boten und Diener	600–900	750–900 / 825 [4])		900–1050 / 975 [4])	
Ober-Zoll- und Ober-Steuerinspektoren	[illegible]	[illegible]	[illegible]		
Hauptamts-Rendanten	2100–3600	2400–3600 / 3000 [4])			
„ -Kontroleure	1500–2400	1800–2700 / 2250 [4])		wie 1866	2100–2700
Packhofsvorsteher, Oberrevisoren	2400–2700	2700–3000 / 2850 [4])	wie 1859 [2])		wie 1859
Ober-Grenzkontroleure	1500–2400	1500–2700 / 2100 [4])			1800–2700 (3000) [9]) / 2250 [4])
Ober-Steuerkontroleure	1500–2700				
Hauptamts-Assistenten	900–2400	1200–2100 (2400) [5]) / 1650 [4])		1500–2100 (2700) [5]) / 1800 [4])	wie 1869

…		bis 1800	bis …			bis 2400
desgleichen bei Untersteuerämtern			1500[4])			1650[4])
desgleichen bei Nebenzollämtern II. Klasse		bis 1200	bis 1500 / 1125[4])	wie 1859	wie 1859	bis 1500 / 1375[4])
Assistenten bei Nebenzoll- und Untersteuerämtern			bis 1500 / 1200[4])			
Zoll- und Steuerempfänger		bis 750	wie 1849		bis 1050 / 900[4])	wie 1869
Thorkontroleure				810—1200 / 1005[4])	900—1350 / 1125[4])	
Thorwärter		bis 1050	bis 1200	bis 750 / 510[4])	bis 900 / 600	
Grenz- und Steueraufseher zu Pferde		750—1050	750 - 1050 / 900[4])	wie 1959	840 - 1200 / 1020[4])	
dieselben zu Fuss		720—1050	750 - 1050 / 900[4])			
Hauptzollamts-Diener, Bootsknechte etc.		288—600	bis 750 / 675[4])		bis 900 / 750[4])	
Hauptsteueramts-Diener, Gewichtssetzer etc.		360—600				
Amtsdiener bei Nebenzollämtern		450—600	600[4])			
dieselben bei Untersteuerämtern		bis 600				
Ansagebeamte		342[4])[8])	252[4])[8])		1000[4])[8])	
Legitimationsschein-Ausfertiger		232[4])	180[4])	252[4])	300[4])	
andere Beamte		847[4])[8])	786[4])[8])	819[4])[8])	275[4])[8])	342[4])[8])
Kalkulatoren	bei der Erbschaftssteuer-Verwaltung in Berlin					1800—3600 / 2700[4])
Assistenten						1500—1650 / 1575
Kanzlisten						1650
Dirigent und Rendant	beim Haupt-Stempelmagazin	Bis einschliesslich 1871 wurden die Gehälter der Beamten des Haupt-Stempelmagazins im Etat und dessen Anlagen nicht spezifizirt.				4200
Buchhalter						1800—3600 / 2700[4])
Revisoren						
Magazindiener						900—1050 / 975[4])

[1]) Nach dem Etat. — [2]) Ober-Regierungsräthe 900 M. Stellvertretungszulage. — [3]) Für das Rechnungswesen. — [4]) Durchschnitt. — [5]) In grossen Städten. — [6]) In Berlin jedoch bis 4800 M. — [7]) Jedoch Oberkontroleure in Berlin bis 3000 M. — [8]) Im Etat nur Gesammtsumme ausgeworfen; der Durchschnitt nach Zahl der Beamten berechnet. — [9]) In Berlin.

kontroleure 2100–3000, in Berlin bis 3300, Hauptamts-Assistenten 1500–1800, Assistenten auf Schiffen bis 1800, im Durchschnitt 1425, der Kreuz-Zoll-Inspektor 4200, dessen Bureaugehülfe 1800, der Stempelamts-Rendant in Frankfurt a. M. 3000, die Einnehmer bei Nebenzollämtern I. Klasse, Salz-, Steuer- und Untersteuerämtern bis 2700, i. D. 1800, diejenigen bei Nebenzollämtern II. Klasse und die Assistenten bei Nebenzoll- und Untersteuerämtern bis 1800, i. D. 1425, die Assistenten bei Salzsteuerämtern bis 1425, i. D. 1350, Zoll- und Steuerempfänger bis 1200, i. D. 1005, Thorkontroleure bis 1500, i. D. 1230, Grenz- und Steueraufseher 900–1350, Ansagebeamte bis 1200, i. D. 1080, Thorwärter bis 1050, i. D. 690, Schiffer bis 1200, i. D. 1005, Matrosen, Amtsdiener, Gewichtssetzer, Bootsknechte etc. bis 975, i. D. 840 M., die Chausseegeld-Erheber bis 1050, i. D. 390, Erheber der sonstigen Kommunikationsabgaben bis 1800, i. D. 630, Hypothekenbewahrer 2700 bis 5400 M. Soweit die Gehälter von einem bestimmten Mindestbetrag aufsteigen, wurde jetzt durchgängig das für die Bemessung des Gehaltsfonds der betreffenden Klasse massgebende Durchschnittsgehalt auf den in der Mitte zwischen Mindest- und Höchstgehalt liegenden Betrag bestimmt. Die Ober-Regierungsräthe behielten, wie auch bei der Gehaltsregulirung von 1897, die pensionsfähige Zulage von 900 M.

Bei Errichtung der Direktion in Berlin wurde das Gehalt des dortigen Bureauvorstehers für das Rechnungswesen auf 4800 M. normirt, während die übrigen dortigen Bureaubeamten I. Klasse pensionsfähige Zulagen von durchschnittlich 300 M. erhielten. Im Uebrigen erfolgte, abgesehen von der gleichzeitig für alle etatsmässigen Staatsbeamten eintretenden Gewährung von Wohnungsgeldzuschüssen, die nächste Gehaltserhöhung 1880/81, und zwar für die Thorkontroleure, deren Durchschnittsgehalt auf 1425, deren Höchstgehalt auf 1800 M. erhöht wurde. Von erheblicherer finanzieller Bedeutung war es, dass 1882/83 die Mindest-, Höchst- und Durchschnittsgehälter für Oberinspektoren um 600, für Hauptamts-Rendanten und Oberkontroleure um 300, für Packhofsvorsteher und Oberrevisoren um 200, das Mindestgehalt der Hauptamts-Kontroleure um 450, das Höchstgehalt derselben um 100, ihr Durchschnittsgehalt daher um 275, das Höchstgehalt der Hauptamts-Assistenten um 600, das Durchschnittsgehalt der Einnehmer bei Nebenzollämtern I. Klasse um 400, ihr Höchstgehalt um 600 M. erhöht wurde. Die gleichzeitig geschaffenen Stellen der Revisions-Inspektoren wurden mit 3000–3600, i. D. 3300, die der Maschinisten auf Zollkreuzern und Wachtschiffen mit 1500–1800, i. D. 1650 M. ausgestattet. Als sodann 1883/84 behufs Vereinfachung des Geschäftsganges und behufs zweckmässigerer Gestaltung des Rechnungswesens und der Kontrole dem Hauptstempelmagazin die selbständige Anweisung und Rechnungslegung über die Ausgaben für die Stempelmaterialien u. s. w. übertragen und aus diesem Anlass die Stellen des Dirigenten und Rendanten von einander getrennt, auch die eines Kontroleurs sowie von

Assistenten an Stelle der bisherigen Buchhalter und Revisoren geschaffen wurden, erhielten der Dirigent 5400, der Rendant 4500, der Kontroleur 3000, die Assistenten 1600–2400, i. D. 2000 M. Nach Erlass der neuen Branntwein- und Zuckersteuergesetze wurden 1889/90 die Bureauvorsteher für das Rechnungswesen auf 4200–4800, i. D. 4500, die neuen Oberkontrole-Assistenten auf 2000—3000, i. D. 2500 M., gestellt.

§ 64. Mit dem Etatsjahr 1890/91 begannen die neuesten allgemeinen Besoldungsaufbesserungen. Damals erfuhren — für 1890/91 aus Fonds des Finanzministeriums — Aufbesserungen der Kontroleur des Hauptstempelmagazins um 300 M., die Kanzlisten der Provinzial-Steuerdirektion auf 1650—2700, i. D. 2175, die Boten und Diener bei dieser und dem Hauptstempelmagazin sowie die Grenz- und Steueraufseher auf 1000–1500, i. D. 1250, die Hauptamts-Kontroleure auf 2800—3400, i. D. 3100, die Schiffer auf 900 - 1500, i. D. 1200, die Amtsdiener, Thorwärter etc. sowie die Matrosen und Heizer auf 800—1200, i. D. 1000 M. Im nächsten Etat wurden die Oberkontrole- mit den Hauptamts-Assistenten zu einer Gehaltsklasse (1500—2700, i. D. 2100, in grösseren Städten bis 3000 M.) vereinigt. Als sodann 1896/97 die Bureaubeamten I. und II. Klasse vereinigt wurden, wurde deren Gehalt auf 1800—3600 M. bemessen. Das System des Aufrückens nach Dienstaltersstufen war 1892/93 für die Unter- und Kanzlei-, 1893/94 für die mittleren und 1894/95 für die höheren Beamten mit aufsteigenden Gehältern, zu denen nur gehören die Mitglieder der Provinzial-Steuerdirektion, die Ober-Zoll- und Ober-Steuer-Inspektoren und der 1886/87 in deren Gehaltsklasse versetzte Kreuz-Zollinspektor zur Durchführung gelangt. Die inzwischen geschaffenen Stellen des Maschinenmeisters für die hydraulischen Anlagen auf dem Berliner Packhof und des Obermaschinisten, welcher als Maschinist auf dem Inspektionsschiff in Altona fungirt und die Aufsicht über die Maschinen der übrigen Zolldampfer führt, waren mit 2400 bezw. 2100 M. dotirt worden.

In erheblichem Umfange fanden bei den Beamten der indirekten Steuerpartie pensionsfähige Zulagen Anwendung: vor der Besoldungsreform von 1897 erhielten ausser den Ober-Regierungsräthen solche von 300 M. die in Berlin stationirten Ober-Steuerinspektoren, Hauptamts-Rendanten, Packhofsvorsteher, Oberrevisoren, Revisions-Inspektoren, Ober-Steuerkontroleure und Ober-Kontrole-Assistenten, solche von 300 M. ferner die Zoll- und Steuereinnehmer I. Klasse bei Aemtern von mittlerer, solche von 600 M. diejenigen bei Aemtern von grösserer Bedeutung. Stellenzulagen erhielten: die Hauptamts-Kontroleure in Berlin und die Beamten bei dem Hauptsteueramt in Frankfurt a. M. bis 400 M., eine grössere Zahl Oberkontroleure bis ebenfalls 400 M., einige Maschinisten und Assistenten auf Zollkreuzern und Wachtschiffen bis 300, eine grosse Zahl Grenz- und Steueraufseher und eine Anzahl Schiffer, Matrosen und Heizer bis 200 M.

§ 65. Nach der allgemeinen Besoldungsaufbesserung von 1897 erhalten Einheitsgehälter und zwar: 11 000 M. die Provinzial-Steuerdirektoren (neben u. a. Berghauptleuten, Eisenbahn-Direktions-Präsidenten) und 2700 M. der Maschinenmeister. Die aufsteigenden — der Zeitraum des Verbleibens in jeder Gehaltsstufe beträgt durchgängig 3 Jahre — Gehälter betragen Mark:

4200—7200 (Dienstalterzulagen je 600 M.) für die Mitglieder der Provinzial-Steuerdirektionen, wie für die Mitglieder anderer Provinzialbehörden;

4000—6600 (4000, 4700, 5400, 6000, 6600) für die Ober-Zoll- und Ober-Steuerinspektoren, wie für Katasterinspektoren;

3000—6000 (die Stufen steigen um je 500 M.) für den Dirigenten des Hauptstempelmagazins;

4200—5400 (Stufen steigen um je 400 M.) für die Bureauvorsteher für das Rechnungswesen, wie u. a. für Rechnungsrevisoren bei den Oberlandesgerichten;

3000—5000 (Stufen steigen um 400 M.) für den Rendanten des Hauptstempelmagazins, des Hauptamts-Rendanten, Packhofsvorsteher und Ober-Revisoren, wie u. a. für Polizeiräthe;

2700—4200 (Stufen steigen um 300 M.) für die Kontroleure beim Hauptstempelmagazin und bei den Hauptämtern, die Revisions-Inspektoren und Oberkontroleure, wie u. a. für Polizeileutnants und Lootsenkommandeure;

1800—4200 (Stufen steigen 3 Mal um 400, 4 Mal um 300 M.) für Bureaubeamte der Direktionen gleich denen bei anderen Provinzialbehörden;

2000—3600 (Stufen steigen 4 Mal um 300, 2 Mal um 200 M.) für Einnehmer I. Klasse bei Aemtern von grösserer Bedeutung, wie u. a. für Polizei-Assessoren;

1500—3300 (die Stufen steigen um 300 M.) für Oberkontrolesowie Assistenten beim Hauptstempelmagazin und bei Hauptämtern, endlich für Einnehmer I. Klasse bei Aemtern von geringerer Bedeutung;

1800—3000 (Stufen steigen um 200 M.) für den Obermaschinisten;

1500—2000 (Stufen steigen 2 Mal um 250 M.) für Maschinisten und (die Stufen steigen 2 Mal um 150 und 2 Mal um 100 M.) Assistenten auf den Schiffen sowie für Einnehmer II. Klasse, Zoll- und Steueramts-Assistenten;

1650—2700 (Stufen steigen um 150 M.) für Kanzlisten, wie für solche anderer Provinzialbehörden;

1500—2400 (Stufen steigen 4 Mal um 150, 3 Mal um 100 M.) für einen Amtsdiener, dessen Stelle künftig bei Vakantwerden in eine solche mit dem Normalgehalt umgewandelt wird;

1000—1500 (Stufen steigen 1 Mal um 100, im Uebrigen um 80 M.) für Grenz- und Steueraufseher;
1000—1500 (Stufen steigen 2 Mal um 100, im Uebrigen um 60 M.) für Boten und Diener bei den Direktionen und dem Hauptstempelmagazin;
900—1500 (Stufen steigen um 100 M.) für Schiffer;
800—1200 (Stufen steigen 1 Mal um 100, im Uebrigen um 50 M.) für Amtsdiener, Thorwärter, Matrosen, Heizer u. s. w.

Bei der Aufbesserung der Unterbeamten 1899 endlich wurden die Gehälter der Grenz- und Steueraufseher auf 1200—1600, diejenigen der Schiffer auf 1000—1500 M. (die Stufen steigen 1 Mal um 100, im Uebrigen um 80 M.) diejenigen der Amtsdiener u. s. w. auf 900 bis 1200 M. erhöht.

Die pensionsfähigen Zulagen sind bei der Neuregulirung, abgesehen von denen für die Ober-Regierungsräthe und einzelnen künftig bei Vakantwerden der Stelle fortfallenden, beseitigt, wogegen die Stellenzulagen aufrecht erhalten sind.

Betrachtet man das Ergebniss dieser Entwicklung der Gehälter seit 1849, so ergeben sich für die hauptsächlichsten Beamtenkategorien folgende Erhöhungen des Höchst- bezw. Einheitsgehalts: Provinzial-Steuerdirektoren 22, Mitglieder der Direktionen 50, Sekretäre 60, Kanzlisten 38, Boten und Diener der Direktionen $66^2/_3$, Oberinspektoren 47, Hauptamtsrendanten 39, Obergrenzkontroleure 75, Obersteuerkontroleure 56, Hauptamts-Assistenten $37^1/_2$, Einnehmer I. Klasse 100, solche II. Klasse $66^2/_3$, Grenz- und Steueraufseher 52 Proz. Wenn sonach, von den Provinzial-Steuerdirektoren abgesehen, die Steigerung am geringsten bei den Hauptamts-Assistenten gewesen ist, so findet das seine Erklärung darin, dass diese Stellen in der Regel Durchgangsposten bilden sollen.

Hervorgehoben sei schliesslich, dass das Gehalt von jetzt 4200 bis 7200 M. nicht nur, wie bei andern Verwaltungen, Regierungsräthe, sondern auch schon Regierungs-Assessoren beziehen, sofern sie, was vorkommt, schon vor ihrer Ernennung zum Regierungsrath Mitglieder einer Provinzial-Steuerdirektion werden.

Aus Nebenämtern beziehen a) von höheren Beamten der Provinzial-Steuerdirektion: der Provinzial-Steuerdirektor zu Magdeburg als Anhaltischer Zolldirektor jährlich 3000 M., der Vorstand des Stempel- und Erbschaftssteueramtes zu Frankfurt a. M. als Staatskommissar bei der dortigen Börse jährlich 2400 M., ein Mitglied der Provinzial-Steuerdirektion zu Magdeburg als Staatskommissar bei der dortigen Börse jährlich 1200 M., ein Regierungsrath in Sigmaringen als Vorsitzender der Einkommensteuer-Berufungskommission jährlich 300 M. und ein Mitglied der Provinzial-Steuerdirektion zu Danzig als Syndikus der Provinziallandschaftsdirektion in Danzig 3000 M. nebst freier Wohnung im Werthe von 900 M. jährlich; b) von Bureaubeamten derselben: ein Sekretär für das Uebersetzen dänischer Schriftstücke beim Stempel- und Erbschaftssteueramt in Altona etwa 305 M. und ein Sekretär als Amtsanwalt 516 M. jährlich; c) 2 Oberzollinspektoren als Vorsitzende von Musterungsbehörden etwa je 10 M., 4 Hauptzoll- und Hauptsteueramts-Rendanten für Verwaltung von Spezialbaukassen und sonstigen fiskalischen Kassen von 4 bis 1218 M., 1 Hauptzollamts-

Rendant und 1 Hauptzollamts-Assistent für Mitwirkung bei Erhebung städtischer Brückengelder je 318 M., 1 Hauptsteueramts-Rendant und 1 Hauptsteueramts-Kontroleur für Zahlung von Verwaltungsausgaben der Grossherzoglich Sächsischen Zolldirektion je 30 M., 1 Hauptzollamts-Kontroleur für Mitverwaltung einer Spezialbaukasse 637 M., 1 Hauptzollamts-Kontroleur und 1 Hauptzollamts-Assistent als Sekretäre von Musterungsbehörden etwa 10 und 15 M., 1 Obergrenzkontroleur für Revision der Kasse einer Brückengelderhebung der Provinzialverwaltung 72 M., 1 Hauptzollamts-Assistent für Registratur- und Kanzleigeschäfte bei einer Spezialbaukasse etwa 92 M. und 1 Hauptzollamts-Assistent für Vermessung von Seeschiffen im Interesse der Hafengelderhebung 600 M.; d) von Einnehmern jährlich: 23 Beamte für Wahrnehmung von Hülfsstellen des Post- und Telegraphendienstes 20 bis 900 M., 30 Beamte für Ausfertigung der Grenzlegitimationsscheine im Grenzverkehr gegen Russland unbestimmte Beträge nach dem Satze von 5 Pf. für jeden Schein, nach den bisherigen Einnahmen 75 bis 300 M., 1 Beamter als Vorsitzender der Musterungsbehörde etwa 9 M., 4 Beamte für Ausübung der Passpolizei 30 bis 100 M., 10 Beamte für Verwaltung fiskalischer Baukassen 14 bis 270 M., 4 Beamte für Verwaltung von Forstkassen 250 bis 1800 M., 1 Beamter für Erhebung von Domänengefällen 240 M., 1 Beamter für Erhebung der direkten Staatssteuern 30 M., 1 Beamter für Beaufsichtigung einer fiskalischen Schleuse 100 M., 6 Beamte für Pegelbeobachtungen 20 bis 180 M., 1 Beamter als Standesbeamter 224 M., 1 Beamter für Aufbewahrung von Kriegssignalen 15 M., 1 Beamter für Auszahlung von Chaussee-Unterhaltungskosten für eine Provinzialchaussee 60 M., 12 Beamte für Erhebung von Kreis- und Kommunalabgaben 40 bis 384 M., 1 Beamter für Verwaltung einer Nebenstelle der Kreissparkasse 300 M., 1 Beamter für Erhebung städtischer Packhofslagermiethe 200 M. und 1 Beamter für Mitwirkung bei den Geschäften des Gemeindevorstehers 70 M.; d) von Unterbeamten jährlich: 1 Beamter für Wahrnehmung einer Hülfsstelle des Postdienstes 500 M., 1 Beamter als Mitglied einer Musterungsbehörde etwa 9 M., 3 Beamte für Pegelbeobachtung 24 bis 80 M., 5 Beamte für die Thätigkeit als Insel- und Strandvögte 100 bis 608 M., 1 Beamter für Beaufsichtigung einer Telegraphenleitung 12 M., 1 Beamter für Beaufsichtigung des Telegraphenkabels und Aufbewahrung von Kriegssignalen 46 M., 4 Beamte für Wartung des Leuchtfeuers 45 bis 60 M., 2 Beamte für Beaufsichtigung von Domänenländereien je 30 M., 5 Beamte für Mitwirkung bei der Erhebung von Kreis- und Kommunalabgaben 60 bis 212 M. und 1 Beamter für Aushülfe bei Beaufsichtigung der Königlichen Museen in Berlin an Sonn- und Feiertagen etwa 130 M.

II. Abschnitt.

Die dauernden Ausgaben der Verwaltung der indirekten Steuern.

Vorbemerkung.

§ 66. In dem Staatshaushaltsetat für 1849 waren die gesammten dauernden Ausgaben der Verwaltung der indirekten Steuern in drei Positionen zusammengefasst, deren eine sämmtliche Ausgaben für die Provinzial-Steuerdirektionen, deren zweite die sämmtlichen für die Kontrole und Erhebung und deren letzte diejenigen für Dienstgebäude enthielt. Dieses Prinzip der Gruppirung nicht nach der Art der Ausgaben, sondern im Anschluss an die Behördenorganisation ist bis auf den heutigen Tag beibehalten, und es sind nur innerhalb des Bedarfs für die Behörden der verschiedenen Instanzen eine Gruppirung nach der Art der Ausgaben durchgeführt sowie Ausgaben allgemeiner Art zu einer dritten Gruppe vereinigt. Man schied zunächst Anfangs der 50er Jahre die persönlichen von den sächlichen Ausgaben für die Direktionen und bildete besondere Titel für das Hauptstempel-

Magazin, für Abgaben und Lasten, die auf dem Elb- und Rheinzoll hafteten, sowie für Unterstützung von Inhabern des Eisernen Kreuzes. Zuerst 1854 wurden dann drei Abtheilungen „Provinzial-Steuerverwaltungen“, „Kosten der Zoll- und Steuererhebung und Kontrole“ und „Sonstige Ausgaben“, worunter auch diejenigen für das Hauptstempelmagazin gerechnet wurden, gebildet. Im ersten Kapitel wurde zwischen persönlichen und sächlichen Ausgaben, im zweiten wurden „Besoldungen der Beamten bei den Zoll- und Steuerämtern“, Pferdegelder dieser Beamten, Sächliche Ausgaben, „Kosten sonstiger Lokalverwaltungen“, „Remunerationen, Gratifikationen und Unterstützungen und extraordinäre Ausgaben“, im dritten die Abgaben und Lasten des Elb- und Rheinzolls, die Central-Stempelsteuerverwaltung und Bauten unterschieden. Später, 1863, wurden die Besoldungen von den „andern persönlichen Ausgaben“ der Provinzial-Steuerverwaltungen ausgesondert und in dem zweiten Abschnitt besondere Titel für Erhebung und Beaufsichtigung der Rübenzuckersteuer, Kosten aus den Zollvereinsverhältnissen, Kosten der Rheinzollerhebung, Kosten der Chausseegelderhebung, der Erhebung der sonstigen Kommunikationsabgaben, der Hypothekenbewahrer und Gerichtsschreiber in der Rheinprovinz, endlich für vermischte (extraordinäre) Ausgaben gebildet, aber schon 1865 die Besoldungen bei den Zoll- und Steuerämtern, der Chausseegelderhebung und der Erhebung sonstiger Kommunikationsabgaben in einem Titel vereinigt. Andererseits wurden die vom Norddeutschen Bunde zu erstattenden Kosten der Salzsteuerverwaltung 1868 von diesem abgezweigt und in einem besonderen Titel untergebracht. Abermals umgestaltet wurde das Etatsschema 1873. Jetzt wurden die auch gegenwärtig noch unterschiedenen, aus der Anlage LXXII ersichtlichen vier Kapitel 7—10 gebildet, und auch die Titeleintheilung entsprach mit im Nachstehenden an entsprechender Stelle zu erwähnenden Ausnahmen im Grossen und Ganzen schon der gegenwärtigen. Infolge dessen sind die persönlichen und die sächlichen Ausgaben in diesen 4 Kapiteln zerstreut, und zwar gehören zu ersteren die jetzigen Tit 1—3 des Kap. 7, Tit. 1—6 des 8., 1—7 des 9., 1—3 und 12 des 10., zu letztern Kap. 7 Tit. 4, Kap. 8 Tit. 7 und 8, Kap. 9 Tit. 8 und 9, Kap. 10 Tit. 4—7, 9 und nach der in den Etats anderer Verwaltungszweige angewendeten Terminologie auch Tit. 11, während Tit. 8 und 10 einen gemischten Charakter tragen. Im Interesse der Uebersichtlichkeit und leichterer Vergleichbarkeit scheint es uns zu liegen, nicht der Eintheilung des Etats zu folgen, sondern diejenige in persönliche und sächliche einschliesslich der gemischten für die Darstellung in Anwendung zu bringen.

I. Kapitel.

Die persönlichen Ausgaben.

(Staatshaushaltsetat Kap. 7 Tit. 1—3, Kap. 8 Tit. 1—6, Kap. 9 Tit. 1—7 und Kap. 10 Tit. 1—3 und 12.)

§ 67. Die erste Stelle unter den persönlichen Ausgaben nehmen natürlich die **Besoldungen** und Wohnungsgeldzuschüsse der etatsmässigen Beamten ein. Die Dotation der hierfür bestimmten Titel ist bedingt durch die im I. und II. Kapitel des vorigen Abschnitts dargestellte Entwicklung der Zahl und Kategorien der Beamten, die der Besoldungstitel auch durch die im III. Kapitel desselben Abschnitts zur Darstellung gelangte Gestaltung der Besoldungsverhältnisse. Insbesondere bedingten von den Gehaltsaufbesserungen grösseren Stils diejenige von 1872 einen Mehraufwand von rd. 1½ Millionen, diejenige von 1882/83 einen solchen von 702 975, diejenige von 1897 einen solchen von 1 114 825 und diejenige von 1899 einen solchen von 1 283 660 M. Allerdings erscheinen diese Mehraufwendungen, mit Ausnahme derjenigen von 1882/83, im Etat der indirekten Steuern erst ein Jahr nach ihrem Eintritt, weil sie, wie in den früheren Büchern erwähnt, im ersten Jahre aus Fonds des Finanzministeriums bestritten wurden.

Wie sich unter dem Einfluss dieser Momente die Sollausgaben für Beamtenbesoldungen entwickelt haben, ergiebt die Anlage LXXII. Es sind diejenigen für das Haupt-Stempelmagazin (Etat Kap. 7 Tit. 1) von 1874 bis 1902 von 23 790 auf 31 520 M., bei den Provinzial-Steuerdirektionen (Kap. 8 des Etats) diejenigen für höhere Beamte (Tit. 1) im gleichen Zeitraum von 540 000 auf 752 100, für mittlere Beamte (Tit. 2) von 816 162 auf 1 497 400, und für Unterbeamte (Tit. 3) von 44 880 auf 66 800 M. gestiegen, während der Besoldungsaufwand für alle drei Kategorien 1866 741 150 und 1869 1 051 575 M. betrug. Enthalten sind hierin auch die pensionsfähigen Zulagen einzelner Beamten, ausserdem aber, und zwar im Tit. 1, seit 1873 900 M. Besoldung des Generaldirektors des Thüringischen Zoll- und Steuervereins für die Verwaltung der nicht gemeinsamen Abgaben in den Kreisen Erfurt, Schleusingen und Ziegenrück. Vorher, 1862 bis 1872, erschienen hier zu diesem Zweck 1050 M. für den damaligen Generalinspektor und dessen Vertreter. Auch das die indirekten Steuern bearbeitende Mitglied und der für diese Materie bestimmte Sekretär der Regierung in Sigmaringen erhalten seit 1887/88 aus den Titeln 1 bezw. 2 ihre Besoldung.

Für die Besoldungen der Beamten der Zoll- und Steuererhebung und Kontrole sind die 3 ersten Titel des 9. Etatskapitels bestimmt, und zwar Titel 1 für die höheren und mittleren Beamten der Hauptämter und der Kontrole sowie die maschinentechnischen, Titel 2 für die mittleren Beamten der Zoll- und Steuerämter und Titel 3 für die Unterbeamten. Die Trennung besteht seit 1873. Vorher betrug der Gesammtbedarf für die nunmehrigen 3 Titel 1859 8 761 839, 1866 841 740 und 1869 12 731 310 M., wozu noch die in der Anlage angegebenen Besoldungen der Chausseegelderheber, der Erheber sonstiger Kommunikationsabgaben und der rheinischen Hypothekenbewahrer mit für 1869 rd. 331 600, 38 000 und 241 500 M. kamen. Bis einschliesslich 1862 war die zweite Ausgabepost um das Vielfache höher gewesen, 1861 rd. 189 000 M.; 1862 trat ein plötzlicher Rückgang auf rd. 51 000 M. ein, weil die Kettenbrücke bei Mülheim a. Rh. verpachtet wurde und die Verwaltung der Ruhrorter Hafenbahn auf die Handels-, Gewerbe- und Bauverwaltung überging. Nach der Dreitheilung der Besoldungstitel sank der Titel 1 zunächst von rd. 4½ 1874 auf 4,1 Mill. Mark 1879/80 durch Verminderung von Stellen, dann aber stieg er rasch auf 5,4 Millionen 1883/84 und fast 5,6 Millionen 1884/85, um 1885/86 um mehr als ½ Million infolge Zurückführung der Gerichtskostenerhebung auf die Justizbehörden zurückzuschnellen. Die früher dargestellten Stellenvermehrungen infolge der Reformen auf dem Gebiete der Verbrauchsteuern bedingten 1889/90 einen Aufwand von rd. 7 Mill. Mark, der in den nächsten Jahren zunächst noch um ein Geringes stieg, dann etwas, bis auf 6,868 Millionen 1897/98 sank und seitdem durch die neue Gehaltsregulirung und Stellenvermehrungen fortgesetzt, bis auf 8 373 200 M. 1902, angewachsen ist.

In weit geringerem Maasse sind die Ausgaben des Titels 2 — Einnehmer u. s. w. — gestiegen: mit 2 978 900 M. sind sie 1902 nur reichlich ½ Million höher wie 1874 und noch etwas niedriger als zeitweise in der ersten Hälfte der 80er Jahre. Damals hatte die Uebertragung der Gerichtskostenerhebung, aus deren Anlass zunächst für 1880/81 ein Pauschquantum für neue Stellen eingestellt wurde, und die 1882/83 erfolgte Erhöhung des Gehalts der Einnehmer I. Klasse den Bedarf von rd. 2 auf mehr als 3 Millionen anschwellen lassen. Bei Rückkehr der Gerichtskostenerhebung zur Justizverwaltung sank er 1885/86 auf reichlich 2½ und dann bis auf 2,4 Millionen.

Die Ausgaben des 3. Titels entfallen zum weitaus grössten Theil, 1902 zu fast 94 Proz., auf die Grenz- und Steueraufseher. Infolge Aufhebung der Mahl- und Schlachtsteuer gingen sie 1875 von rd. 7½ auf 6,6 Millionen zurück, um dann 1880/81, nach der Umkehr der Zollpolitik und der neuen Tabaksteuer, ebenso ruckweise um rund 566 000 M. und 1881/82 um weitere 870 000 M. in die Höhe zu schnellen. Die Reform der Branntwein- und Zuckersteuer bedingte 1889/90 eine weitere Steigerung um 473 000 M. und 1890/91 um weitere ca. 88 000 M., während die in letzterem Jahre erfolgte Aufbesserung der Unterbeamtengehälter 1891/92 sich in einem Mehrbedarf von mehr als einer Million fühlbar machte. Die letzte, 1899 erfolgte Gehaltsaufbesserung beanspruchte 1900 sogar ca. 1¼ Million, sodass schliesslich 1902 sich der Bedarf auf 11 181 380 M. stellt.

Wenn sich aus dem Vorstehenden ergiebt, dass nicht nur die allgemeinen Besoldungsaufbesserungen aus dem früher erwähnten Grunde erst ein Jahr nach ihrem Eintritt in die Erscheinung treten, sondern auch die auf der Gerichtskostenerhebung, auf dem neuen Zolltarif und Tabaksteuergesetz sowie die auf dem Zucker- und dem Branntweinsteuergesetz des Jahres 1887 beruhenden Mehrausgaben erst 1881/82 bezw. 1890/91 in den Titeln 1—3 sich voll bemerklich machen, so beruht dies darauf, dass zur Bestreitung derselben Pauschquanten für 1880/81 von 1 000 000 und 300 000, für 1888/89 und 1889/90 solche von 3 500 000 und 450 000 M. ausgeworfen waren; der Finanzminister war ermächtigt, mit den Mitteln dieser Pauschquanten neue Stellen zu errichten und definitiv zu besetzen. Man wählte diesen Weg, weil sich der Mehrbedarf an Beamten noch nicht mit Zuverlässigkeit übersehen liess. Wie ein Vergleich mit den Ausgaben der Titel 1—3 und des Titels 4 „Wohnungsgeldzuschüsse“ für die Jahre 1888/89 und 1890/91 ersehen lässt, wurden die zur Verfügung gestellten 3 950 000 M. nicht voll in Anspruch genommen; wohl aber geschah dies, abgesehen von einem ganz geringfügigen Rest, mit den 1880/81 ausgeworfenen 1,3 Millionen.

§ 68. Die **Wohnungsgeldzuschüsse** für die Beamten des Haupt-Stempelmagazins (Kap. 7 Tit. 2) sind allmählich bis auf 4440 M. gestiegen; der Dirigent hat Dienstwohnung. Diejenigen für die Beamten der Provinzial-Steuerdirektion (Kap. 8 Tit. 4), von denen die Provinzial-Steuerdirektoren und zur Zeit 20 Unterbeamte Dienstwohnungen haben, beziffern sich für 1902 auf 296 988 M. oder rund 50 Proz. mehr als Ende der 70er Jahre. In dem Titel 4 des 9. Kapitels sind neben den Wohnungsgeldzuschüssen für die Beamten der Zoll- und Steuererhebung und Kontrole auch die Ortszulagen enthalten, welche im Auslande stationirte Beamte dieser Kategorien, zur Zeit solche in Oesterreich, an Stelle der Wohnungsgeldzuschüsse erhalten. Hier ist der Bedarf infolge der Stellenvermehrungen in dem gleichen Zeitraum von 1 218 000 auf 1 950 000 M. gestiegen. Dass der Bedarf nicht ein noch höherer ist, liegt an den zahlreichen Dienstwohnungen: es besitzen gegenwärtig solche 289 der aus Tit. 1, 438 der aus Tit. 2 und 1804 der aus Tit. 3 des Kap. 9 besoldeten Beamten.

§ 69. Von den sonstigen persönlichen Ausgaben sind diejenigen zur Remunerirung von Hülfsarbeitern und zu Stellenzulagen bei dem Haupt-Stempelmagazin (Kap. 7 Tit. 31) ganz unerheblich. Ursprünglich waren hier nur 900 M. für Hülfsarbeiter ausgeworfen. 1891/92 wurde der Betrag um 450 M. zu Stellenzulagen eines Bureau- und eines Unterbeamten aus dem durch Nachtragsetat für 1890/91 beim Finanzministerium bewilligten Fonds erhöht. Im Etat für 1899 wurde der zur Remunerirung von Hülfsarbeitern zur Verfügung stehende Betrag von 900 auf 3000 M. erhöht und 1900 kamen weitere 300 M. zu Stellenzulagen für Unterbeamte aus einem 1899 beim Finanzministerium ausgebrachten Fonds hinzu, sodass der Titel seitdem mit 3750 M. dotirt ist.

In den Kapiteln 8 und 9 sind die Ausgaben für Hülfsarbeiter und diejenigen für Stellenzulagen je in einem besonderen Titel, jene im Titel 6, diese im Titel 5 untergebracht. Bei der Provinzial-Steuerverwaltung besteht ein Titel für Stellenzulagen jedoch erst seit 1891/92. Damals wurden von dem schon erwähnten Nachtragsetat für 1890/91 600 M. für Bureaubeamte I. Klasse bei dem Erbschaftssteueramt in dem besonders theueren Frankfurt a. M. und 900 M. für Botenmeister hierher überwiesen. Schon im nächsten Etat kamen 3000 M. (8 × 300 und 4 × 150) für die mit den Geschäften des Kanzleiinspektors betrauten Kanzlisten hinzu, 1900 aber 2100 M. für Unterbeamte aus dem im vorigen Absatz erwähnten Fonds des Finanzministeriums. Im Etat für 1902 hat sich der Gesammtbetrag auf 6300 M. vermindert, weil die Stelle eines mit 300 M. bedachten Beamten von Frankfurt a. M. nach Cassel verlegt ist. Weit erheblicher ist der Fonds zur Remunerirung von Hülfsarbeitern. Bei der Neueintheilung des Etats 1873 mit 58 200 M. ausgestattet, wurde er behufs Erhöhung der Sätze und Vermehrung des Hülfspersonals 1874 um 12 000 M. verstärkt. Weitere Verstärkungen um 19 800 und 5000 M. erfuhr er wegen vermehrten Bedürfnisses 1881/82 und 1884/85. Die oft erwähnte Reform der Branntwein- und Zuckersteuer war der Anlass, dass seit 1888/89 120 000 M. ausgeworfen wurden. Weitere 30 000 M. kamen infolge vermehrten Bedürfnisses, namentlich für Register-Revisionsarbeiten, neben 150 M. Remuneration des Vertreters des Generaldirektors des Thüringischen Zoll- und Steuervereins bezüglich der Verwaltung der nicht gemeinschaftlichen Abgaben in den früher erwähnten drei Kreisen 1890/91 hinzu; diese 150 M. hatten bisher in dem dem heutigen Titel 10 des Kap. 10 entsprechenden Titel gestanden. Aus den im Nachtragsetat des Finanzministeriums für 1890/91 ausgebrachten Fonds wurden sodann 1891/92 dem Titel abermals 4450 M. zugeführt. Die Vermehrung der etatsmässigen Stellen erlaubte 1893/94 bis 1895/96 mit etwas niedrigeren Beträgen auszukommen. Dagegen war die 1896/97 eintretende Verminderung auf 122 150 M. keine Ersparniss, denn sie entstand nur dadurch, dass die Schreiblöhne und die Bezüge der im Unterbeamtendienste beschäftigten, nur in privatrechtlichem Verhältnisse zur Behörde stehenden Personen mit 28 000 M. auf den Titel 8 „Bureaubedürfnisse“ übertragen wurden. In den letzten Jahren aber hat sich die Arbeit so vermehrt, dass 1900 170 000, 1901 und 1902 nach Schaffung von 3 bezw. 2 neuen etatsmässigen Stellen immerhin noch 164 600 M. ausgebracht sind.

Umgekehrt wie bei der Provinzial-Steuerverwaltung nehmen bei der Zoll- und Steuererhebung und Kontrole jetzt die Stellenzulagen (Kap. 9 Tit. 5) einen etwas höheren Betrag in Anspruch, als die Remunerirung von Hülfsarbeitern (Tit. 6 a. a. O.). Nach der Neueintheilung des Etats 1873 wurden hier Kosten der Remunerirung des Hülfspersonals, der temporären Funktionszulagen der Steueraufseher in Zuckerfabriken und die Ortszulagen der im Auslande stationirten Beamten in einem mit wenig mehr als 100 000 M. dotirten Titel geführt, die hauptsächlichsten Ausgaben für Hülfspersonal aber mit den Diäten etc. unter den sächlichen Ausgaben verrechnet. Das änderte sich auf Wunsch des Landtags 1876: von dem damaligen, dem jetzigen 8. entsprechenden, Titel 10 wurden 200 000 M. für Hülfspersonal auf den damaligen 7., jetzt 6. Titel übernommen, sodass er auf 305 135 M. anwuchs. Andererseits wurde mit dem System der Stellenzulagen begonnen und zu solchen in Höhe von 50—150 M. für Grenz- und Steueraufseher, von denen es an Nachwuchs fehlte, 100 000 M. im damaligen Diätentitel eingestellt. Doch wurde schon 1878/79 der jetzige Titel 6 um 20 000 M. reduzirt, und im nächsten Jahre geschah nicht nur Gleiches um 13 000 M., sondern es wurden auch 32 000 M. auf den jetzigen 7., damals 8. Titel übertragen. Seit 1882/83 machten indess die gesteigerten Geschäfte höhere Ansätze nöthig, die 1883/84 schon 425 000 M. erreichten. Im nächsten Etat kamen aus dem Diätenfonds 26 639 M. Stationszulagen für die im Bremer Stadtgebiet stationirten Beamten des dortigen Hauptzollamts hinzu. Andererseits verringerten die Zurückführung der Gerichtskostenerhebung auf die Justizbehörden und andere Umstände 1885/86 den Bedarf um rd. 72 000 M., und erst die Zucker- und Branntweinsteuerreform bedingte 1888/89 einen Mehransatz von 100 000 M. Im nächsten Jahre fielen die Stationszulagen für Bremen fort. Dagegen wurde 1891/92 der Titel aus dem früher erwähnten Pauschquantum zur Durchführung der Zucker- und Branntweinsteuergesetze auf 768 000 M., 1891/92 aus bisher im Nachtragsetat des Finanzministeriums für 1890/91 stehenden Fonds auf 769 320 M. verstärkt, d. i. auf einen Betrag, der sich alsbald als übermässig hoch bemessen erwies, sodass von 1892/93 ab eine fortgesetzte, 1896/97 durch Uebertragung der Schreib- und Arbeitslöhne mit 125 000 M. auf den Titel „Bureaubedürfnisse" verschärfte Reduktion bis auf 325 000 M. in dem letzteren Jahre eintrat. Im nächsten Jahre mussten dem Titel 100 000 M. zugeführt werden, um die Mittel für die Remunerirung der nun — abgesehen von der Ausbildungszeit — nicht mehr in etatsmässigen Grenz- und Steueraufseherstellen, sondern als „Zollpraktikanten" zu beschäftigenden Supernumerare zu gewinnen. Seitdem hat der Titel nur dadurch Veränderungen erfahren, dass 1898/99 1000 M. Ortszulagen mit den Wohnungsgeldzuschüssen vereinigt und 1902 14 000 M. zur Verstärkung des Titels „Bureaubedürfnisse" verwendet sind.

Die Stellenzulagen sind unter Abzweigung von dem Diätenfonds als selbständiger Titel, zunächst bis 1890/91 der „Sächlichen Ausgaben", (jetzt 5) seit 1880/81 eingestellt und infolge Vermehrung der zu bedenkenden Grenz- und Steueraufseher, wie die Anlage LXXII zeigt, bis 1890/91 wiederholt in ihrem Gesammtbetrage erhöht worden; dagegen tangirte es den Etatsansatz nicht, dass 1885/86 der Höchstbetrag auf 200 M. erhöht, der Mindestbetrag auf 20 M. herabgesetzt wurde. Durch den mehrerwähnten Nachtragsetat für 1890/91 wurden beim Finanzministerium auch Mittel zu Stellenzulagen für andere Beamte als Grenz- und Steueraufseher auf besonders schwierigen und verantwortlichen Stellen ausgebracht und diese 1891/92 mit 79 350 M. dem Stellenzulagetitel des 9. Kapitels zugeführt.

Es waren bestimmt für Hauptamtskontroleure in Berlin in Einzelbeträgen bis zu 400 M. 600 M., zu Zulagen bis zu 400 M. für Bureaubeamte I. Klasse bei dem Hauptamt in Frankfurt a. M. 600 M., zu solchen bis 400 M. für Oberkontroleure 24 000 M., bis 300 M. für Maschinisten und Assistenten auf Zollschiffen 1650 M., für Grenz- und Steueraufseher (bis 200 M.) 271 500 M., für Schiffer, Matrosen und Heizer (bis 200 M.) 7500 M. Ueber die leitenden Grundsätze für die Bewilligung vgl. § 138 des VII. Buches.

Der Gesammtbetrag von 305 850 M. blieb unverändert bis 1896/97, wo 15 000 M., da sie ihrem Wesen nach Entschädigungen für sächliche

Aufwendungen von Grenzaufsehern als Postenführer waren, auf den Bureaubedürfnissfonds übernommen wurden. Nach der Besoldungsaufbesserung von 1897 fielen 1898/99 600 M. für einen Berliner Hauptamtskontroleur und den Frankfurter Hauptamtsrendanten fort, wogegen 1899 750 M. für 5 als Abtheilungsführer bei der Kontrole der städtischen Oktrois in Breslau verwendete Steueraufseher hinzutreten. Mit der Besoldungsaufbesserung der Unterbeamten 1899 war auch eine Verstärkung der Fonds für Stellenzulagen an solche verbunden, wofür die Mittel 1899 beim Finanzministerium, seit 1900 aber bei den einzelnen Verwaltungen ausgebracht sind. Infolge dessen stieg der Titel für 1900 auf 423 300 M., wovon 397 050 M. für Grenz- und Steueraufseher und nunmehr auch andere Unterbeamte bestimmt waren. 1902 ist der Fonds um 2000 M. infolge Vermehrung der Oberkontroleure und der wie sie zu bedenkenden Revisionsinspektoren und um 200 M. zu Entschädigungen an Beamte im Auslande für die Kosten der nothwendigen Eisenbahnfahrten ihrer Kinder zum Besuch des Schul- und Religionsunterrichts im Inlande verstärkt, dagegen um 300 M., die einem nun versetzten Hauptamtskontroleur in Berlin zugeflossen waren, vermindert.

§ 70. Von dem Titel „Zur Remunerirung des Hülfspersonals u. s. w." wurde 1874, anders wie im Kap. 8, im heutigen Kap. 9 noch ein, der heutige 7. Titel „Zu Tantièmen und Gebühren der Hypothekenbewahrer, Gerichtsschreiber und Gerichtskosten-Erheber in der Rheinprovinz, sowie für Mitwirkung bei Erhebung und Kontrolirung der indirekten Steuern" abgezweigt und mit nahezu 200 000 M. ausgestattet, wovon etwa die Hälfte auf die Tantièmen und Gebühren der rheinischen Hypothekenbewahrer etc., die andere Hälfte auf Tantièmen und andere Bezüge der nur nebenamtlich beschäftigten Beamten, wie Stempelvertheiler, Legitimationsschein-Ausfertiger, Brücken- und Schleusenwärter u. s. w. entfielen; hierunter überwogen weitaus die Tantièmen der Stempelvertheiler. Die Höhe des Titels hat dann bis 1879/80 mehrfach geschwankt, war aber schliesslich bis dahin, wie die Anlage LXXII zeigt, auf 240 000 M. gestiegen, hauptsächlich durch Vermehrung des Stempeldebits und der Gerichtsschreibergebühren sowie durch Uebertragungen von dem Titel „Zur Remunerirung von Hülfspersonal". Als dann gelegentlich der Uebernahme der Gerichtskosten-Erhebung auch den Gerichtsschreibern der übrigen Provinzen Gebühren bewilligt wurden, bedingte das 1880/81 einen Mehransatz von rd. 260 000 M., von dem allerdings schon 1882/83 50 000 M. wieder gekürzt werden konnten. Bei Zurückgabe der Gerichtskosten-Erhebung an die Justizverwaltung schmolz 1885/86 der Titel auf 178 800, 1886/87 infolge Uebernahme der Bezüge eines Fährgelderhebers auf den Titel zur Besoldung der Erheber der Kommunikationsabgaben auf 177 800 und 1888/89 infolge Uebergang der Tantièmen der Hypothekenbewahrer auf den Etat der Justizverwaltung auf 166 490 M. zusammen. Nunmehr diente er nur noch „für Mitwirkung bei Erhebung und Kontrolirung der indirekten Steuern" und änderte sich in seiner Dotirung nur ganz unerheblich, bis er 1892/93 aus dem Titel „Zur Remunerirung des Hülfspersonals" um 60 000 M. auf 225 500 und nach einem durch den Uebergang der Verkehrsabgaben auf die Bauverwaltung 1895/96 bedingten Rückgang auf 212 000 M., 1898/99 hauptsächlich infolge erhöhten Bedarfs für Vergütungen an die Stempelvertheiler auf den seitdem stabil gebliebenen Betrag von 250 000 M. erhöht wurde.

Als Stempelvertheiler werden nach den jetzt geltenden Bestimmungen an Orten, an denen ein Steueramt sich nicht befindet oder der Ankauf und die Entwerthung von Stempelmaterialien wegen zu weiter Entfernung der zunächst belegenen Steuerstelle mit Umständen verbunden ist, zum Verkaufe und zur Entwerthung von Stempelpapier und Stempelmarken bis zu bestimmten Beträgen, zum Verkaufe von Stempeldruckbogen zu Genehmigungen der Veranstaltung von Lustbarkeiten sowie zur unentgeltlichen Verabfolgung von Formularen zu Pacht-, Mieth- und Antichrese-Verzeichnissen zuverlässige und geeignete Privatpersonen oder Beamte bestellt. Diese Personen haben, insoweit sie als Stempelvertheiler thätig sind, die Eigenschaft von öffentlichen Beamten. Die Befugniss, Stempelmaterialien zu entwerthen, ist von ihnen persönlich auszuüben; einer anderen Person dürfen sie dieselbe nicht übertragen. Stempelvertheiler, denen der Umfang ihrer eigentlichen Geschäfte nicht die fortwährende Anwesenheit in den Geschäftsräumen gestattet, kann aber in der Person eines ihrer Geschäftsgehülfen ein Stempelvertheiler-Stellvertreter durch den Provinzial-Steuerdirektor bestellt werden. Der Stempelvertheiler bleibt jedoch der Steuerverwaltung gegenüber für die Verrichtungen seines Stellvertreters verantwortlich. Die Neueinrichtung von Stempelvertheilungsstellen unterliegt der Genehmigung des Finanzministers. Die Auswahl der Personen der neuanzustellenden Stempelvertheiler und der Geschäftsnachfolger ist von den Provinzial-Steuerdirektoren selbständig zu treffen. Wo die Verkehrsverhältnisse den Verkauf und die Entwerthung von Stempelmaterialien während der ganzen Tageszeit bedingen, sind in der Regel Gewerbetreibende (Ladeninhaber u. s. w.) als Stempelvertheiler anzustellen; wo dagegen der Verkehr ein geringerer ist und es genügt, wenn der Verkauf und die Entwerthung der Stempelmaterialien während bestimmter Stunden am Tage stattfindet, können vorzugsweise Beamte (insbesondere Lehrer u. s. w.) mit den Geschäften eines Stempelvertheilers betraut werden. Die Befugniss der Stempelvertheiler zum Verkauf und zur Entwerthung von Stempelmaterialien erstreckt sich bis zum Höchstbetrage von 50 M. für den Einzelfall. Mit Genehmigung des Finanzministers kann im Bedürfnissfalle die Befugniss auch für höhere Beträge ertheilt werden. Als Vergütung für alle Mühewaltungen, welche mit dem Stempelvertheilungsgeschäft und der unentgeltlichen Verabfolgung von Formularen verbunden sind, erhalten die Stempelvertheiler in der Regel eine Entschädigung von zwei vom Hundert des für die entnommenen Stempelmaterialien gezahlten Betrages und, sofern deren Werth in einem Jahre 60 000 M. übersteigt, eine Entschädigung von Einem vom Hundert des Mehrbetrages. Im Falle des Bedürfnisses insbesondere zur Erhaltung bestehender Stempelvertheilungsstellen können jedoch die Provinzial-Steuerdirektoren nach ihrem Ermessen den Stempelvertheilern eine Entschädigung bis zu fünf vom Hundert bewilligen bezw. dieselbe auf diesen Satz erhöhen.

§ 71. Neben den in den vorstehenden Paragraphen besprochenen, jetzt in den Kap. 7—9 enthaltenen Titeln für persönliche Ausgaben und den ebenfalls schon erwähnten 1888/89 und 1889/90 ausgeworfenen Pauschquanten bestanden früher noch einige andere, persönliche Ausgaben umfassende Titel.

Im Kap. 8 „Provinzialsteuerverwaltung" wurden von 1871/72 bis 1873 die „ausserordentlichen Remunerationen und Unterstützungen für die Subaltern- und

Unterbeamten" der Provinzialsteuerverwaltungen gesondert ausgebracht; erst 1891/92 wurden sie mit denen für die aus Kap. 7 und 9 zu besoldenden Beamten in dem Kapitel „Allgemeine Ausgaben" vereinigt (vgl. unten § 72). Die Dotation des Titels war im Kap. 10 unter Kürzung des gleichartigen Fonds von anfänglich 32 100 1876 auf 34 800 und 1883/84 auf 45 800 M. erhöht worden, um dem durch die Beamtenvermehrungen gesteigerten Bedürfnisse zu genügen.

Bei der Lokalverwaltung erschienen, wie schon beiläufig erwähnt, solange die rheinische Hypothekenverwaltung und die Verkehrsabgaben von der indirekten Steuerverwaltung ressortirten bezw. solange Chausseegelder erhoben wurden, die Besoldungen für die hierbei beschäftigten Beamten unter besondern Titeln. Für die rheinischen Hypothekenbewahrer und Gerichtsschreiber stieg der in einem Titel zusammengefasste persönliche und sächliche Bedarf infolge Zunahme des Verkehrs und daher der Zahl der Beamten sowie infolge Besoldungserhöhung von 1859 bis 1872 von rd. 202 000 auf 243 450 M. Dann wurden die sächlichen Ausgaben mit den Bureaubedürfnissen der übrigen Lokalbehörden vereinigt, die Tantièmen und Gebühren der Gerichtsschreiber aber auf den im vorigen Paragraphen besprochenen Titel übertragen; an Besoldungen der Hypothekenbewahrer verblieben rd. 80 000 M., die später um 5000 M. stiegen. Für Chausseegelderheber forderte der Etat pro 1859 beinahe 400 000, derjenige für 1866 dagegen rd. 110 000 M. weniger; der Minderbedarf rührte her theils von Verringerung des Verkehrs durch Ausdehnung des Eisenbahnnetzes, theils von Verpachtung der Hebestellen, theils von Uebertragung der früher hier verrechneten Amtsunkosten auf die sächlichen Ausgaben. Durch die Erweiterung des Staatsgebiets stieg die Ausgabe um ca. 86 000 M. und im Etat für 1874, wo sie zum letzten Mal erscheint, stellte sie sich auf 327 600 M. Weit niedriger waren die Kosten der Erhebung sonstiger Kommunikationsabgaben. Bis 1861 betrugen sie immerhin nahezu 190 000 M., sanken dann aber 1862 mit einem Schlage um ca. 138 000 M. infolge Verpachtung der Kettenbrücke bei Mühlheim a. R. und der Uebernahme der Ruhrorter Hafenbahn auf die Handels-, Gewerbe- und Bauverwaltung; auf diese Bahn entfielen allein 136 500 M. 1869 wurde zwar die Mühlheimer Brückengelderhebung wieder in Regie genommen; dafür wurden aber nach und nach immer mehr Schiffahrts-, Hafen-, Schleusengelder u. s. w. aufgehoben, andere Gefälle der Bauverwaltung überwiesen, Fähren durch feste Brücken ersetzt, 1883/84 die nebenamtlich verwalteten Stellen auf den im vorigen Paragraphen besprochenen Titel übertragen, 1892/93 8 Stellen eingezogen, sodass das Ergebniss, wie die Anlage zeigt, überwiegend ein Sinken der Ausgabe, bis schliesslich auf 20 000 M. 1892/93 und 1893/94, war. 1894/95 stieg sie infolge des Dienstalters der Beamten noch ein Mal auf rd. 28 000 M., um im nächsten Jahre durch Uebertragung auf die Bauverwaltung ganz zu verschwinden.

Ueberwiegend persönlicher Natur waren auch die in der Anlage LXXII für 1866 und 1869 bezw. 1869 bezw. 1859 und 1866 angegebenen Kosten der Beaufsichtigung der Zuckersteuer, der Erhebung und Kontrole der Salzsteuer aus den Zollvereinsverhältnissen und der Rheinzollverwaltung. Die getrennte Ersichtlichmachung der Ausgaben für Zucker- und Salzsteuer beruhte darauf, dass die Kosten der Beaufsichtigung der Zuckerfabriken und der Erhebung und Kontrolirung der Salzsteuer auf den Salzwerken dem Zollverein und später dem Norddeutschen Bunde und Deutschen Reiche speziell zu liquidiren waren. Bezüglich der Zuckersteuer wurde dieses Verfahren am 1. Sept. 1871 durch Pauschalirung ersetzt, während für die Salzsteuer bestimmte Normen für die Berechnung festgesetzt sind (vgl. oben §§ 32, 35). Mit Rücksicht auf die Pauschalirung bei der Zuckersteuer und darauf, dass nunmehr Zahl und Besoldung der Beamten jeder einzelnen Kategorie im Etat selbst festgestellt wurde, ging man 1873 von der getrennten Ausbringung der Kosten der Zucker- und Salzsteuer ab. In der Zeit der getrennten Ausbringung — bei der Zuckersteuer seit 1863, bei der Salzsteuer seit 1868 — waren die Ausgaben für die Zuckersteuer bei der grossen Vermehrung der Fabriken von rd. 650 000 auf 845 000 M. gestiegen, während für die Salzsteuer 1868 bei dem Mangel an Erfahrungen rd. 155 000 M. ausgeworfen waren, dieser Betrag aber nach Massgabe des Bedürfnisses schon 1869 auf rd. 90 000 M. herabgesetzt wurde und es später auch bei annähernd gleichen Voranschlägen blieb. Wenn übrigens die Ausgaben für die Salzsteuer nicht unbeträchtlich niedriger waren als die an Einnahme erscheinenden Vergütungen, so lag dies daran, dass ein Theil der Ausgaben bei dem Etat der Salinen verrechnet wurde.

Der Ausgabetitel „Aus den Zollvereinsverhältnissen“ erscheint als besondere Nummer eines Titels zuerst 1854 mit rd. 144 000 M und umfasste die Besoldungen und sonstigen persönlichen und sächlichen Kosten für die von Preussen in andern Zollvereinsstaaten unterhaltenen Vereins-Bevollmächtigten und Stationskontroleure (vgl. oben § 57) sowie für die Sekretäre der erstern und für Sekretäre im Centralbureau des Zollvereins. Die Bevollmächtigten erhielten damals 4800, ihre Sekretäre 1800, seit 1859 1800—2400 und die Stationskontroleure 2400—3300 M. Gehalt, welches für die erstgenannten 1867 auf 5400 M., für die letztgenannten 1868 im Durchschnitt auf 3750 M. erhöht wurde. Nach Art. 36 der Verfassung des Norddeutschen Bundes und Art 20 des Zollvereinsvertrages vom 8. Juli 1867 sind die Kosten dieser Beamten auf den Zollverein bezw. das Reich übergegangen. Doch wurden sie bis einschliesslich 1871 von Preussen verauslagt und daher so lange in Ausgabe, seit 1863 als besonderer Titel, und — im Tit. 1 — als Einnahme durchlaufend geführt. Zuletzt stellten sie sich auf 158 100 M.

Auch die, wie die Anlage zeigt, geringfügigen Kosten der Rheinzollerhebung erscheinen als besondere Position zuerst 1854, als besonderer Titel 1863. Nach Aufhebung des Rheinzolls wurden ein Theil noch als „Kosten der Rheinschiffahrtsverwaltung“ auf dem Etat der indirekten Steuern geführt, bis dieser 1869 auf den Etat der Bauverwaltung überging.

§ 72. Unter den im 10. Kapitel verrechneten „Allgemeinen Ausgaben“ sind persönlicher Natur die jetzigen Tit. 1 „Zu ausserordentlichen Remunerationen und Unterstützungen für Kanzlei- und Unterbeamte (einschliesslich der Grenz- und Steueraufseher)“, 1a. „Zu ausserordentichen Remunerationen für mittlere Beamte“, 1b. „Zu ausserordentlichen Unterstützungen für höhere und mittlere Beamte“, 2. „Zu Unterstützungen für ausgeschiedene Beamte, sowie zu Pensionen und Unterstützungen für Wittwen und Waisen von Beamten“, 12. „Zu einmaligen Unterstützungen für Personen, welche, ohne die Eigenschaft von Beamten zu haben, in der Verwaltung der indirekten Steuern beschäftigt werden oder beschäftigt gewesen sind, sowie für Hinterbliebene solcher Personen“ und 3. „Dispositionsfonds der Provinzialsteuerdirektoren“. Die fünf erstgenannten Titel finden sich auch bei der direkten Steuerverwaltung und bei den Betriebsverwaltungen, und kann daher auf das dort, insbesondere auf Seite 97ff., 115, 257 und 1258f. Ausgeführte verwiesen werden. Wie ihre Stellung unter den „Allgemeinen Ausgaben“ anzeigt, erstreckt sich ihre Verwendbarkeit auf alle Zweige der Verwaltung der indirekten Steuern.

Seitdem die heutige Dreitheilung des früheren Tit. 1 besteht, ist, wie die Anlage LXXII zeigt, der jetzige Tit. 1 in seiner Dotation (443 150 M.) unverändert geblieben. Dagegen sind 1902 von dem Tit. 1a 40 000 M. auf Tit. 1b übertragen, um sie zu Unterstützungen für mittlere Beamte verwendbar zu machen, sodass in 1a jetzt 80 000, in 1b 160 000 M. erscheinen. Die Summe der drei Titel entspricht der Dotation, die sie vor ihrer Trennung seit 1895/96 hatten. Die Verkürzung auf diesen Betrag durch den Etat für 1895/96 war in der Uebertragung der Verkehrsabgaben auf die Bauverwaltung begründet, die Erhöhung 1892/93 in der Vereinigung mit dem bis dahin für die Provinzialsteuerverwaltung gesondert ausgebrachten gleichartigen Titel, die Erhöhung 1888/89 in der Beamtenvermehrung, diejenige auf 539 200 M. 1884/85 in einer Ueberweisung aus dem 1882/83 ausgebrachten besonderen Titel für die Zoll- und Verbrauchsteuerverwaltung im Bremischen Staatsgebiet. Dagegen waren 1883/84 11 000 M. zur stärkeren Dotirung des erwähnten gleichartigen Titels bei der Provinzialsteuerverwaltung abgezweigt. Von 486 300 auf 536 000 M. war der Titel 1880/81 anlässlich von Beamtenvermehrungen erhöht worden, nachdem ihm 1876 2700 M. zur Verstärkung des gleichen Titels bei der Provinzialverwaltung abgenommen waren. Als er 1873 von dem jetzigen Tit. 2 getrennt wurde, hatte man ihn sogar mit 519 000 M. ausgestattet, wovon aber 30 000 M. schon im nächsten Jahre dem letzteren zugeführt wurden. Dieser Tit. 2 wies 1873 eine Summe von rund 384 000 M. auf und wurde 1874 ausser um diese 30 000 M. noch um fast 156 000 M. verstärkt. Dagegen hat er in der Folgezeit nur noch einmal, 1875, einen Zugang von 30 000 M. erfahren, um dem Bedürfnisse zu genügen. Als die jetzigen Tit. 1, 1a, 1b u. 2 noch einen Titel bildeten, war die Dotation zuletzt ca. 856 000 M., vor der Erweiterung des Staatsgebiets durch die neuen Provinzen und vor der Umwandlung des Salzregals in eine Salzsteuer ca. 617 000 M. Der ganz geringfügige Tit. 12 für Nichtbeamte ist erst 1895/96 geschaffen und 1900 wegen Vermehrung der im Lohnverhältniss stehenden unteren Hülfskräfte von 2000 auf 2500 M. erhöht worden.

Seit seiner ersten Ausbringung unverändert geblieben ist der Dispositionsfonds der Provinzialsteuerdirektoren (2400 M.). Derselbe wurde als besonderer Titel 1873 geschaffen; aber schon vorher bestand er in gleicher Höhe als Theil der „Vermischten Ausgaben" und zwar, seitdem 1869 die Verwendung der von den Beamten aufkommenden Ordnungsstrafen zu kleinen Unterstützungen bedürftiger Beamter und zu anderen kleinen Ausgaben, für die es an geeigneten Etatsfonds fehlte, beseitigt und die Ordnungsstrafen in Einnahme nachzuweisen waren.

Wegen der in der Anlage LXXII für 1883/84 bis 1887/88 aufgeführten Wittwen- und Waisengelder gilt das in den früheren Büchern Bemerkte.

II. Kapitel.

Die sächlichen Ausgaben.

(Staatshaushaltsetat Kap. 7 Tit. 4, Kap. 8 Tit. 7 u. 8, Kap. 9 Tit. 8 u. 9, Kap. 10 Tit. 4–11.)

§ 73. Die sächlichen Ausgaben für die vom Hauptstempelmagazin geführte Central-Stempel- und Drucksachenverwaltung sind in dem einen Tit. 4 des Kap. 7 des Etats zusammengefasst. In erster Linie entstehen sie für Anschaffung des Stempelmaterials und — seit 1883/84 — der vom Hauptstempelmagazin zu beschaffenden Drucksachen, Dienstutensilien und Ausrüstungsgegenstände, ferner für Fracht-, nicht aversionirte Postporto-, sonstige Versendungskosten, für Unterhaltung der Maschinen des Hauptstempelmagazins, für Schreib- und Packmaterialien, Feuerung, Beleuchtung, Reinigung, Aktenheften, Bureauutensilien, Telegrammgebühren u. s. w. des Hauptstempelmagazins.

Der Titel wurde zuerst 1873 gesondert ausgebracht und zwar mit 57 000 M. Wegen geringeren Bedarfes wurde diese Dotation 1877/78 sogar noch um 10 000 M., 1879/80 um weitere 12 000 M. ermässigt, was mit der Verringerung der Stempelsteuereinnahmen korrespondirte. Doch waren bis 1882/83 aus dem Titel nicht zu bestreiten die Kosten für Druckformulare und Utensilien, die vielmehr bei den Bureaukosten der Zoll- und Steuerämter im Kap. 9 erschienen. Mit ihrer Uebernahme auf den Tit. 4 des 7. Kapitels schnellte dieser 1883/84 auf 175 000 M. in die Höhe. Mehrbedarf an Drucksachen und Dienstutensilien, und zwar in Folge der neuen Branntwein- und Zuckersteuergesetzgebung, war auch der Anlass, dass seit 1889/90 200 000 M. eingestellt wurden. Im Etat für 1894/95 wurde mit Rücksicht auf die Portoaversionirung die Summe um 1800 M. gekürzt. Doch war mit diesen 198 200 M. nach Erlass des neuen Stempelsteuergesetzes nicht mehr auszukommen; um daher weitere Etatsüberschreitungen hintanzuhalten, wurde der Titel 1899 auf den seitdem beibehaltenen Satz von 250 000 M. erhöht.

§ 74. Von den beiden Titeln des Kap. 8 (Provinzialsteuerverwaltung) für sächliche Ausgaben umfasst Tit. 8 die bei allen Verwaltungen wiederkehrenden B u r e a u b e d ü r f n i s s e aller Art. 1873 bei Theilung des bis dahin einheitlichen Titels „Sächliche Ausgaben“ mit 89 400 M. ausgestattet, erfuhr er schon im nächsten Etat in Folge Uebergangs der Erbschaftssteuererhebung auf die Steuerverwaltung eine Verstärkung um 24 600 M., 1876 in Folge Errichtung der Provinzialsteuerdirektion Berlin eine weitere um 9000 M.; die seit 1877/78 erfolgten minimalen Kürzungen dienten nur zur Abrundung der Schlusssumme des Kapitels. Um fast 40 000 M. erhöht wurde der Titel 1880/81 in Folge Uebernahme der bisher bei der allgemeinen Finanzverwaltung ausgebrachten Ausgaben an Portis und Frachtgebühren für dienstliche Sendungen. Sodann hielt er sich nach Massgabe des Bedürfnisses auf einem nur wenig höheren, etwas wechselnden Stande (vgl. Anl. LXXII), bis die Vermehrung der Beamten und Bureauräume 1890/91 seine Verstärkung auf 180 690 M. nöthig machte, die aber in Folge der Portoaversionirung 1894/95 einer Kürzung um 39 149 M. Platz machte. Als 1896/97 die Schreib- und Arbeitslöhne vom Tit. 6 hierher übernommen wurden (vgl. oben § 69), bedingte dies einen Zugang von 28000 M. und endlich Zunahme der Geschäfte 1898/99 eine Erhöhung auf rund 180500 M.

Auch der Tit. 7 „Tagegelder und Reisekosten" bietet, da sich die Sätze derselben nach den allgemeinen Bestimmungen richten, hinsichtlich der Art der aus ihm zu bestreitenden Ausgaben nach dem in den früheren Büchern über die gleichartigen Titel anderer Etats Ausgeführten zu weiteren Bemerkungen keinen Anlass. Was aber seine Höhe anlangt, so wurde diese für 1873 auf nur 79050, aber schon 1874 wegen vermehrten Bedürfnisses auf 99000 M. bemessen. In Folge Erhöhung der Diäten und Reisekosten nach der Verordn. vom 15. April 1876 stieg 1877/78 der Ansatz auf 110000 M. Erhöhtes Bedürfniss zu Revisionsreisen der Stempelfiskale gab Anlass, den Fonds seit 1883/84 auf 130000, die Reform der Branntwein- und Zuckersteuer dazu, ihn seit 1888/89 auf 155800 M. zu bemessen. Dagegen wurde er 1894/95 „nach Massgabe des Bedürfnisses" auf den bis jetzt beibehaltenen Betrag von 140000 M. eingeschränkt; ob diese Reduzirung im Interesse der Verwaltung liegt, bleibe dahingestellt; im Allgemeinen halten wir übergrosse Sparsamkeit gerade bei den Fonds für Dienstreisen für am allerwenigsten angebracht.

Die in der Anlage LXXII für den Zeitraum von 1881/82 bis 1885/86 nachgewiesene Ausgabe von jährlich 30000 M für Miethen entstand bei Errichtung der Provinzial-Steuer-Direktion in Berlin durch miethsweise Beschaffung des Dienstgebäudes für diese und fiel nach Erbauung eines fiskalischen Dienstgebäudes 1886/87 fort.

Bevor 1873 die sächlichen Ausgaben des Kap. 8 in zwei Titel zerlegt wurden, betrugen sie 1872 168450 M. gegen rd. 200000 M. 1869, rd. 144500 M. 1866, 142500 M. 1859 und 141500 M. 1854. Die starke Verminderung zwischen 1869 und 1872 fällt in das Jahr 1871 und beruhte auf den Istausgaben der Vorjahre, wogegen die Zunahme zwischen 1866 und 1869 aus der Erweiterung des Staatsgebiets resultirt.

§ 75. Von den beiden sächlichen Titeln des Kap. 9 „Zoll- und Steuererhebung und Kontrole" enthält der Tit. 9 die Bureaubedürfnisse aller Art, daneben aber seit 1896/97 die bis dahin bei den Stellenzulagen nachgewiesenen Postenführerzulagen für Grenzaufseher; die Grenzaufseher sind nämlich in der Regel zu mehreren an einem Ort stationirt, und der eine von den an demselben Ort stationirten erhält in seiner Eigenschaft als „Postenführer" als Dienstaufwandsentschädigung für Schreibmaterialien u. s. w. jene Zulagen, zumeist 10 M. für jeden Aufseher des Postens. Unter den Bureaubedürfnissen befinden sich auch die Aversionalbeträge, welche die Oberkontroleure und theilweise auch die Zoll- und Steuerämter zur Bestreitung der Bureaukosten erhalten. Der Geldbedarf des Titels ist, wie die Anlage LXXII zeigt, ein recht bedeutender und von 1874 bis zur Gegenwart von 805620 M. auf 1414020 M. gestiegen, ohne dass aber seine Steigerung eine irgendwie stetige gewesen wäre. Seinen höchsten Stand hatte er 1884/85 mit rd. 1,547 Millionen erreicht. Die somit ca. 80 Proz. betragende damalige Steigerung seit 1874 ist vorzugsweise darauf zurückzuführen, dass 1876 die bis dahin unter den vermischten Ausgaben des jetzigen Kap. 10 nachgewiesenen Kosten für Druckformulare und Dienstutensilien mit 130 000 M., 1880/81 die bis dahin bei der allgemeinen Finanzverwaltung ausgebrachten Ausgaben an Porto und Frachtgebühren — einschliesslich derjenigen für die Gerichtskostenerhebung — mit 660 434 M. und 1884/85 von den 1883/84 in besonderem Titel geführten Kosten des Hauptzollamts Bremen 17 000 M. hierher übernommen wurden. Die Steigerung würde eine noch weit bedeutendere gewesen sein, wenn nicht 1883/84 die im § 73 erwähnte Uebertragung auf Kap. 7 Tit. 4 einen Abgang von 140 000 M., die nach der etatsmässigen Anstellung der Vollziehungsbeamten in weiterer Ausdehnung mögliche Zustellung der Gerichtskostenrechnungen an die Zahlungspflichtigen durch diese Beamten einen solchen von 200 000 M. bedingt hätte. Die Rückkehr der Gerichtskostenerhebung zur Justizverwaltung verminderte 1885/86 den Bedarf um 393 415 M., der Uebergang der rheinischen Hypothekenbuch-Verwaltung auf die Justizverwaltung 1888/89 um 113 440 M., der Zollanschluss der Hansestädte etc. 1889/90 um 29 851 M., sodass sich trotz Vermehrung der Geschäfte, Steigerung der Miethen etc. der Sollbedarf Ende der 80er Jahre nur noch auf 1,03 Millionen stellte. Die Vermehrung der Geschäfte bedingte zwar seit 1890/91 einen um ca. 50 000 M. höheren Ansatz. Aber die Portoaversionirung entlastete 1894/95 den Titel um 236 400 M., die Uebertragung der Verkehrsabgaben auf die Bauverwaltung im nächsten Etat um 5700 M. Andererseits kamen hinzu 1896/97 an den vorerwähnten Postenführerzulagen 15 000 M., an Schreib- und Arbeitslöhnen (vgl. oben § 69) 125 000 M. und infolge der Ausdehnung der Gemeindesteuerpflicht auf fiskalische Grundstücke und Gebäude sowie Theile davon, welche nicht zu einem öffentlichen Dienste oder Gebrauche bestimmt sind, durch das Kommunalabgabengesetz v. 13. Juli 1893 (vgl. § 62 des I. Buchs) 16 600 M. Im Etat für 1898/99 wurden „nach Massgabe des Bedürfnisses“ 150 000 M. von dem Titel 8 „Tagegelder und Reisekosten“ hierher übertragen, 1900 weitere 62 000 M. Löhne für Hülfsschiffsbegleiter etc. und 1902 14 000 M. von dem Tit. 6. Da ausserdem insbesondere die Miethen stiegen, so gelangte man zu den in der Anlage angegebenen Voranschlägen.

Der Tit. 8 des Kap. 9 enthält neben den gesetzlichen Tagegeldern und Reisekosten eine Reihe von Ausgaben, die in dem korrespondirenden Tit. 7 des Kap. 8 nicht erscheinen. Es sind das jetzt die Pferdegelder, welche diejenigen Oberinspektoren, Oberkontroleure und Aufseher, mit deren Stellen wegen der Art und des Umfanges der Dienstgeschäfte die Verpflichtung zur Haltung von Dienstfuhrwerk oder eines Dienstpferdes verbunden ist, in Höhe von durchschnittlich pro Pferd 1138 M. für Oberinspektoren, 1070 M. für Oberkontroleure mit 2 Pferden, 1159 M. für solche mit einem Pferd und 796 M. für Aufseher erhalten, ferner die Fuhrkosten, welche den von dieser Verpflichtung entbundenen Beamten in Höhe der verausgabten Beträge bei Dienstfahrten in ihrem Amtsbereiche gezahlt werden, Reisegeldzuschüsse für Reisen innerhalb des Amtsbezirks in Höhe von — je nachdem die Reise mit eigenen Pferden gemacht wird oder nicht — 6 oder 5 M. für Oberinspektoren, 5,5 oder 4,5 M. für Oberrevisoren, 4,5 oder 3,5 M. für Oberkontroleure, 3 oder 2 M. für Oberkontrole-Assistenten und sonstige zu 6 M. — jetzt 8 M. — gesetzlichen Tagegelder berechtigte Beamte und 1,5 M. bezw. 1 M. für Aufseher, ferner Uebernachtungsgelder, welche für jedes ausserhalb des Stationsorts innerhalb ihres Amtsbereichs genommene Nachtquartier mit 4 bezw. 3 M., 3,5 bezw. 2,5 M., 3 bezw. 2, 2,5 bezw. 1,5 und 1,5 bezw. 1 M. an die vorgedachten Beamten neben den Reisegeldzuschüssen gezahlt werden. Bis zu dem Erlass vom 14. Dez. 1890 erhielten die Beamten bei solchen Reisen nur Uebernachtungsgelder, und zwar Oberinspektoren 9 M. — vor 1874 6 M. —, Oberkontroleure 4,5 M. — vor 1874 3 M. —, berittene Aufseher 2,5, nicht berittene 1,5 M.

Die Pferdegelder, deren Durchschnittssätze provinzweise etwas verschieden sind, bildeten, wie in der Anlage LXXII ersichtlich gemacht ist, früher, und zwar seit der Neugestaltung des Etats 1854, einen besonderen Titel, dessen Dotirung 1854 rd. 624 000 M. betrug. Bis 1859 stieg letztere infolge Vermehrung der Beamten und reichlicherer Bemessung der Pferdegelder — 1859 betrug der Durchschnittssatz pro Pferd der Oberinspektoren 675, der Oberkontroleure 600, der Aufseher 450 M. — auf rd. 758 000 M., um sodann bis 1866 infolge Verminderung der zur Haltung von Fuhrwerk oder Pferden verbundenen Beamten um mehr als 80 000 M. zurückzugehen. Der Etat für 1869, als die Beamtenzahl durch die neuen Landestheile vermehrt war, forderte bei gleichen Durchschnittssätzen mehr als 0,9 Million. Infolge der Normirung für die dem Zollverein aufzurechnenden Stellen durch den Zoll-Bundesrath wurden 1871 die Durchschnittssätze allgemein auf beziehentlich 750, 690 und 525 M. erhöht, und dies sowie Stellenvermehrungen liessen den Bedarf, nachdem 1873 auch einige andere Reisekostenfixa und die bisher bei dem besonderen Titel für die Erhebung und Kontrole der Zuckersteuer verrechneten gleichartigen Kosten hinzugekommen waren, auf rd. 1,025 Million für 1873 steigen. Im nächsten Etat wurden die Pferdegelder abermals auf beziehentlich 825, 750 und 600 M. erhöht, sodass wesentlich hierdurch der Bedarf auf 1,128 Million stieg. Schon 1875 fand eine abermalige Erhöhung der Pferdegelder auf 975, 900 und 720 M. statt, sodass rd. 1,323 Million erforderlich wurden. Dann aber sank durch Verminderung der zu bedenkenden Beamtenzahl der Bedarf ständig, wenn auch nur in geringem Masse, so dass in dem Jahre vor der

Vereinigung mit den Diäten etc., 1879/80, noch rd. 1,297 Million eingestellt waren.

Der 1879/80 durch den Hinzutritt der Pferdegelder und Reisekosten-Averse erweiterte heutige Tit. 8 war 1873 durch Theilung des Titels „Sächliche Ausgaben" unter der Bezeichnung „Zu Diäten, Fuhr- und Schiffsbegleitungskosten" gebildet und unter Uebernahme der entsprechenden Kosten aus dem bisherigen besonderen Titel für die Zuckersteuer mit 322 500 M. dotirt worden. Dabei war der Mehrbedarf berücksichtigt, der durch Gewährung von Uebernachtungsgeldern von 3 M. an Oberkontroleure — bisher hatten nur Oberinspektoren solche (6 M.) erhalten — entstand. Schon für 1874 wurden wegen Erhöhung der Uebernachtungsgelder von 6 auf 9 und von 3 auf $4^1/_2$ M. sowie Gewährung solcher auch an Aufseher 82 500 M. mehr ausgebracht. In dem somit nun 405 000 M. betragenden Fonds waren jedoch auch ein Theil der Ausgaben für Hülfspersonal und Stellvertretung enthalten; diese wurden 1876 mit 200 000 M. auf den heutigen Tit. 6 übertragen (vgl. oben § 69), wogegen ihm 100 000 M. Stellenzulagen für Aufseher hinzutraten. 1878/79 fand wegen gesteigerten Bedarfs an Diäten, Fuhr- und Schiffsbegleitungskosten eine Verstärkung um 50 000 M., 1879/80 eine solche um 10 000 M. statt.

Gleichzeitig mit der Vereinigung mit den Pferdegeldern etc. wurden die 200 000 M. Stellenzulagen in einem besonderen Titel untergebracht (vgl. oben § 69), die Dotation des Titels „Tagegelder und Reisekosten, Pferdegelder etc." aber wegen gesteigerten Bedürfnisses 1880/81 um 23 385 auf 1 538 500 M., 1881/82 aber für die Bereisungen der nun etatsmässig angestellten Vollziehungsbeamten um 203 200 M. erhöht. 1883/84 erfuhr der Titel einen Zugang von 108 300 M., weil nunmehr die Entschädigungen für Begleitungen und Bewachungen, welche früher aus den hierfür aufgekommenen Gebühren vorweg bestritten wurden, unter Vereinnahmung des vollen Betrages der letzteren in Ausgabe nachgewiesen wurden. Später bedingten Stellenvermehrungen, Vermehrung der amtlichen Begleitungen und Bewachungen, namentlich aber die Reform der Zucker- und Branntweinsteuer, aus welchem Anlass 1888/89 nicht weniger als 1 150 000 M. mehr eingestellt wurden, höhere Ansätze. Andererseits kamen neben kleinen Beträgen in Abgang wegen Zurückführung der Gerichtskostengesetzgebung auf die Justizverwaltung 1885/86 160 000 M., 1887/88 wegen Uebertragung der Diäten und Reisekosten bei Versetzungen auf den jetzigen Tit. 6 des 10. Kapitals 50 000 M., 1889/90 wegen Minderbedarfs infolge der Zollanschlüsse 47 700, wegen Minderbedarfs 1893/94 198 000 M., durch Uebertragung auf den verstärkungsbedürftigen Titel „Bureaubedürfnisse" 1898/99 150 000 M. und 1900 durch die eine Konsequenz der früheren Massnahme bezüglich der Schreiblöhne etc. darstellende Uebertragung der Löhne für Hülfs-Schiffsbegleiter etc. ebendorthin 62 000 M. So ist, wie die Anlage LXXII im Einzelnen erweist, der Titel bis 1888/89 auf mehr als 2,8 Millionen gestiegen, sodann aber bis auf 2,388 Millionen zurückgegangen.

Vor der Trennung der heutigen Tit. 8 und 9 war der Titel „Sächliche Ausgaben“ von 1859 bis 1866 von 0,558 auf 0,677, bis 1869 auf 1,021 und bis 1872 auf 1,066 Mill. Mark gestiegen.

§ 76. Von den sächlichen Titeln des Kap. 10 „Allgemeine Ausgaben“ stehen 4 und 5 in engem Zusammenhange: aus Tit. 4 sind zu bestreiten die Kosten der Unterhaltung der Dienstgebäude mit Ausschluss der aus dem Extraordinarium bestrittenen grössern Neubauten, ferner diejenigen der Anschaffung, Unterhaltung und Ausrüstung von Wasserfahrzeugen, soweit sie nicht zu den Zollkreuzern und Wachtschiffen gehören, also der Boote etc., deren die Zoll- und Steuerverwaltung in den Häfen, an der Küste und auf den Binnenwasserstrassen bedarf, dagegen aus Tit. 5 die Anschaffung, Unterhaltung und Ausrüstung der Zollkreuzer und Wachtschiffe auf See. Beide Titel waren bis 1873 in einem Titel vereinigt. Vor dem Hinzutritt der neuen Provinzen wurden hier nur die Hauptreparatur- und Unterhaltungskosten für Gebäude, die geringen Kosten für Boote etc. sowie für kleine bauliche Einrichtungen bei den „Sächlichen Ausgaben“ der Zoll- und Steuererhebung und Kontrole nachgewiesen, und die Dotirung war seit 1849 unverändert auf 180 000 M. geblieben. Erst mit Hinzutritt der neuen Provinzen entstand das Bedürfniss nach einer Zollkontrole auf See durch Kreuzer und Wachtschiffe. Gleichzeitig traten nicht nur die Dienstgebäude in den neuen Provinzen hinzu, sondern gingen auch die Dienstgebäude der Salzregal-Verwaltung auf die indirekte Steuerverwaltung über. So wurde denn 1868 der Fonds verdoppelt. Hierbei blieb es bis zur Theilung des Titels im Jahre 1873. Damals wurden dem jetzigen Tit. 4 auch die kleinen baulichen Einrichtungen und zum Theil die Kosten für die kleinen Wasserfahrzeuge zugewiesen und er mit 420 000 M. ausgestattet. Steigerung der Materialienpreise 1874 und 1875, 1876 die Uebernahme sämmtlicher Kosten der Führer, Boote etc. machte die Erhöhung auf 483 000 M. erforderlich. Dann aber wurden einzelne Ausgaben von geringerer Höhe auf die Bauverwaltung übertragen; namentlich aber machte die Nothwendigkeit grösster Sparsamkeit 1879/80 die Einschränkung von 480 800 auf 400 000 M. erforderlich. Erst 1886/87 erscheint infolge Vermehrung der Dienstgebäude, namentlich für Grenzaufsichtsbeamte, für welche auch Neubauten aus dem Titel bestritten wurden, wieder ein erheblich höherer Betrag, 450 000 M., und über diesen ist trotz weiterer Vermehrung der Dienstgebäude, wie die Anlage LXXII zeigt, erheblich erst seit 1900 hinausgegangen. Dass man solange ohne namhaftere Erhöhung des Titels auskam, dazu trug freilich der eine Erleichterung von 36 500 M. bedeutende Uebergang der Verkehrsabgaben auf die

Bauverwaltung (1895/96) bei. Seit 1900 aber hat man wegen vermehrten Bedürfnisses kleinerer Neubauten und der unter der wirthschaftlichen Hochkonjunktur gestiegenen Materialienpreise und Arbeitslöhne 543 500 M. eingestellt.

In stärkerem Verhältniss sind nach Ausweis der Anlage die Ausgaben für Zollkreuzer und Wachtschiffe, und zwar infolge kostspieligerer Beschaffung und Unterhaltung, gestiegen, auf 55 400 M. in der zweiten Hälfte der 80 er und ersten der 90 er, 65 000 M. in der zweiten Hälfte der 90 er Jahre und 80 000 M. seit 1900. Wie früher erwähnt, steht die Abschaffung des Kreuzzolldienstes und damit eine Verminderung dieser Ausgaben bevor.

§ 77. Von den übrigen sächlichen Titeln des 10. Kapitels dienen Tit. 6 und im Wesentlichen auch Tit. 9 für Bedürfnisse der Beamten, aber für Bedürfnisse, die lediglich im Interesse der Verwaltung entstehen. Im Tit. 6 erscheinen nämlich die Umzugskosten und Miethsentschädigungen bei Versetzungen, seit 1887/88 (vgl. oben § 75) auch die persönlichen Tagegelder und Reisekosten der Beamten, soweit sie bei Versetzungen entstehen. Die Einheitssätze aller dieser Entschädigungen richten sich nach den allgemeinen, in frühern Büchern erwähnten Bestimmungen. Die Dotation des 1874 aus dem Titel „Zu vermischten Ausgaben“ ausgeschiedenen Titels ist, wie die Anlage LXXII zeigt, seitdem auf fast das $4^1/_2$ fache, von 126 600 auf 552 000 M. gestiegen und bis vor wenigen Jahren noch 25 000 M. höher gewesen. Der Anlass zu dieser, 1878/79 beginnenden Steigerung lag damals in erster Linie in der Erhöhung der Entschädigungen durch das Ges. v. 27. Febr. 1877, daneben, später ausschliesslich in den Beamtenvermehrungen und in der vorerwähnten Uebernahme der Tagegelder und Reisekosten. Den stärksten Einfluss übte auch hier, wie ein Vergleich der Zahlen für 1887/88 und 1888/89 zeigt, die Reform der Branntwein- und Zuckersteuer von 1887; die hierdurch eintretende Vermehrung der Umzugs- etc. Kosten war schon 1888/89 aus diesem Titel, nicht aus dem früher erwähnten Pauschalfonds zu bestreiten. Die 1897/98 eingetretene Ermässigung des Fonds von 577 000 auf 552 000 M. wurde durch die früher erwähnte Beseitigung der Anstellung der Supernumerare als etatsmässige Aufseher ermöglicht, weil sie nun als Zollpraktikanten, d. i. ausseretatsmässige Beamte, bei Versetzungen nur noch Anspruch auf Tagegelder und Reisekosten haben.

Der Tit. 9 dient zur Bewaffnung der Grenz- und Steueraufseher, zu Dienstbekleidungszuschüssen für diese, ferner für Amtsdiener und dergleichen, Schiffer, Matrosen und Heizer sowie „zur Unterdrückung von Zuwiderhandlungen gegen die Abgabengesetze“. Der Staat trägt von den Kosten der Ausrüstung und Bewaffnung der Beamten nur diejenigen der Schusswaffen der Grenzbeamten nebst Munition, der Kartouschen, Bandeliere und Säbel der reitenden, der Patronentaschen, Leibriemen und Hirschfänger der Aufseher zu Fuss. Doch erhalten seit 1. April 1877 die berittenen Grenz- und Steueraufseher einen jährlichen Dienstbekleidungszuschuss von 100, die nicht berittenen von 80 M., seit 1882/83 auch die Beamten in der Kategorie der Amtsdiener und seit 1887/88 die Schiffer, Matrosen und Heizer einen solchen von 60 M. Diese Zuschüsse bilden weitaus die Hauptausgabe des Titels; ehe sie eingeführt wurden, war der 1874 von den „vermischten Ausgaben“ abgezweigte Titel nur mit wenigen tausend Mark ausgestattet. Sein Anwachsen, das ihn, wie die Anlage zeigt, schliesslich bis auf fast 650000 M. geführt hat, ist so gut wie ausschliesslich diesen 1877, 1882/83 und 1887/88 getroffenen Massnahmen und der Vermehrung des Personals zuzuschreiben. Die Sätze der Bekleidungszuschüsse sind nicht geändert.

§ 78. Was uns noch von den allgemeinen Ausgaben zu besprechen bleibt, sind Titel von ganz untergeordneter Bedeutung. In dem, wie die im vorigen Paragraphen besprochenen, 1874 aus den „vermischten Ausgaben“ ausgesonderten Tit. 7 sind Prozesskoste nnachzuweisen. Wenn hier trotz des gerade auf dem Gebiet der indirekten Steuern in weitem Umfange zulässigen Rechtswegs jetzt nur 28000 M., früher nur 15000, 24000, 12000 und 9000 M. erscheinen, so liegt das an der Gerichtskostenfreiheit des Fiskus (vgl. § 68 des I. Buches). Die letzte Erhöhung von 15000 auf 28000 M. 1898/99 ist übrigens lediglich darauf zurückzuführen, dass die erstatteten Kosten bis dahin vorweg in Abzug gebracht, seitdem aber in Kap. 5 Tit. 16 in Einnahme und hier in Ausgabe gestellt werden, also nicht etwa auf eine Vermehrung der Prozesse.

Die 24000 M. „Beitrag zu den Kosten der gemeinschaftlichen Zoll- und Steuerverwaltung im Gebiete des Thüringischen Zoll- und Steuervereins“ im Tit. 10 erscheinen hier erst seit 1890/91. Nach dem Schlussprotokoll zu dem Vertrage v. 20. Nov. 1889 wegen Fortdauer dieses Vereins ist nämlich der Aufwand für dessen Direktivbehörde und Oberkontrolebeamten, soweit er nicht durch Rückeinnahmen oder ausserordentliche Einnahmen gedeckt wird, durch Ueberweisung eines Theils der den Vereinsstaaten für ihr Vereinsgebiet vom Reich gewährten Verwaltungskostenvergütungen bezw. durch Beiträge nach dem Verhältniss der Bevölkerung aufzubringen. Den zu diesem Zweck hier in Ausgabe gestellten 24000 M. stehen an Ersparnissen gegenüber die bisher in besonderem Titel des Kap. 8 etatisirten, in der Anlage LXXII in gleicher Linie aufgeführten 9000, früher 7800, 7200, 6875 und 6300 M. Beiträge zu den persönlichen Kosten der Direktivbehörde, ferner die bisher mit den gleichartigen Preussischen Ausgaben etatisirten Beiträge bei Kap. 8 Tit. 8 300 M.,

Kap. 9 Tit. 1 8650, Tit. 4 1164, Tit. 7 900, Tit. 8 2000, Tit. 9 194 M.; nicht besonders abgesetzt wurden hierher übergehende Ausgaben an Remunerationen, Umzugskosten, Stellvertretungskosten, Pensionen, Wittwen- und Waisengelder etc. mit zusammen 1942 M.

Die jetzt 2000 M. betragenden Ausgaben auf Grund des Invalidenversicherungsgesetzes (Tit. 11) bedürfen nach dem in frühern Büchern Ausgeführten keiner besondern Erläuterung.

Die vermischten Ausgaben des Tit. 8 bilden nach den in den vorangegangenen Paragraphen hervorgehobenen vielfachen Abzweigungen heut nur noch einen geringen Bruchtheil dessen, was früher unter dieser Bezeichnung zusammengefasst war, wie denn der hier nachzuweisende Bedarf nach Ausweis der Anlage ständig gesunken ist und heut nicht mehr ganz 30 000 M. beträgt, während vor den Abzweigungen hier fast das Zehnfache erschien. Heut ist es der auch in andern Verwaltungen übliche Sammeltitel für kleine Ausgaben verschiedener Art. Hervorheben wollen wir nur die bis zur Aufhebung der Mahl- und Schlachtsteuer hier, anfänglich sogar in eigenem Titel erscheinende Ausgabe, früher 3000, zuletzt nur noch 300 M., an Unterstützungen an hülfsbedürftige Inhaber des Eisernen Kreuzes in mahl- und schlachtsteuerpflichtigen Städten.

Die in der Anlage noch für 1859 und 1866 aufgeführten „Abgaben und Lasten, welche auf dem Rheinzoll haften", sind mit diesem weggefallen; diejenigen für die Zoll- und Steuerverwaltung in Bremen 1883/84 bildeten ein demnächst auf die betreffenden Titel vertheiltes Pauschquantum.

III. Abschnitt.

Die einmaligen und ausserordentliche Ausgaben.

§ 79. Wenn auch die einmaligen und ausserordentliche Ausgaben der Verwaltung der indirekten Steuern hinsichtlich ihrer Höhe nicht mit denen der Betriebsverwaltungen zu vergleichen sind, so sind sie doch andererseits weit beträchtlicher gewesen wie für die Verwaltung der direkten Steuern. Seit 1856, wo zum ersten Mal ein Extraordinarium unter äusserlicher Trennung vom Ordinarium erscheint, sind in ersterem ausgebracht Mark:

1856:	150 000	1863:	184 590	1871:	181 845
1857:	149 880	1864:	45 000	1872:	104 010
1858:	185 808	1865:	60 000	1873:	58 350
1859:	243 627	1866:	159 900	1874:	114 405
1860:	89 316	1867:	74 900	1875:	461 390
1861:	195 993	1869:	90 000	1876:	370 283
1862:	188 589	1870:	3 750	1877/78:	303 877

1878/79:	842 210	1887/88:	120 000	1896/97:	174 000
1879/80:	98 130	1888/89:	1 362 484	1898/99:	33 325
1880/81:	100 000	1889/90:	459 940	1899:	2 100 000
1881/82:	70 000	1891/92:	4 200	1900:	946 520
1882/83:	339 000	1892/93:	38 810	1901:	597 700
1883/84:	677 200	1893/94:	220 000	1902:	528 160.
1884/85:	285 000	1894/95:	230 000		
1886/87:	63 500	1895/96:	164 800		

Seit 1856 sind also nur selten einmal, 1868, 1885/86, 1890/91 und 1897/98, ausserordentliche Ausgaben nicht vorgesehen gewesen.

Der Grund für den so viel stärkeren extraordinären Bedarf der indirekten als der direkten Steuerverwaltung liegt ausschliesslich auf baulichem Gebiet. Infolge des Anschlusses der direkten Steuerverwaltung an die allgemeine Landesverwaltung einerseits, des ausgedehnten Kontroldienstes der indirekten Steuerverwaltung ist die Zahl der Behörden und Beamten, für deren Unterbringung die letztere Verwaltung sorgen muss, eine ungleich grössere wie die derjenigen, deren Raumbedürfniss die direkte Steuerverwaltung zu befriedigen hat, und die Behörden, namentlich aber die untern Kontrolbeamten der indirekten Steuerpartie und früher die Beamten für Erhebung der Chausseegelder und sonstiger Verkehrsabgaben haben zum grossen Theil ihren Sitz an Orten, wo die Beschaffung von Miethsräumen bezw. die Verweisung der Beamten auf die Miethung einer Wohnung nicht unmöglich ist. Dazu kommt das Bedürfniss kostspieliger Packhöfe und anderer Lagerräume, das bei der direkten Steuerverwaltung vollständig fortfällt.

So waren denn die oben angegebenen Summen ganz überwiegend für derartige Bauten bezw. den Ankauf von Grundstücken und Gebäuden für diese Zwecke bestimmt. Nur 1 062 000 M. dienten andern, zum grössten Theil aber auch nahe verwandten Zwecken: für Bauten im Zollhafen in Emmerich wurden 1863 35 700 und 1895/96 39 000 M. ausgebracht, zum Bau einer Kaimauer vor dem Packhofsgebäude in Königsberg i. Pr. 1882/83 150 000 und 1883/84 179 000 M., für die provisorisch miethsweise Unterbringung der Provinzialsteuerdirektion in Berlin 1876 12 000, 1877/78 25 200 und 1878/79 9000 M. und an Miethsentschädigung für den Provinzialsteuerdirektor 1879/80 3600 M. Baulicher Art waren auch die Aufwendungen von 290 000 M. 1883/84 und 10 500 M. 1886/87, als Preussischer Antheil an den Baukosten für die feste Mainbrücke bei Offenbach, welche die bis dahin von Preussen und Hessen gemeinsam, unter Erhebung von Brückenzoll unterhaltene Schiffbrücke ersetzte. Im Uebrigen waren bestimmt 1875 50 000 und im nächsten Jahre 5000 M., um den in Folge Aufhebung der Mahl- und Schlachtsteuer und der Chausseegelder entlassenen, nur auf Kündigung angestellten Beamten bis zu ihrer Wiederunterbringung oder anderweiten Sicherung ihrer Existenz Unterstützung zu gewähren, 1880/81 die gesammten ausgebrachten 100 000 M., um die alten Perkussions-Gewehre und -Pistolen der Grenzaufsichtsbeamten durch

Hinterlader zu ersetzen, und 1902 63 000 M. zur Beschaffung von 2 Dampfbarkassen für das die Zollabfertigung in der Kieler Föhrde besorgende Wachtschiff.

Alle übrigen extraordinären Ausgaben waren für Hochbauten von Dienstgebäuden, Niederlagen und Dienstwohnungen bestimmt. Wie die oben angegebenen Zahlen erweisen, erreichten sie eine besondere Höhe namentlich 1878/79, 1883/84, 1888/89 und 1899 bis 1901. 1878/79 beanspruchte der Ankauf eines Dienstgebäudes für die Direktion in Berlin allein 800 000 M., 1883/84 traf eine Rate von 200 000 M. für Dienstgebäude in Posen mit den schon erwähnten 290 000 M. für die Offenbacher Mainbrücke zusammen, und 1888/89 war 1 Mill. Mark zur Erweiterung von Abfertigungs- und Niederlageräumen sowie zur Errichtung neuer öffentlicher Niederlagen aus Anlass der Branntweinsteuerreform erforderlich. Von den 1899 ausgebrachten 2,1 Mill. Mark aber stellen 2 Millionen eine von den betheiligten Beamten mit Dank zu begrüssende Aktion zur Verbesserung ihrer Lage dar. Die Staatsregierung erkannte, dass zu der Verbesserung der äusseren Lage der unteren Grenzaufsichtsbeamten es wesentlich beiträgt, wenn die Wohnungsverhältnisse dieser Beamten möglichst befriedigend gestaltet werden. Obwohl durch Verwendung der im Ordinarium des Etats ausgesetzten Mittel seit einer Reihe von Jahren auf den Ausbau und die Neubeschaffung von Dienstwohnungen für die Grenzaufseher hingewirkt war, sollte doch deshalb eine raschere Durchführung dieser Massregel durch erhebliche ausserordentliche Baumittel erreicht werden. Der bisherige Zustand der Wohnungen für die zur Bewachung der Zollgrenze verwendeten Aufseher war besonders in den einsamen, abseits vom Verkehre liegenden Grenzorten ein mangelhafter. Eine grosse Zahl von Beamten musste sich mit feuchten, kalten und deshalb gesundheitsschädlichen, räumlich beschränkten und baulich sehr schlecht erhaltenen Miethwohnungen begnügen, weil besser geeignete Räume weder am Standorte, noch in der Nachbarschaft zu haben waren. Bei dem anstrengenden, bei jedem Wetter, bei Tag und Nacht auszuführenden Dienste der Grenzaufseher ist es aber besonders nothwendig, dass für ein einigermassen befriedigendes Unterkommen gesorgt wird. Es kam ferner neben der allgemeinen Beamtenfürsorge in Betracht, dass es im Staatsinteresse liegt, diese Beamten gegenüber der Bevölkerung des Grenzbezirkes unabhängig zu stellen. Die Fälle, in denen sich geeignete Gelegenheit bot, durch Anmiethen von Grenzaufseherwohnungen für Rechnung der Staatskasse Missständen vorzubeugen, oder solche zu beseitigen, waren zwar thunlichst ausgenutzt und sollen weiter ausgenutzt werden; oft ist aber durch dieses Mittel der gewünschte Zweck nicht oder nur unvollkommen zu erreichen. Von den vorhandenen 2200 Aufseherstellen für den Grenzbewachungsdienst waren erst 800 mit Dienstwohnungen verbunden. Die Gesammtkosten für die deshalb nothwendigen Bauten, in denen in vereinzelten Fällen auch andere Grenzaufsichts- und Zollerhebungsbeamte an der Grenze, unter besonderen Umständen auch Diensträume für Amtsstellen untergebracht werden sollen, wurden auf 3 700 000 M. geschätzt, wovon die 1899 ausgebrachten 2 000 000 M. auf besonders dringliche Bauten entfielen. Eine weitere Rate von 859 970 M. wurde 1900 eingestellt, nach deren und der ersten Rate Verbrauch 1182 Grenzaufseher mit Dienstwohnungen versehen sein sollen. 1901 endlich betrafen die Hauptposten von 250 000 und 186 700 M. eine erste Rate zu Verbesserungen der Lösch- und Ladeeinrichtungen an den Packhöfen in Königsberg, deren Gesammtkosten auf 984 400 M. veranschlagt sind, von denen Stadt und Kaufmannschaft in Königsberg 200 000 M. tragen, und die erste Rate der 224 700 M. betragenden Kosten zum Ankauf eines Grundstücks und zum Neubau für das Hauptsteueramt in Halle. Zweite Raten sind für Königsberg mit 173 000, für Halle mit 40 000 M. in das Extraordinarium von 1902 eingestellt.

Ergebniss.

§ 80. Weniger als diejenigen der direkten lassen die Ueberschüsse der indirekten Steuerverwaltung aus dem Zeitraum seit 1849 unbeschränkte Vergleiche zu. Denn, wie sich aus der ganzen vorangegangenen Darstellung ergiebt, haben innerhalb dieses Zeitraums nicht nur sämmtliche indirekten Steuern Um-, zum grössten Theil völlige Neugestaltungen erfahren, sondern es sind auch für die meisten und wichtigsten indirekten Steuern, die Zölle und Verbrauchsteuer, sowie für einzelne Stempelabgaben zwar die Ausgaben unverkürzt auf dem Etat dieser Verwaltung verblieben, von den Einnahmen aber nur geringe, im Wesentlichen nur zur Deckung der Ausgaben dienende Reste, sodass sie also aufgehört haben, eine Einnahmequelle im eigentlichen Sinne zu bilden. Und nicht genug damit! Andere Einnahmen sind sammt den gegenüberstehenden Ausgaben von dem Etat verschwunden: die Mahl- und Schlachtsteuer, die Chausseegelder, die Rhein- und Elbzölle und die sonstigen Verkehrsabgaben. Wieder andere haben sammt den entsprechenden Ausgaben auf dem Etat der indirekten Steuerverwaltung nur ein ephemeres Dasein geführt, während dieser Zeit aber den Ueberschuss in der stärksten Weise beeinflusst: die Gerichtskosten. Endlich ist ein Verwaltungszweig, die rheinische Hypothekenbuchführung, während des gedachten Zeitraums aus der Verwaltung der indirekten Steuern ausgeschieden.

So müssen denn für einen Vergleich zunächst die Jahre 1880/81 bis 1884/85, in denen mehr als oder nahezu die Hälfte der Gesammteinnahmen auf die Gerichtskosten und gerichtlichen Strafen entfiel, als völlig inkommensurabel ausscheiden und im Uebrigen die Jahre bis und diejenigen nach 1867 unterschieden werden: in den erstern erscheinen noch die Zölle und Verbrauchssteuern unverkürzt als Einnahmequelle, in den letztern nicht mehr; auch macht sich in letztern die Erweiterung des Staatsgebietes geltend.

In dem erstern Zeitraum betrugen die Sollüberschüsse nach Abzug nur der dauernden Ausgaben in Tausenden Mark:

1849:	72 936	1854:	73 500	1859:	89 958	1864:	94 410
1850:	75 615	1855:	79 980	1860:	92 940	1865:	98 238
1851:	78 270	1856:	81 540	1861:	94 361	1866:	97 579
1852:	71 894	1857:	82 020	1862:	93 051	1867:	99 906.
1853:	72 345	1858:	84 375	1863:	92 601		

Das Endergebniss dieses 19jährigen Zeitraums ist also eine Steigerung um 17 Mill. Mark oder reichlich 23 Proz., während die direkten Steuern in dem gleichen Zeitraum um fast 62 Proz. stiegen (vgl. § 135 des VIII. Buches). Den Hauptantheil an der Ueberschussvermehrung der indirekten Steuern hatten, wie ein Vergleich mit Anlage LXXI zeigt, die Branntwein-, Brau-, Mahl-, Schlacht- und Stempelsteuer, die sämmtlich um mehr als 50, und vor allem die Zuckersteuer, die um fast 1500 Proz. zunahm. Doch war die Zunahme keineswegs eine stetige. Insbesondere ergab der Etat für 1852, vorzugsweise infolge Verdrängung des ausländischen Zuckers vom deutschen Markt, infolge von Zolltarifänderungen und infolge Ueberganges der von den Gerichten vereinnahmten Stempel auf die Justizverwaltung, einen Rückschlag von fast 6½ Millionen Mark, der erst 1855, vorzüglich durch Erhöhung der Branntweinsteuer, wieder eingeholt war. Auch 1862, 1863 und 1866 bleiben die Voranschläge hinter denen des Vorjahres zurück, 1862 in erster Linie wegen Aufhebung der Durchgangsabgaben und Aenderungen bei der Stempelsteuer, 1863 wegen Rückgangs der Zolleinnahmen in den massgebenden Durchschnittsjahren und Wegfalls des Zuschlags zur Mahl- und Schlachtsteuer, 1866 wegen Zollausfällen infolge der Handelsverträge mit Frankreich und Oesterreich und von sonstigen Zolltarifänderungen. Andererseits war der Zuwachs ein auffallend starker ausser dem schon erwähnten Jahr 1855 besonders auch 1865, wo höhere Zoll- und Zuckersteuereinnahmen in den 3 Durchschnittsjahren, stärkere Vermehrung der den Theilungsmassstab für diese bildenden Bevölkerungszahl in Preussen und günstige Entwicklung der Stempelsteuer den Mehransatz von 3,8 Millionen vorzugsweise ermöglichten.

In die Periode von 1868 bis 1879/80 fallen noch ungleich bedeutendere Schwankungen. Denn es betrug der Sollüberschuss in **Tausenden Mark:**

1868:	37 251	1871:	35 447	1874:	44 818	1877/78:	24 834
1869:	37 441	1872:	36 444	1875:	24 963	1878/79:	24 997
1870:	35 193	1873:	45 334	1876:	25 015	1879/80:	24 173.

Wir finden also gegen das jeweilige Vorjahr zunächst 1870 einen Rückgang von mehr als 2 Millionen, dann 1873 ein Plus von fast 9, 1875 dagegen ein Minus von beinahe 20 Millionen Mark. Zu dem Rückschlag 1870 trugen der Uebergang der Wechselstempelsteuer auf den Norddeutschen Bund und Zolltarifermässigungen vorzüglich bei, während der so viel höhere Voranschlag für 1873, dem gegenüber noch die starke Ausgabevermehrung durch die allgemeine Besoldungsaufbesserung von 1872 in Betracht zu ziehen ist, auf die Entwicklung der Stempel- und Erbschaftssteuer zurückzuführen und der Rückschlag 1875 das Ergebniss der Aufhebung der Mahl- und Schlachtsteuer und der Chausseegelder ist. Dass auch in den nächsten Jahren die

Ueberschüsse nicht wuchsen, erklärt sich genugsam aus der damaligen wirthschaftlichen Depression.

Nach der Rückkehr der Gerichtskostenerhebung zur Justizverwaltung wiesen die Etats als Ueberschüsse im Ordinarium auf, wieder in Tausenden von Mark:

1885/86:	24 970	1890/91:	36 175	1895/96:	36 737	1900:	48 153
1886/87:	26 675	1891/92:	40 247	1896/97:	37 391	1901:	51 909
1887/88:	27 923	1892/93:	38 799	1897/98:	41 417	1902:	51 257.
1888/89:	35 932	1893/94:	39 240	1898/99:	41 892		
1889/90:	33 675	1894/95:	39 640	1899:	45 418		

In der Zeit von 1879/80 bis 1885/86 hatten sich also die Ueberschüsse — die Gerichtskosten ausser Betracht gelassen — nur um 800 000 M. gesteigert. Dieser geringe Fortschritt erklärt sich aus der Ungunst der wirthschaftlichen Verhältnisse sowie aus der Kürzung der Staatseinnahmen durch die Reichsbesteuerung der Spielkarten und Börsengeschäfte etc. Die Mehreinnahmen infolge der Zolltarif- und Tabaksteuerreform wurden fast völlig durch Mehrausgaben absorbirt.

In der Folgezeit finden wir häufig auffallend grosse Sprünge: 1888/89 + 8, 1889/90 — 2,3, 1890/91 + 2,5, 1891/92 + 4, 1895/96 — 2,9, 1897/98 + 4, 1899 + 3,5, 1900 + 2,7, 1901 + 3,8 Millionen Mark. 1888/89 bedingte die Reform der Branntweinsteuer ein Mehr an Bruttoeinnahme von 13,877 Millionen, denen infolge Reform der Zuckersteuer ein Minus von 0,7 und an Ausgaben infolge der Reform beider Steuern ein Mehr von ca. 5 Millionen gegenüberstand. Minderansätze bei den Preussen verbleibenden Einnahmen aus den Zöllen, der Zucker- und Branntweinsteuer verschuldeten hauptsächlich den Rückgang des nächsten Jahres, während das Plus von 1890/91 und 1891/92 überwiegend der günstigen Entwicklung der Preussischen Stempelsteuer zu danken war. Der Ausfall 1895/96 rührte von dem Uebergang der Verkehrsabgaben auf die Bauverwaltung her, war also für den Gesammtfiskus kein effektiver. Zu dem Mehr der Etats für 1897/98, 1899, 1900 und 1901 trug vor Allem die Stempelsteuer bei, deren Ansatz in dieser Zeit von 23 Millionen 1896/97 auf 26, 27, 30, 32 und 34 Millionen, also um 11 Millionen stieg. Auch die Einnahmen Preussens aus den Zöllen, der Zucker- und Branntweinsteuer wiesen in dieser Zeit ins Gewicht fallende Steigerungen auf, wogegen die Besoldungsreform den Ausgabefaktor erheblich belastete.

Einen äusserst nachtheiligen Einfluss hat natürlich der Uebergang der Zölle und Verbrauchssteuern auf das Reich auf den Reinertragskoëffizienten ausgeübt, da die Einnahmen zum grössten Theil weggefallen, die Ausgaben aber geblieben sind. Während der Reinertragskoëffizient 1849 zwischen 86 und 87 und 1867 sogar 88 Prozent betrug, sank er 1868 auf 64 und stellte sich 1879/80 auf noch nicht 54 Prozent. Später ging er noch weiter zurück, sodass er nach dem Etat für 1885/86 50 Prozent nicht mehr ganz erreichte, nach den folgenden Etats nur wenig überstieg. Eine erheblichere Besserung trat erst 1891/92 ein, wo die Einnahmen um 5,2, die dauernden Ausgaben um nur 1,1 Millionen höher als im Vorjahr veranschlagt werden konnten. Von nun an stellte er sich wieder auf einige 50 Prozent. Aber 60 Prozent hat er nicht wieder erreicht: selbst nach den Etats für 1900, 1901 und 1902 beträgt er nur rd. 58, 59 und 58,8 Prozent. Das hauptsächlichste Verdienst an dieser Besserung hat die Preussische Stempelsteuer, also wieder ein Werk Miquels. Denn während die Solleinnahmen der Stempelsteuer von 1896/97 bis 1901 um 11 Millionen Mark gestiegen sind, hat die Ausgabesteigerung in diesem Zeitraum nur 4,4 Millionen betragen, wovon allein 2,4 Millionen auf die Besoldungsaufbesserungen, dagegen auf die Stempelsteuerreform nur ein verhältnissmässig geringfügiger Betrag entfällt.

Anlage LXVIII.

Nachweisung
von den
Solleinnahmen der Verwaltung der direkten Steuern seit dem Etatsjahr 1849.

Anlage LXVIII.

Nachweisung von den Solleinnahmen der Verwaltung

Bemerkung: Die *schrägen* Zahlen geben

1	2	3	4	5	6	7	8
Etatsjahr	Grundsteuer ℳ	Gebäudesteuer ℳ	Gewerbesteuer ℳ	Hausirgewerbesteuer ℳ	Eisenbahnabgabe ℳ	Klassensteuer ℳ	Einkommensteuer ℳ
1849	30 988 623		7 289 250		—	22 715 071	—
1850	30 319 479		7 742 442		—	22 896 378	—
1851	30 328 575		7 703 142		—	22 998 009	—
1852	30 411 198		7 950 000		—	22 629 036	7 500 000
1853	30 272 634		8 100 000		—	22 524 300	6 600 000
1854	30 256 161		8 439 900		852 420	23 260 200	6 600 000
1855	30 252 546		8 691 000		1 101 381	29 760 000	8 784 000
1856	30 260 478		8 682 000		1 473 744	30 597 000	9 354 000
1857	30 667 041		8 742 000		1 835 250	25 020 000	8 040 000
1858	30 668 058		9 252 000		1 829 022	25 743 000	8 709 000
1859	30 674 070		9 657 000		2 098 875	26 508 000	9 075 000
1860	30 611 556		9 855 000		1 462 515	27 066 000	9 075 000
1861	30 624 750		9 858 000		1 571 121	30 660 000	10 207 500
1862[1])	30 663 750		10 524 000		2 310 000	31 020 000	10 647 000
1863[1])	30 648 000		10 749 000		2 550 000	27 780 000	9 669 000
1864[1])	30 689 100		11 265 000		3 060 000	28 167 000	10 035 000
1865[1])	30 300 696	10 518 000	11 541 000		3 210 000	28 491 000	10 404 000
1866[1])	30 303 591	10 149 528	11 814 000		4 146 000	28 905 000	10 704 000
1867[2])	30 312 900	10 222 800	12 177 000		4 935 000	29 265 000	11 082 000
[3])	13 652 796		6 316 074				
1868	38 918 400	12 937 500	14 709 900		4 935 000	38 395 500	14 598 600
1869	38 922 000	13 356 000	15 198 000		4 935 000	38 706 000	14 790 000
1870	39 283 200	13 743 000	15 711 000		4 959 000	39 210 000	15 540 000
				(2 173 203)			
1871	39 250 200	14 035 000	15 711 000		5 229 000	39 210 000	16 692 000
				(1 925 751)			
1872	39 150 000	14 295 000	16 158 000		5 749 500	39 504 000	16 956 000
1873	39 165 000	14 601 000	16 206 000		7 029 000	39 792 000	21 000 000
1874	39 180 000	14 877 000	16 733 000		6 126 000	32 544 000	21 447 000
1875	39 208 000	15 219 000	17 259 000		5 049 000	41 500 000	28 047 000
1876	39 862 000	15 761 000	17 428 000		4 388 000	41 505 000	29 347 000
1877/78	40 019 000	16 664 000	18 107 000		4 068 000	41 390 000	30 264 000
				(2 657 761)			
1878/79	40 208 000	17 788 000	18 616 000		3 703 000	41 406 000	30 864 000
1879/80	40 191 000	20 977 000	18 748 000		3 014 000	41 485 000	31 349 000
1880/81	40 155 000	27 000 000	18 764 000		2 016 000	41 441 000	31 613 000

[1]) Etatsentwurf. — [2]) Ausschliesslich neue Landestheile. — [3]) Neue Landestheile.

der direkten Steuern seit dem Etatsjahr 1849.

für einzelne Jahre die Isteinnahme an.

9	10	11	12	13	14
Ergänzungsteuer	Steuern der Hohenzollernschen Lande	Fortschreibungsgebühren, seit 1890/91 „Gebühren" überhaupt	Für Nebenbeschäftigungen der Katasterbeamten	Sonstige Einnahmen	Insgesammt
M	*M*	*M*	*M*	*M*	*M*
—	—	—	—	114 900	60 107 744
—	—	—	—	59 241	61 117 540
—	—	—	—	55 524	61 085 250
—	—	—	—	59 684	68 539 908
—	—	—	—	59 157	67 556 091
—	—	—	—	62 601	69 471 282
—	—	—	—	68 439	78 657 366
—	—	—	—	75 369	80 442 591
—	—	—	—	78 898	74 383 089
—	—	—	—	69 094	76 270 974
—	—	—	—	76 929	78 089 874
—	—	—	—	70 605	78 140 676
—	—	—	—	68 100	82 995 471
—	—	—	—	67 440	85 232 190
—	—	—	—	66 000	81 462 000
—	—	—	—	67 665	83 283 765
—	—	—	—	70 200	93 534 896
—	—	120 000	—	70 881	96 213 000
—	—	120 000	—	75 300	98 190 000
—	—	—	—	40 047	19 998 917
—	—	139 380	—	193 920	124 828 200
—	—	139 380	—	139 620	126 186 000
—	—	81 000	—	139 800	128 667 000
—	—	76 500	—	207 300	130 401 000
—	—	76 950	—	203 550	132 093 000
—	238 851	74 550	—	61 599	138 168 000
—	241 650	69 000	—	61 350	131 319 000
—	244 000	71 000	—	62 000	146 659 000
—	249 000	75 000	—	81 000	148 696 000
—	258 000	85 000	—	108 000	150 963 000
—	260 000	83 000	—	135 000	153 063 000
—	262 300	90 000	—	139 700	156 256 000
—	265 500	92 500	—	168 000	16 151 500

Noch: Anlage LXVIII.

Noch: Nachweisung von den Solleinnahmen der Verwaltung

Bemerkung: Die *schrägen* Zahlen geben

1	2	3	4	5	6	7	8
Etatsjahr	Grund-steuer ℳ	Gebäude-steuer ℳ	Gewerbe-steuer ℳ	Hausir-gewerbe-steuer ℳ	Eisenbahn-abgabe ℳ	Klassen-steuer ℳ	Ein-kommen-steuer ℳ
1881/82 . . .	40 195 000	27 500 000	18 806 000		2 515 000	30 770 000	29 106 000
1882/83 . . .	40 188 000	28 056 000	18 662 000	*(2 461 126)*	2 973 705	25 146 100	28 827 600
1883/84 . . .	40 155 000	28 400 000	18 707 000		2 617 200	21 634 500	33 483 000
1884/85 . . .	40 139 000	28 760 000	18 853 000	*(2 582 237)*	919 733	21 726 500	34 722 000
1885/86 . . .	40 131 000	29 315 000	19 200 000	*(2 558 044)*	273 672	22 062 000	36 440 000
1886/87 . . .	40 104 000	29 730 000	19 521 000		263 000	22 457 500	37 954 000
1887/88 . . .	40 080 000	30 150 000	20 008 000		266 000	22 911 800	38 862 000
1888/89 . . .	40 065 000	30 800 000	20 217 000		246 300	23 545 000	40 505 000
1889/90 . . .	40 055 000	31 500 000	20 618 000	*(2 676 083)*	248 000	24 033 000	41 897 000
1890/91 . . .	40 032 000	32 375 000	21 119 000		313 100	24 681 000	44 364 000
1891/92 . . .	40 022 000	33 613 000	21 601 000	*(2 602 975)*	272 250	25 941 000	46 975 000
1892/93 . . .	39 907 000	35 086 000	21 919 000	*(2 643 021)*	263 850	80 000 000 *121 352 226*	
1893/94 . . .	39 844 500	36 623 000	22 461 500	*(2 617 983)*	248 250	83 200 000 *121 522 833*	
1894/95 . . .	39 844 800	40 044 300	24 991 000	*(2 653 360)*	224 150	86 528 000 *120 966 008*	
1895/96 . . .	—	—	—	2 646 300 *2 744 763*	259 800	121 400 000 *122 752 096*	
1896/97 . . .	—	—	—	2 656 500 *2 917 180*	300 800	122 000 000 *126 874 741*	
1897/98 . . .	—	—	—	2 661 500 *3 037 522*	324 600	125 000 000 *134 885 381*	
1898/99 . . .	—	—	—	2 833 000 *2 957 141*	393 600	133 000 000 *146 334 473*	
1899	—	—	—	3 010 900 *2 868 332*	443 200	145 000 000 *159 093 676*	
1900	—	—	—	2 991 500 *2 865 283*	529 200	159 000 000 *172 948 786*	
1901	—	—	—	2 934 000	565 100	174 000 000	
1902	—	—	—	2 886 000	561 700	174 000 000	

[1]) Wittwen- und Waisengelder.

der direkten Steuern seit dem Etatsjahr 1849.

für einzelne Jahre die Isteinnahme an.

9	10	11	12	13	14
Ergänzungssteuer	Steuern der Hohenzollernschen Lande	Fortschreibungsgebühren, seit 1890/91 „Gebühren“ überhaupt	Für Nebenbeschäftigungen der Katasterbeamten	Sonstige Einnahmen	Insgesammt
ℳ	ℳ	ℳ	ℳ	ℳ	ℳ
—	267 000	98 500	—	226 500	149 484 000
—	269 000	96 000	—	223 000	144 441 405
—	271 000	95 600	—	204 200 [1]) + 150 500	145 718 000
—	271 000	97 000	—	280 000 [1]) + 157 500	145 925 733
—	274 000	97 000	—	565 000 [1]) + 164 000	148 521 672
—	278 000	98 000	—	570 500 [1]) + 155 000	151 131 000
—	278 300	94 000	—	473 900 [1]) + 157 000	153 281 000
—	279 000	96 500	—	680 500	156 434 300
—	283 000	94 500	—	674 500	159 403 000
—	282 000	2 315 700	145 000	120 000	165 746 800
—	283 000	2 232 000	145 750	81 000	171 166 000
—	287 000	2 000 000	145 750	81 000	179 689 600
—	292 000	2 270 000	145 750	81 000	185 166 000
—	294 000	2 250 000	145 750	100 000	194 422 000
35 000 000 *30 302 238*	298 000	1 660 500	100 000	189 300	161 553 900
31 100 000 *31 069 100*	298 500	1 691 100	100 000	124 400	158 271 300
31 100 000 *31 947 457*	304 400	1 930 600	136 000	133 000	161 590 100
31 500 000 *31 744 001*	308 400	2 004 500	187 400	170 800	170 397 700
32 000 000 *34 148 690*	312 000	1 890 700	175 300	299 700	183 131 800
33 000 000 *33 986 164*	321 600	1 928 400	186 800	397 100	198 354 600
33 000 000	—	1 978 500	195 700	493 000	213 166 300
34 000 000	—	1 994 500	222 400	435 000	214 099 600

Anlage LXIX.

Uebersicht über das Veranlagungssoll der Gewerbesteuer in den

1	2	3	4	5
	1892/93			
	Klasse			
	A I ℳ	A II ℳ	B ℳ	C ℳ
1. Königsberg	45 450	206 508	117 967	100 593
2. Gumbinnen	10 214	69 087	46 347	43 611
3. Danzig	30 240	100 365	87 759	62 910
4. Marienwerder	9 864	88 343	64 950	54 855
5. Berlin	531 504	940 032	935 754	518 940
6. Potsdam	101 168	237 960	214 087	141 447
7. Frankfurt	68 848	187 950	148 035	101 925
8. Stettin	38 016	140 097	121 901	83 714
9. Köslin	7 794	55 926	42 972	32 166
10. Stralsund	9 288	38 916	42 493	23 292
11. Posen	20 772	126 940	119 307	68 589
12. Bromberg	11 664	75 105	60 450	45 777
13. Breslau	146 232	388 017	299 865	171 762
14. Liegnitz	62 064	166 517	158 696	89 859
15. Oppeln	86 436	169 170	153 909	86 004
16. Magdeburg	85 716	257 811	236 418	104 943
17. Merseburg	61 380	211 167	187 923	97 023
18. Erfurt	32 436	109 023	76 083	36 936
19. Schleswig	52 308	201 249	309 738	165 852
20. Hannover	44 352	115 734	116 607	69 831
21. Hildesheim	27 324	72 701	57 188	36 504
22. Lüneburg	17 712	57 660	52 605	38 367
23. Stade	8 784	48 162	32 334	36 669
24. Osnabrück	6 264	45 696	28 620	29 298
25. Aurich	4 536	45 245	30 048	19 428
26. Münster	19 044	52 200	74 721	58 956
27. Minden	21 870	102 579	60 393	45 891
28. Arnsberg	57 996	237 723	178 871	129 198
29. Kassel	26 712	131 037	95 382	67 698
30. Wiesbaden	55 764	237 182	212 842	138 423
31. Koblenz	14 472	94 008	91 586	67 239
32 Düsseldorf	153 936	538 287	443 112	230 856
33. Cöln	93 114	228 588	212 538	129 402
34. Trier	17 812	95 127	68 109	62 805
35. Aachen	45 702	115 011	122 958	82 977

einzelnen Regierungsbezirken in den Jahren 1892/93 und 1893/94.

6	7	8	9	10	11	12	13
			1893/94				
			Klasse				
H	K	Insgesammt	I	II	III	IV	Insgesammt
ℳ	ℳ	ℳ	ℳ	ℳ	ℳ	ℳ	ℳ
38 199	10 035	520 752	59 904	55 680	118 068	105 136	338 78
25 758	8 179	203 296	1 956	10 800	54 404	53 072	120 23
24 399	8 841	314 484	47 680	42 900	104 800	78 736	274 11
25 620	11 613	255 255	17 748	21 600	88 560	89 680	217 58
318 378	62 484	3 307 092	1 944 256	509 100	756 800	748 464	3 958 62
104 307	102 407	892 397	139 176	95 100	247 200	331 664	813 14
81 756	23 612	612 028	55 596	69 900	165 248	177 552	468 29
40 115	22 816	460 657	101 884	56 400	162 740	146 768	467 79
19 443	1 244	159 545	6 504	18 288	56 088	55 392	136 27
13 710	3 239	120 938	4 492	11 100	42 960	34 224	92 77
54 606	8 731	398 947	23 544	31 200	956 924	107 088	257 45
24 573	2 975	220 564	25 372	30 396	78 912	69 184	203 86
126 210	27 494	1 159 580	278 304	98 580	397 548	269 568	1 044 00
69 441	8 387	555 958	75 072	55 500	134 604	153 184	418 36
52 575	8 903	556 997	116 000	44 100	158 628	135 772	454 50
98 287	42 260	825 431	336 544	130 200	265 736	270 576	1 003 05
69 594	18 780	645 867	181 188	69 000	143 488	231 120	624 79
30 180	1 851	286 509	45 196	42 000	88 296	88 112	263 60
92 238	18 143	839 528	107 656	107 100	242 960	292 400	750 11
49 332	5 081	400 937	142 640	62 124	110 896	114 736	430 39
36 180	3 098	243 305	60 364	44 400	84 080	96 928	285 77
29 307	3 806	299 427	49 160	21 012	55 524	71 200	196 89
16 902	6 390	149 235	58 964	13 716	41 268	62 400	176 34
13 926	1 913	125 717	21 136	12 780	33 016	41 792	108 72
10 254	5 091	114 612	2 148	12 300	45 680	44 256	104 38
35 448	2 038	242 407	51 780	33 900	65 520	84 576	235 77
30 480	2 608	263 817	49 386	42 528	85 764	72 144	249 82
78 616	12 551	684 755	24 716	129 900	265 040	269 152	904 80
56 079	3 400	380 908	62 176	58 452	122 932	125 328	368 88
78 480	15 628	748 219	459 148	154 210	323 924	213 796	1 151 07
48 967	9 055	315 121	38 784	48 000	98 988	105 824	291 59
155 365	50 928	1 562 484	617 380	261 300	621 840	517 784	2 018 30
64 842	13 387	741 871	296 428	111 300	228 720	198 496	834 94
40 831	19 013	293 597	78 420	33 818	64 156	101 776	278 17
34 999	2 631	404 268	135 980	57 000	108 556	106 096	407 63

Anlage LXX.

Nachweisung der Sollausgaben der Verwaltung der direkten
1881/82, 1879/80, 1874,

1		2	3	4	5
Etatsstelle 1901. Kap.	Titel	Bezeichnung der Ausgaben.	1902 ℳ	1901 ℳ	1900 ℳ
		Ausgabe.			
6.		**A. Dauernde Ausgaben.**			
		Besoldungen.			
	1.	Direktion für die Verwaltung der direkten Steuern in Berlin	764 880	741 570	680 330
	2.	Verwaltung des Grund- und Gebäudesteuerkatasters	3 519 300	3 451 100	3 394 300
	3.	Kassenverwaltung	2 025 347	2 028 252	2 062 609
	3a.	Zu Gehältern und Gehaltszuschüssen der aufgelösten bezw. anderweit eingerichteten Kassen für April und Mai 1895	—	—	—
	(4.)	Zur Ergänzung des pensionsberechtigten Diensteinkommens von Rentmeistern	—	—	—
	4.	Einkommensteuer-Veranlagungs-Kommissionen und Gewerbesteuerausschüsse	1 804 986	1 799 674	1 613 333
	5.	Zu Wohnungsgeldzuschüssen für die Beamten	889 100	897 400	859 400
		Andere persönliche Ausgaben.			
	6.	Zur Remunerirung von Hülfsarbeitern im Bureau-, Kassen-, Kanzlei- und Unterbeamtendienste, zur Remunerirung der ständigen Revisoren der Kreiskassen und zu Stellenzulagen	1 235 000	1 235 000	1 100 000
	7.	Zu Remunerationen für die kommissarische oder nebenamtliche Wahrnehmung des Vorsitzes oder des stellvertretenden Vorsitzes in Einkommensteuer-Berufungs- oder Veranlagungs-Kommissionen sowie in Gewerbesteuerausschüssen	100 000	100 000	100 000
	8.	Zur Gewährung von Vergütungen für Zehrungs-, Uebernachtungs- und Fuhrkosten bezw. Dienstaufwands-Entschädigungen an die etatsmässigen Vollziehungsbeamten	12 900	13 000	14 600
	9.	Zu Entschädigungen für ehemalige Ortserheber im Regierungsbezirk Cassel wegen Verlustes ihres früheren Diensteinkommens u. s. w.	88 500	88 500	204
	10.	Zu ausserordentlichen Remunerationen und Unterstützungen für Kanzlei- und Unterbeamte	20 000	20 000	20 000
	10a.	Zu ausserordentlichen Remunerationen für mittlere Beamte	25 000	25 000	25 000
	10b.	Zu ausserordentlichen Unterstützungen für höhere und mittlere Beamte	60 000	55 000	55 000
	11.	Zu Unterstützungen für ausgeschiedene oder auf Wartegeld stehende Beamte sowie f. Wittwen und Waisen von Beamten	110 000	115 000	90 000
	12.	Zu Pensionszuschüssen an pensionirte Rentmeister von Steuerkassen	20 000	20 000	20 000

Steuern für die Etatsjahre 1902 bis 1887/88, 1885/86, 1883/84, 1869, 1866, 1859 und 1849.

6	7	8	9	10	11	12	13	14
Etatsjahr								
1899	1898/99	1897/98	1896/97	1895/96	1894/95	1893/94	1892/93	1891/92
ℳ	ℳ	ℳ	ℳ	ℳ	ℳ	ℳ	ℳ	ℳ
652 680	576 490	534 879	520 139	462 355	505 370	453 570	450 900	386 925
3 329 500	3 155 600	2 859 150	2 818 400	2 795 450	2 779 850	2 732 700	2 723 100	2 675 850
2 071 065	2 080 506	2 002 608	2 038 820	1 967 620	2 829 952	2 751 509	2 268 786	2 254 446
—	—	—	—	174 920	—	—	—	—
—	—	—	—	—	—	18 900	21 400	21 400
1 506 300	1 290 824	866 887	542 135	524 840	380 550	153 000	102 000	—
834 300	742 700	668 100	622 200	625 700	714 000	665 000	659 000	628 000
1 000 000	1 030 000	1 128 000	1 128 000	1 029 500	1 043 800	1 005 681	979 110	539 010
100 000	100 000	156 000	156 000	156 000	156 000	156 000	201 000	—
16 000	19 000	22 000	40 700	44 700	107 200	108 600	108 600	108 400
204	264	279	411	549	657	750	948	993
20 000	20 000	}						
25 000	25 000	} 100 000	100 000	70 000	70 000	70 000	70 000	70 000
55 000	55 000	}						
90 000	90 000	90 000	90 000	90 000	90 000	90 000	90 000	90 000
20 000	20 000	20 000	20 000	20 000	20 000	20 000	20 000	20 000

Noch: Anlage LXX.

Noch: Nachweisung der Sollausgaben der Verwaltung der direkten Steuern 1874, 1869, 1866,

1		2	15	16	17
Etatsstelle 1901. Kap.	Titel	Bezeichnung der Ausgaben.	1890/91 ℳ	1889/90 ℳ	1888/89 ℳ
		Ausgabe.			
6.		**A. Dauernde Ausgaben.**			
		Besoldungen.			
	1.	Direktion für die Verwaltung der direkten Steuern in Berlin	321 930	318 930	316 800
	2.	Verwaltung des Grund- und Gebäudesteuerkatasters	2 587 635	1 953 435	1 937 460
	3.	Kassenverwaltung	2 085 099	2 075 204	2 068 504
	3a.	Zu Gehältern und Gehaltszuschüssen der aufgelösten bezw. anderweit eingerichteten Kassen für April und Mai 1895	—	—	—
	(4.)	Zur Ergänzung des pensionsberechtigten Diensteinkommens von Rentmeistern	22 300	22 300	22 300
	4.	Einkommensteuer-Veranlagungs-Kommissionen und Gewerbesteuerausschüsse	—	—	—
			Diensteinkommensbezüge für Rentmeister etc. in den neuen Pro-		
	5.	Zu Wohnungsgeldzuschüssen für die Beamten	610 000	568 000	564 000
		Andere persönliche Ausgaben.			
	6.	Zur Remunerirung von Hülfsarbeitern im Bureau-, Kassen-, Kanzlei- und Unterbeamtendienste, zur Remunerirung der ständigen Revisoren der Kreiskassen und zu Stellenzulagen	484 900	497 663	497 663
	7.	Zu Remunerationen für die kommissarische oder nebenamtliche Wahrnehmung des Vorsitzes oder des stellvertretenden Vorsitzes in Einkommensteuer-Berufungs- oder Veranlagungs-Kommissionen sowie in Gewerbesteuerausschüssen	—	—	—
	8.	Zur Gewährung von Vergütungen für Zehrungs-, Uebernachtungs- und Fuhrkosten bezw. Dienstaufwands-Entschädigungen an die etatsmässigen Vollziehungsbeamten	108 200	108 600	108 600
	9.	Zu Entschädigungen für ehemalige Ortserheber im Regierungsbezirk Kassel wegen Verlustes ihres früheren Diensteinkommens u. s. w.	1 122	1 239	1 419
	10.	Zu ausserordentlichen Remunerationen und Unterstützungen für Kanzlei- und Unterbeamte			
	10a.	Zu ausserordentlichen Remunerationen für mittlere Beamte	70 000	70 000	70 000
	10b.	Zu ausserordentlichen Unterstützungen für höhere und mittlere Beamte			
	11.	Zu Unterstützungen für ausgeschiedene oder auf Wartegeld stehende Beamte sowie f. Wittwen und Waisen von Beamten	Gesetzliche Wittwen- und Waisengelder:		84 200
			90 000	90 000	90 000
	12.	Zu Pensionszuschüssen an pensionirte Rentmeister von Steuerkassen	20 000	20 000	9 000

¹) Bezweckten, die Beamten im Besitz desjenigen Diensteinkommens zu belassen, das sie sionirung oder anderweitiger Anstellung der Beamten in Wegfall. — ²) In „Besoldungen“ ent-

für die Etatsjahre 1901 bis 1887/88, 1885/86, 1883/84, 1881/82, 1879/80, 1859 und 1849.

18	19	20	21	22	23	24	25	26	27
Etatsjahr									
1887/88	1885/86	1883/84	1881/82	1879/80	1874	1869	1866	1859	1849
ℳ	ℳ	ℳ	ℳ	ℳ	ℳ	ℳ	ℳ	ℳ	ℳ
						1 865 079	1 427 814	664 320	
292 900	292 900	291 910	291 910	272 460	156 465	—	—	—	—
1 834 260	1 810 391	1 754 085	1 666 020	1 648 230	1 611 063	—	—	—	—
2 030 929	2 004 874	1 739 874	1 515 051	1 420 777	669 660	—	—	—	—
—	—	—	—	—	—	—	—	—	—
22 300	22 300	22 300	22 300	25 370	105 000	—	—	—	—
—	—	—	—	—	—	—	—	—	—
vinzen:	[1]) 45 548	24 186	33 057	39 060	56 613	—	—	—	—
520 000	534 000	493 800	469 500	453 000	—	—	—	—	—
394 263	360 800	253 400	183 400	148 400	112 500	85 500	58 500	[2])	
—	—	—	—	—	—	—	—	—	—
108 000	104 700	224 152	157 690	259 783	251 673	—	—	—	—
1 536	1 953	2 526	3 132	3 642	6 888	—	—	—	—
70 000	70 000	60 000	60 000	60 000	46 671	54 000	42 000	24 600	—
75 000	45 000	12 300	—	—	—	—	—	—	—
90 000	90 000	90 000	90 000	90 000	52 500	30 000	24 000	16 200	—
9 000	9 000	9 000	9 000	9 000	—	—	—	—	—

vor Eintritt in den Preussischen Staatsdienst bezogen hatten. Sie kommen mit Absterben, Pen- halten.

Noch: Anlage LXX.

Noch: Nachweisung der Sollausgaben der Verwaltung der direkten Steuern
1874, 1869, 1866,

1 Etatsstelle 1901 Kap.	Titel	2 Bezeichnung der Ausgaben.	3 1902 ℳ	4 1901 ℳ	5 1900 ℳ
(6.)		Noch: Andere persönliche Ausgaben.			
	13.	Zu Unterstützungen für Personen, welche, ohne die Eigenschaft von Beamten zu haben, in der Verwaltung der direkten Steuern beschäftigt werden oder beschäftigt gewesen sind, sowie für Hinterbliebene solcher Personen	10 000	10 000	10 000
		Sonstige Kosten der Veranlagung und — bis 1. April 1895 — Erhebung.			
	(13.)	Für Elementarerhebung der Grundsteuer	—	—	—
	14.	Zur Erhaltung und Erneuerung des Katasters . .	200 000	200 000	200 000
	15.	Für die Veranlagung und — bis einschl. 1894/95 — Erhebung der Gebäudesteuer	26 500	28 500	28 500
	16.	Für die Veranlagung und — bis einschl. 1894/95 — Erhebung der Einkommensteuer und — seit 1895/96 — der Ergänzungssteuer, bis 1891/92 auch der Klassensteuer	1 016 000	1 010 000	888 000
	17.	Für die Veranlagung und — bis einschl 1894/95 — Erhebung der Gewerbesteuer	93 000	98 000	107 000
	18.	Für die Veranlagung und Erhebung der direkten Steuern in den Hohenzollernschen Landen .	—	—	10 400
	(18.)	Für die Erhebung von Domänengefällen, Rendanturen von Forstkassen und sonstige Geschäfte für den Staat	—	—	—
		Sächliche und vermischte Ausgaben.			
	19.	Zu Büreaubedürfnissen	692 300	692 300	640 000
	20.	Zu Amtskostenentschädigungen und Reisekostenzuschüssen für die Katasterkontrolleure und die Bezirksgeometer	2 115 100	1 963 870	1 944 970
	21.	Vergütungen für Nebenbeschäftigungen der Katasterbeamten	222 400	195 700	186 800
	22.	Zu Amtskostenentschädigungen für die Rentmeister	616 225	616 330	607 600
	23.	Zu Diäten und Fuhrkosten, Versetzungs- und Vertretungskosten	257 900	257 900	257 900
	24.	Zur Erstattung von überhobenen Steuern	787 700	765 700	886 000
	25.	Zur Unterhaltung der Dienstgebäude	37 800	56 275	56 275
	26.	Zu vermischten Ausgaben	27 000	27 000	132 200
	27.	Ausgaben auf Grund des Invalidenversicherungsgesetzes	1 262	1 329	1 379
		Summe Kap. 6 . . .	—	*16 512 400*	*15 991 800*
6a.		*Dispositionsgehälter etc.*	—	—	*166 000*
		Summe Dauernde Ausgaben . . .	**16 778 200**	**16 512 400**	**16 157 800**
		B. Einmalige und ausserordentliche Ausgaben	—	—	—

für die Etatsjahre 1901 bis 1887/88, 1885/86, 1883/84, 1881/82, 1879/80, 1859 und 1849.

6	7	8	9	10	11	12	13	14
Etatsjahr								
1899	**1898/99**	**1897/98**	**1896/97**	**1895/96**	**1894/95**	**1893/94**	**1892/93**	**1891/92**
M	*M*	*M*	*M*	*M*	*M*	*M*	*M*	*M*
10 000	10 000	10 000	10 000	10 000	10 000	10 000	10 000	10 000
—	—	—	—	—	73 240	83 820	237 200	238 600
200 000	200 000	200 000	200 000	200 000	—	—	—	—
28 500	28 500	25 500	25 500	26 200	559 300	518 000	634 900	608 600
888 000	968 000	1 027 000	1 500 000	1 500 000	4 169 000	3 543 500	3 050 000	3 023 800
116 400	131 500	143 500	154 000	156 600	601 000	524 800	508 200	508 600
10 200	10 100	10 000	9 900	9 900	9 800	9 750	9 500	9 400
—	—	—	—	—	23 330	24 705	23 800	24 000
550 000	521 000	413 400	413 400	351 400	351 400	261 600	221 500	183 300
1 930 270	1 865 170	1 856 770	1 842 070	1 835 770	1 812 670	1 852 060	1 843 260	1 810 260
175 300	187 400	136 000	100 000	100 000	145 750	145 750	145 750	145 750
609 000	609 000	609 000	625 700	684 700	895 234	946 676	745 802	715 910
257 900	257 900	257 900	257 900	257 900	234 100	190 900	174 800	136 000
942 000	1 000 000	215 300	215 300	215 300	142 100	111 900	126 800	112 500
56 275	55 700	55 700	55 700	55 700	40 700	24 100	20 100	56 400
126 200	127 600	119 000	119 329	71 400	104 920	103 029	113 344	120 856
1 306	1 146	927	596	596	377	100	100	—
15 621 400	*15 178 400*	*13 527 900*	*13 606 200*	*13 437 100*	*17 886 600*	*16 576 400*	*15 559 900*	*14 499 000*
493 000	*515 000*	*594 000*	*718 000*	*895 000*	—	—	—	—
16 114 400	**15 693 400**	**14 121 900**	**14 324 200**	**14 332 100**	**17 886 600**	**16 576 400**	**15 559 900**	**14 499 000**
85 500	—	—	—	**314 000**	**3 678 700**	**2 160 500**	—	—

Noch: Anlage LXX.

Noch: Nachweisung der Sollausgaben der Verwaltung der direkten Steuern

1874, 1869, 1866,

1 Etatsstelle 1901. Kap.	Titel	2 Bezeichnung der Ausgaben.	15 1890/91 M	16 1889/90 M	17 1888/89 M
(6.)		**Noch: Andere persönliche Ausgaben.**			
	13.	Zu Unterstützungen für Personen, welche, ohne die Eigenschaft von Beamten zu haben, in der Verwaltung der direkten Steuern beschäftigt werden oder beschäftigt gewesen sind, sowie für Hinterbliebene solcher Personen	—	—	—
		Sonstige Kosten der Veranlagung und — bis 1. April 1895 — Erhebung			
	(13.)	Für Elementarerhebung der Grundsteuer	265 700	268 100	268 100
	14.	Zur Erhaltung und Erneuerung des Katasters . .	—	—	—
	15.	Für die Veranlagung und — bis einschl. 1894/95 — Erhebung der Gebäudesteuer	626 200	613 700	610 700
	16.	Für die Veranlagung und — bis einschl. 1894/95 — Erhebung der Einkommensteuer und — seit 1895/96 — der Ergänzungssteuer, bis 1891/92 auch der Klassensteuer	2 926 000	2 837 100	2 763 500
	17.	Für die Veranlagung und — bis einschl. 1894/95 — Erhebung der Gewerbesteuer	521 000	516 000	515 000
	18.	Für die Veranlagung und Erhebung der direkten Steuern in den Hohenzollernschen Landen . .	9 350	9 350	9 350
	(18.)	Für die Erhebung von Domänengefällen, Rendanturen von Forstkassen und sonstige Geschäfte für den Staat	26 000[1])	26 000	31 000
		Sächliche und vermischte Ausgaben.			
	19.	Zu Büreaubedürfnissen	168 500	140 400	131 100
	20.	Zu Amtskostenentschädigungen und Reisekostenzuschüssen für die Katasterkontrolleure und die Bezirksgeometer	1 791 760	665 100	592 120
	21.	Vergütungen für Nebenbeschäftigungen der Katasterbeamten	145 000	—	—
	22.	Zu Amtskostenentschädigungen für die Rentmeister	673 514	569 964	563 310
	23.	Zu Diäten und Fuhrkosten, Versetzungs- und Vertretungskosten	127 900	126 400	128 700
	24.	Zur Erstattung von überhobenen Steuern	64 400	61 200	57 200
	25.	Zur Unterhaltung der Dienstgebäude	20 700	24 900	20 600
	26.	Zu vermischten Ausgaben	125 890	131 115	131 274
	27.	Ausgaben auf Grund des Invalidenversicherungsgesetzes	—	—	—
		Summe Kap. 6 . . .	*13 898 100*	*11 714 700*	*11 591 900*
6a.		*Dispositionsgehälter etc.*	—	—	—
		Summe Dauernde Ausgaben . . .	**13 898 100**	**11 714 700**	**11 591 900**
		B. Einmalige und ausserordentliche Ausgaben .	—	—	—

[1]) Einschl. 26 218 M. zu „Kommissionen" in den östlichen Provinzen. — [2]) Desgl. und der

gaben".

für die Etatsjahre 1901 bis 1887/88, 1885/86, 1883/84, 1881/82, 1879/80, 1859 und 1849.

18	19	20	21	22	23	24	25	26	27
Etatsjahr									
1887/88 M	1885/86 M	1883/84 M	1881/82 M	1879/80 M	1874 M	1869 M	1866 M	1859 M	1849 M
—	—	—	—	—	—	—	—	—	—
270 400	279 200	285 900	288 800	300 300	504 000	498 717	249 096		
—	—	—	—	—	—	—	—	1) 598 239	2) 1 829 334
608 200	597 200	574 800	567 350	452 300	385 650	359 571	266 250		
2 689 400	2 576 000	2 426 700	2 664 250	2 687 700	2 269 800	1 780 167	1 301 730	1 231 839	920 649
508 700	502 500	480 500	481 100	488 600	501 600	512 790	397 800	373 203	325 476
9 300	9 300	9 210	9 142	9 232	8 484	—	—	—	—
32 000	32 805	37 747	40 747	45 923	—	—	—	—	—
137 500	129 700	152 500	160 000	129 000	90 480	—	—	—	—
559 920	503 720	461 520	461 520	455 238	437 358				
—	—	—	—	—	—				
554 350	546 900	528 700	527 700	503 835	249 390	994 176	435 810	3) 115 539	—
127 300	107 600	93 800	109 500	80 500	54 000				
54 400	78 300	78 200	77 750	65 500	55 800				
17 500	21 600	7 100	6 200	5 300	6 000				
150 542	161 409	147 255	126 829	80 050	28 905				
—	—	—	—	—	—	—	—	—	—
11 168 300	*10 937 700*	*10 261 463*	*10 021 948*	*9 733 200*	*7 660 500*	*6 180 000*	*4 203 000*	*3 170 640*	*3 075 459*
—	—	—	—	—	—	—	—	—	—
11 168 300	**10 937 700**	**10 261 463**	**10 021 948**	**9 733 200**	**7 660 500**	**6 180 000**	**4 203 000**	**3 170 640**	**3 075 459**
—	—	—	—	**2 127 500**	**1 500 000**	**750 000**	—	—	—

Kosten der Kataster- und Kreiskassen-Verwaltung. — 3) Einschl. 3000 M. „Extraordinäre Aus-

Anlage LXXI.

Die Einnahmen der Verwaltung der indirekten

1	2	3	4	5	6	7	8	9	10	11	12	13	14	15
Etatsjahr.	Zölle	Tabaksteuer	Zuckersteuer	Salzsteuer	Branntweinsteuer	Brausteuer	Weinsteuer	Mahlsteuer	Schlachtsteuer	Stempelsteuer	Erbschaftssteuer	Spielkartenstempel	Reichsstempel für Börsenpapiere etc.	Wechselstempel
	Tausend													
1849	39 120	411	1 016	—	13 474	3 000	303	3 260	3 921	10 673	—	—	—	—
1850	40 500	392	900	—	15 000	3 134	120	3 180	3 692	10 800	—	—	—	—
1851	40 500	392	2 400	—	15 300	3 300	120	3 180	3 690	12 000	—	—	—	—
1852	37 067	390	3 390	—	15 300	3 540	120	3 390	3 900	7 650	—	—	—	—
1853	35 100	390	3 390	—	15 300	3 570	210	3 450	4 020	9 300	—	—	—	—
1854	34 590	390	6 300	—	12 900	3 540	180	3 480	3 960	10 080	—	—	—	—
1855	34 830	420	6 150	—	17 400	3 450	219	4 320	4 920	10 200	—	—	—	—
1856	34 830	432	6 000	—	18 900	3 300	273	4 440	4 800	10 350	—	—	—	—
1857	37 110	408	6 165	—	19 050	3 120	279	3 378	3 600	10 710	—	—	—	—
1858	37 110	387	7 470	—	19 050	3 135	279	3 510	3 621	12 270	—	—	—	—
1859	38 100	360	10 644	—	19 620	3 450	360	3 810	3 900	12 480	—	—	—	—
1860	38 100	372	13 131	—	19 620	3 609	330	3 927	4 104	12 480	—	—	—	—
1861	37 377	426	13 086	—	20 613	4 113	436	4 620	4 986	12 450	—	—	—	—
1862²)	36 096	378	12 750	—	20 460	4 212	507	4 644	5 220	11 934	—	—	—	—
1863²)	35 250	300	12 750	—	20 580	4 260	471	4 149	4 728	13 650	—	—	—	—
1864²)	36 000	255	12 525	—	21 420	4 440	300	4 170	4 800	14 400	—	—	—	—
1865²)	37 020	261	13 230	—	21 660	4 650	300	4 305	4 965	15 600	—	—	—	—
1866²)	34 470	276	14 700	—	22 005	5 010	—	4 473	5 313	15 930	—	—	—	—
1867³) a)	33 630	544	16 050	—	22 440	5 490	—	4 710	5 838	16 590	—	—	—	—
1867³) b)	15 942	61	2 407	1 500	4 329	517	—	—	—	3 686	—	—	—	—
1868	6 278	113	800	163	5 645	1 062	—	5 156	6 852	22 096	—	—	—	—
1869	6 156	112	830	110	5 446	1 028	—	5 068	6 840	22 096	—	—	—	—
1870	5 321	55	830	108	5 365	1 021	—	4 935	6 796	20 333	—	—	—	923
1871	5 262	51	824	113	5 281	1 042	—	4 935	6 796	21 000	—	—	—	1 073
1872	4 999	55	829	110	5 684	1 108	—	5 100	7 200	21 000	—	—	—	764
1873	5 454	54	1 257	109	5 778	1 294	—	5 250	7 579	30 000	—	—	—	796
1874	5 364	53	1 214	133	5 576	1 385	—	5 319	8 400	25 800	4 200	—	—	430
1875	5 398	65	1 398	130	5 957	1 621	—	—	—	23 500	3 500	—	—	504

¹) Verlegergebühren von den Kalender-Verlegern. — ²) Etatsentwurf. — ³) a) alte, b) neue

Steuern nach den Etats von 1849 bis 1902.

16	17	18	19	20	21	22	23	24	25	26	27	28	29	30	31	32
Uebergangsabgaben von Wein, Most und Tabak	Niederlagegelder etc.	Schiffahrtsabgaben	Chausseegelder	Brücken- u. s. w. Gefälle	Entschädigung für Waarenstatistik	Kontrolgebühren für Salz	Wirthschaftsabgaben in Hohenzollern	Strafgelder	Hypotheken- u. s. w. Gebühren	Verwaltungskosten-Beiträge	Miethen	Sporteln, Strafen und Gebühren in Hohenzollern	Gerichtliche Kosten und Strafen	Zwangsvollstreckungsgebühren	Ausserordentliche Einnahmen	Insgesammt
Mark																
579	142	1 270	4 083	2 228	—	—	—	—	515	—	—	—	—	—	324	84 320
530	120	1 891	3 480	2 684	—	—	—	209	505	—	—	—	—	—	380	87 516
600	120	1 560	3 600	2 400	—	—	—	192	480	—	—	—	—	—	365 + 6 [1])	90 199
600	129	1 035	3 780	2 400	—	—	—	150	450	—	—	—	—	—	478 + 6 [1])	83 775
600	135	1 200	3 900	2 490	—	—	—	210	480	—	—	—	—	—	477	84 222
600	135	1 200	3 900	2 460	—	—	—	210	480	—	—	—	—	—	515	84 920
630	135	1 200	3 930	2 520	—	—	—	210	510	—	—	—	—	—	551	91 595
600	141	1 350	3 930	2 610	—	—	—	240	510	—	—	—	—	—	550	93 256
576	168	1 320	3 960	2 670	—	—	—	240	510	—	—	—	—	—	595	93 799
570	183	1 408	3 924	2 826	—	—	—	240	513	—	—	—	—	—	547	96 943
570	192	1 254	3 984	3 045	—	—	—	240	519	—	—	—	—	—	590	103 118
666	174	1 275	3 975	3 003	—	—	—	240	519	—	—	—	—	—	624	106 149
738	160	564	3 876	2 844	—	—	—	231	510	—	—	—	—	—	695	106 246
705	148	600	3 822	3 000	—	—	—	210	513	—	—	—	—	—	684	105 078
705	141	600	3 822	3 000	—	—	—	210	528	—	—	—	—	—	682	105 826
705	141	540	3 780	2 700	—	—	—	195	570	—	—	—	—	—	685	107 626
750	147	555	3 810	2 910	—	—	—	180	600	—	—	—	—	—	680	111 623
216	153	420	3 849	2 700	—	—	—	180	630	—	—	—	—	—	733	111 058
—	156	—	3 951	2 400	—	—	—	174	660	—	—	—	—	—	753	} 143 980
—	25	378	778	259	—	—	—	13	—	—	—	—	—	—	700	}
—	227	387	4 905	2 135	—	90	—	224	675	—	—	—	—	—	731	57 539
—	143	399	4 819	1 887	—	75	—	216	720	—	—	—	—	—	774	56 722
—	132	431	4 747	1 742	—	75	—	233	750	—	—	—	—	—	775	54 615
—	135	—	4 701	1 800	—	75	—	252	735	—	—	—	—	—	810	54 865
—	142	—	4 620	1 800	—	75	—	240	720	—	—	—	—	—	850	55 596
—	139	—	4 578	1 800	—	78	30	196	702	534	162	9	—	—	186	63 985
—	150	—	4 515	1 854	—	42	30	207	750	570	14	8	—	—	181	66 195
—	166	—	—	1 972	—	42	31	250	850	370	32	9	—	—	310	46 106

Landestheile.

Noch: Anlage LXXI.

Noch: Die Einnahmen der Verwaltung der indirekten

1	2	3	4	5	6	7	8	9	10	11	12	13	14	15
Etatsjahr.	Zölle	Tabaksteuer	Zuckersteuer	Salzsteuer	Branntweinsteuer	Brausteuer	Weinsteuer	Mahlsteuer	Schlachtsteuer	Stempelsteuer	Erbschaftssteuer	Spielkartenstempel	Reichsstempel für Börsenpapiere etc.	Wechselstempel
	Tausend													
1876	5 234	69	1 513	136	6 441	1 801	—	—	—	23 000	4 000	—	—	89
1877/78 . . .	5 224	66	1 666	137	6 951	1 987	—	—	—	21 500	4 800	—	—	86
1878/79 . . .	5 213	57	1 702	134	7 055	1 987	—	—	—	21 500	4 800	—	—	81
1879/80 . . .	5 210	53	1 934	134	6 964	1 993	—	—	—	20 000	5 000	35	—	80
1880/81 . . .	5 767	10	2 018	137	6 940	1 914	—	—	—	19 000	5 000	35	—	75
1881/82 . . .	6 599	111	2 229	148	6 983	1 889	—	—	—	17 500	5 000	33	—	73
1882/83 . . .	6 800	236	2 612	148	7 226	1 905	—	—	—	16 500	5 200	31	82	70
1883/84 . . .	9 898	195	2 929	171	7 672	1 956	—	—	—	16 000	5 300	31	90	72
1884/85 . . .	10 107	195	3 634	173	7 957	1 996	—	—	—	14 500	5 350	31	85	72
1885/86 . . .	10 085	172	4 100	174	8 128	2 073	—	—	—	15 500	5 500	31	99	72
1886/87 . . .	10 190	146	4 763	178	8 082	2 175	—	—	—	16 000	5 650	32	255	72
1887/88 . . .	10 196	157	4 733	179	8 409	2 251	—	—	—	16 500	6 000	33	213	72
1888/89 . . .	10 257	167	3 996	182	22 286	2 353	—	—	—	18 000	6 000	34	210	72
1889/90 . . .	8 825	181	2 966	178	19 864	2 447	—	—	—	18 600	6 900	36	215	71
1890/91 . . .	8 900	184	3 182	180	19 919	2 576	—	—	—	20 600	6 900	37	248	71
1891/92 . . .	9 600	183	3 592	185	20 202	2 724	—	—	—	23 500	7 400	39	307	74
1892/93 . . .	9 423	182	2 024	185	18 827	2 856	—	—	—	24 700	7 600	40	346	78
1893/94 . . .	9 508	180	2 149	184	18 475	2 955	—	—	—	24 700	7 800	41	326	82
1894/95 . . .	9 538	176	2 764	180	18 370	2 973	—	—	—	23 700	8 300	42	271	84
1895/96 . . .	9 819	176	2 825	179	18 334	3 054	—	—	—	23 000	8 400	44	392	86
1896/97 . . .	9 831	183	2 892	183	18 431	3 084	—	—	—	23 000	8 800	45	541	87
1897/98 . . .	9 985	194	3 388	188	18 603	3 236	—	—	—	26 000	8 800	46	546	92
1898/99 . . .	10 038	213	3 703	185	19 210	3 429	—	—	—	27 000	8 900	47	502	99
1899	10 540	211	3 885	200	19 111	3 534	—	—	—	30 000	8 900	49	469	107
1900	11 293	189	4 160	208	20 098	3 657	—	—	—	32 000	9 000	49	516	119
1901	11 339	176	4 455	212	20 893	3 797	—	—	—	34 000	9 600	49	923	131
1902	11 468	173	4 489	212	21 117	3 879	—	—	—	33 000	10 100	49	545	142

[1]) Wittwen- und Waisengeld-Beiträge.

Steuern nach den Etats von 1849 bis 1902.

16	17	18	19	20	21	22	23	24	25	26	27	28	29	30	31	32
Uebergangsabgaben von Wein, Most und Tabak	Niederlagegelder etc.	Schifffahrtsabgaben	Chausseegelder	Brücken- u. s. w. Gefälle	Entschädigung für Waarenstatistik	Kontrolgebühren für Salz	Wirthschaftsabgaben in Hohenzollern	Strafgelder	Hypotheken- u. s. w. Gebühren	Verwaltungskosten-Beiträge	Miethen	Sporteln, Strafen und Gebühren in Hohenzollern	Gerichtliche Kosten und Strafen	Zwangsvollstreckungsgebühren	Ausserordentliche Einnahmen	Insgesammt
Mark																
—	183	—	—	2 000	—	45	32	150	950	320	32	—	—	—	214	46 210
—	190	—	—	2 000	—	45	36	200	950	375	32	—	—	—	142	46 389
—	190	—	—	2 050	—	46	36	240	990	390	35	—	—	—	106	46 614
—	186	—	—	2 100	—	50	40	243	1 100	390	38	—	46 400	—	100	92 051
—	184	—	—	2 100	180	54	40	243	525	400	42	—	48 900	—	85	93 650
—	184	—	—	2 200	14	60	40	250	525	425	42	—	50 500	260	85	95 150
—	170	—	—	2 200	13	70	40	260	525	585	35	—	53 500	260	94	98 562
—	170	—	—	2 200	8	71	36	275	550	670	30	—	46 500	215	100 + 618[1])	95 756
—	170	—	—	2 300	7	74	35	300	560	690	30	—	42 500	200	142 + 620[1])	91 730
—	170	—	—	2 450	10	80	34	300	570	690	30	—	—	—	170 + 570[1])	51 009
—	178	—	—	2 500	10	85	34	325	580	750	28	—	—	—	160 + 570[1])	52 764
—	175	—	—	2 560	10	92	32	325	600	770	28	—	—	—	182 + 570[1])	54 088
—	170	—	—	2 560	10	97	32	350	—	850	67	—	—	—	152	67 844
—	164	—	—	2 600	9	102	33	380	—	900	67	—	—	—	153	64 691
—	157	—	—	2 750	10	109	33	380	—	900	85	—	—	—	127	67 349
—	151	—	—	2 900	10	113	34	380	—	900	90	—	—	—	147	72 532
—	149	—	—	3 000	11	53	34	300	—	1 000	100	—	—	—	155	71 064
—	151	—	—	3 000	10	53	33	300	—	1 000	52	—	—	—	166	71 164
—	151	—	—	3 100	11	58	33	265	—	1 000	56	—	—	—	149	71 221
—	151	—	—	—	13	61	33	250	—	1 000	60	—	—	—	145	68 022
—	151	—	—	—	13	63	33	237	—	950	65	—	—	—	129	68 718
—	157	—	—	—	14	69	31	237	—	1 050	67	—	—	—	134	72 838
—	160	—	—	—	16	76	31	250	—	1 050	70	—	—	—	135	75 114
—	160	—	—	—	16	82	31	250	—	1 125	70	—	—	—	144	78 885
—	160	—	—	—	17	87	31	250	—	1 250	70	—	—	—	152	83 307
—	167	—	—	—	17	92	31	250	—	1 250	70	—	—	—	152	87 604
—	175	—	—	—	17	84	31	250	—	1 250	70	—	—	—	156	87 217

Anlage LXXII.

Nachweisung der Sollausgaben der Verwaltung der indirekten 1881/82, 1879/80, 1874,

1 Etatsstelle Kap.	Titel	2 Bezeichnung im Etat	3 1902 ℳ	4 1901 ℳ	5 1900 ℳ	6 1899 ℳ
7.		**Central-Stempel- und Drucksachen-Verwaltung.**				
	1.	Besoldungen	31 520	30 760	30 160	30 100
	2.	Wohnungsgeldzuschüsse	4 440	4 440	4 440	4 440
		Andere persönliche Ausgaben.				
	3.	Remunerirung von Hülfsarbeitern und Stellenzulagen	3 750	3 750	3 750	3 450
		Sächliche Ausgaben.				
	4.	Zur Anschaffung des Stempelmaterials u. s. w.	250 000	250 000	250 000	250 000
8.		**Provinzial-Steuerverwaltung.**				
		Besoldungen.				
	1.	Höhere Beamte	752 100	740 700	720 600	720 000
	2.	Bureaubeamte und Kanzlisten	1 497 400	1 468 100	1 419 150	1 408 400
	3.	Unterbeamte	66 800	66 340	65 390	64 610
	4.	Wohnungsgeldzuschüsse	296 988	294 108	286 188	285 828
		Andere persönliche Ausgaben.				
	5.	Stellenzulagen	6 300	6 600	6 600	4 500
	6.	Zur Remunerirung v. Hülfsarbeitern etc	164 600	164 600	170 000	122 150
	(7.)	Remunerationen und Unterstützungen	—	—	—	—
		Sächliche Ausgaben.				
	7.	Tagegelder und Reisekosten	140 000	140 000	140 000	140 000
	8.	Bureaubedürfnisse	180 542	180 542	180 542	180 542
9.		**Zoll- und Steuererhebung und Kontrole.**				
		Besoldungen.				
	1.	Höhere und mittlere Beamte bei den Hauptämtern und der Kontrole	8 373 200	8 254 650	7 978 100	7 975 450
	2.	Zoll- und Steuereinnehmer und Zoll- und Steueramts-Assistenten	2 978 900	2 973 800	2 930 650	2 933 775
	3.	Unterbeamte	11 181 380	11 086 075	11 010 270	9 747 090
	(5.)	Für infolge Umgestaltung der Branntwein- und Zuckersteuer erforderliche neue Beamte	—	—	—	—
	4.	Wohnungsgeldzuschüsse und Ortszulagen	1 950 000	1 950 000	1 930 000	1 940 000

[1]) Einnehmer und Erheber der Kommunikationsabgaben.

Steuern nach den Etats für 1902 bis 1887/88, 1885/86, 1883/84 1869, 1866, 1859 und 1849.

7	8	9	10	11	12	13	14	15
Etatsjahr								
1898/99	1897/98	1896/97	1895/96	1894/95	1893/94	1892/93	1891/92	1890/91
ℳ	ℳ	ℳ	ℳ	ℳ	ℳ	ℳ	ℳ	ℳ
28 340	26 640	26 640	26 280	26 280	26 280	26 200	26 200	23 220
4 200	4 200	4 200	4 200	4 200	4 200	4 200	4 200	3 660
1 350	1 350	1 350	1 350	1 350	1 350	1 350	1 350	900
198 200	198 200	198 200	198 200	198 200	200 000	200 000	200 000	200 000
723 900	646 700	643 200	653 700	617 100	617 100	617 100	617 100	617 100
1 401 350	1 249 825	1 233 750	1 207 825	1 200 425	1 175 775	1 165 125	1 168 125	1 150 800
64 530	65 200	65 960	64 460	64 740	65 040	62 500	62 500	54 900
285 828	283 884	283 884	289 104	284 184	283 765	281 065	281 065	279 660
4 500	4 500	4 500	4 500	4 500	4 500	4 500	1 500	—
122 150	122 150	122 150	150 150	145 150	145 150	154 600	154 600	150 150
—	—	—	—	—	—	—	45 800	45 800
140 000	140 000	140 000	140 000	140 000	155 800	155 800	155 800	155 800
180 542	169 541	169 536	141 531	141 531	180 690	180 690	180 690	180 690
7 903 500	6 868 250	6 908 300	6 924 450	7 068 300	7 160 050	7 189 450	7 197 050	7 138 000
2 958 875	2 586 667	2 581 217	2 548 417	2 566 392	2 398 792	2 418 649	2 423 024	2 452 399
				[1])+28 200	[1])+20 000	[1])+20 000	[1])+28 000	[1])+28 000
9 620 850	9 597 015	9 562 681	9 561 211	9 610 276	9 668 486	9 698 539	9 696 939	8 694 087
—	—	—	—	—	—	—	—	—
1 928 000	1 850 850	1 850 850	1 862 850	1 867 000	1 867 000	1 877 000	1 880 000	1 905 300

Noch: Anlage LXXII.

Noch: Nachweisung der Sollausgaben der Verwaltung der indirekten Steuern 1874, 1869, 1866,

1 Etatsstelle Kap.	Titel	2 Bezeichnung im Etat	16 1889/90 ℳ	17 1888/89 ℳ	18 1887/88 ℳ	19 1885/86 ℳ
7.		**Central-Stempel- und Drucksachen-Verwaltung.**				
	1.	**Besoldungen**	22 140	22 140	22 140	20 140
	2.	Wohnungsgeldzuschüsse	3 420	3 420	3 420	3 780
		Andere persönliche Ausgaben.				
	3.	Remunerirung von Hülfsarbeitern und Stellenzulagen	900	900	900	900
		Sächliche Ausgaben.				
	4.	Zur Anschaffung des Stempelmaterials u. s. w.	200 000	175 000	175 000	175 000
8.		**Provinzial-Steuerverwaltung.**				
		Besoldungen.				
	1.	Höhere Beamte	617 100	617 100	555 900	550 800
	2.	Bureaubeamte und Kanzlisten	1 150 800	1 113 900	977 325	982 050
	3.	Unterbeamte	54 990	53 820	53 820	52 740
	4.	Wohnungsgeldzuschüsse	279 190	273 250	236 940	236 000
		Andere persönliche Ausgaben.				
	5.	Stellenzulagen	—	—	—	—
	6.	Zur Remunerirung v. Hülfsarbeitern etc.	120 000	120 000	95 000	95 000
	(7.)	Remunerationen und Unterstützungen .	45 800	45 800	45 800	45 800
		Sächliche Ausgaben.				
	7.	Tagegelder und Reisekosten	155 800	155 800	130 000	130 000
	8.	Bureaubedürfnisse	165 930	165 930	165 935	165 890
					Miethen:	30 000
9.		**Zoll- und Steuererhebung und Kontrole.**				
		Besoldungen.				
	1.	Höhere und mittlere Beamte bei den Hauptämtern und der Kontrole	7 034 518	5 073 468	5 037 620	5 018 453
					[1])+ 85 050	[1])+ 85 050
	2.	Zoll- und Steuereinnehmer und Zoll- und Steuerammts-Assistenten	2 458 126	2 410 276	2 435 717	2 586 176
			[2])+ 28 000	[2])+ 28 000	[2])+ 28 000	[2])+ 30 000
	3.	Unterbeamte	8 606 251	8 133 210	8 077 682	8 001 032
	(5.)	Für infolge Umgestaltung der Branntwein- und Zuckersteuer erforderliche neue Beamte	450 000	350 000	—	—
	4.	Wohnungsgeldzuschüsse und Ortszulagen	1 906 500	1 894 000	1 525 000	1 515 000

[1]) Hypothekenbewahrer in der Rheinprovinz. — [2]) Siehe Anmerkung auf Seite 288.

nach den Etats für 1902 bis 1887/88, 1885/86, 1883/84, 1881/82, 1879/80, 1859 und 1849.

20	21	22	23	24	25	26	27
	Etatsjahr						
1883/84	1881/82	1879/80	1874	1869	1866	1859	1849
ℳ	ℳ	ℳ	ℳ	ℳ	ℳ	ℳ	ℳ
20 140	20 790	20 790	23 790				
3 780	3 780	3 780	—				
900	900	900	900	94 125	78 000	78 000	
175 000	35 000	35 000	57 000				
550 800	528 300	528 600	540 000				
1 058 788	944 938	852 013	816 162	1 051 575	741 150		
50 430	48 120	47 040	44 880				
251 000	223 512	204 696	—			772 670	
				82 050	62 700		
—	—	—	—	—	—		972 153
90 000	90 000	70 200	70 200	—	—		
45 800	34 800	34 800	32 100	—	—		
				199 731	144 531	142 431	
130 000	110 000	110 000	99 000	—	—	—	
168 582	162 555	122 956	114 000	—	—	—	
30 000	30 000	—	—	—	—	—	
5 410 041	4 917 799	4 103 597	4 501 680				
1) + 85 050	1) + 85 050	1) + 85 050	1) + 80 050	12 731 310	8 413 740	8 761 839	
3 033 838	2 632 803	2 087 207	2 440 983	2) + 38 370	2) + 45 300	2) + 185 832	
2) + 29 000	2) + 34 484	2) + 35 349	2) + 39 855	1) + 241 500	1) + 233 250	1) + 202 161	
8 285 027	8 077 651	6 641 101	7 576 107				
	Chausseegelderheber:		327 600	331 626	283 650	393 583	
—	—	—	—	—	—	—	
1 695 000	1 625 000	1 218 000	—	—	—	—	

Noch: Anlage LXXII.

Noch: Nachweisung der Sollausgaben der Verwaltung der indirekten Steuern

1874, 1869, 1866,

1		2	3	4	5	6
Etatsstelle		Bezeichnung im Etat				
Kap.	Titel		1902 ℳ	1901 ℳ	1900 ℳ	1899 ℳ
		Andere persönliche Ausgaben.				
	5.	Stellenzulagen	425 200	423 300	423 300	291 000
	6.	Remunerirung des Hülfspersonals und Stellvertretungskosten	410 000	424 000	424 000	424 000
	7.	Für Mitwirkung bei Erhebung und Kontrolirung der indirekten Steuern	250 000	250 000	250 000	250 000
		Sächliche Ausgaben.				
	8.	Tagegelder, Reisekosten u. s. w.	2 388 000	2 388 000	2 388 000	2 450 000
	9.	Bureaubedürfnisse	1 414 020	1 400 015	1 350 000	1 144 825
	(9.)	(Pferdegelder- und Reisekosten-Aversa)	—	—	—	—
10.		**Allgemeine Ausgaben.**				
	1.	Zu ausserordentlichen Remunerationen und Unterstützungen für Kanzlei- und Unterbeamte	443 150	443 150	443 150	443 150
	1a.	Zu ausserordentlichen Remunerationen für mittlere Beamte	80 000	120 000	120 000	120 000
	1b.	Zu ausserordentlichen Unterstützungen für höhere und mittlere Beamte	160 000	120 000	120 000	120 000
	2.	Zu Unterstützungen für ausgeschiedene Beamte u. s. w.	600 000	600 000	600 000	600 000
	3.	Dispositionsfonds der Provinzial-Steuerdirektoren	2 400	2 400	2 400	2 400
	4.	Zur Unterhaltung von Dienstgebäuden u. s. w.	543 500	543 500	543 500	463 500
	5.	Zur Anschaffung u. s. w. der Zollkreuzer und Wachtschiffe	80 000	80 000	80 000	65 000
	6.	Umzugskosten u. s. w. bei Versetzungen	552 000	552 000	552 000	552 000
	7.	Prozesskosten	28 000	28 000	28 000	28 000
	8.	Vermischte Ausgaben	27 950	27 910	27 910	27 890
	9.	Zur Bewaffnung der Grenz- und Steueraufseher u. s. w.	649 760	649 760	647 100	647 100
	10.	Beitrag zu den Kosten der gemeinschaftlichen Verwaltung im Gebiet des Thüringischen Zoll- und Steuervereins	24 000	24 000	24 000	24 000
	11.	Ausgaben auf Grund des Invaliden-Versicherungsgesetzes	2 000	2 000	2 000	2 000
	12.	Zu einmaligen Unterstützungen für Nichtbeamtete	2 500	2 500	2 500	2 000
	(10.)	(Verwaltung der Zölle und Verbrauchssteuern im Gebiete von Bremen)	—	—	—	—
		Summe der dauernden Ausgaben	**35 960 400**	**35 695 000**	**35 153 700**	**33 467 200**

nach den Etats für 1902 bis 1887/88, 1885/86, 1883/84, 1881/82, 1879/80, 1859 und 1849.

7	8	9	10	11	12	13	14	15
Etatsjahr								
1898/99	1897/98	1896/97	1895/96	1894/95	1893/94	1892/93	1891/92	1890/91
M	*M*	*M*	*M*	*M*	*M*	*M*	*M*	*M*
290 250	290 850	290 850	305 850	305 850	305 850	305 850	305 850	226 500
424 000	425 000	325 000	450 000	550 000	650 000	709 320	769 320	768 000
250 000	212 000	212 000	212 000	225 500	225 500	225 500	165 500	165 500
2 450 000	2 600 000	2 600 000	2 600 000	2 600 000	2 600 000	2 798 000	2 798 000	2 798 000
1 144 825	994 768	994 722	838 122	843 812	1 080 212	1 080 202	1 080 227	1 080 214
—	—	—	—	—	—	—	—	—
443 150								
120 000	} 683 150	683 150	683 150	685 000	685 000	685 000	639 200	639 200
120 000								
600 000	600 000	600 000	600 000	600 000	600 000	600 000	600 000	600 000
2 400	2 400	2 400	2 400	2 400	2 400	2 400	2 400	2 400
463 500	463 500	463 500	463 500	449 000	449 000	450 000	450 000	450 000
65 000	65 000	65 000	55 400	55 400	55 400	55 400	55 400	55 400
552 000	552 000	577 000	577 000	577 000	577 000	577 000	577 000	577 000
28 000	15 000	15 000	15 000	15 000	15 000	15 000	15 000	15 000
27 860	27 860	27 860	27 910	28 760	29 560	29 560	29 560	29 560
647 100	647 100	647 100	649 540	650 000	650 000	650 000	650 000	662 260
24 000	24 000	24 000	24 000	24 000	24 000	24 000	24 000	24 000
2 000	1 200	1 200	1 200	1 200	1 200	1 200	—	—
2 000	2 000	2 000	2 000	—	—	—	—	—
—	—	—	—	—	—	—	—	—
33 222 200	**31 420 800**	**31 327 200**	**31 285 300**	**31 580 750**	**31 924 100**	**32 265 200**	**32 285 400**	**31 173 500**

[*]

Noch: Anlage LXXII.

Noch: Nachweisung der Sollausgaben der Verwaltung der indirekten Steuern 1874, 1869, 1866,

1		2	16	17	18	19
Etatsstelle		Bezeichnung im Etat	1889/90	1888/89	1887/88	1885/86
Kap.	Titel		ℳ	ℳ	ℳ	ℳ
		Andere persönliche Ausgaben.				
	5.	Stellenzulagen	226 500	226 500	126 500	126 500
	6.	Remunerirung des Hülfspersonals und Stellvertretungskosten	453 500	480 250	380 250	380 250
	7.	Für Mitwirkung bei Erhebung und Kontrolirung der indirekten Steuern	166 490	166 490	177 800	177 800
		Sächliche Ausgaben.				
	8.	Tagegelder, Reisekosten u. s. w.	2 800 000	2 847 700	1 697 700	1 717 700
	9.	Büreaubedürfnisse	1 030 425	1 040 276	1 153 721	1 153 659
	(9.)	(Pferdegelder- und Reisekosten-Aversa)	—	—	—	—
10.		**Allgemeine Ausgaben.**				
	1.	Zu ausserordentlichen Remunerationen und Unterstützungen für Kanzlei- und Unterbeamte				
	1a.	Zu ausserordentlichen Remunerationen für mittlere Beamte	639 200	639 200	539 200	539 200
			Wittwen-u-Waisengelder:		255 000	150 000
	1b.	Zu ausserordentlichen Unterstützungen für höhere und mittlere Beamte				
	2.	Zu Unterstützungen für ausgeschiedene Beamte u. s. w.	600 000	600 000	600 000	600 000
	3.	Dispositionsfonds der Provinzial-Steuerdirektoren	2 400	2 400	2 400	2 400
	4.	Zur Unterhaltung von Dienstgebäuden u. s. w.	450 000	450 000	450 000	406 000
	5.	Zur Anschaffung u. s. w der Zollkreuzer und Wachtschiffe	55 400	55 400	55 400	55 400
	6.	Umzugskosten u. s. w. bei Versetzungen	577 000	577 000	427 000	377 000
	7.	Prozesskosten	15 000	15 000	15 000	15 000
	8.	Vermischte Ausgaben	29 550	29 530	29 530	29 530
	9.	Zur Bewaffnung der Grenz- und Steueraufseher u. s. w.	662 260	710 340	596 200	578 620
	10.	Beitrag zu den Kosten der gemeinschaftlichen Verwaltung im Gebiet des Thüringischen Zoll- und Steuervereins	9 000	9 000	7 800	7 200
	11.	Ausgaben auf Grund des Invaliden-Versicherungsgesetzes	—	—	—	—
	12.	Zu einmaligen Unterstützungen für Nichtbeamtete	—	—	—	—
	(10.)	(Verwaltung der Zölle und Verbrauchssteuern im Gebiete von Bremen)	—	—	—	—
		Summe der dauernden Ausgaben	**31 016 100**	**31 911 700**	**26 164 750**	**26 041 070**

¹) Zu Unterstützungen an Inhaber des Eisernen Kreuzes in mahl- und schlachtsteuerpflich-

nach den Etats für 1902 bis 1887/88, 1885/86, 1883/84, 1881/82, 1879/80, 1859 und 1849.

20	21	22	23	24	25	26	27
	Etatsjahr						
1883/84	1881/82	1879/80	1874	1869	1866	1859	1849
ℳ	ℳ	ℳ	ℳ	ℳ	ℳ	ℳ	ℳ
125 000	125 000	100 000	—	—	—	—	
425 000	240 135	240 135	104 115	—	—	—	
450 000	500 000	240 543	196 458	—	—	—	
1 850 000	1 741 700	1 561 885 (355 000)	405 000	1 021 230	676 821	558 261	10 231 884
1 510 044	1 314 228	853 794	805 620				
—	—	(1 296 885)	1 127 817	909 444	676 821	758 160	
	Beaufsichtigung der Zuckersteuer:			839 100	729 720	—	
	Erhebung und Kontrole der Salzsteuer:			88 155	—	—	
Kosten aus den Zollvereins-Verhältnissen (Ausgaben für Zollvereins-Beamte):				140 100	187 320	142 140	
			Rheinzoll-Centralverwaltung:		11 700	11 700	
525 000	536 000	486 300	489 000	856 020	617 271	617 262	
52 000	—	—	—				
600 000	600 000	600 000	570 000				
2 400	2 400	2 400	2 400	—	—	—	
400 000	400 000	400 000	483 000	360 000	180 000	180 000	180 000
40 200	40 200	40 200	40 200				
400 000	265 000	250 000	126 600	—	—	—	—
24 000	12 000	12 000	9 000	—	—	—	—
25 940	26 080	26 040	273 033	296 124	220 950	258 000	¹) 3 000
	Abgaben und Lasten, welche auf dem Rheinzoll haften:				97 452	97 449	—
556 600	515 300	457 050	4 650	—	—	—	—
7 200	6 875	6 875	6 300	—	—	—	—
—	—	—	—	—	—	—	—
—	—	—	—	—	—	—	—
500 700	—	—	—	—	—	—	—
28 607 300	**25 930 400**	**21 478 300**	**21 376 500**	**19 280 460**	**13 478 400**	**13 160 448**	**11 384 037**

tigen Städten.

Kolibri 360 GmbH
Ferdinand-Jühlke-Straße 7
99095 Erfurt, Deutschland
produktsicherheit@kolibri360.de